Abendländische 1001 Nacht

Abendländische 1001 Nacht

Die schönsten Märchen und Sagen aller europäischen Völker

gesammelt und bearbeitet von
J. P. Lyser

Dritter Band

PRISMA VERLAG GMBH · GÜTERSLOH

Mit Originalillustrationen des Herausgebers
Das Originalwerk erschien 1838—1840 in 15 Bändchen

Gestaltung des Schutzumschlages: Herbert Schiefer

Gesamtherstellung: Salzer - Ueberreuter, Wien
ISBN 3-570-01688-9

Inhaltsverzeichnis

Siebenhundertundvierzigste Nacht

DIE GESCHICHTE VOM EINÄUGLEIN, ZWEIÄUGLEIN UND DREIÄUGLEIN

Eine Edelfrau hatte drei Töchter, die hießen Einäuglein, Zweiäuglein und Dreiäuglein, denn die älteste hatte drei Augen, die andere zwei Augen und die jüngste nur ein Auge. Das eine bei der jüngsten und das dritte bei der ältesten stand aber mitten auf der Stirne.

Darum nun, daß die mittelste nur zwei Augen hatte und nicht um ein Haar anders gestaltet war als andere Menschen, wurde sie gehaßt von Mutter und Schwestern und sowohl in Kleidung als Essen und Trinken zurückgesetzt, so daß sie sehr oft traurig und trauernd herumging und die Einsamkeit ihre einzige Freundin war.

So saß sie auch einst verlassen auf dem Feldraine und hütete die Ziege, die ihr von der Mutter anvertraut war, konnte aber nicht aufhören zu weinen, weil sie bei der Mahlzeit abermals fast leer ausgegangen war. Siehe, da trat eine Fee zu ihr und fragte sie liebreich, warum sie so weine.

Darüber war Zweiäuglein froh, daß sich doch jemand ihrer annahm in ihrer Not und Trübsal, und sie erzählte der Fee nun, wie sie zu Hause nur täglich geplagt werde von ihrer Mutter und den beiden Schwestern und bei Tische mehr vom Zusehen satt werden müsse denn vom Zulangen.

Da gab ihr die Fee einen guten Rat, wie sie durch Hilfe ihrer Ziege Speise und Trank gewinnen könne, sowie sie nur wünsche; denn sooft sie nur sagen werde:

Zicklein, meck!
Tischlein, deck!

werde das sauber gedeckteste und mit den schmackhaftesten Speisen und Getränken aufs beste versehene Tischlein vor ihr und zu ihrem Dienste stehen. Hätte sie nun ihrem Hunger ein Genüge getan und wolle des Tischleins wieder entübrigt sein, so dürfte sie nur sagen:

Zicklein, meck!
Tischlein, weg!

und alles würde vor ihren Augen wieder verschwunden sein.

Für solchen guten Rat dankte Zweiäuglein der Fee aufs beste, die aber verschwand wieder vor ihren Augen.

Alsbald nun versuchte Zweiäuglein die Wahrheit jener Verheißung, und siehe da, kaum hatte sie zu ihrer Ziege die Worte gesagt:

Zicklein, meck!
Tischlein, deck!

so stand das sauber gedeckteste Tischlein zu ihren Füßen und duftete ihr mit den einladendsten Speisen und Getränken gar lieblich und gewürzig entgegen. Zweiäuglein aber harrte nun weiter auf kein Nötigen, sondern langte frisch und wohlgemut zu, was ihr eben beliebte, und war fröhlich und guter Dinge. Als sie aber ihrer Eßlust ein Genüge getan, sprach sie die ihr gelehrten Worte:

Zicklein, meck!
Tischlein, weg!

und alsbald war das Tischlein samt alldem, was noch darauf war und wovon noch gar wohl ein recht Hungriger sich hätte sättigen können, wieder verschwunden.

Da war nun Zweiäuglein nicht wenig froh, daß ihr nun ein Mittel in die Hand gegeben war, wie sie trotz der neidischen Mißgunst, mit der sowohl Mutter als Schwestern ihr begegneten, sich täglich Speise und Trank hinlänglich verschaffen und nunmehr ohne Sorgen darum leben könne. Sie machte sich daher mit der spärlichen und geringen Kost, die man ihr zu Hause nach gewöhnlicher Art zukommen ließ, wenig zu schaffen und ließ selbige nicht selten ganz und gar stehen, worüber die Ihrigen, die doch nicht wußten, von was sie sich sonst ernähre, sich nicht wenig verwunderten.

Gar bald aber kamen diese auf die Vermutung, daß Zweiäuglein, die doch sonst auch die schlechte Kost nicht verschmäht hatte, ein Mittel ausfindig gemacht haben müsse, wodurch sie sich, wenn sie vom Hause entfernt und mit der Ziege auf der Weide war, ihren Unterhalt erwerbe.

Um nun hierbei hinter die Wahrheit zu kommen, mußte das nächste Mal, als Zweiäuglein wieder mit der Ziege auf die Weide ging, Einäuglein mitgehen, um dem Mittel, dessen sich Zweiäuglein zu ihrer Sättigung bediene, auf die Spur zu kommen. Zweiäuglein aber merkte gar bald, was man gegen sie im Schilde führe, und nahm sich vor, ihre Nachsteller, der angewandten Vorsicht ungeachtet, zu täuschen. Sie wußte es durch allerhand Liebkosungen so weit zu bringen, daß Einäuglein sich auf den Feldrain in das weiche Gras zu ihr setzte; nun aber suchte sie sie einzuschläfern, indem sie ihr allerlei langweilige Märchen erzählte, und ihr, da sie nun bald einschlafen wollte, immer vorsang:

Einäuglein, wachst du?
Einäuglein, schläfst du?

Und hiermit gelang es ihr, Einäuglein in einen festen Schlummer zu singen, was sie von Herzen freute, denn ungescheut sprach sie nun das goldne Sprüchlein:

Zicklein, meck!
Tischlein, deck!

aß und trank und war guter Dinge; und als sie dessen genug hatte, sprach sie wieder:

Zicklein, meck!
Tischlein, weg!

und Tischlein und Speisen waren alsbald wieder verschwunden, also, daß Einäuglein, die unterdessen ruhig fortgeschlafen, nicht das geringste davon innegeworden war. Nunmehr aber, da es Essenszeit und Zeit zum Nachhausegehen war, weckte Zweiäuglein ihre Schwester Einäuglein und ermahnte sie zur Heimkehr.

Siebenhunderteinundvierzigste Nacht

Heute erzählte Claudine weiter:

Ob nun wohl auch heute die Mahlzeit von Zweiäuglein fast mit dem Rücken angesehen wurde, so wußte Einäuglein dennoch der Mutter den Grund davon keineswegs anzugeben.

Nachdem nun die Mutter solchergestalt immer noch nicht dahintergekommen war, wie wohl Zweiäuglein auf andere Weise sich zu ernähren wissen möge, so gab sie Zweiäuglein am andern Tage ihre älteste Schwester Dreiäuglein mit auf die Weide, vermeinend, daß diese, was Einäuglein mit ihrem einen Auge nicht zu gewahren imstande gewesen sein möchte, mit ihren drei Augen doch wohl in Obacht nehmen würde. Aber auch diese suchte Zweiäuglein auf die nämliche Art, wie sie bereits gestern bei Einäuglein getan, einzuschläfern. Allein, da sie anstatt

Dreiäuglein, wachst du?
Dreiäuglein, schläfst du?

ihr vorzusingen, aus Unbedachtsamkeit

Dreiäuglein, wachst du?
Zweiäuglein, schläfst du?

sang, so war das dritte Auge Dreiäugleins, ohne daß Zweiäuglein es bemerkte, immerfort wachend geblieben, obgleich sie es wie schlafend immer zugeblinzelt hatte.

Dreiäuglein hatte mit ihrem dritten Auge gar wohl in Obacht genommen, was Zweiäuglein mittlerweilen mit der Ziege vorgenommen, und hatte es gar wohl mit angehört, wie sie durch das Sprüchlein

Zicklein, meck!
Tischlein, deck!

sich ein gar herrliches Mahl bereitet und wieder durch das Sprüchlein

Zicklein, meck!
Tischlein, weg!

solches vor aller Augen verborgen hatte, und froh wegen solcher

Entdeckung, berichtete nun Dreiäuglein bei ihrer Nachhausekunft solches alles haarklein der Mutter.

Diese aber war hierüber so zornig, daß sie sogleich den Untergang jener Ziege beschloß und sie auch wirklich alsbald schlachtete. Hierdurch nun wurde das gute Zweiäuglein in die äußerste Betrübnis versetzt, weil sie nun des Mittels wieder beraubt war, sich für allen Mangel und Kummer schadlos zu halten.

Trauernd setzte sie sich einsam auf den gewohnten Feldrain und weinte bitterlich. Siehe, da stand plötzlich jene Fee wieder vor ihr, die ihr schon einmal aus der Not geholfen, und fragte sie mit leutseliger Stimme, was ihr immer noch fehle. Da klagte ihr Zweiäuglein ihr neues Herzeleid und fragte sie treuherzig, ob ihr nun noch was für ihr Wohl zu tun übrig sei. – Die Fee aber hatte auch diesmal guten Rat für sie und sagte, sie solle sich nur die Eingeweide von der geschlachteten Ziege geben lassen, diese aber an der Haustüre vergraben, daraus würde unfehlbar ihr künftiges Glück erwachsen.

Ob nun wohl diese Zusage dem guten Zweiäuglein sehr wundersam vorkommen mußte, so beschloß sie doch, dem Rat jener Fee, zu der sie einmal ein unbegrenztes Zutrauen gefaßt hatte, zu folgen, vermeinend, daß es doch alles gewißlich zu ihrem Besten dienen werde.Sie begab sich daher alsbald nach Hause und bat nun die Mutter flehentlich, daß, wenn man ihr auch sonst an der geschlachteten Ziege keinen Anteil zu lassen gemeinet sei, man ihr doch wenigstens das Eingeweide zukommen lassen solle; und wirklich fand auch die Mutter, nichts Arges dabei vermeinend, kein Bedenken, sondern erfüllte ihr Begehren.

Zweiäuglein nun vergrub bei Sonnenuntergang in aller Stille das vielverheißende Geschenk, hoffend und harrend, wann, wie und was für ein Stück ihr daraus erwachsen könne. Und siehe da! Kaum war am nächsten Morgen die Mutter nebst ihren drei Töchtern vom Schlaf erwacht, so erblickten sie vor den Fenstern einen wunderschönen Baum, mit silbernen Blättern und goldenen Früchten hoch am Hause emporgewachsen, und Zweiäuglein gewahrte zu ihrer nicht geringen Freude, wie der wunderschöne Baum eben da aus der Erde emporgesprossen war, wo sie gestern den wunderbaren Samen der Erde anvertraut hatte.

Nun aber stieg gar bald das Verlangen in einer jeden von ihnen auf, sich der schönen Früchte und Blätter jenes Baumes teilhaftig zu machen. Allein nur vergebens gaben sich sowohl die Mutter als Einäuglein und Dreiäuglein Mühe, den Wunderbaum zu ersteigen oder etwas davon sich abzupflücken; denn ob sie gleich mit leichter Mühe bald hinauf waren, so entwich, gleich wie es dem Tantalus in jener heidnischen Fabel erging, doch allemal jede Frucht und jeder Zweig ihren Händen, wenn sie danach fassen wollten; und rücklings fielen sie dann nur noch schneller hinunter, als sie hinaufgestiegen waren.

Siebenhundertzweiundvierzigste Nacht

Einzig und allein Zweiäuglein, der jener Baum zum Eigentum angehörte, war so glücklich, sich davon abpflücken zu können, soviel sie nur wollte; denn nur ihr war es vergönnt, ungefährdet hinauf- und hinuntersteigen zu können. Darum wurde sie denn auch von ihren Schwestern nicht wenig beneidet und verfolgt, und daher kam es denn auch, daß, da eben, als sie alle um jenen Baum versammelt standen, ein fremder, junger, schöner Herr herangeritten kam, Zweiäuglein samt ihren goldenen Früchten unter ein großes, leeres Faß versteckt wurde, denn die übrigen glaubten, daß der schöne, fremde Ritter sie selbst ganz aus der Acht lassen möchte, wenn Zweiäuglein, die obendrein schöner als sie war, ihnen mit den Wunderfrüchten zur Seite stünde, woran sie denn auch wohl nicht unrecht haben mochten.

Kaum war nun der schöne, fremde Ritter näher gekommen, so hatte er auch schon den wunderreichen Baum ins Auge gefaßt und begehrte von den Mägdlein, daß sie ihm doch einen Zweig geben möchten von dem so glänzenden und schönen Baume.

Solches nun war den beiden Mägdlein sehr erwünscht, und sie strengten nun, eine nach der andern, nochmals ihre Kräfte auf das schärfste an, um dem schönen Baume eine Frucht abzugewinnen, die sie dem Fremden verehren könnten; keiner aber mochte es, ebensowenig wie bisher, gelingen; und ebenso erging es der Mutter, die so gern ihren lieben Töchtern auf diesem Baume zu einem Manne verholfen hätte.

Da verwunderte sich der schöne, fremde Herr nicht wenig, wie jemand Herr des Baumes, nicht aber auch zugleich Herr von dessen Früchten und Blättern sein könne, und meinte, es müsse doch notwendig wohl noch sonst jemand im Hause sein, dem dieser Baum gehöre und der Macht über denselben habe, und er fragte auch zum öftern, ob sich dieses nicht also verhalte. Doch sowohl Mutter als Kinder leugneten es standhaft und beharrten darauf, daß außer ihnen niemand hier sei und der Baum niemand anderm angehöre als ihnen.

Über solche Reden aber ärgerte sich Zweiäuglein, die das alles unter

Dem Fasse ruhig hatte mit anhören müssen, nicht wenig, und um den Fremden von der Unwahrheit derselben zu überzeugen, schob sie einige der goldenen Früchte unter dem Fasse hervor, vor seine Füße. Kaum hatte der Fremde dies zu seiner nicht geringen Verwunderung gewahrt, so drang er nun auch darauf, daß diejenige, welche hier notwendig unter dem Fasse verborgen sein müsse und die durch den Besitz der schönen, goldenen Früchte dargetan habe, daß sie Macht über jenen Baum habe, hervorgelassen werden möge.

Nun aber konnten Mutter und Geschwister nicht länger abwehren, Zweiäuglein kam getrost unter dem Fasse hervor, hoffend, daß der Fremde sie gegen alle und jede Feindseligkeiten der Ihrigen beschützen würde. Sie sagte es demnach frei heraus, daß der wunderreiche Baum mit den schönen Früchten niemand anderem angehöre denn allein ihr, stieg zum Beweis dessen behend und ungehindert hinauf, brach den allerschönsten Zweig mit den glänzendsten Früchten davon ab und verehrte solche gar bescheidentlich dem schönen, fremden Herrn.

Dieser nun, nicht wenig erfreut darüber, seines Wunsches teilhaftig geworden zu sein, fragte Zweiäuglein freundlichst, wie er sie wohl für solche Gefälligkeit belohnen könne. Sie aber bat ihn flehentlich, daß er sich ihrer möge annehmen und sie erlösen aus dem mütterlichen Hause, wo man ihr so lieblos begegne. Dies versprach der Fremde – die Mutter und die Schwestern aber mochten es gar gerne und gar ungerne mit ansehen, wie der schöne, junge Ritter Zweiäuglein zu sich auf sein Rößlein nahm und munter mit ihr davontrabte. Denn so sehr es sie auch ergötzte, des ihnen verhaßten Zweiäugleins nunmehr entübrigt zu sein, ebensosehr beneideten sie dasselbe dennoch um die guten Tage, die ihm nun bei dem schönen, fremden Herren, mit dem eine jede von ihnen gar gern bis ans Ende der Welt geritten wäre, zuteil werden würden.

Zu ihrem Trost war ihnen jedoch der wunderreiche Baum mit seinen schönen Früchten geblieben, der ihnen, wenn auch nicht seine Früchte, doch aber großen Ruhm gewähren konnte. Wie sehr aber trauerten sie, als der schöne Baum samt seinen Früchten am nächsten Morgen vor ihren Augen verschwunden war; doch wie sehr freute sich Zweiäuglein in ihrem schön ausgezierten, hochadligen Kämmerlein, als eben jener Baum samt seinen schönen Früchten am nächsten Morgen vor ihrem Fenster prangte, denn ihr, der er einzig und allein angehörte, war er nachgefolgt.

Ob solcher schönen Mitgift schätzte nun der junge Ritter Zweiäuglein noch einmal so hoch, verhielt sie überaus gut im Essen und Trinken, gab ihr die allerschönsten Kleider und ließ sie unterweisen in allen Künsten ihres Geschlechts und reichte ihr endlich aus übergroßer Liebe am Traualtar seine Hand.

Als Gemahlin dieses schönen Ritters lebte Zweiäuglein nur noch glücklicher, und es machte ihr nichts größere Freude, als von dem, was ihr so reichlich zugeteilt war, mitteilen zu können, denen, die nichts hatten.

Schon lange Jahre waren ihr so vergangen, als auch einstmals zwei Frauen ihre bekannte Güte und Leutseligkeit ansprachen, weil sie vor Armut verderben zu müssen erachteten. Zweiäuglein, die nunmehr reiche Edelfrau, erkannte alsbald in ihnen ihre beiden Schwestern, beschloß aber bei sich, Böses mit Gutem zu vergelten, und überhäufte daher die beiden Frauen, die es nicht ahnten, wer ihnen solches zuliebe tat, mit Wohltaten und Geschenken und behielt und verpflegte sie bei sich zeitlebens. Jene aber, als sie endlich dahinterkamen und das gute Herz sich ihnen offenbarte, bereuten es sehr, sie in ihrer Jugend, da sie noch bei und unter ihnen war, so gedrückt zu haben, und baten ihr alles ab, was sie ihr ohne Schuld und Ursache eben angetan hatten.

Das einfache Märchen hatte viel Beifall gefunden, und Claudine versprach, nächstens einige ähnliche Sagen zu erzählen. Als Alma aufgefordert wurde, etwas mitzuteilen, sagte sie: »Morgen nacht.« Sie hielt Wort.

Siebenhundertdreiundvierzigste Nacht

DIE WUNDER DES STROMBERGS

Zwischen Löbau und Weissenberg, in einer sehr anmutigen Gegend, liegt der sogenannte Stromberg, ganz mit Kirschbaumgängen bepflanzt, gewährt er jetzt eine liebliche Ansicht, und nicht minder bietet seine freundliche Höhe eine überaus schöne Umsicht nach der ganzen umliegenden Gegend, die in den neueren Zeiten durch die Wurschner Schlacht so schrecklich verwüstet wurde.

Obschon die Größe und Höhe des Strombergs im Vergleich mit den benachbarten Bergen, nämlich dem Sohländer Rotsteine und dem Löbauer Berg, nur unbedeutend ist, so hat er gleichwohl noch mehr Stoff zu Volkssagen und Märchen gegeben als jene beiden.

Auch in ihm war, wie in so vielen Bergen, der alten Sage nach ein großmächtiger Schatz verborgen. Nur wenigen aber ist es gelungen, den Hütern desselben, die auf mannigfache Weise sich offenbarten, etwas davon abzugewinnen. Die Begebnisse, die man hiervon zu erzählen weiß, sind folgende:

Ein armer Knabe hütete einst auf dem Stromberg Kühe. Als er nun dabei müßig da und dort herumschlenderte, siehe, da lag plötzlich zu seinen Füßen das schönste Goldstück. Er bückte sich, um es aufzuheben, aber indem er dies tat, blitzte ihm schon wieder ein anderes in die Augen. Schnell langte er auch nach diesem, doch schon wieder ein neues glänzte daneben aus dem Grase hervor. So ging es immerfort, und schon hatte der Knabe zehn der schönsten Goldstücke in seine Mütze zusammengelesen, als ihm auch noch ein elftes vor den Augen spiegelte. Auch dieses wollte er sich zueignen; doch dies war schon zu viel verlangt. Eben als er danach sich niederbückte, erhielt er von unsichtbarer Hand einen derben Backenstreich. Aber mit diesem waren auch seine ersten bereits gesammelten zehn Goldstücke im Nu wieder verschwunden, und er blieb, alles Suchens ungeachtet, so arm als er immer gewesen war.

»Ferner erzählt man vom Stromberge«, fuhr Alma fort:

Eine Frau, die am Fuße des Strombergs, wo einige Häuser stehen, wohnte, gewahrte einstmals, und zwar des Sonntags, unter dem Gottesdienste, daß an einem Orte jenes Berges Funken aus der Erde hervorsprühten und blaue Flämmchen emporloderten. Alsbald erinnerte sie sich an die alte Regel, daß man, wenn man so glücklich sei, dies Zeichen wahrzunehmen, augenblicklich irgend etwas von Metall in jene Flämmchen werfen müsse, um den darunter befindlichen Schatz, dessen Anzeige sie wären, festzubannen und vor dem Weiterrücken zu bewahren. Unverzüglich warf sie daher, da sie eben nichts anderes bei sich hatte, ihr Taschenmesser auf jene vorbedeutungsvolle Stelle, lief sodann eiligst in ihre Wohnung zurück, um sich die nötigen Werkzeuge zum Graben herbeizuholen, und schritt nun, mit diesen versehen, rüstig ans Werk.

Der ganze Platz, wo sie die runden Flämmchen hatte spielen sehen, wurde nun emsig von ihr durchwühlt und durchgraben, und siehe da –

ihre Hoffnung hatte sie wirklich nicht ganz getäuscht; denn sie fand, wenn auch nicht pure Maxd'ore und Kremnitzer, doch wenigstens eine bedeutende Anzahl uralter Groschen. Sie war damit zufrieden und behielt daher ihren Schatz.

Siebenhundertvierundvierzigste Nacht

»Ich weiß auch einiges von den Wundern des Berges mitzuteilen«, sagte Eduard und begann:

Eine andere, ebenfalls in jener Gegend wohnende Frau, der die vorige aus lauter Freude über ihr gehabtes Glück den ganzen Vorfall von Anfang bis zu Ende und mit allen Nebenumständen erzählt hatte, nahm nun auch die Gelegenheit wahr, als einst während des Sonntagsgottesdienstes wieder bunte Flämmchen aus der Erde hervorspielten, beobachtete dabei alle erforderlichen Umstände und war so glücklich, bei angestelltem Nachgraben eine große Menge alter, harter Taler zu finden.

Gierig, die ihr jetzt so günstige Gelegenheit zu ihrem Vorteil zu benutzen, raffte sie so viel als möglich von jenem Gelde in ihre Schürze und eilte damit zu ihrer Behausung. Mit Emsigkeit zählt sie hier ihren Schatz auf allen Tischen und Bänken auf, nur begierig, zu erfahren, wieviel ihr das sonst so neidische Glück, dem sie nun einmal die gute Stunde abgelauscht hatte, bescherte.

Doch eben als sie im besten Zählen ist, deucht es ihr plötzlich, als ob sie Feueralarm höre, das ganze Dörfchen scheint in Flammen aufzugehen, daß die Lohe ihr glühendrot ans Fenster schlägt; in der größten Bestürzung eilt sie plötzlich hinaus, die Gefahr zu untersuchen; aber – o Wunder! – alles ist draußen still und in der größten Ruhe, als sie zum Hause hinaustritt, und nicht die geringsten Spuren einer Feuersbrunst kann sie bemerken. Staunend kehrt sie jetzt wieder um, ihren Schatz vollends durchzuzählen, noch mehr aber staunt sie nun, als auch dieser jetzt zu nichts hingeschwunden und auch nicht eine Spur davon in der ganzen Stube zu bemerken ist.

Nach einer kleinen Pause fuhr Eduard, den man aufgefordert hatte, mehr zu erzählen, fort:

Der Schatz auf dem Stromberge, von dessen wirklichem Dasein die vorhergehenden Begebenheiten dem Volksglauben unwidersprechliche und unumstößliche Beweise sind, blieb aber nicht immer auf diesem Berge. Die ihn bewachenden Geister hielten es einst, vielleicht, weil man demselben allmählich zu sehr auf die Spur gekommen war, für nötig, ihn auf den felsigen Rotstein bei Sohland zu bringen.

Man erzählt sich davon folgende Geschichte:

Ein paar Bauern aus dortiger Gegend ackerten einst am Fuße des Stromberges. Plötzlich kam ein kleines, graues Männchen, sie wußten selbst nicht recht woher, auf sie zu und verlangte, daß sie ihm sogleich ein Gespann von sechs roten Ochsen verschaffen sollten, weil die Braupfanne mit dem großen Schatz des Stromberges von diesem auf den benachbarten Rotstein gebracht werden solle. In nicht geringer Angst vor dem Berggeist gaben sie ihm unverzüglich jeder die an ihren Pflug gespannten Ochsen, die zum Glück lauter rote waren, und holten eiligst aus dem nahen Dorf noch ein anderes Paar roter Ochsen hinzu, um den Wunsch des Geistes zu erfüllen.

Dieser fragte sie hierauf, ob sie die Wegführung des großen Schatzes sehen oder hören wollten, und gab ihnen nicht undeutlich zu verstehen, daß sie eines von beiden sich erwählen müßten. Die beiden Bauern, die sich eben nicht viel Gutes hiervon versprachen, dieses Anerbieten aber gänzlich auszuschlagen sich nicht getrauten, wählten das, wobei sie am wenigsten Gefahr laufen zu können glaubten, und wollten sich gern mit dem bloßen Hören begnügen.

Aber Zittern und Beben ergriff sie, als sie nun die Erde unter sich dröhnen und den großmächtigen Schatz wie einen gewaltigen Donner dahinbrausen hörten.

Siebenhundertfünfundvierzigste Nacht

»Man hat noch eine Sage vom Stromberge«, begann heute Eduard:

Zu gewissen Zeiten war auch auf diesem wunderreichen Berge ein Schloß zu sehen, und deutlich beobachtete man dann aus der Ferne, wie die Bewohner daselbst ihr Wesen trieben. Niemand aber wagte es so leicht, persönlich einen Besuch dort abzustatten und das Wesentliche jenes Schlosses näher zu untersuchen. Im Gegenteil, man warnte einander eher mit bedenklicher Miene davor, um sich nicht größeren Gefahren auszusetzen, als man vielleicht zu überstehen imstande sein möchte.

Dennoch aber geschah es einst, daß ein Bürger aus der jenem Berge benachbarten Stadt Löbau, ohne daß er selbst davon wußte, jenes Schloß und seine Bewohner näher kennenlernte. Die Geschichte, die man sich davon zu erzählen weiß, ist folgende:

Vor langer, langer Zeit war einst ein Schuhmacher aus Löbau in dem etwa zwei Meilen davon entfernten Städtchen Weissenberg zu Markte gewesen, wohin ihn sein Weg beim Stromberge vorbeiführte. Als er spätabends wieder nach Hause kehrte, verirrte er sich im Dunkeln in der Gegend jenes Berges. Lange schon ohne Weg und Steg im Finstern herumirrend, gewahrte er endlich auf der Höhe jenes Berges den Schimmer eines Lichtes.

Ohne irgend etwas Unheimliches zu ahnen, ging er darauf zu, staunte aber nicht wenig, als er bei mehrerer Annäherung ein schönes, großes und erleuchtetes Schloß gewahrte, das ihm nicht im geringsten bekannt war.

Denn daß es das berüchtigte Strombergschloß sein könne, ahnte er entweder nicht oder er kannte auch die Sage davon gar nicht einmal. Froh, sich endlich aus seiner Verlegenheit helfen zu können, suchte er den Eingang, um sich dort eine Laterne zu borgen, mit deren Hilfe er seine Reise besser und bequemer zu beendigen dachte.

Ohne weitere Schwierigkeiten gelangte er in das Zimmer des Schlosses, welches erleuchtet war, und fand darin zwei Herren. Einer saß an einem Tische und schrieb eifrig, was ihm ein anderer, der mit verschlungenen Armen in der Stube auf und ab ging, in die Feder zu sagen schien. Letzterer redete den Schuhmacher in einem rauhen Tone an und fragte ihn mit kurzen Worten, was er wolle.

Dieser erzählte nun seine Geschichte und trug ihm sein Anliegen vor, erhielt aber für jetzt bloß die Antwort von ihm, daß er sich es vorderhand gefallen lassen müsse, drei Tage und drei Nächte bei ihnen zu bleiben, und daß es ihm nachgelassen sein solle, sich selbst die Arbeit zu erwählen, die er bei ihnen während dieser Zeit verrichten wolle.

Der Schuhmacher aber, der sowenig zu dem einen als zu dem andern Lust bezeigte, konnte sich zu keiner bestimmten Arbeit entschließen; es wurde ihm daher von jenen beiden Herren auferlegt, während seines Aufenthaltes auf dem Berge Steine zu karren. So beschwerlich ihm auch dieses Geschäft sein mochte, so wagte er aus Furcht einer möglichen gefährlichen Ahnung es dennoch nicht, sich dessen zu weigern.

Endlich, am Abend des dritten Tages, entließen ihn jene beiden Herren seiner Arbeit wieder, gaben ihm nach seinem Wunsche eine Laterne und erlaubten ihm, nun nach Hause zu gehen. Doch der Schuhmacher, der womöglich gern einen Ersatz für die dreitägige Versäumnis in seiner Arbeit gehabt hätte, war hiermit nun noch nicht zufrieden, sondern er wagte es sogar, sich einen Lohn für die ganzen drei Tage lang treulich geleistete Arbeit auszubitten. Auf vieles Zureden und Bitten endlich empfing er nicht mehr und nicht weniger als – einen Silberdreier, und zwar mit der Bedeutung, daß er dadurch, obgleich es nur ein Geldstück von sehr geringem Wert sei, dennoch sehr glücklich sein werde, indem, solange er dieses besitzen würde, es ihm nie an Gelde mangeln werde.

Hiermit zufrieden, verwahrte der Schuhmacher diesen Dreier sorgfältig, beurlaubte sich dann von den beiden Herren und trat seinen Weg nach Hause an.

Spät erst in der Nacht kam er heim und fand die Tür seines Hauses schon verriegelt und verschlossen. Er klopfte daher mit aller Macht an und rief und schrie, damit seine Frau ihn hören und sobald als möglich einlassen möge. Endlich aus dem Schlafe erweckt, erschien diese, prallte aber mit einem lauten Schrei des Entsetzens zurück, als sie in dem Ankommenden ihren Mann erkannte, den sie schon längst für tot gehalten hatte. Denn anstatt, daß er bloß drei Tage abwesend gewesen zu sein glaubte, war er nicht weniger als ein ganzes Jahr abwesend gewesen, und in seiner Heimat hatte man sich überredet, er müsse verunglückt sein, da er von dem damaligen Weissenberger Markte nicht zurückgekehrt war.

Da er seinen Gedanken nach gar nicht lange abwesend geblieben, so war er mit der alten Ordnung der Dinge bald wieder vertraut, nur mit dem Unterschiede, daß er nun, seitdem der heilbringende Dreier vom Stromberge in seinem Beutel wohnte und diesen niemals leer werden ließ, sich selbst nicht in jene Ordnung wieder hineinfügen wollte und anstatt wie sonst fleißig zu arbeiten, jetzt nur dem Müßiggange und Trunke sich ergab, weil er augenscheinlich bemerkte, daß er jenes nun nicht mehr nötig habe, dieses ihm aber vergnügtere Tage gewähre.

Doch dies, wozu ihm jener heilbringende Dreier verleitete, nämlich der Trunk, war im Gegenteil auch wieder die Ursache, daß er sich eines solchen unersetzlichen Schatzes verlustig machte. Denn als er einst in einem starken Rausche seinen vollen Beutel hervorsuchte und seine Zeche bezahlen wollte, gab er aus Unachtsamkeit jenen glückbringenden Dreier aus und wurde dadurch, da er sich nun einmal an ein müßiges Leben gewöhnt hatte, zum Bettler.

So enthält diese Geschichte auch noch eine gute Lehre für diejenigen, die ihrer bedürfen.

Siebenhundertsechsundvierzigste Nacht

»In vielen Ländern, besonders aber in Böhmen und Schlesien, ist der Glaube an das Besehen und Verwechseln der Kinder noch stark«, sprach heute der Freiherr, »eine Wöchnerin bleibt, bevor das Kind nicht neun Tage alt ist, um keinen Preis allein, sie fürchtet, sie könne schlafen und ein böser Geist ihr statt ihres Kindes einen häßlichen Balg in die Wiege legen, ihr Kind aber dem Bösen opfern.

Es fällt mir eben eine Geschichte ein, welche meine Kinderfrau mir einst erzählte und an die sie wie an das Evangelium glaubte.«

DAS WECHSELKIND

Ein alter, frommer Pilger kam an einem stürmischen Winterabend in ein böhmisches Dorf. Er hatte keinen Heller in der Tasche und keine andere Aussicht, als sich Abendimbiß und Nachtlager zu erbitten.

Am Anfang des Dorfes begrüßte ihn ein kleiner, in brennendes Braun gekleideter Mann, dessen blasses, spöttisch verzogenes Gesicht den frommen Pilger zurückstieß. Mit heiserer Stimme fragte der kleine Mann den Pilger, wohin er wolle, und schloß sich auf dessen Antwort, er suche ein Nachtlager, an den frommen Mann an. Diesem wurde immer unheimlicher zumute, er schlug ein Kreuz, worüber der Kleine lachte, und jetzt kamen beide zu einem hellerleuchteten Hause.

Sie klopften an die Türe, und alsbald öffnete der Hausherr selbst.

»Viel Glück der Frau Wöchnerin und dem kleinen Kinde«, sagte freundlich grinsend das Männchen. »Nun, ich bin ein fröhlicher Gesell und denke Euch morgen am Tauffest Eure Aufnahme durch manchen fröhlichen Schwank zu vergelten.«

Der Hausvater erwiderte hierauf freundlich: »Nun, wenn Ihr ein lustiger Gesell seid, so geht nur in mein Haus hinein.« Zu dem Pilger aber sprach er: »Nehmt's nicht für ungut, frommer Pilger, wenn ich Euch nicht aufnehme, aber mein Haus hat nur für einen Gast Raum, und da nimmt man doch lieber einen lustigen Burschen auf als einen alten, grämlichen Mann, der von nichts zu reden weiß als von dem heiligen Grabe.«

Der Wirt ging hierauf mit dem Männchen in das Haus, der fromme Pilger entfernte sich seufzend.

Er sah sich weiter im Dorfe um, und als er wieder ein Haus, woraus Licht schimmerte, sah, pochte er an, und es wurde ihm aufgetan.

Ein junger, freundlicher Mann begrüßte den Pilger auf das ehrerbietigste und sprach zu ihm: »Tretet ein, frommer Mann, Euer Besuch ist mir teuer und wert. Mein Häuschen ist klein, und ich kann Euch nur ein schmales Kämmerchen anweisen, aber ich denke, Ihr nehmt es nicht übel auf, wenn die Hausfrau das beste Gemach behält, sie ist seit gestern Mutter eines Knaben und noch sehr schwach.« Der Pilger dankte seinem gutmütigen Wirt vielmals, nahm dankbar an, was ihm der Kindesvater zum Abendimbiß brachte, und schlief, nachdem er für Mutter und Kind gebetet hatte, sanft ein.

Den andern Morgen in aller Frühe stand der Pilger auf, seine Wirtsleute schliefen noch; um sie nicht zu stören, schlich er sich leise zum Häuschen hinaus.

Ein Viertelstündchen mochte der fromme Mann gegangen sein, als er in ein Wäldchen kam. Herrliche Erdbeeren lockten zum Pflücken, der Pilger streckte sich in das Gras und pflückte sich den Hut voll schöner Beeren.

Indem er so dasaß, kam, ohne ihn zu bemerken, ein kleines, hexenartiges Weiblein an ihm vorbei. Sie schien auf jemand zu warten, und wirklich erschien bald nachher das Männchen, welches gestern ein Stück Weges mit dem Pilger gegangen war.

»Eine Wöchnerin und ihr Kindchen habe ich aufgespürt und wohne daselbst«, raunte das Männchen dem Weiblein zu. »Es ist noch eine Wöchnerin in dem Dorfe, in dem kleinen, weißen Häuschen, dicht am Steige, dahin gehe du.«

Das Weiblein bejahte es, und jedes ging des Weges.

Da befiel den frommen Pilger eine große Angst; er fürchtete für das Leben und die Wohlfahrt seines gastfreien Wirtes und kehrte auf der Stelle um, zu seinem Gastfreunde zurückkehrend.

Siebenhundertsiebenundvierzigste Nacht

Heute nacht fuhr der Freiherr fort:

Des Pilgers Wirt hatte große Freude, als er den ehrwürdigen Mann wiedersah. Er führte ihn sogleich zu seinem Weibe, und der Pilger segnete die Wöchnerin und das Kind und blieb den ganzen Tag an der Wiege des Kindleins sitzen, das gegen Abend getauft werden sollte.

Des Nachmittags trat ein kleines Weiblein herein und bat demütig um die Gunst, sich ein wenig am warmen Ofen erwärmen zu dürfen, was ihm die Leute auch gestatteten.

Der Pilger erkannte das Weiblein auch sogleich für das, welches er am frühen Morgen im Walde erblickt hatte, und als es sich der Wiege nähern wollte, das Kindlein zu besehen, machte der Pilger das Zeichen des Kreuzes über das Kind, worauf das Weiblein zurückwich.

Nach zwei Stunden wurde das Kind getauft, der Pilger wurde Pate, und als es der Wöchnerin nach der Taufe gebracht wurde, freute sie sich über das wohlgebildete Kind.

Hierauf entfernte sich der Pilger, an des Häuschens Türe aber stand das Weiblein und sah ihn grimmig an.

Da erinnerte sich der Greis des kleinen Männchens und daß es vielleicht im andern Taufhause Unheil stiften könne, und obgleich schnöde abgewiesen, ging er doch zu dem Hause.

Die Tür stand offen, fröhlicher Gesang schallte aus dem Hause, es duftete nach Braten und Kaffee, und unbemerkt trat der Pilger in das große Gemach, in welchem sich die Wöchnerin befand.

Der Kindtaufvater saß mit den Gästen um den runden Tisch, aß und trank und jubelte, und die Paten harrten auf den Pfarrer, an der Wiege aber saß spöttisch lächelnd das Männchen und wiegte das Kind.

Als es den Pilger ansichtig wurde, stand es auf und verließ das Zimmer, aber hohnlachend, mit hämischem Blick auf den Pilger.

Als nun der Prediger eintrat und die Großmutter zur Wiege hinging, um das Kind herauszunehmen, schrie sie laut auf, denn statt des wohlgestalteten, gesunden Kindes lag ein unförmiger Wechselbalg darin, mit stieren, gläsernen Augen, großem Kopfe und ungestalteten Füßen und Händen.

Die Wöchnerin war ohnmächtig geworden, und der Kindtaufvater dachte sogleich an das kleine Männchen. Man eilte ihm nach, doch niemand sah es mehr.

Die Verwechslung war nun einmal geschehen, und das Kind blieb zeitlebens ein Wechselbalg.

»In manchen Gegenden«, sprach der Kaplan, »wird streng darauf gehalten, daß es niemals vergessen wird ›Gott helf‹ zu sagen, wenn das Kind niest. Auch gibt es Leute, die aus Furcht, das Kind möchte ihnen verwechselt werden, die Taufe sehr beschleunigen.«

»Ich bin weder abergläubisch, noch denke ich mir Gott als einen zornigen Gebieter, der ein unschuldiges Kind verwerfen könnte, weil es nicht getauft ist«, sagte die Freifrau, »aber ich war viel ruhiger, glaubte Alma sicherer zu haben, als sie getauft war.«

»Viele«, bemerkte Eduard, »glauben auch an Leute, welche durch Besehen der Kinder diese krank machen und ein krankes Kind, das sie sich dabei denken, gesund.«

»Jawohl«, sagte Willmann, »und was ich auch bei solchen Leuten als Arzt dagegen gesagt habe, es hat niemals etwas gefruchtet.«

Siebenhundertachtundvierzigste Nacht

Marie war krank, wenn sie es auch zu verbergen strebte; sie konnte sich kaum aufrecht erhalten, und die Damen nebst dem Arzt und dem Kaplan brachten den Abend bei ihr zu.

Der Kaplan erzählte die Legende:

DIE EISERNE KRONE

Den vielen Bemühungen der römisch-griechischen Kaiserin, Mutter Konstantins des Großen, Helena der Heiligen, gelang es auf ihrer frommen Pilgerfahrt im Jahre 334 zu Jerusalem, die Stelle, wo das Kreuz des Heilandes aufgepflanzt war, das heilige Grab und mehrere Reliquien, worunter zwei durch Christi Blut geheiligte Nägel, zu entdecken.

Beide Nägel sandte sie ihrem regierenden Sohne nach Konstantinopel. Der eine sollte als Reifchen in einem goldenen, reich mit Edelsteinen besetzten Diadem als die kostbarste Krone (die sogenannte eiserne Krone) seine Stirne schmücken, der andere wurde 395 vom Kaiser

Theodos dem heiligen Ambrosius, Erzbischof von Mailand, vermacht und von diesem der Domkirche übergeben, wo er noch hoch über dem Hauptaltar aufbewahrt wird.

An dem Hofe des Kaisers Konstantin Tiberius lebte der heilige Gregorius als päpstlicher Legat. Dieser Kaiser starb im Jahre 582, und der heilige Gregorius wurde nach Rom zurückberufen. Er brachte aus Konstantinopel die eiserne Krone mit sich. Von 584 an regierte dort Autari oder Othar, welcher die fromme bayrische Prinzessin Theodolinde ehelichte, aber schon 590 kinderlos starb.

Theodolinde folgte dem Wunsche der vornehmsten Lombarden und wählte sich schon ein Vierteljahr darauf den Herzog Agilulf von Turin zu ihrem zweiten Gatten.

Der heilige Gregorius saß schon damals auf dem päpstlichen Stuhle. Er hieß Gregor I. und seiner ausgezeichneten Eigenschaften halber auch der Große. Theodolindes Frömmigkeit zog den Heiligen Vater in hohem Grade an, und vermittelst des hochwürdigen Paters Secundus, der bei der Königin sehr viel galt, ließ er es ihr nie an weisem, väterlichem Rate fehlen.

Diese tugendhafte Königin bewog ihren Gemahl, vom Arianismus zur römischen Kirche überzutreten. Im Jahre 602 gebar sie zu Monza einen Prinzen, welcher von dem hochwürdigen Secundus nach römischem Ritus Adaloald getauft wurde.

Dadurch wurde ihr der Aufenthalt in der bei Mailand so nahen Brianza zum irdischen Paradiese, und sie ließ da ein königliches Schloß und die Johannes dem Täufer geweihte Domkirche bauen und bereicherte diese mit Einkünften und kostbaren Kleinodien.

Kaum hatte Gregor der Große jene Taufe vernommen, so langten aus Rom für Theodolinde des Heiligen Vaters feurigste Glückwünsche, Segnungen und Geschenke an, worunter die eiserne Krone das kostbarste war.

Viele behaupten, Papst Gregor der Große habe die eiserne Krone schon im Jahre 590 zur Krönung Agilulfs nach Monza geschickt, die förmliche Schenkung derselben an Theodolinde sei erst zu Ende des Jahres 603 oder Anfang 604 erfolgt, auf daß mit selber ihr Sohn und dessen Nachfolger als Könige von Italien gekrönt würden. Die fromme Königin vertraute die Aufbewahrung der eisernen Krone und anderer Heiligtümer und Pretiosen auf ewige Zeiten dem Dome zu Monza an.

Theodolinde wurde 615 abermals Witwe. Sie regierte nun zum Frieden und Glücke Italiens als Vormund und Mitregentin ihres Sohnes Adaloald, gab ihre Tochter Gundberg dem damaligen Herzog von

Turin zur Frau, stiftete viele Kirchen und beschloß im Jahre 625 ihr heiliges Leben.

Eine viel später aus Marmor gemeißelte Arche, neben der Sakristei in der Domkirche zu Monza, schließt ihre Gebeine in sich.

Die arianischen Vornehmen und Bischöfe der Langobardie enthoben nach Theodolindes Tode den römischgläubigen Adaloald des Thrones und setzten seinen Schwager Arinvald darauf. Von Arinvald bis zu Karl dem Großen ging die eiserne Krone noch auf zwanzig und nach Karl dem Großen bis Napoleon (mit inbegriffen) wieder auf vierzig Fürsten über.

Hier brach der Kaplan ab, denn es war spät, und der Arzt erinnerte daran, daß Marie der Ruhe bedürfe.

Siebenhundertneunundvierzigste Nacht

Kaum trat diesen Abend der Kaplan zu Marie in das Gemach, so fragte sie, die ihn schon am Gange erkannt hatte, ob er ihr nichts weiter von der eisernen Krone mitzuteilen wisse.

»Noch einiges«, erwiderte er. »Ich muß gestehen, daß mich diese Geschichte der eisernen Krone sehr interessiert, und es ist mir nicht lieb, daß sich die Echtheit dieser Krone bezweifeln läßt; denn selten erhält sich Jahrhunderte hindurch, zumal in Kriegsstürmen, ein so wertvolles Kleinod in den Händen der rechtmäßigen Besitzer; es wird nachgemacht, ausgetauscht. Dennoch aber habe ich gute Gründe, zu glauben, daß die Krone, welche nächstens wieder einen Kaiser schmücken wird, noch dieselbe ist, welche der Papst der Königin gab; denn die Priester bewachten das Kleinod und gaben es nicht in profane Hände.«

In seiner Mitteilung fuhr der Kaplan fort:

Nachdem die französische Regierung beschlossen hatte, in ihrer Hauptstadt das einzige Zentralmuseum für Europa zu errichten, beraubte sie alle unterjochten und befreundeten Staaten ihrer historischen und Kunstschätze. Sogenannte Savants hatten zu diesem Zwecke auch die Schatzkammer in Monza durchforscht. Ihnen folgten im Januar 1797 von der französischen Regierung beauftragte und von Berthier mit drohender Gewalt versehene Kommissäre, welchen vom

Monzaer Dome die Schätze ausgeliefert werden mußten. Nur die eiserne Krone gelang es den geplünderten Bewohnern zu retten. Diese Rettung kostete sie große Summen und anderartige Opfer.

Ein bloßes Modell davon wurde dem übrigens wahren Schatze beigelegt und nach Paris gebracht. Manches Kostbare kam hiervon schon auf dem Wege dahin abhanden, und noch mehr wurde, wie man in Pariser Zeitungen las, dort selbst aus dem Cabinet des Antiques und aus der Bibliothèque Nationale gestohlen.

Napoleon setzte sich diese eiserne Krone zu Mailand am 23. Mai 1805 selbst auf, wurde zum König von Italien ausgerufen, stiftete den Orden der eisernen Krone, erstattete aber Italien keineswegs seine Schätze zurück.

Nachdem das österreichische Heer mit Siegeslorbeer geschmückt am 28. April 1814 zu Mailand seinen Einzug gehalten und Napoleon vom französischen und königlich-italienischen Throne herabgestiegen war, nahm Franz I., Kaiser von Österreich, seine Staaten in Italien als lombardisch-venetianisches Königreich (1815) in Besitz, bestätigte den Orden der eisernen Krone, erhob ihn zu einem kaiserlich-österreichischen Hausorden, ließ den Kirchen, Bibliotheken, Galerien, Museen und Kabinetten ihr geraubtes Eigentum aus Paris wieder zustellen, und so erhielt auch Monza alles wieder, was von seinem achtzehn Jahre früher ihm mit Gewalt entwendeten Schatze in Paris noch zu finden war. Der verewigte Kaiser Franz I. erlaubte der Stadt Monza, in bezug auf ihren Besitz der eisernen Krone, ihr Wappen mit dem Titel ›Sedes Italiae Regni Modoaetiae magni est‹ zu zieren.

Diese Krone wird in der dortigen Domkirche, von den übrigen Schätzen abgesondert, als ein Heiligtum aufbewahrt.

Siebenhundertundfünfzigste Nacht

Diese Nacht erzählte der Freiherr folgende Sage:

DIE WEISSE FRAU AUF DEM SCHLOSS ZU NEUHAUS

Auf dem Schloß Neuhaus lebte zu Anfang des sechzehnten Jahrhunderts ein alter, reicher Baron, dermalen der alleinige Besitzer der Rosenbergschen Güter, in welche sich nach seinem Tode eine Menge von Enkeln und Urenkeln, Vettern und Schwägern teilen sollten. Es war seit zwanzig Jahren, solange er Witwer war, herkommens bei ihm, daß allemal um die Osterzeit sich alle Neuhause und Rosenberge mit ihren Kindern auf seinem Schlosse versammelten, um daselbst drei fröhliche Wochen zu verleben und hierauf wohlbeschenkt von dannen zu ziehen; denn der alte Herr liebte die ganze Sippschaft wie seine eigenen Kinder. Die alte Burg war auch weit genug, sie zu fassen, und Baron Mathias reich genug, sie zu bewirten und zu begaben. Es war ein munterer Herr, der noch in den Achtzigern die Freude liebte und sie gern an seinen Kindern sah; und jedes fröhliche Familienfest wurde daher auf die Osterzeit verspart, um zu Schloß Neuhaus unter den Augen des gemeinschaftlichen Vaters gefeiert zu werden. Binnen dieser Zeit geborene Kinder wurden bei dem großen Familienbesuch dem guten Greis zuerst vorgestellt. Manche Verlobung, manches Hochzeitsfest wurde da gefeiert; denn unter den jungen Vettern und Muhmen gab es immer Liebesbündnisse, und viele derselben schrieben sich eben von dem Osterbesuch her, da oft Jünglinge und Mädchen sich zu sehen bekamen, die einander sonst nirgends unter so günstigen Umständen getroffen haben würden. Der alte Herr sah es ungemein gern, wenn die jungen Zweige seines Stammes sich wieder miteinander verflochten, doch war er auch kein Feind anderweitiger Verbindungen. Trug ein Männlein oder Fräulein seines Hauses Neigung zu einem würdigen Gegenstand außer den Grenzen der Familie, so war der fremde Einkömmling herzlich willkommen; er brauchte weder große Güter zu haben, noch hatte er eine allzu strenge Ahnenprobe auszustehen. Oft wurde von dem Gerichte der strengeren Väter und Mütter an ihn appelliert; ein Schritt, der nie ohne gute Folgen war.

Ein junges Fräulein namens Bertha von Neuhaus befand sich dieses Mal in einem solchen Falle. Sie war dem Baron nur im dritten

Grade verwandt, aber ihm wohl so lieb als seine leiblichen Enkel und Urenkel. Nicht sowohl persönliche Eigenschaften gaben der blonden Bertha diesen Vorzug, ungeachtet sie ein recht gutes, schönes Mädchen war, sondern ein ganz kleiner Umstand, zu dem sie eigentlich nichts beigetragen, wofür sie nur ihrem Glück zu danken hatte.

Ihre Mutter hatte vor siebzehn Jahren den klugen Einfall gehabt, ihr Wochenbett gerade um die Osterzeit, in den Tagen des Familienbesuchs, zu Schloß Neuhaus aufzuschlagen. Ein solches Fest war in den Mauern des alten Schlosses seit der Geburt von des Barons eigenen Kindern nicht erhört worden. Nichts war mit seiner Freude und Geschäftigkeit zu vergleichen. Er versetzte sich im Geiste in seine besseren Jahre zurück, wollte, da er des Kindleins Vater nicht war, wenigstens sein Pate werden, und schwur, wenn es ein Knabe wäre, es den Kindern seiner Söhne gleich zu erziehen. Leider war es nur ein Fräulein, und der vorteilhafte Schwur ging verloren, doch war auch sie ihm lieb und wert, das zeigte schon der Name, den er ihr gab; eine Benennung, die in dieser Familie von alters her eine sonderbare heilige Deutung gehabt hatte.

Diese kleine Bertha, des Baron Mathias Pate und Liebling, war jetzt, wie gesagt, siebzehn Jahre und wollte sich verheiraten. Ihre Wahl fiel auf einen neuen Edelmann, der sich seinen Adel erst in dem kürzlich geendigtem Religionskrieg erkämpft hatte und der ebensowenig Reichtümer als Ahnen nachzuweisen vermochte. Der junge Krieger, der seine Gewählte innig liebte, besaß nichts als ein kleines Gut an der böhmischen Grenze, das ihn allenfalls fähig machte, seine Bertha standesmäßig zu unterhalten, wenn sie ihre Wünsche so einschränkte, wie er die seinigen, und fortfuhr, Wirtlichkeit und Stille zu lieben.

»Sie mögen sich heiraten, in Gottes Namen!« sagte der alte Herr, als ihm die Sache von den zweifelnden Eltern zur Entscheidung vorgelegt wurde. »Sie mögen sich heiraten, und künftige Ostern ist die Hochzeit auf meiner Burg.«

Diese erwünschten Ostern waren erschienen, Fräulein Bertha und ihr Bräutigam hielten ihren Einzug auf dem Schlosse; der Vermählungstag wurde auf übermorgen angesetzt; aber die erste Nacht, da der junge Held hier zur Ruhe ging, wurde er von einer Krankheit befallen, die seinem Leben ein schnelles Ende machte. An eben dem Tage, der zur Krönung seines Glückes angesetzt war, schloß er seine Augen auf ewig, und Bertha weinte verzweifelnd an seiner Bahre. Sie verlor mit ihm alles. Die Liebe ihrer Verwandten hatte sie durch ihre standeswidrige Wahl verscherzt, und es war wenig Hoffnung übrig, daß sie dieselbe, obgleich der unglückliche Gegenstand des Zwistes nun nicht mehr war, wiedererlangen würde. Machte man ihr doch schon ihre Tränen um den Verblichenen zur Sünde und höhnte sie, daß sie sich als Braut in den Witwenschleier hüllte.

Baron Mathias hatte Mitleid mit der Unglücklichen; er sah, wie elend sie in der Zukunft im Kreis ihrer Verwandten sein würde, und beschloß, sie bei sich zu behalten. »Ich werde alt«, sagte er, »Gäste sieht mein Schloß nicht immer, und brauche ich gleich keine Haushälterin, da mein Hauswesen gar wohl versorgt wird, so brauche ich doch eine gute Gesellschafterin, die mir die Zeit mit Gesprächen kürze, den Wein in meinen Becher schenke, mich in Krankheit pflege und, geht es mit mir zum Tode, um mich weine. Bertha wird sich zu dem allen recht wohl schicken, und so sie will, bleibt sie mir.«

Bertha begann also ihren einförmigen Lebenslauf, den sie größtenteils auf ihrem Zimmer führte, außer des Mittags und Abends, wenn sie an der Tafel des guten Barons präsidierte, und mit Hintansetzung ihres eigenen Kummers, strebte, durch gute Laune seinen Wein zu würzen. Um die Wirtschaft hatte sie sich nicht zu bekümmern, denn diese war, wie der Baron selbst sagte, gar wohl versorgt; sie kannte kaum die Hälfte seines Schloßgesindes, das sehr zahlreich war, und seine Besucher vollends gar nicht.

Es geschah zuweilen, daß der muntere Greis, der in den Achtzigern erst zu merken begann, daß er alt werde, große Gesellschaft bei sich sah. Er und seine Tafel waren sehr beliebt bei dem benachbarten Adel, auch machte der Stand und das Ansehen, das er im Königreich behauptete, daß er oft Besuch aus Prag erhielt und oft fürstliche Personen bei ihm einsprachen. Dann aber hatte die sittsame Bertha Vergunst, auf ihren Zimmern zu bleiben, wo der Spinnrocken und die Sticknadel, die wenigen Bücher, die damals ein Fräulein zu lesen pflegte, und ihre Laute ihr die Stunde genug vertrieben.

Bertha war eine Meisterin auf diesem Instrument; sie nützte es oft, den bösen Geist zu vertreiben, wenn er in den Schmerzen des Podagra über den Baron kam, und ebensooft brauchte sie's zu gleichem Endzweck, wenn ihr in der Einsamkeit der Gram zu mächtig wurde und das Bild des verlorenen Geliebten zu lebhaft vor ihrer Seele emporstieg.

Eines Abends, als beim Baron wieder große Gesellschaft war und Bertha auf ihrem einsamen Zimmer wechselweise weinte und auf der Laute spielte, klopfte es leise an die Tür; sie stand auf, zu öffnen; eine feine, ältliche Frau stand draußen, die sie mit ihrer gewohnten Freundlichkeit hereinnötigte. Sie sah sie heute nicht zum ersten Male; oft bei ihren einsamen Spaziergängen durch den Schloßgarten oder wenn sie in den weiten Galerien der Burg umherging, war sie der Matrone begegnet und hatte sie wegen des reinlichen, weißen Anzugs und des großen Bundes Schlüssel an der Seite, für die Oberaufseherin der wohlbestellten Wirtschaft des Barons gehalten. Eine gegenseitige höfliche Verbeugung erfolgte dann allemal, aber gesprochen hatte man sich noch nie.

Die Wanduhr im benachbarten Zimmer mahnte jetzt die Zuhörer mit vielem Geräusche an die Zeit des Schlafengehens.

Siebenhunderteinundfünfzigste Nacht

»Das ist ein böses, unbarmherziges Wetter«, sprach der Kaplan, als am andern Abend die Bewohner des Schlosses wieder in dem Saale sich zusammenfanden. »Gott beschütze die armen Reisenden, welche in dieser Nacht auf dem stürmischen Meere schiffen.«

»Selten nur«, bemerkte der Freiherr, indem er an ein Fenster trat und mit ernsten Blicken hinausschaute in die Nacht, »selten nur hab' ich eine so durchaus schwarze, sternlose Nacht gesehen wie diese. Kaplan«, rief er, rasch sich umwendend und sich in seinen Lehnsessel am Tische werfend, »Kaplan! – Ihre Sage!« – Er bedeckte die Augen mit der Hand. – Der Kaplan erzählte:

Die Matrone hatte in ihrem Gesicht für Bertha etwas Gefälliges. Die Züge des Alters und einer sanften Schwermut hatten die Reste ehemaliger Schönheit nicht ganz verwischen können; ihre Kleidung war äußerst simpel und, wie gesagt, ganz weiß, aber der Schnitt derselben und die Art, womit sie getragen wurde, zeigte doch, wenn auch beides ein wenig altmodisch war, nicht von gemeinem Stande. Auch ließ es sich denken, daß ein Mann wie der Baron keine geringe Frau zur Haushofmeisterin würde gewählt haben, und dies mußte nach Berthas Vorstellung die Unbekannte sein, die jetzt an ihrer Türe stand und von ihr hereingenötigt wurde.

Die Fremde weigerte sich ein wenig, bis Bertha ihre Hand ergriff und sie über die Schwelle zog. »Oh, keine Umstände«, rief sie, »keine Umstände, liebe Frau – wie nennt Ihr Euch?«

»Bertha!« lautete die Antwort.

»Liebe Frau Bertha, also«, bemerkte die Fragerin, »Eure Hände sind kalt. Hat mein Spiel Euch herbeigezogen, so müßt Ihr es nicht vor der Türe, sondern in meinem Zimmer hören.«

»Wer klopft, begehrt Einlaß!« versetzte die Unbekannte lächelnd.

»Also ein zugedachter Besuch!« – rief Bertha aus – »Ihr seid mir willkommen! Ich hoffe, Euch öfter zu sehen; ich bin gern einsam, aber die Gesellschaft einer guten Matrone wie Ihr wird mir immer erwünscht sein.«

Die Unbekannte lächelte, stellte sich hinter einen Stuhl und deutete auf die Laute, welche das Fräulein von neuem ergriff und zu spielen begann; aber das Stück war noch nicht halb beendigt, so bewegte sich die Besucherin nach der Tür, machte gegen ihre junge Namensschwester eine verbindliche Bewegung mit der Hand und verließ das Zimmer.

Dergleichen abgebrochene Besuche bekam das Fräulein sehr fleißig, aber zu ihrem größten Kummer wurde wenig, oft auch gar nichts dabei gesprochen, und die Laute, welche die Matrone gern zu hören schien, obgleich sie selten ein ganzes Stück auswartete, mußte immer die Hauptrolle spielen. Die junge Bertha sprach gern und hätte wohl der vermeintlichen Wirtschafterin ihres Verwandten etwas mehr Redseligkeit gewünscht. Doch das geschäftige Klirren mit den Schlüsseln, das allemal ihre Ankunft verkündigte und wenn sie schied, allemal noch lange hinter ihr hörbar war, machte das Fräulein glauben, sie habe zuviel zu tun, um die Geschwätzige zu machen. Auch war es ja vielleicht möglich, daß der alte Herr, der auch seine Eigenheiten hatte, den Verkehr seiner Leute mit seiner Verwandten nicht gern sah und daß diese Besuche nur heimlich abgestohlen wurden, eine Ursache, warum Bertha nie ein Wort von denselben gegen ihn oder jemand andern erwähnte.

Die Matrone wurde dem Fräulein nach und nach so lieb, daß sie sie oft mit ihrer Laute herbeizulocken suchte und mißmutig wurde, wenn sie, wie oft geschah, nicht erschien; kam sie aber und stellte sich hinter den Stuhl an der Wand – sie setzte sich nie – so unterbrach die junge Bertha ihr Spiel oft, um die oder jene Frage an sie zu tun, welche meistens bloß durch Mienenspiel beantwortet wurden, zum Beispiel:

»Es ist doch artig, Frau Bertha, daß ich mit Euch einen Namen führe.«

Eine Bewegung mit der Hand erfolgte, als wollte sie sagen, die Ähnlichkeit ist nach meinem Geschmack.

»Eure Geschäfte sind groß, Ihr seht mich so selten.«

Als Bejahung der Sache galt ein leises Klirren mit den Schlüsseln.

»Es läßt fast, als sollten Eure Besuche eine Heimlichkeit sein?«

Der auf den Mund gelegte Zeigefinger bejahte diese Vermutung.

»Ihr habt eine so schwermutsvolle Miene, Eure Farbe ist so blaß, Ihr seid wohl nicht glücklich?«

Ein tiefer Seufzer war die Antwort.

Einstmals fragte das Fräulein mehr, als sie bisher noch getan hatte. »Liebe Frau Bertha«, sagte sie, »Ihr habt einen so edlen Anstand, Ihr könnt unmöglich eine gemeine Person sein.«

»Ich bin eine geborene von Rosenberg!« versetzte die Unbekannte.

»Oh, dies ahnte mein Herz!« schrie Bertha feurig. »Erlaubt, daß ich meine Verwandte umarme!«

Die Matrone trat zurück.

»Oh, Ihr zürnet über mich!« klagte das Fräulein. »Ihr entzieht Euch meiner Vertraulichkeit, die ich nun, da ich Euch kenne, Euch so gern ganz schenken möchte! Wieviel habe ich Euch doch zu fragen, da ich weiß, daß Ihr zu unserer Familie gehört! Die Geschichte der Rosenbergs soll so seltsam sein, wieviel könnte ich durch Euch erfahren!«

Frau Bertha zog sich hier nach der Tür und winkte dem Fräulein, ihr zu folgen. Der Weg ging durch eine Menge schallender Galerien in einen Flügel des Schlosses, welcher der jungen Bertha ganz unbekannt war. Sie standen an einer großen doppelten Flügeltür. Die Matrone suchte in dem Bund an ihrer Seite nach dem Schlüssel, der hier öffnen sollte. Er war gefunden. Schon drehte er sich dreimal im Schloß, da schlug es zwölf Uhr, die Kerze in der Hand des Fräuleins verlosch, und es war rundum dicke Finsternis.

Jetzt blickte der Erzähler nach seiner Taschenuhr, die ihn hier zu unterbrechen befahl, denn er erhob sich vom Sitze und griff, seinen Zuhörern sich verneigend, nach seinem Lichte.

Siebenhundertzweiundfünfzigste Nacht

Am nächsten Abend hatte der Kaplan, gleichsam als wolle er das Versäumnis vom vorigen Tage wieder einbringen, früher als um die gewöhnliche Stunde sich in dem Saale eingefunden; demungeachtet war schon sein Auditorium hier versammelt. Der Kaplan begann:

Fräulein Bertha hatte auch jetzt noch keine Ahnung, wer ihre einsilbige Gesellschafterin eigentlich war. »Welcher verdrießliche Zufall!« rief sie. »Was sollen wir nun beginnen? Eure Hand, Frau von Rosenberg! Ohne Zweifel seid Ihr hier besser bekannt als ich.« – Aber es streckte sich keine leitende Hand nach Berthas Arm aus, und das entfernte Klirren der Schlüssel sagte ihr, daß sich die Matrone entfernt habe.

Bertha war nicht ohne Unwillen gegen ihre Verwandte, doch enthielt sie sich lauter Äußerung desselben. »Unhöflich«, sagte sie bei sich selbst, indem sie im Dunkeln nach dem Rückweg tappte, »unhöflich ist es doch wirklich, mich im Finstern zu verlassen, doch vielleicht ist sie um Licht gegangen. Frau Bertha! Frau Bertha! Soll ich hier Eurer warten?«

Nichts antwortete als der Widerhall! Das Fräulein harrte ein wenig, ließ noch einige Male den Namen der Matrone ertönen, wurde dann ungeduldig und half sich, weil sie ein kleiner Schauer überfiel, am Ende so gut als sie vermochte, auf ihr Zimmer zurück. Es schlug eins, als sie es endlich erreichte, die zurückgelassene Kerze war im Verlöschen, sie warf eilig ihre Kleider von sich und ging zu Bette.

»Und was sie nur mit dem Spaziergang haben wollte?« fragte sie sich, als das Pochen ihres Herzens ein wenig nachließ. »Doch halt! Ich fragte nach der Geschichte unseres Hauses, ich habe viel von einer Bibliothek, von einem Archiv im südlichen Flügel des Schlosses gehört; ohne Zweifel hatte sie auch dazu den Schlüssel, und wenn der fatale Zufall mit dem verloschenen Licht nicht gewesen wäre, könnte ich mich jetzt in voller Befriedigung meiner Neugier befinden. – Nun, was heute nicht glückte, geschieht nächstens. Wenn sie wiederkommt, werde ich meine Bitte erneuern und ihr nichts von meinem Unwillen merken lassen, damit ich sie nicht erzürne.«

Bertha schlief ein und verträumte eine ganze Nacht unter Bildern von alten Manuskripten und Vorstellungen von seltsamen Geschichten, davon sie eine besondere Freundin war. Des andern Tages harrte sie bis zur Abendstunde, wo die Matrone gewöhnlich zu erscheinen pflegte, sie nahm die Laute, sang, psalmodierte auf das künstlichste, kein leises Klopfen wurde gehört, kein Besuch ließ sich sehen.

Am andern und am dritten Tage und in sechs darauffolgenden wurde jeder Winkel des Gartens, jeder Teil des Schlosses durchstrichen, wo ihr sonst die Rosenbergische Matrone begegnet war. Niemand ließ sich sehen, und sie würde gedacht haben, der Baron hätte seinem Hauswesen eine andere Aufseherin gegeben, wenn sie nicht gewußt hätte, daß dergleichen Änderungen hier nie gemacht wurden und daß Herr und Diener auf Schloß Neuhaus sich nie anders als durch den Tod trennten.

Auf einmal kam ihr der Gedanke, die Matrone könne wohl krank sein; und wie gern hätte sie gefragt, wenn sie nur gewußt hätte, ob sie die Bekanntschaft mit einer Person dürfte merken lassen, deren Besuche, sie mochte sie beherzigen, wie sie wollte, so viel Geheimnisvolles hatten. Sie begnügte sich am Ende mit der allgemeinen Frage, ob jemand auf der Burg krank sei und fühlte sich durch die Antwort »Nein!« befriedigt.

Ein anderer Wunsch beunruhigte sie jetzt doppelt so sehr, die Begierde nach dem Innersten jenes Saales, an dessen Türe sie die Matrone vor neun Tagen geführt hatte. »Sie kommt nicht«, sagte sie zu sich selbst, »ihr angefangenes Werk auszuführen, und ich sehe nicht, was mich abhält, die Befriedigung meines Verlangens vom Baron zu erbitten.« –

»Mein Oheim« – sagte sie tags darauf zu ihm, als nach der Mahlzeit ihn der Wein fröhlich machte – »solltet Ihr wohl glauben, daß Eure Bertha manchmal Langeweile hat? All mein Flachs ist versponnen, meine Tapetenarbeit geendigt, alle meine Bücher zum zehnten Mal hindurch gelesen, wäre mir denn nicht einmal der Zutritt zu dem Rosenbergschen Archiv gestattet?«

Der Baron lachte ihres Begehrens. »Schade«, spottete er, »daß du kein Knabe bist! Ein Mönch ist an dir verdorben, weil du so gern im Staube von alten Manuskripten wühlst. Hier ist der Schlüssel, warum sollte ich dir die Freude versagen, das Haus zu kennen, aus dem du entsprossen bist? Du wirst alles in einiger Verwirrung finden, weil ich das letzte Mal, als ich dort nach einigen Familiennachrichten suchte, durch einen kleinen Schreck aufgejagt wurde. Könntest du den Geist der Ordnung, der dir eigen ist, in meine Pergamente übertragen, so würde ich dir danken; doch tue mir den Gefallen und arbeite nie in der Mittagsstunde! Du weißt, daß ich meine Mahlzeit nicht gerne verschieben lasse; auch nicht des Nachts, es ist wegen Feuersgefahr! Die übrigen Stunden sind sicher, tue in denselben, was dir gefällt.«

Bertha verstand nicht die Hälfte von dem, was ihr Oheim sagte, auch war es eben seine Absicht nicht, daß sie ihn ganz verstehen sollte, sonst würde er deutlicher gesprochen haben. Sie nahm den Schlüssel, küßte die Hand des Greises und hüpfte davon.

»Sachte, sachte, Bertha!« rief er ihr nach. »Du wirst dich nicht zurechtfinden, der Büchersaal ist in einer Gegend des Schlosses, wo du noch gar nicht gewesen bist. Nimm einen von den Leuten mit dir, und noch dies habe ich dir zu bemerken, gehe nicht in das südliche Nebenkabinett, welches zu dem Turm führt, wenn ich nicht selbst dabei bin, ich will schon einmal Gelegenheit nehmen, dich bei deinen gelehrten Arbeiten zu besuchen.«

Bertha, die stehengeblieben war, antwortete mit noch einer Verbeugung und verschwand. Von den Leuten nahm sie niemand mit sich, sie konnte sich schon allein an dem Ort zurechtfinden, den sie nicht, wie ihr Oheim meinte, heute zum ersten Male betrat. Ein wenig wunderte sie sich, als sie die äußersten Türme zu den Sälen und Galerien, durch die man gehen mußte und die in jener Nacht alle offen waren, verschlossen fand. Doch der Schlüssel öffnete jedes Schloß, und jetzt stand sie vor der doppelten Flügeltür, wo vor neun Tagen beim zwölften Glockenschall die Kerze verlosch, die Rosenbergische Matrone ihr von Händen kam und ihre Neugier getäuscht wurde.

Sie schloß auf; ein großer Saal öffnete sich ihr, viel zu geräumig für die kleine Anzahl Bücher, die an den Wänden aufgestellt waren, und ihm den Namen der Librarei gaben, ein Ausdruck jener Zeiten, um eine Büchersammlung zu bezeichnen. Doch einige hundert Bände waren in jenen Tagen schon eine große Sammlung für einen Edelmann. Mancher Abt würde damit zufrieden gewesen sein.

Die neugierige Bertha warf jetzt ihre Augen nicht auf diese Vehikel der Weisheit und Torheit ihres Jahrhunderts, sondern eilte nach dem großen Tisch von Ebenholz mit gedrehten Säulen, der in der Mitte stand und auf welchem sie, wie ihr der Baron gesagt hatte, alles aufgetürmt finden sollte, was zur Familienkunde gehörte und was sie, dem Willen des Greises gemäß, fein ordentlich wieder ins vergoldete Wandschränkchen legen sollte, dessen beide Türen offenstanden und aus welchem es genommen war.

»Der Oheim muß sehr eilig gewesen sein, als er dieses Zimmer zuletzt verließ«, sagte Bertha, indem sie einen großen, silbernen Leuchter von der Erde aufhob, über den sie bald gefallen wäre. »Welche Unordnung, welcher Staub!« sprach sie vor sich hin. »Hier scheint in Jahren niemand gewesen zu sein! Und die Haushälterin hatte doch den Schlüssel, und er ging ihr so leicht in dem Schlosse herum, da ich es vor Rost kaum zu öffnen vermochte!«

Bertha begann in den Pergamenten zu wühlen, eine endlose Arbeit, die ihr sehr wenig Vergnügen gewährte, denn sie stieß anfänglich auf nichts als alte Stammbäume, Schenkungsbriefe, Verträge, Kontrakte und eine Menge anderer Dinge, die zwar sichere Belege von dem Reichtum und dem Adel ihres Hauses waren, sie aber nicht sonderlich interessierten. Nahrung für ihre Neugier suchte sie; schon auf der

Amme Schoß hatte sie so viel von den sonderbaren Geschichten der alten Herren von Rosenberg gehört, daß sie gern hier mehr erfahren hätte. Sie sah sich getäuscht und hätte vielleicht das ihr übertragene Amt als Rosenbergische Archivarin augenblicklich aufgegeben, wenn sie sich nicht des vor ihrem Oheim, der ohnehin ihres Einfalls spottete, geschämt hätte. Sie faßte endlich den Entschluß, alles Stück vor Stück zu mustern und zu ordnen, und ging rüstig ans Werk. Sieben Tage dauerte die Arbeit, denn sie fand zuwenig von dem, was sie suchte, als daß sie hätte emsig sein sollen. Für den achten Tag war es aufbehalten, ihr bessere Genüge zu leisten. Sie hatte den ganzen Vormittag gearbeitet, um endlich der verdießlichen Arbeit quitt zu werden. Das goldene Wandschränkchen füllte sich mit wohlgeordneten Urkunden, der Tisch wurde leer, da stieß sie auf einige dichtbeschriebene Blätter, die nichts Minderes enthielten als jene berufene Märe, die der heutigen Welt vor einigen Jahrzehnten unter dem Namen einer Geschichte der Grafen von Rosenberg ist ans Licht gestellt worden. Sie erzählten umständlich die Abenteuer eines alten Familienschlosses im Böhmerwalde und fesselten die aufgeregte Phantasie des Fräuleins so sehr, daß sie zum ersten Male vergaß, daß es Mittag war und man bei der Tafel auf sie wartete.

Es schlug zwölf, die Tür, durch welche sie hereingekommen war, ging auf, die emsige Geschichtsforscherin sah in die Höhe, die Rosenbergische Haushälterin, welche eben eingetreten war, strich eilig durch den Saal bei ihr vorbei nach dem südlichen Kabinett.

»O Frau Bertha!« schrie das Fräulein, indem es aufsprang, auf sie zuzugehen. »Sehe ich Euch endlich wieder?«

Die Matrone ließ sie nicht ausreden. »Es hat zwölf geschlagen!« sagte sie, auf die Tür deutend.

Siebenhundertdreiundfünfzigste Nacht

Es war so etwas Gebietendes in dem Wink der Matrone, daß die junge Bertha augenblicklich gehorchte. Sie machte eine Verbeugung und ging in dem nämlichen Augenblick zur äußern Tür hinaus, da die Frau Base durch die innere Tür verschwand. Ein Zugwind pfiff ihr nach, welcher ihr die Tür aus den Händen riß und sie krachend zuschloß.

Etwas bestürzt, ohne sich selbst die Ursache davon angeben zu können, langte sie im Tafelzimmer an. Der Baron, welcher bereits hinter seinem Stuhl stand und den dampfenden Schüsseln entgegensah, drohte mit aufgehobenem Finger und sagte, sie habe lange auf sich warten lassen. »Ist dir niemand von den Leuten begegnet?« fuhr er fort. »Ich hatte bereits nach dir geschickt.«

»Ich sah niemand als die Haushälterin, mein Oheim!« berichtete Bertha.

Schnell fragte der Baron: »Die Haushälterin? Was meinst du?«

Bertha versetzte: »Die ansehnliche, ehrbare Frau mit den Schlüsseln, sie soll, glaub' ich, eine von Rosenberg sein.«

Der Baron wurde bleich und klirrte mit dem Löffel auf dem Teller.

»Eine so nahe Base«, fuhr das Fräulein fort, »und nichts weiter als Ausgeberin! Es bekümmerte mich heute ordentlich, an die Tafel zu gehen, wo ihr sowohl eine Stelle als mir gebührte.«

»Bertha«, ermahnte der Greis, »man muß von Dingen nicht urteilen, die man nicht versteht.«

Das Fräulein schwieg und errötete. – Auch der Baron sprach die ganze Mahlzeit über kein Wort, er war still und nachdenkend. Als man sich erhob, forderte er von Bertha den Schlüssel zur Bibliothek zurück.

»Nur noch einige Tage, mein Oheim«, bat sie, »und ich hoffe, ganz fertig zu sein!«

»Mädchen! Mädchen!« erwiderte er. »Du wirst das Ding noch so lang treiben, bis dir etwas begegnet, das ich dir nicht gönnen würde! Hüte dich insbesondere vor der Nacht! Du kannst dir ja, was deine Neugier so lebhaft reizt, auf dein Zimmer nehmen.«

Bertha gehorchte. Sie nahm die furchtbare Geschichte von dem abenteuerlichen Schlosse mit sich in den Garten und las den ganzen Nachmittag bis zur Abendmahlzeit, die sie dieses Mal, weil Gäste vorhanden waren, auf ihrem Zimmer hielt. Als auch der Rest geendigt war, machte sie sich auf, das Manuskript wieder an Ort und Stelle zu bringen.

Es war zur Zeit der schönsten und längsten Tage, das Licht in ihrer Hand war ihr bei der hellen Dämmerung fast unnötig, dennoch ließ sie es brennen, setzte es auf den großen Tisch in der Bibliothek und nützte es, als sie unter dem Hin- und Herwerfen der übrigen Papiere noch etwas fand, das sie aufmerksam machte, die beiden großen Wachskerzen, deren eine sie beim ersten Eintritt in diesen Saal auf dem Boden gefunden hatte, anzuzünden und sich bei der zunehmenden Finsternis helleres Licht zu machen.

Das, was sie jetzt vor sich hatte, fesselte ihre Aufmerksamkeit ganz. Es war eine Pergamentrolle, auf deren braungelbem Grunde die Buchstaben nicht überall lesbar waren, an vielen Stellen hatte Feuchtigkeit alles geschwärzt und verwittert. Jetzt zog der Erzähler ein kleines Buch aus der Rocktasche, das die Geschichte der Rosenberg enthalten mochte, und nachdem er blätternd darin die gesuchte Stelle aufgefunden, begann er daraus vorzulesen. Die Schrift enthielt in böhmischer und lateinischer Sprache folgendes:

»Im Jahre des Heils unseres Herrn, als man zählte 1520 zur Zeit Wladislaws aus Polen, Königs in Böhaimb, am Tage St. Philippi Jakobi, hat Gescheck, Herr zu Rosenberg, die Kapelle unter diesem Turm, worin zwölf seiner Voreltern nebst anderen Gerippen ihre Urstätt erhalten haben, vermauern, jenen aber zu Ehren und Gedächtnis diesen Turm darüber aufführen und vollenden lassen. Sie, welche dort ruhen, sind« – hier folgten die Namen der Begrabenen, deren lesbare Reihe Przibislawa von Rosenberg, die Braut des Odolenus von Chisch, im Jahre 1157, beschloß. Darauf fuhr der Bericht fort: »Dies ist geschehen aus Ursache einer großen Furcht unter dem Volke. Denn als im Jahre 1157 Herr Markwart von Rosenberg auf seinem Zuge mit Herzog Wladislaw von Böhmen zur Feier der Vermählung Kaiser Friedrich Barbarossas von Hohenstaufen mit Fräulein Beatrix, Tochter des Herzogs von Burgund, nach Würzburg gezogen war, ist er daselbst am Tage Johannis des Täufers in dem Herrn entschlafen, dieweil daheim, allhier, auch sein Ehegemahl Frau Perchta verstorben ist.«

Siebenhundertvierundfünfzigste Nacht

»Da man nun den Leichnam zu seiner Ruhestätte in die Gruft dieser Kapelle beigesetzt zu werden, anhergeführt und die Türen der Kapelle weit geöffnet standen, sah man Frau Perchta daraus in ihrem Sterbekleide hervor- und dem Leichenzug entgegengehen, gleich, als wolle sie ihren Herrn bewillkommen und empfangen. – Die Geleiter des Zuges sind – vor großem Schrecken –« Auf diese Lücke folgte eine beträchtliche, durchaus vermischte Stelle, und erst am Schluß wurde wieder folgendes lesbar:

»– der Kirchner nicht mehr in der Nacht, in der Frühe, ja bei Tage zu läuten getraute; auch niemand aus der Gemeinde mehr in der Nähe des Einganges zur Kapelle wegen großer Furcht während des Gottesdienstes stehen wollen – Herr Gescheck, die Schicksale seiner Ahnfrau fleißig abzubilden befohlen. Das Bild ist am heutigen Tage aufgestellt, in einem kostbaren Schrein, vor dem zugemauerten Eingang. Friede in Gott und ewige Ruhe allen Toten. Amen!«

Der Kaplan legte das benützte Buch, auf einige Minuten wieder das Amt des Vorlesers mit jenem des Erzählers vertauschend, neben sich und fuhr in seiner Rede fort: Fräulein Bertha hatte neben jenem Pergament noch eine größere, wohlerhaltene Schriftrolle gefunden. Die Altertümlichkeit auch dieses Fundes, hinderte sie nicht, aus demselben sich Befriedigung ihrer Neugier zu verschaffen. Erst hatte sie stehend gelesen, mit dem Entschlusse, sich gleich nach Endigung jener ersten Handschrift zu entfernen. Jetzt, eine Rolle von weit größerem Umfange in Händen haltend, machte sie es sich bequem, setzte sich in den großen Armstuhl, schneuzte die sämtlichen Kerzen und begann – jetzt hatte der Erzähler das beiseite gelegte Buch wieder zur Hand genommen – folgendes vor sich hinzulesen:

»Ich heiße Perchta, eine Tochter Prostibors, auf dem Schlosse meines Vaters bin ich geboren, habe dort gelebt bis in mein sechzehntes Jahr. Damals kam Herr Markwart von Rosenberg zu uns, er war vierundzwanzig Jahre alt, freundlich und schön. Mir geschah das liebste, als ich vernahm, ich sollte von dannen ziehen, mit ihm nach seinem Schlosse, dort mit ihm zu wohnen und zu walten in Liebe und Frieden mein Leben lang, wie meine Mutter daheim. Es freuten sich mit mir und zogen mit mir viele aus der Jugend unserer Dienstleute, mir beizustehen in allem, was ich Not fände und täte. Man hatte mir ein purpurfarbenes Kleid angelegt, mein gelbes Haar geringelt und eine goldene Kette daraufgesetzt, als einer Jungfrau und eines Herrn Verlobte und Kind.

Vor der Kirche neben Herrn Markwarts Schloß hielt unser Zug. Sie war neu gestiftet und prachtvoll mit künstlichem Schnitzwerk geziert. Man hob mich vom Zelter, an Herrn Markwarts Hand trat ich ein, hin vor den Altar; wie sah jener so schön aus in seiner leuchtenden Rüstung, wie freute ich mich sein und meines Schicksals vor Gott und Menschen und tat von Herzen das Gelübde, ihm anzugehören mit Treue ewiglich. Da verehrte er mir einen goldenen Fingerreif, worin ein purpurfarbener Stein eingelegt war; sein Vater hatte ihn heimgebracht vom Grabe des Erlösers, wohin er zog mit Kreuz und Segen des Papstes Honorius, der ersten einer. Inwendig des Ringes las man das Jahr, den Tag und Herrn Markwarts Namen. Das waren liebe Worte.

Als ich meines ersten Töchterleins genesen war, fügte sich's, daß Mainhard, Bischof von Prag, auf einer Wallfahrt zum heiligen Grabe bei uns einsprach und willigte, es mit der Taufe zu versehen. Dabei erschienen meinem Herrn zu Ehren viele edle Herren und Ritter und Fräulein und Frauen. Auch meine Eltern kamen und meine Brüder und Schwestern, die sich verwunderten, daß ich Häublein und Schleier trug und Burgfrau und Mutter wäre.

Ich gebar nacheinander drei Kinder, zwei Töchter und einen Sohn, süße Geschwister, immer neue Freude mir und dem Vater. Der Raum im Schloß wurde enger und enger. Ich hatte viel zu schaffen und zu walten vom Morgen bis zur Nacht. Beriet mich aber in allem Herr Markwart so fest und getreu.

Als Herzog Sobieslaus gestorben war zu Hostin-Hradek auf seinem neuen Schlosse, zog Herr Markwart gen Prag, dort Rat zu halten mit den andern Herren wegen des Nachfolgers im Reich. Als er fort war und es an die Zeit kam, da ich wußte, nun zöge er durch Land, das ich nimmermehr gesehen, da verlor ich alle Gedanken, konnte nicht mehr erwägen, was Not wäre für den Tag; meine Kinder, meine Leute waren mir nicht dieselben, wurde ganz siech und matt. Wie wohl tat mir die Kunde, das Wladislaw der andere zum Herzog erkoren sei und mein Herr zurückkäme. Da lachten Grund und Boden wieder, als ihr Herr darauf stand; da nahm alles sein altes Angesicht an.«

Siebenhundertfünfundfünfzigste Nacht

Der Kaplan zog am nächsten Abend sein Buch wieder aus der Tasche, um die gestern abgebrochene Vorlesung wie folgt fortzusetzen:

»Im folgenden Jahr habe ich mein letztes Kind geboren. Ich habe keines nach diesem, keines der vorigen so lieb als dieses gehabt. Wir nannten das Mägdelein Przibislawa. Es war ein Kind wie aus einer bessern Zeit, war immer ernst und lächelte doch immer, hatte ein holdseliges Wesen. Ihre Geschwister wurden groß und veränderten sich; ich kannte ihr Kinderangesicht in deren keinem wieder; sie wurde höher und schöner und blieb sich gleich. Wenn ich sie als Jungfrau walten sah in Schloß und Garten, war mir, als säh' ich sie noch, wie sie als Kind zu mir hinaufgelangt – und gelächelt.

Unsere älteste Tochter erwählte ein heiliges Leben zu verbringen, fern von der Welt, im Kloster. Wir führten sie gen Prag, nach dem

Kloster zu St. Georg, anzutreten ihr Noviziat, und schieden von ihr in dem heiligen Frieden der dämmrigen Hallen. Ich weinte über sie vor Freude und Schmerz. Bald darauf wurde ihre Schwester verlobt, erkor auch unser Sohn ein edles Fräulein sich zur Gemahlin. Wir wollten gern, daß sie früh glücklich wären wie wir. Da richteten wir ein Schloß ein zum Empfang der neuen Tochter, für sie, daselbst zu hausen mit dem Sohne, da erhandelten wir Geschmeide und Hausrat, und ich erlas Gesinde, das mitzöge mit meinem Töchterlein, und belehrte es für sie. Das waren lästige Sorgen! Mir war, als pflanze ich mein Leben zum zweitenmal zu grünen in einem neuen Grund.

Przibislawa erwählte Herr Odolenus von Chisch. Er war ihres Vaters Wille, ihr eigener Wunsch, herrlich und ohne Tadel. So jung erkoren schon die Besten vom Adel zum Austräger ihn bei Fehde und Streit. Sein Sinn war hell und gerecht. Sein Aussehen stattlich, seine Augen feurig, ernst und hoch seine Stirn, selten und kurz die Rede seines Mundes, aus vollen, jugendlich schwellenden Lippen. Schier war er allzu gestreng für mein zartes Kind.

Dem Hause brachten Enkel fast zu derselben Zeit, indem die Hochzeit Przibislawas herankam und unsere älteste Tochter ihr heiliges Gelübde wollte weihen, Tochter und Schnur. Da begehrten die Geschwister, alle zusammenzutreffen in der väterlichen Burg. Der Raum war beschickt, eng für so viele liebe Gäste. Und als nun daherzogen die Vermählten mit den Neugeborenen, ihnen folgend die Dienstleute, als wir sie empfingen in dem Vorhof, die jungen Mütter mir ihre Kinder entgegentrugen, die mir Herrn Markwarts, die mir meiner Kinder Züge zeigten; als ich sie hochhielt in meinen Armen zum blauen Himmel, ringsum sich's drängte, grüßte, rief; jedweder sich der Seinen, unserer und der Unsern freute, als ich von den Eltern der kleinen, in Lebensfreude blühenden Gesichter schaute auf mein ältestes Kind, in dessen Zügen der Ernst heiliger Betrachtung schon begonnen die Spuren tiefer Ruhe einzugraben, die seine Begleiter auf Erden sind, wo die Freude der Jugend der himmlischen Freudigkeit wich; auf das frohe Gewühl um uns, das mir alles angehörte; in Herrn Markwarts edles Angesicht schaute wie in einen Spiegel, der mir eine lange Reihe seliger Tage zeigte, voll desselben immer neuen wachsenden Glückes, da hatte ich meiner Wonne weder Maß noch Ziel! Freute mich mit den jungen Müttern schwesterlich, freute mich mit ihnen mütterlich, freute mich unaussprechlich der Zukunft.

Hand in Hand saßen wir versammelt um den Steintisch im Schatten und Duft der Linden des Zwingers, weit umschauend in die sonnenumflutete Landschaft. In der Ferne wirbelte Staub vom Wege, wälzte sich herwärts; eine Rüstung blinkte, Farben wehten durchhin, Herzog Wladislaws Farben. Des Herzogs Herold war es, der Herrn Markwart entbot, mit Söhnen und Eidam gen Prag binnen zwei Tagen von dort zu ziehen mit dem Herzog gen Würzburg zur Hochzeit Kaiser Friedrichs von Staufen mit Fräulein Beatrix von Burgund. Die Herren schauten einander an, fragend, zögernd; Herr Markwart gab zusagenden Bescheid dem Herold.

In jenem Augenblick war meines Glückes Ende. Es wollte mir nimmermehr hell werden zu Sinn, wie mir auch zusprechen mochten und mich vertrösten auf die Rückkehr, mein Gemahl, die Eidame, meine Kinder. Ist der Freude ihr Tag anberaumt und wird ihr entzogen, nimmt sie keinen andern statt seiner mehr an.

Am dritten Tage, Przibislawas Verlobungstag sollte es sein, als die Rosse vorgeführt wurden, die Kinder voneinander und von den Enkeln und Geschwistern Abschied nahmen; mein Herr, schon aufgesessen, mir die Hand vom Rosse reichte, meine Hand faßte und hielt, zu sprechen nicht wagte, vor Scham der Tränen; mir ins Angesicht sehen wollte, das ich nicht zu erheben vermochte, ich ihn darauf anblickte, er mir lächelte, tröstlich und trübe; Herr Odolenus indem rasch entschlossen, der erste, durch das Fallgitter sprengte, Herr Markwart nun auch sein Roß langsam umwandte, meine Hand drückte, losließ; indem ich ihn ansah zum letzten Male, da brach mir das Herz – o hätte ich ihn nimmermehr wieder auf Erden gesehen!

In den weiten und leeren Gemächern war es öd' und still; mir ward Angst drinnen. Meine Kinder gehörten nur halb mir an, seit mein Herr sie nicht mehr mit mir erblickte. Die Trennung lastete schwer auf meiner Brust, das Herz schlug matt und stockte unter der Last; mein Gang war schwer, mein Haupt wüst, nichts in mir lebendig, als heißes Verlangen, den Tag der Rückkehr, die Zukunft zu erleben, wo mein Glück fortwährte, immer reicher und reicher. Aber mehr und mehr schwand hierzu mir die Hoffnung. Ich strengte meine Brust an, rüstig zu atmen, meinen Gang, rasch zu schreiten, aber immer mehr wich meine Kraft. Ich sah dem Tag der Rückkehr entgegen wie einer Erlösung; ich hoffte, bis dahin zu bestehen.

Eitles Hoffen! Wenige Tage waren übrig bis zu ihm, da erwachte ich auf meinem Lager, ohne Kraft, mich zu bewegen, und in mir pochte fort und fort wie ein dunkler Spruch: ›Du siehst die Entfernten nicht wieder!‹ und erfüllte mich mit unendlicher Angst. Da traten meine Frauen ein und erschraken bei meinem Anblick und eilten hinweg und riefen meine Töchter herbei. Diese kamen und knieten neben meinem Lager; nur mein heiliges Kind beherrschte ihre Tränen. Ich weinte mit den andern, aber ich weinte heißer als sie, ich konnte nicht sterben! Ich ließ die Enkel holen, die Dienstleute kommen, alle sich dicht um mein Lager schließen; ich klammerte mich an das Leben, sie hielten mich alle daran!

Und der Schloßkaplan trat ein, segnete mich und ermahnte, meine Stunde könne erschienen sein, zu scheiden von der Erde nach Gottes Gebot.

Wenden sollte ich meine Gedanken zu ihm, der auch dies, so es mich träfe, zum Heile mir und gnadenvoll geordnet.

Ich hörte seine Rede nicht aus, ich hieß ihn schweigen und nicht Gnade nennen, wenn ich fortgerissen würde in Fülle des Lebens von so vielen Lieben, ohne den letzten Abschied von dem teuren Gefährten meiner Tage, von meinen Kindern allen. –

Da warf meine älteste Tochter sich wieder neben mein Bett, faltete ihre Hände gegen mich und redete inbrünstig von den beschränkten Augen der Sterblichen. Wie ich auch dieses Schicksal bald segnen würde, und mit Lächeln, glückseliger als je auf ihren Vater, auf sie und ihre Geschwister, auf diese Stunde schauen, wenn ich, beherzt von Gemahl und Kindern, die Seele wendete zu Gott und nichts dachte, nichts hoffte als ihn.

Ich hörte nur den süßen Ton ihrer Stimme, ich fühlte nur die Freude ihrer Heiligkeit. Ich rief: Bete, daß ich lebe! Ich spürte mich ermatten innerlich mehr und mehr, im Kampf gegen das Hinscheiden, mit unsäglicher Angst.

Da reichte der Priester mir das Bild des Erlösers auf der Hostie dar, den Kelch seines Blutes und Todes, von dem auch er gefleht, daß er möge vorübergehen, und betete, er wolle mir helfen, das Leben besiegen, und offenbaren meinem Geist das Entzücken der Seligen im Anschauen Gottes.

Sein Gebet erfüllte mich mit Wut. Ich schleuderte die Hostie und den Kelch von mir, ich gebot ihm zu schweigen; ich entsagte im Herzen aller Seligkeit, außer der, wiederzuschauen meinem Herrn, bei meinen Kindern und Enkeln, meinen Getreuen zu bleiben, in den Räumen, die ich durchwaltet in Zufriedenheit jahrelang, auf der schönen Erde zu sein; meine Gedanken wandten sich ab mit Abscheu von allem andern.

Immer schwächer wurde die Kraft meines Atems. Ich strengte mich an, sie aufrecht zu halten mit Gewalt. Der Priester betete laut für mich um Ergebung. Ich verfluchte sein Gebet; mir war, als zöge es mir den

Tod herbei. Ich gebot ihm, sich zu entfernen, ich betete mit der äußersten Anstrengung nur um Leben, Leben, Leben!«

Der Vorleser blickte nach der Uhr und hob sich, das Buch in die Tasche steckend, von seinem Sitze.

Siebenhundertsechsundfünfzigste Nacht

Der Kaplan begann den gestern abgerissenen Faden der Geschichte wieder wie folgt anzuknüpfen:

»Das Gebet um Leben war mein äußerster Gedanke. Und ein tiefer Schlaf rieselte nieder, unwiderstehlich über mein Bewußtsein. Langer Friede der Ruhe, nicht zu atmen und doch zu sein; ohne Bewegung fortzuschießen, wie auf Flügeln des Lichts, nicht zu denken und doch in Ursprung, Werden und Wirkung alles zu schauen mit unendlicher Klarheit der Betrachtung, voll hoher Ruh', wie eines geoffenbarten Gedankens der Gottheit, gegenwärtig und bewußt, sie nicht mehr durch langsame, einzelne, aufeinanderfolgende Erfahrungen der Sinne mit Schmerz, Lust und Angst stückweise erkennend, verlangte ich nicht nach jener hingeschiedenen beklommenen Gegenwart.

Nun hob eine Gestalt sich mir entgegen, menschlicher Bildung, doch viel höher als diese, von unendlicher Klarheit leuchtend, Körper und Antlitz von einer Klarheit, gegen deren Helle das Sonnenlicht düster, gegen deren Milde das Mondlicht nur ein unreiner Schatten war. Sie hielt die Augen auf mich geheftet, voll durchdringenden Ernst des Gerichts. Sie sprach nicht, ich wußte ihren Willen. Du flehtest um Leben – erging er gegen mich, mit dem Gebet der Erhörung – so lebe frei vom Tode, bis –

Hier zerfloß mein Todestraum im Schlummer des Lebens. Ich vernahm den Schluß des Spruchs nicht mehr. Die Erscheinung wurde trüber und trüber vor mir. Der Zug des Atems bewegte wieder meine Brust und hob und senkte die Last des irdischen Daseins. Ich hörte dumpfe Klänge der Erde, einzelne wieder und wieder; mich umflossen trübe, feuchte Schatten, ein rötlicher Funke flimmerte oberhalb.«

Fräulein Bertha – *bemerkte der Kaplan jetzt, das Buch auf einige Minuten neben sich hinlegend* – fühlte bei dieser Stelle einen kleinen

Schauer. Es gibt Augenblicke, wo uns nach langer Unwissenheit die Wahrheit auf einmal mit vollem Lichte in die Seele strahlt; der gegenwärtige war einer von diesen. Sie zweifelte nicht im geringsten mehr, das diejenige, deren Lebensgeschichte sie eben las, nicht mehr dem Irdischen angehörte, als sie diese ihre Empfindungen niedergeschrieben, und da sie aus dem Geschlecht der Rosenberg war, wer konnte sie dennoch anders sein, als jene rätselhafte, geheimnisvolle Matrone, von welcher niemand unter dem Hausgesinde etwas wissen wollte und welche den Baron kürzlich auf den Fräuleins Verwunderung, daß jene Dame als eine geborene von Rosenberg nicht auch zur Tafel gezogen werde, zu der ihr erst jetzt klargewordenen Äußerung veranlaßte, man müsse von Dingen nicht urteilen, die man nicht versteht. Bertha hatte von Kindheit auf, ihrem abergläubischen Zeitalter zum Trotz, nicht viel von Märchen gehört, daher ihre gänzliche Unbekanntschaft mit der Ideenwelt, daher ihre gänzliche Furchtlosigkeit bei Ereignissen, die sie schon erlebt hatte und die einer andern als ihr einiges Nachdenken hätten erregen müssen. Aber die jetzt in ihr aufsteigende Mutmaßung, daß jene Perchta mit jener geheimnisvoll tuenden Matrone Bertha von Rosenberg wohl eine und dieselbe Person sein möchte, daß diese also nicht mehr den Lebenden angehören könne, ja sogar zu den ruchlosen, verdammten Geistern zu zählen wäre, diese Betrachtungen bewirkten in ihr ein Zittern, das sich von Sekunde zu Sekunde vermehrte. Jeden Augenblick besorgte sie, daß die nun furchtbare Gestalt ihr erscheinen werde; dennoch war Neugier Besiegerin der Angst, denn sie hatte noch den Mut, in ihrer seltsamen Lektüre fortzufahren.

Der Kaplan griff jetzt wieder nach seinem Buche und las weiter:

»Ich schlug die Augen auf; ich erkannte die Ampel in unserer Familiengruft über mir leuchtend; ich lag, mit Leichengewanden angetan, im Sarge; das Sterbeglockengeläut schwoll oben im Turm für mich. Ich lebte wieder. Schwer drückte mich das Leben im Nachgefühl des kaum ergangenen Daseins; aber der erste Herzschlag, ein Gedanke an meinen Gemahl, meine Kinder, an alles das meine, und rasch und voll Wonne richtete ich mich auf und verlangte nur aus dem Gewölbe der Kirche bei ihnen zu sein.

Des Grabgewölbes Pforte, die Flügeltore der Kirche standen weit aufgetan; ein ungekannter Zug führte mich hindurch, ich stand im Freien. Still schwamm die Weite in des Mondnebels Flut; das Grabgeläut scholl fort und fort; ein dunkler Zug, von Fackeln umgeben, nahte langsam. Ein Schauder in meinem Innern, was dies bedeute. Ein Verlangen, zu sehen, wer auf der Bahre lag, und ich stand neben derselben. Die Träger ließen sie hastig nieder und entflohen; die Begleiter warfen die Windlichter von sich und entflohen wie sie mit Gebärden des Entsetzens. Der Zug war bei meinem Anblick schnell zerstreut; ich stand allein neben der Bahre. Ich riß das Tuch hinweg, das sie bedeckte, und im Schein des Mondes, der am Boden verglühenden Fackeln erblickte ich meinen Herrn, sah ihn vor mir tot, ich, die Neubelebte!«

Siebenhundertsiebenundfünfzigste Nacht

Der Kaplan fuhr in den Vorlesungen aus seinem, die Lebensgeschichte der Matrone von Rosenberg enthaltenden Buche wie folgt fort:

»Die Morgensonne stand über der Erde; der Tau tropfte vom Himmel auf die Kräuter, die sich ihm auftaten mit Duft; die Lerchen schlugen einander den Gruß des erwachten Daseins entgegen, jedes Lebendige begegnete den Seinigen; ich hatte noch Kinder und Enkel, mein erster Gedanke war mein Kind Przibislawa. Und in dem Augenblick stand ich in ihrem Gemach; zu den Füßen ihres Lagers, auf dem sie ruhte; angekleidet entschlummert über ihren Schmerz, ihre gefalteten Hände vor der Brust erhoben, mit derselben Gebärde, womit sie als Kind über ein kindliches Herzeleid entschlummert lag. Doch ihr Antlitz glühte nicht wie sonst, es war bleich, voll Weh, daß es mir durch die Seele schnitt; auf ihren Backen waren Spuren von Tränen. Ich sah sie lange an, ohne sie zu erwecken, wollte sie nicht aus ihrer Ruhe stören, bis ich den schmerzvollen Ausdruck ihres Gesichtes nicht mehr ertrug und ihren lieben Namen unwillkürlich ausgerufen hatte. Sie schrie ›Mutter!‹ mit geschlossenen Augen, und neue Tränen stürzten hervor. Sie richtete sich auf, saß eine Weile, mich starr ansehend, erwachte völlig; ich breitete meine Arme aus, sie zu umschlingen; aber mit einem Schrei des Entsetzens sprang sie auf vom Lager und stürzte aus dem Zimmer, den Gang entlang, mit Angstgeschrei.

Meine Gedanken folgten ihr; ich sehnte mich, sie zu beruhigen, und der vorige unbekannte Zug hatte mich in den Gang versetzt, riß mich ihr nach; ich stand dicht bei ihr, ich schloß sie in meine Arme; da stürzte sie vor mir nieder, leblos auf den Boden. Einige Pförtlein gingen auf, meine Kinder traten hervor, meine getreuen Leute; aber auch sie wandten sich ab von meinem Anblick; keines kam Przibislawa zu Hilfe. Ich rief vergebens. Ich wünschte mir, bei meiner ältesten Tochter zu sein und ihr zu sagen, ich sei fern, sie sollten mich nicht erblicken. Kaum wallte das Verlangen auf in meiner Brust, so stand ich neben ihr in der Mitte ihrer Geschwister, im Familiensaal. Ich sah die Teuren meines Herzens alle an der gewohnten Stätte, in Trauerkleidern um ihren Vater und mich. Aber keines flog an meine Brust; alle starrten mich bleich an, mit Schauder; mein ältestes Kind schlug das Kreuz über sie und über sich. Mich entsetzte ihr Schrecken, mir brach mein Herz vor Jammer; ich wünschte mich weit hinweg in das entlegenste Gemach des einsamsten Turmes, und der Gedanke hatte mich dorthin versetzt. Seit Herrn Markwarts Vater hatte niemand in dem Zimmer gehaust. Ich lebte; doch die irdischen Bande waren gelöst; kein seliger Geist und keine Sterbliche. Ich enthielt mich mit Gewalt des Verlangens nach meinen Kindern, das mich in ihre Mitte trug. Angehören konnte ich ihnen und sie mir nicht mehr; die Zeit unserer Vereinigung war vorüber, das Grauen des Todes war zwischen uns getreten für immerdar. Ich liebte sie doch mit lebendigem Herzen. Wer hat ein Gericht erfahren wie ich? Die Rechnung der Vorsehung war noch nicht geschlossen.

Und um Mitternacht, als alles ringsum schwieg, die alten Sterne miteinander leuchtend am tiefen, dunklen Himmel standen, da wuchs mein Verlangen zu erfahren, wie Przibislawa geschähe, nur an der Pforte ihres Gemaches zu lauschen, zu hören, ob sie ruhig schliefe, nur ihren Atemzug zu hören. Und der bekannte Zug hatte mich gefaßt und dorthin versetzt. Ich hörte Ächzen, Flüstern in ihrer Kammer, ich hörte plötzlich ihre Stimme aufschreien; ihre Stimme war es und auch nicht ihre Stimme; sie klang abgebrochen, wild und hohl.

Mich faßte Entsetzen; ich war nicht mehr Herr des Verlangens sie zu sehen, und die unglückselige neue Kraft meiner Natur hatte sie erfüllt; ich stand wieder in der Mitte meiner Kinder vor Przibislawas Bett. Sie saß aufgerichtet, entstellt; sie erblickte mich, sie schlug die Hände mit Angstgeschrei vor die Augen, sie stürzte zurück auf das Polster, sie lag starr mit gebrochenen Augen. Ich wünschte mich schnell von hinnen und war im vorigen Gemach des Turmes. Eine Viertelstunde stummer Angst ging über mich dahin; und plötzlich schlugen die Sterbeglocken an, schlugen wieder an und wieder mit demselben dumpfen Klang. Sie war tot. Mein süßes Kind Przibislawa! Ich, die Mutter, hatte sie getötet!«

Siebenhundertachtundfünfzigste Nacht

Der Kaplan knüpfte den in voriger Nacht abgerissenen Faden der Erzählung wie folgt wieder an:

»Kein Verlangen nach meinen Kindern regte sich in mir. Wohin meine Seele sich hob, dahin trug mich kein Zug. Und jeden Mittag, wenn die Sonne hoch am Himmel stand, und jeden Abend, wenn sie in Dämmerung versank, scholl wieder das Grabgeläute und weckte mich aus schwerer, starrer Betäubung; und am dritten Abend klang es fort, wieder und wieder aufschwellend wie Fluten über mich; nun wurde mein Kind zu Grabe getragen.

Als nun die Mitternacht gekommen und es verstummt war, da wünschte ich sehr, in der Kapelle zu sein, in dem Gewölbe, dem ich kaum entstiegen; und sah mich darin, und sah sie ruhen nebeneinander, Gemahl und Kind, und leer meinen Sarg neben beiden, in dem ich schlummern sollte nach Gottes Gebot, weil in der Seligkeit sich licht und hehr, wie jene dort erblickte Gestalt, mein Gemahl mir entgegengehoben hätte mit Gruß des Willkommens, und nachher unsere Kinder, eines nach dem andern, bis sich das alte Erdenglück vollständig und verklärt im Himmel wiederholte, unendlich wachsend durch der Zeiten Lauf. Solch gnadenvolles Los hatte ich verstoßen!

Ich setzte mich nieder zu den Särgen. Ich schaute mit unerschöpflicher Lust die teuren Züge meines Herrn, die süßen meines Kindes in dem stillen, seligen Todesschlaf. Ich sann dem Willen Gottes nach; das Herz zermalmt und erhoben. Ich begehrte nicht von hinnen, mich reizte kein Hunger, mich brannte kein Durst, ich unterlag keinem Erdenbedürfnis.

Doch mehr und mehr verfielen die geliebten Bilder. Immer tiefer sanken die Augen in den Höhlen hinab, die Wangen ein; und eines Morgens, als ein Sonnenstrahl schräg einfallend durch des Gewölbes enges Fenster sie mir wieder zeigte, da schwebte ein bläuliches Wölkchen über ihre Lippen und breitete wie ein Schleier sich sanft aus über ihr Gesicht. Ich sank auf meine Knie. Ich folgte dem Wink der Natur, nun von ihnen zu scheiden und nicht zu belauschen das, was sie verhüllt; versetzte mich zurück in den Turmes Gemach, das ich erkor zum Aufenthalt mir, bis der Spruch des Gerichts über mich würde vollendet sein.

Aber das Mutterherz rastet nimmermehr, allmählich nach Monden regte sich wieder in mir ein Verlangen nach meinen lebenden Kindern.

Zu dem abgelegenen Turm, worin ich hauste, drang kein Laut aus des Schlosses bewohntem Revier, der mir Kunde von ihnen gegeben hätte. Das Verlangen wuchs und wuchs, und einst, spät in der tiefen Stille einer mondhellen Nacht, wagte ich mein Zimmer zu verlassen, sie nur einmal mit unerwidertem Anblick, im Schlummer zu betrachten und zu segnen. Mit klopfendem Herzen, mit Freudentränen, mich ihnen zu nahen, schlich ich die wohlbekannten Gänge entlang, die zu den Familiensälen und Kammern führten. Die Fenster der Gänge malten im Mondschein sich hell auf dem Boden, kein Geräusch kam mir entgegen. Das erste Zimmer tat sich mir auf, wo ich gehauset in Fülle der Freude und Geselligkeit; es war stumm und leer. Ich stand in dem zweiten, in dem dritten, dem vierten; aus keinem Bett ein Atemzug des Schlummers, nirgendher ein lebendiger Laut. Truhen und Schreine standen offen, halb ausgeleert, halb angefüllt, wie ich selbst in ihnen die Habe geordnet, das Gerät stand und lag in Verwirrung umher. Ich durchwandelte das ganze Revier, überall dieselbe Öde und Zerstörung, nur aus dem Fensterchen der Kammer des Torwarts kam der Schein einer Lampe.

Das Grausen vor mir hat meine Kinder und die Meinen verjagt, den Sitz ihrer Jugend, meines Glücks verödet. Mein Verlangen sie zu sehen, mein Hoffen erstarb in Schmerz; ich gelobte ihnen im Herzen, sie nicht mehr mit Schrecken zu verfolgen; ich sammelte und ordnete ihre zerstreute Habe, ich sperrte Schreine und Truhen und waltete, bis der helle Tag schien, an den alten Stätten.

Jahre vergingen. Und einst, als mein Verlangen mich wieder dorthin versetzte, da fand ich sie nicht leer, das Weib des Torwärters stand darin. Sie war mit mir in das Schloß gekommen, unsäglich war meine Lust, eine der Meinen zu erblicken. Doch sie erbleichte, sie starrte, und ich sah den Augenblick nahen, wo auch sie mich entsetzt würde fliehen, wie alle Lebendigen. Aber sie floh nicht, sie blieb stehen, gefaßt, mit gesenktem Blick, verneigte sich still und schien meines Begehrens gewärtig. Wie erquickte die Gemeinschaft eines Lebendigen mein Herz. Ich nickte ihr dankbar und hob mich hinweg, sie nicht lange im bangen zu erhalten.

Seit ein lebendiger Mensch meinen Anblick ertragen, zog es mich wieder mächtig zu meinen Kindern hin. Ich wehrte dem Verlangen nicht mehr, das mich versetzte, wohin meine Gedanken begehrten auf Erden, und stand vor dem Lager meiner Tochter. Sie war hager und bleich; aus ihren Zügen waren Jugend und Schönheit gewichen; doch sie schlummerte süß im härnen Kleide, auf hartem Lager, mit himmlischer Zufriedenheit einem vorzeitigen Tode entgegen. Ich weidete mich an ihrem Anblick mit langen Zügen. Mir näher als ihr, reichten die Entschlafenen vom Himmel die Hand, sie zu segnen, denen sie näher als ich entgegenzog, indes ich, selig zugleich und verdammt, eine Angehörige des Himmels, eine Verbannte daraus, auf Erden bleiben mußte.

Nun stand ich im Schlosse, in der Schlafkammer meines ältesten Sohnes. Er ruhte zur Rechten seiner abgelegten Rüstung mit ehrenfesten Zügen, die Linke gefalten, wie zum Gebet, in die Rechte seines Weibes, deren Züge ernster waren und milder, als seit ich sie gesehen. Ich begehrte in die Kammer des Enkels. Drei Betten standen drinnen; er ruhte in dem größten, mit offener Stirn, keck ausgestreckt im Schlaf, im zweiten ein Mägdelein, so gleich meinem heiligen Kind, als sähe ich sie wieder in der Wiege, so selig, als trüge jeder Atemzug die Seele zurück in den kaum verlassenen Himmel. Das Kind im dritten war unlängst geboren; mir doch schon nach den kaum sich gestaltenden Zügen vertraut!

Der Schwung des Verlangens versetzt darauf mich in das Schloß meiner vermählten Tochter. Ihr Eheherr war fern, sie schlummerte allein, neben sich ihren Sohn, den ersten, einzigen. Im schon anbrechenden Morgenschein betrachtete ich beide. Ruhig und gerade schlief der Knabe, die kleine Faust geballt auf der Brust, das offene Antlitz gen Himmel. Ich schaute ihn an mit unaussprechlicher Lust. Er regte sich, er schlug die Augen auf, weit und blau wie Przibislawas Augen; er rief, und die Angst, seine Mutter zu erschrecken, hatte mich in den Turm versetzt.

Mir konnte das Herz vor Wonne schlagen. So lange gehörte ich der Erde noch an, als diese Züge noch auf Erden waren. Nächtlich versetzte ich mich zu ihnen. Aber ich sah sie nur im Schlaf, wie leblose Bilder von sich selbst. Wie verlangte ich, ihre Blicke zu sehen, ihre Bewegungen, ihre Stimmen zu hören. Den Wachenden zu erscheinen habe ich nimmermehr gewagt.

Die Enkel wuchsen heran und wurden jugendlich, meiner Kinder Antlitz alterte und erbleichte; ihre Zeit, ich sah es, kam, von der Erde zu scheiden, mit Angst rückte ich den Stunden entgegen. Eines Nachts, als ich die Zelle meiner ältesten Tochter betrat, fand ich sie leer. Mein Herz wallte auf vor Schmerz: Ob sie wohl schon im Grabe ruhte? Und ich stand in der Kirche des Klosters, und mir zu Füßen lag ein Grabstein, der meines Hauses Wappen und ihren Namen trug. Ich sah sie auf Erden, ich sah sie im Himmel nicht wieder!

Nicht lange, da schlief auch die Schnur im Witwenbett allein; dann war die Schlafkammer der Tochter und des Eidams leer; endlich hatte auch jene die Erde verlassen. Den Schmerz des Todes aller meiner Kinder habe ich erfahren.«

Siebenhundertneunundfünfzigste Nacht

»Jahrelang hielt ich mich still in den Mauern unseres Schlosses, in Hallen und Kammern, den Zeugen meiner Tage, die einsam und schweigend bedauerten wie ich. Von allen, die jugendlich mit mir gelebt, war nur das Weib des Torwarts noch übrig. Je näher dem Grabe, je weniger scheute sie mich; sie betrachtete mich oft mit Bedauern. Ich empfing auch ihren letzten Blick; an ihrer Stelle waltete ihr Sohn, und von dem Geschlecht meiner Zeit lebte niemand mehr außer mir.

Nach langen Jahren, als einst die Morgensonne meinen Turm bestrahlte, erscholl ein Geräusch von fern her aus des Schlosses Bau, Rossegewieher, Hundegebell, Stimmenschall, wie es vor langen Jahren darin gehallt, wie von vielen lebendigen Bewohnern. O Rückkehr der Zeit in dem gegenwärtigen Laut! Wie schlug mir mein nimmer zu rasten verdammtes Herz dabei wieder aus eigener Wallung, wie schwellte es die Liebe zu meinen Kindern, ihre Nähe!

Verlangen und Scheu, mitten in jenes rege Gewimmel zu treten, versetzte mich in Nebenkammern, in Hallen des Dienstgesindes. Kostbaren Waffenschmuck, Kleinodien und Frauengewänder erblickte ich ausgebreitet, Becher, Schalen und Krüge aufgestellt. Ein kunstreiches Panzerhemd, das einst mein Herr getragen, war unter den Rüstungen; unter den Kleinodien ein Brautgeschmeide, das mich selbst zur Stätte an festlichen Tagen geschmückt, das meine Mutter besessen, das ich meiner längst verschiedenen Tochter zur Hochzeitsgabe verehrt. Ich nahm aus den Schreinen im Turm eine Schale aus Onyx geschnitten, eine Armspange von feinem Gold, den Brustharnisch von blankem Stahl, worauf Herrn Markwarts Schildzeichen kunstvoll eingelegt war, in Silber getrieben, der zu dem Panzerhemd gehört. Ich legte ihn dazu, die Spange zu dem Brautgeschmeide, stellte unter die Becher die Schale, den Enkeln zum Gruße des Willkommens.

Und als das Geläute zur Messe erscholl, da harrte ich am Fenster des Ganges, der zu meinem Turm führt, und sah meine Nachkommen, die über den Hof zur Kirche gingen. Ein Mann, weit über das frühere

Mannesalter hinaus, schritt voran, mit meines Gemahls ruhigem, aufgerichtetem Gang; seine Augen zeigten mir Przibislawas Augen; er war der Sohn meiner Tochter; ihn hatte ich als Knabe wie oft im Schlummer betrachtet.

In den älteren Paaren, die folgten, erkannte ich nach und nach auch die übrigen Enkel wieder. Männer und Frauen, ihnen zur Seite, blieben mir unbekannt. Junge Fräulein, Ritter und Edelknechte folgten paarweise; ich erblickte in ihren Gesichtern die Züge von jenen mit den Zügen der Meinen vermischt; es waren ihre Männer und Frauen und Kinder, sie gehörten mir alle an. O unsterbliches, immer reicheres Glück der Mutterliebe!

Was man beging, war ein Hochzeitsfest. Mein ganzes Haus war versammelt. Ich sah meine Urenkel vor dem Altar, wo ich mit dem Herrn Markwart gestanden, Gottes Weihe zu empfangen, zu gleichem Glück, als ich erlebt, im Angesicht ihrer Eltern, ihrer Geschwister, ihrer Angehörigen und edler Zeugen, wie ich; ringsum den unveränderten, ungealterten Bau, dessen Gewölbe sich über mich rundete wie damals, dessen Grund längst bedeckte, was damals gelebt und was in späteren Tagen erblüht war. Und meine Augen fielen auf einen Seitenaltar, da lagen meine Gaben, der Kirche geweiht. Die Enkel hatten sie von sich getan, sie kannten mich nicht, sie fragten nicht nach mir, sie hatten kein Gefühl für mich als Grausen. Ich konnte den Lebenden keine Freude mehr machen.

Das neuvermählte Paar blieb im Schlosse zurück.Ich sah es nur von fern, freute mich seiner Nähe dennoch; trug Sorge und Leid mit ihm, freute mich seines Gedeihens, seiner Kinder, die wieder auf andere Weise lebendig die Züge meiner Geliebten mir vergegenwärtigten, liebte sie in jedem derselben gleich und auf andere Weise. Inniger und inniger wurde mir, was im Schlosse ihnen angehörte, vertraut; sie mußten meine Fürwaltung spüren; ich hoffte, sie sollten daran allmählich mich erkennen, nach mir forschen, vom Grausen vor meiner Erscheinung befreit, sich mir nahen.

Ich fühlte ihres Herzens Schlag an meiner Brust, er hätte die rastlose Lebensunruhe des meinen gestillt und mich auf sanften Schwingen der Freude versetzt in Seligkeit zu meinem Gemahl, zu so vielen Geschiedenen unseres Blutes.

Der nie vernommene Hall von Tritten scholl in meinem Turm, er nahete meinem Gemach; ich erhob die Seele voll Dank und Wonne schon leichter unter des Körpers Last. Der Pfortenring klirrte, der rostige Riegel kreischte rückwärts, das Pförtlein tat sich auf, mein

Urenkel trat in mein Gemach. Er sah mich, schauderte, bebte, erblaßte, entfloh; krachend hinter ihm schloß sich die Tür; sie hat sich seitdem nicht wieder aus den Angeln geregt.«

Siebenhundertundsechzigste Nacht

Als Eduard heute mit außerordentlich fröhlicher Miene in den Salon trat, sahen ihn alle fragend an, er säumte auch keinen Augenblick länger, die Wißbegierde seiner Freunde zu befriedigen, und sagte: »Unser Maler hat mir geschrieben, er ist ganz wider seinen Willen vom Schlosse Runsitten entfernt worden.«

»Wider seinen Willen?« fragten alle, die Blinde war bei diesen Worten hoch errötet.

»Es ist ihm doch kein Unglück begegnet?« fragte mütterlich besorgt die Freifrau.

»Gott behüte! Unser Maler hat sich mit dem Schiffskapitän in die Kajüte begeben und dort mit ihm geschwatzt. Auf die Frage des Kapitäns, ob er Lust habe, mit unter Segel zu gehen, sagt er ja, und der Kapitän, dies für Ernst nehmend, schifft ihn, ohne daß Reiner es merkt, mit sich fort. Erst als sie schon eine Stunde von Runsitten entfernt sind, sieht Reiner, der indes geschlummert hatte, daß er sich auf der See befindet. Die Bitten des Kapitäns und seine Versprechungen, ihn baldigst wieder nach dem Schloß zu bringen, halten Reiner fest, der mit ihm nach Schweden gesegelt ist und nächstens zurückzukommen denkt.«

»Ein toller Streich, ohne Equipage und Geld nach Schweden zu segeln«, sagte Willmann.

Eduard schien etwas sagen zu wollen, aber er unterdrückte seine Bewegung.

Als später der Arzt sich auf sein Zimmer begeben wollte, trat der Kaplan zu ihm und sagte: »Auch ich habe einen Brief von dem Maler erhalten, den ich Ihnen mitteilen will.« Auf seinem Zimmer las er dem Arzt vor.

»Halten Sie mich nicht für einen unklugen Toren, der ohne Dank und Lebewohl vom Schloß Runsitten geschieden ist, denken Sie auch nicht, daß ich abgesegelt bin, um durch meine Entfernung ein schönes Herz für mich zu gewinnen, einzig der Wunsch, einem dunklen Geheimnis auf die Spur zu kommen, hat mich zu dieser Reise bewogen.

Sie wissen, werter Freund, welchen innigen Anteil ich an dem Freiherrn und seiner Familie nehme, Sie wissen, wie sehr ich die traurige Gemütsstimmung des Freiherrn beklage, wie lebhaft ich wünsche, ihn wieder heiter und froh zu sehn. Ich ahne, was ihn quält, ich bilde mir ein, daß er noch das Recht hat, zu hoffen, ich trachte schon lange nach einer Person, die einigen Einfluß auf des Freiherrn Schicksal haben könnte.

Jetzt hoffe ich Aufschluß über sein Geheimnis, ja ich hoffe die Person zu finden. Der Schiffskapitän fragte mich dringend, fast indiskret, nach dem Freiherrn und seiner Familie, er gestand mir endlich, daß in Schweden ihm ein Freund lebe, der, seit Jahren schwermütig, ihm aufgetragen habe, nach dem Schloß Runsitten und seinen Bewohnern sich zu erkundigen, nach einem Verwandten des Freiherrn, Claudines Vater, der Mutter Claudines, nach einem Fräulein Charitas; den Freiherrn selbst hält er für tot seit langen Jahren, denn er weiß weder etwas von Alma noch von seiner Vermählung mit Almas Mutter.

›Es wird meinen Freund glücklich machen, zu hören, daß der Freiherr lebt‹, sagte der Kapitän. Nun entschloß ich mich rasch, geradezu zu diesem Freund zu segeln und ihn selbst zu sehen.

Ich befinde mich seit gestern in Stockholm, der Freund des Freiherrn, Graf Rheinfels, ist eben verreist und wird heute abend zurückerwartet. Morgen gedenke ich mich ihm vorzustellen. An Eduard habe ich auch geschrieben und Scheinursachen für den Freiherrn und seine Familie beigefügt.

Leben Sie wohl, Teuester, ich hoffe, Sie recht bald wiederzusehen, wenn Wind und Wetter günstig sind.

Erhalten Sie mir ihre Freundschaft, und suchen Sie mich bei Marie wegen meiner schnellen Abreise zu entschuldigen, sie ist so daran gewöhnt, daß ich ihr kleine Aufmerksamkeiten erzeige, und Blinde sind leicht empfindlich.«

Der Kaplan legte den Brief hin. »Gott gebe«, sagte der Arzt, »daß Reiner dem Freiherrn Glück bringt. Dann wäre unser Leben hier zu schön, nur meine Gertrud fehlt mir noch!«

Siebenhunderteinundsechzigste Nacht

Heute fuhr der Kaplan in seiner Erzählung von der weißen Frau fort:

»Von nun an verließ ich den Turm nicht mehr. Still über mich dahinrollen ließ ich die Zeit, von Toten und Lebendigen geschieden. Und abermals drang das Getöse des Lebens verstärkt aus dem Schloß zu meinem Revier, ungleichförmig, unruhevoll von Waffenlärm durchhallt. Sturmgeläut Antwort hallend, von Feste zu Feste, von Dorf zu Dorf; Trommelschlag dröhnte über das Land, Scharen von Gewappneten zogen über die Ebene im Schloß herauf; die Sorge brachte mich den Menschen wieder nahe. Meine Enkel waren längst von hinnen geschieden; so Mann als Weib und jenseits vereint mit meinem Gemahl, meinen Kindern. Von den Urenkeln lebte im hohen Alter nur noch des Schlosses Herr.

Ein wildes, unchristliches Volk aus Nordosten, in zahllosen Scharen, strömte daher wider die Länder der Christenheit, vertilgte die Bewohner, trieb ihre Herden hinweg, raubte ihre Habe, zerstörte Dörfer und Städte, und hinter ihm blieb Öde. So hatte es sich fortgewälzt von Volk zu Volk, unaufgehalten von Bergketten und Flüssen, von Menschengewalt, bis zu den Grenzen des Heiligen Römischen Reiches. Die christlichen Ritter, die tapfersten und vom edelsten Blut, taten sich zusammen, an die Grenze zu ziehen, dem greulichen Volk entgegenzustehen und in Gottes Namen dort seinen unbändigen Strom zu hemmen.

Der Jammer des lebenden, zagenden Geschlechts; meiner Nachkommen Angst und Gefahr, mein eigenes Gericht, so ich lebte, sie alle grausam vertilgt zu sehen, umgestürzt die Mauern unseres Schlosses, die mich bargen in Abgeschiedenheit vor der Lebendigen Grauen; die Besten vom Himmelsrand verschwunden, den Anblick der geliebten Gegend unkennbar in Öde verkehrt, ausgestorben, verjagt mein Volk, seine Sprache vergessen, verhallt, und verdammt zu irren, heimatlos unter unchristlichen Horden, ich, welcher der Schoß der Erde und der Himmel verschlossen; das riß mich wieder in der Lebendigen Kreis, mit unwiderstehlichem Verlangen, sie zu schauen; das vertilgte die Furcht, sie durch meinen Anblick zu entsetzen.

Meines Hauses Frauen und Töchter beteten um Rettung und zagten in ihren Schlössern daheim. Das Verlangen, auch bei meinen Heldensöhnen zu sein, trug mich in ein weites Feld an der Grenze. Ich saß auf einem Stein am Rain eines Ackers im Morgentau, dicht vor einer dreifach geteilten Heerschar, hinter mir die Türme der Stadt und lauter

Ebene. Der Schatten der Heerhaufen vor sie hingestreckt, deckte ihre Vorderreihen und mich; gerötet blickten die Helme der Krieger in den hintersten Reihen von den Strahlen der Morgensonne. Die Führer waren vorgetreten mit Rittern und Edelknechten. Sie standen im Kreise mit unbehelmten Häuptern vor den Scharen versammelt, wie zu einer vorbereitenden Feier. Ich sah unter den Rittern meinen Urenkel, den Herrn des Schlosses, mit weißem Haar, und unter den Jünglingen, ihm zunächst, Herrn Markwart, meines Gemahls Bild, noch einmal jugendlich auf Erden, sein Wesen, sein Angesicht, wie ich ihn zuerst bei meinen Eltern gesehen. Der Jüngling hielt die Hand erhoben, gegen die Führer ausgestreckt, der ein Banner entrollte, es schwenkte, ihm reichte und rief: ›Ich breite Euer Banner aus, Gott mache Eure Ehre daraus.‹

Mit freudiger Miene empfing es jener, hielt es hoch im Morgenstrahl und trug es zu den letzten der Heerhaufen. Flatternd in der Luft sah ich wieder Herrn Markwarts Farben und Zeichen. Zwei andere Jünglinge folgten dem Banner, ein wenig hinter ihm schreitend. Ich sah meiner vermählten Tochter Züge, die Züge meines Sohnes wieder. Ihre Pferde wurden den Jünglingen zugeführt, sie schüttelten einander die Hände und saßen auf; der neue Bannerherr gab das Banner einem seiner Ritter; man brachte ihre Helme daher; sie setzten sie auf, sie reihten sich in den vordersten Zug, behielten den Helmsturz geöffnet, ich konnte noch ihr Angesicht sehen, und über sie wehte hoch das Banner unseres Hauses.

Da hallte ein wüstes Getöse mir im Rücken. Ich schaute hinter mich, und aus der Tiefe des fernsten Gesichtskreises herauf stürmte dunkel ein wildes, ausgebreitetes Gewimmel; die Helmgitter vor mir fielen und entzogen mir den glückseligen Anblick der Meinen. Die Heereshaufen bewegten sich, schlossen sich dichter und steckten die Speere vor. Das Getöse mir im Rücken wuchs wilder und vielstimmiger an: Ich schaute noch einmal hinter mich; ganz nahe heran schon stürmten ordnungslos, truppenweise die Tartaren, mit höllischem Geschrei, mit aufgelegten Pfeilen, von viehischem, grauenvollem Ansehen. Mein Herz verzagte. Die christlichen Heerhaufen standen regungslos. Ich sah auf meine Kinder, auf unsere Banner und befand mich in tiefer Stille in den Mauern meines Turmes, in dem einsamen Kerker meines Leibes und Gemaches, der Kunde von den Meinen, ihrem Anblick entzogen.

Starkes, angstvolles Verlangen, den Hergang des Kampfes zu wissen, trieb mich nach dem Schlachtfelde; starkes Grauen und Zagen, ihn zu schauen, zu hören, hielten mich davon zurück. Die Sonne stand über meinem Turm und wandelte darüber hinweg und sank. Lange Schatten zogen über die rötlich glühende Erde. Die Schlacht mußte geschlagen sein; ich begehrte nur von fern die Heerhaufen zu schauen, bei denen meine Nachkommen gefochten, und mir vorüber, herwärts auf freiem Feld, zog eine einzige dünne, fliehende Schar entstellter, bestäubter, blutbespritzter Männer auf geiferbedeckten Rossen. Wenige zerfetzte Banner wehten über sie; meines Hauses Banner war nicht mehr darunter. Ich unterschied Feldzeichen und Rüstungen genau; ich konnte meine Kinder nicht entdecken.

Langsam dahin gingen die Stunden der Nacht. Und als das Tageslicht still heraufziehend die Gegenstände sichtbar machte, da stand ich am Schlachtfelde. Zerwühlt lag die weite Ebene vor mir, daß kein Kraut am Boden mehr lebte, schweigend und leer, kein Vogel flatterte drüber hinweg. Von fern sah ich Leichen von Männern und Rossen zerstreut; hie und dorther klang grauenvoll ein Ächzen durch die Stille. Mich schreckte nicht mehr der furchtbare Anblick der Leichen; ich begehrte, so sie hier lägen, bei meinen Sprößlingen zu sein. Und mit Entsetzen und Schmerz fühlte ich von dem wohlbekannten Zuge mich gefaßt und mitten auf das Schlachtfeld getragen, wo die Erde zerwühlter war, wo die Toten dichter lagen. Ich schloß die Augen vor Grausen und Weh; und ein mattes Ächzen vom Boden herauf drang in mein Ohr, von einer geliebten, wohlbekannten Stimme. Ich schaute auf, und dicht vor mir im Grunde lag mein Urenkelsohn, mit geschlossenem Visier, dahingestreckt auf seinem Banner. Er hielt mit der sterbenden Hand die Hand seines jüngeren Verwandten, der neben ihm tot lag mit geöffnetem Visier; mit unbehelmtem Haupt, auf seinem Schenkel, erblaßt, ruhte der jüngste. Ich warf mich nieder zu ihm, faßte seine Hand, löste ihm Helmsturz und Halsschienen; da quoll mir schwarz entgegen vom Halse seines Blutes Strom. Er schlug die Augen auf, drückte meine Hand und war verschieden. Ich schaute über ihn hin und sah auch meinen Urenkel, den Herrn des Schlosses, wie zur Hilfe herbeigeeilt im Kampf, unfern von ihm erschlagen – alle Söhne meines Stammes waren in Schmerzen vertilgt. Mein unverwüstliches Leben ertrug den Jammer!

Die Wehklage aus dem Schloß drang bis zu dem Gemache meines Turmes. Noch einmal hörte ich das Sterbegeläute über meinem Haupte dumpf, unablässig ertönen. Eine lange Reihe von Särgen schloß in unserer Familiengruft schon dem Sarge abwärts sich an, in welchem mir zu ruhen bestimmt war. Die Bewohner flohen aus der Gegend umher; dumpfe Stille trat im Schlosse ein, Öde und Schweigen breitete sich aus über das Land, keine Glocke rief zur Andacht, zur Ruh', keine Zeit war mehr Menschen verkündet. Ich sah entgegen den Flammen, aufschlagend von den nordöstlichen Burgen, mir den Ruin auch unserer Feste verkündend, das Gelände überströmt von dem grauenvollen, unchristlichen Volk. Das Schreckbarste sollte mich nicht treffen. Die Burgen dauerten am Himmelsrand, die Landschaft füllte sich allmählich wieder mit den alten Bewohnern, mit Herden und Geräusch der Lebendigen an; das Schloß blieb leer und verlassen.

Ich suchte nicht mehr die Lebendigen auf. Das Geschlecht, so mit mir diese Tage des Entsetzens gesehen, ging vorüber; ich sah ein anderes und noch eins und ein drittes erblühen und vergehen. Was damals mich erschrak, trat allmählich ein, die Umgegend wurde verwandelt. Nur teilweise noch dauerten die Burgen und Kirchen meiner Zeit. Wenige Eichen auf den Bergen, die ihre Wurzeln tief in den Felsenkern geschlagen, sogen Dauer aus ihm und trotzten der Zeit. Ich lebte mit ihnen, mit der Erde, mit den Gestirnen, die immer wieder da waren wie ich. Ihre unzählig oft erblickten Wege am Himmel lernte ich kennen, das Verhalten der Erde zu ihrer Wiederkehr darauf, die Natur des Wolkenzuges; und wie einer, der oft das Jahr gesehen, weiß, wenn der Baum Augen gewinnt, er werde grünen, die Zeit seiner Blätter kennt und an dem sich falbenden Laube entnimmt, nun falle es ab, so lernte ich an den vielen mir vorübergegangenen Menschengeschlechtern die Dauer der Blüte, die Zeit des Hinwelkens des einzelnen voraussehen.«

Siebenhundertzweiundsechzigste Nacht

Der Kaplan machte an diesem Abend zum letzten Male den bisherigen Gebrauch von seinem Buch, indem er sich anschickte, den Schluß aus den Denkwürdigkeiten der gespenstischen Matrone von Rosenberg seinem Zuhörerkreise zum besten zu geben:

Das Schloß blieb über ein Jahrhundert unbewohnt; dann schien auch ihm der Umsturz von denen zu drohen, deren Stammhaus es war. Mauern wurden eingerissen, Hallen und Kammern, in denen ich gelebt, lagen zerstört; nur meinen Turm berührte kein Hammerschlag. Das Eingerissene stieg nun aus dem Schutte empor. Weiter wölbten sich Gemächer und Hallen. In dem Saal, in welchem ich mit Herrn Markwart zu unserer Zeit viele Gäste bewirtet, waren unsere Bildnisse, die Bildnisse meiner Kinder und Enkel aufgestellt, all der geliebten Hingeschiedenen der vorigen Tage, und eine Reihe von Bildnissen Nachgeborener, die ich nicht kannte, deren Anblick viele Male mein Herz mit der alten, immer neuen Lust erfüllte; mein Blut verleugnete seinen Ursprung in keinem Angesicht ganz.

Bei ihrer Betrachtung lebte ungestüm in mir das Verlangen wieder auf, sie im Leben zu sehen, und zog mich zu ihnen hin. Weitverbreitet in vielen Geschlechtern sah ich meinen Stamm. Ich kannte die Namen der Länder, die Städte und Schlösser nicht, in denen sie lebten, ihre Namen nicht mehr. Dann und wann rief wohl ein Wappenschild mir bekannte Geschlechter zurück. Ihre Tracht war mir fremd, ihr Gerät, ihre Sprache sogar war nicht mehr die Sprache meiner Tage. Sie gedachten der meinem frischen Schmerz kaum Verlorenen als Namen alten Gedächtnisses. Mein eigenes Schicksal war ihnen eine zweifelhafte Sage uralter Zeit; aber ihre Züge waren dieselben, der Klang der Stimme derselbe, die Gebärde hin und wieder, die ich einst so lebendig geliebt.

Zu dem erneuten Bau kehrten Bewohner zurück, Vater und Sohn. Als nach ihrer Ankunft ich zum ersten Male die Kirche betrat, gewahrte ich Herrn Markwarts Brustharnisch, die goldene Spange, die Schale, meine Gaben nicht mehr auf dem Altar. Eine Hoffnung, daß die Meinigen sie zu sich genommen und mir wieder sich näherten, versetzte mich zu ihnen; keinem meiner Nachkommen habe ich mich jemals so nahe gefühlt. Aber der Eingang zu unserer Familiengruft wurde jetzt vermauert; in einem Schrein davor errichtete man ein Gemälde, worauf ein Teil meines Schicksals abgebildet war. Zur Erklärung desselben habe ich das Obige verfaßt und in getreue Hände niedergelegt; ob eines meiner Kinder, das mich kannte, sonach das Grauen überwände vor der Gerichteten, freiwillig zu mir käme, mich ans Herz schlösse und mir gäbe den seligen Freudentod, der meine Seele von des Leibes Last befreit und mich vereint mit meinem Herrn und meinen Kindern, denn diese Bedingung war es, unter welcher allein mir möglich werden sollte, einzugehen zur ewigen Ruhe.«

»*Später hinzugesetzt*« – *merkte der Vorleser an* – »*schien folgender Schluß der Handschrift*«:

»Eine neue Umwandlung und wieder eine in immer schnellerer Folge hat die Gegend meines Schlosses erlebt. Die Zeit rückt der Verweilenden zusammen. Mein Turm dauert, und was drinnen ist mit mir. Wenn mir ein neuer Sprößling geboren wird, wenn einer sich vermählt, wenn jemands Stunde kommt, von der Erde zu scheiden, dann trägt der Schwung des Verlangens mich zu den Vorübergehenden hin, mich des mir Geschenkten zu freuen, Gaben zu spenden, zum Abschied die teuren Züge zu schauen, die ich auf Erden so nicht wiedersehe, die ich im Himmel nicht erblicke. Das weiß ich, soll mir Erlösung sein, von meinen Kindern wird sie kommen; das weiß ich, ist mir der Tod bestimmt, den Freudentod werde ich sterben.«

Fräulein Bertha – *erinnerte der Kaplan, das Buch wieder nach der Rocktasche führend* – war unter dem Lesen der Handschrift oft von Tränen überwältigt worden. Sie trocknete die feuchten Augen und richtete sich auf, die bereits zu Stümpfchen gewordenen Lichter heller brennen zu machen. Da stand ihr gegenüber die Rosenbergische Matrone mit ineinandergeschlagenen Armen und starr auf sie geheftetem Blick, und als die Erscheinung mit einer hohlen, unartikulierten Geisterstimme ihr zurief: »Bertha, kennst du mich nun?«, da mußten alle Zweifel schwinden, sie sah auf einmal hell, wogegen sie so lange blind gewesen war. Das schreckenvollste Gefühl, das sich denken läßt, überwältigte sie, sie sank empfindungslos vor dem Bild der weißen Frau zu Boden.

Die Sonne ging am östlichen Himmel auf und verscheuchte die Nebel der Nacht. Auch der Mittag kam heran, und das Fräulein wurde im Schlosse noch immer nicht gesehen. Der Baron wurde unruhig, denn er liebte Bertha, wie sie es verdiente. Man sagte ihm, man habe bereits alles nach ihr durchsucht, um ihn durch die Nachricht von ihrem Verlust nicht zu zeitig zu schrecken. Was sollte man denken? Flucht oder Entführung konnte hier nicht in Betrachtung kommen. Wer sollte die eingezogene Bertha, die fast niemand kannte, entführen? Und warum hätte sie aus den Armen ihres Vaters fliehen sollen?

Hastig fragte der alte Herr, ob man in der Librarei gewesen wäre? – Wie konnte man? Der heilig bewahrte Schlüssel zu diesem Orte war in seinen Händen, auch wagte sich niemand von dem Schloßgesinde, dem bekannt war, daß die weiße Frau dort am häufigsten ihren Aus- und Eingang zu haben pflegte, gern in diese Gegend.

Dem Baron stellte es sich plötzlich als schreckensvolle Möglichkeit vor, das Fräulein könne sich, des Verbots ungeachtet, dort verspätet haben, es könne ihr dort irgend etwas zugestoßen sein, das hier schon mehreren den Tod gebracht hatte. Daß sie das Schloßgespenst gesehen habe, ohne es zu kennen, das konnte er schon aus ihren gestrigen Reden mutmaßen, und welche Folgen waren davon zu erwarten gewesen? Mehrere, die hier der ätherischen Dame unversehens begegneten und aus Unwissenheit oder Mutwillen das Geringste gegen sie versahen, hatten bereits ihre Rache empfunden. Herr Peter von Wock, Berthas verblichener Bräutigam, sollte, das wußte das ganze Schloß, obgleich niemand ihr davon sagte, von einem Anblick der weißen Frau den Tod gehabt haben. Konnte seiner Hinterlassenen nicht ein Gleiches begegnet sein?

Dert alte Herr rang die Hände und weinte wie ein Kind ob dem mutmaßlichen Schicksal seiner liebenswürdigen Nichte. Sich Gewißheit zu verschaffen oder der Verunglückten vielleicht noch Hilfe zu leisten, brauchte man sich nur an den verdächtigen Ort zu verfügen; aber wieviel Überwindung gehörte hierzu! Das Schloßgesinde schauderte vor dem bloßen Gedanken zurück, und fürwahr, der Herr fühlte ebensowenig Lust, den Ort noch einmal zu sehen, wohin er vor einigen Jahren, weil er in seinem ganzen Leben das Schloßgespenst noch nicht gesehen hatte, sich mutig verfügte, und wo ihn der unvermutete Anblick desselben mit einer Eile zurückscheuchte, wovon Bertha noch die Spuren gesehen hatte.

Liebe zu dem guten Fräulein überwand aber jede Bedenklichkeit. Der Schloßkaplan mit dem Kreuz trat vor, ihm folgte der Baron, und nach ihm ging die ganze Dienerschaft, mit allerlei Wehr und Waffen auf besorglichen Angriff versehen. Man fand Bertha, mehr einer Toten als einer Ohnmächtigen ähnlich, auf dem Boden hingestreckt. Ohne irgendein Lebenszeichen von sich zu geben, wurde sie auf ihr Zimmer gebracht, und es war ziemlich spät am Tage, als die Kunst der Ärzte es dahin gebracht hatte, dem Baron einige Hoffnung für die Gesundheit des Fräuleins einflößen zu können. Sie kam zwar wirklich zu sich, aber zu matt, um die mindeste Bewegung machen zu können. Dieser Schwäche folgten Anfälle von Phantasien, in welchen sie mehr von der seltsamen Lektüre in der vergangenen Nacht ausredete, als sich vielleicht mit der hergebrachten Sitte der Geisterseher vertrug, doch was man in der Hitze tut, wird einem nicht angerechnet.

Der Oheim saß an ihrem Bett und bewachte jeden Anschein von Besserung mit der zärtlichsten Ängstlichkeit, aber auch dann, als sie schon völlig gerettet hieß, hütete er sich noch, kühne Fragen an sie zu tun oder ähnliche, die er von ihr gewärtig war, zu begünstigen.

In der ersten Nacht, da Bertha die Rechte einer Wiedergenesenen, unbewacht zu schlafen, genoß, hatte sie ein Gesicht, davon die neben ihr schlummernde Zofe, deren Gesellschaft sie für jetzt nötig hielt, nichts vernahm und das sie erst nach vielen Jahren ihren Freunden mitteilte. Die Rosenbergische Matrone stand vor ihr, ganz so wie sie sie gesehen hatte, als sie sie noch für eine Sterbliche hielt. »Bertha«, sagte sie, »ich habe dich geschreckt, das wollte ich nicht. Wie war's möglich, daß du bereits so vertraut mit mir, dergestalt durch meine völlige

Kenntnis erschüttert wurdest? Doch du bist eine Sterbliche, und ich verzeihe dir, du wirst mich wachend nie wieder sehen; ich liebe dich zu sehr, als daß ich durch meinen Anblick dein Leben in Gefahr setzen wollte; aber um dich zu sein und für dich zu wachen, werde ich nie aufhören. Vielleicht hast du einst durch mich dein Liebstes verloren; ich bin dir Vergütung schuldig, und du sollst sie haben! Zähle fünfzehn Tage vom Osterfeste an, und du wirst den zu sehen bekommen, der dir den Verlust deines Bräutigams ersetzen soll.«

Bertha erwachte und fühlte sich merklich gestärkt, besonders durch das Versprechen der weißen Frau, ihr nie wieder wachend zu erscheinen. Der bloße Gedanke, ein übermenschliches Wesen, mit welchem sie sich so gemein gemacht hatte, als ob es ihresgleichen wäre, wiederzusehen, hatte ihr bisher ein Grauen verursacht und ihre Genesung verzögert, sie sah sich als eine unglückselige Person an, die sich unter ihren Zeitgenossen bald durch den Namen einer Träumerin auszeichnen würde. Jetzt war sie durch das Ehrenwort der gespenstischen Dame gesichert, sie konnte ruhig in die Zukunft blicken, riß sich mit Gewalt von der Erinnerung an die Vergangenheit los und genas zusehends. Mit Entzücken schloß sie ihr Oheim wieder frisch und blühend in die Arme, machte mit doppelter Munterkeit die gewöhnlichen Anstalten zu dem alten österlichen Familienfeste, und Bertha ihrerseits rüstete sich auch, die ihr bei demselben übertragene Ehrenrolle mit Anstand zu spielen.

Die Geschichte von dem Abenteuer des Fräuleins hatte sich, obgleich wenige die rechte Beschaffenheit desselben vollkommen wußten, doch weit ausgebreitet, und die junge Person, welche die Hauptrolle in derselben spielte, war ein allgemeiner Gegenstand der Neugier und Bewunderung geworden. Es gab einige Rosenbergische Vettern, welche die schöne Muhme noch gar nicht kannten. Zu diesen gehörte der Prinz von Brandenburg, der, so wie mehrere Fürsten, dem Hause des Barons verwandt war. Nebst drei andern Rittern, die sein Gefolge bildeten, traf er an dem von der weißen Frau im Traumgesicht ihres Günstlings bezeichneten Tage auf der Burg ein.

Das Fräulein nahm dies als Losung an, sich wieder auf ihr Zimmer zurückzuziehen und der Einsamkeit zu pflegen, die sie so ungestört wie immer bei solchen Gelegenheiten zu genießen hoffte. – Hätte sie dem, was ihr die weiße Frau bei der letzten Erscheinung sagte, mehr Aufmerksamkeit geliehen, hätte sie nachgerechnet, daß es gerade der fünfzehnte Tag nach Ostern war, als die fremden Herren auf der Burg einritten, so würde sie vielleicht gemutmaßt haben, daß sie dieses Mal wohl auch mit zur Gesellschaft gehören mußte, wenn sie heute den sehen sollte, der bestimmt war, ihr die Stelle ihres verblichenen Bräutigams zu ersetzen.

Bertha beweinte ihren ersten Geliebten noch zu redlich, um einen solchen Ersatz nur zu wünschen, auch schien sie diesen Teil ihres Traumgesichts ganz vergessen zu haben, wie sie denn überhaupt gern ihre Gedanken von allem losriß, was Beziehung auf die gespenstische Matrone hatte.

Sie machte dieses Mal ihre Toilette so nachlässig als möglich und setzte sich an ihren Spinnrocken, den sie bis zur Mittagszeit ohne Ruhe umtrieb, als die Dirne, die ihr zu Tische diente, hereintrat und, indem sie die Tafel bereitete, viel zu erzählen wußte von dem lieben, jungen, schönen Prinzen und den drei wackern Rittern, die ihn begleiteten.

Bertha antwortete hierauf wenig und wollte sich eben von ihrer Arbeit zu Tisch setzen, als sie den podagrischen Schritt des Barons auf der Galerie hörte und ihn bald darauf hereintreten sah.

»Heilige Maria! Mein Oheim!« schrie Bertha, indem sie ihm entgegentrat. »Was kann Euch bewegen, jetzt Eure Gäste zu verlassen?«

»Die höchste Notwendigkeit, mein Kind!« lautete die Antwort. »Du mußt dich entschließen, unten bei der Tafel zu erscheinen; ich wollte dir es selbst ankündigen; denn mir, denke ich, wirst du doch keine abschlägige Antwort geben!«

»Aber Himmel, mein Anzug!« rief Bertha, indem sie in den Spiegel sah. »Dieses weiße, häusliche Gewand! Diese ungeflochtenen Locken!«

»Ließ sich das nicht in der Eile ändern?« fragte der Greis betreten.

»Unmöglich, mein Oheim!« versicherte das Fräulein. »Dies braucht wenigstens eine Viertelstunde Zeit, indessen erkaltet das erste Gericht!«

»Nun, so komm, wie du bist!« stürmte der Alte auf sie ein. »Du findest lauter Familie; der Prinz von Brandenburg ist unser Verwandter, und seine Begleiter, drei Herren von Rosenberg, sind auch unsere Vettern.«

»Aber, mein Gott! Welch eine Forderung?« rief Bertha verwundert aus.

»Sie baten so sehr um Vergunst, ihre Muhme zu sehen«, entschuldigte sich der Baron, »ich konnte unmöglich nein sagen.«

Glühend vor Scham über die vernachlässigte Toilette und unaussprechlich liebenswürdig in ihrer Verlegenheit, trat Bertha an der Seite ihres Oheims in das Tafelzimmer. Man bewillkommnete sich nach damaliger Sitte, man setzte sich zur Tafel, Bertha war Wirtin; sie sprach nicht viel, aber das wenige gut. Ihre Augen waren überall, daß nichts zum

Wohlsein der Gäste vernachlässigt wurde, und sie bemerkte bei dieser Beschäftigung nicht, daß diese Gäste, besonders der eine, keine Augen hatten als für sie.

Siebenhundertdreiundsechzigste Nacht

Nach aufgehobener Tafel wurde ein Spaziergang in den Schloßgarten vorgeschlagen. Bertha mußte bei der Gesellschaft bleiben, und einer der vier Vettern war immer an ihrer Seite, daher sich unter dem Schloßgesinde, dem das etwas Ungewohntes war, die Sage erhob, der Brautkranz schwebe über dem Haupte des Fräuleins, und einer der vier Ritter werde sie sicher heimführen. Welcher, das war eine große Frage; doch weil jedermann der guten Bertha die höchste Ehre gönnte, so fiel die Stimme einhellig auf den Prinzen.

Berthas Herzenstür hatte an dem Andenken des verstorbenen Geliebten einen Hüter, der nicht so leicht zu bestechen war; sie verschloß sich um so fester, je heftiger man sie bestürmte; denn die Höflinge, welche das Fräulein jetzt umgaben, wußten die Kunst der Minne auf gar feine Art zu treiben.

Der Abend kam heran, und das Fräulein war froh, daß die Gäste, von denen sie sich solcher Überlast nicht versehen hatte, ihren Abschied nahmen und sie sich in ihr Kämmerlein zurückziehen konnte. Doch hatte sie, ehe dieses geschehen durfte, noch einen Verweis auszuhalten wegen ihrer Hartherzigkeit, in welcher, anspielend auf ihren verblichenen Bräutigam, bewiesen wurde, daß man die Toten vergessen und auf das Glück der Lebendigen denken müsse.

Wer von den vier Vettern, der Prinz oder einer seiner Ritter, den Baron dergestalt in seinen Vorteil gezogen hatte, wußte damals noch niemand als die dabei interessierten Personen. Es war aber nicht der blonde, fünfzehnjährige Fürstensohn, bei welchem jugendlicher Leichtsinn noch überwiegend war, sondern der ältere Herr von Rosenberg, ein stattlicher Ritter, der die Welt gesehen und sich viel Ehre und Ruhm erworben hatte. Der Prinz hätte sich zu der ernsten, stillen Bertha geschickt wie ein Trinklied zur hohen Messe. Auch dachte er gar nicht an sie. Er hatte den Besuch bei seinem alten Vetter nur seinem Freunde, Herrn Heinrich von Rosenberg, zuliebe veranstaltet, welcher zu denen gehörte, die nach der Bekanntschaft mit der in Ruf gekommenen

Geisterseherin sich sehnten, teils auch, weil ihn, den Prinzen, der Traumgott unaufhörlich nach Schloß Neuhaus versetzte und ihm aus der Hand seiner Muhme Bertha bald Kränze, bald Ringe nehmen ließ. Er fand das Fräulein liebenswürdig, aber wie er dazu kam, sie jede Nacht im Traume zu sehen, das konnte er nicht begreifen; wachend dachte er wenig an sie, als wenn Herr von Rosenberg ihn etwa von dem schläfrigen Fortgang seiner Liebe unterhielt. Diese Klagen hörte er überdies ungern, denn er hatte den zarten Minnetrieb noch nicht erfahren.

»Ritter«, sagte er eines Tages, »zur Linderung Eurer Qual wollte ich Euch wohl meine Träume gönnen, sie malen mir jede Nacht Eure Bertha so freundlich, als ich wünschen wollte, daß sie Euch erschien.«

»Ach, mein Prinz«, antwortete Herr Heinrich, »daß nur nicht etwa meine Gefühle in Eure Brust übergehen! Welch einen gefährlichen Mitbuhler würde ich an Euch haben!«

Der übermütige Jüngling beantwortete dies mit Lachen und eilte zu seinen Pferden, die nebst der Jagd das einzige waren, was er mit Leidenschaft und Beständigkeit liebte. Das Anregen zur Reise nach Neuhaus, um die schöne Bertha zu sehen, wurde immer deutlicher. Voll Unmut riß sich der gequälte Jüngling einst um Mitternacht aus solchen Träumen empor und eilte ans Fenster. Da sah er ganz deutlich die weiße Frau, wie sie ihm oft beschrieben worden war, sein Leibroß aus dem Stalle in den mondbeglänzten Hof leiten, bis sie in einer Ecke verschwand, da dann das zaum- und zügellose Tier mit unerhörtem Toben den Rückweg nach dem Stalle nahm.

Der Prinz weckte seine Leute, sie fanden den Stall verschlossen, aber das Pferd sehr unruhig. Die Klügsten unter ihnen schüttelten den Kopf und meinten, die Sache sei nicht auf die leichte Achsel zu nehmen, es sei hier gewiß ein Unglück im Anzuge. Die Erscheinung der weißen Frau habe nie etwas Gutes bedeutet, und es werde dem Prinzen zu raten sein, am morgenden Tage nicht auszugehen, noch weniger das Roß zu besteigen, das bei dem nächtlichen Abenteuer irgend etwas von dem Gifte könnte bekommen haben, daß ein böser Geist schon oft den Rossen unter den Hafer gespritzt und dadurch das Verderben ihrer Herren bewirkt hätte.

Das Schrecken des Prinzen über den Anblick des Schloßgespenstes war noch zu neu, als daß er wider das, was seine Diener sagten, etwas hätte einwenden sollen; er legte sich mit dem Entschlusse, ihrem Rate Folge zu leisten, wieder zu Bett, wo ihn bald der Schlaf überfiel, ein fester, traumleerer Schlaf, der alle Schreckbilder verwischte, die sich seiner Seele eingeprägt hatten. Sie dünkten ihm, als er erwachte, nur ein Nachtgesicht zu sein, und er erhob sich nach Gewohnheit, um auszureiten. Man stellte ihm vor, was er diese Nacht selbst gesehen und stillschweigend eingestanden hatte. Umsonst, er bestand auf seinem Sinne. Er bestieg das Roß, das sich vor wenigen Stunden an der Hand der weißen Frau gebäumt hatte und das nun geduldig wie ein Lamm dastand; aber sobald es die Schloßbrücke hinter sich hatte, nicht mehr zu zähmen war und mit verhängten Zügeln einen Weg nahm, dahin der Prinz gar nicht gedachte.

»Es ist der Weg nach Schloß Neuhaus«, sagte der mutwillige Reiter, als sein Gefährte, Herr Heinrich von Rosenberg, ihm endlich behilflich war, das unbändige Tier etwas zu zügeln. »Es ist der Weg zu deiner Bertha; setze dich auf, mein Freund, die weiße Frau hat diesem Rosse in der Nacht ein Wort ins Ohr gesagt, das seinen Reiter in wenig Minuten nach dem Ort bringen wird, wo ich nichts zu tun habe.«

Der Herr von Rosenberg antwortete hierauf nichts, sondern riet dem jungen Übermütigen, für heute lieber den Rückweg nach Hause zu nehmen, da ja ohnedem das Wetter weder Jagd noch Spazierritt begünstige.

Die Warnung fand taube Ohren. Der Herr von Rosenberg verlor bei dem Rasen des Rosses den unglücklichen Jüngling, so schnell er ihm auch folgte, bald aus den Augen. Mit Gefahr, selbst zu stürzen, stieß er sein eigenes Roß unaufhörlich an, um dem unsinnigen Fluge so nahe als möglich zu bleiben. Auf Augenblicke sah er den Prinzen in der Ferne wieder, der immer im nächsten wieder am Horizont verschwand.

Die Burg war jetzt nahe, Rosenberg sah den Prinzen nicht mehr. Eine Viertelstunde vor ihm war er bereits bügellos in den Schloßhof gekommen. Die Zügel waren nicht mehr in seinen Händen, er hielt sich nur noch an der Mähne fest. Man sah seine Gefahr und eilte ihm zu Hilfe, aber zu spät! Ehe man sich ihm nur zu nähern vermochte, hatte ihn schon das Unglücksroß, das bald darauf zu Boden fiel und den letzten Hauch ausatmete, abgeworfen. Der Unfall geschah dicht an der großen Stiege. Man hob den armen Jüngling auf, der, so erschüttert er auch war, doch noch begehrte, hinaufgeleitet zu werden. Es war Unmöglichkeit; ein Strom von Blut stürzte aus seinem Munde. Rosenberg kam zu diesem kläglichen Schauspiel. Er faßte seinen fürstlichen Freund in seine Arme, der sich schwächlich an ihn lehnte und ihm versicherte, es habe nichts zu bedeuten und werde bald vorübergehen. »Leite mich nur hinauf«, setzte er lallend hinzu, »denn ich werde nicht sterben.« – Er starb demungeachtet noch an demselben Tage in den Armen einer verzweifelten Familie, die den jungen Tollkopf liebte, wie er war, und mit ihm alles verloren zu haben glaubte.

Dies war die traurige Geschichte, die man, obgleich sie bloß die Folge jugendlicher Unbesonnenheit war, auf die Rechnung der Rosenbergischen Matrone schrieb, weil der Verstorbene dem Herrn von Rosenberg seine Träume, die ihn nach Neuhaus riefen, mitgeteilt hatte und man daraus schließen wollte, die weiße Frau habe die Verbindung des Prinzen mit Bertha, ihres Günstlings, zustande bringen wollen, aber des Jünglings Kälte gegen das Fräulein habe ihm den Haß und die Verfolgung des Schloßgeistes zugezogen. Wir aber, welche die gespenstische Dame lieber nach ihren eigenen, schriftlich von ihr hinterlassenen Zeugnissen, die ich Ihnen bereits mitgeteilt habe, beurteilen wollen, erklären, daß sie solcher Tücke unfähig sei, und wenden uns wieder zu ihrer Favoritin, dem Fräulein von Neuhaus, welches auf dem Schloß des Barons das gewohnte stille Leben fortsetzte, ohne sich durch etwas beunruhigen zu lassen, als durch die dauernden Liebesverfolgungen des Herrn von Rosenberg, der sich durch den Mund des Oheims an sie wandte, um sie von der endlosen Trauer um ihren ehemaligen Verlobten zu einer neuen Verbindung zu überreden.

Die Wanduhr im anstoßenden Zimmer mahnte den Erzähler, die Zweifel seiner Zuhörer, ob Bertha dem an Jahren ungleich ältern Freier ihre Hand reichen werde, bis morgen rege zu erhalten.

Siebenhundertvierundsechzigste Nacht

Der Kaplan bemerkte am folgenden Abend:

Daß Bertha ihren früheren Bräutigam wohl bis ans Ende ihres Lebens beweint haben würde, hätte man ihr die Freiheit dazu gönnen wollen und hätte sich nicht das Schicksal eingemischt, ihrem Herzen anfänglich Mitleid und bald nachher eine noch zärtlichere Empfindung aufgenötigt, die so gern aus inniger Teilnahme an des andern Kummer erwächst.

Der Prinz war tot und wurde als ein vornehmer Verwandter, nach Sitte und Herkommen, von dem Rosenbergischen Hause betrauert; aber es ließ sich an, als sollte man bald noch eine Trauer bekommen.

Herr Heinrich von Rosenberg hatte in den beiden forcierten Märschen, die er wenige Stunden hintereinander seinem fürstlichen Freunde zuliebe unternahm, seine eigene Gesundheit wenig in acht genommen. Die Ritter konnten damals schon weniger ausstehen als die Helden früherer Jahrhunderte, und Rosenberg lag sehr gefährlich an den Folgen tödlicher Erhitzung. Fräulein Bertha erhielt die Nachricht von seiner Krankheit, aber die Ursachen derselben erfuhr sie erst später; und weil sie besorgte, falls Herr von Rosenberg stürbe, sie seinen Tod auf ihrem Gewissen haben würde, so tat sie das Gelübde, sofern der Ritter genesen würde, nicht ferner die Grausame zu spielen, sondern zu dem, was er wünschte und der Oheim befahl, ja zu sagen. Sie hatte dieses Gelübde so laut getan, daß man sie beim Worte halten konnte, und es war um die Zeit des österlichen Familienbesuches, da Herr Heinrich von Rosenberg, völlig wiederhergestellt, eintraf, ihre Hand aus der Hand des Barons zu empfangen.

Das fehlte noch, sie der alten Einwohnerin dieser Mauern, der weißen Frau, lieb und teuer zu machen! Auf Schloß Neuhaus war sie geboren, hier hatte sie den deutungsvollen Namen Bertha empfangen, hier hatte sie den größten Verlust eines zärtlichen Mädchens, nämlich den Verlust ihres Bräutigams, erlitten, das wichtigste Jahr ihres jungfräulichen Lebens verlebt, nun sollte sie auch hier ein Bündnis treffen, das – es mochte nun mit dem Prinzen Bewandtnisse gehabt haben, welche es wollte – doch wenigstens jetzt mit dem vollsten Beifall ihrer geistigen Patronin beehrt ward. Sie gab sichtliche Zeichen ihres Wohlgefallens von sich. Es ist bekannt, daß dieses gute, hauswirtschaftliche Gespenst seine Geschäftigkeit nicht bloß bei bevorstehenden Trauerfällen zeigt, um etwa die Leichentücher aus den verschlossenen Truhen zu holen oder die Lichter beim Sarge im voraus zu ordnen, sondern auch, ist in den ihm verwandten Häusern Hochzeit oder Kindtaufe vor der Tür, so gibt es denselben Lärm mit Schlössern und Schlüsseln. Wie die gespenstische Matrone immer zu tun pflegt, wenn Hochzeit in der Familie ist, so auch hier; nur machte sie das Ding zu arg, daß man fast keinen Schritt auf Treppen oder Sälen tun konnte, ohne Furcht, ihr zu begegnen. Nur der jungen Braut begegnete sie nie. Das war die Folge ihres getanen Versprechens, dem sie, als eine wahre alte Edeldame, treu blieb.

Es gab Personen, welche dem Fräulein rieten, ihr gutwillig zu gehorchen aus folgender Ursache: Außer den bekannten goldenen und silbernen Pokalen, Schüsseln und Kannen des Schlosses sah man auch oft, daß sie sich mit Gefäßen von ungeheurer Größe und seltener

Kostbarkeit trug, die niemand zuvor gesehen und deren einige sogar mit alten Talern bis oben angefüllt waren. Man urteilte, dies könnten Hochzeitsgeschenke für die Braut sein, wenn sie nur gleich bei der Hand wäre, sie von ihrer Patronin zu empfangen; aber Bertha hätte nicht aller Welt Gut um den Preis genommen, ihre ehemalige Gesellschafterin nur noch einmal zu sehen. Auch war ihr Bräutigam, der so wenig als sie einen Hang zum Geiz hatte, sehr wider ein solches Wagnis um schnöden Gewinnes willes. Indessen schreibt sich von diesen Zeiten noch die Sage von einem großen Schatz her, der zu Schloß Neuhaus dem glücklichen Finder aufbehalten wird und dessen Hüterin die weiße Frau ist. Wer sie in der Abend- und Morgendämmerung auf den verfallenen Türmen der alten Burg wie ein wachsendes Gespenst hervorkommen sieht und Mut genug hat, hineinzugehen und ihr auf den morschen Treppen nachzusteigen, der wird mit einigen möglichen Bedingungen die Schätze heben, die damals vielleicht der geliebten Bertha zugedacht waren. Sie erhielt nichts davon, weil sie nicht soviel Herz besaß, es aus der Hand der gespenstischen Matrone zu nehmen; nicht einmal ein Patengeschenk bekam sie, als sie auf Schloß Neuhaus, wo sie mit ihrem Gemahl, dem alten Baron zuliebe, ein ganzes Jahr hauste, ihr erstes Herrlein gebar. War dies aber der geistigen Matrone zu verdenken? Nach des Schicksals Schluß sollte ihr nur Erlösung werden, wenn eines von ihren Abkömmlingen Mut genug besäße, sich ihr zu nähern, ja sogar sie zu berühren, mit ihren Armen zu umschließen. Von ihrem Schützling Bertha war sie diesen Liebesdienst zu hoffen am meisten berechtigt gewesen.

Siebenhundertfünfundsechzigste Nacht

Sehr geschäftig war die weiße Frau in der Wochenstube, wenn die Kindbetterin schlief. Den kleinen Peter von Rosenberg – so nannte ihn Bertha nach ihrem ersten Geliebten – sah man mehrmals auf ihren Armen; auch wußte sie das Recht der Verwandtschaft an das Kind sehr nachdrücklich zu verteidigen, als ihr einst die Wärterin dasselbe kühn entreißen wollte und sie durch den Spruch »Alle guten Geister loben Gott, den Meister!« zu bannen strebte. »Also, du unwürdige Dirne«, jammerte das Gespenst, »du verbannst mich von diesem Kinde? Wisse –«, setzte sie hinzu, »daß es aus meinem Stamme und durch dessen nacheinander erzeugten Kindeskindern aus meinem Geblüt herkommt. Deshalb solltest du mir alle deiner gnädigen Frau gebührenden Ehren erweisen, denn nicht ich bin die Fremde, wohl aber du, die erst seit gestern einen Fuß in dieses Schloß gesetzt hat. Doch nun muß ich gehen. Weh dir, so du dieses Kind nicht sorgsam wartest. Wofern du aber achtsam bist, soll es zu deinem Vorteil sein, und wenn das Kind einst erwachsen ist, sage ihm, wie ich ihn geliebt und wie aus diesem Teil der Wand stets zu ihm zu kommen pflegte, wohin ich jetzt wieder zurückkehre.«

Nach diesen Worten verschwand sie in der Wand und wurde seitdem nicht wieder auf den Rosenbergischen Schlössern gesehen. Peter Wock, als er herangewachsen und solches von seiner Amme erfuhr, sann lange nach, warum die weiße Frau aus jener Wand zu ihm zu kommen pflegte. Endlich ließ er nachgraben und fand, wie ich schon im Eingang meiner Erzählung erwähnt hatte, einen großen Schatz daselbst.

Nachdem nun die weiße Frau auf solche Weise durch eine schlechte Dirne von ihren letzten Nachkommen in Böhmen vertrieben worden, wandte sie sich dem Hause Brandenburg zu, welches mit den Rosenbergs durch Bande des Blutes seit Jahrhunderten verschwägert war; denn der Kurfürst Joachim II. wußte auf unbegreifliche Weise alle Sterbefälle in seiner Familie vorher, weil er damals schon die Erscheinung der weißen Frau zu deuten wußte. Erst im Jahre 1598, bei dem Tode des darauffolgenden Kurfürsten Johann Georg, fing man allgemein an, die weiße Frau als Todesbotin zu betrachten; denn sie wiederholte auch ihr Erscheinen vor dem Tode des Kurfürsten Johann Sigismund. Im Jahre 1667 sah man die Gestalt im Schlafzimmer der Kurfürstin auf einem Sessel, als ob sie schriebe; als die Fürstin selbst gekommen, habe sich das Gespenst verneigt und sei bald darauf verschwunden. Kurz darauf starb die Kurfürstin Luise Henriette. Ein Jahr vorher, ehe der Große Kurfürst starb, wollte sie der Hofprediger Brunsenius gesehen haben, als er sonntags zur Predigt aufs Schloß ging; er hatte sich Tag und Stunde genau gemerkt, und gerade an demselben Tag des darauffolgenden Jahres sei der Kurfürst mit Tode abgegangen. Friedrich I. rief eines Tages: »Ich habe die weiße Frau gesehen, ich muß sterben!« Und bald nachher erfolgte sein Tod. Vor dem Tode Friedrichs des Großen erschien sie ebenfalls. In der Nacht des 17. August 1786 saß der Militärwundarzt Cosmar, welcher Assistent des Regimentsarztes Engel und oft um den König war, auf seinem Zimmer und schrieb seine Zweifel über die Wirklichkeit von den Erscheinungen der weißen Frau an seine Geliebte Caroline nieder. Die Wohnung, welche ihm zum

Aufenthalte diente, galt seit Jahren für den Lieblingsschauplatz der weißen Frau. Das Zimmer mit seiner finstern Aussicht in den engen Hofraum und auf den öden Turm und das verfallene Gemäuer, die alten, verwitterten Tapeten und vermoderten Fenstervorhänge schienen ganz zu einem Aufenthalte von Geistern geeignet zu sein. Unter den Gemächern befanden sich alte Keller, Gänge und Gewölbe, verfallene, morsche Treppen in altertümlichem Geschmack.

Einige Sekunden blieb es still, dann hörte der Schreiber etwas an der Türe rauschen und zu Boden sinken. Er öffnete die Tür und sah eine weiße Frauengestalt vor sich liegen. Es war – seine Caroline.

Als die Dame in seine Stube getreten war, gestand sie, daß sie seine Schrift über die weiße Frau am vorigen Abend gelesen und ihn habe auf die Probe stellen wollen. Ein Badekleid und Schleier gab ihr das Aussehen der weißen Dame. Zwar habe sie ein entsetzliches Grauen empfunden, als sie sich selbst im Spiegel gesehen, dennoch habe sie ihre Wanderung begonnen, und alle Wachen wären entsetzt vor ihr zurückgewichen. Da sei ihr im langen Gange eine weiße Gestalt entgegengekommen, habe den Schleier gelüftet und sie mit Grabesblick angeschaut. Was weiter geschehen, wußte sie nicht. – Wenige Stunden darauf wurde dem Kronprinzen der Tod des Königs angekündigt. Caroline starb morgens um fünf Uhr am 18. August 1786.

Siebenhundertsechsundsechzigste Nacht

»Es liegt doch etwas Eigentümliches in den Sagen von einer weißen Frau als Todesbotin«, bemerkte Eduard, »als ich im Jahre 1836 Italien bereiste, erzählte man mir, daß in der Landschaft Insubrin drei vornehme Geschlechter lebten, nämlich das Torellische, Püsche und Gonpagische Haus, in welchen Familien, sooft jemand mit Tode abgehe, jedesmal etliche Tage vorher in dem Zimmer, wo die Leiche liegen soll, eine Frau, ganz in Schneeweiß gekleidet, erscheine. Man glaubt daselbst, daß eine aus diesem Hause des Ehebruchs beschuldigt und deshalb, in weißer Leinwand eingewickelt, vom hohen Schloß gestürzt worden ist.«

»Eine Verwandte von der Matrone zu Rosenberg würde in der Italienerin wohl nicht zu vermuten sein«, lächelte der Freiherr, »weil, wenn ich nicht irre, die weißen Frauen wie die weißen Katzen in jedem Klima anzutreffen seien, denn neulich las ich in der Zeitschrift ›Das Ausland‹

folgendes Ereignis, woraus zu ersehen, daß diese Gespenstersorte auch jenseits des Kontinents zu haben ist. Ich erzähle es, wie es sich in meinem Gedächtnis erhalten hat. Eine Lady Fanschawe hatte die Lady Honor O'Brien, die jüngste Tochter des Grafen von Thanood, mit einem dreitägigen Besuch erfreut gehabt. Erstere berichtete nun, wie sie in der ersten Nacht einen großen Schreck gehabt, weil in dem Zimmer, wohin sie geführt worden war, sie ungefähr um drei Uhr durch eine Stimme erweckt worden sei, und als sie den Vorhang hinwegzog, wollte sie beim Mondschein eine Frau in der Fenstervertiefung bemerkt haben, weiß gekleidet und von bleichem, geisterhaftem Aussehen. Sie sah zum Fenster hinaus und sagte laut, mit einem Tone, wie die Lady ihn nie gehört: ›Ein Pferd, ein Pferd, ein Pferd!‹, worauf die Gestalt mit einem Seufzer, der eher dem Wind als menschlichem Atem glich, verschwunden war. Die Dame war über die Erscheinung dermaßen erschreckt, daß ihr das Haar zu Berge stand und ihr Nachtzeug herabfiel. Sie schüttelte ihren Gemahl, welcher während der Zeit geschlafen hatte, aber sehr verwundert war, seine Frau in solcher Angst zu finden, noch mehr aber, als sie ihm die Ursache ihrer Aufregung erzählte und das offene Fenster zeigte. Keines von beiden schlief mehr diese Nacht; gegen fünf Uhr kam die Dame des Hauses und sagte, sie sei die ganze Nacht nicht im Bette gewesen, weil einer ihrer Vettern aus dem Hause O'Brien, dessen Vorfahren das Schloß besessen hätten, gewünscht habe, daß sie auf dem Zimmer bleibe, um zwei Uhr sei derselbe gestorben. Sie setzte hinzu: ›Ich wünsche, daß ihr nicht beunruhigt worden sein möget, denn es ist in diesem Hause gewöhnlich, daß, wenn jemand aus der Familie auf dem Sterbebette liegt, die Gestalt einer Frau jede Nacht am Fenster erscheint, bis er tot ist. Diese Frau war vor alten Zeiten durch den Herrn des Schlosses guter Hoffnung geworden; er aber ermordete sie in seinem Garten und warf sie in den Fluß, der unter dem Fenster hinfließt. Ich dachte nicht daran, als ich euch hierher quartierte, es ist das beste Zimmer im Hause.‹ – Ihre Gäste aber erwiderten wenig auf den Beweis ihrer Güte, sondern entschlossen sich, baldmöglichst abzureisen.«

»Schwer ist zu ermitteln, in welchem Lande sich zuerst der Glaube an eine weiße Frau als Todesbotin gebildet habe«, nahm der Kaplan wieder das Wort, »soviel ist jedoch gewiß, daß das Gerücht, welches man sich in Berlin von dem dortigen Schloßgespenst erzählt, als sei die Wanderin ehedem eine Gräfin Orlamünde gewesen, welche nach dem Tode ihres Gemahls Otto I. ihre Augen auf Albrecht den Schönen, Burggraf von Nürnberg, geworfen habe, und weil dieser ihre Hand unter dem Vorwand abgelehnt, daß sie schon zwei Kinder aus der früheren Ehe hätte, sie den

schlafenden Kleinen den Tod gegeben, und darum sie zur Strafe der ewigen Ruhe beraubt worden sei, ist grundfalsch, eben weil die Berliner gespenstische Matrone, wie Sie bereits wissen, jene Rosenbergische Dame war, was durch Familienarchive bezeugt wird. Denn ein Gelehrter jener Zeit wurde absichtlich nach Böhmen geschickt, um sich von dem wirklichen Vorhandensein des Gespenstes auf seinem Ursitze zu überzeugen. Die weiße Frau ließ auch nicht auf sich warten, denn kaum war der Geisterseher in einem Flecken angelangt, wo die Rosenbergs ein Schloß hatten, als er schon auf dem Markte, und zwar bei hellem Mittag, an dem Fenster eines alten, verfallenen Turmes sie erblickte. Sie war, wie jener Magier nach dem Zeugnis des Johannes Rist in seinem ›Geheimen Schatzkämmerlein‹ erzählt, weiß gekleidet, mit zurückgeschlagenem Witwenschleier, daß man ihr mildes Antlitz gar wohl zu erkennen imstande war. Der Magier erkundigte sich dann bei den Umstehenden, ob dies auch wirklich die berühmte weiße Frau sei, von der man sich so viel erzählte. Alle bestätigten dies und fügten zur Beglaubigung hinzu, was sie wußten. Als sie aber während ihres Redens stets mit Fingern auf die Erscheinung deuteten, wurde diese allmählich blässer, bis sie endlich verschwand. Der Magier untersuchte hierauf den Turm, aber alle Treppen, Gänge und Geschosse waren zerfallen. Berengar, also nennt Johannes Rist den Gelehrten, der Magie wohlkundigen Reisenden, ließ sich hierauf das Schloß zeigen und betrachtete die Familienbilder gar aufmerksam. Eines derselben, eine edle Matrone in Witwenkleidern, fesselte seine Aufmerksamkeit gar sehr, denn es glich auf ein Haar jener weißen Gestalt im Turmfenster. Er ließ es daher abnehmen und reinigen und fand die Inschrift darauf: ›Perchta, Gräfin von Rosenberg‹. Auch die Schloßbewohner, welche die weiße Frau bereits hinlänglich kannten, fanden ihre Ähnlichkeit mit dem Bilde höchst überraschend. Der Magier aber behauptete, sie sei ihm nur deshalb im Turmfenster erschienen, um ihn auf ihren Ursprung hinzuleiten. Daß sie bald Perchta, bald Bertha geheißen worden, ist in jener unorthographischen Zeit nicht auffallend«, schloß der Kaplan seine Beweisführungen, »sprach man doch auch den Namen Robert bald Rupert, bald Ruprecht aus, und Albert wird ja noch heutzutage Albrecht genannt.«

Hier endete der Kaplan seine Mitteilungen über die weiße Frau zu Neuhaus.

Siebenhundertsiebenundsechzigste Nacht

Heute erzählte Alma:

SCHLOSS UND WALDWIESE

Tief im Tannenwalde lag vor langen, langen Jahren eine kleine, reinliche Hütte, einem armen Mann zugehörig, welcher sich nebst die Seinen durch allerlei Handarbeiten wie Holzfällen, Körbeflechten und dergleichen ehrlich ernährte. – Sein Weib Margaretha besorgte den kleinen Haushalt, ließ ihre Kuh und zwei muntere Ziegen auf der Waldwiese grasen und suchte Beeren, Tannenzapfen und Waldblumen, um sie teils in ihrer Wirtschaft zu brauchen, teils zu verkaufen. Von den Blumen band sie zierliche Kränze und trug sie mit den schönsten Erdbeeren auf das zwei Stunden entfernte Schloß, welches der Fürst des Landes mit seiner Familie und seinem Hofstaat zu dieser Zeit bewohnte. Ihr Mann Nikolaus galt für durchaus ehrlich und war wegen seiner Munterkeit in der ganzen Umgegend gern gesehen. Er wurde bisweilen, wenn ein des Weges kundiger und ehrlicher Bote gebraucht wurde, auf das Schloß beschieden und verschickt, und diese Ausflüge gaben den Stoff zu seinen Abendunterhaltungen mit seiner Margarethe.

Hatte Margarethe während der Abwesenheit des guten Mannes gezagt und gebetet, war sie mehrmals vergeblich nach allen Richtungen des Waldes gegangen, den Namen Nikolaus rufend, so fand sie sich dann auch durch seine Rückkehr und die vielen Geschichten und Beschreibungen dessen, was er gesehen, reichlich für die gehabte Angst entschädigt.

So lebten beide in Frieden und Einigkeit fort, Margarethe kannte nichts als den nächsten Weiler, in dem sie geboren war, und das Schloß, und ihr Mann, der schon oft wohl acht Meilen in der Runde gewesen, galt bei ihr für einen gereisten Mann.

Eines Abends, als die beiden Eheleute in der kleinen Hütte saßen, er mit Korbflechten, sie mit Spinnen beschäftigt, klopfte es an die Türe, und auf Nikolaus freundliches »Herein!«, das er jedem Anklopfenden zurief, denn er wußte, bei ihm war wenig zu holen, und seinen Knotenstock verstand er zu schwingen, trat ein Mann in einfacher, aber passender Tracht herein, dem ein junges Frauenbild folgte.

»Guten Abend, gute Leute! Wolltet Ihr uns wohl eine Nacht beherbergen?« sagte der Mann freundlich zu Nikolaus und nahm auf dessen herzliche Einladung am Kamin Platz.

Frau Margarethe bereitete das Mahl und heftete von Zeit zu Zeit gutmütig forschende Blicke auf das junge Frauenbild, welches in seiner bunten, flatternden Kleidung gar wohl gefiel. Weiche, blonde Locken fielen auf ihre Schultern, die blauen Augen schauten bald unstet, bald träumerisch umher, um ihren Mund schwebte ein feines Lächeln, und hastig griff sie nach einigen heißen Erdäpfeln, um der Frau beim Schälen Hilfe zu leisten.

Währenddem betrachtete Nikolaus den Fremdling, dessen Antlitz weder jung noch alt zu nennen war; seine Augen verkündeten Feuer und Scherz, die Stirne Nachdenken, der Mund milde Wehmut; die Kleidung des Mannes war wie sein Antlitz fein, und je länger Nikolaus den ganzen Mann beobachtete, desto mehr Anziehendes fand er an ihm.

»Wahrlich, Freund«, rief die Fremde ihrem Begleiter zu, »ich finde das Leben im Walde recht angenehm, fast zuträglicher wie in Städten und Schlössern, und diese Abgeschiedenheit, das Dunkel um mich her, durch nichts erhellt als durch das flackernde Lämpchen aus der Hütte, sagte mir zu und nötigte mich zum Verweilen; Freund, bleiben wir hier!«

Der Angeredete lächelte und sprach: »Wo, du Unstete, fändest du lange Ruhe? Bist du nicht bald im Schlosse, bald in der Hütte, im Tanzsaale und im grünen Hain? Ich, meinesteils, weile oft und gern bei so harmlosen Leuten, und während du da und dort herumschweifst und jeden Raum zu eng findest, bin ich am liebsten heimisch in der Tiefe des Herzens, bis mir die Lust ankommt, verkörpert umherzuwandeln.«

Die guten Wirtsleute sahen einander an und lächelten über die ihnen unverständliche Rede; Frau Margarethe nötigte zum Mahle, Nikolaus sprach das Tischgebet, und alle vier saßen vergnügt an dem einfachen Tisch und schmausten die Kartoffeln mit besserem Appetit als mancher Reiche seine Pasteten.

»Höre«, sagte die Fremde nach der Mahlzeit zu ihrem Gefährten, »ich habe allerhand Wunderliches im Sinne, und du sollst sehen, daß ich, obgleich nur ein Weib, diesmal einen Streich spiele, der loser sein soll als dein letzter, wenn nicht – ach, du weißt, ich denke alles so schön und schaffe es dann nicht so.«

»Hui«, sagte der Mann, »ich will dir deine Macht nicht streitig machen, solange du es nicht wagst, mir nachzuahmen, aber was du langsam ausspinnst, schlage ich mit einem Wort nieder, wenn es mir nicht gefällt, und alle deine schwärmerischen Pläne will ich zur vernünftigen Wirklichkeit gestalten, dir zum Ärger.«

Die Jungfrau lachte, der Fremde auch und sprach noch: »Siehst du, über das, was dich doch verdrießt, lachst du, es ist doch höchst komisch, solch einen Zorn an andern wahrzunehmen!«

Als endlich Frau Margarethe vor Müdigkeit nicht mehr die Augen aufzuhalten vermochte, zündete sie einen langen Kienspan an und ersuchte die Fremde, sich mit ihr in das anstoßende Behältnis zur Ruhe zu begeben. Mit hellen Augen und freundlichem Lächeln folgte sie der Frau, während ihr Begleiter sich gutmütig neben Nikolaus auf der Streu, die dieser bereitet hatte, niederließ.

Siebenhundertachtundsechzigste Nacht

Als am anderen Morgen in der Dämmerung Margarethe das Frühstück besorgte, stand ihr der Fremde traulich bei, spaltete Holz und schürte das Feuer an. Nikolaus aber schickte sich an, wieder hinaus in den Wald zu gehen an seine Arbeit. Die gute Frau erstaunte nicht wenig, als sie die Fremde nicht mehr fand, die sie zum Frühstück rufen wollte; nur ein buntes Band hatte sie zurückgelassen, das Margarethe traurig den Männern zeigte.

»Seid unbesorgt um das flüchtige Wesen«, sagte gutmütig der Fremde, »wer weiß es, wo sie jetzt umherschweift; ich treffe schon wieder mit ihr zusammen, und sie kehrt auch wohl wieder einmal bei euch ein. Nun aber lebt wohl, liebe Leute, ich danke euch von ganzem Herzen und werde euch nie vergessen.«

»Wir Eurer auch nicht, besonders meine Margarethe nicht, welche selten einen Fremden sieht.«

»Und das Frauenbild kann ich gar nicht vergessen«, unterbrach ihn die Frau.

»Aber«, fiel ihr wieder der Mann ins Wort, »sollen wir nicht wenigstens in Gedanken, wenn wir von euch reden, euch nennen können?«

»Meine Begleiterin ist meine Freundin Fantasie, die sonst ein mächtiges Reich besaß und jetzt flüchtig lebt; ich? – Gute Leute, mich nennen so viele bald Diener, bald Herr und jagen mir nach, daß ich mich nicht einmal gern bei dem Namen nenne, der zum Schilde mancher Albernheit dienen und sie adeln soll; doch euch kann ich ihn nennen, ihr mißbraucht ihn gewiß nicht, euch ist er nur Name – mein Vater war der Scherz, meine Mutter das Leid, und ich bin ihr Sohn, Humor genannt.«

Hierauf schüttelte Humor den beiden Eheleuten treuherzig die Hand und sagte zur Frau: »Und Euch beschere der Himmel in dem Kindlein, das er Euch zugedacht, ein recht wohlgebildetes und heiteres; führt mich und meine Begleiterin eben der Weg vorbei, so wollen wir Gevatter stehen.«

Einen harten Taler fand der Wirt auf Humors Platz, sichtlich für ihn bestimmt, auch schob er das blanke Metall behaglich in die Tasche, die Frau schlang das bunte Band um ihr schwarzes Haar und setzte sich, als der Mann nach dem Walde gegangen war, zum Kochen.

Der Wind brauste durch die Wipfel der Bäume, und heftiger Regen schlug an die kleinen Fenster der Hütte, in welcher Frau Margarethe schlummerte, neben ihr in einem Körbchen lag ein munteres, neugeborenes Mägdlein und saugte an seinen rosenfarbenen Fingerchen, halb schlafend.

Die alte Wärterin, welche Nikolaus für sein Weib auf einige Tage aus dem Weiler geholt hatte, nickte gleichfalls am Kamin, und der Mann war nach dem Schlosse gegangen, denn so ungern er sein Weib jetzt verließ, so mußte er doch dem Gebote des Hofkoches nachzukommen Folge leisten, denn es leuchtete ihm ein, daß er jetzt mehr verdienen müsse als früher.

Die Wöchnerin bewegte sich unruhig, lebhafte Träume schienen ihr Lager zu umschweben, mehrmals streckte sie die Hand nach dem Körbchen aus, in welchem das Kind schlummerte, sie schien mit jemand zu ringen, der es ihr vielleicht zu entreißen dachte, endlich schrie sie laut auf: »Mein Kind!«

Die Wärterin erwachte zugleich mit der Wöchnerin bei diesem Schrei.

»Mein Kind, mein Kind, es hat es mir jemand geholt und ein Wechselkind, ja einen abscheulichen Wechselbalg in das Körbchen gelegt!« stöhnte die Frau.

Ein Kreuz schlagend trat die Wärterin scheu zum Körbchen, doch bald verwandelte sich ihre ängstliche Miene in eine freudige, denn statt des gefürchteten Wechselbalges schlummerte wie früher ein allerliebstes Mädchen in dem Körbchen. – Als ob es jetzt anders aussähe wie vorhin, kam es der Wärterin auch vor, aber sie bestritt diese Bemerkungen der Mutter kräftig, behauptete auch gegen den zurückkehrenden Vater, das Kind habe schon früher blaue Augen und ein kleines Mal an der rechten Wange gehabt, und hätte es wirklich ein böser Geist verwechseln wollen, so würde er nicht ein so hübsches Kind, sondern sicherlich ein recht abscheuliches Ungetüm an des Kindes Platz gelegt haben.

Endlich beruhigten sich die Eltern, das Kind wurde getauft und nach der Mutter Margarethe genannt. Es hatte Glück in das Haus gebracht, denn an seinem Geburtstage war die Fürstin von einem Töchterlein entbunden worden und hatte, als sie Margarethes Niederkunft erfuhr, da sie ihr gnädig war, dem Kinde und der Wöchnerin ein Geschenk machen lassen. Nun setzte Nikolaus die Hütte besser instand, kaufte noch eine Kuh, einen großen Hund, welcher unterwiesen wurde, das Kind, welches eine Wiege erhielt, zu wiegen, und so lebten denn die Waldbewohner glücklich, sich an dem Gedeihen des Kindes erfreuend.

Siebenhundertneunundsechzigste Nacht

Mehrere Jahre waren Nikolaus und seinem Weibe dahingeschwunden, Gretchen blieb ihr einziges Kind und wurde von den Eltern über alles geliebt; sie war auch so blond und fein wie eine kleine Prinzessin, und jeder, welcher das Kind sah, wunderte sie über dessen Grazie und Anstand und wurde nicht müde, es zu loben. Die Mutter freute sich darüber, aber sie seufzte auch oft, denn Gretchen bezeigte zu keiner Handarbeit Lust und war, obgleich herzensgut, doch eigenwilliger und verschlossener, als Kinder zu sein pflegen. Stundenlang setzte sie sich auf die Waldwiese, und die Mutter belauschte oft ihre wunderlichen Selbstgespräche, die Haustiere waren diesem nach Gretchens Dienerschaft und die Bienchen, die in Sonnenstrahlen umherschwärmten, ihre Gesellschafterinnen. – Sie schmückte sich mit Blumen, ging stolz auf und nieder oder stieg auf den Vorsprung eines Felsens, den sie ihren nannte, und gab von da aus den Bäumen und Waldvögeln Befehle.

Immer mußte die Mutter oder der Vater ihr von der Pracht des Schlosses, von dem schönen Garten erzählen, von den herrlichen Sälen, welche die Eltern bei großen Festen gesehen, wenn sie des Abends mit Gretchen vor der Hütte saßen.

Eines Tages bat sie die Mutter inständigst, sie mit auf das Schloß zu nehmen, bis diese einwilligte. Mit freudestrahlendem Blick betrachtete Gretchen das Schloß, sobald sie es von fern erblickte, jubelnd betrat sie den schönen Garten und mit Wohlgefallen die breite Treppe, welche zu dem Gemach des Küchenmeisters führte, der freundlich der wohlbekannten Frau Margarethe die duftenden Erdbeeren abnahm und ihr dafür die Zahlung einhändigte. – Neugierig blieb Gretchen vor der Küche stehen, in welcher der Koch und ein Dutzend Gehilfen geschäftig umhergingen; einen sehnsüchtigen Blick warf sie im Vorbeigehen in ein halbgeöffnetes Prunkzimmer und bat die Mutter, nur noch einmal mit ihr den herrlichen, an köstlichen Blumen reichen Schloßgarten zu besuchen.

Eben ging die kleine Prinzessin Adelgunde im Garten spazieren an der Seite ihrer Hofmeisterin, ohne eine Gespielin ihres Alters. Sobald sie das kleine Mädchen sah, sprang sie auf sie zu und reichte ihr das Händchen. Frau Margarethe bückte sich tief vor der munteren, braunäugigen Prinzessin, die sie lieber an ihr Herz gedrückt und recht abgeküßt hätte, während Gretchen ohne alle Scheu sich mit der kleinen Prinzessin unterredete. Auch sie hatte keine Gespielin und war ganz glücklich, einem Kind ihres Alters von ihrer Hütte, ihrer schönen Wiese und den bunten Käferlein erzählen zu können.

Die Hofmeisterin wollte die Prinzessin, die man wegen ihrer dunklen Färbung und ihres munteren Wesens eher für ein Bauernmädchen als für ein Fürstenkind halten konnte, entfernen; aber der Fürst, welcher von einem Fenster des Schlosses den beiden Kindern zusah, winkte ihr, sie nicht zu stören.

»Ach, wie schön mag es bei dir im Walde sein, in der kleinen Hütte, wo du nach Gefallen spielen kannst, auf der Wiese bei den lustigen Tieren; du bist recht glücklich, ich muß immer im Schloß bleiben, in den Zimmern, die ich schon tausendmal gesehen habe, und muß mit Puppen spielen, die sich nicht von selbst bewegen können, noch so lieblich singen wie deine Waldvöglein.«

»Und ich«, sprach eifrig Gretchen, »ich möchte in einem solchen Schlosse wohnen, so schöne Kleider von Seide tragen und mich so bedienen lassen – ich habe nur eine Hütte, ein wollenes Kleidchen, und auf meinem Ruf kommt nur ein braungefleckter Hund.«

Endlich nahm Frau Margarethe ihr Töchterlein bei der Hand und dankte noch tausendmal der Prinzessin für den schönen Blumenstrauß, den diese aus ihrem Gürtel genommen und der Frau gegeben hatte.

Gretchen aber plauderte unaufhörlich von dem Schlosse, von der Prinzessin und saß von nun an länger als früher auf der Waldwiese.

Siebenhundertundsiebzigste Nacht

Heute setzte Alma ihre Erzählung fort:

Wieder waren einige Jahre vergangen; Gretchen war ein hübsches, schlankes Mädchen geworden, die Mutter wurde nicht mehr die schöne, sondern die gute Margarethe genannt, und der Vater flocht keine Körbe mehr, noch spaltete er Holz. An der Stelle, wo sonst die Hütte gestanden, stand jetzt ein stattliches Häuschen mit einem Hirschgeweih, und in dem Wohngemach sah es jetzt gar freundlich aus, auch hatten sie noch ein schöneres.

Nikolaus hatte vor zwei Jahren dem Fürsten auf der Jagd das Leben gerettet, und weil bald nachher der alte Förster des Waldes starb, ernannte der Fürst seinen Retter zu dessen Nachfolger. Da dieser das Plätzchen, wo die Hütte stand, so sehr liebte, ließ er ihm auf demselben ein Häuschen bauen, die Umgebungen blieben dieselben, und Gretchen hatte ihre Waldwiese noch so nahe wie sonst.

Ein hübscher, junger Bursche meldete sich bei Nikolaus, ihm als Jägerbursche zu dienen, und wurde wegen seines freundlichen, ehrlichen Gesichtes sogleich angenommen. Die Alten liebten ihn bald wie einen Sohn, nur Gretchen war ein wenig stolz gegen ihn und verlangte bald diese, bald jene Dienstleistung von ihm.

Eines Abends saßen alle vier Bewohner des Häuschens im warmen Stübchen, da pochte es an die Tür, und Nikolaus hieß Anton, den Jägerburschen, nachsehen, wer käme, und den Fremden, sähe er unverdächtig aus, einlassen.

Bald öffnete Anton wieder die Tür des Gemaches, und mit ihm zugleich trat ein wohlgekleideter Mann ein, den die Wirtsleute sogleich als ihren alten Bekannten, Humor, begrüßten.

»Ei seht, kaum trau' ich meinen Augen«, rief lächelnd Humor, »wie stattlich ist alles gegen sonst, und hier steht wohl das schmucke Töchterlein, welches ich euch vor vierzehn Jahren prophezeite und wünschte?«

»Jawohl«, sagte Margarethe, »sie ist unser einziges Kind, unsere größte Sorge und Freude.«

»Eure Sorge ist es, die Freude immer zu behalten«, erwiderte der Gast, »ja, ich glaub' es euch, alles, was man als Geliehenes betrachten muß, beglückt am meisten, und somit könnte man auch die Neigung mancher Leute, sich mit Geborgtem zu umgeben, entschuldigen, billigen.«

Frau Margarethe war um eine Antwort verlegen, Gretchen aber

sagte: »Es gibt doch wohl Güter, die so erhaben sind, daß wir sie unser nennen und doch deshalb desto mehr lieben, die Tugend ist eines von ihnen.«

»Ei seht doch, Ihr wißt zu sprechen«, sagte Humor, und die Mutter versetzte: »Wir haben Sie, damit ihr Gottes Wort nicht fremd bleiben sollte, einige Zeit zu den frommen Nonnen in das nächste Kloster gegeben, da hat sie denn gegen meinen Willen auch Lesen, Schreiben und Singen, Hochreden gelernt und allerlei feine Arbeiten, die recht schön sind, obgleich die Geschicklichkeit darin einer Försterstochter und zukünftigen Förstersfrau von wenig Nutzen ist.«

»Ach«, fuhr sie unbekümmert fort, als Gretchen nach der Küche gegangen und Nikolaus und Anton auf einen Augenblick in den Stall, um nach einem kranken Tier zu sehen, »ach, das Mädchen macht mir vielen Kummer, es ist unser einziges Kind, und wir können etwas auf Gretchen wenden, und wir tun es auch, wir haben sie in allem unterrichten lassen, was nur ein Mädchen zu wissen braucht, sie hat Kleider wie kein Förstermädchen, und doch ist sie mit allem dem nicht zufrieden. Sie sagt nichts, aber es freut sie auch nichts, träumerisch geht sie umher, immer spricht sie vom Glück der Reichen und Vornehmen und von dem Schlosse, auf welchem sie nur ein einziges Mal im Leben war. Sie ist nicht stolz, aber ganz verschlossen, und bei aller Höflichkeit tut sie doch stets so vornehm gegen den wackeren Anton, daß ich mich in der Seele ärgere, denn war haben ihn ihr zum Manne bestimmt.«

»Dieselbe Klage, wenn auch die entgegengesetzte, hat die Fürstin«, sagte Humor. »Ich war jüngst auf dem Schlosse, da beklagen sich alle über die Prinzessin Adelgunde, daß sie aller Etikette abhold ist, am liebsten ohne Begleitung in der Gegend umherschweifte und, wenn es ihr gestattet würde, wohl gar in den Wald ginge. Sie hat zu allen einer Prinzessin gebührenden Beschäftigung keine Lust und beneidet Eure Tochter um ihr Los, dabei ist sie sehr hübsch, das ist wahr, aber gar nicht wie ein Fürstenkind, sondern frisch und braun wie ein Jägermädchen.«

»Ach, eine holdselige Prinzessin«, antwortete Frau Margarethe, »aber sagt mir doch, wo ist denn Eure Begleiterin hingekommen, und was ist aus ihr geworden?«

»Sie ist dieselbe noch«, lächelte Humor, »sie wird es bleiben; wir treffen uns oft und geraten nicht selten in ernsthaften, scherzenden Streit, können uns aber doch nie ganz missen, und ich sie noch weniger als sie mich.«

Anton und Nikolaus kamen zurück, und Humor betrachtete den

ersteren mit vielem Wohlgefallen; Gretchen trug das Mahl auf, nahm aber an dem Gespräche wenig teil und beantwortete jede Anrede Humors mit einem gewissen Stolz, den träumerische Leute gegen heitere oft für erlaubt und für einen Beweis von Geist halten.

»Da seht Ihr, wie das Mädchen ist«, flüsterte Margarethe dem Gaste zu, und der Vater sagte ernsthaft: »Gretchen, überlaß dich nicht törichten Träumen, und preise dich glücklich, daß du, in der Hütte geboren, jetzt im hübschen Hause leben kannst.«

»Nun, wer weiß, was der Jungfrau noch Großes beschieden ist«, sagte Humor, ohne sich an die verdrießlichen Mienen der Eltern zu kehren, und fügte lachend hinzu: »Vergeßt nur nie, in keiner Lage des Lebens, Euren Aufenthalt im Walde.«

»Nie! O wie könnt' ich das!« sagte Gretchen gerührt und hielt den Eltern beide Hände hin, nur von Anton wendete sie sich ab.

Als sie spät ihr Schlafgemach betrat, überdachte sie noch einmal Humors Worte und wünschte sich lebhafter als je in das schöne Schloß, in die Lage der Prinzessin. Sie weinte und seufzte, bis Müdigkeit ihre Augen schloß, ihr letzter Gedanke war, morgen Humor zu fragen, wie sie es wohl anfange, um einst eine angesehene Dame zu werden.

Siebenhunderteinundsiebzigste Nacht

Als Alma eintrat, wurde sie sogleich an die Fortsetzung ihres Märchens erinnert, und heiter begann sie:

Die Sonne stand hoch am Himmel, als Gretchen erwachte, doch wie erstaunte sie, als sie sich auf seidenen Kissen fand, im prächtigen Himmelbette. Eine Zofe zog die Gardinen zurück und wünschte ihr einen guten Morgen. Gretchen wollte fragen, doch bestürzt schwieg sie, als sie von dem Mädchen Prinzessin genannt wurde. Sie wurde in schöne Gewänder gekleidet und, nachdem sie mit der Oberhofmeisterin das Frühstück eingenommen, zur Fürstin geführt, um ihr die Hand zu küssen. Mehrmals schon wollte sie sagen, ich bin ja Gretchen, des Försters Tochter, aber immer schwieg sie, aus Furcht, dann aus dem schönen Schlosse vertrieben zu werden. Sie begriff nicht, warum man sie für die Prinzessin hielt, aber sie bewegte sich vergnügt und mit Anstand in der ihr ungewohnten Sphäre.

Mit Staunen sahen die Lehrer, daß die Prinzessin, denn auch diese erkannten Gretchen nicht, diesen Tag ungemein aufmerksam und lehrbegierig war, und der Hof freute sich, daß es der Prinzessin zum ersten Male in ihrem Leben im Schlosse über alle Maßen wohlgefiel.

Vergnügt legte sie sich abends wieder in das schöne, von seidenen Gardinen umhangene Bette und schlief erst spät in der Nacht ein, denn lange hielt das Ungewohnte, was sie erblickt, was ihr geschehen, von ihren Augen den Schlummer fern.

Als Gretchen am andern Morgen sich fröhlich und munter umschaute, sah sie sich in ihrer freundlichen, kleinen Kammer, ihre gewöhnlichen Kleider lagen auf dem Stuhle vor ihrem Bette, und die Mutter rief sie hinab in das Wohngemach.

»Also nur geträumt hab' ich«, sprach sie langsam und traurig. – »Das Schloß, die schönen Gewänder, meine Diener sind verschwunden, und ich bin keine Prinzessin, nur Gretchen, des Försters Tochter!«

»Warum bist du denn heute so betrübt, da du gestern so lustig warst?« fragte sie die Mutter, und Gretchen rief staunend: »Lustig? War ich denn nicht wie immer? Ihr sagtet ja noch zu Herrn Humor, daß ich immer mißmutig sei!«

»Das war vorgestern!«

»Aber ist denn Herr Humor nicht gestern hiergewesen oder hätte ich einen ganzen Tag geschlafen? Es ist mir, als hätte ich lange geträumt, und von meiner gestrigen Heiterkeit weiß ich kein Wort!«

»Gott weiß, was dir wieder im Kopfe steckt«, murmelte verdrießlich die Mutter und gab der Tochter eine Arbeit, welche von dieser unlustig begonnen wurde, und die Mutter bemerkte: »Gestern hattest du, obwohl du wenig Übung zeigtest, doch Lust, du hast den halben Tag auf der Waldwiese gesessen, das Vieh im Auge gehabt und ein Vogelnetz gestrickt, und heute bist du wieder ganz zerstreut.«

Je mehr die Mutter von dem gestrigen Tage sprach, desto mehr wunderte sich Gretchen; sie sagte aber kein Wort von ihrer Anwesenheit im Schlosse, die sie für einen Traum hielt, aber sehnsüchtig gedachte sie der herrliche Stunden und wünschte nur noch einmal im Leben so zu träumen, und ihr Wunsch wurde erfüllt. Den siebenten Tag nach jenem glücklichen erwachte Gretchen in dem schönen, wohlbekannten Zimmer und war den ganzen Tag die glücklichste Prinzessin; als sie sich des Abends zur Ruhe begab, nahm sie sich vor, nicht zu schlafen, denn sie meinte, dadurch den Zauber, der sicherlich im Spiele war, zu bannen und Prinzessin zu bleiben.

Wie aber die Glocke zwölf schlug, wurde sie ganz matt und müde, die

Flötenuhr spielte, und es kam ihr vor, als sähe sie den Kopf des Humors, nur schöner und idealer, mit Flügeln versehen, ihrem Lager nahen, einen Mohnzweig gegen sie neigen und dann verschwinden, die Lampe erlosch, sie schlief ein.

Diesmal war sie weniger erstaunt, als sie sich bei ihrem Erwachen wieder in dem Gemach im Försterhause sah. Sie glaubte, mit Gewißheit hoffen zu können, daß sie den siebenten Tag wieder in das Schloß versetzt werden würde, und war deshalb nicht so mißmutig, als sie gewöhnlich zu sein pflegte.

Wirklich befand sie sich durch Wirkung einer geheimnisvollen Macht allemal den siebenten Tag im Schlosse und lebte dort herrlich und in Freuden, dabei lernte sie fleißig alles, was sich für eine Prinzessin ziemte, nur wunderte sie sich, wenn sie oft von ihren Frauen gefragt wurde, warum sie immer so traurig und nur den siebenten Tag heiter sei. Sie staunte auch, daß Frau Margarethe und Nikolaus oft von Dingen, die am siebenten Tage geschehen sein sollten, mit ihr sprachen, von denen sie kein Wort wußte.

Manches wurde ihr nach und nach erklärlich, aber sie schwieg, wußte sie doch, daß sie sich der geheimnisvollen Macht, welche auf ihr Leben wirkte, ganz überlassen mußte, und eben weil sie keine Wahl hatte, empfand sie auch nicht die Qualen, welche jeder wichtigen Entscheidung, die man zu tun hat, vorangehen.

Der Frühling war allmählich verschwunden, manchen Empfindungen gleich, deren Absterben man nicht bemerkt, weil immer neue Eindrücke sich der Seele bemächtigen; auch der Sommer neigte sich zu Ende, und alle Anmut und Kraft eines schönen Herbstes breitete sich über die Fluren aus. Das Heidekraut blühte, Brombeeren und Preiselbeeren reiften, und Margarethe und ihr Mann sahen mit stiller Freude, daß Gretchen den wackern, jugendlich schönen Anton liebgewann; denn war sie auch die ganze Woche still und zurückhaltend gegen ihn, wenn der Sonntag kam, schmückte sie sich, flocht grüne Zweige in ihr Haar und ging mit Anton hinaus in den Wald. Auf der stillen, duftigen Waldwiese saßen sie oft stundenlang, sahen den farbigen Käfern zu, welche sich im Sonnenstrahle vergnügten, und sangen mit jugendlich vollen Stimmen Zweigesänge, welche der Wanderer, der sie nicht erblickte, für Grüße der Waldgeister hielt.

Eines Tages kam Anton mit der Nachricht vom Schlosse, daß der Fürst des Landes einen hohen Preis ausgesetzt habe für denjenigen, dem es gelänge, ein Mittel gegen die Krankheit der Prinzessin ausfindig zu machen. »Die Ärzte«, schloß Anton seine Rede, »wissen nicht, was sie von der Krankheit der Prinzessin halten sollen; sie verschmäht Speise und Trank, weint und seuft, zeigt keine Teilnahme an dem Unterrichte, den sie empfängt, wünscht sich, fort über die Berge wandern zu können, und kommt der siebente Tag, so ist sie fröhlich und glücklich, wie man sie früher nie gesehen hat, halb wie du, Gretchen«, fügte Anton hinzu und wollte die Hand der Erblassenden fassen, welche sie ihm heftig entzog. Ein Schauder überfiel sie, und kaum vermochte sie sich auf den Füßen zu halten, als Anton noch weitererzählte: »Man erwartet jetzt die Ankunft eines fremden Prinzen, welcher um die Hand der Prinzessin werben will, und hofft, daß die glänzenden Feste, mit denen man seine Ankunft feiern wird, vielleicht auch die Liebenswürdigkeit des Prinzen selbst, die betrübte Fürstentochter erheitern werden.«

Leise schlich Gretchen in ihre Kammer und weinte, sie ahnte, die Ankunft des Prinzen sei auch für sie nicht ohne Bedeutung, und bangte vor dem Zauber, vor dem Wechsel, den jetzt vielleicht ihr Geschick haben würde.

»Nur ein fröhliches Ende«, sprach Eduard, »die Geschichte beginnt so harmlos und heiter, daß mich ein trübes Ende stören würde.«

Siebenhundertzweiundsiebzigste Nacht

Prinz Alindor, einer der schönsten und liebenswürdigsten Prinzen seiner Zeit, war auf dem Schlosse des Fürsten angekommen. In der ganze Gegend sprach man von seiner Großmut, seinem ritterlichen Wesen und von dem Glücke, welches Prinzessin Adelgunde an seiner Seite finden müsse, wenn sie endlich den Bitten und Wünschen der Eltern zufolge dem Prinzen ihre Hand reiche. Zur großen Verwunderung aller blieb sie aber kalt bei den Bewerbungen Alindors, der Prinz verlor alle Hoffnung, sie jemals die Seine nennen zu dürfen, und ging still und traurig umher, denn er liebte die schöne Prinzessin, und es hatte Tage gegeben, an welchen sie ihn nicht mit Gleichgültigkeit zu behandeln schien. Heimlich gestand er sich, daß Prinzessin Adelgunde ihm nicht immer so liebreizend erscheine als bisweilen, aber die Erinnerung an einzelne Tage, wo sie ihm so unaussprechlich liebenswürdig erschienen war, verließ ihn nicht und umstrahlte ihn auch in der

Zeit, wo er, wenn er mit kalter Ruhe um sich schaute, eine andere in ihr fand.

Die Schwermut der Prinzessin schwand nicht; vergebens erschöpften die berühmtesten Ärzte ihre Kunst, umsonst bat sie ihre fürstliche Mutter, ihr doch zu vertrauen. Einst hatte eine Zofe erlauscht, daß die Prinzessin in stiller Nacht das Fenster ihres Gemaches geöffnet und sehnsüchtig hinausblickend gesungen hatte:

»Wenn ich nur ein Vöglein wär',
immer weiter wollt' ich fliegen,
über Berge, übers Meer,
wenn mich meine Schwingen trügen.

Wenn ich nur ein Vöglein wär',
frei und froh im grünen Haine,
Bienen summten um mich her,
freuten sich im Sonnenscheine.

Wenn ich nur ein Vöglein wär',
aus dem Schlosse zög' ich balde,
sänge – nicht von Sorgen schwer –
auf der grünen Wies' im Walde.

Waldwies', schöne Waldwies' du,
könnt' ich immer zu dir kommen;
ach des Herzens süße Ruh'
hast du ewig mir genommen!«

Alsbald war der Inhalt dieses Liedes im ganzen Schlosse bekannt, und jedermann zerbrach sich den Kopf und wollte wissen, was die Prinzessin mit der Waldwiese meine; sie war noch niemals von ihrer Oberhofmeisterin oder einer Hofdame, die eben bei ihr war, allein gelassen worden, selbst des Nachts weilten Zofen in ihrem Vorzimmer, und der ganze Hofstaat wußte, daß die Prinzessin nichts als das Schloß und dessen nächste Umgebung kannte.

Der Fürst, welcher seine Tochter sehr liebte, schlug ihr vor, in Begleitung ihrer Base eine Reise zu machen, und Prinz Alindor bat die Prinzessin, die Residenz seiner Eltern zu besuchen; aber hartnäckig bestand sie darauf, im Schlosse zu bleiben, und den andern Tag, wieder den siebenten, war sie fröhlich und wohlgemut, ja, als den Tag nachher ihre Heiterkeit wieder verschwunden und sie aufs neue an die Reise erinnert worden war, sagte sie heftig: »Laßt mich hier, wenn ich nicht sterben soll, ich kann ja nirgends so schön träumen.«

Prinz Alindor, welcher dies hörte, schwieg; er schien überhaupt sich nicht mehr so eifrig wie früher um die Prinzessin zu bewerben, ja, wer ihn genau beobachtete, wenn er mit der Prinzessin sprach, mußte auf den Gedanken kommen, der Prinz liebe die Prinzessin nur wegen einer gewissen Ähnlichkeit mit einer geliebten Person, die sich zu manchen Zeiten besonders hervorhebe.

Eines Tages saß Gretchen ihrer Gewohnheit nach auf der Waldwiese und flocht einen Kranz. Während sie mit lieblicher Stimme ein Liedchen sang, da vernahm sie ein leises Rauschen in den Zweigen, sie blickte auf, und vor ihr stand ein junger, schöner Mann in Jägertracht. Als er das reizende Jägerkind sah, blieb er eine halbe Minute regungslos stehen und sagte dann freundlich zu ihr: »Welch herrlicher Anblick! Hier, wo ich nur die Fortsetzung des Waldes erwarte, überrascht mich diese duftende, von Felsen und Bäumen umgrenzte Wiese und eine Blume, wie man sie selten in den köstlichsten Gärten findet. Oh, hier abgeschieden von der Welt und ihren Kleinlichkeiten dann und wann einen Tag zuzubringen, welch ein Genuß!«

Das Mädchen errötete und sprach: »Wohl ist es still und herrlich hier, diese Wiese ist an sich eine schöne Dichtung, man mag sie mit einem Gemälde, einer Musik, einem hohen Dome, einem herrlichen Liede vergleichen!«

Erstaunt sah der Jäger auf die Sprecherin: »Wie, du kennst Dichtungen, du? – Doch«, fügte er hinzu, »du bist vielleicht die Nymphe des Haines, welche mir in Gestalt eines Landmädchens erscheint und mir so«, dies sprach er mit tiefer Bewegung, »die Ruhe für immer rauben wird!«

»Ich bin weder eine Nymphe, noch fürcht' ich, Eure Ruhe zu stören«, sagte bescheiden Gretchen, »ich bin des Jägers Tochter, dessen Haus dicht hinter der Waldwiese liegt, und wenn ich etwas besser spreche als ein gewöhnliches Landmädchen, so kommt es von meinen Träumen her, welche mich, Lehrern gleich, unterwiesen.«

»Oh, entfliehe mir nicht!« bat der Jäger und faßte schüchtern ihre Hand, die sie ihm sanft entzog, ohne sich zu entfernen, und nun begannen beide, wenn auch nicht ohne Befangenheit, doch eifrig miteinander zu sprechen.

Erst nach einer Stunde schied der Fremdling, oft besuchte er wieder das stille Plätzchen, oft fand er Gretchen, und jeden Tag wurde sie ihm teurer; immer schwerer fiel beiden die Trennung, und Gretchen ahnte gar wohl, ach, mit bekümmerten Herzen, warum der Jäger sie so früh verlassen mußte. Sie weinte seitdem noch öfter wie sonst und behandelte den ehrlichen Anton noch härter; die Mutter betrübte sich darüber, und der Vater sagte oft verdrießlich: »Das Mädchen hängt den Kopf wie die blondlockige Fremde, welche vor Jahren bei uns übernachtete und ihre Pate sein wollte; von dem Herrn Paten Humor, den ich im Geiste zum Gevatter gebeten habe, hat sie nicht eine Regung in ihrem Gemüte.«

Siebenhundertdreiundsiebzigste Nacht

»Heute wirst du das Ende erfahren«, sagte Alma zu ihrem Gatten; »ob du mit mir zufrieden sein wirst, weiß ich freilich nicht, denn das Schicksal der in dem Märchen vorkommenden Personen stand nicht in meiner Hand.« Sie begann:

Wieder waren einige Wochen vergangen, Prinz Alindor hatte seine Bewerbungen um die Hand der Prinzessin zu deren großer Freude nicht erneuert, es aber dennoch immer verschoben, abzureisen, sooft er auch schon davon gesprochen.

Endlich konnte er unter diesen Verhältnissen sich nicht länger am Hofe des Fürsten aufhalten. Der Tag seiner Abreise wurde bestimmt, und der Fürst veranstaltete ihm zu Ehren noch ein großes, glänzendes Jagdfest, da der Prinz ein leidenschaftlicher Jäger war, welcher oft den Wald durchstreift hatte und ihn besser kannte als der Fürst und seine Kammerherren.

Die Prinzessin Adelgunde wohnte der Jagd bei, sie sah im grünen Jagdkleide, in dem von wallenden Federn geschmückten Hute herrlich aus, und eine freudige Befangenheit verlieh ihr noch einen Reiz mehr. Unter lustigem Hörnerklang zog der fröhliche Trupp durch den Wald, und bald erschallten von allen Seiten die Schüsse der muntern Jäger, die sich bemühten, vor den Augen der Prinzessin Ehre einzulegen. Aber der Prinz, welcher der König des Festes sein sollte, war verschwunden, einige Jäger wollten ihn zuletzt unfern der Waldwiese bemerkt haben. Auch Prinzessin Adelgunde wurde vermißt, und die besorgte Fürstin, welche fürchtete, ihre Tochter sei keine geschickte Reiterin, sandte nach allen Richtungen des Waldes Boten aus, die Prinzessin zu suchen. Auch Nikolaus, der Förster, und Anton, welche sich unter dem Jagdgefolge befanden, erhielten den Befehl, die Prinzessin mit zu suchen. Indem sich die Beorderten anschickten, das Gebot der Fürstin zu erfüllen, kam aus dem Dickicht das Pferd der Prinzessin im vollen Laufe gerast, und kaum erhielt sich noch die halb Ohnmächtige im Sattel.

Ein Ruf des Schreckens ertönte, beherzt fiel Anton dem Pferde in die Zügel und brachte es zum Stehen; man hob die Fürstentochter herab, und Nikolaus schlug vor, sie einstweilen, damit sie ein wenig ruhe, in sein Häuschen zu bringen.

Die Fürstin gab dies zu, und der Zug bewegte sich nach dem Forsthause, Anton eilte voraus, der Försterin und Gretchen das Kommen der Prinzessin zu melden; auch der Prinz kam herbei und schloß sich teilnehmend an.

Man brachte die Prinzessin in das Haus, in Gretchens Gemach, und legte sie auf ein Ruhebette, alle entfernten sich, nur Gretchen, welche bald bleich, bald rot wurde und den Prinzen traurig ansah, blieb zu ihrer Bedienung bei ihr.

Als die Prinzessin aus ihrer Ohnmacht erwachte, stieß sie einen Schrei aus und sprach bewegt: »Hier bin ich wieder in dem bekannten Gemache, ach, und, wie ich sehe, geschmückt in seidenen Kleidern. Ach, was hab' ich geträumt!«

Gretchen näherte sich furchtsam, und auf die Frage der Prinzessin sagte sie: »Ach, gnädige Fürstin, Ihr Anblick erschreckt mich, so schön er auch ist, denn so wie Ihr hier vor mir steht, seh' ich mich nun schon seit langer Zeit allemal den siebenten Tag im Traume.«

»Und ich mich wie du an demselben Tage, in deiner Tracht, mit deinen Zügen, auf der Waldwiese mit« – sie zögerte und fügte schwermütig hinzu – »mit einem jungen Manne, der wohl nur in meinen Träumen lebt!«

Viel sprachen Fürstenkind und Jägerstochter gemeinsam, beide weinten heftig und versprachen einander, ihre gegenseitigen Mitteilungen niemand zu vertrauen.

Als die Prinzessin Adelgunde ihren Retter zu sehen verlangte und Anton vor ihr stand, verwirrt errötend, brach sie in lauten Weinen aus. Der Fürst mit den Seinen kehrte nach dem Schlosse zurück, und Anton und Gretchen sahen traurig den Fortziehenden nach.

An einem stürmischen Abend schritt ein Wandrer durch den Wald, und je heftiger der Sturm die Eichen schüttelte und der Donner rollte, desto lauter sang er sein Lied, fröhlich dazwischen rufend: »Die

Begleitung zu meinem Liede sei, wie sie wolle, es klingt doch, sind Wort, Melodie und Brust mir rein.« Da hörte er leisen Klageton, unter einem Baume saß ein schönes, blasses Frauenbild, in welchem der Wandrer seine Freundin Fantasie erkannte. »Ach, welch ein Unwetter, lieber Humor«, rief sie aus, »kaum kann ich mehr weiter!«

»Nun, komm nur, ich will dich führen«, sagte Humor, »du bist eine Dame, da muß man galant sein, obschon du das Wetter verdient hast!«

»Ich? Womit denn?« fragte Fantasie ganz unschuldig.

»Wüßtest du es, wärst du noch strafbarer. – Du erinnerst dich doch unsres Zusammentreffens auf dem Schloß des Fürsten und des Abends in der Hütte bei dem damals armen Nikolaus?«

»Wie sollt' ich nicht?«

»Nun, und was hast du seitdem begonnen? Du hast, um dich zu unterhalten, die Prinzessin in die Hütte, das Försterkind in das Schloß gezaubert, dich in dem Gedanken ergötzt, zur Zeit, wo es dir belieben würde, die Kinder den Eltern zurückzugeben und eine recht rührende Szene zu veranlassen, oder wolltest du, gottlos genug, es abwarten, bis die arme Prinzessin im Walde und das Jägermädchen im Schlosse vor Sehnsucht gestorben wären?«

»Bewahre! Oh, wie schlecht denkst du von mir, die Kinder wollt' ich nächstens zurückgeben.« –

»So, und wird sich die als Prinzessin Erzogene im Walde, die als Jägerkind Erzogene im Schlosse ihres Vaters gefallen?«

»Warum nicht?«

»Ei! Meinst du, der Einfluß, den Gewohnheit und Erziehung auf uns üben, sei so unbedeutend? Und wenn nun das Jägermädchen den Prinzen und Adelgunde den Jäger liebt?«

»Dann bleiben beide, wo sie sind.« –

»Und wenn sie doch erfahren –«

»Die Macht der Liebe –«

»– zeigt sich anders. Prinzessin kann nicht Jägersfrau, Jägerskind nicht Fürstin sein!«

»Die Natur!«

»– pflanzt das Veilchen in das Gras, wieset der Aloe den Platz im Treibhause an, und jedes ist eben an seinem Platze nur schön, glücklich, nützlich!«

»Die allgemeinen Menschenrechte –«

»– bestehen darin, daß jeder nicht verhindert werde, seine Eigentümlichkeit nach Kräften zu entwickeln, zu vervollkommnen. Der Dichter ist der Schöpfer schöner Gebilde, und der Gärtner pflanzt schöne

Blumen. Fantasie, Fantasie, ich glaube, du bist schuld, daß jetzt so wenige mit ihrer Stellung zufrieden sind; die Zerrissenen –«

»– sind interessant!«

»Und unglücklich, oft unnütz, unheilbar. Sich zerreißen ist übrigens leichter, als hübsch harmonisch bleiben. Nun, sei nur gut, ich habe dich verbessert. Ich habe zu meiner Ergötzlichkeit die Prinzessin durch Zauberei mit den Verhältnissen ihres Standes und Gretchen mit dem Forsthause bekannt gemacht. Diese hat im Schlosse, jene auf der Waldwiese ihr Paradies gefunden, weil sie dahin gehören! Du wünschest vielleicht Wiedersehen, Kinderzurückgeben – gute Fantasie, es ist besser, beide Jungfrauen vergessen, was ihnen nicht anpassend ist. – Heimlich, ohne daß es irgendein Mensch erfährt, ja, ohne ihr eigenes Wissen, will ich durch Zauber beide wieder vertauschen!«

»Und ich? Willst du mich auf immer von der Erde verbannen?«

»Gute Fantasie, werde nicht so oft den Dichtern untreu, dann hast du Beschäftigung genug und schadest andern ehrlichen Leuten nicht!«

Die Fantasie hielt die Ohren zu und flog davon; Humor sah ihr ernsthaft heiter nach.

Als den nächsten Tag Adelgunde erwachte, sah sie sich im Forsthause – Gretchen befand sich im Schlosse. Es fiel dieser nicht ein, daß sie jemals woanders gewesen; ihre Gedanken waren bei dem Prinzen, und als dieser, aufs neue hingerissen von der Schönheit der Prinzessin, um sie warb, gab sie ihm das Jawort, zur Freude ihrer Eltern und des Volkes.

Adelgunde, jetzt Gretchen genannt, durfte auf ihrer Waldwiese bleiben und blieb gern, denn Anton hielt sie fest, sie wurde seine Frau. Daß die Prinzessin jetzt blond und Gretchen braun war, beide ihren Eltern glichen, fiel vermöge des Zaubers niemanden auf.

Beide Paare lebten glücklich, zur Freude Humors, zur Betrübnis Fantasies, welche meinte, es sei doch besser, aus Liebesschmerz zu sterben.

Siebenhundertvierundsiebzigste Nacht

Heute trat Eduard mit einem Paket in den Saal. Er brachte dem Freiherrn einen Brief von Reiner, der noch immer in Schweden auf ein nach der Gegend von Runsitten segelndes Schiff wartete. Auch den

Beschluß der von ihm begonnenen Sage »Die Braut« sandte er, zierlich auf Velinpapier geschrieben, wahrscheinlich, um dadurch Marie zu unterhalten.

Erst las der Freiherr seinen Brief vor, dann nahm Claudine das Manuskript und las:

DIE BRAUT

Einige Zeit hatte Antonio Sforza wieder in Rom gelebt, als ein Vetter mit seiner jungen Gattin aus Aricia dort eintraf, um die heiligen Feste in Rom zu begehen.

Antonio sah kaum die reizende sechzehnjährige Giacyntha, als er auch schon seine Schwüre und seine erste Braut rein vergaß und in heftigster Liebe für die junge Frau entbrannte. Es wurde dem geübten Liebesjäger nicht allzuschwer, die unerfahrene, feurige Giacyntha in seine Netze zu verstricken, zumal der Gatte Giacynthas durchaus nicht hübsch, auch nicht mehr jung und von ernstem, kaltem Naturell war.

So gingen die Fasten vorüber, die Vergnügungen nahmen aufs neue ihren Anfang, und nun hoffte Antonio zuversichtlich, daß es ihm gelingen würde, Giacynthas letzten Widerstand zu bekämpfen und ihre höchste Gunst zu gewinnen. Er sah jede Gelegenheit ab und benutzte sie schlau, wo er ihr unbemerkt einige Worte zuflüstern konnte, und brachte sie endlich wirklich so weit, daß sie ihm bei einem Feste, welches ihr Gemahl veranstaltete, eine heimliche Zusammenkunft auf ihrem Zimmer zusagte.

Wer triumphierte jetzt mehr als der treulose Antonio, treulos gegen seine Braut, gegen seinen arglosen Vetter und dessen unerfahrenes, leichtsinniges Weib.

Der Tag des Festes erschien, reizend geschmückt, blühend und voll Frohsinn erschien Giacyntha in der Versammlung; manch heimliches Wort flüsterte Antonio ihr zu und gab sie ihm zurück. – Der Abend kam. Hundert Kerzen flimmerten in dem reichgeschmückten Saale, und lauter, allgemeiner, ungebundener wurde die Freude. – Da schlug die Stunde, welche die junge Frau dem Versucher zur Zusammenkunft bestimmt hatte. Er nahte sich ihr, sein Blick mahnte sie, der ihrige verhieß. Nach einer kleinen Weile wollte sie unbemerkt aus dem Saale sich entfernen, doch an der Türe stürzte sie mit einem lauten Schrei zu Boden. – Alles sprang ihr zu Hilfe, Antonio zuerst, aber sowie sie ihn erblickte, stieß sie ihn mit Abscheu von sich und rief: »Fort – fort, Entsetzlicher, du gehörst ihr, die mich tötet! – O helft mir, entfernt sie!« – Voll Schrecken trat Antonio zurück. – »Sie redet irre!« riefen mehrere aus der Gesellschaft. »Man hole einen Arzt.« Doch Giacyntha beteuerte jammernd: »Nein, nein, ich rede nicht irre – entfernt sie! Sie tötet mich mit ihren starren, kalten Blicken; seht, o seht, wie sie jetzt mir droht! Helft mir! Rettet mich!«

Der Arzt kam und hörte mit Erstaunen, was die Kranke redete. – Von einer fürchterlichen Ahnung durchzuckt, zog Antonio ihn beiseite und beschwor ihn bei allen Heiligen, die Kranke zu befragen, wie die Erscheinung aussähe, welche sie so ängstige. Der Arzt tat es, Antonio lauschte auf die Antwort, Giacyntha stöhnte: »Es ist eine junge Dame in schwarzer Kleidung, schön, aber totenbleich, und ihre Augen brennen wie glühende Pfeile in meinem Herzen.«

»Beschreibt mir die Gestalt der Dame noch näher, Donna«, sprach der Arzt. – Giacyntha, krampfhaft sich windend, tat es. – Antonio erstarrte, die Erscheinung glich vollkommen seiner verratenen Braut Anuziate.

»Jetzt – jetzt kommt sie auf mich zu«, schrie plötzlich Giacyntha, »weh, sie faßt mich – Hilfe!« – Mit diesen Worten sank die Unglückliche auf das Lager zurück und verschied. Rasend stürzte Antonio aus dem Saale, aus dem Hause, seiner Wohnung zu. – Hier schrie er seine Leute wach, gab seine Befehle und stürmte bald darauf, begleitet von wenigen, fort aus Rom.

Ohne Aufenthalt ging die Reise, bis Verona erreicht war, es war an einem frühen Morgen, und ohne Verzug sprengte Antonio allein nach dem Schlosse. – Vergebens pochte er an die Hauptpforte, sie wurde nicht aufgetan. »Vermaledeite Zauberin!« kreischte er. »Meiner Rache sollst du nicht entgehen!« Und einigen kräftigen Fußstößen wich die kleinere Pforte. Er stutzte, als er in den Schloßhof trat, denn alles schien ihm öde und verwildert; er eilte in das Schloß – auch dort war alles in einem Zustande, als sei das Gebäude seit vielen Jahren nicht mehr bewohnt worden – die nämliche Pracht wie sonst aber verblichen, erblindet. – Jetzt stand er vor dem Vorsaal, er trat ein und stand – in einer Kapelle. – Er trat in das Zimmer seiner Braut – es war ein Grabgewölbe mit vielen Särgen; entsetzt taumelte er zurück, eilte durch die Kapelle, durch die Gänge die Treppen hinab, über den Schloßhof ins Freie – dort sank er erschöpft nieder, kalter Angstschweiß stand auf seiner Stirne.

Da regte sich was neben ihm, er blickte auf, es war ein alter Schäfer, der eben seine Herde austrieb und befremdet den feinen Herrn betrachtete, der im Grase hingesunken vor dem Schloßtor lag.

»Wem gehört dieses Schloß?« stammelte Antonio. »Wer bewohnt es?«

Der alte Schäfer schlug ein Kreuz und antwortete: »Das Schloß gehörte vormals der Familie Floradini. Seit dem Tode des letzten Herrn, welcher kurz nach seiner Tochter, der schönen Blanca, starb, steht das Schloß unbewohnt, weil die Sage geht, es sei nicht geheuer drin. Hütet Euch vor unzeitiger Neugier, edler Herr, sie könnte Euch schlimm bekommen.« Damit trieb der Alte seine Herde weiter, Antonio aber, von Grausen erfaßt, schwang sich auf sein Roß und sprengte zurück nach Verona.

Dicht vor der Stadt begegnete ihm ein Leichenzug, er hielt sein Pferd an und sah mit Erstaunen auf der Decke des Sarges sein Wappen. »Wen begrabt ihr da?« rief er dem voranschreitendem Priester zu.

Und dumpf tönte die Antwort: »Den Grafen Antonio Sforza.«

Ohnmächtig stürzte Antonio vom Pferde. Als er wieder zu sich kam, lag er in einer Zelle des Klosters der Barmherzigen Brüder, ein ehrwürdiger Priester saß neben seinem Lager. Ihm beichtete Antonio die grauenhafte Begebenheit und ihren Zusammenhang und starb am Abend desselben Tages als reuiger Sünder.

Siebenhundertfünfundsiebzigste Nacht

Heute erzählte der Freiherr:

DER HAHNSCHREI

Als die Grafen und Ritter Schlesiens nach Palästina zogen, wider die Ungläubigen zu kämpfen, schloß sich auch der Ritter von Hornburg dem Zuge an. Seit kurzer Zeit war er mit einem schönen, tugendhaften Weibe vermählt, welches er mit schwerem Herzen verließ; aber er hielt es für schimpflich, daheim zu bleiben, während die andern Ritter zur Ehre Gottes stritten.

Glücklich langte er in Palästina an und tat sich durch Mut und Tapferkeit hervor, bis er bei einem Gefechte von den Sarazenen gefangen wurde. Sie schleppten ihn mit sich fort, und keiner seiner Freunde und Söldner wußte, was aus dem Ritter von Hornburg geworden war. Als ein Monat nach dem andern verstrich und noch immer keine Kunde von ihm kam, hielt man ihn für tot, und ein Ritter, welcher nach der Heimat zurückzog, brachte die Nachricht von des Ritters Tode seiner Gemahlin.

Frau Elisabeth vergoß heiße Tränen um den geliebten Gemahl, sie lebte ganz eingezogen und ließ täglich Messen für die Seele des, wie sie glaubte, abgeschiedenen Eheherrn lesen.

Als das Trauerjahr um war, warben viele stattliche Ritter um die Hand der schönen Witwe und um ihr reiches Erbe; sie aber, welche den Gatten wahrhaft im Herzen trug, wies alle Freier ab.

Endlich bot ihr einer der reichsten und mächtigsten Ritter die Hand und bot ihr, im Fall sie ihn verschmähe, Fehde.

Elisabeth zitterte, sie konnte es nicht über sich gewinnen, das Leben ihrer unschuldigen Diener und Untertanen auf das Spiel zu setzen, und gab dem Ritter das Jawort.

Während sie mit bekümmertem Herzen Anstalten zu ihrer Vermählungsfeier machte, schmachtete der Ritter von Hornburg noch immer gefesselt im Kerker.

Da träumte er eines Nachts, er kehre heim auf sein Schloß, und wie er in das Zimmer seiner Gemahlin träte, sähe er sie im Brautschmucke als seine Witwe einem andern Ritter die Hand reichen.

Als der Ritter erwachte, stand ihm der Angstschweiß auf der Stirne, und er sehnte sich mächtig nach der Heimat; er schauderte bei dem Gedanken, daß sein Traum Wahrheit werden könne.

»Und helfe der Teufel mir, ich wäre bereit, ihm zu folgen.« Und alsbald stand der Teufel vor ihm und sprach: »Dein Begehren soll erfüllt werden, unter einer Bedingung.«

»Nenne sie!«

»Ich entführe dich aus deinem Kerker im Nu durch die Lüfte, und morgen früh stehst du in deiner Burg; doch das merke dir: Schläfst du unterwegs ein und bist du mit dem Morgengrauen nicht erwacht, dann bist du mir verfallen; erwachst du, magst du freiausgehen.«

Der Ritter war dies zufrieden; mit leichter Hand öffnete der Teufel die Türen seines Kerkers und führte ihn unsichtbar mit sich fort ins Freie, wo sich beide auf ein schwarzes Roß schwangen, das sie durch die Lüfte über Berg und Tal führte.

Die Luft war schwül, und um Mitternacht schlief der Ritter auf dem schwarzen Rosse ein. Es schlug eins, zwei, drei, der Ritter schlief immer noch. Schon schwebte er (auf dem Rosse, hoch in der Luft) unfern der Hornburg, da krähte der Hahn, der Ritter erwachte von diesem Tone, schlug ein Kreuz und sank hinab, dicht vor seiner Burg, etwas unsanft in einen Haufen Heu. Der Teufel war verschwunden, der Ritter gerettet.

Jetzt warf der Ritter in der Hütte des frommen Klausners, dem er in der Kürze so viel von seinem Schicksale mitteilte, als er für gut fand, ein Pilgergewand über und begab sich auf die Burg.

Dort vernahm er, daß seine Gemahlin sich heute vermählen würde, und sah die Anstalten zur Hochzeit. Er sah aber auch die finstern Gesichter seiner Vasallen und hörte, daß Frau Elisabeth dem Ritter nur gezwungen die Hand reiche.

Er erbat sich Gehör von ihr, um ihr Kunde von ihrem Gemahl zu bringen, und sogleich ließ ihn Frau Elisabeth eintreten.

Sie weinte, als ihr der Ritter von seinem Tode erzählte, und jubelte dann laut, als er ihr sagte, daß er noch lebe.

Da warf der Ritter seine Pilgerkutte ab und schloß hoch erfreut seine teure Gemahlin in seine Arme.

Der böse Ritter mußte abziehen, der Ritter von der Hornburg feierte noch einmal seine Vermählung und nahm später, zum Andenken an den Hahn, der ihn gerettet, einen Hahn in sein Wappen auf.

Siebenhundertsechsundsiebzigste Nacht

Heute erzählte Claudine:

DAS ZAUBERSCHLOSS

Es war einmal ein schönes Fräulein namens Ludmilla, welches drei Brüder hatte, edel und schön wie die Schwester und voll Mut und Geschicklichkeit in allen ritterlichen Künsten.

Dieses schöne Fräulein wünschte sich einen singenden Baum, ein spielendes Wasser und einen redenden Vogel und sprach so oft und jedesmal so beweglich von den drei Wünschen, daß der älteste Bruder, Bodo, sagte: »Wüßt' ich nur einen singenden Baum, ein spielendes Wasser, einen redenden Vogel aufzufinden, ich wollte alle drei dir bringen, herzliebste Schwester, und sollt' ich mein Blut darum vergießen.«

»Ich auch, ich auch!« riefen die beiden jüngeren Brüder, Gotthardt und Hugo, aus.

Eines Tages, als Ludmilla wieder ihre Wünsche äußerte und die Brüder betrübt waren, sie nicht erfüllen zu können, sagte sie: »Was meint ihr, liebe Brüder, sollte der fromme Klausner Thomas nicht einen Rat wissen? Ihr könnt mir glauben, meine Wünsche sind nicht aus Übermut entstanden und nicht schnöder Eigensinn hat sie festgehalten, sondern ein höheres Wesen hat sie mir zugeflüstert, denn Tag und Nacht denke und träume ich davon; es muß irgend etwas zu bedeuten haben, daß ich nichts anderes denken kann.«

»Wohl, ich will mit dem Einsiedler sprechen!« rief Bodo aus und machte sich sogleich auf nach der Mooshütte desselben.

Der Einsiedler hörte ihn aufmerksam an und sagte sodann, indem er ihm einen großen Knäuel Garn gab: »Wirf, sobald du aus dem Walde kommst, von der kleinen Anhöhe herab den Knäuel und folge ihm immerdar, Schritt vor Schritt; du wirst zuletzt in einen wunderschönen Garten kommen, da wird der Knäuel liegenbleiben. In diesem Garten befindet sich ein prachtvolles Schloß, welches verzaubert ist, vor dem Schlosse stehen zwei Löwen, die stichst du nieder, und dann steigst du die Stufen hinauf in das Schloß, da wirst du finden, was du suchest. Hüte dich aber wohl, dich umzusehen, du wirst sonst sehr unglücklich werden.«

Bodo dankte dem Klausner für seinen Rat und für den Knäuel und ging nach Hause.

Dort erzählte er seinen Brüdern, was ihm der Einsiedler gesagt und daß er gesonnen sei, nach dem Zauberschlosse zu gehen.

Der Schwester gab er eine frische Rose und sagte: »Hüte sie gut und stelle sie in den Schatten; ich denke zurück zu sein, ehe sie verblüht ist; sollte sie aber nach drei Tagen verwelkt sein, so betrauere mich als einen Toten.« Hierauf nahm er Abschied und ging wohlbewaffnet von dannen.

Als er auf die Anhöhe kam, warf er den Knäuel von sich und folgte ihm, Schritt vor Schritt. Nach einer Stunde sah er sich in einem schönen, nie gesehenen Garten, der Knäuel blieb ruhig liegen, und Bodo sah das Zauberschloß, zu welchem zweiundzwanzig Stufen führten, und unten die beiden Löwen.

Rasch trat er den Löwen näher, die sich brüllend erhoben; ohne sich lange zu bedenken, hieb er ihnen die Köpfe ab. Als er dies getan, trat er auf die erste Stufe und wollte in das Schloß gehen, da rief eine klagende Frauenstimme hinter ihm: »Zu Hilfe! Hilfe! Erbarmen!«

Schnell drehte Bodo sich um, und im Nu war er in eine Stufe verwandelt.

»Der arme Ritter!« klagte Marie.

»Ich weiß nicht, ob ich ihn bedauern soll, denn den Eigenwillen seiner Schwester zu befriedigen war wirklich eine Torheit; ein Ritter muß sein Leben für etwas Besseres aufsparen!« sprach die Freifrau.

»Aber ein Ritter sucht nun einmal Abenteuer auf, bekämpft Drachen und Lindwürmer, und auch Ludmilla wird dir noch besser als eine bloß eigenwillige Törin erscheinen«, sagte lächelnd Claudine, »höre morgen weiter.«

Siebenhundertsiebenundsiebzigste Nacht

Heute fuhr Claudine fort:

Mit Sehnsucht hatten Ludmilla und ihre Brüder auf Bodos Rückkehr geharrt. Vergebens.

Und als das Fräulein am dritten Morgen ihre Rose betrachtete, war sie ganz verblichen und wie tot.

Da fing sie an laut zu weinen und teilte ihren Brüdern mit, was ihr Bodo beim Abschied gesagt hatte, und wollte sich gar nicht zufriedengeben.

Die Brüder hörten ihr schweigend und traurig zu. Endlich sprach Gotthardt: »Bruder Bodo ist gesund und tapfer, ein Zufall nur wird ihn aufhalten; damit du siehst, Schwester, daß du dich vergebens sorgtest, will ich mich noch heute aufmachen und den Bruder zurückbringen.« Und ohne eine Antwort abzuwarten, verließ Gotthardt das Zimmer und eilte zu dem Klausner, ihm Bodos Ausbleiben mitteilend.

»Ich fürchte, dein Bruder hat sich umgesehen«, sagte dieser, gab ihm hierauf ein Knäuel und bat ihn dringend, sich im Zaubergarten nicht umzusehen.

Gotthardt gelobte es und eilte nach der Anhöhe. Dort warf er den Knäuel hinab und folgte ihm bis zu dem Garten; er sah das Zauberschloß, die großen Löwen und erlegte sie mutig. Drauf schickte er sich an, in das Schloß zu gehen, da hallte lieblicher, wunderbarer Gesang dicht hinter ihm aus den Zweigen.

»Der singende Baum!« rief er aus, wandte sich um und war sogleich in eine Stufe verwandelt.

»Ich habe vergessen, zu erzählen«, schaltete Claudine hier ein, »daß Gotthardt Ludmilla kurz vor seinem Scheiden eine schöne Lilie geschenkt hatte.«

Sie verlor die Blätter, und Ludmilla seufzte: »Ach, nun ist auch Gotthardt tot, und ich, Unglückselige, bin die Ursache seines Todes!«

Hugo tröstete die Schwester und sprach: »Hoffe, liebe Ludmilla, nur der Zufall hält sie auf. Lasse mich ausziehen, sie zu suchen, ich bringe sie gewiß zurück!«

Vergebens beschwor Ludmilla den Bruder, sie nicht zu verlassen und des letzten Bruders zu berauben; Hugo bestand auf seinem Sinne und rüstete sich zur Reise.

Ehe er schied, reichte er Ludmilla eine schöne Nelke, sprechend: »Du siehst mich wieder, ehe die Nelke zerfallen ist, oder ich will nicht das Leben haben.« Hierauf begab er sich zu dem Klausner, welcher auch ihm einen Knäuel reichte und ihn noch dringender warnte vor dem Umblicken in dem Garten.

»Dieses Gebot ist leicht zu befolgen«, scherzte der junge Ritter und entfernte sich mit Danksagungen von dem Klausner und stand in kurzer Zeit in dem Garten.

Herzhaft schritt er auf die Löwen zu, stach sie nieder und stand schon unter dem Portale des Schlosses, da riefen die Stimmen seiner Brüder hinter ihm: »Ach Hugo, Hugo, rette mich!«

Er blickte sich um und wurde im Nu zur Stufe.

Das arme Fräulein aber sah am dritten Tage die Nelke auseinanderfallen.

Sie beweinte ihre treuen Brüder, bereute bitter, sie, ihrer törichten Wünsche halber, in den Tod getrieben zu haben, und legte Trauer um sie an. Sie verschloß sich in ihr Gemach und sprach mit keinem Menschen mehr.

Hier hielt Claudine inne.

»Und ist deine Erzählung schon zu Ende?« fragte die Freifrau.

»Gott behüte, liebe Tante«, versetzte Claudine, »ich erzähle ein altes, ehrliches Märchen und keine von den neuen Novellen, die mit einer interessanten, glänzenden Exposition beginnen und dann schnell schließen, ohne uns einen angenehmen Eindruck zurückzulassen.«

»Es ist wahr«, sagte der Kaplan, »die neuen Erzählungen und Novellen fesseln anfänglich sehr, und endlich findet man entweder keine Tendenz oder keine ausgeführte, ja die Charaktere verschwinden endlich in nichts, und so ist es auch mit den jetzigen Menschen; lauter Wunderkinder und keine ausgezeichneten, tatkräftigen, erwachsenen Menschen. In den ersten Jahren wird schon sehr viel geleistet und später nichts.«

»Leider wahr!« sagte der Freiherr und seufzte.

Siebenhundertachtundsiebzigste Nacht

Als Fräulein Ludmilla eine Zeitlang geweint hatte, fiel es ihr ein, daß sie doch etwas Besseres tun könnte, als klagen. Sie hoffte, ihre Brüder wiederzusehen, vielleicht sie aus einer Gefahr befreien zu können.

Deshalb eilte sie zu dem Klausner und bat diesen um Rat in ihrer Betrübnis.

»Habt nur Mut und Geduld, Fräulein«, tröstete er, »damit kann man Großes vollbringen. Nehmt den Knäuel, werft ihn von Euch und folgt ihm, aber, ich beschwöre Euch, schaut Euch nicht um in dem Garten und geht herzhaft an den Löwen vorbei, sie werden Euch kein Leid tun.«

Ludmilla küßte dem weisen Manne die Hand und nahm den Knäuel, und als sie an den Garten kam, zog sie Baumwolle aus der Tasche und stopfte sie sich in die Ohren.

Nun schritt sie mutig auf das Schloß zu; hinter ihr schrie es: »Hilfe, Schwester Ludmilla!« Aber sie blickte sich nicht um. Herzhaft trat sie in das Schloß hinein, und die Löwen rührten sich nicht.

In dem Schlosse war alles prachtvoll, so daß Ludmilla auf das höchste erstaunte. In ihrem Leben hatte sie nicht so viel Gold und Silber, so prächtige Spiegel, so schöne Kristalle gesehen; aber alles war bestaubt, und nichts rührte sich. Im letzten Zimmer stand ein Bauer mit einem Vogel, der mit deutlicher Stimme sprach: »Sei mir gegrüßt, schönes Fräulein.«

Ludmilla nahm den Vogel aus dem Bauer und küßte ihn, und im Nu verwandelte er sich in ein schönes, junges Mädchen.

»Habe Dank, daß du mich erlöst hast!« sprach das Mädchen. »Wisse, ich bin die Tochter des Königs Ramiro, von dem du gewiß schon gehört hast, und von einer bösen Fee so lange verwandelt, bis jemand um einen singenden Baum, ein spielendes Wasser, einen redenden Vogel zu holen in das Schloß kommen würde, ohne sich umzublicken, was er auch hören möchte.

Mein Vater ist in einen Löwen, die Mutter in eine Löwin verwandelt, meine Schwester Clarissa in einen singenden Baum, meine Schwester Libella in ein spielendes Wasser, mein Bruder Almansor in die erste Stufe vor dem Schlosse und unser Hofstaat, nebst allen, die hier in den Garten kamen und sich umblickten, ist in Stufen verwandelt; doch nun sind sie alle mit mir durch deinen Mut und deine Klugheit erlöst und werden dir danken.«

Hierauf nahm die Prinzessin Almida die erstaunte Ludmilla bei der Hand und führte sie in den Garten, wo schon der König und die Königin nebst dem Prinzen und den Prinzessinnen ihr entgegenkamen.

Ludmilla antwortete nur flüchtig, sie eilte sogleich auf ihre Brüder zu, die sich unter den Entzauberten befanden.

Die Brüder priesen ihre Schwester und waren nun sehr erfreut, den Zug nach dem Garten unternommen zu haben, weil sie dadurch die Veranlassung zur Erlösung vieler Menschen gegeben hatten.

Der Prinz Almansor vermählte sich später mit Ludmilla und ihre Brüder mit den drei schönen Prinzessinnen. Almansor bestieg, als sein Vater alt war, den Thron, und alle drei Paare lebten höchst glücklich und zufrieden, womit denn mein Märchen zu Ende.

»Neu ist das Märchen nicht, wenn auch für uns neu«, sagte der Kaplan, »es ist ganz voll Zauberei und so unmotiviert wie die alten Märchen, wo man, wenn keine moralische Tendenz zugrunde liegt, doch eine Menge von Begebenheiten und Zaubereien miterlebt.«

»Es hat uns doch unterhalten«, sprach der Freiherr, und Claudine erwiderte hierauf lächelnd: »Nun, dann bin ich vollkommen zufrieden.«

Siebenhundertneunundsiebzigste Nacht

Als Franz heute aufgefordert wurde, etwas zu erzählen, teilte er folgende Sage mit:

DIE ENTSTEHUNG DES SEES VON KILLARNEY

O'Donnohue war der mächtigste Chieftain eines Clans, der hier, wo jetzt der See seine Wellen rollt, eine große und reiche Stadt bewohnte. Alles war dort im Überfluß – nur Wasser fehlte –, und die Sage ging, daß selbst der einzige kleine Brunnen, den die Stadt besaß, nur das Geschenk eines mächtigen Zauberers sei, der ihn einst, auf Bitten einer schönen Jungfrau, hervorgerufen, aber dabei streng gewarnt, daß man nie vergessen möge, ihn jeden Abend mit einem großen silbernen Deckel zu schließen, den er zu diesem Zwecke zurückgelassen. Die seltsame Form und Verzierungen schienen die wunderbare Sage zu bestätigen – auch wurde der uralte Gebrauch nie vernachlässigt.

O'Donnohue aber, ein mächtiger und unerschrockner Krieger, machte sich über dies Märchen lustig, und eines Tages, als beim wilden Gelage vom viel genossenen Weine mehr als gewöhnlich erhitzt war, befahl er, zum Schrecken aller Anwesenden, den silbernen Brunnendekkel in sein Haus zu bringen, wo er, wie er spottend meinte, eine vortreffliche Badewanne für ihn abgeben solle. Vergebens blieben alle Vorstellungen. – O'Donnohue war gewohnt, sich Gehorsam zu verschaffen, und als mit Wehklagen die geängstigten Diener endlich das Gefäß herbeischleppten, rief er lachend: »Seid unbesorgt, die Kühle der Nacht wird dem Wasser gar gut bekommen, und morgen werdet ihr alle es frischer finden!«

Aber die, welche dem silbernen Deckel zunächst standen, wandten sich mit Grausen davon, denn es deuchte ihnen, als bewegten sich die verworrenen Charaktere darauf, wie ein Knäuel ineinander sich verschlingender Würmer, und ein schauerlicher Laut schien klagend daraus hervorzutönen, wie einst aus dem Koloß zu Theben. Voll Sorge legten sich alle zur Ruhe, nur einer entfloh in das nahe Gebirge.

Als nun der Morgen anbrach und dieser Mann hinab in das Tal blickte – da rieb er sich vergebens die Augen und glaubte noch zu träumen. –

Stadt und Land waren verschwunden, die reichen Fluren nicht mehr vorhanden, und der kleine Brunnen, aus der Erde Klüften schwellend fort und fort, hatte einen unabsehbaren See geboren. – Geschehen war, was O'Donnohue prophezeit: Kühler war in einer Nacht für alle das Wasser geworden, und das letzte Bad hatte ihm die neue Wanne bereitet.

Nur bei ganz hellem, klarem Wetter haben, wie die Fischer behaupten, manche noch jetzt auf des Sees tiefstem Grunde Paläste und Türme wie durch Glas schimmern gesehen; aber viele schon erblickten, wenn ein Sturm dem Ausbruche nahe war, O'Donnohues riesige Gestalt auf weißem, schnaubendem Rosse, auf den Wogen reitend oder in gespenstischer Gondel mit der Schnelle des Falken über das Wasser gleiten.

»Lange hat mich eine Sage nicht so angesprochen wie diese, ich finde sie sehr poetisch«, bemerkte Eduard.

»Die Natur wird durch solche Sagen für uns beseelt, und das Wasser redet zu uns«, sagte Alma.

Siebenhundertundachtzigste Nacht

Als heute der Kaplan aufgefordert wurde, etwas zu erzählen, sprach er: »Eine der herzinnigsten deutschen Sagen ist für mich die Sage vom Grafen von Gleichen, und da wir uns gegenseitig schon so viele hübsche Sagen und Märchen erzählt haben, so meine ich, diese dürfte auch nicht fehlen.«

»Ei, so teilen Sie uns diese Sage mit«, sagte freundlich die Freifrau, und der Kaplan begann:

DER GRAF VON GLEICHEN

Zu Zeiten des Papstes Gregor IX. ließ Kaiser Friedrich von Schwaben auf das Gebot des Heiligen Vaters einen Kreuzzug anbefehlen, dem alle Fürsten, Grafen und Ritter mit ihren Vasallen und Knappen sich anschließen sollten.

Unter den Fürsten, welche der Fahne des Kreuzes folgten, war Ludwig, Landgraf von Thüringen, einer der ersten; er lockte durch sein

Beispiel viele Ritter und Grafen zum Zuge in das Gelobte Land, und unter diesen auch den Grafen Ernst von Gleichen.

Der Graf von Gleichen folgte seinem Lehnsherrn wohl nur ungern, denn er war erst seit einigen Jahren mit einer schönen, tugendhaften Gemahlin vermählt und Vater eines lieben Pärchens; aber er konnte dem Gebote der Ehre nicht widerstreben.

Mit mühsam verhehltem Schmerze riß er sich aus den Armen seiner jammernden Gemahlin, der Gräfin Ottilie, küßte noch einmal seine holden Kinder, befahl die Seinen dem Schutze des Höchsten und schwang sich auf sein Leibroß.

Die Gräfin schaute noch lange mit Augen voll Tränen dem Gemahle nach, der an der Spitze seines Häufleins von dannen zog, dann ging sie in die Kapelle, zu beten.

Der Graf stieß mit seinem Häuflein zu dem Heere des Landgrafen und setzte an seiner Seite den Zug fort. Beide edle Herren sprachen oft von ihren Gemahlinnen und mochten sich heimlich wohl wieder in ihre Burgen sehnen.

Unterwegs befiel den Landgrafen ein böses Fieber; er starb zu früh für sein Land, seine Gemahlin.

Der Graf von Gleichen ließ den Leichnam seines Herrn einbalsamieren und sandte ihn der frommen Landgräfin, welche unter dem Namen Elisabeth die Heilige der Nachwelt bekannt ist.

Nun wurde der Graf von Gleichen der Führer des kleinen Heeres und langte glücklich im Lager bei Ptolemais an.

Siebenhunderteinundachtzigste Nacht

Der Graf von Gleichen mochte sich wohl den Feldzug nicht so gefährlich vorgestellt haben, als er wirklich war; denn er begegnete hier Feinden, gegen welche sich selbst der Tapferste nicht wehren kann.

Das ungewohnte Klima machte die fremden Streiter krank, bösartige Fieber, endlich die Pest brachen in dem Lager der Christen aus und streckten manchen tapfern Streiter nieder. Die Türken waren an Zahl den Christen überlegen und blieben gesund, und so schmolz das kleine Heer der Christen immer mehr ein.

Eines Tages, als der Graf sich mit seinem Knappen auf der Jagd befand, sprengte eine Schar Ungläubiger auf ihn zu und umzingelte ihn.

Der Graf zog sein Schwert und focht tapfer für seine Freiheit, aber obgleich er und sein Knappe mehrere Türken verwundeten, so waren doch der Feinde zu viele, als daß der Ritter hätte seine Freiheit erkämpfen können.

Die Türken schenkten den Besiegten das Leben, sie führten sie mit sich fort, zogen ihnen Sklavenkleider an und verkauften sie an einen Pascha, der sie dem Sultan übersandte.

Der Sultan ließ den Grafen sogleich vor sich führen und fragte ihn über das Lager und die Anzahl der christlichen Streiter aus, und da dieser ihm keine Antwort gab, ließ er ihn in ein Gefängnis werfen, in dem er sein Leben vertrauern sollte.

Sein Knappe Kurt wurde als Diener benützt.

Während nun der arme Graf von Mond zu Mond vergebens auf seine Freiheit hoffte, erhielt die Gräfin Ottilie die Kunde, daß ihr Gemahl spurlos verschwunden und sicher tot sei.

Die arme Gräfin war über diese Nachricht ganz betrübt, sie legte schwarze Trauerkleider an, betete und fastete und konnte sich selbst über ihre Kindlein nicht mehr recht freuen.

Bisweilen hoffte sie, ihr Gemahl sei noch am Leben, denn es war ihr zu schmerzlich, sich ihren geliebten Gemahl tot zu denken; diese Gedanken gaben ihr Mut zum Leben, und um nähere Kunde vom ihm zu erhalten, sandte sie einen treuen Diener nach Palästina aus, der nach ihrem Herrn forschen sollte.

Doch der Diener kam nicht zurück, obgleich ein Monat nach dem andern hinschwand, und die Gräfin fing nun an, wirklich zu glauben, daß sie Witwe sei, und wurde auch von jedermann als Witwe betrachtet. Mehrere stattliche Ritter warben um sie, aber Frau Ottilie entgegnete: »Und wenn mein Eheherr auch in Wahrheit ein Toter wäre, so würde ich mich doch nie wieder vermählen, denn ich habe ihn allzusehr geliebt!«

Sie ließ die Zugbrücke aufziehen, kein Ritter sprach mehr auf der Burg vor, und Frau Ottilie lebte nur für die Erziehung ihrer Kinder, die lieblich emporblühten.

Jahre waren dahingeschwunden, der Knappe Kurt diente noch als Sklave des Sultans und hatte ein ziemlich erträgliches Leben; sein Herr schmachtete noch bei Wasser und Brot in dem Gefängnisse.

Eines Tages hörte Kurt, daß der Sultan sich einen Gärtner wünsche, und schnell kam ihm ein guter Gedanke; er sagte dem Aufseher der Sklaven, daß der gefangene Christ ein wohlerfahrner Gärtner sei. Der Aufseher hinterbrachte dies andern, höhern Beamten, und so erfuhr es der Sultan. Sogleich gab dieser den Befehl, den Christen freizulassen und als Gärtner anzustellen.

Hier unterbrach sich der Kaplan, denn Mitternacht war nahe, und er wollte heute nichts mehr von den fernen Schicksalen des Grafen verraten.

Siebenhundertzweiundachtzigste Nacht

Wie erstaunte der Graf von Gleichen, als er wieder frische Luft atmete, nicht mehr die schweren Ketten fühlte; wie freute er sich der kleinen Freiheit, die er nun genoß, wenn er auch wieder fürchtete, als Gärtner wenig Ruhm zu ernten; denn die guten Deutschen verstanden damals selbst noch sehr wenig von der Gartenkunst.

Doch sein treuer Kurt, der etwas von der Gärtnerei verstand, kam seinem Herrn hier zu Hilfe, indem er ihm heimlich zuflüsterte, er möge sich ihn als Gartengehilfen erwählen. Der Graf verstand den Wink und ließ seinen Knappen zum Untergärtner ernennen. Nun pflanzten, säten und jäteten die beiden Gärtner nach Kräften, und die Sonne, mit ihnen im Bunde, segnete ihren Fleiß, alles blühte und grünte lustig empor, der Sultan war mit dem neuen Gärtner zufrieden und ließ ihm wiederholt Versicherungen seiner Gnade geben, aber an die Freiheit durfte er nicht denken, hundert Sklavenaugen bewachten stündlich den Gärtner und seinen Gehilfen.

Des Abends, wenn die Sonne nicht mehr so heftig brannte, kam die Prinzessin Melechsala mit ihren Frauen in den Garten, sich darin zu ergehen. Die Verschönerungen des Gartens fielen ihr angenehm, und sie fragte nach dem geschickten Gärtner.

»Es ist ein Christ, ein Franke, gnädigste Prinzessin«, sagte die eine Dame der Prinzessin und lenkte den Schritt in eine Seitenallee, weil sie in einiger Entfernung den Gärtner gesehen hatte, der den Garten noch nicht verlassen hatte.

So dicht nun auch der Schleier war, welchen die Prinzessin trug, so war er doch immer noch nicht dicht genug, um ihren Augen den Gärtner zu verbergen, dessen edle Gestalt, dessen vornehmer Anstand ihr auffiel.

Als sie sich des Abends allein mit ihrer Amme befand, die eine

Christin war, fragte sie diese, ob sie nichts von dem Gärtner wisse, und die Amme versprach ihrer Prinzessin baldige Kunde.

Den andern Tag schlich sie sich so lange in dem Garten herum, bis es ihr gelang, mit Kurt ein Gespräch anzuknüpfen. Sie vernahm von diesem, dem sie sich als Christin zu erkennen gab, Stand und Namen seines Herrn und hinterbrachte ihrer Gebieterin alles, was Kurt ihr mitgeteilt hatte. Durch die Nachricht, daß der Gärtner kein gemeiner Soldat, sondern ein deutscher Ritter sei, wurde der Anteil, den Prinzessin Melechsala schon an dem Ritter nahm, merklich erhöht. Sie lustwandelte jetzt öfters, als sonst zu geschehen pflegte, in dem Garten umher, und weil sie die Blumen sehr liebte und als Blumenfreundin bekannt war, hatte der Sultan nichts dagegen, daß seine Tochter, welcher er überhaupt vielen Willen ließ, den Gärtner zu sich rufen ließ, um mit ihm über die Blumen, welche sie in den Garten gepflanzt zu haben wünschte, zu sprechen.

Als sie nun den Grafen von Gleichen näher sah, seine schönen, regelmäßigen Züge erblickte, seine sanfte, tiefe Stimme hörte, vergaß sie fast ganz, daß der Sklave des Sultans vor ihr stehe, daß sie die Prinzessin Melechsala sei.

Der Graf von Gleichen war ebenfalls ganz betroffen über die hohe, üppige Schönheit der Prinzessin, die, obgleich ganz verschieden im Äußern von seiner blonden, blauäugigen Gemahlin, ihr doch an Schönheit nichts nachgab. Ein sehr lebhaftes Gespräch entspann sich zwischen beiden, bei denen die Amme die Dolmetscherin war, und als der Graf endlich entlassen wurde, glaubte er im Traume eine Göttin erblickt zu haben.

Von dem Tage an ließ sich die Prinzessin von der Amme in der deutschen Sprache unterrichten, der Gärtner lernte jetzt mit mehr Lust und Eifer türkisch, und nach einem Monate bedurften der Graf und die Prinzessin schon der Dolmetscherin nicht mehr, um sich miteinander unterreden zu können.

Die Prinzessin liebte den Grafen leidenschaftlich, und er war eitel und fein genug, um zu erraten, was in ihrem Herzen vorging.

Siebenhundertdreiundachtzigste Nacht

Der Graf von Gleichen liebte seine Gemahlin, er empfand die innigste Zärtlichkeit für seine Kinder, aber wer könnte ihn verdammen, wenn ihn Melechsalas leidenschaftliche, innige Liebe innig rührte?

Beinahe sieben Jahre war er nun von der Heimat fern, er hatte nichts von seiner Gemahlin vernommen, sie nichts von ihm. Sie mußte ihn für tot halten, hatte sich vielleicht schon wieder vermählt, und wen sollte die Liebe einer jungen, schönen Prinzessin kaltlassen, zumal in der Fremde?

Die Liebe der Prinzessin sprach sich mit jedem Tage inniger aus, und als sie eines Tages bedeutsame Blumen aus des Grafen Hand empfing, gestand sie ihm ihre Neigung und versprach ihm ihre Hand, wenn er ein Gläubiger werden wolle.

Der Graf war darüber sehr erstaunt, und nach einer Pause sagte er: »Prinzessin, ich erkenne die hohe Gunst und Gnade, der du mich würdigst, aber ich kann dein Gemahl nicht werden! Um keinen Preis der Welt würde ich meinen Glauben verleugnen, und wärst du auch, holdseligste der Frauen, eine Christin, so könnte ich dir doch meine Hand nicht bieten, denn sie gehört schon einem andern Weibe an.«

Die Prinzessin verhüllte ihr Angesicht und entfernte sich, den Grafen in tiefer Bewegung zurücklassend.

In ihrem einsamen Gemache vergoß sie heiße Tränen über den geliebten Mann, den sie nicht besitzen sollte. Ihre Leidenschaft wurde durch diesen Widerstand immer mächtiger, und sie beschloß, alles zu wagen, alles aufzugeben, um nur die Liebe des Grafen zu gewinnen und seine Gemahlin zu werden. Graf Ernst von Gleichen war ebenfalls in sehr unruhiger Stimmung; er liebte seine Gemahlin, aber er liebte auch die Prinzessin; von der ersteren war er vielleicht für das ganze Leben getrennt, vielleicht war sie schon wieder vermählt oder tot; an Melechsalas Seite erwartete ihn Liebe und Glück. Einige Tage verstrichen, der Graf sah die Prinzessin nicht, vergebens blickte er nach dem Palaste, spähte er im Garten umher.

»Sie zürnt mir!« sagte er zu sich selbst, und das Verlangen, sie wiederzusehen, wurde von Tage zu Tage immer heftiger in ihm.

Endlich trat sie wieder in den Garten, nur von ihrer Amme begleitet, welche sich auf ihren Wink entfernte. Sie ging auf den Grafen zu und sprach mit sanfter Stimme: »Meine Liebe zu dir ist groß und unwandelbar, sie steht so fest in meiner Brust als ein Stern am Himmel. Durch meine Amme bin ich mit dem Glauben der Christen bekannt geworden, und weil ich ohne dich auch in Mohammeds Paradiese nicht glücklich sein würde, bin ich bereit, deinen Glauben anzunehmen und mit dir, meiner Amme und deinem Diener nach deinem Vaterlande zu entfliehen. Hat dein Weib dich wirklich geliebt, so wird sie nicht mehr am Leben sein; lebt sie aber noch, so soll sie unser Bündnis nicht stören, wie ich das deine mit ihr ehren werde.

Ich bin nicht unglücklich, wenn ich denke, daß du sie liebst, hat doch mein Vater der Frauen so viele. Ich will deine Gemahlin wie meine Schwester, ihre Kinder wie meine Kinder lieben, und nichts soll unsern Frieden stören!«

Gerührt von solcher Liebe, konnte der Graf nicht widerstehen, er versprach, mit ihr zu fliehen, sie auf sein Schloß zu führen und der Gräfin Ottilie die Entscheidung seines Geschickes zu überlassen.

Die Prinzessin, welche gar nicht begreifen konnte, daß Ottilie Einwendungen machen könne, war sehr mit dem Versprechen des Grafen zufrieden und wollte es übernehmen, alles zu ihrer Flucht vorzubereiten. Als der Graf seinem Knappen diesen Entschluß mitteilte, jubelte dieser hoch auf, was die Gräfin Ottilie sagen würde, kümmerte ihn wenig, er dachte nur an die Rückkehr in sein Vaterland.

Siebenhundertvierundachtzigste Nacht

Mit Hilfe der schlauen Amme gelang es dem Paare, begleitet von dem Knappen und der Amme, zu entfliehen. Ein Schiffsherr, der nach Europa segelte, nahm für vieles Gold die vier Türken auf, welche auf dem Schiffe ihre Kleider wechselten.

Melechsala hatte alle ihre Juwelen mitgenommen und war dadurch unermeßlich reich. In Venedig landeten sie, und von da aus sandte der Graf seinen Knappen nach Thüringen zu seiner Gemahlin mit einem Briefe, in welchem er ihr alle seine Schicksale schilderte und um Aufnahme für die Türkin bat, auch verschwieg er nicht, was er der Prinzessin Melechsala gelobt hatte.

Als der Knappe mit dem Briefe über die Zugbrücke des Schlosses ritt, in welchem Frau Ottilie wohnte, stand diese am Fenster. Kaum erblickte sie den Diener ihres Herrn, so eilte sie ihm entgegen, ihn mit einer Flut von Fragen überschüttend. Der Knappe überreichte ihr seines Herrn Brief, und als sie erfuhr, daß ihr Gemahl noch lebe und glücklich in Venedig sei, drückte sie das Schreiben mit heißen Freudentränen an ihre Lippen und ging in ihr Gemach, den Brief zu lesen. Was sie dachte und empfand, als sie Melechsalas Namen, von ihrer Neigung zu dem Grafen Gleichen und von seinem ihr gegebenen Versprechen las, kann nur eine Frau schildern. Endlich, nach langem Gebete, legte sich der Sturm in ihrem Herzen, sie bedachte, daß sie ohne Melechsalas Liebe ihren Gatten nie wieder erblickt haben würde, daß die Prinzessin eine Türkin, also nicht eifersüchtig wie eine Christin, sei und daß endlich wohl nur Dankbarkeit in dem Herzen des Grafen für Melechsala spreche, Ottilie, seine Gemahlin, die Mutter seiner Kinder, doch immer das erste Anrecht, den ersten Platz in seinem Herzen haben müsse und werde.

Sie schrieb sogleich an ihren Eheherrn und lud ihn auf das freundlichste ein, in ihre Arme zu eilen und die Prinzessin mitzubringen.

Der Graf war über diese Kunde sehr erfreut und tief gerührt von Ottilies Edelmute. Er teilte sogleich der Prinzessin diese Nachricht mit, welche sie ihren türkischen Ansichten nach nur natürlich fand.

Jetzt wandte sich der Graf schriftlich, mit der Bitte, sich mit Melechsala vermählen zu dürfen, an den Papst und meldete ihm auch, daß des Sultans Tochter bereits eine Bekennerin des christlichen Glaubens geworden sei und in der heiligen Taufe den Namen Angelika erhalten habe.

Der Papst, so sagt man, verweigerte anfangs seine Dispensation, endlich aber gab er sie doch, um den Grafen von Gleichen dafür zu belohnen, daß er eine türkische Prinzessin zur alleinseligmachenden Kirche bekehrt hatte.

Nun verließ der Graf, mit dem päpstlichen Dispens versehen, in Begleitung der Prinzessin und der beiden Diener Italien und kam wohlbehalten in Deutschland an.

Als er seine Burgen von fern erblickte, pochte sein Herz vor Freude und Furcht, denn wenn er auch hoch beglückt war, daß er seine Gemahlin und seine Kinder bald wiedersehen sollte, so fürchtete er doch, daß Ottilies holdes Antlitz sich beim Anblick seiner Braut verfinstern würde.

Damit sie Angelika nicht sogleich sehen sollte, beschloß er, vorauszureiten, doch kaum hatte er dies gedacht, als er einen Zug erblickte, der sich gegen ihn bewegte. Es war Frau Ottilie in festlicher Kleidung, mit seinen Kindern, die schon hoch aufgeschossen waren; in einiger Entfernung folgte ihr ihre Dienerschaft.

Als der Graf sie nahe vor sich sah, noch immer schön und so engelmild, schloß er sie fest in seine Arme, küßte hundertmal die Kinder, die

Erinnerung an die Zeit seiner ersten Liebe regte sich mächtig in ihm, und er vergaß ganz, daß Angelika ihn begleitete.

»Und nun will ich heute keine Silbe weiter verraten«, sagte der Kaplan. Alle Bitten, die Claudine und Marie an ihn verschwendeten, blieben unerhört, obgleich er sonst Marie jeden Wunsch zu erfüllen pflegte.

Siebenhundertfünfundachtzigste Nacht

Der Graf hatte in seinem Freudentaumel nicht an Angelika gedacht, nicht so die sanfte Gräfin Ottilie. Sie ging auf sie zu, begrüßte sie freundlich, dankte ihr dafür, daß sie ihrem Gemahl die Freiheit gegeben habe, und führte sie in ihre Burg.

Daselbst waren schon mehrere Zimmer für Angelika auf das schönste eingerichtet und die Dienerschaft angewiesen, ihr wie der Gräfin zu gehorchen.

In dem Schlafzimmer stand ein dreischläfriges, grünes Bett, mit einer rundgewölbten, mit Engelsköpfen verzierten Decke.

Dieser Beweis von Gefälligkeit, den ihm hierdurch seine Gemahlin gab, rührte ihn innigst; er pries sie laut als ein Muster ihres Geschlechtes, und gewiß errang sie in diesem Augenblick den vollständigsten Sieg über Angelika.

Nun wurden alle Anstalten zur glänzenden Vermählungsfeier getroffen, Ritter aus allen Himmelsgegenden kamen herbei, um dem seltenen Feste beizuwohnen. Der Erzbischof von Erfurt vollzog die Trauung.

Angelika war fürstlich geschmückt, sie funkelte vor Juwelen, und alle Ritter bewunderten ihre Schönheit und priesen den Grafen glücklich, daß eine so reizende Prinzessin aus Liebe zu ihm ihren Glauben geändert, ihr Vaterland verlassen hatte. Mehr aber noch priesen sie Ottilies unvergleichliche Güte und rühmten die Klugheit und Würde, mit welcher sie sich bei dieser Vermählungsfeier benahm.

Niemals hörte man später von Uneinigkeit unter dem Kleeblatt, Gräfin Ottilie blieb mild und freundlich gegen Angelika, und diese, welche nie Mutter wurde, liebte die Kinder Ottilies mütterlich und sie selbst wie eine Schwester.

Angelika hatte ihrem Gemahl ihren reichen Juwelenschmuck geschenkt und dafür von ihm Ehrenstein als Morgengabe erhalten.

Die Prinzessin hatte am Hochzeitstage eine goldene Krone getragen, wie sie königliche Prinzessinnen zu tragen pflegten, sie wurde auch wegen ihrer Geburt in der Gegend die Königin genannt.

Zuerst starb Angelika, nachdem sie eine Reihe von Jahren glücklich an der Seite ihres Gemahls verlebt hatte; ihr folgte ein Jahr später Ottilie, welche der Graf nur einige Monate überlebte.

Wie im Leben, so schlummerten sie auch im Tode beieinander; sie ruhen alle drei in einem Grabe vor dem Gleichischen Altare in der St.-Peters-Kirche zu Erfurt, auf dem Berge, wo auch ihr Grabmal noch zu finden ist. Ein Stein, auf welchem der Graf mit seinen Gemahlinnen abgebildet ist, bedeckt das Grab.

Zur Rechten Ottilie, mit einem Spiegel in der Hand, zum Sinnbilde ihrer ruhmwürdigen Klugheit, zur Linken die Türkin, mit einer Königskrone geziert, und in der Mitte der Graf, sich auf sein Wappenschild, den gekrönten Leoparden, lehnend.

Das berühmte dreischläfrige Bett ist noch im alten Schlosse, in der sogenannten Junkerkammer, als Reliquie aufbewahrt, das Tal aber, in welchem der Graf und Ottilie sich wiedersahen, heißt bis auf den heutigen Tag das Freudental.

»Diese Sage ist doch wohl sehr unverbürgt«, sagte Alma.

»Keineswegs, meine gnädige Frau«, erwiderte der Kaplan, »das Bett habe ich in meiner Jugend selbst gesehen; in dem päpstlichen Archiv muß sich auch noch etwas über diesen seltenen Vorfall aufgezeichnet finden. In dem ganzen Thüringer Lande glaubt man daran, und der beste Bürge ist der Grabstein.«

»Wer würde auch ein solches Märchen erfinden«, sprach ironisch Franz, »kein Mensch könnte auf den Gedanken kommen, von einer Frau eine solche Aufopferung zu erzählen, wenn Gräfin Ottilie nicht wirklich so großmütig gewesen wäre.«

Die Frauen schalten ihn so lange aus, bis er lachend die Flucht ergriff.

Siebenhundertsechsundachtzigste Nacht

Heute erzählte Eduard:

DIE PRINZESSIN VON GRENADA

Es lebte einmal ein König zu Grenada, dessen Frau Königin gebar ein Töchterlein und starb.

Darüber wurde der gute König so betrübt, daß er sich hinlegte und nach drei Tagen ebenfalls starb, so daß nun die kleine Prinzessin eine vater- und mutterlose Waise war. Es wäre dem armen Kinde gewiß nicht zum besten ergangen, denn einige gute Freunde und Nachbarn des verstorbenen Königs hatten große Lust, um doch wenigstens ein Andenken an ihren verstorbenen Freund und Nachbarn zu haben, sich indessen Land und Leute, Geld und Kostbarkeiten zu teilen, wobei es vielleicht geschehen wäre, daß sie sich untereinander ein bißchen erzürnt und einen kleinen Krieg – nur so von sieben bis dreißig Jahren – in dem verwaisten Reiche angefangen hätten. Zum Glück für das Reich und die kleine Prinzessin trat die Fee Rosala dazwischen und sagte zu den Freunden und Nachbarn: »Nichts da, ihr Herren! Das Königreich Grenada bleibt ungeteilt, und ich werde es verwalten, bis die Prinzessin so alt ist, daß sie selber die Regierung übernehmen kann.« Damit mußten sich die guten Freunde und Nachbarn zufriedengeben, so ungern sie es auch taten, denn die Fee Rosala war eine gar resolute Dame und verstand durchaus keinen Spaß, wenn einer es wagte, ihren Anordnungen und Geboten zuwiderzuhandeln.

Als nun somit alle Besorgnisse wegen einer Teilung des Reiches und eines möglichen Krieges beseitigt waren, so suchte die Frau Fee unter ihren Hofdamen eine aus, welche sie zur Oberkinderwärterin bei der kleinen Prinzessin ernannte, und ihr überließ sie die erste Erziehung des Kindes, bis es laufen und reden konnte, dann übernahm sie dies Geschäft in eigner allerhöchster Person.

Die kleine Lolo, diesen Namen hatte die Prinzessin in der Taufe erhalten, gedieh sichtlich; von Tage zu Tage wurde sie größer und schöner und zeigte in allem, was sie tat und sprach, einen ebenso großen als feinen Verstand sowie eine alles bezaubernde Anmut.

Aber auch einige Fehler zeigten sich schon früh an ihr, und so viele Mühe sich immerhin Fee Rosala gab, der jungen Prinzessin ihren

Eigensinn, ihren Hochmut und allzu große Eitelkeit abzugewöhnen, es wollte ihr nicht gelingen, und da die gute Fee, wie alle zärtlichen Pflegemütter, nicht gerne Strenge bei ihrem Liebling anwandte, so wurde Prinzessin Lolo allerdings ein wunderschönes, geistvolles und verständiges, aber auch ein ebenso launisches, stolzes und kokettes Mädchen, mit dem die nachsichtige Pflegemutter, als es fünfzehn Jahre zählte, trotz ihrer Feenkunst kaum mehr auskommen konnte, und als Prinzessin Lolo sechzehn Jahre alt war, trieb sie es einmal gar so arg, daß Fee Rosala die Geduld verlor und ihr frei heraussagte, wie sie es müde sei, sich ferner von einem so eingebildeten Mädchen ihre Güte und Liebe mit Undank lohnen zu lassen. »Ich verlasse deinen Hof«, schloß sie ihre Strafpredigt, »und kehre zurück in mein Feenschloß. Damit du jedoch siehst, daß ich dir noch wohl bin, so lasse ich dir drei wertvolle Gaben zurück; aber siehe wohl zu, daß du sie so benutzt, daß sich nicht einmal ihre Macht wider dich selber kehrt und dir so Verderben bereitet wird. – Hier, dieses elfenbeinerne Horn wird, sobald du nur einen Ton darauf angibst, ein gewaltiges Heer aus der Erde hervorzaubern, dem alle Heere der Welt nicht zu widerstehen vermöchten; doch, merke wohl, nur zu deiner Verteidigung, nicht zu Eroberungen, vermagst du dieses Heer wider einen Feind zu führen. – Hier, dieser Zaubergürtel wird dich, sobald du ihn um dich schlingst, an jeden beliebigen Ort versetzen, und schwingst du diesen Zauberstab, bereitet sich dir augenblicklich jedes Fest, so glänzend, wie du es wünschest, auch gebietet er über Reichtümer, welche im Innern der Erde herrenlos ruhen – und somit lebe wohl!«

Sprach's und verschwand. Prinzessin Lolo weinte gewaltig und wollte sich mehrere Tage gar nicht zufriedengeben; nicht, weil sie die Fee so sehr liebte, sondern aus Eigensinn und Laune. Da sie aber merkte, daß die Fee auf ihren Trotz nichts mehr gab und nicht wieder zurückkehrte, so wurde sie plötzlich ganz heiter, schwang ihren Zauberstab und zauberte sich ein herrliches Fest, wobei es ungeheuer prächtig zuging.

Siebenhundertsiebenundachtzigste Nacht

Fest auf Fest folgte dem ersten, und jedes folgende übertraf das vorhergegangene an Pracht. Eine Menge Könige von nah und fern lud Prinzessin Lolo zu diesen Herrlichkeiten als Gäste ein, und bald hatten

Die Prinzessin von Grenada

sich ein paar Dutzend Königinnen die Schwindsucht an den Hals geärgert, weil sie es der jungen Königin von Grenada auf keine Weise im Putz und Reichtum gleichzutun vermochten, von der Jugend und Schönheit ganz zu schweigen.

Einige von diesen Königinnen, als sie wieder in ihre Reiche zurückkamen, ließen auch ihren Männern weder Tag noch Nacht Ruhe, bis die Könige voll Verzweiflung sich entschlossen, um des häuslichen Friedens willen einen Krieg gegen die junge Königin von Grenada anzufangen. Alle traten zusammen, schlossen eine Allianz und sandten ihre Heere wider Grenada, um das Königreich zu vernichten und die junge Königin gefangenzunehmen.

Das bekam ihnen aber sehr schlecht; denn Königin Lolo stieß in ihr Zauberhorn, und alsbald wuchs vor ihren Augen ein mächtiges Heer aus der Erde empor, welches die alliierten Heere so total schlug, daß alle Könige, als sie die Nachricht erhielten, mit ihren bekrönten Häuptern wider die Wände ihrer Thronsäle rannten und jeder seiner Königin verzweifelnd zurief: »Gib mir meine Legionen wieder!«

Königin Lolo hätte nun gern ihr Mütchen an ihren gedemütigten Feinden in noch größerem Maße, als schon geschehen war, gekühlt und sie in ihren eigenen Residenzen belagert, damit sie dem Mächtigsten gegenüber sich hätte rühmen können: In seiner Hofburg zitterte der König – aber kaum, daß sie solches ihrem Feldmarschall zu verstehen gab, so verschwand er vor ihren Augen in die Erde, und mit ihm ihr ganzes Heer. Sie erfuhr aber zu ihrem Troste durch die Abgesandten aller Könige, welche sie besiegt hatte, daß besagte Herren alle wirklich in ihren Hofburgen merklich zu zittern geruhten und demütigst um Frieden flehten.

Königin Lolo, da sie nicht anders konnte, bewilligte den Frieden unter der Bedingung, daß die Anstifterinnen des Krieges, nämlich sämtliche Königinnen, sich vor ihr demütigen mußten. Das geschah denn auch, und ein großes Friedensfest wurde in Grenada veranstaltet.

Sämtliche allerhöchste Personen verfügten sich in den Tempel, wo sie geruhten, dem Höchsten ihren Dank für den glücklich zustande gebrachten Frieden darzubringen. Dann schwang Königin Lolo ihren Zauberstab und zauberte so prächtige, unerhörte Feste, wie noch nie vorher welche stattgefunden hatten.

Doch auch diese Feste nahmen ein Ende, und die Wahrheit zu sagen, so war die Prinzessin ihrer herzlich überdrüssig und sehnte sich nach etwas Neuem. Als daher ihre Gäste Grenada nach und nach wieder verlassen hatten, fiel es ihr ein, sich ein bißchen in der Welt umzusehen.

Sie übergab daher ihrem Kanzler einstweilen die Regierung, erließ in der Geschwindigkeit noch allerlei nützliche und unnützliche Verordnungen, welche – wie das in der Ordnung – nicht befolgt wurden, nahm dann ihr Horn in die eine, ihren Stab in die andere Hand, hing den Zaubergürtel um und wünschte sich –

»Nun, wohin?« fragte Alma, als der Erzähler stockte.

»Das werd' ich morgen nacht erzählen«, versetzte dieser, »sowie, was sich ferner mit der hübschen, launischen Prinzessin begab.«

»Ich halte dafür«, sprach die Freifrau lächelnd, »daß Lolo, wie so manche übermütige Prinzessin, einer Schule entgegengeht, in der sie ihre Fehler ablegen wird.«

»Hübsch ist es«, bemerkte der Kaplan, »daß der jungen Königin trotz ihrer Zaubergaben die Hände dergestalt gebunden sind, daß sie bei aller Macht und bei aller Lust sie nicht zum Bösen benützen kann. Der Zauberstab schafft nur Vergnügen und Reichtum, mit dem Reisegürtel ist nicht zugleich die Gabe, sich unsichtbar zu machen, verbunden, und das Zauberhorn ruft nur ein Verteidigungsheer herbei.«

Siebenhundertachtundachtzigste Nacht

Der Erzähler setzte in dieser Nacht seine Mitteilung wie folgt fort:

Prinzessin Lolo also wünschte sich an den Hof von Paris, und kaum daß sie den Wunsch ausgesprochen hatte, so befand sie sich auch schon dort. Mit Hilfe ihres Zauberstabes hatte sie alsbald ein glänzendes Gefolge um sich versammelt und große Schätze sich herbeigeschafft, so daß sie ihrem hohen Stande gemäß vor dem König von Frankreich erscheinen konnte.

Die ganze große Stadt geriet in Bewegung über die selbst in Paris unerhörte Pracht, welche die junge Königin umgab, und der König – es war Ludwig der Heilige –, sowenig er sonst auf irdischen Glanz geben mochte, konnte doch, trotz seiner Heiligkeit, dem Zauber Lolos nicht widerstehen, empfing sie als seine liebe Base »unbekannterweise« oder von ungefähr auf das freundlichste und ließ es geschehen, daß Lolo den frommen Pariser Damen durch ihre Koketterie ein großes Ärgernis gab und viele würdige Ritter in ihre Netze fing.

Der Himmel weiß, was am Ende noch für Unheil in dem frommen Paris entstanden wäre, wenn nicht zum Glück Lolo bald ihres Aufenthaltes daselbst überdrüssig geworden wäre. – Eines Morgens hing sie also wieder ihren Zaubergürtel um, nahm ihren Zauberstab in die eine, ihr Horn in die andere Hand und wünschte sich eins, zwei, drei an den Hof von Madrid.

Kaum daß sie solches gewünscht, so befand sie sich auch schon dort, schwang ihren Zauberstab und erschien womöglich mit noch größerer Pracht als zu Paris bei Hofe.

Auch hier empfing der König sie mit größter Freundlichkeit, und da er noch unvermählt war – das heißt, da er eben zum dritten Male Witwer geworden war und noch keine neue Wahl getroffen hatte –, so schien er gar nicht übel Lust zu verspüren, die schöne Fürstin von Grenada und ihre großen Reichtümer zu heiraten.

Leider wurde aus diesem Plane nichts, denn die Väter der heiligen Inquisition hatten gar bald gewittert, daß es mit der schönen, reichen Königin von Grenada eine eigene Bewandtnis haben müsse, und nicht lange währte es, so setzten sie dem Monarchen tüchtig zu und verlangten ohne weiteres, daß er ihnen die fremde Königin nebst allen ihren Schätzen überliefere, um sie vor ihr geistliches Gericht zu stellen, sie zu verurteilen und zur Ehre Gottes als eine Ketzerin und Hexe zu verbrennen; ihre Reichtümer sollten aber dem heiligen Gerichte anheimfallen, für gehabte Mühe und Unkosten.

Der König hätte nicht übel Lust gehabt, der heiligen Inquisition diesmal nachdrückliche Vorstellungen zu machen; aber dawider hatten die heiligen Männer schon im voraus ein treffliches Mittel in Anwendung gebracht, indem sie den abergläubischen Pöbel aufgereizt hatten. – Der König konnte also nichts, als sich in den Willen der geistlichen Herren fügen, und gab seufzend den Befehl, die junge Königin, seinen Gast, nebst allen ihren Schätzen gefangenzunehmen und der heiligen Inquisition auszuliefern.

Aber Lolo erfuhr dies zu rechter Zeit durch einen ihrer dienstbaren Geisterpagen, und als die Wachen des Königs und die Diener des heiligen Gerichts kamen, sich ihrer zu bemächtigen, da stieß sie in ihr Horn, und augenblicklich bedrohte ein furchtbares Heer die Stadt Madrid und das heilige Gericht, wofern der jungen Königin Lolo nur die allermindeste Beleidigung widerführe oder ihr gar auf irgendeine Weise Gewalt geschähe. – Man denke sich den Schrecken und die ohnmächtige Wut der heiligen Inquisition; der König freute sich im geheimen, und es war ihm schon recht, daß Lolo noch einige Monate in

Madrid, bewacht und beschützt von ihrem Heere, in Freude und Herrlichkeit verbrachte, sodann im Triumph ganz Spanien durchzog. Endlich entließ sie lachend ihr großes Heer, hing ihren Zaubergürtel um, nahm ihren Stab in die eine, ihr Horn in die andere Hand und wünschte sich eins, zwei, drei an den Hof von Neapolis.

Dort, in Neapolis, gefiel es ihr bei weitem am besten. Die lustigen Neapolitaner fragten nicht, woher sie ihre großen Schätze und ihre Macht habe, die unerhörtesten Feste im Nu hervorzuzaubern; sie ließen sich die reichen Geschenke, welche Lolo in bester Laune ihnen spendete, trefflich behagen, ergötzten sich an den Festen und schrien »eh viva«, wo die junge, schöne, fremde Königin sich blicken ließ, und nicht lange währte es, so drang der Ruhm der schönen, jungen, reichen Fürstin von Grenada durch alle Lande.

Siebenhundertneunundachtzigste Nacht

Nachdem sich nun Lolo auch in Neapolis geraume Zeit ergötzt hatte, fiel es ihr ein, von nun an sich an ihrem eignen Hofe den Hof machen zu lassen. Sie packte daher Horn und Stab zusammen, tat den Gürtel um, wünschte – und eins, zwei, drei befand sie sich wieder in Grenada. Ihr treues Volk empfing sie, nach Vorschrift, mit unaussprechlicher Freude. Eine zahllose Menschenmenge hatte sich vor dem Schlosse versammelt, die Bürgerschaft sandte Deputierte aufs Schloß, welche huldvoll empfangen wurden, der erste Bürgermeister begrüßte die geliebte Herrscherin mit einer feierlichen Anrede, welche in huldvollen Ausdrücken von der Fürstin erwidert wurde. Mittags war große Tafel, wozu die ersten Beamten des Reichs, die Deputierten der Bürgerschaft sowie die Bürgermeister geladen waren. Ein Fackelzug, von den Studierenden dargebracht, eine glänzende Illumination sowie ein tausendstimmiges Hoch unter den Fenstern des Schlafgemachs der Herrscherin, von kräftigen Stimmen gebrüllt, beschlossen die erhebende Feier des Tages.

Lolo war jetzt achtzehn Jahre alt, und was sie erwartet hatte, geschah: Bald wimmelte es am Hofe von Grenada von jungen und alten Prinzen, Grafen, Baronen und Krautjunkern, welche alle ihr Heil versuchten, um das Herz der jungen, reichen, schönen Königin zu gewinnen. Es wollte solches aber nicht einem unter allen glücken, und mancher liebeswürdige Prinz, mancher edle Graf, mancher stattliche Baron und unzählige gemütliche Krautjunker härmten sich im bittern Liebesleid dergestalt ab, daß es einen Stein in der Erde hätte erbarmen mögen.

Lolo gebärdete sich aber noch härter und gefühlloser bei solchen Gelegenheiten als der härteste Marmelstein, sie freute sich ihrer Siege und verspottete stolz die Besiegten, und wollte ja ihr Hof einmal leer werden von verzweifelten Anbetern – husch den Gürtel um, und zwei Worte trugen sie an alle Höfe der Welt, wo sie alle hohen Häupter dermaßen verrückte, daß gar bald die vornehmsten Liebhaber in großen Scharen nach Grenada strömten, wo es ihnen um nichts besser ging als ihren Vorgängern.

Fee Rosala geriet darüber in den größten Unmut und beschloß, die junge Königin auf die empfindlichste Art zu strafen, vorher wollte sie's aber doch noch einmal in Güte versuchen und lenkte es so, daß der junge Prinz von Samarkand an den Hof von Grenada kam. Der junge Prinz Atamor war der schönste junge Mann, den man sich denken konnte, dabei von den angenehmsten, feinsten Sitten und ganz dazu geschaffen, einer schönen, jungen Fürstin zu gefallen. Überdies war die Fee Rosala seine Pate und hatte nicht unterlassen, ihm als Patengeschenk einige Gaben mitzuteilen, wodurch er vor den Prinzen gewöhnlichen Schlages ungefähr ebensoviel voraushatte als Lolo vor den gewöhnlichen Prinzessinnen, nur mit dem Unterschiede, daß bei Prinz Atamor alles zum Guten, bei Prinzessin Lolo dagegen, wie wir gesehen haben, alles zum Schlimmen ausgeschlagen war.

Die Fee meinte aber, dieses solle sich ausgleichen, denn sie glaubte nichts gewisser, als daß Lolo sich in den schönen Prinzen verlieben müsse, weil sie denn doch ein Mädchen sei und einmal doch jedem Mädchen seine Stunde schlüge. Wer sich aber nicht verliebte, das war Lolo, und wer sich sogleich auf den ersten Blick zum Rasendwerden verliebte, das war Atamor, und wirklich vergaß er, wie jeder echte Verliebte, von Stund an alle seine Philosophie und natürliche Klugheit und gebärdete sich so närrisch, wie nur je ein verliebter Prinz.

Lolo fand das sehr unterhaltend, und da sie nicht blind war für das schöne Äußere Atamors, so schmeichelte es ihrer Eitelkeit gewaltig, daß ein so schöner, geistreicher Prinz sich vergeblich um sie härmte. – Es half nichts, daß alle ihre Hofdamen ihr Mitleid rege zu machen suchten, indem sie ihr vorstellten, wie grausam es sei, nachdem sie schon so viele liebeswürdige, junge Männer durch ihre Koketterie ums Leben gebracht habe, nun auch noch den schönsten, vollkommensten Prinzen auf ähnliche Weise zugrunde zu richten. Lolo lachte und versetzte: »O ihr mitleidigen Seelen, seht ihr nicht, wie viele tausend Frauen und

Mädchen täglich von den treulosen Männern betrogen und gequält werden? Danken solltet ihr mir's, daß ich an den Männern unser Geschlecht räche! Und ich will's.«

Siebenhundertneunzigste Nacht

Und dabei blieb es! Und Lolo quälte und martere den armen Atamor so lange und so unbarmherzig, bis er das letzte Restchen seines Mutes verlor und im höchsten Unmut und in der tiefsten Verzweiflung dem falschen Hofe und der noch dreimal falscheren Lolo ade sagte.

Er floh davon und wie ein Wahnsinniger lange, lange Zeit in Wäldern und Einöden umher. Dort brüllte er mit den wilden Tieren um die Wette, rannte mit dem Kopf wider die Felsen und Baumstämme und aß, wie der König Nebukadnezar, nichts als Salat und Wurzeln.

Endlich ließ seine Raserei ein wenig nach, und er kam wieder so weit zur Besinnung, daß er beschloß, die Wildnis zu verlassen und wieder unter Menschen zu gehen, wo es bessere Kost gäbe. An den Hof wollte er aber nicht wieder, sondern, wie er sagte, unter schuldlose Menschen in der reinen, unverfälschten Natur, und so ging er in das nächste Dorf und fragte nach dem reichsten Bauern, und diesen bot er seine Dienste als Knecht an.

Obgleich nun der Prinz im Innersten zerrissen und im Äußern (nämlich in der Kleidung) sehr zerlumpt erschien, so war er doch noch immer ein schöner, junger Mann, der dem Bauern und noch mehr dessen Frau über die Maßen wohl gefiel, und der Bauer nahm ihn alsogleich in seine Dienste. Da aber Prinz Atamor die allerfeinste Erziehung genossen hatte und weder Pflügen noch Säen, weder Eggen noch Mähen, weder Binden noch Dreschen konnte, so übertrug ihm der Bauer die Aufsicht über seine Schweine, und der unglückliche Prinz war so versenkt in seinen Gram, daß er dieses mühsame Amt ohne Widerrede übernahm und mit Treue und Gewissenhaftigkeit es verwaltete. Der Schmerz der Fee Rosala, als sie ihren Paten in solcher Erniedrigung erblickte, läßt sich besser denken als beschreiben. Sie erschien dem unglücklichen Prinzen zu wiederholten Malen im Traum und mahnte ihn ernstlich, seine unwürdige Beschäftigung aufzugeben und zurückzukehren nach Samarkand, wo sein Vater und das ganze Volk in Trauer über sein Verschwinden versenkt wären. Aber alles umsonst! Der Prinz achtete nicht der Traumgesichter und blieb in seiner traurigen Stimmung unter den ihn umgebenden Schweinen.

»Also auch meinen Paten muß ich mit Gewalt zur Vernunft bringen«, rief die Fee schmerzlich, und ihr Entschluß war gefaßt.

An einem schönen Maimorgen trieb Prinz Atamor seine grunzenden Zöglinge in den nahen Wald, dort ließ er sie nach Herzenslust sich an den herabgefallenen Eicheln laben, welche den Boden bedeckten, während er selber, unter einem Baum hingestreckt, mit schmelzender, zitternder Stimme sang:

»Ich klage dir,
o Echo hier,
der Liebe Mißgeschick zu.«

Während er so sang, richtete er seinen tränenschweren Blicke bald zum Himmel, bald starr vor sich hin. Da gewahrte er plötzlich zu seiner großen Verwunderung sich gegenüber einen Feigenbaum – mitten im Eichenwalde einen Feigenbaum! –, und zwar voll der schönsten, größten Feigen, welche er in seinem Leben gesehen hatte. – Er brach seinen rührenden Gesang ab – erhob sich, schlug mit seinem Stecken etliche Feigen von dem Baume und verzehrte sie mit großem Appetit. Aber kaum daß er solches vollführt, so wollte es ihm bedünken, als recke und dehne sich seine Nase höchst ungebührlich. Erschrocken faßte er mit beiden Händen darnach und fühlte – o Jammer –, daß er anstatt seiner schönen griechischen Nase einen abscheulich großen Schweinerüssel im Gesichte trage. Das hieß das Maß seines Elendes bis zum Überlaufen anfüllen, und ihm lief die Galle über! Wütend rannte er zu einem nahen, schäumenden Waldstrom und stürzte sich über Kopf hinein. Aber Fee Rosala verhütete, daß er ertrank, sondern ließ den Ohnmächtigen durch einige Wassergeister in ihren Feenpalast tragen.

Als der Prinz aus seiner Ohnmacht erwachte, erblickte er die Fee, welche ihm einen Spiegel vorhielt; zu seiner unaussprechlichen Freude sah er, daß der abscheuliche Schweinerüssel aus seinem Gesichte verschwunden sei. – »Dank den Göttern!« rief er. »Ich bin wieder ein Prinz und kein Schwein!« Die Fee lächelte und sprach: »Dein Unfall, Prinz, sollte nur dazu dienen, dir den Weg zu deinem Glücke zu zeigen!« – Darauf nahm sie ihn mit sich in ihr Kabinett, unterredete sich lange mit ihm, und nach einigen Stunden verließ Prinz Atamor in der Verkleidung eines Bauern fröhlich und wohlgemut das Feenschloß, um nach Grenada zu eilen.

Siebenhunderteinundneunzigste Nacht

Diese Nacht beschloß der Erzähler seine Sage wie folgt:

In dem königlichen Palaste zu Grenada war große Trauer, Jammer und Wehklagen, ein alter Bauer hatte vor mehreren Tagen der Königin wunderschöne Feigen zum Verkauf angeboten, die Königin hatte sie gekauft und mit dreien ihrer Hofdamen davon gegessen, worauf allen vieren plötzlich statt der zierlichen Näschen große Schweinerüssel im Gesichte gewachsen waren.

Umsonst waren Ärzte, Zauberer, Quacksalber und Barbiere zu Rate gezogen worden, keiner von allen vermochte zu helfen, verzweifelnd verschloß sich endlich die Königin mit ihren drei Unglücksgefährtinnen in ihre innersten Gemächer und wollte niemanden mehr sehen.

Weinend stand sie jetzt vor ihrem Spiegel, schwang ihren Stab und gebot dem Zauber zu schwinden – umsonst, er blieb. »Oh, daß meine Augen erblinden!« rief sie. »Wie der Basilisk erschrickt, wenn er im Spiegel seine scheußliche Gestalt gewahrt, so erschrecke auch ich vor mir selber, sooft ich mich ansehe. – O Tod, komm und befreie mich von dieser Qual.« – Jetzt kamen die drei Hofdamen ins Zimmer und jammerten ebenfalls über ihre verlorene Schönheit, wobei sie der Königin vorwarfen, daß sie durch ihren Hochmut und ihre Grausamkeit gegen die Männer dieses Strafgericht über sie herbeigeführt habe. – Lolo gebot ihnen zornig zu schweigen, aber die Damen, die ihr höchstes Gut unwiederbringlich verloren glaubten, schrien und jammerten nur um so ärger.

Da pochte es an der Türe, schnell verschleierten sich alle viere, denn sie glaubten, der Kanzler werde eintreten, aber statt des Kanzlers trat ein altes, wunderliches Männchen ins Zimmer und fragte, ob sie nicht Lust hätten, ihm einige nützliche und seltne Dinge abzukaufen. »Nein!« lautete die kurze, verdrießliche Antwort. Das Männlein aber ließ sich nicht irren, sondern rühmte seine Waren wie ein hausierender Hebräer. »Hab' ich doch schönen Schmuck«, sprach er, »kann man ihn doch gar nicht schöner sehen! Ohrbaumeln wider Zahnreißen, sympathetische Mittel wider und für die Liebe! Brillen und Hörmaschinen, womit man sieht durch dicke Mauern und hört tausend Meilen weit, und hier ein Schönheitswasser, womit man kann vertreiben alle Gebrechen und Fehler, natürliche und angehexte, als man sich damit tut waschen.«

»Oh, wo – wo ist das Wasser!« riefen die vier Damen aus einem Munde und schlugen die Schleier zurück. »Gottes Wunder!« rief der

Jude, »sind das Rüsseln. Nun, do ist's Wasser – werd' ich doch jeder geben ein Viertel. – Nu frisch gewaschen!«

Und die Damen wuschen sich, was sie konnten, und siehe da, bei den Hofdamen schlug die Kur an, ihre Rüssel verschwanden, und sie wurden schöner denn vorher. Voll Freude liefen sie vor den Spiegel, und eine drängte jubelnd die andere fort, aber soviel Lolo rieb und wusch – ihr Rüssel wollte nicht verschwinden. – »Ha, was ist das!« rief sie entsetzt. »Warum hilft das Mittel nicht bei mir?«

»Mein«, versetzte der Jude bedenklich. – »Was soll's, Ihr müßt doch haben einen Zauber in Eurer Gewalt, daß mein Mittel nicht helft! Habt Ihr etwa a Stöckliche, a Gürtelche oder sonst eppes?«

»Ja, ja!« rief die Prinzessin, eilte zu einem Schrank, nahm Gürtel, Zauberstab und Horn heraus und warf sie hastig zu Boden. – »Hier liegen meine Zauberstöcke, her das Wasser!«

Der Jude raffte schnell die Zauberstöcke auf und stand nun als Prinz Atamor da. – »Mitnichten, grausame Lolo!« sprach er lachend. »Mir gehören jetzt Zauberstab, Horn und Gürtel und du – behältst deinen Schweinerüssel!« Somit entschwand er.

Ein ganzes Jahr noch mußte Lolo ihre Strafe erdulden. Als sie endlich ihre Eitelkeit, ihre Launen und ihr Unrecht gegen Atamor tausendmal unter vielen Tränen verwünscht hatte, führte an ihrem neunzehnten Geburtstag die versöhnte Fee den Prinzen wieder zu ihr. Jetzt reichte Atamor der armen Lolo das Wunderwasser – sie wusch sich, der Rüssel schwand. Lolo wurde noch zehnmal schöner und liebenswürdiger denn vorher und reichte nun mit Freuden dem Prinzen ihre Hand.

Viele Jahre lebte das Paar glücklich miteinander, und nie zeigte Lolo mehr die mindeste Spur von Hochmut, Eigensinn und unerlaubter Gefallsucht.

Siebenhundertzweiundneunzigste Nacht

Als heute die Freifrau gebeten wurde, etwas zu erzählen, sagte sie: »Kann ich mich doch jetzt auf kein Märlein noch auf seine Sage besinnen, die meinen Freunden unbekannt wäre, es müßte denn die Sage von der Springwurzel sein.«

»Mir ist sie unbekannt«, riefen die Anwesenden fast gleichzeitig, und die Freifrau begann:

DIE SPRINGWURZEL

Im Harze soll der Sage nach ein ungeheurer Schatz verborgen sein, welcher von einem Geiste gehütet wird. Zu den schönen Geistern gehört übrigens der Harzgeist nicht, denn man beschreibt ihn als einen großen Mann mit zottigen Haaren, einem langen, bis über die Brust reichenden Barte, um den Kopf soll er einen Kranz, um die Lenden einen Schurz von Eichenlaub und in der Hand einen ausgewurzelten Tannenbaum tragen. Von diesem Schatze erzählt man folgende Geschichte.

Drei junge Burschen wanderten selband über Berg und Tal, sich in der Welt umzusehen und ihr Glück zu versuchen.

Benno, der älteste, war fröhlich und heiter, er scherzte und lachte gern, und wer ihn ansah, wurde schon heiter, denn aus seinen braunen Augen blitzte der Frohsinn, und seinen frischen, mit blendenden Zähnen geschmückten Mund umschwebte stets ein angenehmes Lächeln.

Fridolin, der zweite, war nicht weniger hübsch, aber hochstrebend und hochmütig, nichts war ihm gut genug, alles wollte er besser haben, und doch war er so arm wie eine Kirchenmaus.

Rudolf, der dritte, war ein ausgezeichnet schöner, junger Mann, wer ihn sah, mußte glauben, ein König habe sich in ein einfaches Gewand gehüllt, so edel war sein Anstand, so schön seine Sprache. Er war etwas schwermütig und sprach nicht viel, weshalb er von seinen Begleitern bisweilen tüchtig geneckt wurde.

»Wenn ich Geld hätte, das heißt, ungeheuer viel«, sagte jetzt Benno, »dann wäre ich glücklich, dann hielte ich den ganzen Tag offene Tafel, jeder fröhliche, treuherzige Zecher wäre willkommen, und die reizendsten Mädchen müßten mir den Becher kredenzen.«

»Wenn ich reich wäre«, äußerte Fridolin, »so würde ich mir einen Palast erbauen, nach Rang und Ehrenstellen trachten und eine Jungfrau aus vornehmem Geschlechte zum Altare führen.«

»Ich weiß nicht, ob das Geld mich heitrer machen würde, ja ich bezweifle es fast«, sprach Rudolf, »aber ich würde es nicht verschmähen, denn es wäre immer möglich, daß ich es noch bedürfte.«

»Du Tor, das Geld nicht zu schätzen«, lachten die andern; »habe es nur erst, so wirst du es bald liebgewinnen.«

Unter solchen und andern Gesprächen kamen sie eines Abends nach Goslar, wo sie zu übernachten beschlossen.

In dem Wirtshause, wo sie eingekehrt waren, hatte sich eine lustige Gesellschaft von Männern versammelt, welche einander Schwänke und Märlein erzählten und dabei fleißig dem Bierkruge zusprachen.

Siebenhundertdreiundneunzigste Nacht

Heute fuhr Frau von Runsitten in ihrer Sage fort:

Die drei Wandrer setzten sich zusammen an einen Tisch, nahmen aber an dem Gespräche der übrigen gar freundlichen Anteil.

»Es ist, wie ich euch sagte!« schrie jetzt ein dicker Mann mit einer Baßstimme. »Der Brauer Maltau dankt seinen Reichtum einzig dem Geiste, welcher den Schatz, der im Gebirge verborgen ist, hütet. Er hat ihn mit Hilfe einer Springwurzel gehoben und ist nun glücklich bis an sein Ende!«

»Wenn wir nur den Ort wüßten, wo der Schatz liegt«, sagten einige. »Wenn wir nur eine Springwurzel hätten«, riefen andere.

»Ja, da sitzt der Knoten!« sprach der dicke Mann. »Übrigens sagt man, der Geist erscheine nur Personen, welche in der Walpurgisnacht geboren seien, und eine Springwurzel aufzufinden, gehört unter die Glücksfälle.«

»Wenn man nur durch Hebung des Schatzes nicht der Seligkeit verlustig geht«, sagte ein bedächtiger Mann.

»Behüte Gott!« entgegnete der Dicke. »Der Geist des Gebirges, der Hüter des Schatzes, gehört nicht den unsaubern an.«

Es wurde noch viel über diesen Gegenstand gesprochen, ehe die Versammlung auseinanderging; die drei Wanderer waren ganz eifrige Zuhörer gewesen.

»Wißt ihr etwas, Brüder«, rief am andern Morgen Benno, »wir wollen danach trachten, den Schatz zu heben. Ich bin in der Walpurgisnacht geboren.«

»Ich auch, auch ich!« beteuerten Fridolin und Rudolf.

»Nun denn, so laßt uns nach einer Springwurzel, welche alle Schlösser öffnet, suchen, haben wir nur diese, so wollen wir den Hüter des Schatzes anrufen, und er ist gewiß so gut, uns zu erscheinen. Da wir nun getreue Brüder und so lange zusammen gewandert sind, wollen wir uns immer nach Kräften beistehen. Jeder gehe von nun an seines Weges und sehe, daß er die Wurzel erhält, und wer sie hat, lasse dem andern auch den Nutzen davon. Übers Jahr wollen wir uns wieder hier in Goslar treffen, in den Brockenwald gehen und den Geist anrufen, wenn nur wenigstens einer von uns so glücklich war, die Springwurzel zu finden.«

»Seid ihr das zufrieden?«

»Ja, wir sind damit einverstanden!« sagten Fridolin und Rudolf, und alle drei gaben sich die Hand darauf, in einem Jahre sich wieder in Goslar in demselben Gasthofe zu treffen und einander alles mitzuteilen, was ihnen in der Zeit begegnet sei.

Siebenhundertvierundneunzigste Nacht

Die drei Burschen trennten sich, jeder ging nach einer andern Himmelsgegend zu.

Benno wandte sich nach Böhmen, weil er viel von der Geschicklichkeit und Erfahrung der böhmischen Jäger gehört hatte. Von einem alten Weidmann hoffte er zu erfahren, wie die Springwurzel zu erhalten sei. »Und dann, dann«, sagte er zu sich selbst, »bin ich glücklich!«

Fridolin ging nach Sachsen, denn in Sachsen, meinte er, müßte er am ersten erfahren, wie die Springwurzel zu entdecken sei, weil daselbst lauter feine und kluge Leute lebten.

Rudolf zog sinnig jeder schönen Gegend nach, kletterte auf den Bergen umher und schlummerte am blumigen Ufer des Baches.

Erst als der Schnee fiel und seine Barschaft ganz zusammengeschmolzen war, fiel es ihm ein, sich um ein Obdach umzusehen. Er kaufte sich für sein letztes Geld wieder eine Laute, die alte Laute war ihm gestohlen worden, und statt wie sonst süße Lieder zu holden Weisen zu seiner eigenen Lust zu singen, zog er jetzt auf die Burgen und Schlösser und in die Häuser reicher Bürger und sang bei ihren fröhlichen Festen. Jeder hörte den sittigen, bescheidenen Sänger gern, manch schöne Augen verweilten lange und schmachtend auf Rudolfs edlem Antlitze, ohne daß der Sänger es nur bemerkte.

Eines Tages, als er an einer stolzen Burg vorbeiziehen wollte, redete ihn ein Knappe an und lud ihn ein, auf die Burg zu kommen, weil sein Herr, der Graf von Eberstein, ein glänzendes Fest feierte. Der Sänger folgte der Einladung und trat mit seiner Laute in den reichgeschmückten Saal, wo viele edle Ritter und schöne Frauen versammelt waren. Der Graf von Eberstein gewahrte kaum den Sänger, als er heiter auf ihn zukam und ihn begrüßte.

»Singt nur, singt, edler Sänger, ein frohes Lied, und meine Nichte selbst soll Euch den silbernen Pokal, gefüllt mit edlem Weine, reichen, und Ihr sollt den Pokal behalten zum Andenken an mich.«

Siebenhundertfünfundneunzigste Nacht

Als Rudolf sein Lied geendet hatte, durchlief Beifallsmurmeln den Saal, der Schloßherr winkte, und seine Nichte trat auf den Jüngling zu, setzte den goldenen Becher, mit dem edelsten Weine gefüllt, an die Rosenlippen und reichte ihm denselben dar. Er faßte den Becher und leerte ihn, aber als er aufblickte, meinte er, die schöne Armgard habe ihm einen Liebestrank gegeben, so tiefe und glühende Liebe für die Herrliche war schnell in seinem Herzen erglüht.

Unter einem Vorwande verließ er den Saal und begab sich in den Burggarten, dort lagerte er sich in das duftende Gras und blickte aufwärts zu den Sternen. Am andern Morgen wollte er weiterziehen, denn er wußte es ja, daß er, der arme Minnesänger, obschon er von edler Geburt war, nicht zu der Nichte und Erbin des reichen Grafen seine Augen erheben durfte, deshalb wollte er sie lieber fliehen, um der Gefahr zu entgehen, welche ihre schönen Augen für ihn hatten. Nur verabschieden wollte er sich bei dem Schloßherrn und für seine Gastfreundschaft danken.

Der Graf ließ den jungen Sänger eintreten und redete ihn freundlich an, der, schüchtern, nicht aufzublicken wagte nach dem Fräulein, welches in der Fensternische saß und fleißig die Spindel drehte.

»Ihr wollt mich verlassen, junger Sänger«, redete der Graf ihn an, »habt Ihr nicht wichtige Geschäfte, so verweilet noch einige Tage hier und feiert durch Euern Gesang die Verlobung meiner Nichte mit dem Grafen Stein.«

Rudolf erblich, das Fräulein aber verließ, die weinenden Augen mit den Händen bedeckend, das Gemach, der Graf aber rief lachend hinter ihr her: »Ziererei, Mädchentränen dauern nicht lange, und ein reicher Freier sollte jeder jungen Dirne willkommen sein.«

Hierauf nahm er Rudolf das Wort, zu bleiben, ab und entließ ihn.

Rudolfs Liebe für Armgard wuchs, seitdem er wußte, daß sie dem Grafen ungern die Hand reichen würde, er suchte die Bekanntschaft ihrer Amme Elsbeth und vernahm, daß der Graf Stein ein ältlicher, roher Mann sei, der nichts liebe als Jagd und Wein, dabei aber unermeßlich reich.

»Aber wie kann ein Mann wie des Fräuleins Oheim, der so freundlich und wohlwollend aussieht, das Fräulein zu einer Verbindung zwingen?« fragte seufzend Rudolf.

»Der Herr Graf ist selbst dazu gezwungen!« seufzte die Amme. »Es ist nicht alles Gold, was glänzt, und der Graf Stein hat Armgards Oheim bedeutende Summen vorgestreckt, da muß die Hand der schönen Nichte bezahlen.«

Rudolf erschrak und doch zog Hoffnung in seine Brust ein, Geld ließ sich ja erwerben, und hier hieß es: Der Reichste führt die Braut heim. Er dachte an den Schatz, den er heben könne, wenn er nur wüßte wie, daß es ihm gar nicht fehlen könne, weil er ein Sonntagskind sei, und seine Phantasie malte ihm auf einmal tausend Möglichkeiten vor, durch welche er zu Armgards Besitz zu gelangen hoffte.

Er blieb deshalb in der Burg, jede Gelegenheit, die schöne Jungfrau zu sehen, eifrig benützend.

Armgard erfuhr von der Amme getreulich wieder, was der junge Minnesänger von ihr gesagt hatte, sie blickte ihn von nun an immer hold errötend und freundlich an, und als der Jüngling sie eines Abends im Zwinger bei einem blühenden Rosenstrauche traf, hörte sie seine Seufzer, Bitten und Schwüre entzückt an, ließ ihm ihre Hand, welche er feurig an seine Lippen zog, und gelobte ihm endlich ewige Liebe und Treue.

»Nur das Bewußtsein, von Euch geliebt zu werden, wollt' ich haben!« rief der Glückliche entzückt aus. »Jetzt will ich keine Stunde länger säumen, Euch auch zu verdienen!«

Hierauf eröffnete er dem Fräulein, daß er nicht ohne Hoffnung auf Reichtum sei und jetzt ausziehen wolle, entweder den Schatz zu heben oder sich nie mehr sehen zu lassen; er bat sie, ein Jahr zu harren, und sei er in einem Jahre nicht zurück, ihn als Toten zu betrauern.

Das Fräulein jammerte und beschwor den Geliebten, nicht sein Leben auf das Spiel zu setzen, dann gelobte sie ihm, eher alles zu erdulden, als dem Grafen von Stein die Hand zu reichen, und so schieden sie.

Siebenhundertsechsundneunzigste Nacht

Ungesäumt begab sich Rudolf in den Brockenwald zurück und rief in drei Nächten den Geist des Waldes, den Hüter des Schatzes an, ihm doch den Reichtum, den er bedürfe, zu spenden; immer vergebens, der Geist ließ sich nicht blicken, und Rudolf verlor allen Glauben an das Dasein des Schatzes und seines Hüters.

Betrübt verließ er den Wald und nahm sich vor, sein Glück auf andere Weise zu suchen. Er hörte, daß der französische König Karl VII. die edlen Sänger schätze und reich belohne, und wanderte mit seiner Laute an den Hof des Königs von Frankreich.

Dort wurde er auf das beste aufgenommen und erntete viel Lob aus dem Munde des Königs, viele freundliche Blicke aus den Augen holder Frauen, aber Gold und Silber nur wenig, denn der gute König Karl war selbst sehr schlecht mit Geld versorgt.

Deshalb verließ Rudolf den Hof wieder und zog nach Deutschland zurück, um Kunde von Armgard einzuziehen, denn er war schon eine geraume Zeit entfernt gewesen.

Da fiel es ihm plötzlich ein, daß es beinahe ein Jahr her sei, daß er mit seinen ehemaligen Reisegefährten in Goslar übernachtet und diesen versprochen habe, nach Jahresfrist mit ihnen wieder daselbst zusammenzutreffen, und sogleich schlug er den Weg nach Goslar ein.

Wie er wieder durch den Brockenwald kam, wurde er verdrießlich; es war eben der letzte Mai, die Sonne brannte heiß, und er setzte sich unter einen Baum, auf welchem ein Specht nistete. Um sich zu erheitern, zog er das schöne, rote Tuch heraus, welches ihm Fräulein Armgard beim Abschiede geschenkt hatte, breitete es unter den Baum und legte sich in das Gras.

Da kam die Mutter der jungen Spechte geflogen, sie trug eine Wurzel im Schnabel, und als sie das Tuch sah, glaubte sie, es sei Feuer, und ließ die Wurzel aus dem Schnabel fallen, rasch emporfliegend.

Rudolf hatte dem allen ganz ruhig zugesehen, er hatte jetzt Lust, weiterzugehen, stand auf, nahm das Tuch und steckte es ein, und die Wurzel auch, und schritt nun rüstig vorwärts. Es kam ihm vor, als ob jemand hinter ihm rief: »Hollah, halt, halt!« Aber Rudolf war nicht in der Laune, jemandem Rede zu stehen, und lief deshalb nur noch schneller, bis die Stimme im Dickicht verhallte.

Abends langte er in Goslar an und fand seine beiden ehemaligen Gefährten, Benno und Fridolin, schon seiner harrend. Sie begrüßten ihn freundlich und forderten ihn auf, zu erzählen, was ihm in diesem Jahre begegnet sei und ob er Hoffnung habe, den Schatz zu heben.

Rudolf ersuchte seine Gefährten, zuerst ihm mitzuteilen, was ihnen in der Zeit, in welcher sie sich nicht gesehen, geschehen. Benno ließ sich nicht lange bitten: »Ich wanderte aus, wie ihr wißt, um zu erfahren, wie ich zu einer Springwurzel käme, aber kein Mensch konnte und wollte mir es sagen. Doch war das Glück mir auf andere Weise hold, ich erbte den ganzen Nachlaß eines reichen Vetters, den ich in meinem Leben nicht sah. Der Weg zu Ehrenstellen ist mir nun gebahnt, in kurzer Zeit bin ich der erste Ratsherr in meiner Vaterstadt, und die Tochter des Bürgermeisters, ein schönes und reiches Mädchen, ist meine Braut.«

»Da brauchst du ja gar nichts von dem Schatze«, lachte Fridolin, worauf jener erwiderte: »O doch, Geld kann man nie genug haben, und ich habe große Pläne im Kopfe.«

»Pläne hatte ich auch, wenn auch nur solche, die mich beglückten«, ließ Fridolin sich vernehmen. »Ich wollte in der Welt umherwandern und blieb an einem schönen Augenpaar hangen, das einem wunderschönen Mägdlein, der Tochter eines böhmischen Jägers, zugehörte. Ich gewann mir bald des Mädchens Liebe, und auch dessen Vater war mir hold, er unterrichtete mich in der edlen Jägerei, und von ihm erfuhr ich auch, wie die Springwurzel zu bekommen sei. Weil ich nun nicht so ganz arm vor die schöne Lisbeth hintreten möchte, um sie zu freien, und um euch Wort zu halten, wanderte ich im Mai, zur Zeit, wo der Specht zu Neste trägt, in den Brockenwald und lauerte und lauerte auf einen Specht, und bei dem Lauern kam oft die Nacht heran; aber ich ließ mir die Mühe nicht verdrießen, denn im Vertrauen, der Hüter des Schatzes war mir erschienen und hatte mir gesagt, auf welcher Stelle der Schatz zu finden sei.

Eines Tages finde ich endlich glücklich ein Spechtnest, verstopfe es mit einem Zapfen und warte, bis die Mutter Specht mit der Springwurzel zurückkommen wird, das Nest zu öffnen. Ich breite ein rotes Tuch unter dem Baume aus und verberge mich.

Leider war ich müde und entschlief. Als ich erwachte, sah ich einen jungen Gesellen etwas Rotes zusammenpacken und eilig davongehen; ich rief ihm nach, aber der Mensch lief fürchterlich, und ich holte ihn nicht ein. Als ich zurückkehrte zu dem Baume, fand ich mein Tuch noch, was er gar nicht bemerkt haben mochte, aber die Springwurzel fehlte. Da lief ich zornig fort und hierher, wo ich euch, meine lieben Brüder, zu finden hoffte.«

Siebenhundertsiebenundneunzigste Nacht

Jetzt brach Benno in ein unmäßiges Gelächter aus, welches Fridolin sehr übel aufnahm, aber er lachte noch heller auf, als Rudolf die Springwurzel hervorzog und das rote Tuch und ihm sagte, daß er, ohne ihren Wert zu kennen, die Wurzel mitgenommen habe.

Da sah Benno gar grämlich drein und sprach: »Es scheint, als wäret ihr beide allein zum Reichtum bestimmt, und ich sollte leer ausgehen.«

Da sprach Fridolin lachend: »Weil du, mein Lieber, schon reich genug, noch immer nach Reichtume strebst und weil, wie es scheint, der Schatzhüter sein Gold nur denen gibt, die es sich bloß wünschen, um etwas Höheres damit zu erlangen; dir aber ist Gold das höchste. Doch sei nur ruhig, haben wir nur erst den Schatz, so sollst du nicht leer ausgehen.«

Als die Nacht hereinbrach, machten sich die drei Jünglinge auf, den Schatz zu heben, und keiner redete ein Wort. Fridolin fand bald die Stelle, welche ihm der Geist im Traume gezeigt hatte; er ging voraus, seine Gefährten folgten ihm in eine große Höhle, welche am Ende eine eiserne Türe hatte. Rudolf zog seine Springwurzel heraus, die Türe öffnete sich, und sie traten in ein Gewölbe, wo goldne und silberne Münzen in großen Haufen aufgeschichtet dalagen. Jeder füllte sich die Taschen mit Goldmünzen, ja Rudolf zog noch einen großen Sack heraus, den er sich füllte und später nur mühsam an das Tageslicht brachte.

Er blieb, weil er nur Schritt vor Schritt mit der schweren Last gehen konnte, im Walde zurück, als seine beiden Gefährten schon längst wieder in Goslar waren. Dort kaufte sich jeder ein Roß, bestieg es wohlgemut und sagte dem andern Lebewohl.

Fridolin kam glücklich bei seinem Liebchen an, schüttelte das Gold als Brautgeschenk in ihre Schürze und lebte, soviel bekannt ist, lange glücklich und zufrieden, Gastfreundschaft übend und fröhlich unter den Seinen.

Benno gelangt endlich auch nach seiner Heimat, heiratete ein reiches Mädchen und häufte Schätze auf Schätze, ohne das Leben zu genießen.

Rudolf konnte sich die Freude nicht versagen, in der Kleidung eines Pilgers die schöne Armgard heimzusuchen. Er fand sie im Burgzwinger gar trübselig bei dem Rosenstrauche stehen, wo er ihr Liebe geschworen hatte.

Sie weinte und wollte sich nicht zufriedengeben, da trat er zu ihr und sprach: »Warum so traurig, schönes Fräulein?«

»Ach, frommer Vater«, seufzte sie, »der Mann, den ich liebte und welcher mir Liebe schwur, ist in die Welt gezogen, sein Glück zu suchen. Er ist nun schon ein Jahr fort und hat mir keine Kunde von sich zukommen lassen; da muß ich glauben, daß er mir untreu geworden ist, und weil der Oheim so in mich dringt, werde ich am Ende doch wohl dem Grafen Stein meine Hand geben müssen, obschon dies mein Tod sein wird.«

Da konnte sich Rudolf nicht länger verstellen, er riß seinen Pilgerhut und falschen Bart ab und stürzte zu Armgards Füßen, die sich vor Freude gar nicht kannte.

Hierauf begab er sich zu ihrem Oheim und zahlte ihm dreimal mehr hin, als er dem Grafen Stein schuldete. Bedung sich aber dafür Armgards Hand aus, welche ihm der Oheim nicht verweigerte.

Der Rheingraf mußte mit dem Körbchen mit Dukaten gefüllt zufrieden sein, und war auch klug genug, sich seinen Unmut nicht merken zu lassen.

Als nach einigen Jahren Armgards Oheim wieder in großer Geldnot war und Rudolfs Schatz nicht ausreichte, verschaffte er sich selbst eine Springwurzel und zog in den Schwarzwald. Wie damals öffnete sich die Tür, und er füllte sich die Taschen mit Gold; als er aber fortging, schlug die Tür hinter ihm so heftig zu, daß er wohl merkte, der Geist würde einen dritten Besuch nicht gutheißen, den er auch unterließ.

Siebenhundertachtundneunzigste Nacht

In dieser Nacht erzählte der Kaplan:

DIE FLUCHT

Eine schöne, bezauberte Prinzessin wohnte auf einem Bergschlosse unter der Aufsicht einer Zauberin.

Diese bewachte sie wie ihren Augapfel, und der junge Prinz, welcher mit der Prinzessin verlobt war, irrte vergebens um das Bergschloß, zu den hohen Fenstern hinaufblickend, hinter welchen seine verlobte Braut in Trauer und Sehnsucht schmachtete.

Oftmals vergoß er bittere Tränen, bis eine Wahrsagerin sich seiner erbarmte und ihm versprach, die bezauberte Prinzessin zu befreien.

In Gestalt einer Taube ließ sie sich auf das Fenstergitter ihres Gemachs nieder und sprach zu der Prinzessin: »Hier nimm diesen Kamm, diese Bürste, diesen Apfel, dieses Bettuch. Flieh aus dem

Schlosse, und sollte dich die Zauberin verfolgen, wird zuerst den Kamm und dann die Bürste hinter dich. Sollte sie dann noch von der Verfolgung nicht abstehen, so wirf den Apfel von dir und zuletzt das Bettuch, und unbeschädigt wirst du in das Schloß deines Vaters gelangen.«

Die schöne Königstochter dankte verbindlich der Taube, und als die Zauberin am Dienstag nach dem nächsten Neumond einen Spaten bestieg und, eine Zauberformel murmelnd, dem Kahlenberge zuflog, machte sie sich mit Tagesanbruch aus dem Schlosse. – Sie lief, was ihre Kräfte vermochten, und als sie sich umsah, erblickte sie mit Schrecken, wie ihre Feindin, die Zauberin, auf einem großen, roten Hahne reitend, sie in kurzem einzuholen drohte.

Da warf sie den Kamm hinter sich, und dieser dehnte sich meilenweit in die Länge und Breite zu einem großen Strome aus. Die aufgehende Sonne spiegelte sich in dem himmelklaren Wasser. Haufenweise plätscherten darin wilde Gänse und Enten, und Schwalben netzten im schnellen Fluge ihr schwarzes Gefieder in dem Gewässer. Die Zauberin, aufgehalten in ihrer Verfolgung durch die starke Strömung des Flusses, schäumte vor Wut, als sie sah, wie die Prinzessin am andern Ufer raschen Schrittes ihre Flucht fortsetzte. Nichtsdestoweniger trieb sie ihren Hahn ins Wasser, schwamm über den Strom und erreichte beinahe schon ihren Flüchtling.

Die Prinzessin erblaßte vor Schrecken und warf die Bürste von sich. Mit Staunen sah sie, wie jede Borste sich zu einem starken Stamm umwandelte. Ein ungeheurer Wald wuchs im Nu empor, dunkel, dicht und undurchdringlich. Haufenweise heulten darin Wölfe und brummten Bären, und die Zauberin, in ihrer Verfolgung aufgehalten, brachte einen ganzen Tag zu, um durch das Dickicht und die Hohlwege durchzukommen.

Aber auch die Prinzessin war ermattet und konnte nicht mehr so schnellen Fußes fliehen wie im Anfang. Die Zauberin, sich aus dem Wald herauswindend, mußte sie daher in kurzem einholen. Die arme Prinzessin, welche kaum auf ihren Füßen stehen konnte, nahm ihre Zuflucht zu dem Apfel, blickte hinter sich und sah mit Staunen, wie derselbe zu einem hohen, dichtbewachsenen Berge wurde. Vor Wut schäumte die Zauberin, klomm mit Mühe den Berg hinan, und nach einem Tage voll Mühsal erreichte sie den Gipfel, von wo sie die Prinzessin erblickte, wie sie matten Schrittes ihrer Heimat zufloh.

Siebenhundertneunundneunzigste Nacht

Hurtig treibt sie ihren Hahn, fliegt herab vom Gipfel des Berges, und schon will sie die Unglückliche beim Saume ihres Kleides fassen, als diese das Bettuch von sich wirft, welches sich in einen weiten See ausdehnt. Sturmbewegt wirft das Meer turmhohe Wogen. Die Zauberin, welche so viele Hindernisse sehr ermüdet hatten, nimmt sich von weitem auf ihrem großen Hahne aus wie ein Schneeballen, umspritzt vom weißen Schaume der rauschenden Wogen.

Die Prinzessin erreichte glücklich das Schloß ihres Vaters, wo sie ihr Verlobter schon sehnsuchtsvoll erwartete. Der alte König veranstaltete vor Freuden ein glänzendes Fest. Der ganze Palast war erleuchtet, und die todmüde Zauberin, sitzend auf dem verreckten Hahne und hin und her geworfen von der wogenden See, blickte auf das helle Schloß, hörte die lustige Musik und das frohe Jauchzen der Gäste. Unter schrecklichen Flüchen endete sie in großen Schmerzen.

Und sogleich verschwand das Meer, den Leichnam der bösen Zauberin auf den nahen Feldern hinterlassend. Die Krähen und Raben flohen das Aas. Vergebens wollte man den Körper beerdigen, die Erde warf ihn immer wieder auf die Oberfläche. Endlich, in einer stürmischen Nacht, trug die Windsbraut die ekelhaften Überbleibsel auf den Hof desselben Schlosses, wo die Prinzessin viele Jahre unter der Aufsicht der Hexe zugebracht hatte.

»Das Märchen«, sprach der Freiherr, als der Kaplan schwieg, »das Märchen verleugnet seine Abkunft nicht; es trägt ganz den abenteuerlichen, schauerlichen und rauhen Charakter in sich, der die meisten slawischen Märchen und Sagen auszeichnet.«

»Ich habe ein ähnliches Märchen in des Dr. Ammerlings böhmischer Sammlung, betitelt ›Kwetomluwa‹, das ist: Blumensprache, gelesen«, bemerkte Eduard.

»Und mir«, parodierte Alma ihren Gatten, »ist dasselbe Märchen schon seit vielen Jahren aus J. Lysers Buch der Märchen für Kinder gebildeter Stände bekannt, wo es sich mit einigen Abweichungen und länger ausgesponnen unter dem Titel ›Der Mohr im Walde‹ findet. Ein garstiger Mohr nämlich hält dort die Prinzessin gefangen und endet wie hier die Hexe, wenn ich nicht irre.«

Man sprach viel über die Ähnlichkeit unter den Sagen der verschiedensten Völker. »Bei einigen«, meinte Eduard, »lasse sich der Grund der Übereinstimmung schlechterdings nicht nachweisen, indem oft der Ursprung sich gleichender Sagen zweier verschiedener, weit voneinander entlegener Völker bei beiden in das graue Altertum, wo Mythos und Geschichte zusammenträfen, sich verlöre. Wen muß es nicht befremden«, schloß er, »wenn er in China und Grönland ein und, dem wesentlichen nach, dasselbe Märchen als Ursage findet, welches allen Abendländern unter dem Namen Aschenputtel, Äscherling, Aschenbrödel und Cendrillon bekannt ist? Ebenso verbreitet sich die Grundidee des Fortunatus, der Griseldis, des geizigen Kaufmanns mit seinen Pantoffeln u. a. m. – Die Morgenländer kennen die Geschichte der ›treuen Liebenden‹ (Romeo und Julia) mit heiterm Ausgange unter dem Namen ›Abdahlah und Balsora‹, und uns Abendländern ist wieder seit undenklichen Zeiten das reizende Märchen ›Aladin oder die Wunderlampe‹ aus Tausendundeine Nacht als Ursage unter dem Namen ›Die Höhle Xa-Xa‹ bekannt.«

Achthundertste Nacht

Alma machte heute ihrem Gatten scherzend den Vorwurf, daß er, seit er das Glück habe, ihr Eheherr zu sein, nicht sonderlich mehr bemüht sei, durch den Vortrag artiger Märchen und Sagen sich beliebt zu machen. Alle lachten. Eduard aber sprach: »Du tust mir Unrecht, Alma, und um deinen Vorwurf Lügen zu strafen, will ich sogleich eine Sage erzählen.«

Somit begann er die norwegische Sage:

DAS BANNER DES GEÄCHTETEN

Zur Zeit, als St. Olaw die Schlacht geschlagen, worin der alte Held Jarl Hakon die erträumte Krone samt dem Leben verlor, waren noch mitnichten alle Empörer bezwungen, und noch mancher edle Held hing starr und fest an dem alten Heidenglauben und trotzte jetzt dem gütigen König Olaw, wie er früher dem Tyrannen Hakon getrotzt hatte. Lange Zeit versuchte der König mit Milde die störrischen Helden zu gewinnen, daß sie ihm huldigten und abließen von dem finstern, blutigen Heidentum; aber vergebens, und so war er denn endlich wieder genötigt, zum Schwerte zu greifen und mit Gewalt sich Gehorsam zu verschaffen.

Der Segen des Himmels ruhte auch diesmal sichtlich auf König Olaws Haupt, und er besiegte, trotz ihrer heldenmütigen Gegenwehr, alle seine noch übrigen Feinde.

Unter diesen war auch ein mächtiger Herzog namens Elgiel, der sich von allen am hartnäckigsten bewiesen hatte, der hieb sich durch und brach sich Bahn mit seinem Schwertträger und seinem Bannerträger, als König Olaw seine Burg zerstörte und alle seine Mannen schlug mit der Schärfe des Schwertes.

Als aber nun der König den Herzog Elgiel nicht unter den Erschlagenen fand, da merkte er wohl, wie derselbe als ein gewaltiger Held das Freie gewonnen habe, und ächtete ihn, daß ihn jeder tot oder lebend greifen durfte, der ihn finden würde.

Es hatten aber damals die alten Götter Thor und Odin noch so viele Anhänger in Norwegen, daß Held Elgiel ungefährdet den größten Teil des Landes durchziehen konnte, und wo er einkehrte in einer Bauernhütte oder in einem Edelhofe, da wurde ihm der Gasttrunk aus dem großen goldenen Methorn gereicht, und er erhielt den Ehrenplatz am Herd und das weichste Fell, um darauf zu ruhen.

Aber der Kummer nagte an dem Herzen des alten Helden, denn wo er hinkam, da mußte er sehen, wie die alten, mächtigen, heimischen Götter immer mehr und mehr verdrängt wurden, um des fremden Gottes willen, den das Volk gekreuzigt, und seine Wunden wollten nicht heilen, so daß er, als er einst mit seinem Bannerträger und seinem Schwertträger über eine öde Heide floh, umfiel und tot liegenblieb.

Der Bannerträger und der Schwertträger begruben ihn auf der Stelle, dann schwuren sie den Bluteid, daß keiner von beiden je das Grab Elgiels verraten wolle, und dann flohen beide, der Bannerträger rechts und der Schwertträger links.

Was aus dem letzteren geworden, berichtet die Sage nicht; der Bannenträger aber gewahrte, als der Tag anbrach, daß er das Banner Elgiels nicht mehr habe, und erinnerte sich, daß er es bei dem Grabe des Helden habe liegenlassen; rasch eilte er daher zurück, um es mit sich zu nehmen, fand es aber nicht mehr, so sehr er suchte, und mußte endlich wieder traurig von dem Grabe scheiden. Vorher schwur er aber noch bei Thors Hammer, so er den träfe, der das Banner gefunden habe, wolle er ihn töten, damit Elgiels Grab durch den Finder des Banners nicht verraten werde.

Achthundertunderste Nacht

Mehrere Monde war Griep, der Bannerträger, über Berge und Heiden, durch Wälder und Felder gezogen, da erreichte er eines Tages einen Meierhof und ging zu dem Bauer, der auch ein alter Held war, und bot ihm seine Dienste an.

Der Alte betrachtete sich den stattlichen Knappen, und er gefiel ihm wohl. So wurde denn Griep der freie Knecht Abel Tolles, des Bauern und Helden, und befand sich gar wohl bei ihm.

Aber Tolle hatte von seinem verstorbenen Weibe eine Tochter, die hieß Gurl und war so schön, daß man sie für die Göttin Frigga selber hätte halten mögen, und als Griep ihre blauen Augen schaute, war es ihm, als dufteten Veilchen. Ihre Haut war wie der Schnee auf den Bergen, ihre Wangen sanft gerötet wie die wilden Rosen, ihr Mund wie zwei schwellende Erdbeeren und ihr Haar wie aus Sonnengold gesponnen. –

Wenn sie sprach, so klang es wie der Gesang des Schwanes, der über das Meer dahinzieht, ihre Gestalt war schlank und hoch und ihr Anstand der einer Königin. Dabei war sie mild und leutselig, und das Gesinde betete sie an. Griep aber liebte sie, und es währte nicht lange, so liebte sie ihn wider.

Als Abel Tolle von dieser Liebe erfuhr, runzelte er die Stirne, denn er hatte die schöne Gurl bei sich selbst dem Sohne seines Blutsbruders bestimmt, weil seine eigenen Söhne in den Schlachten Hakon Jarls ums Leben gekommen waren, und er wartete nur darauf, daß der junge Hein-Schlagdur um seine Tochter werben solle. – Da er aber nun sah, wie sehr Griep und Gurl einander liebten, und noch niemandem ein Wort von seinem geheimen Wunsch verraten hatte, auch Hein-Schlagdur nicht zu werben kam, so gab er endlich seine Einwilligung, daß sein Knecht Griep die schöne Gurl freite.

Bei der Hochzeit ging es lustig her, und dem Brautvater Abel Tolle gefiel das junge, stattliche Paar selber so wohl, daß er der lustigste unter allen wurde und ein Methorn nach dem andern leerte.

Als nun aber Mitternacht nahe war, entführte Griep sein junges Weib in die Brautkammer; aber Entsetzen erfaßte ihn, als er das Brautbett erblickte, denn darüber hing das Banner Herzog Elgiels, welches er auf dem Grabe des Helden zurückgelassen hatte.

»Woher ist das Banner?« fragte er erbleichend sein Weib, und Gurl versetzte: »Es ist Held Elgiels Banner; ich fand es, als ich einstmals bei Tagesanbruch mit meinem Vater über die nahe Heide zog, auf einem

Grabhügel und verbarg es. Du bist der erste, der darum weiß, und dir zu Ehren hab' ich selbst unser Brautbett damit geschmückt.«

Da weinte Griep und küßte sein junges Weib und sprach: »Die Götter sind grausam und kennen kein Erbarmen. Mit dem Banner Elgiels wähntest du unser Brautbett zu schmücken. Es wird dein Leichentuch sein!« Darauf ergriff er eine Axt, erschlug die schöne Gurl, bedeckte sie mit dem Banner und sprach: »Nun, Thor, ich hielt dir Wort; sieh, ob's so recht ist!« Dann ging er hin und holte den alten Abel Tolle herbei, zeigte ihm den blutigen Leichnam der Tochter, reichte ihm die Axt und sprach: »Mit dieser Axt erschlug ich mein Weib, deine Tochter Gurl.«

Da nahm Abel Tolle die Axt, erschlug seinen Eidam und starb bald darauf vor Gram über den Tod seiner Tochter und ihres Gatten.

»Eine entsetzliche Sage«, rief Alma erschüttert, »und doch wohl zu kraß für unsern harmlosen Zirkel.«

»Ich werde meinen Fehler morgen verbessern«, versetzte Franz, »und, wenn es mir gestattet ist, eine recht harmlose, gemütliche Sage erzählen.«

Man gestattete dies gern, und in der folgenden Nacht erzählte Franz:

Achthundertundzweite Nacht

PRINZESSIN BAUMWOLLE UND RÖSCHEN SORGLICH

Ich weiß nicht, wie lang es her ist, aber es ist schon vor länger als hundert Jahren passiert, da lebte einmal ein König, das war ein gewaltig reicher Herr! Er wohnte in einem schönen Palast, ganz von Marmor, und die Fenster waren von Spiegelglas, und die Zimmer waren von unten bis oben mit kostbaren Tapeten bekleidet. Aber am allerschönsten war doch seine Kutsche, nämlich von lauter Gold, und die Räder mit funkelnden Edelsteinen verziert, so daß einem die Augen weh taten von dem Glanze, und wenn der König mit seiner Frau Königin darin spazierenfuhr, dann wurden immer acht weiße Pferde vorgespannt, und zwei Kutscher saßen auf dem Kutschbock, und sechs Bediente standen hinten auf, immer einer hinter dem andern.

Der König und seine Frau Liebste hatten keinen Prinzen, der dereinst das Reich erben konnte, sondern nur eine kleine Prinzessin. Beide Eltern waren darüber sehr betrübt und grämten sich, und der König sagte oft zur Königin: »Ich versichere dir, mein Schatz, zehn Taler wollte ich schuldig sein, wenn der Himmel uns ein Prinzchen bescherte.«

Da aber alles Grämen und Wünschen nichts half und durchaus kein Prinzchen ankommen wollte, so mußten sich der König und seine Frau Liebste endlich zufriedengeben. Das taten sie denn auch, zumal die kleine Prinzessin ein ganz allerliebstes, kleines Mädchen war, mit blauen Augen und ein paar Bäckchen, so rot wie zwei Rosenblättchen, und wenn die Frau Königin ihr ihr Sonntagskleidchen angezogen hatte, so sah sie so sauber aus wie ein Weihnachtspüppchen.

So hübsch nun aber die kleine Prinzessin war, was das Ansehen betraf, so konnte sie doch für einen kleinen Tunichtgut gelten, und je älter sie wurde, um so mehr zeigte es sich, daß sie im Grunde ein boshaftes und eigensinniges Ding war, mit dem ihre Wärterinnen ihre liebe Not hatten, und die gewiß die Rute bekommen hätte, wenn sie nur keine Prinzessin gewesen wäre.

Vor allen Dingen wollte sie nichts lernen, sondern nur immer spielen, und ihr liebstes Spiel war, daß sie ein Körbchen mit der allerfeinsten Baumwolle nahm, damit ans offene Fenster lief, die Baumwolle zerzupfte und die Flocken hinauswarf, daß der Wind sie davonführte, und da sie nun das Spiel den ganzen Tag trieb, so kann sich jeder denken, was für eine Menge schöne Baumwolle sie vertrödelte und was das dumme Spiel ihrem Vater, dem König, für schweres Geld kostete.

Wenn man aber der Prinzessin das sagte, so lachte sie und sprach recht schnippisch:

»Geld her, Geld hin!
Geld hin, Geld her!
Mein Vater ist König. –
Ein König hat mehr
als arme Leut'! –
Ich tu', was mich freut.«

Und dann ließ sie sich einen neuen Korb mit Baumwolle bringen, noch eins so groß wie gewöhnlich, und zupfte und ließ fliegen, was da fliegen wollte und konnte. Manchmal warf sie sogar den Korb nach und kehrte sich nicht daran, wenn ihre Frau Mutter vor Betrübnis weinte. Der König brummte oft recht ärgerlich und schüttelte den Kopf so stark, daß der Kammerdiener mit beiden Händen seine Krone halten mußte, damit sie ihm nicht vom Haupte fiele – aber, wie gesagt, es half alles nichts, die Prinzessin war und blieb eine Erzverschwenderin, und weil sie besonders mit der schönen Baumwolle so unbarmherzig umging, so nannte das Volk sie allgemein »Prinzessin Baumwolle«, oder auf plattdeutsch: »Prinzeschen Boomwull«, nämlich aus Spott, ihr eigentlicher Name war – ich weiß nicht mehr, wie? –

Dicht bei der Stadt, wo der König und die Prinzessin lebten, befand sich auch ein großer Wald; gewiß hundert Meilen lang und wohl fünfzig breit, und die Bäume standen so dicht beieinander und waren so hoch, daß die Sonnenstrahlen gar nicht hineindringen konnten, mithin es immer ganz dämmerig und schaurig im Walde war. Das Volk sagte auch, daß es wilde Tiere im Walde gebe, das war aber nicht an dem, sondern es lebte nur eine alte Frau mit ihrer Tochter darin.

Achthundertunddritte Nacht

Die Alte war eine Witwe, was ihr seliger Mann gewesen ist, weiß ich nicht; sie aber war sehr arm, weil sie kein Geld hatte; und weil sie so arm war und die Armensteuer in der Stadt nicht bezahlen konnte, so mußte sie mit ihrer Tochter in den Wald ziehen. Dort bauten sich beide eine Hütte und lebten recht kümmerlich drinnen, denn sie hatten nichts weiter zu essen als Wurzeln und Kräuter und zum Getränk nichts anders als klares Quellwasser.

Die Tochter der alten Witwe hieß Röschen und war an demselben Tage geboren, an welchem Prinzessin Baumwolle geboren war – der Geburtstag und das hübsche Aussehen waren aber auch alles, was Röschen mit der Prinzessin gemein hatte, denn so träge die Prinzessin war, so fleißig war Röschen, wenn die Prinzessin alles, was ihr unter Händen kam, verschleuderte, so bückte sich Röschen nach jeder Kleinigkeit und bewahrte alles sorgfältig, was ihr des Aufbewahrens nur irgend wert schien. Darüber freute sich denn ihre alte Mutter gar sehr, denn sie meinte, ein ordentliches Mädchen sei noch zehnmal so schön als das schönste unordentliche! Die Waldvöglein aber hatten Röschen sehr lieb, und gaben ihr den Namen »Röschen Sorglich«, denn die Vögelchen sind selber sorgliche Tierchen und verstehen ebenfalls alles zu benutzen, wenn sie ihre Nester bauen: Eine Nachtigall war besonders eine gute Freundin von Röschen, denn Röschen hatte einstmals einen abscheulichen schwarzen Kater von ihrem Neste verjagt, der Kater nämlich hatte die jungen Nachtigallen fressen wollen, als Frau Nachtigall und ihr Mann nach Futter ausgeflogen waren. –

Eines Tages nun sah Röschen, wie ihre Freundin eine Menge der allerfeinsten Baumwolle ins Nestchen trug, um es damit auszutapezieren, und nicht lange darnach kam auch das Männchen angeflogen und trug gleichfalls eine Menge Baumwolle herbei, so fein und weiß wie frisch gefallener Schnee.

Da erschrak Röschen und sprach zur Nachtigall: »Hör einmal, liebe Freundin, ich will nicht hoffen, daß ihr – du und dein Männchen – auf schlechtem Wege seid und die schöne Baumwolle gestohlen habt! Aber wie seid ihr dazu gekommen?«

Da erzählte ihr die Nachtigall, die Baumwolle sei ein Geschenk vom Gevatter Sperling in der Stadt, der selbige im Fluge aufschnappe, sooft Prinzessin Baumwolle am Fenster ihr loses Spiel triebe.

Röschen schlug die Hände über dem Kopf zusammen und rief einmal übers andere: »Ach, die schöne, schöne Baumwolle! Wenn meine Mutter und ich die hätten, so könnten wir sie spinnen, und uns wäre geholfen.«

Da sprach das Nachtigallmännchen: »Wenn's weiter nichts ist, das will ich schon machen, der Gevatter Sperling nämlich hat mich gebeten, ich solle seinem jüngsten Sohn, Spätzchen, der große Lust habe, ein Sänger zu werden, in die Lehre nehmen. – Nun wird zwar der Junge nichts lernen, denn ein Spatz bleibt all sein Lebtag ein Spatz, aber ich will doch die Mühe nicht scheuen, wenn der Alte mir verspricht, statt des Lehrgeldes dir alle Baumwolle zuzubringen.«

»Ach ihr lieben, lieben Freunde«, rief Röschen jubelnd und eilte nach Hause, der Mutter alles zu erzählen. – Das Nachtigallmännchen dagegen flog zum Gevatter Sperling und brachte den Handel in Richtigkeit, worüber das junge Spätzchen sich sehr freute und so stolz tat, als ob es schon Kantor wäre.

Achthundertundvierte Nacht

Am andern Morgen kamen wohl an die hundert Sperlinge aus der Stadt in den Wald geflogen, und jeder hatte ein Flöckchen Baumwolle im Schnabel; die legten sie alle säuberlich vor Röschens Hüttentüre, erhoben ein großes Freudengeschrei, daß Röschen es hörte, und flogen dann auf und davon, der Stadt zu. Als nun Röschen und ihre Mutter aus der Hütte traten, sahen sie, was die guten Sperlinge ihnen gebracht hatten! Es war ein ganzer Haufen, so viel, daß beide wohl drei Tage davon spinnen konnten.

Mutter und Tochter freuten sich sehr darüber, sammelten sorgfältig jedes Flöckchen und trugen es in die Hütte.

Nun war aber guter Rat teuer, denn als beide ans Spinnen gehen wollten, fand es sich, daß sie keine Spinnräder hatten; das einzige, was die Mutter früher gehabt, war ihr, wie alles Ihrige, gepfändet worden.

Röschen war sehr betrübt darüber und ging seufzend durch den Wald, da flog ein alter Rabe herbei und sprach: »Was weinst du, Röschen, und was seufzest du so traurig? Jung Mädel muß lustig sein, lustig, lustig!« Dabei tanzte der Rabe von einem Bein auf das andere und schlug mit den Flügeln.

»Ja, es hat sich was mit der Lustigkeit, wenn man keine Spinnräder hat«, entgegnete Röschen und klagte dem Raben ihr Leid.

»Wenn's weiter nichts ist«, schnarrte Meister Rabe, »ein paar Spinnräder will ich dir schon verschaffen, Röschen, wenn du mir nämlich versprichst, fleißig aufzumerken, wenn ich dir was vorsingen werde.« Und Röschen antwortete: »Dein Gesang klingt zwar sehr schlecht, Herr Rabe, aber topp, bringe mir nur die Spinnräder, dann magst du singen, soviel du willst, ich will dir zuhören.«

Da flog der Rabe freudig davon, durch den Wald in das Gebirge.

In dem Gebirge, jenseits des Waldes, hausten künstliche Zwerge, welche allerlei schöne Sachen fertigten und auch Spinnräder für ihre Weibchen, und was die Zwergenweibchen spinnen, das ist so fein, so fein, daß selbst wirkliche Spinnen es nicht feiner machen können.

Zu diesen Zwergen nun ging der Rabe und bat sie um zwei Spinnräder für Röschen und ihre Mutter; und da die Zwerglein mit dem Raben gut Freund waren, so gaben sie ihm, was er verlangte, und sagten auch, daß die Gaben, solange Röschen und ihre Mutter fleißig und fromm bleiben würden, ihnen nichts als Glück bereiten sollten.

Freund Rabe bedankte sich schönstens, nahm in jede Klaue eins der Spinnräder und flog zurück nach dem Wald, wo er Röschen die Geschenke übergab und ihr auch erzählte, was die Zwerglein ihm gesagt hätten, und Röschen versprach, daß sie immer fromm und fleißig bleiben wollte.

Nun ging's ans Arbeiten! Röschen und ihre Mutter spannen vom frühen Morgen bis zum späten Abend, und was sie spannen, war so fein und schön, als hätten die Zwergenweibchen es gesponnen, dic Sperlinge brachten jeden Morgen neue Baumwolle herbei, und nach ein paar Jahren war Röschens Mutter schon eine reiche Frau. Sie blieb aber im Walde und in ihrer Hütte wohnen, denn sie hatte sich daran gewöhnt, und Röschen wollte auch nicht in die Stadt – aber Wurzeln und Kräuter aßen sie nicht mehr, sondern alles, was man sich nur für sein Geld wünschen kann, und ihr Hüttchen putzten sie so niedlich aus, daß es einem Lusthäuschen glich.

Achthundertundfünfte Nacht

Mehrere Jahre waren so vergangen, und Röschen mochte wohl an die fünfzehn Jahre zählen, da blieben eines Tages die Sperlinge mit der Baumwolle aus, statt ihrer aber kam ein Vogel in den Wald geflogen, wie Röschen noch in ihrem Leben keinen gesehen hatte. Er mochte wohl so groß sein wie der Gevatter Rabe, war aber ganz weiß gekleidet, der dicke, krumme Schnabel war schwarz, und auf dem Kopf trug er einen schönen, gelben Federbusch, welchen er nach Gefallen in die Höhe richten und niederlegen konnte – er redete mehrere Vögel an und schien sehr ängstlich, aber die Vögel verstanden ihn nicht, da er eine fremde Sprache redete. Endlich kam der alte Rabe, welcher früher in der Stadt bei einem vornehmen Herrn lange Zeit gedient hatte, und der verstand sogleich, was der fremde, wunderliche Vogel für eine Sprache redete, nämlich französisch, und sagte zu den andern Vögeln, daß er Herr von Kakadu hieße, aus Amerika gebürtig und der Liebling der Prinzessin Baumwolle sei. –

Als Herr von Kakadu den Namen der Prinzessin hörte, verhüllte er sein Gesicht mit den Flügeln und ächzte auf französisch: »Unglückliche Prinzessin.« Dann erzählte er dem Raben sehr weitläufig, wie ein benachbarter junger König um Prinzessin Baumwolle angehalten habe, nämlich, daß er sie heiraten dürfe! Die Prinzessin aber habe ihm einen Korb gegeben, was soviel bedeute, als daß sie ihn nicht zum Manne wolle. Darüber sei der junge König vor Ärger ganz kirschbraun im Gesichte geworden, habe Land und Leute aufgeboten und einen grimmigen Krieg angefangen! Das Ende vom Liede sei endlich gewesen, daß der alte König in der letzten Schlacht geblieben, die Frau Königin vor Schreck und Gram gestorben und Prinzessin Baumwolle davongelaufen, niemand wisse, wohin. – Er selber – Herr von Kakadu nämlich – sei aus einem Fenster des brennenden Schlosses geflogen, habe endlich diesen Wald erreicht und fragte jetzt den Herrn Vetter Raben, ob er ihm hier im Walde nicht irgendeine Familie von gutem, altem Adel nachweisen könne, zu der er sich dann begeben wolle; denn er sei an ein gutes Leben gewöhnt und speise vorzüglich gern Zuckerbrot. Eine alt-adelige Familie wußte der Meister Rabe nun freilich im Walde nicht aufzufinden; doch meinte er, was das Zuckerbrot beträfe, so könne das der Herr von Kakadu bei Röschen und ihrer Mutter wohl ebensogut wie im Schlosse der Prinzessin Baumwolle finden, und Röschen selbst gäbe der Prinzessin an Schönheit nichts nach.

Beide flogen darauf zu Röschen und ihrer Mutter, Meister Rabe führte das Wort, und da Mutter und Tochter sahen, was für ein angenehmer, wohlgebildeter Vogel der Kakadu war und wie artig er sich betrug, besonders beim Essen, so waren sie gerne bereit, ihn in ihren Schutz und ihre Pflege zu nehmen, der Kakadu versprach dagegen tief gerührt, sich alle Mühe zu geben, die deutsche Sprache zu lernen, damit er sich mit seinen Wohltäterinnen unterhalten könne, ferner, daß er nicht davonfliegen wolle, und damit letzteres um so weniger geschehe, bat er Röschen, sie möge ihm ein Kettchen an dem linken Fuß befestigen und das andere Ende an seinen Sitzstock binden, denn besonders nach der Mauserzeit spüre er oft seinen seltsamen, ganz unwiderstehlichen Trieb, ohne weiteres nach Amerika zu fliegen.

Röschen tat, was er verlangte, und ließ es ihm nicht an Zuckerbrot fehlen; kraulte ihm auch fleißig den Kopf, was er sehr gern hatte, und es währte nicht lange, da konnte Herr von Kakadu schon so viel deutsch, daß er selber seinen Freundinnen seine Geschichte erzählen konnte; das tat er denn auch und lehrte dem hübschen Röschen zugleich den Vers, welchen die Prinzessin immer gesprochen hatte, wenn sie die schöne Baumwolle fliegen ließ.

So leben nun diese guten Menschen – nämlich Röschen und ihre Mutter – und der artige Vogel Kakadu lange Zeit recht vergnügt; Meister Rabe kam oft zu Besuch, und Frau Nachtigall wohnte dicht bei der Hütte mit ihrem Männchen und ihren Jungen im Busch. Da wurde eines Tages an die Tür geklopft, und als Röschen aufmachte, um zu sehen, wer da sei, erblickte sie ein junges Mädchen, sehr hübsch, aber ganz in schlechte Lumpen gekleidet, blaß und abgezehrt, und das Mädchen weinte sehr, während es demütig um ein Stückchen trocknes Brot und einen Trunk Wasser bat; denn sie sei heute schon vierundzwanzig Stunden weit gegangen und habe noch nichts gegessen. Das jammerte dem guten Röschen, und sie nahm das arme Mädchen mit sich in die Hütte und führte sie zu ihrer Mutter, dann lief sie in die Küche und brachte schnell das Beste, was vorhanden war, herbei, das arme Mädchen damit zu laben.

Das Mädchen ließ sich es trefflich schmecken, und man konnt' es ihr ansehen, wie lange sie nichts ordentliches mußte gegessen haben. Als sie aber satt war, da fragte Röschens Mutter, wer sie denn eigentlich sei, wer ihre Eltern wären, woher sie käme, wohin sie gehe und noch viel anderes mehr.

Das junge Mädchen seufzte tief und schickte sich eben an, zu antworten, da begann plötzlich der Kakadu im Kämmerchen nebenbei zu singen:

»Geld her, Geld hin!
Geld hin, Geld her!
Mein Vater ist König. –
Ein König hat mehr
als arme Leut'!
Ich tu', was mich freut.«

Das fremde Mädchen wurde blaß wie die Wand und fragte: »O Himmel, wer singt da so?«

Da sagte Röschen: »Das ist der Herr von Kakadu, der ehemalige Leibpapagei der Prinzessin Baumwolle.« –

»Wie kommt denn der hierher?« fragte weiter das junge Mädchen, und Röschen und ihre Mutter erzählten ihr alles.

Da fiel das junge Mädchen in Ohnmacht, und als sie wieder zu sich kam, weinte sie bitterlich und sagte: »Ach Gott, nun sehe ich recht, was für eine schlechte, leichtsinnige Person ich war, und daß die Strafe nie ausbleibt. – Wisset, ich selber bin die garstige Prinzessin Baumwolle, die ohne Heimat und Geld umherirrt, verfolgt von ihren Feinden.« Und damit weinte sie immer heftiger – Röschen und ihre Mutter gaben sich alle Mühe, sie zu trösten, aber es wollte nichts verschlagen, die Prinzessin weinte und weinte, bis ihr das Herz brach und sie tot vom Stuhle sank, während Herr von Kakadu immerfort schnarrte:

»Geld her, Geld hin!
Geld hin, Geld her!
Mein Vater ist König. –
Ein König hat mehr
als arme Leut'!
Ich tu', was mich freut.«

Achthundertundsechste Nacht

Als am andern Morgen Röschen und ihre Mutter weinend ein Grab gruben und es mit Blumen ausschmückten, um die unglückliche Prinzessin Baumwolle hineinzulegen, da kam ein wunderschöner Herr auf milchweißem Pferde durch den Wald geritten, und hinter ihm ein großes, glänzendes Gefolge. – Es war aber der neue König, der den alten König verjagt hatte. – Als der nun Röschen und ihre Mutter erblickte und neben ihnen Prinzessin Baumwolle auf dem Rasen, sprang er vom Pferde und fragte: »Was macht ihr da, und wer ist die Tote?«

Da mußten Röschen und ihre Mutter wieder alles haarklein erzählen, und sie taten es auch. Als sie geendet hatten, hob der König seine Augen zum Himmel und sprach: »Unglückliche Baumwolle.« Dann befahl er seinem Gefolge, die Prinzessin mit allen Ehrenbezeugungen, so ihr gebührten, zu begraben und dabei zu weinen – was das Gefolge denn auch sogleich tat. Dann sprach der König zu Röschen: »Ich wollte die selige Prinzessin heiraten – sie wollte mich aber nicht und ist darüber in Kreuz und Elend geraten und endlich sogar gestorben. Ich habe dich gefunden, wie du ihr die letzte Ehre erzeigt hast, und da du fromm und fleißig und schön bist, so seh' ich darin ein Zeichen des Himmels und will dich zu meiner Frau Königin machen; willst du, so schlage ein, dann ist alles richtig.«

Natürlich schlug Röschen eine so gute Partie nicht aus, vielmehr schlug sie ein, sagte »Ja« und zog sogleich mit dem König in die Stadt, wo sie noch am selbigen Tag getraut wurden und viele Jahre glücklich miteinander lebten.

Und dies ist das Märchen von der Prinzessin Baumwolle und Röschen Sorglich.

Achthundertundsiebente Nacht

Heute trug Franz noch das nachfolgende Märchen vor:

DES HERRN VON CRACK WUNDERBARE REISE IN DEN MOND

In der Gascogne lebte vor vielen Jahren ein alter Edelmann, der wurde der edle Herr von Crack genannt, und er rühmte sich (um das hohe Alter seines Adels zu beweisen), daß er in gerader Linie von den ersten Menschen, welche je auf Erden gelebt, nämlich von Adam und dessen erster Frau, Lilith, abstamme. »Die übrigen Menschen«, pflegte er zu zu sagen, »stammen alle nur aus der zweiten Ehe Adams, mit einer gewissen Eva, und folglich ist meine Abkunft die allerälteste, welche sich denken läßt.«

Das gaben denn alle Landsleute des edlen Herrn von Crack recht gerne zu und bedauerten nur, daß ein so alter, trefflicher Edelmann durch die Länge der Zeit und allerlei ungünstige Umstände, wie man zu sagen pflegt, sehr heruntergekommen sei – denn, um die Wahrheit ohne Umschweife zu gestehen, der edle Herr von Crack war blutarm und hatte bei weitem mehr Schulden als Ziegel auf dem Dache seines uralten, verfallenen Stammschlosses.

Dieses Schloß war überhaupt so baufällig, daß außer Herrn von Crack kein Mensch es zu betreten wagte, aus Furcht, daß alte Übel möge ihm über dem Kopf zusammenbrechen. Herr von Crack jedoch trotzte heldenkühn dieser Gefahr. »Denn«, sagte er, »es wäre ja eine ewige Schande, wenn ein alter Edelmann wie ich in einem gewöhnlichen Hause, ja, wohl gar in einem Bauernhaus – und wenn auch noch so bequem – wohnen sollte. Dieu, ich bleibe in meinem adeligen Logement, und erschlüge es einbrechend mich noch in dieser Nacht; parbleu, ich bin ja nicht nur der Herr von Crack, ich habe ja noch ganz andere Erinnerungen als die an meine glorwürdigen, in Gott ruhenden Ahnen.«

Und wenn er so gesprochen hatte, so stopfte er sich eine Pfeife Tabak, schlug Feuer an und rauchte ganz erschrecklich, und dabei zog er das Porträt einer jungen, schönen Dame aus dem Busen und küßte es, während er immer stärker rauchte mit vieler Inbrunst, und seufzte: »ventre saint gries«, so daß sich alle Leute, welche es mit ansahen, sehr verwunderten.

Achthundertundachte Nacht

Der Herr von Crack war aber, wenn auch sehr stolz, doch auch sehr leutselig und im geringsten nicht ungehalten, wenn jemand ihn befragte, wer denn die junge, schöne Dame sei, deren Bildnis er mit so vieler Zärtlichkeit betrachte und küsse. Im Gegenteil, er gab dann immer sogleich die gewünschte Auskunft und erzählte seine außerordentliche Geschichte.

»Es ist vorerst zu sagen«, sprach er, »daß ich nicht nur der alterälteste Edelmann bin, von wegen meiner direkten Abstammung von Adam und Lilith, sondern ich bin auch unter einem kuriosen Sterne geboren, und zwar an einem Sonntag, wodurch meine Konstellation und meine Stellage in der Welt eine ganz unerhörte, wunderbare und abenteuerliche wurde. Schon in der frühsten Kindheit erlebte ich die seltsamsten Geschichten und verübte die unglaublichsten Taten, welche, wenn ich sie erzählen wollte, kein Mensch mir glauben würde, obgleich sie nicht nur Wort für Wort, sondern, was noch mehr ist, buchstäblich wahr sind. Es mag genügen, wenn ich der höchst wundersamen Begebenheit gedenke, wie ich als zweijähriges Knäblein aus Unvorsichtigkeit in einen tiefen Brunnen fiel und sicherlich ertrunken wäre, da eben kein Mensch in der Nähe war, mich herauszuziehen. Nur meine eigne Geistesgegenwart sowie die erstaunliche Kraft meines rechten Armes retteten mich, denn mich beim Schopf ergreifend, riß ich mich empor und schleuderte mich mit solcher Gewalt aus dem Brunnen, daß ich eine gute Strecke davon auf eine grasreiche Wiese niederfiel, wo ich außer einigem Schmerz infolge des harten Niedersitzens durchaus keine Unannehmlichkeit weiter verspürte. In größere Gefahr geriet ich allerdings, als ich, einige Jahre älter, ein wildes Roß bestieg, das Roß ging mit mir durch, vergebens war mein Mühen, es zu zügeln! Es rannte mit mir einem jähen Abgrunde zu, voll Verzweiflung drehte ich mich im Sattel um und ergriff das Pferd beim Schweif, es zurückzuhalten, allein der Schweif riß, weil ich allzu hastig gezogen hatte, aus, das Pferd stürzte vorwärts in den Abgrund, und ich flog rückwärts eine gute Strecke weit an einen Baumstamm, wo ich besinnungslos eine halbe Stunde liegenblieb, indem ich hart mit dem Kopf an den Baumstamm aufgeschlagen war. Als ich wieder zu Besinnung kam, sah ich sogleich das Gefährliche meiner Lage ein und daß auf der Stelle eine Trepanation nötig sei. Ich trepanierte mich also selber mit einem Holzbohrer, welchen ich mir in der nächsten Hütte borgte, ließ mich sodann verbinden und legte mich zu Bette. Am andern Morgen war ich frisch und gesund und konnte wohlbehalten in das Schloß meiner Eltern zurückkehren. –

Oft war ich allerdings noch höchst kindisch und unbesonnen, so zum Beispiel geriet ich einmal auf den tollen Einfall, mir selber ein Loch in die Stirne zu beißen. Ich führte den Vorsatz auch richtig aus, indem ich auf einen Stuhl stieg, um besser hinaufreichen zu können. Doch genug von den Abenteuern meiner Kindheit und hinüber zu meinen merkwürdigen Jünglingsjahren.

Ich war achtzehn Jahre alt, als meine Eltern starben, und ich somit der souveräne Besitzer des alten Stammschlosses der Barone von Crack wurde. Ich war, wie sich das von selbst versteht, der liebenswürdigste junge Kavalier in Gaskognien. voll Leben, Witz, Feuer und Anmut, und alle Damen – ventre saint gries! – waren wie hin, sowie sie mich nur erblickten, so daß ich die Auswahl hatte unter Baronessen und Komtessen, Duchessen und Prinzessinnen. Aber mich rührten nicht die schmachtenden Blicke der Schönsten, nicht ihre Seufzer und lauten Klagen; denn – parbleu! – ich war ein stolzer Junge, und die Rechte hatte ich noch nicht gefunden.

Da geschah es einstmals – was übrigens Nacht für Nacht geschah –, daß ich in meinem Bette lag und – schlief. Was aber nicht alle Nächte geschah, geschah in dieser; ich träumte, und im Traume erschien mir ein wunderholdes Frauenbild, in das ich mich ohne weiteres sterblich verliebte, und als ich erwachte, war und blieb ich verliebt und hatte von Stund an weder Ruh' bei Tag und Nacht. Es trieb mich gewaltig, das Urbild meines Traumbildes zu finden, denn daß ein solches existieren müsse, war bei mir eine ausgemachte Sache, aber wo? – Da lag der Hase im Pfeffer! – Ich durchforschte ganz Gaskognien sowie sämtliche übrigen Weltteile! Ich fragte, suchte, beschrieb – umsonst! Meine Schöne fand ich nicht – mort de ma vie! Ich war nahe daran, meinen Verstand zu verlieren, und überlegte schon, ob es nicht am besten sei, einige Paare Pistolen zu laden und mir ein Dutzend Kugeln durch den Kopf zu jagen.

Verschiedene Gründe veranlaßten mich indes, diesen blutigen Vorsatz für diesmal noch nicht zur Ausführung zu bringen, und ich blieb also am Leben, doch wurde meine Stimmung immer tragischer und verzweiflungsvoller, und ich wurde vor Kummer und weil ich jede Nahrung verschmähte, so mager und durchsichtig, daß, wenn ich im hellsten Sonnenstein stand, ich keinen Schatten mehr warf.

Zu dieser Zeit lernte ich einen weisen Mann kennen, ein ordentliches Mitglied der Sorbonne zu Paris, welcher außerdem, daß er höchst merkwürdige Universalpillen für alle möglichen, vergangenen, gegenwärtigen und zukünftigen Krankheiten fabrizierte, sich vortrefflich auf Zauberei und Wahrsagerkunst verstand. Er hatte die Ehre, mich kennenzulernen, und es versteht sich von selbst, daß ich ihm im höchsten Grade interessant erschien. Er befragte mich nach meinem Leiden, und ich klagte es ihm unter Seufzen und Stöhnen, so daß er, von tiefster Rührung erfaßt, bittere Tränen des tiefsten Mitleids vergoß. Dann aber sprach er: ›Fassen Sie Mut, hochverehrter Herr Baron von Crack, noch ist nicht alles verloren. Ich will Ihnen das Horoskop stellen. Sacre bleu! Da müßte es mit dem Teufel zugehen, wenn wir nicht bald herauskriegten, wo die Dame lebt, durch deren Anblick Sie dermaßen charmiert sind, wie weder Alexander noch Hippokrates, weder Tamerlan noch Abélard, weder Mohammed noch Telemach, noch jemals ein Crack zuvor es war.‹«

Achthundertundneunte Nacht

Franz setzte in dieser Nacht seine Mitteilung fort:

»Nach einigen Tagen hatte der weise Mystifax mein Horoskop gestellt und brachte mir die Nachricht, daß die holde Dame, welche mich im Traume sosehr für sich eingenommen, in der Tat existiere und mich widerliebe, daß sie aber nicht in Gaskognien oder sonst irgendwo auf unserer Erde residiere, sondern auf dem Monde. Ich war so entzückt über die Kunde, daß meine Geliebte lebe und mich widerliebe, daß ich dem weisen Mystifax jauchzend um den Hals fiel und ihn fast erdrosselt hätte. Als ich aber nach dem ersten Freudenrausch daran dachte, daß meine Geliebte nicht hier auf Erden, sondern im Monde lebe, so wurde ich wieder traurig und fragte meinen Doktor der Sorbonne: ›Aber wie komme ich auf den Mond hinauf?‹ – ›Nichts leichter als das‹, versetzte der weise Mystifax und teilte mir sogleich seinen Plan mit, eine schöne Reisegelegenheit für mich zu erfinden. Sein Plan leuchtete mir ein, fand meinen vollsten Beifall, und wir säumten nicht, uns über die Ausführung herzumachen. Wir schifften uns in dem nächsten besten Hafen ein und steuerten dem Weltmeere zu. Mystifax hatte mir einen ungeheuern Haarbeutel von Bockshäuten verfertigt; auf dem Weltmeere angekommen, füllte er diesen Haarbeutel mit Meerwasser und bewahrte ihn so, daß er jeden Augenblick, wo er nötig sein würde, zur Hand lag.

Der ersehnte Augenblick erschien bald. – In einer mondhellen Nacht erschien plötzlich eine gewaltige Wasserhose mitten auf dem Meere und kam gerade auf unser Schiff zu. Die Schiffsmannschaft geriet darüber in großen Schrecken, ich aber sprach allen Trost zu, ließ mir von Mystifax den mit Seewasser gefüllten Haarbeutel anschnallen und stürzte mich, als die Wasserhose dem Schiffe nahe genug war, mutig mitten hinein.

Ventre saint gries! In meinem Leben werde ich diese Reise nicht vergessen, die Wasserhose erfaßte mich und wirbelte mich mit unbeschreiblicher Geschwindigkeit einige Meilen hoch in die Luft. Dann sank sie wieder als Platzregen zur Erde – ich aber wurde von der Attraktionskraft des Mondes – der bekanntlich das Meerwasser anzieht – beim Haarbeutel in die Höhe gezogen, bis ich plötzlich, eh' ich mich's versah, mit einem tüchtigen Ruck zu Boden fiel. – Ich lag auf einer duftenden Mondwiese.«

Achthundertundzehnte Nacht

»Der weise Mystifax hatte mir eine Menge wichtiger Aufschlüsse über die Mondangelegenheiten gegeben und mir gesagt, wie ich mich verhalten sollte, um das Ziel meiner Wünsche glücklich zu erreichen. Ich folgte seinem Rate und verhielt mich vorerst passiv, indem ich ruhig im Grase liegenblieb, mir mein Pfeifchen stopfte und tapfer dampfte, wozu ich die Melodie einer Sarabande trällerte.

Ein Getön vieler musikalischer Instrumente erweckte mich aus den anmutigen Träumereien, in die ich während des Rauchens und Trällerns nach und nach versunken war; ich blickte auf und gewahrte eine glänzende Kavalkade: Viele hundert reichgekleidete Herren, auf Löwen, Königstigern, Leoparden und Kameln reitend, nahten dem Platze, wo ich ruhte, und erhoben, als sie mich gewahrten, ein großes Freudengeschrei. – Ich erhob mich, und alsbald warf sich der Vornehmste von ihnen von seinem Löwenroß herab und hielt in französischer Sprache eine demütige Anrede an mich, worin er mich als einen längst Erwarteten, Ersehnten, Retter, Befreier usw. begrüßte, sich selber als Dolmetscher des Mondes mir vorstellte. Schließlich lud er mich ein, die

Hauptstadt Macomirum durch meine Gegenwart zu beglücken, und sagte mir, daß dort die Großen des Reichs meiner harrten, um mir ihre Huldigung darzubringen, denn von nun an würde ich – Mondkaiser sein. Ich war durch meinen Freund Mystifax schon gehörig vorbereitet worden, verlor daher keineswegs die Fassung, wiewohl mancher andre an meiner Stelle, sondern nickte gnädig und sprach: ›Ventre saint gries!‹ Sodann stieg ich in eine Sänfte, welche aus einem einzigen großen Diamanten gearbeitet war, und ließ mich nach der im türkisch-byzantinisch-griechischen Geschmack erbauten Haupt- und Residenzstadt Macomirum tragen, wo ich von einer zahllosen Menschenmenge mit unermeßlichem Jubel begrüßt wurde und in dem kaiserlichen Residenzschlosse abzusteigen geruhte.

Hier wurden mir die schönsten Kleider angelegt – sacre bleu, wie das flimmerte von Gold, Diamanten und Perlen, Samt und Seide! Es ist keine Lüge, wenn ich sage, daß man für einen Edelstein aus meiner Krone ganz Frankreich (Paris und Gaskognien mit inbegriffen) hätte kaufen können. – Und eine Pfeife hatt' ich und einen Tabak! – Ventre saint gries! – Davon hat man hier auf Erden gar keinen Begriff, und wäre mir dort einer unserer Tabaksmonopolisten begegnet, ich hätte ihn sans façon aufhängen lassen.

Nachdem ich angekleidet war und eine Pfeife Tabak geraucht hatte, geruhte ich mich zu erheben, um der Prinzessin Nirischanonblandinamorabilidictu meinen Besuch abzustatten. – Helas! Wie wurde mir, als ich sie erblickte, die holde, freundliche Gestalt, welche bis dato mir nur im Traume erschienen war: Jetzt stand sie vor mir, bestimmt, die Meine zu werden – ich sah ihr bräutliches Erröten, hörte ihrer Stimme sanftes Flöten und fühlte das leise Zittern ihrer kleinen, weißen Hand, als ich sie ergriff und an meine glühenden Lippen drückte. Dann frühstückten wir zusammen, und meine reizende Prinzessin gab mir allerlei wunderbare Aufschlüsse über allerlei wunderbare Dinge, worüber ich bis dato noch nicht recht im klaren gewesen war. Die Wahrheit zu gestehen, so wurde ich dadurch nicht viel aufgeklärter, denn ich war zu sehr in den Anblick meiner reizenden Nirischanonblandinamorabilidictu versunken und viel zu sehr hingerissen von der Melodie ihrer Sprache, um eigentlich darauf zu merken, was sie eigentlich sprach, parbleu! Ich hätte denjenigen sehen mögen, der es an meiner Stelle besser gemacht hätte. – Indes verstand ich doch so viel, daß ein böser Vetter oder sonst ein weitläufiger Verwandter meiner schönen Braut ihr den Thron ihres Vaters streitig machen wolle und mit einem großen Heere vor der Stadt liege, um selbe zu belagern, ich ließ mir die Lage des Tores beschreiben – es war dem, durch welchen ich meinen Einzug gehalten, gerade gegenüber – und nahm meine Maßregeln. – Als es Abend wurde, schlich ich, einfach gekleidet und wohlbewaffnet, aus dem Palast, ließ mir leise von dem wachthabenden Offizier das belagerte Tor öffnen und schlüpfte hinaus. Man wird sagen, es sei eine Tollkühnheit gewesen, mich so allein in das feindliche Heer zu wagen; aber so dumm war ich nicht, um mich hineinzuwagen, sondern ich umging das Heer, umzingelte es und nahm es gefangen. So führte ich es, als der Tag anbrach, im Triumph in die Stadt! Den Jubel der Bewohner derselben mag man sich denken.«

Achthundertundelfte Nacht

»Meine schöne Prinzessin«, fuhr der Herr von Crack in seiner Erzählung fort, indem er stärker seine Pfeife dampfen ließ und mit Rührung des Bildnis seiner Schönen betrachtete, »meine schöne Prinzessin empfing mich so liebreich, wie nur je eine schöne Prinzessin einen heldenmütigen Prinzen empfangen hat, und, ventre saint gries, ich war ja Kaiser. – Daß ich es kurz sage, wir verlobten uns und vierzehn Tage nachher vermählten wir uns. – Ich gehe nämlich immer gerne rasch zu Werke! –

So regierte ich denn nun unter dem Namen Kaiser Crack I. den Mond als Universalmonarch höchst glorreich, und ich habe, ohne Ruhm zu melden, von vielen glaubwürdigen Personen später auf Erden erfahren, daß der Mond nie heller, fleckenloser und zuverlässiger geschienen habe als während der Zeit meines Kaiserreiches.

Ein Jahr verlebte ich so in Pläsier und Freuden wie Gott in Frankreich, da bemerkte ich, daß meine teure Kaiserin sehr niedergeschlagen wurde, und vernahm zu meinem größten Entsetzen, wie es ein altes Gesetz im Monde sei, daß, wenn der erwählte Mondkaiser (welcher, sooft ein Mondkaiser ohne männliche Nachkommenschaft gestorben, von der Erde auf diese oder jene Weise heraufkomme) im Verlauf des ersten Jahres nach seiner Vermählung mit einer kaiserlichen Mondprinzessin keinen legitimen Thronerben erziele, er entthront und einem wilden Bären vorgeworfen würde, welcher ihn allemal richtig mit Haut und Haar auffräße. Ich geriet im ersten Augenblick über diese Botschaft so sehr außer Fassung, daß ich völlig den Kopf verlor. Meine Gemahling aber tröstete mich, indem sie sprach: ›Sei ruhig, mein teuerer Collin, du sollst nicht sterben, denn nun und nimmer würd' ich es überleben, daß ein ungeschlachter Bär sich an dir vergriffe; du mußt fliehen, zurück zur Erde. Gern folgt' ich dir, aber wir Mondmenschen vertragen die drückende Erdenluft nicht, und es würde mein Tod sein, wollt' ich dir folgen. Ich bleibe daher zurück, so schwer mir die Trennung wird, und erwarte den Gatten, dem es gelingt, die Bedingung zu erfüllen, wodurch allein es möglich wird, länger als ein Jahr hier auf dem Monde zu herrschen.‹

›Ich wurde sehr traurig und hätte gern Einwendungen versucht, aber – morbleu! – der verdammte Bär, der mich fressen sollte – kurz und gut, ich entschloß mich zur Flucht und merkte auf alles, was meine Gattin mir sagte. – Mitternacht schlug – es war die Stunde unserer Trennung –, meine Angebetete schenkte mir ihr Porträt, ein Pfund Mond-Kanaster und dieses Pfeifchen; dann führte sie mich selbst an die Gartentüre, gab mir noch einen Kuß und hieß mich laufen, was ich könne, denn schon mit Tagesanbruch solle mich der Bär – ich hörte nichts weiter, sondern lief, was ich konnte.

Es war eine schöne, milde Mainacht, die Erde schien hell, und ich dachte, indem ich zu ihr hinüberblickte, ventre saint gries, wenn ich nur schon wieder dort wäre. ›Dumme Einrichtung auf dem Monde. War es denn meine Schuld, daß mir nicht schon nach Jahr und Tag ein kleiner Prinz geboren wurde? Rom ist nicht in einem Tage erbaut! Dummes Gesetz!‹ sage ich!

So sprach ich, stopfte meine Pfeife und lief, was ich laufen konnte, bis ich auf der Spitze eines kalten Mondvulkanes stand. Hier zündete ich meine Pfeife an und schaute mich, gemütlich dampfend, noch einmal um; dann kletterte ich in den Krater hinab, band mich vermittelst mitgenommener Stricke an einen tüchtigen Mondstein und erwartete rauchend die Dinge, so da kommen sollten.

Es währte nicht lange, so kollerte es unter mir, und bald darauf geschah eine furchtbare Explosion. Der Vulkan warf einige Dutzend Mondsteine aus, darunter auch den, auf welchem ich gebunden lag. Und ich flog mit diesem und flog und flog, bis ich wieder auf der Erde, in Gaskognien, grade vor meinem Stammschlosse, anlangte. Ich hatte durchaus keinen Schaden genommen, und meine Reise war so schnell gegangen, daß die Pfeife, welche ich auf dem Monde anzündete, noch lustig fortdampfte, als ich vor meinem Stammschlosse anlangte.

Seit dieser Zeit sind einige dreißig Jahre verflossen. Ich habe unterdessen noch sehr viel große und wunderbare Abenteuer zu Wasser und zu Lande, im Frieden wie im Kriege bestanden und ganz unglaubliche Taten vollbracht; aber meine Reise in den Mond bleibt für mich doch immer das merkwürdigste, denn – ventre saint gries! – Mondkaiser, Gatte der schönsten Prinzessin, ein Bär, der mich fressen wollte, und meine Flucht auf einem Mondstein aus dem Mond zur Erde! Parbleu! Darüber geht doch nichts!« –

So schloß der Herr von Crack seine Erzählung und dampfte stärker und küßte das Porträt seiner ehemaligen Gattin, der kaiserlichen Mondprinzessin Nirischanonblandinamorabilidictu.

Achthundertundzwölfte Nacht

Die Zuhörer hatten mitunter recht herzlich über die Geschichte des Herrn von Crack gelacht; nur warfen sie dem Erzähler vor, daß das Ganze mehr burlesk und witzig als phantasiereich und märchenhaft gehalten sei sowie daß er am Ende seinem Mutwillen zu sehr habe die Zügel schießen lassen, mindestens den Damen gegenüber. Franz entschuldigte sich damit, daß er sich streng an die in Gaskognien allbekannten Abenteuer und Reisen des berühmten Herrn von Crack gehalten habe.

»Ich kenne diese Abenteuer«, sprach der Freiherr, »sie sind dem Franzosen das, was in Deutschland der bekannte Herr von Münchhausen und dem Briten Gülivier, uns Nordländern aber Holbergs Nicolaus Klimm ist. Unter allen den hier Genannten möchte ich dem ehrlichen Klimm den Vorzug geben, dessen Lügen von einer unterirdischen Welt so bedeutsam ungezwungen erscheinen, daß nicht wenige spekulative Gelehrte sich allen Ernstes auf ihn berufen haben, wenn es ihnen darum zu tun war, den Beweis zu führen, daß die Erde im Innern noch eine bewohnte Erde berge.«

»Ich bitte«, sprach die Freifrau, »daß für heute die gelehrten und kritischen Nachweisungen nicht weiter fortgesetzt werden, sondern daß es unserm Doktor gefallen möge, uns ein Märchen oder eine Sage mitzuteilen. Er hat uns schon lange nichts dergleichen zum besten gegeben.«

Der Arzt neigte sich und versetzte: »Ich habe, während Baron Franz die Abenteuer des Herrn von Crack erzählte, wieder einmal gefunden, wie das eigentliche Wesen des Märchens unter allen Völkern des Abendlandes zumeist den Deutschen eigentümlich und in das innerste Leben dieses Volks übergegangen ist. – Wenn ich demungeachtet heute eine kleine römische Novellette erzähle, welche das Mittel zwischen Märchen, Sage und Erzählung hält, so geschieht dies der Abwechslung wegen, und ich hoffe, man wird mir die Freiheit, welche ich mir damit nehme, nicht zum Vorwurf machen.«

»Keineswegs«, rief Alma lachend, »erzählen Sie nur.« Und Franz erzählte:

DIE TRÄUME

Der berühmten Eroberung und Plünderung Roms im 16. Jahrhundert folgte mancherlei Elend nach. Unter der Zahl desselben war die große Hungersnot, welche sich einstellte, gewiß eines der fürchterlichsten Übel. Es kostete der Stadt vielleicht so viele Bewohner, als die Wut der Soldaten und die Seuchen ihr geraubt hatten.

In einem Hause war der Vorrat auch bis auf einen einzigen Kuchen aufgezehrt. Ein Philosoph, ein Astrologe und ein Soldat waren die Bewohner desselben. Alle hatten gleich viel Teil an dem Kuchen; aber auch jeder mehr Hunger, als ein Dritteil desselben zu stillen vermochte.

Jeden drängte das Bedürfnis, seinen Anteil daran zu fordern. Die Unterhaltung über den Kuchen machte jetzt ihre wichtigste Angelegenheit aus. Sein Schicksal zu entscheiden, zerbrachen sich zwei tiefgelehrte Männer und ein Krieger, der auch das Seinige gelernt zu haben behauptete, weidlich den Kopf. Sie wurden wenigstens endlich über den Hauptartikel einig, daß der Kuchen, um drei Männer zu sättigen, viel zu klein sei; daß es besser wäre, wenn statt drei, höchstens nur zwei Hungers stürben, damit sie doch jemand hätten, der für ihre Beerdigung sorgte, und daß demzufolge einer allein den Kuchen aufzehren solle.

Aber wer der Glückliche sein sollte, daß war eine Frage, die weit schwerer zu entscheiden war.

Der Philosoph behauptete, daß ihm vorzugsweise die Ehre gebühre, lebendig zu bleiben. »Meine Wissenschaft«, sagte er, »berechtigt mich dazu, weil sie den entscheidenden Vorzug vor euer beider Handwerk behauptet. Sie ist die Wissenschaft, welche die ganze Natur umfaßt und in ihrem ungeheuren Reiche ebensogut die Kuchen als die Bestimmung der Menschen enthält.«

»Wenn die Wissenschaft« – unterbrach ihn der Astrologe – »den Vorzug gibt, so kann gewiß niemand begründeteren Anspruch darauf machen als ich! Kaum erhebt sich die Philosophie ja über die Erde hinaus, wo ihr Wissen ja ohnedies noch mangelhaft und beschränkt ist. Aber die Astrologie steigt über diesen Erdkreis empor, schwingt sich in den Himmel und durchfliegt seinen unendlichen Raum mit sicherm Flügel. Darum drehte sie sich auf den ewig unveränderlichen Punkten herum, die sie sich nahe rückt, und lacht des Treibens da unten, wo alles wechselt und nichts beständig ist.«

»Solchen Ruhm«, fuhr der Soldat fort, »kann ich freilich nicht für mein Handwerk anführen. Allein darum hab' ich mich auch nicht bekümmert und habe den Degen statt der Bücher ergriffen, die euch doch nichts helfen, wenn wir Soldaten nicht Ruhe und Frieden auf der Erde erzwingen. Wir geben dem Gesetz Kraft und Nachdruck; wir erhalten die Ordnung der bürgerlichen Gesellschaft; wir setzten die Menschheit in den Stand, daß ein großer Teil derselben seine im Grund doch unnütze Neugierde befriedigen kann. Und wenn es gewiß ist, daß ihr es uns allein zu verdanken habt, wenn ihr eure Betrachtungen ruhig anstellen könnt, wie nicht zu zweifeln ist, so gehört unstreitig mir der Vorzug vor euch.«

So bündig auch die Rede des Soldaten war, so hatte er die andern doch nicht überzeugt. Wer den Kuchen essen dürfe, darüber wären sie gewiß nie einig geworden, wenn der Soldat nicht durch einen lustigen Einfall die ganze Sache beendet hätte.

»Schon« – fing er wieder an – »werden die Sterne am Himmel sichtbar, und doch ist der Kuchen noch nicht gar gebacken. Folgt daher meinem Rate! Setzen wir ihn ans Feuer, und legen wir uns dann nieder, um eins zu schlafen, bis er gar ist. Der alsdann, dem der Himmel den schönsten Traum geschickt, soll das Recht haben, den Kuchen zu verzehren. Für mich ist das freilich ein großes Wagestück, mit zwei so gelehrten Herren um die Wette träumen zu wollen.«

»Was das für ein närrischer Einfall ist«, riefen die beiden zu gleicher Zeit aus. Da indes jeder sich die beste Einbildungskraft zutraute, den schönsten Traum zu erfinden, so gingen sie den Vorschlag ein, und jeder entfernte sich in sein eigenes Zimmer, um zu träumen, nachdem sie vorher den Kuchen über das Feuer gesetzt hatten.

»Wir wollen sie denn ruhig schlafen lassen«, unterbrach sich der Erzähler, »und morgen nacht hören, was sie geträumt haben.«

Achthundertunddreizehnte Nacht

Der Arzt setzte seine Erzählung fort:

Nach einigen Stunden erhoben sich alle drei zu gleicher Zeit. Keiner hatte geschlafen, aber jeder sah den andern mit einem triumphierenden Blick an, welcher deutlich sagte: Ich habe am schönsten geträumt.

Der Soldat, der immer den ersten Stoß tun mußte, wenn die Sachen vorwärtsgehen sollten, forderte auch gleich seine Mitträumer auf, die Gesichter, so sie gehabt hätten, zu erzählen.

»Den schönsten Traum«, fing der Philosoph mit aller Zuversicht an, »habe ich gehabt und will ihn darum auch zuerst erzählen. Denn ich sah den Schöpfer der Natur aus dem Chaos die ganze herrliche Reihe lebender und lebloser Wesen hervorrufen und jeglicher Gestalt lebendigen Odem, Willen, Instinkt und Bestimmung einhauchen. Wie ein Gemälde stand die ganze reiche Schöpfung da, ohne Bewegung; da durchdrang sie der Hauch des Unendlichen, und die zahllose Menge belebte sich, und jegliches fing die Verrichtung an, welche ihm bestimmt war. Der Mensch ergriff sogleich das Zepter der Herrschaft über die Mitgeschöpfe. Ich sah, wie der Mensch sich zur Menschheit, seine anfängliche kurze Einsicht zum Wissen erhöhte, und stieg an der Hand der Muse die Geschichte hinauf, die Leiter, an der die Menschenbegebenheiten befestigt sind, bis zum ewig unwandelbaren Thron des unendlichen Schicksals. Hier saß er auf einem Throne, den ein Planetenuniversum trug. Es wurde mir vergönnt, den Schleier aufzuheben – ich sah – und erwachte. Ist es möglich, schöner und erhabener zu träumen?«

»Der Traum wäre schön«, versetzte der Astrologe, »wenn er nicht auf Träume gebaut wäre. Der meine ist, wie ihr bald hören werdet, von ganz anderer Art, und es fehlt mir nichts, als daß ich diese beschwerliche Hülle von mir abschüttelte, um das immer zu sehen, was mich im Traum so glücklich gemacht hat. Ich erhob mich über den drückenden Dunstkreis dieser Erde, schwang mich in das ungeheure Meer der Unendlichkeit und landete, ohne ermüdet zu sein, an zahllosen Welten. Sosehr waren die Bedingungen des Raumes und der Zeit vor mir niedergefallen, daß ich den Maßstab von einer Sonne zur andern anlegte, den Zirkel im Mittelpunkt des Alls ansetzte und das Unermeßliche messen konnte. Planeten legte ich auf meine Waage, an dem Lichstrahl befestigte ich meinen Maßstab, in die Tiefe der Weltkörper warf ich mein Senkblei. So kam ich endlich der Urkraft nahe, welche die unendlichen Lasten schwebend erhält, und mein Traum endete sich damit, daß ich von einer unsichtbaren Macht vor die ungeheure Tafel geführt wurde, wo in ewigem Diamantenschimmer die Naturgesetze geschrieben waren. Von diesem höchsten der Standpunkte herab sah ich, welch ein Dingchen diese Erde, wie eitel unser Treiben auf derselben und wie unbedeutend eine Wissenschaft wie die Philosophie ist, deren Untersuchungen von diesem Erdschollen ausgehen und wieder darauf zurückkommen. Aber bald wurden die Buchstaben zu Sonnen, es war Gott selbst, meine Augen wurden geblendet – ich erwachte. – Was sagt ihr nun dazu? Heißt das nicht ein erhabenerer, soliderer Traum?«

Ein herzliches, heiteres Lachen unterbrach hier den Arzt. Alle fanden diesen Aufwand von wirklicher Erhabenheit, wahrer und falscher Philosophie, Pathos und Bombast – und eines Kuchens willen – höchst drollig.

»Ich finde«, bemerkte der Freiherr, »hier eine schalkhafte, harmlose Ironie wieder, welche mich bei Tieck immer so wohltuend, erheiternd anregt. Man sieht es, er hat die alten italienischen Meister nicht nur gelesen, sondern auch studiert und verstanden. Viele seiner Novellen glänzen zumeist durch solche Züge, da ihr Stoff an sich oft der allereinfachste und unbedeutendste ist, der sich ersinnen läßt.«

Achthundertundvierzehnte Nacht

Diese Nacht beschloß der Arzt seine römische Novelle:

Mit lautem Lachen erwiderte der Soldat: »Kaum habe ich den Mut, meinen Traum zu erzählen, der sich um kein Härchen über die Erde und um kein Jahrhundert in die Geschichte hinauf erhoben hat. Ja, wenn ich so träumen könnte wie ihr, meine Herren, so würde ich immer schlafen und nicht nur den Kuchen, um den wir uns streiten, sondern auch aller Könige Gastmähler und die ganze Erde als ein unbedeutendes Ding verachten. So glücklich bin ich nicht, und ihr müßt euch daher begnügen, einen Traum zu hören, wie ihn ungefähr ein hungriger Soldat träumen kann.

Mir träumte nämlich, daß die Feinde in mein Vaterland eingefallen wären. Ich ergriff meine Waffen und gesellte mich zu einem Haufen tapferer Krieger. Durch meinen Mut und meine Einsicht wurde ich bald Anführer, und es gelang mir, die Feinde völlig zu schlagen.

Siegesstolz kehrte ich mit meinen Truppen nach Hause zurück. Eine Schar edler Jungfrauen kam mir entgegen. An ihrer Spitze stand des Königs Tochter und setzte mir einen frischen Lorbeerkranz aufs Haupt.

Von der ganzen bewundernden Menge auf den Schultern getragen, kehrte ich nach der Stadt, wo mich der König empfing und mich sogleich zu seinem Thronfolger und Eidam erklärte.

Da setzte ich mich denn an eine wohlbesetzte Tafel, ließ mir's herrlich schmecken, und wie ich eben zu Bette gehen wollte – wachte ich auf. – Ihr seht, daß mein Traum auch sehr viel Schönes hat, allein so erhaben wie die eurigen ist er freilich nicht. Ich mache deswegen auch gar keinen Anspruch an den Kuchen und überlasse es euch, euch über denselben zu vereinigen.«

Nun entstand ein neuer Streit zwischen den beiden Gelehrten, welchem von ihnen der Kuchen zukäme, indem keiner so bescheiden war, wie der Soldat, zurückzutreten. Nach langem Hin- und Herreden wurden sie endlich einig, ihn zwischen sich zu verteilen, und machten sich daher auf, ihn vom Feuer zu holen.

»Der Kuchen ist nicht da«, schrie der Philosoph, der vorausgelaufen war.

»Das geht nicht mit rechten Dingen zu«, antwortete der Astrologe. – »Den muß der Soldat aufgefressen haben.«

Dieser wurde herbeigerufen; allein er versicherte, daß er nichts von der Sache wisse. Als ob ihm auf einmal ein neues Licht aufgegangen wäre, fing er an: »Wie, während ihr euch auf den Flügeln der Phantasie in die überirdischen Räume, wo man nicht ißt noch trinkt, erhoben habt, könnte nicht auch ich mich wirklich dahin begeben haben, wo mein Traum vorging? – Und wirklich fällt mir jetzt ein, daß ich an der Königstafel einen Kuchen begehrt habe, der grade wie der unsrige aussah. Das muß wohl derselbe gewesen sein. Ihr seht, jeglicher von uns hat nach seiner Art geträumt. Ihr habt im Schlafe Vergnügungen des Geistes und ich die des Körpers genossen; und das geschah eben darum, weil ich das Unglück habe, nicht so gelehrt zu sein, als ihr es seid.«

Sehr grämlich verzogen der Philosoph und der Astrologe freilich ihre Gesichter bei dieser Erklärung. Aber sie waren beide zu schwach, eine Rache an dem Soldaten zu nehmen, welche doch ihren Hunger nicht gestillt hätte.

Hier endete der Arzt, und lauter Beifall lohnte ihn für seinen Schwank, der alle in die heiterste Stimmung versetzt hatte.

»Wäre unser lustiger Reiner noch zugegen«, sprach der Freiherr, »so wäre morgen nacht an ihm die Reihe, ein Märchen zum besten zu geben. Lasset uns losen, wer morgen seine Stelle ersetzen soll; wen das Los trifft, der sei gehalten, soviel wie möglich in Reiners Weise zu erzählen.«

Der Vorschlag wurde angenommen, und das Los traf Marie, welche errötete.

Achthundertundfünfzehnte Nacht

Der Abend dämmerte, Marie saß allein in ihrem Kabinett, die Harfe im Arm, leise phantasierend. Endlich fiel sie in die Melodie eines Liedes und sang, indem sie sich auf der Harfe begleitete:

»Meinst du, ich müßt' im Sehnen
nach dir vor Schmerz vergehn
und unter heißen Tränen
nach meinem Grabe sehn?
Wähnst du mein Herz zerrissen,
weil du mir nicht mehr nah? –
Ich kann dich Jahre missen,
seit ich dich Tage sah.

Ich habe dich gefunden
und in dir all mein Glück!
Ich schau' nach jenen Stunden
zu aller Zeit zurück.
Brauch' ich es noch zu wissen,
ob du bist hier, ob da? –
Ich kann dich Jahre missen,
seit ich dich Tage sah.

Bestimmt zu ew'gem Sehnen
und Suchen wär' mein Herz,
hätt' ich dich nicht gefunden,
was brächte jetzt mir Schmerz?

Ich kenne dich! – Begrüßen
wir uns auch nicht mehr nah. –
Ich kann dich Jahre missen,
seit ich dich Tage sah.

Aus jenen Tagen web' ich
mir Mond- und Sonnenschein!
Seit jenen Tagen leb' ich –
vereint mit dir – allein!
Im Glück, in Kümmernissen
bist du für mich ja da! –
Ich kann dich Jahre missen,
seit ich dich Tage sah.«

Noch eine Weile präludierte Marie auf der Harfe fort, dann schloß sie das Spiel mit einigen vollen Akkorden. Indem traten Alma und Claudine ins Gemach, um sie in den Saal hinabzuführen, wo die übrigen Bewohner des Schlosses schon freundlich schwatzend versammelt waren.

Der Freiherr schien diesen Abend besonders bei guter Laune, und Marie mußte sich neben ihn und seine Gattin setzen.

Nach einer Weile erinnerte er Marie, daß sie diesen Abend durch das Los verbunden sei, an Reiners Statt und in seiner Weise ein Märchen zu erzählen, und forderte sie neckend auf, die Aufgabe zu lösen. Und von plötzlicher, ihr selbst unerklärlicher Heiterkeit erfaßt, begann Marie mit anmutiger Laune ganz in Reiners Ton und Art zu reden, so daß es fast parodistisch klang:

DIE EINZÖPFIGE JUNGFRAU
oder
Die Stiftung des Schlosses Henneberg und des Wappens

Im blühenden Welschland lebte im elften Jahrhundert ein wackrer und reicher Ritter. Er war Graf und hieß Pepo. Seine Schönheit und seine glänzenden Rittertugenden waren es, die nach dem Tode seiner Gemahlin in einer steinreichen welschen Gräfin eine heftige Leidenschaft anfachten, und ihr ohnehin feuriges Herz noch mehr in Flammen setzten. Ihr schien Pepo eben nicht abhold zu sein, doch lebte wohl noch zu frisch das Bild der Entrissenen in seinem Herzen, als daß ein anderes Bild jenes so früh daraus hatte verdrängen können. Unaufhörlich von der liebenden Gräfin verfolgt und so in seinem gerechten Gram ungern gestört, wurde der Entschluß in ihm reif, Welschland mit zwei Söhnen zu verlassen und im deutschen Land irgendwo sich anzusiedeln. Die Güter waren bald verkauft, und schon hatte er mit seinen Reichtümern einen großen Teil des deutschen Landes durchzogen. Kein Plätzchen mußte ihm des Anbauens wert und für ihn passend geschienen haben; denn grade dann erst war er mit sich im reinen, als er in die Gegend kam, in der die jetzige Ruine Henneberg in ältere Zeiten zurückweist.

Eben lächelte er vergnügt über den Berg, den er gefunden und nun schon im Geist mit einer stattlichen Burg prangen ließ, da flogen drei Hennen vor ihm auf, und sogleich gab er auch dem im Geist gebildeten und bald wirklich entstehenden Schlosse den Namen Henneberg. –

Während Pepo baute und ringsherum Land über Land an sich kaufte, auch wohl erkämpfte, stritten in der Brust der welschen Gräfin Schmerz und Liebe miteinander. Schmerz und Liebe gewannen einen solchen Sieg über sie, daß sie sich aufmachen und mit ihren Reichtümern nach dem deutschen Lande reisen mußte, um zu suchen, bis sie ihn fände, und durch solche Beweise ihrer Zärtlichkeit beglückte Minne erränge.

Lange reiste sie vergeblich, endlich kam sie ihm auf die Spur. Schon befand sie sich in des Geliebten Lande, schon zog sie mit ihren Maultieren am Ufer der Schleuse hin, just wo die Schleuse sich mit der Werra vereinigt, schon bildete dies Bild neue entzückende Träume in ihrem Herzen, als ringsum trauriger Klang von Sterbegeläut ihr dumpf ins Ohr tönte. Traurige Ahnungen stiegen in ihr auf, ihre Tränen flossen unwillkürlich, jeder Schlag durchschnitt ihr Herz, und als sie nun endlich einen vorüberziehenden Landmann um den Grund solchen Läutens ausfragte und er ihr antwortete: »Graf Pepo von Henneberg ist tot« – da war sie ihrer nicht mehr mächtig! Sie zerschlug sich die Brust, zerraufte sich die Haare, und im wilden, bis zum Wahnsinn gesteigerten Schmerz riß sie einen ihrer langen Zöpfe aus und warf ihn in die Schleuse.

Ruhiger endlich geworden, beschloß sie, im Lande des Geliebten zu sterben und ihre Reichtümer zum Wohle seiner hinterlassenen Landeskinder zu verwenden. Von ihren wohltätigen Spenden zeugen noch Mauern, Türme und Brücken. Um im Tode sie noch zu ehren, schmückte Gottwald, Pepos zweiter Sohn und Nachfolger, sein Wappen mit einem neuen Helmzeichen, einer gekrönten Jungfrau mit einem ungewöhnlich starken und langen Haarzopf. »Jungfer mit einem Zopfe« heißt noch jetzt der Helmschmuck des am Gebäude des ehemaligen, von Gottwald gestifteten Prämonstratenser Mönchs- und Nonnenklosters Vestra an der Schleuse und an den Türmen und Brücken befindlichen Wappens unter den Anwohnern.

Marie erhielt Beifall für den Vortrag der Sage. »Nur hast du vergessen, uns den Namen der treuen welschen Gräfin zu nennen«, bemerkte die Freifrau. Der Freiherr jedoch nahm Marie in Schutz, indem er seine Gattin belehrte, wie in keiner ihm bekannten Chronik der Name dieser Wohltäterin der Landschaft Henneberg aufzufinden sei und daß selbst Büsching, der dieselbe Sage nach einer mündlichen Mitteilung des Dr. Hohnbaum in seinen wöchentlichen »Nachrichten für Freunde der Geschichte, Kunst und Gelehrtheit des Mittelalters, 50. Stück, Jahrgang 1811« erzähle, keinen Namen anführe.

Achthundertundsechzehnte Nacht

In dieser Nacht trug der Kaplan folgende Sagen vor:

DIE WUNDERQUELLE

In der Grafschaft Eberstein quoll in alter Zeit ein Gesundbrunnen, der Wunderquell genannt, der wegen seiner heilbringenden Kräfte damals in großem Rufe gestanden haben soll. Zufällig traf sich's, daß sich an derselben Stelle zwei Grafen, der eine von Eberstein, der andere von Nassau, zum Zweikampf zusammenfanden, in welchem der erstere durch den letzteren das Leben verlor. Mit dem Aufhören dieser Lebensquelle versiegte auch der Wunderquell und wurde seit dieser Zeit nicht wieder gesehen. Erst mit dem Absterben des Nassau-Usingischen Stammes werde er wieder erscheinen, so ging die Sage. Und siehe, was geschieht? Mit dem Tode des jetzt verstorbenen Herzogs springt das Brünnlein wieder, und von nahe und ferne wallfahrtet jung und alt herzu, um daraus Leben und Gesundheit zu trinken.

SCHWEIZER VOLKSSAGE

Auf dem Feldberge im Breisgau wohnt ein Feldgeist, der zu mitternächtlicher Stunde auf einem silbernen Amboß seine goldene Sense dengelt (hämmert) und deswegen insgemein der Dengel-Geist genannt wird. Am Fuße des Feldberges liegt die Totenau, und wer den Geist sieht, wie er die Sense dengelt, der muß bald darauf sterben.

DIE ELIXIERE DES TEUFELS UND ST. ANTONIUS VON PADUA

In einem – jetzt nicht mehr existierenden – Kapuzinerkloster zu Bamberg wurde unter andern Reliquien auch eine versiegelte Flasche gezeigt, von seltsamer, eigentümlicher Form und, wie es schien, voll des köstlichsten Weines, welche der heilige Antonius von Padua von dem leidigen Satan in höchst eigener Person erhalten haben sollte. Die Legende erzählt davon folgendes.

Der heilige Antonius zu Padua saß einst, in tiefster Betrachtung versenkt, in einer wilden Felseinöde, da erschien ihm der Satan in der allerseltsamsten, abenteuerlichsten Gestalt. Er trug einen roten, zerrissenen Mantel, darunter einen zerrissenen Rock und zerrissene Modesten, auf dem Kopfe schwankte die berüchtigte rote Hahnenfeder, und seine Nase war gleich wie ein langes Feuerrohr. Am allertollsten aber nahm sich es aus, daß er um den Leib einen Gürtel gebunden hatte, daran baumelten eine Menge Flaschen, verschieden in Form und Größe, und aus allen Löchern seines Mantels und seiner Kleidung schauten dergleichen Flaschen hervor.

Der heilige Mann Antonius, welcher schon tausend und aber tausend Versuchungen glücklich überstanden hatte und keine neue mehr fürchtete, schaute den Satan, der um ihn herumschlich wie die Katze, um den heißen Brei, ernsthaft an und fragte ihn, wohin er gehe, und was er vorhabe.

Da mußte denn der Teufel, kraft der Macht St. Antons, diesem beichten und sprach also: »Ich will die Welt durchziehen und den Anfang machen mit Deutschland, wo viel fromme Seelen leben, welche ich zu gewinnen trachte. Was meinen wunderlichen Aufzug betrifft, so halt' ich dafür, daß mich alle Deutschen für ihren Landsmann achten werden, wenn ich wie ein Lumpenhund einhergehe, meine Nase

Die Elixire des Teufels

hab' ich zum Feuerrohr gewandelt, um damit auf die unschuldigen Seelen immerfort zu zielen, und da ich weiß, was für allezeit durstige Kehlen die Deutschen haben, so will ich sie mit diesen Flaschen kirren, mit diesen Flaschen voll des allerbesten und ältesten Weines. – Betrachte sie nur, heiliger Mann, wie klar, wie hell, wie goldig, rosig, glühend, purpurfarbig – und unverfälscht –, so wahr ich der Teufel bin! – aber feurig, feurig, und wo er wärmt und Blut und Adern durchdringt und Hirn und Nerven, da geht die Saat üppig auf, die Saat, welche ich schon im Paradiese säte. – Beliebt's ein Gläschen von diesem klaren Wein? – Er wird dir die Sinne umnebeln, daß du wähnst, klar zu sehen und Gott und Christus, Himmel und Hölle, Tugend und Laster für reine Fabel hältst – hier dieser gold'ge Wein macht entweder zum Geizhals, der ängstlich seine Schätze bewacht und bei vollen Truhen darbt, oder zum eitlen, prachtliebenden, rasenden Verschwender, je nachdem deine Anlagen sind. Trink ein Gläschen von dem rosigen, und zehntausend kleine, verliebte Teufel werden dir in den Leib fahren und noch ärger in dir herumrumoren, als damals, wo du noch jung warst und ein loser Sünder – oder willst du von dem purpurfarbigen kosten? Hochmut, Kriegeslust, unmäßige Ruhmbegierde sind die Keime, so er erweckt.«

St. Antonius widerstand jeglicher Verlockung und strafte den Satan mit schweigender Verachtung, und der Satan hinkte davon, ließ aber, wie er sagte, zum Andenken eine Extraflasche dem Heiligen zurück, wo hinein von allen sieben Todsünden im Weine genügsam gemischt worden, um einem armen Menschensohn, der davon kosten würde, Verderben zu bereiten. St. Antonius bewahrte, solange er lebte, die Flasche sorgfältig. Nach seinem Tode kam sie durch einen seiner Jünger nach Bamberg in das dortige Kapuzinerkloster. Hier soll nach vielen Jahren einstmals ein junger Mönch davon gekostet haben und alsbald in die furchtbarste Raserei verfallen sein, in welchem Zustande er aus dem Kloster entflohen und unerhörte Greueltaten begangen, bis er endlich durch einen heiligen Mann wieder zur Vernunft gebracht, ins Kloster zurückgekehrt, allda in harter Buße und Zerknirschung sein Leben beschlossen.

Achthundertundsiebzehnte Nacht

Claudine wurde diese Nacht aufgefordert, ein Märchen zu erzählen. Sie entschuldigte sich, daß ihr eben nichts einfallen wolle als ein Kindermärchen.

»Erzähl es nur«, sprach der Freiherr. »Gar manches Kindermärchen ist mir bei weitem lieber als unsere ganze neuere, gespreizte, arrogante, belletristische Literatur.«

Claudine lächelte und begann:

JOHANNES-KINDCHEN oder ADAH

Es lebten einmal zwei Edelleute, Mann und Frau, das waren recht brave Menschen, denn sie lebten fromm und zufrieden mit ihrem Lose und taten den Armen Gutes, wo sie nur konnten. Deshalb wurden sie denn auch von allen, welche sie kannten, geliebt und geehrt, und jeder wünschte ihnen nichts als Glück und Segen.

Es hatten aber diese guten Menschen zwei Kinder, einen Knaben von sechs und ein Mädchen von vier Jahren. Diese Kinder hielten sie als ihr teuerstes, liebstes irdische Gut und flehten alle Tage zu Gott, daß er sie segnen und sie gedeihen lassen möge – und wirklich schien es, als wolle der Himmel ihre Bitte erhören! Als aber der kleine Guido eines Tages im Garten mit seinem Schwesterchen spielte, da wurde er vom Blitz getroffen und blieb auf der Stelle tot, und dieses begab sich aber gerade am Johannestage, der zugleich sein Geburtstag war.

Ihr möget euch wohl den Schmerz der Eltern vorstellen, als sie sich so plötzlich ihres lieben Kindes beraubt sahen. Die Mutter, so fromm sie sonst immer war, konnte diesen Verlust doch nicht ertragen, sondern grämte sich, bis sie starb, und darüber grämte der Vater sich ebenfalls zu Tode, so daß nun Adah keine Eltern mehr hatte.

Wenn Adah älter gewesen wäre, hätte sie sich vielleicht ebenfalls so lange abgehärmt, bis man sie neben Vater, Mutter und Brüderchen gebettet; aber, wie gesagt, sie war nur ein kleines, vierjähriges Mädchen, als das Unglück sich begab, und somit konnte sie ihren großen Verlust noch nicht begreifen. Wohl weinte sie sehr, als sie Väterchen und Mütterchen vergebens herbeirief, wenn ihre alte Wärterin sie aus- und anzog, weckte und zu Bette brachte. – Bald jedoch gab sich das, und endlich vergaß sie beinahe, daß sie einen Vater und eine Mutter gehabt – ihr Brüderchen Guido aber konnte sie gar nicht vergessen – und fragte die alte Wärterin alle Tage, ob es denn nicht bald wiederkäme.

An ihrer Eltern Statt zog indessen ihrer Mutter Bruder mit seiner Frau und seinen Kindern ins Schloß, denn er war zum Vormund der kleinen Adah bestellt.

Der Onkel Vormund war aber ein häßlicher, habsüchtiger und falscher Mann, der das Schloß gerne für seine eigenen Kinder gewonnen hätte; da das aber nicht anging, solange die kleine Adah lebte, so war er ihr vom ersten Augenblick an gram und hätte nichts lieber gesehen, als wenn sie nur auch gleich gestorben wäre; ja, der abscheuliche Mensch nahm sich vor, sie recht zu quälen und zu vernachlässigen, damit dann vielleicht geschähe, was er wünschte.

Den Anfang machte er damit, daß er die alte, treue Wärterin Margarethe aus dem Schlosse jagte und an ihre Stelle eine boshafte, leichtsinnige Kammerjungfer seiner Frau die Aufsicht über die kleine Adah anvertraute. Diese schloß nun das arme Kind vom Morgen bis zum Abend in die schlechteste Kammer und bekümmerte sich nicht weiter darum. Ein bißchen Milch und Wasser und etwas trocknes Brot, das war alles, was Adah zu ihrer Nahrung erhielt, und oft erhielt sie einen ganzen Tag lang gar nichts. Der Onkel Vormund lebte indes in Saus und Braus auf dem Schlosse; die Tante gab ein Fest nach dem andern, und ihre Kinder bekamen nicht nur das allerbeste Essen, sondern auch alles, was sich ihre Herzen sonst nur noch wünschen mochten.

So ging das wohl an die zwei Jahre fort, und es wäre wohl gar kein Wunder gewesen, wenn die kleine Adah darüber gestorben wäre, da sie während dieser ganzen Zeit um nichts besser gehalten wurde, im Gegenteil, noch schlechter. Aber es kam ganz anders. Adah blühte wie ein Röschen, war gesund und munter und wurde alle Tage verständiger und hübscher, während des bösen Onkels Kinder ganz verkümmerten und mit jedem Tage garstiger und ungezogener wurden.

Als das nun der böse Onkel Vormund und seine ebenso böse Frau merkten, wurden sie noch eins so böse und sprachen ganz zornig: »Das kleine Ding steht unsern Kindern im Wege, daß sie kein Glück haben, ehe denn es tot ist.« Und dann beredeten sich beide miteinander, daß sie die kleine, arme Adah umbringen wollten. Damit die Leute aber nun nicht sagen könnten, daß sie es getan hätten, so stritten sie lange hin und her, wie sie's wohl anstellen möchten, daß es das Ansehen habe, als ob die kleine Adah durch einen unglücklichen Zufall ums Leben gekommen wäre. Endlich hatten sie ein Mittel gefunden, worüber sie einig wurden, und sagten es der Kammerjungfer, welche Adahs

Wärterin vorstellte, und die schlechte Person versprach auch alles so zu machen, daß die arme Adah um das Leben käme, als wäre sie selber an dem Unglück schuld.

Darnach ging sie hin zu dem Kinde und sagte: »Geh zu Bette, es ist schon acht Uhr!«

Und Adah legte sich zu Bette, sagte das Gebet, was die selige Mutter sie gelehrt hatte, und schlief sanft ein.

Als nun die böse Kammerjungfer merkte, daß Adah fest schlief, nahm sie sie sacht aus ihrem Bettchen, trug sie auf den Hausboden und legte sie durchs Dachfenster hinaus in die Dachrinne; dann lief sie, so schnell sie konnte, wieder hinab zu ihrer Herrschaft und erzählte ihnen, was sie getan, und der Onkel Vormund und seine Frau freuten sich darüber und sagten: »Es ist gut so«, denn sie glaubten nicht anders, als die kleine Adah, wenn sie aufwachte oder sich im Schlafe rührte, würde vom Dache und sich zu Tode fallen.

Achthundertundachtzehnte Nacht

Es war aber dieses wieder ein heiliger Johannesabend, und in dem Garten dufteten die Rosen und flogen die leuchtenden Johanniskäfer umher, dazu sangen die Nachtigallen, und die Springbrunnen plätscherten, daß es eine Lust war; über dem Schloßdache aber stand ein funkelnder Stern, der goß sein süßes Licht über das schlafende Kind aus, daß es dalag wie eine kleine Heilige. Und als es neun Uhr vorbei war, da wurde immer heller und glänzender das Licht des Sternes; er tat sich auf, und drinnen erschien ein Knäbchen in azurfarbnem Gewande, mit blonden Locken und blauen Augen, und in der rechten Hand hielt es einen Stab, da blühten Rosen und Lilien dran.

Von dem Stern ging jetzt ein Strahl aus bis dicht herab zu der schlafenden Adah, als wär' es eine diamantene Brücke; darauf schwebte das Knäblein immer näher und näher – Adah lächelte – ich weiß nicht, es es nur im Traum geschah oder ob sie die Nähe des himmlischen Kindes empfand, aber sie lächelte –, und der schöne Knabe, als er dicht vor ihr stand und sie betrachtete, lächelte auch. Endlich berührte er die schlummernde Kleine mit dem Rosen- und Lilienstab, daß sie erwachte; und als sie erwachte, wußte sie es gar nicht, an was für einem gefährlichen Orte sie lag, denn rund um sie her war dichtes

Rosengebüsch gewachsen, und die schlanken Lilien, darüber hinausragend, neigten ihre Kelche gegeneinander, daß sie ein Dach über Adahs Haupt bildeten; da glaubte sie nicht anders, als daß sie in einer schönen Laube geschlafen habe, und wußte nur nicht, wie sie dahin gekommen.

»Kennst du mich, Adah?« fragte der schimmernde Knabe. Adah blickte ihn an und rief freudig: »Ach, du bist ja mein Brüderchen Guido! Wo warst du denn so lange?« –

»In einem schönen Lande«, versetzte Guido, »und Vater und Mutter sind auch dort und lassen dich grüßen.«

»Warum habt ihr mich denn aber hier allein zurückgelassen?« fragte Adah weiter, und dann bat sie: »Führe mich nur schnell nach dem schönen Lande, Guido, wo der Vater und die Mutter sind, denn bei dem Onkel Vormund und der Frau Tante bin ich gar nicht gerne.«

Guido aber schüttelte den Kopf und antwortete: »Zum Vater und zur Mutter, liebe Adah, darf ich dich noch nicht führen, denn ich will dir's nur sagen: Wir wohnen nicht mehr auf dieser Erde, sondern das schöne Land, wo wir uns nun befinden, ist der Himmel!«

Da fing die kleine Adah bitterlich an zu weinen und rief: »Ach, soll ich denn nicht in den Himmel kommen, und bin doch immer ein artiges, frommes Kind gewesen! Geh nur, du häßlicher Guido, ich bin dir gar nicht mehr gut!«

»Nein, böse darfst du nicht werden, liebe Adah«, sprach Guido freundlich, indem er sein Schwesterchen küßte, »und sei nur ruhig, du kommst ganz gewiß einmal in den Himmel! Das kann aber erst geschehen, wenn du gestorben bist, und der liebe Gott will nicht, daß du so jung stirbst, wie ich gestorben bin, sondern du sollst noch recht glücklich auf Erden werden, nämlich wenn du fromm und gut bleibst.«

»Oh, fromm und gut will ich schon bleiben«, rief Adah, »aber wenn du nicht gekommen bist, um mich abzuholen, warum bist du denn eigentlich gekommen?«

»Das will ich dir alles erzählen«, versetzte Guido, »wenn wir erst hier weg sind.«

»Müssen wir denn hier weg?« fragte Adah, und indem sie umherblickte, fuhr sie fort: »Sieh doch nur die schönen Rosen und Lilien, wie sie blühen und duften; mir gefällt es hier so sehr, daß ich immer hierbleiben möchte.«

»Weil du nicht weißt, wo du stehst«, sprach Guido und winkte mit der Hand. Da teilten sich dicht vor Adah die Rosenzweige auseinander, und sie gewahrte mit Entsetzen, daß sie auf dem schmalen Dache eines hohen Gebäudes stand, hart an einem fürchterlichen Abgrunde. – Mit einem lauten Schrei barg sie das Gesicht in ihre Händchen und taumelte vorwärts, dem Abgrunde zu; aber Guido hielt sie, daß sie nicht hinabstürzte, und als sie endlich wieder zu sich kam und ängstlich wieder um sich zu blicken wagte, hatten die Rosenbüsche sich wieder geschlossen, so daß sie nichts mehr von der Gefahr gewahrte. Guido jedoch sprach: »Vergiß es nie, Adah, was du eben sahest, und denke immer daran, wie nahe oft die Gefahr dem Menschen ist, ohne daß er es ahnet. Nun aber komm, denn unseres Bleibens ist hier nicht mehr!« Und wieder winkte er, und wieder öffneten sich die Rosenbüsche; aber Adah gewahrte jetzt keinen Abgrund mehr, sondern eine Brücke von Rosen und Lilien wölbte sich sanft von der Stelle, wo sie standen, bis zu dem Erdboden, und darauf schritt Adah an der Hand ihres Bruders sicher hinab bis ans Gartentor; dies tat sich von selbst auf, so daß sie ins Freie konnten, und schloß sich ebenfalls von selbst wieder.

Achthundertundneunzehnte Nacht

Adah und Guido schritten durch die mondbeglänzte Landschaft, einem Walde zu, wo eine weise Frau wohnte, das war zugleich eine wohltätige Fee, und dahin brachte Guido sein Schwesterchen.

Die weise Frau wohnte in einer Hütte, welche von außen ganz schlicht und ärmlich aussah, innen war aber alles sehr schön; die Wände leuchteten wie lauter farbige Kristalle, und die Decke war von den schönsten Blumen zusammengefügt; auf dem Fußboden lag ein kostbarer Teppich; kurz, es war alles so kostbar, wie sich's eine Fee nur wünschen kann und keine Prinzessin es schöner hat; dazu sangen draußen die lieben Vögel den ganzen Tag, und die Bäche, die Büsche, die Waldbäume redeten untereinander von wundersamen, lieblichen Geschichten, so daß Adah wirklich zuerst meinte, Bruder Guido habe sie doch wohl in den Himmelsgarten geführt. – Als aber Guido der weisen Frau sein Schwesterchen übergeben, nahm er zärtlich Abschied von ihr und versprach, er wolle sie oft besuchen, und dann schwebte er davon, wie von unsichtbaren Händen emporgetragen, worüber die kleine Adah sehr betrübt war und nicht übel Lust hatte, recht herzlich zu weinen. Die weise Frau aber sagte ihr, was es eigentlich für eine Bewandtnis mit ihrem Brüderchen habe, nämlich: »Guido ist das erste Kind deiner Eltern und an einem Johannestage geboren und an einem

Johannestage gestorben. Der Johannestag aber, mußt du wissen, ist vor Gott ein besonders lieber und heiliger Tag, und wenn an ihm das erste Kind zweier Eltern geboren wird und stirbt und es ein Knäblein ist, so wird es der Schutzgeist all seiner übrigen Geschwister, solange diese auf Erden leben. So ein Johanneskindchen ist nun dein Bruder Guido, und er wird dich auf Gottes Gebot beschützen, daß dir nichts geschieht, was zu deinem Verderben führen könnte, wenn du nur selbst nichts dergleichen tust; also bleibe brav und gut! Du brauchst dann keinen andern Feind zu fürchten.«

Adah begriff so ziemlich, was die weise Frau zu ihr gesprochen, und lernte es später noch besser begreifen, als sie älter wurde, und je mehr sie es begriff, um so fester wurde ihr Vorsatz, immer gut und fromm zu leben.

Sie hielt auch wirklich, was sie sich selbst versprochen, so daß die weise Frau ihre Freude an dem lieben Mädchen hatte.

An jedem neunten Tage eines neuen Mondes kam übrigens Brüderchen Guido, sein Schwesterchen zu besuchen. Er erzählte ihr dann von ihren Eltern und welche Freude sie in ihrer Seligkeit darüber empfänden, daß ihre Tochter Adah auf Erden so fromm und gut sei; und wenn die Fee ihm etwas besonderes Gutes von Adah erzählte, dann schenkte er ihr oft eine himmlische Blume, welche in unerhörter Pracht duftete und blühte und nie verwelkte. Dieser Blumen wurden am Ende so viele, daß Adah einen Kranz daraus winden konnte, und solch einen Kranz hat wohl die reichste Prinzessin der Erde noch nicht so schön gehabt.

Indessen lebte auf dem Schlosse der böse Onkel Vormund mit seiner Frau und seinen Kindern ein wahres Höllenleben; denn ob ihnen gleich niemand sagen konnte, daß sie die kleine Adah umgebracht hätten, so ließ ihnen doch ihr böses Bewußtsein keine Ruhe, sondern quälte sie Tag und Nacht, daß sie trotz aller Reichtümer keine frohe Lebensstunde hatten. – Der bösen Kammerjungfer war es aber noch schlimmer ergangen, diese war, von Gewissensbissen gequält, halb wahnsinnig geworden, und da nun ihre Herrschaft fürchtete, sie möchte sie verraten, so sperrten sie sie in einen tiefen, dunklen Keller unter dem Schloßturme, wohin nie ein Strahl des Tageslichts gelangen konnte. Da mußte sie ohne Hoffnung, je wieder befreit zu werden, sitzen und bekam nichts als verschimmeltes Brot und sumpfiges Wasser; so belohnte ihre böse Herrschaft ihr ihre bösen Dienste.

Im Schlosse war es aber nun auch überhaupt nicht geheuer; denn da die rechtmäßige Herrschaft noch am Leben und dennoch eine fremde unrechtmäßigerweise hineingezogen war, so wurden die Hauskobolde zornig, kamen aus den Winkeln, wo sie jahrhundertelang ruhig gesessen hatten, hervor und neckten und schreckten das Schloßgesinde und die Herrschaft um die Wette, daß allen ein Grausen ankam und fast alle Vierteljahr andere Diener angenommen werden mußten, weil kein Gesinde in dem Schlosse lange ausdauern konnte.

Dabei besserten sich die Kinder der bösen Herrschaft nicht im geringsten; je älter sie wurden, um so boshafter wurden sie, und die beiden ältesten waren schon schnell nacheinander gestorben, so daß nur noch ein Sohn und eine Tochter übrig waren.

Mehrere Jahre waren so vergangen; Adah zählte jetzt etwa fünfzehn Sommer; da kam einstmals am gewöhnlichen Tage Guido, aber nicht heiter wie sonst, sondern sehr ernst.

Er schenkte seiner Schwester noch eine Blume in ihren Kranz zu flechten, und als Adah, durch die besondere Schönheit der Blume veranlaßt, ihn fragte, wie ihr Name sei, sprach er: »Gottvertrauen«, dann küßte er seine Schwester und ging mit der Fee in ihr Kabinett, wo er wohl eine Stunde lang mit ihr sprach. Als die Fee endlich allein wieder aus dem Kabinett trat, hatte sie verweinte Augen; sie wollte aber ihrer Pflegetochter nicht sagen, was ihr fehle, sondern sagte nur, daß Guido eine Zeitlang nicht wiederkommen dürfe, das Schicksal habe es so beschlossen, und dawider könne niemand, wer es auch sei, etwas einwenden. Damit mußte sich Adah zufriedengeben.

Achthundertundzwanzigste Nacht

Es währe aber nicht lange, da erhielt die Fee einen Besuch von ihrem Vetter, dem Zauberer Zamori. Das war ein grundgelehrter Mann, der in Ägypten studiert hatte und sich einen Professor der unnatürlichen Naturwissenschaften nannte. So gelehrt er nun aber auch war und so viele Macht er auch in der praktischen Zauberei besaß, so war er doch in seinem Umgang eine recht ungeschlachte und unangenehme Person, mit einer garstigen Schnupftabaksnase, einer groben Bierbaßstimme und schmutziger Leibwäsche.

Die gute Fee hätte ihm gerne die Tür vor der Nase zugeschlagen; das ging aber nicht an, denn erstens war er, wie gesagt, ein Zauberer und ihr Vetter und zweitens war er in Schicksalsangelegenheiten gekommen;

sie mußte ihn also, obwohl mit schwerem Herzen, freundlich empfangen.

Herr Zamori tat, als ob sich das alles von selbst verstände, und machte sich's ohne Umstände so bequem, als ob er sich in seinem eignen Hause befände. Er zog einen feuerfarbenen Schlafrock an, mit schwarzen hineingewirkten Zaubersprüchen, setzte dazu eine weiße, dreieckige Nachtmütze auf, welche nach dem Muster der ägyptischen Pyramiden gefertigt war, und trat in ein Paar gelbe Pantoffeln, welche er von einem türkischen Mufti, seinem alten »ami«, zum Andenken erhalten hatte; dann setzte er sich in den Lehnstuhl der Fee und sprach: »Nun, Kinder, tragt auf, was Küch' und Keller vermag, denn ich bin hungrig wie ein Werwolf.«

Die Fee und Adah trugen alles herbei, was sie nur an Essen und Trinken in der Hütte hatten, und Herr Zamori schob alles in sein großes Maul, was sie ihm vorsetzten; als sie aber endlich nichts mehr hatten, fragte er ganz verwundert: »Na, warum bekomm' ich denn nichts mehr zu essen?« – Als ihm nun die Fee sagte, daß er schon alles aufgegessen habe, was sie in der Hütte gehabt hätten, machte er ein grämliches Gesicht und brummte: »Dumme Wirtschaft, ich merke, Cousine, du und dein Pflegetöchterchen, ihr lebt von Vogelfutter, aber ich habe die Ehre, dir zu sagen, daß ich das nicht gewohnt bin, sondern meine gute Hausmannskost verlange! Sorge daher, daß ich morgen ein tüchtiges Stück Rindfleisch mit Gemüse nebst einigen Dutzend Flaschen Burgunder auf dem Tische finde; denn du weißt wohl, daß ich mir selber durch meine Kunst in deiner Wohnung nichts herbeizaubern kann. Ich will aber, deiner dummen Wirtschaft halber, nicht mit hungrigem Magen zu Bette gehen; also sieh darnach, sonst bleiben wir keine guten Freunde! – Übrigens brauchst du keine Umstände zu machen, wenig, aber gut und viel, damit bin ich zufrieden.« – Somit ging er ins Nebenzimmer, streckte sich aufs Bett und fing an zu schnarchen, daß die ganze Hütte zitterte.

Am andern Tage hatte die Fee mit Müh und Not alles Verlangte herbeigeschafft; denn sie selbst sowohl als ihre dienstbaren Geister waren zu feiner Natur, um sich mit so groben Speisen abzugeben. Der Zauberer aber ließ es sich vortrefflich schmecken und schmatzte und knurrte vor Vergnügen; dabei stopfte er sich während des Essens immer die Nase voll Schnupftabak, welches recht garstig aussah, und trank ein Dutzend Flaschen aus, als ob es Wasser gewesen wäre; da es aber, wie gesagt, Burgunderwein war, so kriegte er endlich etwas in den Kopf, und da wurde er ungezogen, wie alle betrunkenen Leute, so daß die arme Fee und Adah nur Gott dankten, als er endlich unter den Tisch fiel und einschlief. Als er aber wieder aufwachte, ging der Jammer von neuem los; denn nun hatte er Kopfweh und befand sich übel, so daß die Fee und Adah ihm einen großen Kessel voll Kamillentee kochen mußten, welchen er unter Brummen und Stöhnen austrank, wonach ihm denn wieder etwas besser wurde.

So ging das Tag für Tag, wohl drei Wochen lang.

Da trat der Zauberer eines Morgens vor die Fee hin und sprach: »Höre mal, Cousine Fee, ich will dir was sagen! Meine Geschäfte sind jetzt hier beendet, und ich gedenke, morgen abzureisen. Du hast mich diese Zeit über gut bewirtet, wofür ich dir meinen Dank sage; aber nun komme ich zur Hauptsache, nämlich: Als ein Mann in meinen besten Jahren habe ich mich entschlossen, eine Frau zu nehmen, und da mir deine Pflegetochter Adah sehr wohl gefällt, so will ich sie heiraten. Nun sage mir: Was sagst du dazu?«

Die gute Fee erschrak gewaltig und versetzte verlegen: »Lieber Vetter, das geht nicht!«

»Warum geht es nicht?« fragte der Zauberer.

»Weil das Schicksal es nicht will«, antwortete die Fee.

»Dummes Zeug«, rief der Zauberer. »Was Schicksal, ich bin Professor der Zauberei und kehre mich den Henker um das dumme Schicksal! Sag nur kurz und gut, daß die Kleine meine Frau wird, sonst werd' ich böse, und wenn ich böse werde, so werd' ich grob!«

Da konnte die gute Fee sich nicht mehr halten und antwortete: »Ich muß die Ehre haben, dir zu sagen, Vetter, daß du nicht erst nötig hast, grob zu werden, da du, leider Gottes, schon grob genug bist! Du willst ein gelehrter Professor sein und in Ägypten studiert haben und beträgst dich doch so übermütig und ungeschliffen wie kein Bauernlümmel im Dorfe! Dazu ißt du uns alles gierig vor dem Munde weg, schnupfest abscheulich Tabak, daß du immer mit einer ganz schwarzen Nase einhergehst, und betrinkst dich Tag für Tag. – Ei, schickt sich so etwas für einen Professor und honetten Zauberer? – Nein, nun und nimmermehr gebe ich dir meine gute Pflegetochter zur Frau, ich will sie nicht für einen solchen garstigen, unreinlichen Mann erzogen haben, wie du einer bist!«

Da wurde der Zauberer wütend und schrie: »Potz Tausend! Du schlechte Cousine! So wagst du deinen leiblichen Vetter zu behandeln? Na, warte nur, Fräulein Zimperlich, wir wollen sehen, wer mehr Macht hat, du oder ich! Du sollst erfahren, was es heißt, einen Professor der Zauberei zum Feind haben, der nicht nur zu Memphis und Ägypten studiert hat, sondern auch zu Rostock, Greifswalde, Berlin, Leipzig und Schöppenstädt, Halle und Krähwinkel, Jena und Schilda, Göttingen und Bonn! Wart nur, du schlechte Cousine!« Damit lief der Zauberer voller Wut aus der Hütte und schlug die Türe hinter sich so gewaltig zu, daß alle Fensterscheiben klirrten.

Adah kam ganz erschrocken herbeigelaufen, die weinende Fee zu trösten. Diese sprach: »Es ist nur gut, daß der abscheuliche Unhold fort ist! Aber ach, du armes Kind, was wirst du noch alles erdulden müssen! Ich habe diese Nacht in den Sternen gelesen; im Großen Bären steht es, daß dir Unheil droht; doch tröste dich, auf Regen folgt Sonnenschein. Diesen Abend will ich dir noch einmal die Karte legen und dir sagen, was du tun mußt, um den gefährlichsten Gefahren zu entgehen.«

Ach, die gute Fee hatte gewiß nicht aufmerksam genug in den Sternen gelesen, sonst hätte sie wohl wissen müssen, daß sie ihre geliebte Pflegetochter den Abend nicht mehr bei sich haben würde; denn als Adah nach Tisch, in der Stunde, wo die Fee ihr Nachmittagsschläfchen hielt, in den Wald ging, um sich mit der Quelle und den klingenden Blumen zu unterhalten, kam der böse Zauberer Zamori herangeschlichen, packte die arme Adah, eh' sie sich's versah, um den Leib und flog mit ihr durch die Luft davon, nach seinem Zauberschlosse.

Achthunderteinundzwanzigste Nacht

Dieses Zauberschloß war ganz von Stahl gebaut und hatte weder Fenster noch Türen. Wenn der Zauberer hinein oder heraus wollte, so sagte er einen Zauberspruch, dann tat sich ein Spalt in der stählernen Mauer auf, wo hindurch er gehen konnte. Erleuchtet aber wurde das Schloß im Innern durch mehrere Tausend brennende Lampen, und jede Lampe war aus einem Edelstein gearbeitet, wie denn das ganze Zauberschloß weit schöner und künstlicher gebaut war, als man es von dem ungeschlachten Zauberer hätte erwarten können.

Adah gewahrte indes von all dieser Pracht nichts, so betrübt und erschrocken war sie darüber, daß der Zauberer sie entführt, und sie wäre gewiß untröstlich gewesen, wenn nicht zum Glück der Kranz mit den Himmelsblumen, welchen sie nach ihrer Gewohnheit mit in den Wald genommen, sie getröstet hätte. Als aber nun der Zauberer ihr sagte, daß er sie zu seiner Frau Professorin der Zauberei, oder mit anderen Worten, zu seiner Frau schlechtweg, machen wollte, nämlich so, daß er sie heiratete, da kam ihr das doch gar zu abscheulich vor, und sie sagte ihm gerade ins Gesicht, daß sie lieber sterben wollte, als so einen garstigen Zauberer zu heiraten.

Darüber wurde der Zauberer schrecklich böse, knirschte mit den Zähnen und schwur recht gotteslästerlich, sie solle und müsse ihn heiraten, oder er wolle nicht »Zamori«, sondern »Hanswurst« heißen, und als Adah darüber zu weinen anfing, geriet er ganz außer sich und schrie mit fürchterlicher Stimme: »Nun wohl, du dummes Ding, so magst du es haben – nun will ich dich gar nicht zu meiner Frau! Aber weil ich dir nicht gut genug war, so sollst du auch lange warten, eh' dich wieder einer will.« Somit rührte er sie mit seiner Zauberrute an, indem er brummte:

»Vitzli-putzli!
Garstig sei sie!«

Da verwandelte sich in einem Nu Adahs liebliche Gestalt in die allerhäßlichste; statt der blonden Ringellocken, welche sonst um das schöne Köpfchen flatterten, starrten brandrote, struppige Borsten um ein ungestaltetes Zwergenhaupt; das zarte Mündchen wurde zu einem abscheulichen Mohrenmaul, welches von einem Ohr bis zum andern reichte; die feingeformte, griechische Nase dehnte sich zu einem wahren Habichtsschnabel aus, welcher mit dem Mummelkinn zusammenstieß; die Haut wurde gelb und fleckig und die ganze Gestalt mager und abgezehrt, aber, o Wunder, die Augen des Mädchens hatte der Zauberer nicht verwandeln können. Sie blickten so treu und innig, so himmelklar und rein wie nur je vorher, und das war ein Zeichen, daß der Zauberer auch ihr Inneres nicht hatte verwandeln können, denn die Augen sind der Spiegel der Seele.

Darüber ärgerte sich der Zauberer gewaltig, er versuchte alles, um auch die Augen zu verunstalten, das ging aber durchaus nicht. Da rief er endlich ganz boshaft: »Nun gut, so mögen diese Augen denn fortan, sooft sie weinen, nur echte Juwelen weinen! Du aber höre jetzt, was ich dir sage: Nicht eher sollst du deine vorige schöne Gestalt wiedererhalten, bis du – im Arm des Todes – Freudentränen weinst. Und nun Marsch, du Balg, aus meinem Hause!« Damit winkte der garstige Zauberer, der Turm öffnete sich, ein Sturmwind riß das weinende Mädchen mit sich fort, bis in einen fernen, dichten Wald.

Es war eine stürmische Nacht, als dies geschah, schon spät im Herbst, kein Stern blinkte am Himmel, der Sturm heulte, der Regen stürzte in Strömen herab, und weit und breit ließ sich keine menschliche Wohnung vermuten. Laut jammerte und klagte die arme Adah, irrte vergebens, einen Ausweg suchend, hin und her und taumelte endlich – verzweifelnd die Hände ringend – auf einen bemoosten Felsblock nieder – denn sie glaubte nun nichts gewisser, als daß sie hier, verlassen von allem, hilflos umkommen müsse! – Da fiel ihr plötzlich etwas, als würde es von einem Baum herabgeworfen, in den Schoß, sie griff darnach. Ein wunderbarer, ätherischer Duft strömte ihr entgegen, und mit unaussprechlicher Freude fand sie, daß sie ihren Kranz von Himmelsblumen, welche nie welken, in den Händen hielt! Dies gab ihr ein Zeichen, daß sie nicht von allem verlassen sei, hieß nicht die letzte Blume, welche Guido ihr gebracht »Gottvertrauen«? – »Ja«, rief sie entzückt, »ja, auf Gott will ich vertrauen, was mir auch noch widerfährt! Er wird sein Kind nicht verlassen.«

Und trotz des Regens und des forttosenden Sturmes kniete sie nieder und betete zum himmlischen Vater.

Achthundertzweiundzwanzigste Nacht

Als sie, gestärkt und neu ermutigt, sich erhob, sah sie durch die Büsche ein Licht flimmern; laut jauchzend eilte sie darauf zu, so schnell es der schlechte Waldweg gestattete, und bald stand sie vor einer Hütte, welche ein Waldbauer bewohnte.

Sie klopfte an die Hüttentür und bat mit flehender Stimme um Einlaß! – Der Waldbauer öffnete brummend und ließ sie in das einzige, vorhandene Stübchen treten, wo seine alte, häßliche Frau am Kaminfeuer saß; aber so alt und häßlich die Bäuerin auch war, so war Adah jetzt doch noch häßlicher, so daß beide Bauersleute sich vor ihrer Ungestalt entsetzten, und der Bauer nicht übel Lust hatte, sie wieder aus der Hütte zu werfen, weil er glaubte, sie sei eine Hexe.

Adah, die ihm ansah, was er im Sinne hatte, stürzte ihm zu Füßen und bat, er möchte sie doch nur nicht nach ihrer Mißgestalt richten, sie sei reines Herzens und wolle ihm und seiner Frau als treute Magd dienen.

»Nun, wenn das ist, so magst du bleiben«, brummte der Bauer, und da er wohl merkte, wie erschöpft und hungrig sie sein müßte nach einer solchen Wanderung in dem fürchterlichen Wetter, so setzte er ihr ein bißchen schlechtes Essen vor und wies ihr dann in einer Ecke ein Lager an, worauf sie schlafen könne.

Mit Tränen verzehrte Adah das kärgliche Mahl und legte sich dann zur Ruhe, die Tränen aber, welche sie geweint hatte, waren echte Diamanten, wie der Zauberer Zamori es gewünscht hatte, und als der alte Bauer die Schüssel wegnehmen wollte, fand er die kostbaren Steine und erkannte sie sogleich für das, was sie waren, denn von einem Juden hatte er die edlen Steine kennen- und schätzengelernt.

Er schrie laut auf vor Freude und teilte seinem Weibe mit, was er gefunden und was es für eine Bewandtnis mit den Juwelen habe. Die alte Bäurin schlug vor Erstaunen die Hände über den Kopf zusammen und fragte, was er denn nun zu machen gedenke. –

»In die Stadt wollen wir ziehen«, rief der Bauer. – »Juwelier will ich werden, und ein so reicher, wie noch keiner gelebt hat! Haha, ich weiß, wie man Juwelen macht!«

Darauf beredete er alles weitläufig mit seinem Weibe, und diese stimmte ihm in allem bei.

Als am andern Morgen Adah erwachte, taten beide sehr freundlich gegen sie und sagten ihr, sie sollte nicht als eine Magd, sondern als Kind vom Hause gehalten werden, sie solle nur mit ihnen in die Stadt ziehen, wo sie eine gute Erbschaft getan hätten.

Adah hatte nichts dawider und zog mit ihnen in die Stadt.

Da war das erste, daß der Bauer zu dem Hofjuden lief und ihm die Juwelen zeigte. Der Jude erstaunte über ihre Schönheit und zahlte gleich einen hohen Preis dafür; damit lief der Bauer hin und kaufte sich ein kleines Häuschen in der Vorstadt mit Zubehör, denn er war so klug, nicht gleich als ein großer Herr aufzutreten, damit man ihn nicht fragen möchte, woher er das viele Geld habe, da er doch sonst nur ein armer Waldbauer gewesen.

Er lebte aber von jetzt an sehr liederlich, und so war es denn kein Wunder, daß er bald mit dem Gelde, was er für die ersten Diamanten gelöst hatte, zu Ende war; da trat er denn vor Adah hin, welche er immer in einer Kammer eingeschlossen hielt, und verlangte von ihr, sie solle weinen. Und wie das arme Mädchen ihn ganz verwundert ansah, weil sie gar nicht begriff, was ihm daran liegen könne, wenn sie weine, so ergriff der Unmensch einen Stock und schlug sie jämmerlich, bis sie zu weinen anfing. Da bückte er sich hastig und sammelte die Tränen auf und rief lachend: »Mehr, mehr«, und schlug so lange auf Adah los, bis er übergenug Juwelen hatte und sie nicht mehr weinen konnte vor Schmerz und Erschöpfung. Da sprach er: »Für heute mag's gut sein«, und ging davon.

Achthundertdreiundzwanzigste Nacht

So trieb er's wohl ein Jahr lang, und die unglückliche Adah mußte die schrecklichsten Leiden erdulden!

Das wurde dem Hofjuden, welchem der Bauer alle seine Juwelen verkaufte, doch verdächtig. – Er erzählte alles an den König, und als der Bauer das nächste Mal wieder mit einem ganzen Beutel voll Juwelen zum Hofjuden kam, um sie wie gewöhnlich zu verschachern, wurde er festgenommen, auf die Wache und dann vor Gericht geführt und sollte gestehen, woher er die vielen Juwelen habe.

Anfangs wollte er nichts sagen, als aber der Meister Büttel herzutrat, und ihn mittels des Ochsenziemers befragte, gestand er alles.

Die Richter sowie der König, der dem Verhöre mit beigewohnt hatte, erstaunten sehr. Der König befahl sogleich, das Mädchen herbeizubringen. Das geschah, sie mußte ihre Geschichte erzählen und tat es unter vielen Tränen, womit sie denn zugleich den Beweis führte, daß es mit den Diamanten seine Richtigkeit habe. Der hartherzige Bauer wurde in den Turm geführt, Adah aber erhielt ein Zimmer im Schlosse des Königs angewiesen, und auf ausdrückliches Verlangen des Kronprinzen, eines edlen, schönen Jünglings, gab der König sein Ehrenwort, daß Adah niemals gezwungen werden sollte, zu weinen, um so mehr, als es sich bald zeigte, daß die Diamanten noch einmal so groß und schön gerieten, wenn das Mädchen vor Freude weinte. Doch weinte sie auch noch oft genug vor Kummer, wenn sie an ihre jetzige Häßlichkeit dachte und dagegen den jungen Prinzen und seine Schwester ansah, welche beide bildschön waren.

So kam nach Jahresfrist wieder der Johannestag heran, und im Schlosse entstand großes Jammern und Wehklagen, denn der leibhafte Tod war in dem Schlosse eingekehrt und verlangte, der junge, blühendschöne Prinz solle mit ihm gehen.

Es ist nämlich zu sagen, daß Prinz Eloi auch ein Johanneskind war und vor zweiundzwanzig Jahren schon hatte sterben sollen – er war dazumal erst zwei Jahre alt gewesen –, und der König und die Königin hatten so herzzerreißend gejammert und gebeten, daß der Tod, gerührt, ihm noch zwanzig Jahre bewilligt hatte.

Nun waren aber die zwanzig Jahre um, und der Tod wollte sich nicht abweisen lassen, so sehr die Königin, der König und die Prinzessinnen flehten und jammerten und alles Volk mit ihnen, der Prinz selbst sagte nichts und war auf alles gefaßt.

»Nu gut«, rief endlich der Tod, »da ihr euern Prinzen alle so liebhabt, so will ich ihm noch sechzig volle Jahre schenken.«

Da jubelten alle laut auf und wollten dem Tod danken, der aber sprach weiter: »Halt, es ist noch eine Bedingung dabei. – Der Prinz, sage ich, soll noch sechzig volle Jahre leben, aber es muß statt seiner jemand von euch mir sogleich freiwillig folgen.«

Da erblaßten alle und schlugen die Augen nieder, denn so lieb auch alle den Prinzen hatten, es wollte doch keiner für ihn dem Tod sich in die Arme werfen.

Der Tod schaute höhnisch drein und grinste: »Nun? Wie ist's? Gefällt euch die Bedingung nicht? Will keiner für ihn mir folgen ins kühle Grab?« –

Da trat plötzlich Adah hervor und sprach zum Tod: »Ich – ich will dir an seiner Statt folgen.« Und alle blickten erstaunt auf das Mädchen.

Der Prinz aber stürzte auf sie zu und schrie laut auf: »Nein! Du, du darfst nicht für mich sterben! Du nicht – hier bin ich, Tod, nimm mich selbst.«

Doch Adah hatte sich schon in die Arme des Todes geworfen. »Ich sterbe gerne für dich«, flüsterte sie, lächelnd dem Prinzen zunickend, und zwei der reinsten Freudentränen fielen aus ihren Augen klingend auf den Marmorboden des Saales. –

Aber da tönte auch in jubelnden Akkorden himmlische Sphärenmusik! Verschwunden war das Schreckbild des Todes, und an seiner Statt hielt ein strahlender Cherub die nun entzauberte, engelschöne Adah in seinen Armen.

»Adah«, hauchte er, indem er die Ohnmächtige küßte, »Adah, erwache!« Und Adah erwachte, und den Cherub erkennend, rief sie: »Guido, mein Bruder!«

»Du siehst mich hier zum letzten Male«, sprach der Cherub, »lebe glücklich auf Erden, des Herrn und der Eltern Segen ruht auf dir, deine Prüfungszeit ist nun beendet! – Dort sehen wir uns wieder.«

Der Cherub entschwand, und umgeben vom Abglanz des Himmels stand Adah in der Mitte des Saales.

Da nahte sich ihr Prinz Eloi und flehte: »Du wolltest für mich sterben,

Adah! O laß mich künftig für dich leben!« Und der König sprach gerührt: »Ja, mein teuerstes Fräulein, heiraten Sie gefälligst diesen meinen Thronerben, denn wie ich sehe, sind Sie von der besten Familie und durchaus nicht zu schlecht für meinen Prinzen.«

Da reichte Adah dem Prinzen ihre Hand; Pauken und Trompeten ertönten. Das Volk jubelte: »Heil unserm Prinzen Eloi! Heil seiner teuren Braut Adah!«

Und mein schönes, liebes Märchen vom Johanneskindchen ist zu Ende.

Das Märchen hatte allen außerordentlich gefallen, und Claudine erhielt große Lobsprüche über den Vortrag desselben. »Es waltet in diesem Märchen jener milde, versöhnende Humor«, sprach Eduard, »welchem wir auch in den Dichtungen des unglücklichen F. Raimund begegnen und der bei mir, ehrlich gesagt, unendlich höher angeschrieben steht als der wilde, vernichtende Humor Hoffmanns, wobei man oft vor Unmut und Ungeduld ich weiß nicht was beginnen möchte.«

»Gut, daß Reiner nicht zugegen ist und dich hört«, versetzte Alma lächelnd, »du würdest eine wackere Zurechtweisung für deine scharfe Kritik von ihm erhalten, du weißt, wie sehr er Callot-Hoffmann liebt.« –

»Das weiß auch ich«, sprach der Kaplan, »indes kann ich versichern, daß Reiner durchaus nicht blind für Hoffmanns Fehler ist. Aber je strenger er oft selber über die Arbeiten seines Lieblings urteilt, so möchte er doch gerne, daß alle andern Leute nur ihre Verehrung für diesen in jeder Hinsicht ausgezeichneten und in Wahrheit edlen Geist laut werden ließen.«

»Spotten wir nicht über diese Eigenheit unseres Freundes«, bat die Freifrau, »sie macht seinem Herzen Ehre. Wie er mir vertraute, so war es Hoffmann, der zuerst sein Talent entdeckte, es richtig würdigte und ihn aufmunterte, das Ziel zu verfolgen, trotz allen Hindernissen, welche ihm von seinen Verwandten in den Weg gelegt wurden. Das hat Reiner nie vergessen – wollen wir ihn tadeln, daß er den toten, ältern Freund über alles ehrt und werthält?«

»O gewiß nicht«, rief Marie und küßte der Freifrau die Hand.

Achthundertvierundzwanzigste Nacht

Als die Bewohner des Schlosses diesen Abend alle beisammensaßen und das Feuer lustig im Kamin loderte, während draußen der Sturm tobte, sprach Alma: »Dieses Wetter ist einmal wieder wie geschaffen, um ein recht schauriges Märchen anzuhören, und ich würde es dir, mein lieber Eduard, durchaus nicht übelnehmen, wenn du es recht ernstlich darauf anlegtest, daß wir – nämlich Mama, Claudine, Maria und meine Wenigkeit – uns eine Weile ein bißchen fürchteten, nur bitte ich, mach es nicht allzu arg und treibe es nicht bis über jene Grenze hinaus, wo das behagliche Grauen, welches so hübsch zu dem Sturm da draußen, dem traulichen Kaminfeuer und der singenden Teemaschine paßt, dem starrenden Entsetzen weicht. Bitte schön!«

Eduard küßte seiner reizenden Gattin die Hand und sprach mit komischem Pathos:

»Dein Will' ist mein Gesetz!

Ich werde mich bemühen, ein Märchen aufzufinden, das deinen Wünschen nahekommt, wenn es Sie auch nicht alle befriedigt.«

Er sann einige Augenblicke nach und erzählte sodann folgende schlesische Sage.

DIE RABENDOCKEN BEI GOLDBERG

Goldberg ist eine romantische Felsenpartie, ähnlich den Adersbacher Felsen am Ufer der Katzbach, auf dem Wege nach Neuländel. Unfern von jenem Örtchen erblickt man den Wolfsberg, auf dessen Spitze angelangt, man in eine Tiefe schaut. Diese bezeichnet den Platz, wo die einst versunkene Wolfsburg stand. Vor länger als 400 Jahren, ehe die Tataren in Schlesien eindrangen und sie auf ihren Streifereien auch Goldberg heimsuchten und die dortigen Bergleute erschlugen, lebten dort zwei böse Ritter, Kuno und Veit, genannt die Erlacher. – Der eine war Besitzer der Wolfsburg, der andere hatte eine Schenke im Seifentale. Diese hatten viele schreckliche Taten verübt, so daß Gottes Gericht nicht lange mehr zögern durfte, und da versank auf einmal die Burg auf dem Wolfsberge und die Rabenschenke im Seifentale, sie wurde mit allen Gebäuden ringsherum in Stein verwandelt. Das sind nun jene Rabendocken, von welchen das dortige Landvolk gar schaurige Sagen weiß. Wo der alte Wartturm gestanden haben soll, sieht man heute noch einen Felsen, einem Turm ähnlich, auf welchem ein sonderbar gestalteter Felsen ruht; wunderbar und höchst seltsam sind auch die übrigen, aber was am staunenswertesten ist: unten sieht man ein Türlein eingesprengt, als ob man durch dasselbe in die Felsen gehen könne; dies steht offen in der Christnacht, wenn der Zeiger zwölf schlägt. Viele haben es schon offen gesehen, aber es kommt jedem Menschen ein seltsam Grauen an, daß er es nicht wagt, hineinzusteigen.

»Frießhart, morgen führe mich dahin, ich muß in die Felsen«, rief Wunibald vom Bühel dem alten Waffenschmied zu, welcher den durch den Sturz des Rosses verbogenen Harnisch des Ritters auszubessern bemüht war.

»Eher nicht als in der Christnacht werdet Ihr hineinkommen«, belehrte der Alte, »doch warne ich Euch, es ist nichts Gutes, Herr Ritter! Und was wollt Ihr bei aller Eurer Tapferkeit gegen den bösen Geist ausrichten?«

Als der Morgen angebrochen war – es war der Tag vor dem Heiligen Abend –, stieg Wunibald allein, um sich mit der Gegend bekannter zu machen, das Seifental hinunter. Eisig kalt stürmte ein schneidender Nordostwind, und Windeswehen hatten sich rings an die Rabendocken gelehnt. Öde und menschenleer war es hier; denn man sagte, es sei im Tale nicht geheuer und leide niemanden, der sich dort anzusiedeln gedenke.

Als Wunibald an die Felsen kam, entdeckte er auch die steinerne Türe, und indem er näher trat, vernahm er ein starkes Schnarchen, als ob ein Mann fest schliefe, welches aus dem Felsen herauszukommen schien.

Als er so die ganze Gegend erkundet hatte, ging er getrosten Mutes zurück, mit dem festen Vorsatz, durch die Hilfe Gottes in der Weihnacht das Abenteuer zu bestehen.

Der Waffenschmied war nicht furchtsam, denn er hatte ein gutes Gewissen, und daher entschloß er sich, mit dem Ritter den Rabendokken entgegenzuziehen. Es war eine freundliche, sternhelle Nacht. Wundersam bewegt waren die beiden, als sie ins Freie kamen. Ein frommer Gesang tönte ihnen entgegen, es war der eines Wandersmanns, der sich verspätet hatte und nach Goldberg zueilte. Ihre Seele war zum Heiligen gestimmt. Die hohe Freude, die an diesem Abend allen Völkern widerfahren war, kehrte auch in ihre Herzen ein. Sie waren eben auf der Höhe, um zu den Rabendocken hinabzusteigen, als es zwölf Uhr schlug.

Die Rabendocken

»Elf Uhr hat's geschlagen«, fiel dem Erzähler berichtigend Alma in die Rede, ihm ihre Busenuhr hinhaltend, und dies galt als Signal, sein Märchen für heute abzubrechen.

Achthundertfünfundzwanzigste Nacht

Am nächsten Abend fuhr Eduard in seiner Erzählung wie folgt fort:

Der Waffenschmied ermahnte den Ritter zur Eile. »Denn«, bemerkte er, »wenn die erste Stunde ertönt, ist das Türlein wieder geschlossen.«

Hurtig stiegen sie hinab. Aber wie verändert war das Tal gegen die Höhe. Oben die friedliche, still feiernde Ruhe und hier ein Rauschen, Zischen und Toben, als ob die Geister der Finsternis losgelassen ihr Wesen trieben. »Im Namen Gottes«, sprach der Ritter und eilte der Türe zu. Sie stand offen, und er erblickte inwendig zwei steinerne Bilder. Frießhart war draußen in die Knie gesunken und stammelte ein kurzes Gebet. Wunibald aber, das Schwert in der Rechten und eine Axt in der Linken, ging auf die steinernen Gestalten zu, betastete sie und fand, daß sie ganz von Felsen waren, und doch kam es ihm vor, als ob er ein Atmen in den kalten Steinen vernehme. Er sah ihnen fest in das starre Angesicht, und, um zu vernehmen, ob wirklich Leben und die Kraft, zu reden, in ihnen sei, frug er: »Seid ihr die bösen Ritter Kuno und Veit, deren Namen noch jetzt mit Schaudern unter den Menschen genannt werden?«

Hohl und mit zitternder Stimme antworteten die Steine: »Wir sind's!«

Der Ritter aber forderte sie auf, die Schandtaten zu erzählen, welche die Rache Gottes in so furchtbarer Art auf ihre Häupter entladen konnte.

Die eine Gestalt ließ sich nun vernehmen. »Ich bin der Bruder Kunos von Wolfsburg. Einige Dinge hatten mich dem Femgericht verdächtig gemacht. Der Rache meiner Richter zu entkommen, nahm ich den Namen Veit Finsterthal an, übernahm die Schenke hinter dem Wolfsberg, wo der hohe graue Turm sich erhebt, und man nannte mich von der Rabeneiche am Seifentale den Rabenwirt. Unter der geringen Kleidung, die mein angebliches Gewerbe entschuldigen ließ, lebte ich unbemerkt und unangetastet, und die Verbrechen, deren ich mich in diesem neuen Stande schuldig machte, verbargen meine Gemächer unter dem Rabenberge. Einst hatte ich mit meinem Bruder Kuno in Erfahrung gebracht, daß ein Ritter mit einem Fräulein vor der Wolfsburg vorbeiziehen würde, reich mit Geld beladen, denn es war ihr Brautschatz. Der Fang wurde von uns beschlossen und dem Pärchen eine Falle bereitet. Dort, wo sich der Weg an der Katzbach um die Krümme dehnt und nur ein schmales Gleis ist, ließ ich, so breit die Straße war, ein tiefes Loch graben, dies mit geflochtenen Baumzweigen überdecken und dann wieder mit Sand bestreuen. Das Erwartete geschah. Gegen Mittag, als die Pferde des Bräutigams die gefährliche Stelle betraten, brachen sie mit dem Wagen ein. Durch eigene Hilfe konnten sie nicht heraus. Meine Leute sprangen herbei, und der Ritter war froh, mit seiner Schönen so nah ein Wirtshaus zu finden, damit der beschädigte Wagen ausgebessert werden könne. Der Ritter wurde unbemerkt im Hofe ermordet, das Gut verwahrt und das Mädchen zu mir gebracht. Der Bräutigam war tot. Ich war bereit, ihr den Verblichenen zu ersetzen. Mühe kostete dies, aber ich vertraute der Kraft meiner Betäubungspulver. Ehe die Mitternacht anbrach, siegte ich, um ihr aber den Genuß etwas zu versalzen, entdeckte ich ihr das Schicksal ihres Ritters, als ich sie in Tränen über die begangene Untreue an ihrem Eckard, wie sie den Toten nannte, antraf. Da wurde sie bitter und spie eine Menge Verwünschungen gegen mich aus. Anfangs trug ich alles gelassen; als sie mich aber einen Bluthund nannte, der wert wäre, an Ketten zu verhungern, da schwoll mir der Zorn, und ich sagte ihr: ›Du hast dein eigenes Urteil dir gesprochen‹, und ließ sie in den Hungerkerker bringen. Als die Nacht herangebrochen war, verließ Kuno seine Burg und begab sich in meine Wohnung, um die Beute mit mir teilen zu wollen.

›Lebt deine Dirne noch?‹ fragte der Eintretende.

›Möglich‹, versetzte ich, ›heute mittag machte ich mir die Freude, sie zu besuchen; ich fand sie sehr schwach, das Gesicht und die Hände etwas zerfleischt, sie jammerte nach Brot, eine Rührung wollte mich beschleichen, ich eilte darum und schloß zu; doch jetzt Bruder‹ – fügte ich hinzu – ›laß uns lieber an die Teilung denken.

Da schmetterte plötzlich ein pfeifender, gellender Ton durch das Zimmer und schrillte den Erstarrten in den Ohren. Schwarze Gestalten wogten an den Wänden auf und nieder und stierten mit verzerrten Gesichtern und feuerlosen Augen auf uns hin. Ein geisterbleiches, weibliches Wesen schwankte mit abgemessenen, langsamen Schritten über das Zimmer, blieb einige Augenblicke vor uns Erbleichenden stehen und ›Wehe! Wehe! Wehe‹ tönte schneidend durch die dumpfe

Stubenluft. Auch dem Herzhaftesten wäre hier das Blut zu Eis gefroren, um so weniger konnten wir die Fassung behalten. Unwillkürlich hoben sie unsere Haare, und der Angstschweiß perlte von unserer Stirn. Als wir die furchtsam zur Erde gesenkten Blicke wieder aufhoben, hatten wir keine Spur mehr von der gehabten Erscheinung.

›Sahst du nichts?‹ fragte ich Kuno bebend, und da er mir die Antwort schuldig blieb, nahm ich wieder das Wort, meinen Bruder zur Eröffnung der dem Fräulein geraubten Schätze ermahnend. Sparre, mein getreuer Diener, trat nun mit der Nachricht ein, daß das Fräulein vor kurzem in dem Kerker tot gefunden worden wäre. – ›Ach ja‹, lachte ich mir Mut ein, ›sie hat sich eben noch ein Späßchen gemacht und ihre Ankunft in jener Welt gemeldet.‹ Kuno schlug eines der geraubten Papiere auseinander, reichte mir's zitternd hin und stammelte: ›Sieh doch, Eckard von Hohenfels! War nicht dieser Eckard der Verlobte unserer Schwester?‹ – ›Anna‹, rief ich entsetzt aus, ›darum waren mir ihre Züge so bekannt. O Gott, behalte uns diese Sünde nicht!‹

In fast namenloser Angst hatten wir die Nacht durchwacht. Jedes unbedeutende, natürliche Geräusch erschreckte uns, denen sonst die Furcht etwas Unbekanntes war. Das Gewissen wachte auf; das Maß unserer Sünden war voll und die Zeit der Bestrafung nahe. Wir zitterten vor dem Tode; denn der Bösewicht hat keinen Trost, als den, noch länger zu leben. Als der Morgen graute, kam Sparre, den die Furcht aus dem Zimmer getrieben hatte, atemlos hereingestürzt. ›Oh!‹ schrie er in Verzweiflung. ›Wo soll ich mich verbergen? Nirgends habe ich Ruhe und Rast, und wenn ich entfliehen will, vertritt mir ein kleines, graues Männchen allenthalben den Weg.‹

›Kommt alle mit mir auf die Wolfsburg‹, sagte Kuno, der Erlacher, welchen Namen mein Bruder führte, ehe ihn die Feme nötigte, sich unsichtbar zu machen. – ›Laßt das Haus wüste stehen, ich habe noch Goldes genug!‹ – ›Dein Vorschlag, Bruder, freut mich sehr‹ – war meine Antwort – ›aber laß uns zuvor die besten Schätze retten, sie liegen im Vorderkeller.‹«

Achthundertsechsundzwanzigste Nacht

»Indem wir die Türe öffneten, sauste es auf einmal wie Windesrauschen, und eine hohle Stimme zitterte durch das Zimmer: ›Wehe dem Verderber der Seele, nicht das Irdische feßle euch, Ruchlose! Euer Ende ist nahe. Denkt an das Heil eurer Seele! Steigt auf die Zinne des Turms und seht, wie die Gerichte des Herrn hereinbrechen!‹ – Fast unwillkürlich stiegen wir beide den hohen Wartturm hinauf. Unterdes hatte sich ein Unwetter am Horizonte zusammengezogen. Lange, blaue Blitze schlängelten sich im Zickzack durch die schwarzen Wolken, und der Donner rollte furchtbar über den Bergen, als ob der letzte Tag hereinbrechen wollte, der Sturm entwurzelte die tausendjährigen Stämme der Bäume wie schutzlose Ranken. Beide hatten wir die Spitze des Turms erreicht. Jetzt richtete Kuno seine Blicke nach dem nahen Wolfsberg. Eine pechschwarze Wolke hing über der Wolfsburg, und ein unaufhörlicher Feuerregen strömte daraus auf diese hernieder, als wenn sie, ein zweites Sodom, durch das Feuer des Himmels vernichtet werden sollte. Plötzlich ertönte ein furchtbares Krachen und Toben. Der Berg tat sich mitten voneinander, und die Burg mit allen Gebäuden stürzte hinunter in den Abgrund. Hochauf loderte ein Feuer aus dem klaffenden Schlunde, daß die Lohe dann an die schwarzen Wolken anschlug, und dann geschah ein starker, weittönender Knall, und der Berg hatte sich geschlossen. Eine große Gruft, in welcher eine Burg nebst allen Menschen, Tieren und Schätzen begraben lag, als immerwährendes Zeichen des göttlichen Gerichtes. Eine hochrote Wolkensäule schwebte auf der Stätte, wo die stolze Burg mit ihren hohen Türmen gestanden hatte. Es herrschte jetzt eine tiefe, tötende Stille durch die ganze Gegend, selbst kein Säuseln der Luft war bemerkbar, als wenn die Natur ausgesöhnt wäre, nachdem sie die Wohnung ihres Schauders in den Schoß der Erde begraben hatte.

Mit Grausen hatten wir dem schrecklichen Schauspiele zugesehen. Voll Schrecken flohen wir herunter. Hinter uns tobte es her und jagte, zischte und flammte, als ob nun der Untergang des Hauses auf eben die Weise, wie der der Burg, vorbereitet werden sollte. Als wir herabkamen, war das ganze Haus wie ausgestorben. Sparre und alle übrigen Knechte waren nicht mehr zu sehen. Wir dachten, daß sie die Flucht ergriffen, und beschlosse, ein Gleiches zu tun. Schon waren wir an der Haustüre, als Annas Geist uns den Weg versperrte. Sie stand da mit der duldenden, verzweiflungsvollen Miene, die sie hatte, als sie von mir ihr gräßliches Schicksal erfuhr, blickte uns wehmutsvoll entgegen und rang die Hände. ›Frisch gewagt‹, lispelte Kuno und stürzte auf die Gestalt zu, um schnell ins Freie zu kommen. Ein gewaltiger Schlag warf ihn zu Boden. Zu unserm Entsetzen wurden wir gewahr, daß eine steinerne Mauer sich vor uns auftürmte und uns so den Ausgang ins Freie versperrte. Wir rasten mit unbeschreiblicher Angst wieder ins Zimmer, aber hier begann eine gräßliche Verwandlung. Steinerne Wände fingen an, sich vor uns in die Höhe zu ziehen, und schon drang kein Tageslicht mehr herein. Wir stürzten auf unsere Knie und hoben die Hände zum Gebete empor. Aber der Himmel hörte es nicht, da auch unser Ohr der unschuldig Sterbenden verschlossen geblieben war. Der Wurm der Reue nagte mit grimmigen Bissen an uns, aber es war zu spät. Reue ist fruchtlos, wenn der Weg zur Besserung auf ewig abgeschnitten ist, denn wenn die Schuld durchaus nicht mehr vergütet werden kann, so ist auch die Last nicht mehr von der Seele zu wälzen.«

Achthundertsiebenundzwanzigste Nacht

»›Laß uns auf den Turm steigen‹ – beredete ich meinen Bruder – ›wir stürzen uns von seiner Höhe herab ins Tal, damit wir nicht diesen langsamen, tausendfach quälenden Tod sterben.‹ Wir stürzten heraus; aber oberhalb war schon alles ein unförmlicher Felsenklumpen, und es blieb uns nur noch ein Ausweg, der in den Keller, wo unsere gehäuften Schätze sich befanden. Hinter uns schloß sich die Tür, und vor unsern Augen wurde auch sie in Stein verwandelt. Ringsum waren wir eingeschlossen in kalte, undurchdringliche Steinmassen, und näher und näher zog sich uns die Felsenwand und wuchs von Minute zu Minute, daß nur der schmale Gang in die untern Gewölbe frei blieb. Fast besinnungslos eilten wir hinab. Eine kalte, eisige Luft strömte uns hier entgegen. Ermattet setzten wir uns auf zwei Truhen, die mit Schätzen und Kostbarkeiten von beraubten Rittern gefüllt waren. Die einzige Öffnung, welche das Tageslicht in diese Raubhöhle getragen hatte, war bereits zugewachsen, und dichte Finsternis umgab uns, so daß keiner imstande war, das Antlitz des andern zu sehen. Erwartungsvoll, wie sich unsere Bestrafung endigen würde, saßen wir hier; wir wagten nicht zu atmen und befühlten uns, ob wir noch dieselben wären. Plötzlich wurde das Gewölbe von einem matten Glanze erhellt. Im Hintergrund zeigte sich ein lichtes Etwas ohne bestimmte Grenzen; nach und nach formte es sich zu einem Wesen in menschlicher Gestalt, das langsam und mit abgemessenen Schritten bis in die Mitte vortrat. Da krachte und donnerte es, als ob die Gewölbe in die Tiefe der Erde hinabgeschleudert werden sollten, und mit hohl tönender Stimme sprach die Gestalt:

›Wehe! Wehe! Wehe! Das Maß eurer Sünden ist voll; ihr habt in eurem Leben nie Barmherzigkeit geübt, auch ihr werdet vor den Thron der Barmherzigkeit des Höchsten nicht gelassen werden. Die Seufzer eurer verhungerten, geschändeten Schwester schreien um Rache. Werdet, was ihr in eurem Leben schon zu sein schienet, zu Stein! Aber sterben sollt ihr nicht! Die steinernen Bilder eurer Körper sollen zwar unbeweglich, aber nicht unbelebt sein; so sollt ihr hier sitzen auf den geraubten Schätzen, ewig, belebte Felsenstücke, unaufhörlich gefoltert von der schrecklichsten Reue. Selbst Felsen, sollt ihr von undurchdringlichen Felsen umgeben sein, und niemand soll in euch die Bestraften ahnen, die hier den großen Gerichtstag erwarten, einen zwischen Leben und Tod. Doch eine unverdiente Gnade hat euch die ewige Barmherzigkeit des Wesens aller Wesen noch bewilligt. Alljährlich in der feierlichen, geweihten Nacht, wo der Erlöser dem sündigen Menschengeschlechte, und also auch euch, geschenkt wurde, sei eure Felsenpforte eine kurze Zeit geöffnet. Mit dem Schlage der Mitternachtsglocke wird sie sich auftun, aber sobald die erste Stunde ertönt, schließt sie sich wieder für das ganze Jahr. In dieser Nacht werde es einem Sterblichen vergönnt, euch von eurer Qual zu befreien. Er zertrümmere eure Felsenhüllen und raube die Schätze; doch ehe der Ton der Glocke verhallt, muß er im Freien sein, sonst ist es um sein Leben geschehen und sein Blut lastet auf eurer Seele!‹

Mit diesen Worten verschwand der Geist. Da erkalteten plötzlich die warmen Leiber. Unsere Formen blieben, aber sie wurden zu festem Stein. Das Blut stand im Laufe still, und an seiner Stelle schlängelten sich rote Felsenadern durch die steinernen Formen.«

Achthundertachtundzwanzigste Nacht

»Ihr verdient nicht das Mitleid irgendeines Wesens« – ließ Wunibald sich wieder vernehmen – »aber ich bin, was ihr gewesen seid, ein Mensch, und eure Qual, hier weder lebend noch tot zu sein, jammert mich; ist es also möglich, daß euch ein Sterblicher erlösen kann, so bin ich zu diesem Liebeswerk bereit. So will ich diese steinernen Hüllen zerstören, damit eure Seelen frei werden und ihr die Ruhe genießen möget, die ihr Jahrhunderte schon entbehrt.«

»Eile!« tönte es freudig aus den Steinen.

»Im Namen Gottes!« sprach der Ritter, legte das Schwert auf den Tisch und schlug heftig mit der Axt an die Felsengebilde, daß das Gewölbe vielfach widerhallte. Auf den dritten Schlag krachten die Steine voneinander, und zwei geistige Wesen standen vor dem staunenden Wunibald.

»Dank dir, edler Ritter«, sagten sie, »du hast uns erlöst aus einer Qual, die furchtbarer war, als die Qualen der Hölle selbst sein können. Wir saßen hier, konnten weder leben noch sterben, und unser Geist wurde von den schrecklichsten Gewissensbissen unaufhörlich gefoltert. Wir sehnten uns nach Ruhe und fanden sie nicht. Nimm eilig, denn bald ist die Stunde verflossen, alles, was du wegraffen kannst, von unsern Schätzen, lebe fromm und tue wohl gegen jedermann, so daß auf der Erde das Andenken an die Räubereien, durch welche sie unser Eigentum wurden, vernichtet werde. Wir eilen vor den Thron des Richters aller Geister und hoffen Gnade zu finden vor dem Allbarmherzigen.«

Die Gestalten verschwanden; die Truhen sprangen auf, und Gold, Silber und Edelsteine glänzten dem Ritter entgegen. Er raffte in der größten Hast zusammen, was er konnte, und reichte es dem lauernden Frießhart hinaus; doch ehe noch das Geschäft sich endigte, tönte es die erste Stunde nach Mitternacht.

Doch der wackre Wunibald hatte noch zur rechten Minute die gespenstige Höhle verlassen. Kaum war sein Fuß im Freien, als sich der Eingang hinter ihm donnernd schloß. Wunibald teilte seine Schätze redlich mit Frießhart, und beide ließen Armenhäuser bauen und sorgten für die Hilfsbedürftigen, so daß Tausende glücklich wurden und die geraubten Schätze Freude und Segen verbreiteten.

Weil aber die Schätze nicht alle durch Wunibald genommen werden konnten, so steht das steinerne Pförtchen noch allen in der Stunde der Christnacht offen, und das Glück, auf so leichte Weise reich zu werden, blüht noch heute jedem, der es wagen will, den Rest zu heben.

Achthundertneunundzwanzigste Nacht

Die Reihe, zu erzählen, war heute am Kaplan, und er trug folgende Sagen vor:

DIE GESPENSTERMÜHLE BEI LEITMERITZ

Unfern der Stadt Leitermitz in Böhmen, der Festung Theresienstadt gegenüber, stand vor etwa achtzig Jahren auf einer mäßigen Erhöhung eine stattliche Mühle. Die gehörte einem reichen Müller, der ob seines Reichtums seines Hochmuts kein Ende wußte. Einst kam ein junger, schmucker Mühlknappe aus Sachsen herauf und sprach um Arbeit zu. Der Müller nahm ihn in seine Dienste, und so eigen und strenge er sonst auch war, so gefiel ihm doch bald der fleißige, hübsche Konrad vor allen andern Knappen, daß er ihn gut hielt.

Der Müller hatte aber von seinem verstorbenen Weibe ein herziges Töchterlein, die schöne Rosette geheißen. Als Konrad die sah, da liebte er sie auch sogleich, und nicht lange währte es, so liebte Röschen ihn wider.

Die guten Kinder träumten nur von Glück und Wonne und ließen sich's nicht einfallen, daß der Vater etwas dagegen haben könnte, daß sie glücklich würden und einander angehörten. Und so trat denn Konrad, mit pochendem Herzen zwar, doch mutig und zuversichtlich, an einem Sonntag nachmittag vor den Meister Müller hin und sagte es ihm, wie sehr er Röschen liebe und wie Röschen ihn widerliebe, und warb sittig und bescheiden um die Hand des Mädchens und den Segen des Vaters.

Der alte Müller aber geriet in den heftigsten Zorn, denn er hatte ganz anderes mit seiner Tochter im Sinn, als sie einem unbemittelten Mühlknappen zur Frau zu geben. Er schalt den armen Konrad einen Verführer und Bösewicht, verfluchte ihn und stieß ihn sodann aus dem Hause, mit der Drohung, daß, wenn er es wage, sich wieder in der Umgegend blicken zu lassen, er ihn umbringen würde. Sodann ging er zu seiner Tochter, schalt sie ebenfalls heftig, sagte ihr, daß sie sich bereithalten solle, einen reichen Bäcker in Leitmeritz binnen kurzem zu heiraten, und drohte auch ihr mit seinem Fluch, wenn sie noch ferner an Konrad denken wolle.

Da verzweifelten Rosette und Konrad, und als es Nacht wurde, entfloh Rosette aus der Mühle, eilte zu ihrem Geliebten, und beide stürzten sich, einander fest umschlungen haltend, in den rauschenden Mühlbach.

Im selbigen Augenblick wurden die Bewohner der Mühle durch ein furchtbares Getöse erweckt und erschreckt. Gleich darauf war alles still. Als aber die Müller am andern Morgen vor die Mühle traten, welch ein Anblick bot sich ihren entsetzten Blicken dar! – Vor der Mühle lagen die Leichen Röschens und Conrads, noch im Tode einander umschlungen haltend; der Mühlbach aber hatte sich ein neues Bett gebrochen und umging jetzt in einem großen Bogen die Mühle, so daß ihre Räder für ewig stillstehen mußten.

Als das der alte Müller sah, erfaßte ihn bittere Reue und grimmiger Schmerz. Er verfluchte seinen Geiz, seinen Hochmut, seine Hartherzigkeit und grämte sich so sehr, daß er nach drei Tagen starb.

Das Mühlgebäude steht noch heute, aber unbewohnt; denn die Geister Röschens, Konrads und des alten Müllers gehen darin um. Röschen und Konrad finden keine Ruh' im Grabe, weil sie freventlich selbst ihr Leben endeten, statt auf Gott zu vertrauen und das Beste zu hoffen; der alte Müller aber muß umgehen, weil er schuld an dem Unglücke der armen Kinder war.

DIE TEUFELSMÜHLE AM SCHRECKENSTEIN BEI AUSSIG IN BÖHMEN

Von der Teufelsmühle am Schreckenstein lautete die Sage also:

Der Schreckenstein ist ein mehr denn 300 Ellen hoher Fels, der sich senkrecht über den Elbspiegel erhebt. Seinen kahlen Scheitel krönen die Ruinen der einst so festen Burg gleichen Namens, welche nach harter Gegenwehr von den Bewohnern Außigs und der umliegenden Gegend zerstört wurde, weil die ausgearteten Besitzer derselben, ihre Ritterehre vergessend, seit vielen Jahren Raub und Mord verübt hatten und den Elbhandel zwischen Böhmen und Sachsen völlig zu vernichten drohten.

Am Fuße des Felsens liegt eine Mühle, darin wähnten oft die Wanderer und Kaufleute die Nacht sicher verbringen zu können, um am andern Morgen ihre Reise fortzusetzen. Aber der gottlose Müller stand im Sold der bösen Ritter vom Schreckenstein, und wenn er merkte, daß die Reisenden Geld bei sich hatten, so brachte er sie in der Nacht jämmerlich ums Leben und warf ihre Gebeine in eine tiefe, tiefe Grube, welche sich mitten in der Mühle befand und durch eine unsichtbare Falltür verschlossen war. Die geraubten Güter lieferte er zu drei Vierteln – wenn es anders bei der Teilung ehrlich zuging – den Rittern vom Schreckenstein aus, ein Viertel fiel ihm zu, und er sammelte auf diese Weise einen ungeheuern Schatz.

Einstmals kehrte ein junger Ritter bei ihm ein, in glänzender, silberner Rüstung. Schon freute sich Kilian – so hieß der Müller – auf die reiche Beute; aber sein Weib hatte Mitleid mit dem jungen, schönen Ritter, wie sie denn nie teilgenommen hatte an den Untaten ihres Mannes, und in der Nacht half sie dem Ritter, daß er glücklich aus der Mühle entfloh. Seine silberne Rüstung ließ er zurück und hatte sie auf dem Lager so hingelegt, daß Kilian erst glauben mußte, er selbst liege noch gewappnet, schlafend da.

Kilian kam nach Mitternacht und schlug mit einer mächtigen Axt auf den Helm, meinend, das Haupt des Schlafenden zu treffen; aber da klang es hohl und leer, und mit Schrecken gewahrte er, daß der Ritter entflohen und somit das Geheimnis seiner Mühle verraten sei. Er riet sogleich auf sein Weib, und in toller Wut erschlug er die arme Marie mit derselben Axt, womit er schon so viele Menschen umgebracht hatte. Aber seine Strafe blieb nicht aus; der junge Ritter war über die Elbe nach Außig gekommen; dort bot er die Einwohner der Stadt auf, und herzu strömten Tausende aus der Umgegend. Die Burg Schreckenstein wurde mit Feuer und Schwert zerstört und die ganze Bemannung erschlagen. Auch Kilian, der Müller, welcher hinaufgeflohen war, weil er sich mit Recht in seiner Mühle nicht mehr für sicher hielt, war mit unter den Erschlagenen; aber er hatte keine Ruhe im Grabe und wird noch bis auf den heutigen Tag allnächtlich in seiner Mühle von den Geistern der von ihm Ermordeten herumgehetzt. Die Mühle selbst heißt seit jenem Tage die Teufelsmühle.

Von der Burg Schreckenstein herab soll durch den Felsen ein tiefer unterirdischer Gang bis zu der Teufelsmühle geführt haben. In diesem Gange sollen noch alle geraubten Schätze, von bösen Geistern bewacht, liegen, und es geht die Sage, daß derjenige, dem es gelänge, den Geist des letzten Schreckensteiners und Kilians zu erlösen, als Belohnung den ganzen großen Schatz davontragen würde. Es ist aber nicht bekannt, welche Bedingungen zu erfüllen sind, um die Erlösung glücklich zu vollbringen, und so möge sich jeder vorsehen und nicht vorwitzig Leib und Seele aufs Spiel setzen; denn mancher geht, zu scheren, und kommt geschoren zurück.

Achthundertunddreißigste Nacht

Diese Nacht erzählte der Freiherr:

DIE TRAUUNG

In der einsamen Stube saß in der ersten Hälfte des vorigen Jahrhunderts der alte, ehrwürdige Prediger des Dorfes Rörwig, auf der Insel Seeland, in fromme Betrachtung versunken. Es war gegen Mitternacht. Das Haus lag am Ende des Dorfes, und die einfachen Sitten der Einwohner kannten das wechselseitige Mißtrauen so wenig, daß Schloß und Riegel ihnen fremd waren und jede Türe offen blieb. Die nächtliche Lampe brannte trübe, die feierliche Stille wurde nur von dem Rauschen des Meeres unterbrochen, und der blasse Mond spiegelte sich in seinen Wellen. Da hörte er die Türe unten öffnen, vernahm starke Männertritte unten auf der Treppe und erwartete schon die Aufforderung, irgendeinem Sterbenden mit geistlichem Troste beizustehen. Zwei fremde Männer traten schnell herein, in weiße Mäntel gehüllt. Der eine näherte sich ihm höflich. »Mein Herr«, sagte er, »Sie werden uns sogleich folgen. Sie müssen eine Trauung verrichten; das Brautpaar wartet schon in der entfernten Kirche. – Diese Summe«, sprach er ferner und zeigte dem Greis eine volle Goldbörse, »wird Sie für die Mühe und für den Schrecken über eine so unerwartete Aufforderung hinlänglich entschädigen.«

Der Greis starrte die fremden Gestalten, die ihm etwas Furchtbares, ja Gespenstiges zu haben schienen, stumm und erschrocken an. Der Fremde wiederholte seinen Antrag dringend und gebieterisch. Als der Greis sich erholt hatte, fing er milde an, den Fremden vorzustellen, wie sein Amt ihm nicht erlaubte, eine solche feierliche Handlung ohne Kenntnis der Personen und ohne diejenigen Förmlichkeiten, welche die Gesetze fordern, zu begehen. Da trat der andere drohend hervor: »Mein Herr, Sie haben die Wahl, folgen Sie uns und nehmen Sie die angebotene Summe, oder bleiben Sie hier, aber dann fährt eine Kugel durch Ihren Kopf.« Er hielt ihm eine Pistole vor die Stirn und erwartete die Antwort.

Der alte Prediger erblaßte, erhob sich furchtsam und stillschweigend, kleidete sich schnell an und sagte dann: »Ich bin fertig.« – Die Fremden hatten zwar dänisch gesprochen, aber so, daß man die Ausländer nicht verkennen konnte. Die rätselhaften Männer gingen schweigend in der nächtlichen Stille durch das Dorf; der Prediger folgte. Es war eine völlig dunkle Herbstnacht, denn der Mond war schon untergegangen. Als sie aus dem Dorfe traten, sah der von Schrecken und Staunen betäubte Greis die ferne Kirche hell erleuchtet, und noch immer stillschweigend schritten seine Begleiter, in ihre weißen Mäntel gehüllt, schnell durch die öde, sandige Fläche, während er mühsam, nachdenklich zu folgen strebte. Als sie die Kirche erreicht hatten, verbanden sie ihm die Augen. Die dem Prediger wohlbekannte Nebentür öffnete sich knarrend, und er wurde in ein dichtes Gedränge von Menschen gewaltsam hineingestoßen. Um sich hörte er durch die ganze Kirche ein Gemurmel, in seiner Nähe Gespräche in einer ihm völlig unbekannten Sprache. Wie er vermutete, war es Russisch. Und als er nun mit verbundenen Augen, von allen Seiten gedrängt, ratlos und in großer Verwirrung dastand, fühlte er sich von einer Hand ergriffen und wurde mit Gewalt durch das dichte Gedränge gezogen. Endlich war das Volk, wie es schien, zurückgewichen; man löste die Binde, er erkannte einen seiner nächtlichen Begleiter und fand sich vor dem Altar stehend. Eine Reihe großer, brennender Wachslichter, in prächtigen silbernen Leuchtern, zierten den Altar. Die Kirche selbst war durch viele Lichter so hell erleuchtet, daß man die entferntesten Gegenstände erkannte; und war kurz vorher, als er erblindet in das Gewühl des dichten Haufens gedrängt wurde, das Gemurmel ihm fürchterlich, so erfüllte jetzt die furchtbare Stille unter der großen Menge die bange Seele mit Entsetzen. Obgleich die Nebengänge und Stühle dicht mit Menschen besetzt waren, so war doch der mittlere Gang völlig leer, und der Prediger erkannte tief unten ein frisch aufgewühltes Grab. Der Stein, der es sonst bedeckte, stand an einen Stuhl gelehnt. Der Prediger sah nichts als Männer; nur in einem entfernten Stuhle glaubte er eine Frau undeutlich zu erkennen. Die Stille dauerte einige Minuten, ohne daß jemand sich rührte. So mag in der verirrten Seele ein stilles, dumpfes Brüten jeder entsetzlichen Tat vorangehen.

Der Freiherr erhob sich bei diesen Worten rasch und brach für heute seine Erzählung ab, doch versprach er, in der nächsten Nacht die Fortsetzung derselben mitzuteilen.

Achthunderteinunddreißigste Nacht

Endlich richtete sich ein Mann auf, dessen prächtiger Anzug ihn von den übrigen unterschied und seinen hohen Stand verriet. Er schritt rasch über den leeren Gang, indem die Menge ihn anstarrte, und seine Tritte hallten in der Kirche wider. Der Mann war von mittelmäßigem Wuchse, breitschultrig und von gedrungenem Bau, sein Gang trotzig, das Gesicht gelblichbraun, die Haare rabenschwarz, die Züge strenge, die Lippen wie voller Ingrimm geschlossen, eine kühn gebogene Nase erhöhte das Gebieterische seines Ansehens, dunkle, lange und buschige Augenbrauen überschatteten die kleinen, schwarzen Augen, in welchen eine wilde Glut brannte. Er trug ein grünes Kleid, mit starken, goldenen Tressen besetzt, und an dem Kleide blitzte ein Stern. Die Braut, die neben ihm kniete, war prächtig, ja mit Sorgfalt angezogen. Ein himmelblaues Gewand, reich mit Silber besetzt, umschlang die schlanke Gestalt und warf sich in großen Falten über die anmutigen Glieder. Ein Diadem, von Edelsteinen blitzend, zierte die blonden Haare. Die höchste Anmut und Schönheit ließ sich in den obschon entstellten Zügen des Gesichts erkennen. Die leichenhaften Wangen waren völlig wie erstarrt, kein Zug bewegte sich, die erblaßten Lippen schienen tot, die Augen wie gebrochen, und die erschlafften Arme hingen völlig gerade an dem zusammengesunkenen Leibe hinab. So kniete sie, ein Bild des Todes, und ein furchtbares Entsetzen schien so Bewußtsein wie Leben in einem wohltätigen Schlummer festzuhalten.

Jetzt erst entdeckte der Prediger ein altes, häßliches Weib in einem fratzenhaft bunten Anzuge, den Kopf mit einem blutroten Turban bedeckt, welches grimmig, ja spöttisch über die kniende Braut wegblickte. Hinter den Bräutigam hatte sich ein riesenhafter Mann gestellt, von finsterm Ansehen, der unbeweglich, starr und ernst vor sich hinsah.

Der Prediger, vor Schrecken gelähmt, blieb einige Zeit stumm, als ein wilder Blick von dem Bräutigam ihn an die Trauung mahnte. Was ihn in neue Verwirrung brachte, war die Ungewißheit, ob das Brautpaar seine Sprache verstehen würde. Es war ihm nicht wahrscheinlich; dennoch faßte er sich und wagte es, den Bräutigam nach dem Namen des Brautpaars zu fragen.

»Neander, Feodora«, antwortete dieser mit einer rauhen Stimme.

Der Prediger fing nun an, die Trauungsformel herzulesen, indem seine Stimme schwankte und er, oft sich irrend, die Worte wiederholen mußte, doch ohne, daß das Brautpaar seine Verwirrung zu bemerken schien; wodurch er in seiner Vermutung, daß beiden die Sprache, wenn auch nicht völlig, unbekannt sein müßte, bestätigt wurde. Als er nun fragte: »Neander, willst du die hier neben dir kniende Feodora für dein rechtmäßiges Eheweib erkennen?«, da zweifelte er, ob der Bräutigam, der Sprache unkundig, antworten würde; aber zu seinem Erstaunen sprach dieser laut, ja fast schreiend das »Ja« in einem furchtbar gellenden Ton, der durch die ganze Kirche drang. Tiefe Seufzer, die allenthalben aus der Menge hervordrangen, begleiteten dieses entsetzliche Ja, und ein stilles Zucken, wie ein entfernter Blitz, setzte die totbleichen Züge der Braut in vorübergehende Bewegung. Er wandte sich darauf, lauter redend, als wolle er sie aus dem Todesschlummer erwecken, an die Braut, indem er sagte: »Willst du, Feodora, den neben dir knienden Neander für deinen rechtmäßigen Ehegemahl erkennen, so antworte durch ein vernehmliches Ja.« Da erwachte die entseelte Braut, ein tiefes, grausenhaftes Entsetzen bewegten die erschlafften Wangen, die erblaßten Lippen bebten, ein schnell verfliegendes Feuer blitzte aus den Augen, die Brust hob sich, ein gewaltsamer Tränenguß löschte die Glut der Augen, und das Ja ließ sich hören wie das Angstgeschrei einer Sterbenden und schien in den unwillkürlichen Tönen des Schmerzes, die aus jeder Brust der Menge hervorbrachen, ein tiefes Echo zu finden.

Die Braut sank der widrigen Alten in die Arme. Einige Minuten vergingen in furchtbarem Stillschweigen. Da sah der Prediger die leichenblasse Braut wie vorher in tiefer Betäubung knien und beendigte die Trauung. Der Bräutigam erhob sich und führte die schwankende Braut nach ihrem vorigen Platze; die Alte und der riesenhafte Mann folgten. Die Begleiter des Predigers erschienen wieder, verbanden ihm die Augen, zogen ihn nicht ohne Mühe durch das Gedränge, und nachdem sie ihn aus der Tür gestoßen hatten, verriegelten sie diese inwendig und überließen ihn sich selber.

Hier stand er nun, einsam und ungewiß, ob das schauderhafte Ereignis, mit allen seinen furchtbaren, ja gespensterähnlichen Umständen, nicht ein Traum wäre, der in ängstigte. Als er aber die Binde von den Augen gerissen hatte, als er die hellerleuchtete Kirche vor sich sah und das Gemurmel der Menge hörte, mußte er sich wohl von der Wirklichkeit der rätselhaften Begebenheit überzeugen. Um den Erfolg, so viel als möglich zu erfahren, verbarg er sich in einem Winkel der Kirche an der entgegengesetzten Seite, und indem er hier lauschte, hörte er, wie das Gemurmel immer stärker wurde. Es war, als entspänne sich ein heftiger Streit; er glaubte, die rauhe Stimme des Bräutigams zu erkennen, die gebieterisch Stillschweigen gebot. Dann erfolgte eine lange Pause. Ein Schuß fiel; das Geschrei einer weiblichen Stimme ließ sich hören. Darauf wieder eine Pause; dann ein Wühlen und Arbeiten, welches fast eine Viertelstunde dauerte. Die Lichter wurden ausgelöscht, das Gemurmel erhob sich wieder, und die ganze Menge stürzte zur Kirche hinaus und eilte lärmend dem nahen Meere zu.

Achthundertzweiunddreißigste Nacht

Jetzt erhob sich der alte Prediger und eilte nach seinem Dorfe. Dort erweckte er die Nachbarn und Freunde, indem er ihnen, was ihm Wunderbares und Unglaubliches begegnete, noch von Schrecken ergriffen, erzählte. Aber so ruhig, stille, durch die gewohnten Grenzen des Herkömmlichen bestimmt, war alles, was diesen einfachen Menschen entgegentrat, daß sie von einem ganz andern Entsetzen ergriffen wurden. Sie glaubten nämlich, daß irgendein unglücklicher Zufall die Einbildungskraft des geliebten Lehrer in Unordnung gebracht hätte, und nur mit vieler Mühe und indem sie sich nach seinen vermeintlichen Phantasien richten wollten, überredete er einige, sich mit Brecheisen und Schaufeln zu versehen und ihm nach der Kirche zu folgen.

Indessen war die Nacht verschwunden, die Sonne zeigte sich schon, und als der Prediger mit seinen Begleitern den Hügel zur Kirche hinaufstieg, erkannten sie ein Kriegsschiff unter vollen Segeln, welches sich vom Ufer entfernte und nach Norden hinsteuerte. Ein so überraschender Anblick in dieser einsamen Gegend machte die Begleiter schon zweifelhaft; aber noch geneigter waren sie, dem Greis Glauben beizumessen, als sie die Nebentüre der Kirche gewaltsam erbrochen fanden. Voller Erwartung betraten sie die Kirche. Der Prediger zeigte ihnen nun das Grab, welches er in der Nacht aufgewühlt gesehen hatte. Man erkannte leicht, daß der Stein abgewälzt und von neuem hingelegt war. Das Brecheisen wurde angesetzt, und in dem eröffneten Grabe fand man einen neuen, reichgeschmückten Sarg. Mit fast jugendlicher Ungeduld stieg der Greis selber mühsam in das Grab hinab, andere folgten ihm; der Deckel wurde abgehoben, und der alte Prediger fand seine entsetzliche Ahnung bestätigt. In dem Sarg lag die Braut ermordet. Das prächtige Diadem war verschwunden. Die Kugel war in der Gegend des Herzens durch die Brust gegangen. Die entstellenden Züge des tiefen Grames waren aus ihrem Antlitz gewichen, ein himmlischer Friede hatte das schöne Gesicht verklärt, und wie ein Engel lag sie da. Der Greis stürzte laut weinend neben dem Sarg nieder und betete für die Seele der Ermordeten, und stumme Verwunderung und Grauen ergriff die Begleiter.

Der Prediger fand sich verpflichtet, dieses Ereignis dem Bischof von Seeland, als seiner höchsten Behörde, ungesäumt und umständlich zu melden, und bis er aus Kopenhagen Nachricht erhielt, nahm er den Freunden einen Eid ab, daß sie stille schwiegen. Das Grab wurde wieder zugedeckt, und keiner wagte etwas zu sprechen. Plötzlich erschien ein angesehener Mann aus der Hauptstadt, erkundigte sich genau nach allem, ließ sich das Grab zeigen, lobte das bis dahin beobachtete Stillschweigen, forderte strenge, daß der Vorfall beständiges Geheimnis bleiben sollte, indem er jeden, der es wagen würde, davon zu sprechen, mit der härtesten Strafe bedrohte.

Nach dem Tode des Predigers fand man einen schriftlichen Aufsatz, dieses Ereignis erzählend, dem Kirchenbuche beigefügt. Einige glauben, daß es mit den schnellen und gewaltsamen Thronveränderungen nach Peter des Ersten und Katharinas Tode in irgendeiner geheimen Beziehung stehen mag.

Das tiefe Rätsel dieser schauderhaften Tat zu lösen, wird schwer, wenn nicht unmöglich sein.

Achthundertdreiunddreißigste Nacht

Spätabends kehrten sehr ermüdet der Freiherr, Eduard und Franz von der Jagd zurück. Die Frauen empfingen die Heimgekehrten freundlich; der Kaplan und der Arzt fanden sich ein, und das Nachtmahl wurde heiter genossen, da jeder das Schweigen des Freiherrn auf Rechnung seiner Ermüdung setzte. Aber kaum war das Mahl beendet, so erhob er sich rasch, um nach seinem Zimmer zu gehen, Alma winkend, welche ihm folgte.

Die Freifrau verließ düster den Saal, Claudine führte Marie in ihr Gemach, und da der Kaplan und Franz nicht für Neugierige gehalten sein wollten, so entfernten auch sie sich.

Der Arzt und Eduard blieben im Saal zurück.

»Ich fürchte«, nahm der erstere das Wort, »einen neuen Rückfall des Barons, und da Sie ohne Zweifel genau mit seinem Geheimnisse bekannt

sind, so muß ich als Arzt, als treuergebener Freund des Freiherrn und der Seinen Sie bitten, mir mehr und Näheres von dem früheren Leben des Barons, als ich bereits durch Sie weiß, mitzuteilen.«

Eduard drückte dem Arzt die Hand und sagte düster:

»Sie lasen jüngst den Anfang einer Geschichte bei mir, die ich an eine Zeitschrift sandte, um vielleicht eine Entdeckung herbeizuführen; hören Sie jetzt noch ganz kurz das Ende:«

Der Freiherr, mein Schwiegervater, liebte bald die holde Charitas, »heimlich und inniglich«, wie das alte Lied sagt. Sie liebte ihn wider; er ahnte es nur.

An eine Verbindung mit ihr dachte er sogleich; er zögerte nur noch, seine Eltern von seinem heißesten Wunsche in Kenntnis zu setzen, weil er ihren Ahnenstolz kannte.

Gegen Charitas hatte er sich nun erklärt; sie liebte ihn so zart und heilig und doch so fest, so über alles. Wie glücklich war er in jener Zeit! Der bejahrte Mann gestand mir noch jetzt, nach einem Zeitraume von fünfundzwanzig Jahren: »Noch ist die Erinnerung an Charitas so mächtig und für mich so schön, daß sie allein hinreicht, mir den Trost zu geben, daß ich nicht umsonst gelebt habe. Wenn ich an jene glückliche Zeit denke, wird der Glaube an Gott und Unsterblichkeit lebendiger in mir, und ich liebe Goethe und fühle mich ihm nahe, hätte er auch nichts gesungen als:

Ich besaß es doch einmal,
was so köstlich ist;
daß man doch zu seiner Qual
niemals es vergißt!
Zu seiner Qual, zu seinem Glück!« –

Vielleicht würde Runsittens Liebe zu Charitas noch länger den Eltern verborgen geblieben sein, wenn dem scharfen Auge der Eifersucht etwas entgehen könnte.

Des Freiherrn Eltern wurden von der Leidenschaft ihres Sohnes unterrichtet durch einen heimlichen, unbegünstigten Anbeter der schönen Charitas, welcher nach seiner Meinung kein andrer als sein Herzensfreund, Graf Wolf, sein konnte.

Charitas wurde von den Eltern schnell entfernt, ohne daß der Unglückliche erfuhr, wo sie lebe. Seine Eltern untersagten ihm strenge jede Verbindung mit Charitas.

Runsitten, dadurch auf das heftigste gereizt, nahm sich fest vor, nicht zu gehorchen.

Mit Wolf sprach er nicht mehr von ihr; durch Kurt gegen ihn mißtrauisch gemacht, fing er an, ihn zu hassen. Unter einem Vorwand verließ er seine Heimat und durchstreifte halb Europa, um Charitas zu finden; vergebens.

Seine Sehnsucht wurde glühender, je weniger er hoffte. Endlich entdeckte er eine Spur von ihr; er kommt in eine Stadt, hier hört er ihren Namen, hier hat Charitas über ein Jahr still und eingezogen gelebt. Er forscht nach ihr und vernimmt, daß sie seit wenigen Tagen die Stadt verlassen hat, nachdem sie in aller Stille mit einem Edelmann getraut worden ist. Die Leute sagen ihm, sie sei immer still und traurig gewesen und habe an ihrem Trauungstage blaß wie eine Sterbende ausgesehen und am Altare laut geschluchzt. Auch sei es bekannt, daß sie ihrem Gemahl nur gezwungen die Hand gegeben habe. Runsitten ist in Verzweiflung, aber er will den Namen ihres Gemahls nicht wissen, er ahnt ihn. Ganz unglücklich verläßt er die Stadt. Zwei Tage später, in einer großen Residenz, trifft er seinen Vetter Kurt.

Er fragt ihn aufgeregt, was ihn hierherführe. Kurt teilt ihm kurz mit, daß er auf Reisen sei, um sich in der Welt umzusehen, und daß auch Wolf schon längst Schloß Runsitten verlassen habe.

Runsitten fragt nach Charitas. Kurt sagt totenblaß: »Sie ist vermählt!«

»Mit wem?« fragt nun jener weiter und faßt ihn an, wie ein Tiger seine Beute.

»Oh, forsche nicht«, spricht Kurt.

»Mit Wolf?« knirscht Runsitten. Kurt nickt mit dem Haupte und geht weg.

Hier wurde Eduard von Alma unterbrochen, welche den ruhiger gewordenen Vater verlassen hatte.

Achthundertvierunddreißigste Nacht

Als des Abends Eduard und Willmann einander begegneten, zog der erstere den Arzt beiseite und sprach: »Hören Sie heute das Ende der traurigen Begebenheit.«

Was in Runsitten vorging, als er vernahm, daß sein liebster, sein einziger Freund ihm seine Geliebte geraubt, zu einer Verbindung mit ihm gezwungen habe, läßt sich besser empfinden als schildern.

Genugtuung war sein erster Gedanke, sein zweiter: Wolf aufzusuchen. Aus Kurts Erbleichen und den Nachrichten, welche er vor wenigen Tagen erhalten hatte, vermutete er, Wolf sei in der Nähe. Er erkundigte sich, Wolf war wirklich da. Sogleich schrieb er ihm und beschied ihn in ein Wäldchen unweit der Stadt.

Beide trafen einander; Runsitten, ganz außer sich, drang auf Wolf ein, welcher ihn vergebens um Gehör anflehte. Er mußte sich endlich verteidigen und verwundete Runsitten nur leicht; aber dieser drang auf ihn ein und stieß ihm in blinder Wut den Degen in die Brust.

Als Runsitten den ehemals heißgeliebten Freund bleich, blutend sah, empfand er auf einmal heftigen Schmerz. Er beugte sich zu ihm nieder und fragte den Wundarzt, den er mitgebracht hatte, ob Gefahr sei.

»Er wird den Abend nicht erleben«, sprach dieser. Der Verwundete schlug die Augen auf und deutete auf sein Portefeuille, welches Runsitten zu sich steckte; dann flüsterte er mit der Anstrengung seiner letzten Kräfte: »Fliehe, wenn du mich jemals liebtest«, und schloß die Augen.

Innere Angst, nicht Furcht und Liebe zum Leben, trieb Runsitten zur Flucht an. Er stürzte fort und verließ die Stadt mit Postpferden; er fuhr Tag und Nacht, bis er sich einschiffte, um nach England zu segeln.

In London, unter der bunten Menge, wurde er ruhiger. Er fand seine Tat nicht mehr verabscheuungswert; er dachte wieder nur an den Schmerz, welchen ihm Wolf zugefügt, an sein und Charitas zerstörtes Lebensglück.

Da fiel ihm Wolfs Taschenbuch in die Hände; er fand einige unbedeutende Schriften darin und zuletzt einen noch ungesiegelten Brief an ihn.

Der Brief lautete ungefähr so:

»Mein teurer Freund,

die Kälte und die Zurückhaltung, welche Du mir seit der Abreise der holden Charitas zeigtest, taten mir anfangs unaussprechlich weh, wenn ich mich auch nicht beklagte, denn ich schrieb Dein Benehmen dem großen Schmerze über Charitas' Verlust zu.

Du verließest Schloß Runsitten, ohne von mir herzlich Abschied zu nehmen; ich begriff Dich nicht!

Da erfuhr ich, nach Deiner Entfernung, daß Dein Vetter Kurt Deinen Eltern Dein Geheimnis verraten hatte, weil er Charitas liebte. Ich vernahm, daß er sich heimlich vergebens um ihre Neigung beworben habe, und als er die Gegend verließ, folgte ich ihm, denn ich wußte, er reiste zu Charitas, um sie vielleicht zu einer Verbindung mit ihm zu zwingen. Ich mußte sie retten, für Dich, mein Freund; ich habe ihre Spur; Gott gebe, daß ich nicht zu spät komme. Diesen Brief sende ich ab, sobald ich sicher weiß, wo er Dich findet. Komme hierher, um Charitas zu sehen.

Ewig Dein Wolf.«

Dieser Brief überraschte, erschreckte Runsitten fürchterlich. Jetzt auf einmal wurde ihm alles klar: Kurt hatte ihm seine Charitas geraubt und er selbst im Irrtum seinen teuern Freund getötet.

Alles, was nicht Beziehung auf Wolf hatte, war ihm gleichgültig; nur an Rache dachte er; doch diesmal wollte er nicht in blinder Wut handeln, er wollte sich erst von Kurts Verrat überzeugen.

Schon war er zur Reise in die Heimat gerüstet, da erkrankte er; Monatelang lag er im Fieber, anscheinend dem Tode verfallen.

In seinen Fieberträumen sah er Wolf bleich, blutend vor sich liegen, ihn verfluchend, und die Erinnerung an diese Erscheinung ist wohl die Erscheinung, die er oft zu haben glaubt.

Über sechs Monate war er krank. Als der Arzt ihn für körperlich genesen hielt, lag sein Geist in den Banden der Melancholie gefangen. Erst nach Monaten dachte er wieder klar, und selbst dann noch erschien ihm oft die Gestalt seines Wolf.

Er reiste heim und fand die Eltern krank, sterbend. Der Todesengel küßte sie bald nacheinander.

Auf dem Sterbebette beschwor ihn seine Mutter, sich mit der Gräfin Amalie von Buchheim zu verbinden. Er gelobte es und erfüllte ein Jahr nachher sein Wort.

Als der Freiherr seine Eltern zur Ruhe bestattet hatte, fragte er nach Kurt; er wohnte auf seinem Stammgute, und seine Gemahlin war Charitas.

Er vernahm, daß er Charitas sehr liebe, aber fast täglich durch seine Eifersucht und Hitze kränke und sich nicht glücklich fühle, denn sie liebe ihn nicht.

Die Furcht, eine neue Blutschuld auf seine Seele zu laden, vielleicht auch die Liebe zu Charitas, hielten Runsitten später ab, von Kurt Genugtuung zu fordern. Er hat mir nichts darüber gesagt, nur daß sein Vetter ihn mied und er ihn nicht suchte. Später schrieb Kurt an ihn, doch Runsitten las seine Briefe nicht.

Er lebte an der Seite der vortrefflichsten Gattin, beglückt durch ein geliebtes Kind, Alma, ein qualvolles Leben; denn stets sah er die bleiche, abgehärmte Charitas oder seinen verkannten Freund, den er gemordet.

Hier wurden beide Freunde durch Franz unterbrochen, welcher in die Galerie trat, und das Gespräch lenkte sich fast von selbst auf andre Gegenstände.

Achthundertfünfunddreißigste Nacht

Heute fuhr Eduard in seiner Mitteilung fort:

»Alles schläft um uns her, und ich darf nicht fürchten, in meiner Erzählung abermals unterbrochen zu werden.«

Jahre waren verstrichen; noch immer betrauerte Runsitten seinen Wolf, den er so unbeschreiblich geliebt hatte; noch immer liebte er Charitas. Für seine Gemahlin empfand er nur Freundschaft, Hochachtung, Dankbarkeit; denn mit himmlischer Geduld ertrug sie die trüben Jahre an der Seite eines Gatten, den sie anbetete und der sie so wenig liebte.

Da kam eines Tages ein Bote von Kurt. Er brachte einen kleinen Zettel von seiner Hand. Der Freiherr, durch des Dieners Bitten erweicht, las:

»Seit gestern ringt meine Gattin mit dem Tode. Sie wünscht Dich zu sehen, und ich bitte darum.«

Sogleich ließ der Freiherr satteln und jagte nach Kurts Schlosse.

Als er hinkam, lebte Charitas noch; sie war blaß, aber noch immer holdselig, und ihre Mienen waren noch ganz die, welche ihn früher so entzückt hatten.

Mit lieber, wohlbekannter Stimme dankte sie ihm, daß er gekommen, und bat ihn, niemals an ihrem Gemahl Rache zu üben. Dann sagte sie ihm, sie sei zu der Verbindung mit Kurt gezwungen worden, nur durch diese Verbindung habe sie sein Leben gerettet. –

»Wahrscheinlich«, schaltete Eduard ein, »hatte Kurt meiner Alma Vater gegen Charitas bedroht.«

Dann ließ sie ihr Kind Claudine bringen und empfahl es seinem Schutze, wenn es den Vater verlieren sollte.

Runsitten betrachtete es mit Liebe und Haß; es war das Kind seiner Geliebten und seines Feindes.

Als Charitas seine Bewegung bemerkte, weinte sie so herzzerreißend, daß Runsitten im Innersten erschüttert war. Sie beweinte ihr und sein verlorenes Glück.

Er konnte die Geliebte nicht sterben sehen und verließ das Zimmer. Als man ihm sagte, sie sei tot, ging er aus dem Schlosse und ritt, ohne Kurt gesehen zu haben, ganz still nach Hause.

Von jener Zeit an war er noch verschlossener. Endlich wurde er trübsinnig, ja zuzeiten hatte er wieder Erscheinungen.

Er ließ Durchreisende bewirten; aber er sah und sprach sie nicht oder nur kurz. So kennen Sie ihn ja lange. Als Franz und ich in das Schloß traten, wollte er uns sehen. Daß ich ihn sogleich anzog, kam daher, daß ich Wolf sehr ähnlich bin, sogar seine Sprache haben soll.

Er gewann mich lieb, wurde mitteilender, und Sie kennen ja das Leben im Schlosse, seit ich hier einzog. Viel hat die Zeit und unsere Mühe, ihn zu erheitern, zu seiner Besserung getan. Aber immer noch kommen Rückfälle, und ich fürchte, er beschließt sein Leben in der unglücklichen Stimmung, welche seit Wolfs Tode es trübt.

»Das fürchte ich auch«, sagte Willmann, »ich darf mich nur in seine Lage denken. Nie würde ich mir es vergeben, meinen liebsten Freund im Irrtum getötet zu haben, nie selbst den Tod meines Feindes! Nur eine Hoffnung dämmert in mir; wenn Graf Wolf noch lebte?«

»Er ist tot«, sagte Eduard traurig. »Mein unglücklicher Schwiegervater stellte vergebens Nachforschungen an; er war an den Folgen des Duells gestorben. Kein Mensch wußte mehr von ihm. Auch ich habe, seit ich Runsittens Geheimnis weiß, nachgeforscht und keine Spur gefunden.«

»Und weiß niemand das Geheimnis?« fragte Willmann.

»Nur ich, Runsitten hat es jahrelang auf dem Herzen getragen. Nachdem er es mir entdeckt hatte, wurde ihm leichter. Ich habe bis jetzt geschwiegen und vertraue es nur dem Arzte, dem Manne von Ehre an.«

»Der Ihr Vertrauen würdigt«, fiel der Arzt ihm ins Wort. »Meine Teilnahme und Hochachtung für den Freiherrn haben sich nicht vermindert. Irren ist menschlich; er wurde getäuscht, hielt Wolf für den treulosesten aller Menschen, für den Quäler seiner Geliebten; daß er ihn forderte, war natürlich, daß er ihn tötete, keine Mordtat, sondern der unglücklichste Zufall!«

»Nur ein Mittel gibt es, ihn noch zu trösten, wenn man ihn mit der Vorstellung vertraut macht, daß das Duell ein notwendiges Übel ist und der Tod des Gefallenen einzig Bestimmung des Höchsten, nicht freiwillige Tat des Kämpfers ist.«

»Damit ließe sich viel entschuldigen«, wandte Eduard ein.

Der Arzt antwortete nicht; er war in tiefes Nachdenken versunken. Endlich rief er aus: »Vielleicht! Vielleicht! Ich muß sogleich an Reiner schreiben!«

Mit diesen Worten rannte er fort und ließ den erstaunten Eduard allein.

Er trat in das Schlafgemach seiner Gemahlin. Sie schlummerte süß und sprach im Traume: »O Vater, wie bist du so heiter!«

»Der Herr erfülle, was du sagst«, sprach Eduard. Dann suchte er Reiners letzten Brief und las ihn noch einmal aufmerksam durch.

Achthundertsechsunddreißigste Nacht

Ein junger Pole, welchen Eduard von der Universität her kannte, verweilte einen Tag im Schlosse Runsitten und erzählte folgende Sage:

DER AHNFRAU BILD

Es war in den ersten Jahren des neunzehnten Jahrhunderts, als auf der berühmten Universität Heidelberg zwei junge Männer nicht nur durch Schönheit und Liebenswürdigkeit, sondern auch durch ein wahres, inniges Freundschaftsbündnis Aufsehen erregten. Alle lärmenden Versammlungen wurden von ihnen gemieden, und mußten sie an einem Commerce teilnehmen, saßen sie beide vereint, bewachten sich fast mit eifersüchtigen Blicken. Vereint trieben sie mit ausgezeichnetem Erfolg ihre Studien, durchstreiften in den Ferien die unbeschreiblich reizenden Ufer des Rheins und des Neckars, genossen miteinander in den Erholungsstunden die Blüten der edelsten Dichtungen. Wilhelm M. schien älter zu sein als sein schwarzgelockter, schlanker Freund Primislav, dem die sarmatische Abkunft jedermann leicht ansah. Wilhelms Herkunft kannte man genau. Sein Vater war ein sehr reicher, berühmter Advokat in P..., der Hauptstadt einer ...schen Provinz, die ehemals zum Königreiche Polen gehörte. Große Besitztümer hatte sein Vater dort gewonnen, einige adlige Rittergüter, sogar ein sekularisiertes Kloster in der Kriegszeit mit wenigem Geld erkauft, gehörte fast zu den

Reichsten im Lande, durfte bei einer Heerschau seinen Landesherrn bewirten, wofür ein Orden und Titel ihn lohnten. – Primislav dagegen hatte kaum einen schriftlichen Beweis seiner alten, edlen Abkunft aufzuweisen. Sein Vater, der mit Kosciusco viel für die Selbständigkeit des Vaterlandes gewagt, war nach dem verunglückten Unternehmen mit seiner Familie nach Frankreich geflohen, hatte dort Dienste im Heere genommen und war unter Dombrowskys Legion in Domingo auf dem Bette der Ehre gefallen. Seine Gattin überlebte das Schicksal ihres Mannes nicht lange, und bald stand Primislav in einem fremden Lande verwaist, ohne Schutz, sogar ohne Beweise seiner Abkunft, denn ein Waffengefährte seines Vaters hatte alle Familienpapiere an einen berühmten Rechtsgelehrten in Polen gesendet, um für den unschuldigen, elternlosen Knaben dort Ansprüche auf große Besitztümer zu begründen. Die Papiere mußten jedoch in den Kriegswirren verlorengegangen sein, denn trotz aller Mühe und Briefe bekam man keine Antwort aus Polen, und der Freund von Primislavs Vater kämpfte als französischer General die Siege Frankreichs in weit entfernten Landen. So entschloß sich Primislav, im freundlichen Heidelberg vom kleinen baren Erbteil zu studieren, und eng war bald das Bündnis mit Wilhelm geschlossen, der ihm vom teuren Vaterlande erzählen konnte. Unzertrennlich wurde die Freundschaft dann, als Primislav Wilhelm, der beim Baden dem Ertrinken nahe war, das Leben erhielt. Der Gerettete verkündete dankbar die edle Tat seines Freundes; indes rief ihn nach kurzer Frist ein Befehl seines Vaters in die Heimat. Schmerzlich war die Trennung der Jünglinge, und Primislav, dessen kleines Vermögen bald aufgezehrt, nahm Dienste unter Napoleons siegreichen Fahnen, durchzog Österreich, Spanien, Portugal und kam endlich mit der großen Armee, die Rußland beugen sollte, nach Polen. Durch Geschick und Mut hatte er sich schon bis zum Hauptmann emporgeschwungen, als er im Herbst 1812 mit seinen Untergebenen den Boden seines unvergeßlichen Vaterlandes betrat und spätabends in einem Dorfe Quartier nahm, wo ein glänzend erleuchtetes Schloß ihm zur Wohnung angewiesen wurde, nahe einem Kloster, dessen Bauart und schöne Kirche mit Doppeltürmen Zeugnis gab von frommer Andacht früherer Zeit. Die Gegend, obgleich flach und sandig, war mit großem Fleiße angebaut, und ein stark strömender Fluß belebte anmutig die Fläche.

Verbunden mit dem Kloster, worin noch der Prior und zwei alte Mönche lebten, stand nordwärts auf einer kleinen Anhöhe, unter alten ehrwürdigen Eichen und Linden, ein altes Schloß, welches schon zu Zeiten Kasimirs III. erbaut sein sollte, den Polen seinen Salomo nennt.

Es schien jetzt verfallen zu sein und nur noch wenig Gemächlichkeit darzubieten; doch tröstete dafür das dicht daneben erbaute neue Schloß den Hauptmann leicht. Großes Leben war in den hellerleuchteten Gemächern, alle Zimmer, auch die kleinsten Winkel, waren mit Freunden aus der Nachbarschaft besetzt, die gekommen waren, die Verlobung des Sohnes vom Gutsherrn zu feiern. Primislav wurde in den großen Saal geführt; der Bräutigam nahte sich, ihn zu bewillkommnen. Doch wer beschreibt das Entzücken beider, als Wilhelm seinen Lebensretter erkannte und sie sich in die Arme stürzten. Alle Anwesenden waren gerührt und erhoben durch das zufällige Zusammentreffen an einem so schönen Tage. Man hielt es für eine glückliche Vorbedeutung. Besonders war die Braut entzückt, dem Retter ihres künftigen Gatten danken zu können. So war in der angenehmsten Stimmung fast Mitternacht hereingebrochen. Alle hatten nach und nach ihre Zimmer bezogen, auch die Zimmergenossen Wilhelms hatten sich zur Ruhe begeben, als man erst entdeckte, daß man genötigt war, Primislav in das Ahnenzimmer des alten Schlosses zu quartieren, von welchem ein alter eisgrauer Diener, der noch von der früheren Herrschaft des Schlosses hinterlassen war, warnend bemerkte, daß die Ahnfrau des Hauses dort ihr gespenstisches Wesen treibe. Wilhelm wies die Dienste des alten Dieners zurück, der sich gern an Primislav zu drängen schien, mit der gespanntesten Aufmerksamkeit seine Züge sondierte, und führte seinen Freund selbst in das düstre, altmodisch ausstaffierte Zimmer. Es entsprach ganz der gemachten Beschreibung und konnte wohl bei einem weniger Mutigen und Ermüdeten als Primislav Schauer erregen. Das große, altertümliche Bett war mit schwerseidenen, verblichenen Vorhängen umgeben und erinnerte wie die Möbeln an ein vergangenes Jahrhundert, doch ein helloderndes Feuer im Kamin und strahlende Wachskerzen verbreiteten freundlich Licht und Wärme, machten das Zimmer heimlich und wohnlich, daß der ermüdete Gast diese romantische Einsamkeit gern der modernen Gemächlichkeit vorzog.

Der Hauptmann untersuchte seine Pistolen, nahm einen Armleuchter und besah die alten Gemälde, welche an den Wänden hingen. Auffallend erschien ihm hier die Ähnlichkeit mehrerer männlicher Porträts mit ihm selbst. Besonders aber war es das lebensgroße Bild einer alten Rittersfrau, welche, einen Rosenkranz und einen Schlüssel in der Hand haltend, grade über seinem Bette hing und ihn mit so wohlwollenden Blicken anzuschauen schien, daß er kaum die Augen davon verwenden und einschlafen konnte.

Schon lange hatte sich am anderen Morgen alles beim Frühstück versammelt; eine Ordonnanz wartete auf Primislav, den Wilhelm zu wecken gegangen war. Erstaunen fesselte seine Schritte, als er seinen Freund bleich und fieberisch im Bette liegen fand. In der Nacht, erfuhr er, als es eben zwölf geschlagen, habe ein fürchterlicher Sturm den Saal durchrauscht, das Bildnis der Ahnfrau sei von der Wand auf den erschreckten Primislav gestürzt, und einen alten Schlüssel und einen Rosenkranz, gerade wie ihn die Frau auf dem Bilde trug, habe er in seinen Händen gefunden. Während dieser Mitteilung hatte Primislav sich angekleidet, mehrere Bewohner des Schlosses waren herbeigekommen, auch Wilhelms Vater und die Braut. Die verschiedenartigste Stimmung wurde durch die Mitteilung des Vorgefallenen in der Gesellschaft erregt, denn Rosenkranz und Schlüssel waren verschwunden, aber an der Wand, wo das Bild gehangen, sah man jetzt eine kleine, eiserne Tür, zu welcher man endlich einen alten Schlüssel fand. Eine enge Treppe führte in ein kleines, dunkles Gemach des alten Schlosses, worin man eine bedeutende Summe alter Gold- und Silbermünzen fand. Primislav erkannte nun an den alten Wappen umher das seiner Familie, und ein altes, bei dem Gelde gefundenes Pergament erklärte, daß dieses Schloß die Ahnfrau seines Geschlechts ihrem Gemahl zugebracht, in diesem Gewölbe ihr reicher Mahlschatz verborgen sei, welcher so lange hier unantastbar und unentdeckt ruhen solle, bis der letzte Sproß des Geschlechtes einst in Not die Hallen seiner Ahnen betreten würde. – Selbst der geizige Vater Wilhelms wagte nicht, dem Letzten eines so edlen Geschlechtes, der seinem einzigen Sohne das Leben gerettet, das rechtmäßige Erbe seiner Ahnen vorzuenthalten. Der Prior und die Mönche, vorzüglich aber der alte Diener, freuten sich in Tränen, den Sohn eines vertriebenen, heißverehrten Mannes in seinem Rechte zu sehen, und als nach dem unglücklichen Ende des Napoleonischen Feldzuges Primislav mit Ehren geschmückt in seinem Vaterlande verblieb, erwarb er von dem reichen Ahnenschatz das alte Erbe seiner Väter. Eine zahlreiche, geliebte Nachkommenschaft hält das Bild der Ahnfrau in hohen Ehren.

Achthundertsiebenunddreißigste Nacht

Der junge, angenehme Pole, Graf Bitzcovsky, wurde so dringend von Eduard und den Seinen gebeten, sich länger in Runsitten aufzuhalten, daß er noch einige Tage zugab.

»Ihre uns gestern mitgeteilte Sage hat mich sehr interessiert«, sprach der Freiherr, »sie erinnert mich an eine Sage unseres Hauses. Die Runsitten sollen nämlich nicht aussterben, und der letzte Runsitten soll einen Sprößling seines Stammes, der seinen Namen fortführt, daran erkennen, daß er ihm sein Liebstes, was er verloren, zurückbringt. Diese Sage ist nun bei uns auf die entgegengesetzte Weise erfüllt worden. Ich bin der letzte Runsitten, mein Großvater hat nur einen Sohn, mein Vater nur einen; Claudines Vater, von einer Seitenlinie abstammend, hinterließ keine Söhne, und meines Großvaters Bruder, der mit einem Mädchen entfloh, ist längst tot, seine Kinder wohl auch; denn lebte ein Runsitten noch, er hätte sich längst gemeldet, da ich keinen Sohn habe und dies Schloß Mannlehn ist. So ist nun Eduard, durch die vom Monarchen verstattete Adoption zu dem letzten Runsitten gekommen, als neuer Sprößling, aber mein Liebstes hat er mir nicht gebracht, sondern genommen, meine Alma.«

Die jungen Gatten reichten einander die Hände, der Pole aber sprach: »Alle alten Sagen erfüllen sich, und wer weiß, was Liebes Ihnen noch durch meinen Freund kommt.«

Viel sprach man über Sagen und Prophezeiungen, bis der Arzt, um den Freiherrn, der noch angegriffen war, nicht anzustrengen, die Anwesenden ersuchte, der Reihe nach etwas zu erzählen.

Der Pole erzählte folgende schaurige Sage, die aber in seinem gebrochenen Deutsch sehr drollig klang:

DER GEFÄHRLICHE SCHERZ

Vor einigen Jahren saßen einige lustige Gesellen beisammen, und spät in der Nacht, vom Trunke befeuert, erzählten sie einander ihre Großtaten und überboten sich an Herzhaftigkeit. Zuletzt vermaß sich einer, dem kürzlich gehenkten Missetäter ein Stück von seinem Sterbekittel abzuschneiden und es als Wahrzeichen zu bringen. Er geht nach dem Rabenstein und schneidet wirklich dem Galgenschwengel einen Zipfel vom Kittel ab. Indem er aber wieder hinabsteigt, springt ihm eine Gestalt auf den Rücken, und als der vom Schreck Ergriffene sie abschütteln will, klammert sie sich fester um seinen Hals, überschreit mit heiserer Stimme sein Angstgeschrei und ruft: »Du hast mich berührt, bist nun mein eigen, ich lasse dich nicht wieder los!« So spornt sie den besinnungslos Laufenden, bis er an seiner Haustür für tot hinfällt. Er kam zwar wieder ins Leben zurück, war aber wahnsinnig und hielt den abgeschnittenen Rockzipfel in der krampfhaft geschlossenen Hand.

Nun begann der Kaplan:

Einer meiner Freunde erzählte mir: Ich war schon früh zum Mönchsleben bestimmt und Noviz im Benediktiner-Kloster, als einer der Mönche plötzlich in den besten Jahren starb. Nach der Klosterordnung sollte ich mit einem andern Novizen, einem muntern und furchtlosen Jüngling, abwechselnd bei der Leiche wachen. Wir aber, als gute Gesellen, wollten die ganze Zeit beieinander bleiben. Es war eine kalte Winternacht, und ich kam auf den Gedanken, uns einen erwärmenden Wein zu bereiten, ging deshalb nach der abgelegenen Küche, und jener blieb allein bei der Leiche. Als ich mit dem Getränke zurückkomme, finde ich ihn am Tische über einem Buche sitzen; er antwortet nicht auf meinen fröhlichen Zuruf. Ich frage ihn: »Schläfst du?« Keine Antwort. »Du willst mich wohl grauen machen?« Er sitzt hartnäckig stumm und unbeweglich. Nun spritze ich ihm von dem heißen Getränk an den Kopf und stoße ihn an. Er stürzt vom Stuhl, liegt anfangs starr, regt sich dann allgemach und richtet sich auf. Ich erkenne nun die im Sarge gelegene Leiche und laufe vor Schrecken schreiend hinaus. Bald darauf kommt auch der auferstandene Mönch in die Zelle; es wird lärmen, und wir gehen mit mehreren Brüdern in die Leichenkammer zurück. Da lag der junge Noviz tot im Sarge. Er hatte, um mich zu erschrecken, mit dem scheintoten Mönch die Stelle im Sarg gewechselt, und als dieser durch die heiße Besprengung und den schweren Fall wieder lebendig wurde, erstarrte er vor Schreck und wurde vom Schlage gerührt. Alle Versuche, ihn ins Leben zurückzurufen, waren vergebens, und so wurde der wirklich Gestorbene in dem Sarge und Grabe des Scheintoten beerdigt. Ich konnte aber nun auch nicht länger im Kloster bleiben.

Achthundertachtunddreißigste Nacht

Heute begann der Arzt:

Als ich, kaum achtzehn Jahre alt, Student zu Leipzig war, saß ich gewöhnlich tief in die Nacht auf und studierte eifrig. Meinen Genossen in dem großen Kollegiengebäude war solches unbequem, und sie spielten mir gern allerlei Koboldstreiche, welche ich aber stets furchtlos abwehrte. Es war Winter, und sie wußten, daß ich oft noch spät aus einer Kammer am Ende eines langen, von einer Lampe erhellten Ganges mir selber Holz zu holen pflegte, ohne ein Licht mitzunehmen. Solches benutzten sie zu einem boshaften Possen. Von der Dienerschaft des Kollegiums war jemand gestorben und lag, zu den Vorlesungen über Anatomie bestimmt, in dem anatomischen Theater. Diesen Leichnam nahmen sie und setzten ihn auf den Holzstoß, und als ich um Mitternacht unbekümmert mir einige Scheite davon nehmen will, fällt ein toter Mensch mir leichenschwer und eiskalt über den Hals. Erstarrt vor Schreck raffe ich mich zusammen, erkenne durch Tasten und beim matten Lampenschimmer durch die geöffnete Tür das Gräßliche, stürze hinweg und begebe mich in mein Bette. Im fürchterlichsten Grauen und Fieberschauer lag ich die Nacht, und am Morgen war mein Haar schneeweiß, wie es noch jetzt ist. Mein über Nacht ergrauter Kopf verriet bald den unweisen Streich, wodurch man mich zu jung plötzlich der Weisheit in die Arme geworfen hatte.

Durch die letzte Erzählung erregt, ließ sich Franz bewegen, folgende in Köln erlebte Geschichte zu erzählen:

Sie wissen alle, wie die Christnacht gefeiert und in derselben die Christmesse gehalten wird. Das Gedränge nach der St.-Gudula-Kirche auch von dem Landvolke ist gewöhnlich bei nur leidlichem Wetter sehr groß und gibt viel Anlaß zu mancherlei Mutwillen und Unordnung. Dieses und die Neugier reizte vor manchen Jahren auch zwei Fremde, einen Engländer und einen Russen, mit einem einheimischen Bekannten dorthin zu gehen, nachdem sie vorher in einem Weinhaus erst noch Öl ins Feuer gegossen hatten. Sie trieben in der Kirche, im Gewühl, allerlei lächerlichen Unfug, stachen und nähten die Frauen unvermerkt mit den Stöcken zusammen, hefteten anderen allerlei lächerliche Zeichen auf, kurz, betrugen sich ganz wie auf einem ausgelassenen Maskenballe. Die Andacht war wohl überhaupt nicht groß an diesem

Freudenfeste, doch wurde sie selten so frevelhaft gestört. Vergeblich warnte sie ein großes Bild an einem Pfeiler der Kirche, wie scheußliche Juden um einen Tisch sitzen und mit Messern und Dolchen in eine Hostie stechen, aus welcher Blut fließt, während ein greulicher Höllenhund mit glutfunkelnden Augen unter dem Tische hervorglotzt und schon gierig den Rachen aufsperrt. Die gottlosen Gesellen trieben auch damit ihren Spott, zerrten den Hund und lockten ihn laut hinter sich her. Endlich wurden sie des Spaßes in der Kirche überdrüssig und gingen noch auf andere Abenteuer aus. Sie finden zwei lustwandelnde Schöne, welche sich willig finden lassen, sie zu begleiten. Alle fünf gehen in den Gasthof des Engländers, ein helles Kaminfeuer wird sogleich angemacht und starke Getränke genossen. Es wird gesungen, gejubelt, gespielt, doch bald wollten sich ernsthaft die drei Männer mit Messern zu Leibe, weil sie sich um die zwei Schönen nicht vereinigen können. Der Wirt kommt zu dem Lärmen – erblickt das Geld verstreut auf dem Boden – entdeckt aber auch zugleich unter dem Tische die Pferde- und Hahnenfüße der beiden Mädchen. Vor Schrecken läßt er das Licht fallen, läuft sogleich zum nahen Karmeliterkloster und ruft um Hilfe. Zwei als Teufelsbeschwörer berufene Mönche gehen sogleich hin, wo die teuflische Gesellschaft noch hadernd beisammen ist, und fangen ihre Beschwörungen an. Da wandeln sich die Mädchen in scheußliche Ungetüme mit glühaugigen Eulenköpfen und Fledermausflügeln und packen mit ihren Klauen die Ketzer an. Aber stärker und stärker beschworen, müssen sie endlich weichen und fliegen zum Fenster hinaus, einen höllischen Geruch nachlassend. Den beiden Fremden war dies eine heilsame Lehre, sie wurden frommer, reiteten in ihre Heimat und stifteten daheim Schulen und wohltätige Anstalten.

Achthundertneununddreißigste Nacht

Mir hat, *sagte heute Alma,* immer die Geschichte von Mathilde von der Asseburg, welche in der alten berühmten Stadt Magdeburg gleich nach deren Zerstörung durch Tilly sich zugetragen, im Gedächtnis gelegen. Mathilde war sehr glücklich an einen edlen Gatten vermählt, und fünf blühende Kinder hatten das schöne Lebensband immer fester geschlungen, als sie der grausame Tod den Ihrigen entriß. Prachtvoll war das Leichenbegängnis, mit welchem die geschmückte

Tote in der Familiengruft im Kreuzgange des herrlichen Domes beigesetzt wurde. – Der Totengräber, ein Trunkenbold und Geizhals, hatte mit großer Freude Ringe und sonstiges edle Geschmeide an der Leiche gesehen – kaum war Mitternacht hereingebrochen, als er sich mit einer Blendlaterne und Brecheisen in die Gruft begab, den Sarg öffnete und des Schmuckes sich bemächtigte. Nur einen blitzenden Diamantring an dem kalten, geschwollenen Finger der Leiche konnte er nicht herunterstreifen – der Räuber nahm daher ein Messer und trennte den Finger von der Hand –, als zu seinem Entsetzen die Leiche unter einem Schrei sich aufrichtete. Bleich und zitternd entrann der Totengräber vor der scheintot Begrabenen, durch seinen Frevel wieder ins Leben gerufene Frau – welche ihm eilig mit der Laterne folgte. So kam sie in der Nacht vor das Haus ihres über ihren Verlust tief betrübten Gatten und klopfte an der Pforte. Ein Diener öffnet ein Fenster, glaubt ein Gespenst zu sehen, als er seine bleiche Herrin erblickt, stürzt zurück zu seinem Gebieter und meldet ihm, daß der Geist der Hausfrau vor der Türe stehe und Einlaß begehre. Der antwortet ihm, wenn er das glauben solle, so müsse erst sein Lieblingspferd, ein Schimmel, von selbst die Stiegen bis auf den Boden hinaufrennen und zur Luke hinausschauen. Kaum hat er das ausgesprochen, läuft das Pferd eilig hinauf. Jetzt stürzt der Mann hinab in die Haustüre – und empfängt in seinen Armen seine wiedererwachte Gemahlin, mit der er noch lange Jahre in vergnügter Ehe lebte, welche er noch durch vier Kinder vermehrt sah. – Ein wunderbarer Fall trug sich indessen mit Mathilde zu. Immer behielt sie im Gesicht die graue Leichenfarbe, und auch die später geborenen Kinder teilten zeitlebens diese Eigentümlichkeit der Mutter. Der beglückte Gatte ließ später durch den Meister Surro ein großes Bild, das Jüngste Gericht, malen und sich und seine Familie bis auf den kleinen Säugling kniend daneben konterfeien. Es ist noch auf den heutigen Tag eines der wenigen Bilder im Dom – auch blickt zum ewigen Gedächtnis hoch oben vom Dach des ehemaligen Wohnhauses Mathildes ein in Stein ausgehauener Schimmel auf den breiten Weg, die schöne Hauptstraße der alten Parthenopolis herab.

Nun war an Eduard die Reihe, und er begann:

Wer von uns sollte nicht von dem furchtbaren Femgerichte gehört haben, die in ganz Deutschland bestanden, besonders zwischen Weser und Rhein. Dort und in Westfalen war das bedeutendste Gericht, wo Kaiser Sigismund 1485 sogar einmal regiert haben soll.

Zur Zeit des Selbstrechts und der Roheit, als die Kaiser vergeblich das Faustrecht durch den Land- oder Gottesfrieden zu steuern suchten, taten sich einige Brave und Eiferer für das Gute zusammen, den Umtrieben des Lasters ein Ziel zu setzen. So entstanden die Femgerichte. Mit der Zeit artete das schöne Institut aus, die Richter maßten sich die Bestrafung für kirchliche und weltliche Vergehen an, unter Friedrich III. wurden Verbrechen und Mordtaten von Femrichtern verübt, bis unter Maximilian I. die Verwirrung ein Ende erreichte. In diese Zeit fällt die Erzählung:

DIE HEIMLICHEN RÄCHER

In alten Zeiten ging die Waldung, welche sich von Unna nach dem gewerbreichen Städtchen Haxen erstreckt, viele Stunden landeinwärts. Tief in dem fast unzugänglichen Forste hatte der Köhler Kaspar seine Hütte, in welcher er mit seiner Frau Else schon manches Jahr lebte. Er kam nur dann unter Menschen, wenn er seine Kohlen verkaufte oder wenn er seine Frau nach Werl führte, dort bei den Kapuzinern zu beichten; doch gefiel es ihm nirgend so als in der Einsamkeit des Waldes und in seiner Hütte, fern von dem Gewühl der hinterlistigen Menschen.

Besonders konnte Kaspar den Beichtiger seiner Frau, den Kapuziner Augustin, nicht leiden. Er nannte ihn einen glatzköpfigen Baalspfaffen, aus dessen kleinen, fettverwachsenen Augen der Teufel hervorgucke, wie aus höllischen Fenstern.

Else eiferte laut gegen solche frevelhafte Äußerungen, aus Furcht vor ewiger Verdammnis, denn sie hielt jeden Geistlichen geheiligt durch seine Kleidung.

Eines Abends, als der Sturm stärker als je durch den Forst tobte, der Regen an die kleinen Fenster schlug, Else in ihrem Gebetbuche las und Kaspar eine Schaufel schnitzte, hörte sie ein Wimmern und flehentliches Bitten um Einlaß an der Haustüre. Kaspar wollte öffnen, Else hielt ihn zurück – er aber sagte: »Räuber suchen bei uns nichts, es wird ein verirrter Wanderer sein, der den Weg verfehlt hat.« Bald darauf trat er mit einem verwildert aussehenden Fremdling ein, vor dem Else erschreckt zurückfloh. Seine Kleider waren zerrissen und bedeckten kaum seine Blöße.

»Mann, wer seid Ihr?« fragte Kaspar. »Verstoßt mich nicht, gewährt mir ein Nachtlager und einen Imbiß – morgen, ehe die Sonne aufgeht, eile ich wieder von dannen«, sagte der Unglückliche.

Nachdem er gelabt, fragte die neugierige Else: »Aber wer seid Ihr?«

»Ich nenne mich«, entgegnete jener mit gedehntem Tone, »Konrad von der Vechta!«

»Ach, da stehen uns alle Heiligen bei, Ihr seid gefemt«, rief außer sich Else und wich nebst Kaspar scheu zurück. Doch faßte er sich bald und sprach zu Konrad: »Seid mir willkommen, Ihr seid ein wackerer Mann, der immer viel gegolten im Lande. Was kann ich für Euch tun?« Gerührt ergriff Konrad von der Vechta seine Hand: »Ehrlicher Alter, schon vier Tage und Nächte habe ich nicht geschlafen. Die Schergen des heimlichen Gerichts, das an Gottes Gerechtigkeit frevelt, verfolgen mich unablässig. Wenn Euch demnach nicht vor mir graut und Ihr glaubt, daß ich ein rechtlicher Christ bin, so gebt mir für einige Stunden ein Lager.«

Auf Kaspars Geheiß mußte Else sogleich von frischem Stroh ein Lager bereiten, zitternd den Augenblick verwünschend, der einen Geächteten in ihr Haus geführt. Darauf fragte er: »Deutet es nicht übel, daß Ihr gefemt, haben wir gehört, doch welche Schuld legt man Euch zur Last?«

Bitter lächelnd entgegnete der: »Man legte mir zur Last, daß ich Gott und Gerechtigkeit vorgegriffen, daß ich einem Buben, dem Pfaffen Augustin zu Werl, mein Schwert durch den Leib rannte.«

»Gerechter Gott, einen Diener des Herrn ermordet«, schrie Else.

»Ich war drei Monden im Lothringer Lande, um die Rechte meiner Frau Edelbertha bei einer Erbschaft wahrzunehmen. Augustin, der in unlautrer Liebe gegen das schöne Weib entbrannt war, benutzte diese Zeit zu seinem Bubenstück. Im Einverständnis mit einem treulosen Diener hielt er sie an einem Schreckensort gefangen. Um den Begierden des Unmenschen zu entgehen – tötete sie sich. Durch den Wollüstling wurde mein Gatten- und Vaterglück vernichtet – ich stach ihn im Zorn nieder, als er eben zur Kirche ging, ein Meßopfer zu halten.« –

Alle hatten sich darauf zum Schlafen niedergelegt, nachdem Kaspar noch versprochen, Herrn Konrad auf heimlichen Wegen weiterzuführen.

Da geschahen drei starke Schläge an der Tür der Hütte, und eine dumpfe Stimme sprach: »Konrad von der Vechta, Priestermörder, dich fordern die heimlichen Rächer!«

Else und auch Kaspar flohen entsetzt in den Wald, als drei Vermummte durch die eingeschlagene Tür drangen.

Beim Morgengrauen fand Kaspar an einem Pfosten der Hütte

Konrad von der Vechta erhängt und drei Dolche mit Totenschädeln am Griff in seiner Brust.

Er knüpfte den Leichnam los und verscharrte ihn im Walde, indem er ausrief: »Herrgott, dürfen Mörder das Schwert der Gerechtigkeit führen?«

»Wie glücklich sind wir, in einer Zeit zu leben, wo jeder – ohne Ausnahme – das Gesetz für sich in Anspruch nehmen kann, nicht unrecht hatte ein deutscher Dichter, der den Schwärmern für das Mittelalter wünschte, daß sie darin gelebt hätten«, sagte der Kaplan, als die Gesellschaft auseinander ging.

Achthundertundvierzigste Nacht

Heute erzählte Claudine die Sage vom

GEVATTER TOD

In einem Dorfe des sächsischen Erzgebirges, nahe der böhmischen Grenze, lebte ein armer Schleierweber namens Walter, der für sich und die Seinigen kaum den notdürftigsten Unterhalt erschwingen konnte. Die Holkischen Raubscharen, die der Dreißigjährige Krieg in jene Gegenden führte, hatten unsern armen Walter um all das schwer Erworbene gebracht, sogar seine Werkzeuge hatten sie ihm zerstört und verbrannt. Sosehr ihm nun ein gutes Auskommen versagt war, so überhäufte ihn doch der Himmel mit einem vorzüglichen Ehesegen, wie es in dieser Gegend bei den ärmeren Bewohnern fast allgemein der Fall ist – was sie aber für ein wahres Glück halten, denn alle Hände müssen mithelfen bei den vielfachen Gewerben des Spitzenklöppelns, Fransennähens nähens und so weiter. Doch durch den Krieg war ja aller Absatz gestört – daher konnte Walter seine starke Familie zu keiner besondern Freude gereichen. Einmal über das andere mußte er taufen lassen, und seine Dürftigkeit war so groß, daß er bei dieser so frohen Gelegenheit seinen Gevattern auch nicht das geringste vorsetzen konnte. Die Folge davon war, daß man ungern eine Gevatterstelle bei seinen Neugeborenen annahm, denn jeder wollte für sein hingegebenes Patengeld sich auch recht gütlich tun.

Einst, als er von harter Feldarbeit nach Hause kommend die Zahl seiner Kleinen wieder durch eins vermehrt sah, das die Wöchnerin mit Tränen in seine väterlichen Arme legte, war seine Lage erbarmenswürdig. Der neue Weltbürger hatte ihm nicht allein ein Heer von Sorgen für die Zukunft mitgebracht, so daß sein Herz unfähig war, Vaterfreuden zu fühlen, sondern ihm auch die harte Pflicht auferlegt, neue Gevattern bitten zu müssen, denn die Zeit war nahe, sein Kind durch die Taufe in den beseligenden Schoß der christlichen Kirche zu legen. Noch einmal wollte er die Nachbarn des Dorfes vermögen, ihm den Gevatterdienst zu erweisen, aber umsonst. In dem nahe gelegenen Dorfe gelang es ihm ebensowenig, weil seine große Armut zu bekannt war. Verzweiflungsvoll kehrte er nun zu den Seinen zurück und war traurig eine ziemliche Strecke gegangen, da gewahrte er in der Dunkelheit eine Gestalt ihm entgegenkommend, die immer mehr seine Blicke fesselte. Sie trug ein flatterndes Gewand, das die feierlich ernsten Züge des Gesichtes noch mehr verklärte und die Kleidung mit der Würde der Person in wundersamen Einklang brachte. Ehrfurcht erweckend und zugleich Grauen schienen von demselben weißen Haupte der hehren Gestalt Strahlen auszugehen, und der Boden bog sich unter ihrem gewaltigen Tritte. Die Bäume neigten ihre Wipfel, die Bäche flossen stiller, und die ganze Natur schien ihm zu huldigen. Hörbar schlug Walters Herz unter seinem geflickten Kittel, immer kürzer wurden die Schritte des Zagenden, nur noch ein Fußbreit Erde trennte beide, aber der ernste Mann grüßte freundlich und fragte mit einer Stimme, die Mut und Vertrauen ihm in die bange Seele hauchten, wohin er wolle – wo er gewesen – und als Walter ihm seine verunglückte Expedition erzählte, sagte er: »Bitte mich zum Gevatter!« Erfreut, daß der Fremdling seinem geheimsten Wunsche zuvorkam, fragte Walter kühn: »Wer seid Ihr, gestrenger Herr?« – »Forsche nicht nach meinem Namen, der dir nicht frommen kann; doch magst du wissen, ich beherrsche viele und weite Länder und bewohne einen kristallenen Palast, dessen hohe Kuppel in saphirnen Bogen sich wölbt. Darinnen schimmern unzählige Sterne, und einige strahlen in hellem Lichte und blenden das Auge. Meinen Untertanen strebe ich Vater zu sein, daher ist meine Gnade unendlich, und selbst wenn ich strafe, ist sie die bewegende Ursache. Aber wie viele zu mir auch kindlich vertrauend aufblicken, gibt es doch auch eine große Menge, die in blindem Wahne mich verkennen und für Huld mit Undank lohnen. Dennoch schütze ich sie endlich alle und tue ihnen wohl.«

Gleich einem Schleier fiel es Walter von den Augen. Zwei Fälle konnte er nur annehmen: der Fremdling sei entweder ein mächtiger König – oder der König der Könige, der Tod, und beide füllten ihn mit Erstaunen und Furcht.

»Weh mir«, dachte er, »wenn's der letztere ist. Zwei gewaltige Mächte kämpfen in meinem Innern, die eine will mich hinreißen in den Staub, vor ihm anbetend meine Knie zu beugen, die andere hält mich mächtig zurück. Ist er der Herr des Schicksals, der Menschen?« Doch Not macht kühn – er fragte: »Wer bist du?« – Und der Fremdling antwortete: »Ich bin der Tod!« »Topp, dich wähle ich, denn du bist ein gerechter Mann, der den Reichen wie den Armen von der Erde wegreißt und allen gleiches widerfahren läßt; sei mir willkommen! Dich wähle ich.«

Die Sache war nun richtig, und Gevatter Tod fand sich am andern Tage zu rechter Zeit ein. Walter konnte ihm zur Erquickung nichts vorsetzen, und der Monarch der Gräber schickte sich an, seinen kleinen Paten zur Taufe zu halten. Nach der feierlichen Handlung sagte er zum Vater des Kindes: »Geld habe ich nicht, denn das können nach der Ordnung der Natur meine Gemählten nicht mit sich nehmen; Geld habe ich nicht, um meinem Paten etwas einbinden zu können, doch werde ich dir treulich helfen, wie und wo ich kann. Merke auf meinen Rat, der dir mehr frommen wird als das reichste Patengeschenk und befolge ihn genau.«

»Am meisten kann man als Arzt zu Brot und Ehren kommen, denn seit Adams Fall hat das Menschengeschlecht stets an Leib und Seele gekränkelt, daher verlege du dich jetzt aufs Kurieren der Kranken und besuche diese immer selbst. Wenn du zu einem solchen gehst, so wirst du auch mich da finden, obgleich nur dir sichtbar. Aber gib ja acht, wo ich die Stellung genommen, ob am Kopf- oder Fußende des Krankenbettes. Steh' ich an dem erstern, dann muß der Leidende unwiderruflich sterben und in mein finsteres Reich eingehen. Du darfst dreist versichern, daß alle Mühe vergeblich sei, des Kranken Rettung zu versuchen. Wenn du mich aber am Fußende des Bettes erblickst, kannst du ohne Scheu Rettung und Freude verkündigen, auch wenn der Kranke in den letzten Zügen zu liegen scheint. Gib ihm dann, um deinen Namen groß zu machen vor der Welt, als auch, um auf die Dankbarkeit des Geretteten sichern Anspruch zu haben und dir ein großes Vermögen zu erwerben, Pillen von Brot oder Mehl – und Tropfen von Wasser –, so wird die Täuschung vollendet, dein Name berühmt und du reich werden.«

Wer war froher als Walter. Eine neue paradiesische Welt stand vor seinen trunkenen Blicken, ladete ihn ein, sie ungescheut zu betreten, und sich und die Seinigen geehrt und glücklich zu sehen. Er wollte seinem Gevatter danken, doch dieser war, wie alle Edlen, die dem Danke auszuweichen suchen, bereits verschwunden.

Achthunderteinundvierzigste Nacht

War jetzt Walter nur erst reich in seiner Phantasie an Wünschen und kühnen Hoffnungen, so wurde er auch bald wohlhabend in der Wirklichkeit, denn er befolgte genau den Rat des mächtigen Gevatters. Man lachte anfänglich und spottete seiner, daß er sich zum Arzt aufwerfen wollte; allein, als man sah, daß sein Ausspruch jedesmal in Erfüllung ging und seine Arznei immer heilsamer anschlug, da wurde sein Wirkungskreis, der sich früher nur auf sein Dorf und die nachbarlichen Orte beschränkt hatte, sowie sein Ruf immer ausgebreiteter. Aus dem armen Manne war ein Schoßkind des Glückes und ein geschickter Arzt geworden, der den berühmtesten Ärzten den Rang streitig machte, dessen Namen der Ruf durch das ganze Land trug.

Einst war der Landesherr krank – gefährlich krank geworden –, alle Leib- und Hofärzte sowie die berühmtesten Doktoren der Nähe und Ferne wurden um das Krankenbett des fürstlichen Dulders versammelt, doch alle Einsicht und Erfahrung, alle Versuche waren vergeblich, die Krankheit wollte nicht weichen, die versammelten Ärzte entschieden, der Fürst könne nicht gerettet werden, man müsse seinem Tode entgegensehen.

Die Fürstin war untröstlich, die Untertanen trauerten im tiefsten Herzen um den Verlust des geliebten Landesvaters, für dessen Leben ihre Gebete umsonst zum Himmel emporgesendet waren, da berichtete der Hofnarr die Taten des Wunderdoktors im Gebirge. Sogleich wurde unser Walter mit aller Schnelligkeit in das Schloß zu Dresden an das Krankenbett des Fürsten geholt. Die Fürstin beschwor ihn, seine ganze Kunst zu erschöpfen, ihren Gemahl für sie und das Land zu retten, und versprach ihm die reichste Belohnung. Die Leibärzte setzten ihm mit unterdrücktem Achselzucken den Gang der Krankheit auseinander, doch war der erste Blick Walters auf das Fußende des Bettes gerichtet – weh, der Gevatter Tod war nicht da. Mit Zittern und lautklopfendem

Herzen hob er seinen Blick nach dem Kopfende, und siehe! Der strenge Gevatter stand so fest da wie eine Marmorsäule.

Walter war kaum seiner Sinne mächtig, blickte verlegen bald den Kranken, bald den finstern Monarchen des Todes an. Er kannte den festen Sinn des Gevatters, der nie von seinem Platze wich. Er nahte sich ihm bittend: »Lieber Gevatter, geh doch nur diesmal an das Fußende.« – Ein den andern unhörbares Nein des Todes war die Antwort auf seine Bitte. Ein kühner Gedanke durchflog seinen Kopf. Walter gebot den Anwesenden, das Bett des Kranken umzudrehen, daß das Kopfende da zu stehen käme, wo jetzt das Fußende sei, weil es so einen nachteiligen Standpunkt habe. Die Ärzte lächelten, der Befehl wurde auf der Stelle ausgeführt, Gevatter Tod, der sich überlistet sah, verließ zornig das Gemach – und der Fürst erholte sich zusehends. Walter erklärte, alle Gefahr sei vorüber, und man dürfe der gänzlichen Genesung bald versichert sein. Die Fürstin zog den erfreuten Doktor an die Tafel, ließ ihn durch ihre Pagen bedienen und schenkte ihm nebst einer großen Summe Geldes auch ein prächtiges Haus in der Neustadt, am Ende der schönen Dresdener Brücke – welches der Wunderarzt nun mit seiner Familie bezog und darin herrlich und in Freuden lebte. Alles hatte er vollauf, das einzige, was ihm nur zu fehlen schien, war ein langes Leben, um sein Glück recht genießen zu können. Schrecklich war es daher unserm Wunderarzte, als der über seinen letzten Streich erzürnte Gevatter Tod sich bei ihm einstellte, um ihn von der Erde abzurufen.

Wie Donner des Himmels erklangen ihm die Worte des Fersenmannes, sie übermannten sein Gefühl, daß er betäubt hinsank. Endlich nahm er zu Bitten seine Zuflucht, doch der Gevatter blieb unerbittlich. »Mache dich bereit und versöhne dich mit Gott und deinem Gewissen«, sagte er zu dem schlauen Walter, der ihm schnell erwiderte: »Vergönne mir nur, ein Vaterunser zu beten«, was ihm der Tod auch feierlich zugestand.

Der Heuchler fing nun an: »Vater unser«, und sagte weiter kein Wort. »Bete fort«, erinnerte gelassen der Gevatter, »du hast doch wohl das allbekannte schöne Gebet nicht vergessen!« – »Das nun wohl eben nicht, aber ich bete nicht weiter. Du hast mir so lange Leben vergönnt, bis ich ein Vaterunser gebetet, aber keine Zeit bestimmt, in welcher es geschehen muß. Wenn ich es nun erst in Jahrhunderten beende, handle ich gar nicht gegen unsern Vergleich, und sobald lieber Gevatter, wird es nicht geschehen.«

»Verschmitzter Wurm, der sich gegen die ewigen Mächte des Himmels und die Gesetze der Natur auflehnt und meine Langmut mißbraucht, nur aus Liebe zu meinem Patchen habe ich Geduld mit dir«, sagte der erzürnte Tod und verschwand.

Nun atmete Walter wieder frei, lebte in Saus und Braus, erstaunte selbst ob seiner List und ließ, um seinen Gevatter doch etwas zu versöhnen, das Konterfei desselben in Stein aushauen und an der Ecke seines Hauses befestigen. Dort sieht man ihn noch auf den heutigen Tag, wie er den Wanderer über die schöne Elbbrücke mit Stundenglas und Hippe ein gewichtiges memento mori zuruft.

Achthundertzweiundvierzigste Nacht

Einst wurde Walter gegen Abend zu seinem auf dem Jagdschloß Moritzburg erkrankten Fürsten gerufen. Er machte sich auf den Weg, um noch vor der Nacht durch den dichten Wald zu kommen, als er nah am Wege ein Stückchen beschriebenes Pergament vom Winde dahintreiben sah. Er ließ es sich reichen. Neugierde trieb ihn die lateinische Schrift, die er nur mit Mühe herausbuchstabierte, zu enträtseln, als plötzlich mit dem letzten Worte des Gelesenen wie ein Schreckensgespenst der Gevatter Tod in seiner ganzen Furchtbarkeit vor ihm stand.

»Jetzt bist du mir verfallen und kannst mir nicht mehr entgehen«, donnerte der Tod den erschrockenen Walter an. »Du hast das lateinische Vaterunser gelesen, und deine erbärmliche List habe ich dir nun mit gleicher Münze bezahlt.«

Der eiserne Würfel war gefallen, Walter ergab sich in sein Schicksal und trug seinem Kutscher mit schwerem Herzen auf, seiner Familie das letzte Lebewohl zu bringen.

Des Arztes stumme Ergebung in den strengen Schluß des Schicksals hatte des Gevatters Mitleid erregt, er fühlte menschlich dessen Bedrängnis und göttlich in sich den Beruf, ihn auf die Verirrungen seines Lebens aufmerksam zu machen. Willig folgte Walter dem Könige der Gräber auf seinem letzten Gange. Währenddessen hatte er Zeit, vollauf sich den heiligsten Betrachtungen über sein verfehltes Leben zu weihen. Sein Gewissen erwachte, und er fühlte innige Reue. So war er in Begleitung seines Gevatters an eine Höhle gekommen, die dieser als den Eingang in sein unterirdisches Reich bezeichnete. Schweigend und voll Grauen betrat sie Walter und sah vor sich eine gewölbte Halle, die zu beiden Seiten von schwarzen Säulen gehalten wurde. Nun kam er an eine Tür, berührte sie und weit sprangen ihr großen Flügel auf. Walter wäre beinahe zu Boden gesunken, so blendeten ihn unzählige Lichter, die einen weiten, unabsehbaren Saal erleuchteten.

»Bei dir geht es hoch her«, sagte der Erstaunte. »Ich glaubte immer, du lebtest ganz einsam und still, doch scheint es mir jetzt, als ob du Feste feierst, wie diese prächtige Erleuchtung zeigt.«

»Wohl lebe ich still und einsam«, erwiderte der Tod, »doch solche Erleuchtung ist immer bei mir, denn diese brennenden Lichter sind die Lebenslichter der Menschen auf Erden. Einige sind lang, einige kurz; sobald das Licht verlischt, muß der Mensch sterben, dessen Leben es andeutet, und wenn er auch Kronen trägt.«

»Wo ist denn das meinige?« fragte schnell der Arzt. »Hier«, antwortete der Gevatter und zeigte auf ein fast ausgebranntes Licht, dessen Docht umzufallen drohte.

»O weh, ein ausgebranntes Stümpfchen«, seufzte Walter und bat ängstlich, noch ein kleines Endchen für ihn anzuzünden, damit er Zeit gewänne, mit Ruhe und Andacht zu beten. Er wolle nur die Huld des Himmels anflehen, ihm für seine aufrichtige Reue nicht die Pforten des Paradieses zu verschließen.

Mitleid befiel den Tod mit der reuigen Angst des Arztes, und er erlaubte ihm aus einer Menge daliegender Kerzen ein Stümpfchen zu wählen und sie am fast erlöschenden Docht seines Lebenslichtes anzuzünden.

Gierig eilte Walter dorthin, ergriff die größte, schwerste Kerze, um sich noch ein recht langes, neues Leben zu sichern. Doch in seiner Gier verlöschte er beim Anzünden die schwache Flamme – und tot sank er zu den Füßen seines Gevatters.

»Tränen der Reue sind der Schmuck des Verirrten und stammen von oben; wenn sie fließen, winkt der Himmel Versöhnung«, sagte der Tod, und himmlische Töne klangen diese Worte dem reuigen Walter.

Achthundertdreiundvierzigste Nacht

»Claudine hat uns die Sage vom Gevatter Tod auf freundlichere Weise erzählt, als sie mir bekannt ist«, nahm diesen Abend die Freifrau das Wort. »O bitte, erzähle uns die Sage, wie du sie kennst«, sagte Clara, »es ist für uns alle gewiß interessant, sie noch auf andere Weise zu hören,

denn die verschiedenen Abweichungen, nach denen Sagen und Märchen erzählt werden, sind für den Sammler nicht ohne Wichtigkeit.«

Alle stimmten Almas Wunsche bei, und die Freifrau begann:

Vor vielen Jahren lebte ein Mann, welcher nichts besaß als eine kleine, verfallene Hütte, ein Weib und zwölf Kinder. Das Unglück verfolgte ihn, und seinem angestrengtestem Fleiße gelang es nicht, für sich und die Seinen hinreichend Brot zu schaffen. Anhaltender Mangel erbitterten ihn, und er fing an, sich so sehr nach Gelde zu sehnen, daß sein Wunsch ihm die abenteuerlichsten und gefährlichsten Pläne, um Geld zu erreichen, eingab.

Um sein Unglück noch zu vergrößern, fand sich noch ein dreizehntes Kindlein zu seiner Kinderschar; die Wöchnerin lag tödlich krank, der Hilfe bedürftig, auf ihrem Lager, das dreizehnte Kindlein schrie mit den übrigen zwölf nach Nahrung, und der arme Vater wußte vor Angst und Sorge weder wo aus noch ein. »Ich habe nicht einmal Gevattern zu dem Kindlein«, sagte er ingrimmig, »und bin bereit, es mit dem Tode selbst aufzunehmen, er holt weder mich noch eins von den Meinen, denn er kommt nur zu den Reichen und Glücklichen!«

»Ich komme zu dir auch«, ertönte jetzt eine tiefe Stimme, und als der arme Mann sich umsah, erblickte er den leibhaftigen Tod vor sich, welcher sich freundlich zum Gevatter des Armen erbot und von diesem auch sogleich als solcher begrüßt wurde. Seinem Weibe sagte nun freilich der Mann nichts von seinem Gevatter, und die Taufe wurde ganz ruhig vollzogen, denn der Tod wußte sich sehr gut zu benehmen, ganz als sei er ein lebender Mensch.

Als das Kindlein getauft war, zog der Tod seinen Gevatter beiseite und sprach: »Gevatter, ein Angebinde für das Kindlein habe ich nicht, aber ich will Euch auf andere Weise beschenken. Ihr sollt forthin ein Arzt sein und große Ehren verrichten. Seht Ihr mich zu des Bettes Füßen, so wird der Kranke genesen, stehe ich zu des Bettes Häupten, ist er verloren.«

Der Gevatter war es zufrieden, er gab sich sogleich in der ganzen Gegend für einen Arzt aus, und da er so sicher vorhersagen konnte, ob der Kranke genesen würde oder nicht, gewann er sich bald einen großen Ruf.

Er verdiente Geld, aber immer noch nicht genug, sein Geiz artete zuletzt in Habsucht aus. Je mehr er hatte, desto mehr wünschte er zu besitzen.

Als er nun eines Tages zu einem reichen Manne gerufen wurde und dessen Tod verkündete, sprach dieser: »Mein halbes Vermögen, Doktor, wenn Ihr mich rettet.«

Der Arzt winkte dem Tode und bat ihn, ihm zu dem Gewinne zu verhelfen.

»Es kann nicht sein«, flüsterte dieser, »ich muß ein Leben haben und kann jenen nur retten, wenn du mir dafür ein andres Leben, welches noch länger gedauert hätte, opferst!«

»Ein anderes?« fragte der Arzt.

»Ja«, sprach gleichgültig der Tod, »etwa eins deiner Kinder.«

»Der Tod scherzte«, dachte der Mann, deshalb sagte er lächelnd, »meinetwegen!«

Kaum hatte er diese Worte gesprochen, so verschwand der Tod, der Kranke genas und beschenkte den Arzt reich, doch an demselben Tage starb abends das älteste seiner Kinder.

Der Vater betrauerte sein Kind und zürnte heftig dem Tode, aber dieser hörte alle seine Vorwürfe mit eisiger Kälte an, und der Mann vergaß endlich über seinem Reichtume seinen Sohn.

Des Arztes Ruf vergrößerte sich täglich, er wurde immer reicher, und nun trachtete er darnach, sich eine Million zu erwerben.

Als ihm nun einst von einer Fürstin eine große Summe für die Rettung ihres Gemahls verheißen wurde, bat er wieder den Tod, ihn zu unterstützen und opferte – mit dem Gedanken: Ich habe ja mehr Kinder – seinen zweiten Sohn.

Der Arzt besaß eine Million, und der Tod fragte ihn, ob er sich nun zur Ruhe setzen wolle, aber dieser wünschte sich jetzt eine zweite Million und war in seinem Streben eifriger als jemals.

Lange Zeit hatte er den Tod zu des Bettes Füßen erblickt, als er aber einstens bei einem hohen Manne zu dem Haupte stand, siegte die Habsucht wieder über das Vatergefühl, und er opferte sein drittes Kind.

Um die Tränen seines Weibes nicht zu sehen, trennte er sich von ihr, ließ sich in einer großen Residenz nieder und sandte den Seinen, soviel sie bedurften.

Unersättlich im Golde, opferte er nach und nach alle seine Kinder bis auf das letzte, dessen Pate der Tod war. Sein Weib und das letzte Kind, dies gelobte er sich heilig, wollte er um keinen Preis opfern.

Er verließ die Residenz, zog wieder zu seinem Weibe und überschüttete sie und das Kind mit Gaben und Zärtlichkeit.

So lebte er mehrere Jahre, sein Weib verschmerzte nach und nach den Verlust ihrer Kinder und hängte sich mit unendlicher Zärtlichkeit an ihren kleinen Sohn, welcher wirklich außerordentlich schön und klug war.

Der Arzt hatte jetzt seine Habsucht ziemlich abgelegt, es kränkte ihn nur, daß er von vielen, ungeachtet seiner großen Ehren, für einen Pfuscher gehalten wurde, und er wünschte sich jetzt, ebenso sehnlich als er sich früher Reichtümer gewünscht hatte, Titel und Ehrenbezeugungen.

Da wurde er eines Tages aus seinem stillen Hause in die Hauptstadt des Reiches geholt, denn der Kaiser war zum Tode krank, und der Arzt sah seinen Gevatter zu des Bettes Haupte stehen.

Der kranke Monarch versprach dem Arzt Reichtümer, Titel und Orden, wenn er ihn am Leben erhalten könnte, und der Vater zitterte bei dem Gedanken, für des Kaisers Leben sein letztes Kind dem Tode zu opfern, aber mächtig regte sich der Ehrgeiz wieder, und seinen Gevatter vom Bette wegwinkend, rettete er den Kaiser. Als er heimkam, bebend und dennoch hoffend, denn sein letztes Kind hatte ja den Tod zum Paten, fand er es schon im Sarg. Jetzt rief er seinen Gevatter an und beschwor ihn, sich doch über ihn zu erbarmen und in sein Reich zu nehmen, aber der Tod kam nicht. Je mehr sich der Arzt nach ihm sehnte, desto weiter schien der Tod sich von ihm zu entfernen. Alt und lebensmüde fand er ihn erst nach Jahren, sein Weib war ihm längst vorangegangen.

»Eine grausige Sage«, rief Franz. Die Kerzen waren tief herabgebrannt, und alle begaben sich in ernster Stimmung nach ihren Gemächern.

Achthundertvierundvierzigste Nacht

Heute las der Kaplan Sagen vor, welche Küttner gesandt hatte. Sie folgen hier:

Gewiß wird es Ihnen allen schon aufgefallen sein, wie so manche Sagen in jeder Stadt vorgefallen sein sollen. So zeigt man fast überall an einem Turme die Luke und auf dem Kirchhofspflaster den Stein, wo der Schüler, der ein Rabennest ausnehmen wollte und sich der ungleichen Zahl der Jungen wegen mit seinen Kollegen, die das Brett hielten, worauf er zum Turm herausgestiegen war, entzweiten, durch die Luft, welche sich in seinem Mantel gefangen, glücklich und ohne Schaden

Der Pfeiler in Prenzlau

herabfiel. – Fast in allen Städten erzählt man, wie vor alten Zeiten von einer Kirche oder dem Ratskeller ein geheimer unterirdischer Gang nach einem Kloster geführt habe, der jetzt verschüttet sei. Mönchen hätte er gedient, mit den Nonnen geheime Liebeszusammenkünfte halten zu können. Jetzt sei der Gang verschüttet – doch wer nur den Mut habe ihn wieder zu betreten, könne Besitzer von großen, dort verborgenen Schätzen werden. Einige noch mit besonders interessanten Umständen verbundene Sagen sind mir im Gedächtnis geblieben. Vor allem die Sage vom

PFEILER IN PRENZLAU

Dort soll nach den Versicherungen alter Chroniken von der St.-Marien-Kirche ein unterirdischer Gang nach dem alten Rathaus, worin auch die Hauptwache und nach dem vor dem Schwerdter Tore gelegenen jetzigen Hospitale ehemaligen Ritterburg St. George geführt haben und ist die Stelle noch jetzt an der Judenstraße durch einen ungefähr neun Quadratfuß großen, eingerammten Stein bezeichnet.

Als einst vor langen Jahren ein königlicher Prinz das dort garnisonierende Regiment befehligte, hatten sich zwei Soldaten eines so großen Vergehens schuldig gemacht, daß sie hingerichtet werden sollten.

In derselben Zeit ereignete es sich, daß bei der Hauptwache der Gang so einstürzte, daß eine Öffnung sichtbar wurde. Der Befehlshaber, von Neugierde getrieben, ließ nun den beiden Verbrechern die Wahl, entweder diesen Gang zu durchwandern und ihm Kunde zu bringen von dem, was sie gesehen hätten, oder zu sterben. Sie wählten das erstere.

Der erste kam nicht wieder zum Vorschein, hingegen berichtete der zweite:

»Als ich eine Strecke meinen Weg verfolgt hatte, kam ich an eine große, eiserne Tür. Ich öffnete sie und erstaunte nicht wenig, hier ein hellerleuchtetes Gemach zu finden, worin eine zahlreiche Versammlung von Leuten, ganz altmodisch gekleidet, mit verschiedenen Arbeiten beschäftigt waren. Sie gaben keinen Laut von sich und verständigten sich nur mit Mienen und Gebärden. Der eine von ihnen, ein alter Mönch, zeigte auf eine andere Tür, ich öffnete dieselbe ebenfalls und sah hier mehrere mit Geldzählen beschäftigte Männer, von denen der eine, auf einem Thron sitzend, mich folgender Gestalt anredete:

›Prenzlau ist schon zweimal durch Feuersbrunst zerstört worden, es hüte sich, daß dies nicht zum drittenmal geschehe; sollte es aber dennoch der Fall sein, so wäre in einem Pfeiler der Marienkirche noch ein so großer Schatz vorhanden, wofür es wohl dreimal wieder erbaut werden könnte.‹

Hierauf mußte ich mich wieder entfernen, setzte im Gang meine Wanderung fort und war froh, in St. George das Tageslicht wieder zu erblicken.«

Die Decke der Marienkirche ist nach Art aller großen Kirchen gewölbt und stehen im Schiff derselben zwei Pfeiler. Einer in der Mitte ist wirklich hohl, und diesem gegenüber befindet sich ein Bildnis, welches mit dem Zeigefinger auf diesen Pfeiler hinzeigt. Es sollen auch nach der Aussage glaubwürdiger Personen noch im Anfang dieses Jahrhunderts Mönche aus dem Österreichischen nach Prenzlau gekommen sein, welche den Pfeiler in der Kirche eifrig betrachtet haben und heimlich des Nachts in die Kirche zu dringen gedachten, an ihrem Beginnen aber gehindert wurden.

Achthundertfünfundvierzigste Nacht

DIE GRÄDITZBURG IN SCHLESIEN

Einer ähnlichen Sage hat die schöne Gräditzburg in Schlesien ihre Zerstörung durch Wallensteins Krieger zu danken. Diese fanden bei der Eroberung derselben eine in Stein ausgehauene Eselin mit der rätselhaften Unterschrift:

Wer find't mein Kind,
das schöne Füllen,
kann sich den Sack mit Golde füllen.

Man glaubte nun irgendwo ein mit Gold ausgestopftes Eselfüllen zu finden und sprengte deshalb alle Gewölbe und Mauern der schönen Burg, die so sehr zur Zier der reizenden Gegend beitrug.

Dabei fällt mir noch eine Fabel ein, welche ich in der schlesischen Kern-Chronik gelesen.

Als Johann Beer, eines Bäckers Sohn aus Schweidnitz, um das Jahr 1570 auf dem Zobtenberge umherspaziert, sei er an eine schöne Grotte gekommen, wohinein er getreten, die Wunder der Natur auf philosophische Weise zu beschauen und Gott, seinen Schöpfer, darüber zu loben. Ein furchtbarer Sturm hinderte ihn am Eindringen. Er ging zurück, sich mit dem Pfand des Herrn versehen, und am Sonntag Quasimodogeniti bestieg er wieder den Berg, kommt in den engen Gang von schönem grün- und weißgesprengtem Marmor. Bald kommt ihm ein lichter Schein durch eine Kluft entgegen – er nahte sich weiter und fand eine große Tür. Nachdem er dreimal im Namen Gottes daran geklopft, öffnet sich die Tür, und er sieht mit Verwunderung drei lange, abgemagerte Männer um einen runden Tisch sitzen, welche sehr trübselig aussahen und ein schwarzsamtenes, mit Gold beschlagenes Buch vor sich auf dem Tisch liegen hatten.

»Friede sei mit euch«, rief er ihnen entgegen. Sie antworteten mit Furcht und Zittern: »Hier ist kein Friede! Wir erwarten hier mit Schrecken das Gericht Gottes für unsere bösen Taten.« Darauf erblickte er hinter einem Vorhang eine Menge mörderischer Waffen, Gerippe von Ermordeten und, gleich einem Meßkram, eine Menge Geld, Kostbarkeiten und geraubter Edelsteine, woraus er entdeckte, daß sie Räuber und Mörder gewesen, welche die Wanderer hier getötet und die geraubten Schätze in der Höhle verborgen – nun nicht zum ewigen Leben eingehen können.

Nachdem er sie mit drei Kreuzeszeichen gebannt, bemächtigte er sich der Kostbarkeiten und erbaute davon die Abtei Gorkau am Fuße des Zobten. Als die Kirche daselbst eingeweiht, ist mit Krachen die Höhle zusammengestürzt, und niemand hat wieder den Eingang finden können.

Eine der sonderbarsten Legenden hörte ich in der Stadt Zerbst, im Anhaltischen Lande. Auf dem altertümlichen Markte, dessen Rathaus auch ein kolossaler Roland ziert, steht eine schlanke, hohe Säule, auf deren Spitze man ein goldnes Frauenbild erblickt. Es ist dies zum Gedächtnis eines reichen Ritterfräuleins, deren Ahnen große Besitztümer um die Stadt herum hatten und von denen alle Bewohner derselben ihren Bedarf an Butter nehmen mußten. Mit diesem Fräulein starb indessen der Stamm aus. Sie schenkte alle ihre Güter und auch ihre genannte Gerechtsame der Stadt, bedung es sich aber ausdrücklich, daß immerfort ihr Bildnis in der beschriebenen Weise erhalten werden müsse, widrigenfalls ein Nebenstamm der Familie das alte Recht wieder geltend machen könne. Zu diesem Behuf soll auch immer ein zweites Exemplar des Denkmals auf dem Rathaus vorrätig sein, falls das alte zugrunde ginge. Man nennt die kleine Statue nur das Butterfräulein. Sehr komisch soll es gewesen sein, als in den Kriegsjahren 1813 die Russen, welche durch die Stadt zogen, hier vor der Statue ihre Andacht verrichteten, in dem Wahn, es sei zu Ehren der Kaiserin Katharina II. errichtet, welche hier geboren wurde und deren Wiege man noch im Schlosse zeigt.

Achthundertsechsundvierzigste Nacht

Der Kaplan trug heute noch folgende schauerliche Sage vor:

DER VERSCHWUNDENE SCHATZ

In Warmbrunn wohnte ein stiller Handwerker in einem entfernten, einsamen Hause. Er lebte in großer Armut, ging fast mit keinem Menschen um und beschäftigte sich, wie man erzählte, mit chemischen Versuchen, hoffte die Goldtinktur zu finden und durch geheime Kunst große Schätze zu erwerben. Oft ging er einsam in den wilden Gebirgen hinter dem Kynast, verlor sich in den dichten Wäldern und kam in der Dämmerung erst wieder zurück. Einem einzigen Manne, mit welchem er öfters sprach, hatte er vertraut, wie das wilde Gebirge ihn mit geheimer Kraft anzöge, wie ihm das Herz aufging in den einsamen Schluchten und wie dort für ihn das Geheimnis seines Lebens und große Schätze verborgen wären.

Einst, als er so, trübseliger als gewöhnlich, hoch in dem Gebirge unter düstern Tannen wanderte, sah er in der Ferne ein helles Leuchten. Er kam näher und entdeckte eine Gittertür, die eine erleuchtete Höhle verschloß.

Darinnen nahm er große, offene Kisten wahr, in diesen erblickte er große Schätze an Gold und Silber und Edelsteinen, und das rötliche Gold schien ihm wie mit geheimem Zauber zu winken.

Eine große Gestalt stand dicht neben ihm. »Alle diese Schätze sind dein«, sagte sie, »nur merke dir die Stelle genau. Wenn du in drei Tagen wieder kommst, wird die Gittertür offen sein.«

Die Bäume ließen durch eine lichte Stelle einen freien Blick in das breite Tal offen. Links vom Kynast weg erkannte man den Turm in Hermsdorf, kaum hinter dem Berge hervorragend; über der Ruine lag der Turm von Warmbrunn und im Hintergrund Hirschberg. Die Gestalt zeigte die Stellung der Türme und entfernteren Gegenstände gegeneinander äußerst genau. »Präge dir es wohl ein. Wenn du die Stellung gerade so wiedererkennst, hast du die Stelle gefunden; wenn du dich dann umsiehst, wirst du die Höhle erleuchtet und eröffnet finden und glücklich sein.«

Der bestürzte und entzückte Handwerker strengte sich an und übte sich auf alle Art, ging weg, kam wieder und glaubte endlich seiner Sache gewiß zu sein.

»Da hast du eine Schaumünze«, sagte die Gestalt, »damit du nicht alles für einen bloßen Traum hältst«, gab ihm eine goldne Münze mit fremder, rätselhafter Inschrift und verschwand. Als der arme Mann sich umsah, war auch die Höhle verschwunden, und er würde alles für ein Gaukelspiel gehalten haben, wenn nicht die goldne Münze ihn von der Wirklichkeit überzeugt hätte.

Nachdenklich ging er nach Hause, merkte sich jeden Schritt, bezeichnete einige Bäume und eilte am dritten Tage ungeduldig, die Stelle zu suchen. Er fand die bezeichneten Bäume, er erkannte den Fußsteig, er sah den Fels in der Ferne und versuchte nun, sich in der Gegend zurechtzufinden. Der Hermsdorfer Turm erschien schon links neben dem Kynaster Schloßberge hervortretend, aber er konnte den Turm von Warmbrunn nicht über der Ruine finden. Endlich nach langem, unruhigem Suchen sah er ihn, aber der Hermsdorfer hatte sich tückisch hinter dem Berg versteckt. Er wurde unruhig, er stieg hinauf und herunter, stellte sich tiefer hinein und weiter hervor, nun rechts, dann links.

Bald schien ein Teil der Gegenstände in der richtigen Stellung, er suchte die übrigen, dann verschoben sich die ersten. Der Angstschweiß floß von seinem Gesichte herunter, die Augen fingen an, wild zu rollen, immer emsiger suchte er die wahre Stellung, immer furchtbarer starrte er in die Gegend hinein.

»Da – so – ich habe es«, und für einen Augenblick erheiterte sich sein Gesicht. – Aber wie er wieder hinsah, war alles anders. So von der furchtbarsten Pein fortdauernd getäuschter Erwartung bis zur höchsten Verzweiflung gequält, blickte er bald von dieser, dann von jener Stelle in die Gegend hinaus, bis die Dämmerung alle Gegenstände verbarg. Im Wahnsinn versunken, suchte er die Stellung jeden dritten Tag auf dieselbe qualvolle Weise immer vergebens wieder.

»Grauenhaft«, rief der Freiherr, als Franz geendet hatte, »ja wahrlich, solch vergebenes Suchen und Ringen muß zum Wahnsinn führen, und es bedarf dabei nicht erst des unheimlichen Spuks des tückischen, schadenfrohen Berggeistes.«

Achthundertsiebenundvierzigste Nacht

Diese Nacht erzählte Franz nachfolgende spanische Sage:

DON PEDRO DER GRAUSAME

Don Pedro, König von Kastilien, mit dem Zunamen der Grausame, trug noch nicht lange die Krone seiner glorreichen Vorfahren, als das Volk schon erkannte, wie er weniger den Namen des Grausamen als den des Gerechten, Unerbittlichen verdiene.

Aber Don Pedro trug einen furchtbaren Feind in sich, den Jähzorn! Überkam ihn dieser, so schonte er niemanden; wehe dem, der es dann wagte, ihm in den Weg zu treten.

Als einstmals Don Pedro in einfacher Kleidung allein und unerkannt die Straßen von Madrid durchstrich, erblickte er eine junge, hübsche Bürgersfrau, welche in einem Laden Gold- und Silberwaren feilhielt. Der König trat in den Laden und kaufte, ohne sich zu erkennen zu geben, einige Ketten und Ringe um hohen Preis, und da ihm die junge, freundliche Frau wohlgefiel, so scherzte er mit ihr und versprach, bald wiederzukommen, um noch mehr zu kaufen.

Solches hatte ein Nachbar gehört, und als der abwesend gewesene Goldschmied nach Hause kam, hatte er nichts Eiligeres zu tun, als zu ihm zu laufen und insgeheim ihm zu entdecken, wie ein junger, dem Anschein nach vornehmer Herr sich um die Gunst der jungen Frau bemühe.

Der Goldschmied, welcher schon bejahrt war und sehr eifersüchtig, geriet in den heftigsten Zorn über das, was er von seinem Nachbar erfuhr, und schalt ihn einen Lügner und Verleumder, der eine rechtschaffene junge Frau durch falsche Anklagen zu beschimpfen trachte. Der Nachbar versetzte: »Von der Schuld oder der Unschuld deiner Frau habe ich nicht geredet, sondern nur davon, daß ein junger Don sich um ihre Gunst bemüht. Davon aber magst du dich selber überzeugen, wenn du es klug anfängst. Ich habe mir die Stunde gemerkt, wo er gewöhnlich durch diese Straße lustwandelt; komm morgen um die Mittagszeit zu mir und wart es ab, da kannst du sehen, was geschieht.«

Der Goldschmied war dies zufrieden und begab sich am andern Morgen von seinem Hause fort, indem er seiner Frau sagte, er werde erst am Abend wieder zurückkehren.

Er schlich aber durch eine Hintertür in des Nachbars Haus und lag dort auf der Lauer.

Um die Mittagsstunde kam wirklich Don Pedro in seiner gewöhnlichen Verkleidung die Straße herab und blieb vor dem Laden des Goldschmieds stehen. Alsbald erschien die hübsche, junge Frau am Fenster, freundlich lächelnd, und Don Pedro trat ins Haus. Als der alte Goldschmied dies gewahrte, geriet er außer sich vor Wut; denn nichts schien ihm gewisser, als daß der fremde Don im Einverständnis mit seiner Frau lebe.

Heftig forderte er seinen Nachbar auf, ihn zu begleiten und ihm als Zeuge wider sein treuloses Weib zu dienen. Dem hämischen Nachbar war dies eben recht, und er folgte ohne Widerrede dem Goldschmied in dessen Laden.

Dort angelangt, fuhr der törichte Alte auf den König los – welchen er so wenig wie der Nachbar erkannte –, schalt ihn einen ehrlosen Buben und Verführer und packte ihn in blinder Wut, um ihn zum Laden hinauszuwerfen, dem Nachbar zurufend, mit anzugreifen, was dieser denn auch tat.

Aber Don Pedro schleuderte mit Riesenkraft den alten Goldschmied sowie den jüngeren Nachbar von sich, riß sein Schwert aus der Scheide, und im Moment darauf lagen beide Angreifer, in ihrem Blute sich wälzend, zu seinen Füßen.

Die junge Goldschmiedsfrau erhob bei diesem Anblick ein Jammergeschrei, der Mordruf tönte durch die Gasse, Volk und Wachen strömten herbei, den Mörder zu fangen; aber erschrocken wichen die Häscher zurück, als Don Pedro stolz ihnen entgegentrat. »Der König!« riefen sie und senkten ehrfurchtsvoll ihre Waffen, das Volk entfloh zitternd, und langsam, finster sinnend, schritt Don Pedro dem königlichen Schlosse zu.

Hier hielt Franz inne, da die Mitternachtsstunde schlug, versprach aber für die folgende Nacht die Fortsetzung seiner Erzählung.

Achthundertachtundvierzigste Nacht

In seinem Schlosse angelangt, bereute Don Pedro insgeheim bitter den verübten Doppelmord, und es wurde bei Leib und Leben dem Volke verboten, nur eine Silbe darüber zu reden. Wie sehr aber erstaunte Don Pedro, als er noch am nämlichen Tage von dem Oberrichter seiner Hauptstadt eine Ladung erhielt, sich vor die Schranken des Blutgerichts zu stellen, um über den verübten Doppelmord Rechenschaft zu geben.

Der König teilte seinen Höflingen und den Obersten seiner Leibwache die empfangene Ladung mit, und diese rieten ihm, alsogleich den frechen Oberrichter an den ersten besten Galgen aufhängen zu lassen. Darein willigte nun zwar der König nicht, aber er ließ den Oberrichter fragen, ob er den Verstand verloren habe, daß er es wage, seinen König und Herrn vor das Blutgericht zu laden.

Der Oberrichter antwortete: »Der glorreiche König Don Pedro von Kastilien hat mich gesetzt, Recht zu sprechen in seiner Hauptstadt Madrid und zu strafen die Frevler und Mörder. Keiner, wer es auch sei, darf dem Gesetze sich entziehen, am allerwenigsten der König. Don Pedro ist des zweifachen Mordes beschuldigt, das Gesetz ist sein Ankläger. Er erscheine, höre die Anklage, verteidige sich und erwarte, daß ihm Recht gesprochen werde. Was mich betrifft, so bin ich meines Königs getreuster Untertan. Will er mich meines Amtes und somit der mir verliehenen Gewalt und der beschwornen Pflicht, Recht zu sprechen und zu strafen, entheben, so bin ich das zufrieden. Solange ich aber Oberrichter seiner getreuen Hauptstadt bin, kann selbst der König mir die mir zustehende Gewalt nicht schmälern, ich werde sie und meine Würde behaupten. Mein Leben steht in Gottes Hand, wie das des Königs, der dereinst über ihn wie über mich richten wird.«

Als Don Pedro diese Antwort erhielt, erblaßte er vor Zorn und Beschämung, und seine Höflinge und Obersten rieten ihm abermals, doch den frechen Oberrichter ohne weiteres hängen zu lassen. Aber Don Pedro warf den Augendienern einen Blick zu, davor alle erstarrten, und rief: »Schweigt, Elende, der Oberrichter hat recht! – Geh«, sprach er sodann zu seinem ersten Kammerherrn, »geh zu dem Oberrichter, versichere ihm, daß Don Pedro nicht säumen wird, sich vor die Schranken des Blutgerichts zu stellen; er möge dann tun, was er glaube, vor der Majestät verantworten zu können.« –

Der Kammerherr richtete den Auftrag aus, und der Oberrichter sprach: »Nicht nur vor der Majestät, sondern auch vor Gott und dem Volke wird mein Richterspruch gerecht befunden werden, und so fürcht' ich nichts.«

Der Tag des Gerichts erschien. Don Pedro trat vor die Schranken, stolz und ernst, aber bereit, über sich richten zu lassen. Der Oberrichter hielt eine Anrede an die Richter und an den Ankläger, worin er sie aufforderte, sich nicht durch den hohen Stand des Verbrechers verleiten zu lassen, von ihrer Pflicht abzuweichen und milder zu richten, als Pflicht und Gewissen ihnen raten würden. »Bedenkt«, sprach er, »was daraus entstehen würde, wenn die, welche von Gott berufen sind, Gesetze zu erteilen und aufrechtzuerhalten, am ersten ungestraft sie freventlich verletzen dürften. Nicht den König gilt es hier zu richten, den Menschen, der zweifachen Mordes sich schuldig machte.« Er winkte darauf dem Ankläger, und dieser erhob kühn und freimütig seine Anklage, wie Don Pedro unerkannt sich um die Gunst einer jungen Bürgersfrau beworben und den beleidigten Gatten, welcher, ohne ihn zu kennen, die Ehre seines Hauses habe wahren wollen sowie dessen Nachbar meuchlings ermordet habe, da beide Ermordeten, wie sich ausgewiesen, gänzlich unbewehrt gewesen.

Der König zuckte heftig zusammen und warf einen wütenden Blick auf den Ankläger, als dieser das Wort »meuchlings« aussprach. Doch der Ankläger kümmerte sich darum nicht, sondern fuhr kühn fort, das Entsetzliche des Doppelmordes den Richtern vorzustellen, und schloß damit, daß er das Gesetz aufrief, die Blutschuld zu rächen und den Mörder, wie es recht und billig, zu strafen.

Der Oberrichter forderte den König auf, sich zu verteidigen, und als Don Pedro finster schwieg, weil er nichts zu seiner Verteidigung vorbringen konnte, rief der Oberrichter einen Verteidiger für ihn auf. Dieser tat, was er konnte, zugunsten des Angeklagten. Doch der Beweis des Doppelmordes war zu klar, und der Oberrichter sprach das Urteil, daß Don Pedro, des zweifachen Mordes überwiesen, auf öffentlichem Marktplatz mit dem Schwerte hingerichtet werden solle. »Weil aber

Don Pedro unser gesalbter König ist und somit sein Leben für uns unantastbar sein muß«, schloß der Oberrichter, »so mildern wir das Urteil dergestalt, daß, statt an ihm selbst, an seinem Bilde die Strafe öffentlich vollzogen werde, andern zum warnenden und abschreckenden Beispiel.«

Hier hielt sich Don Pedro nicht länger. – »Wag es, Elender«, rief er zitternd vor Wut dem Oberrichter zu – »wag es, wenn dir dein Leben lieb ist.« – Somit verließ er den Gerichtssaal und eilte nach seinem Schlosse. –

Dort aber gab er den ausdrücklichen Befehl, allen Anordnungen des Oberrichters unbedingt Folge zu leisten, ohne erst deshalb weiter nachzufragen, und verschloß sich dann drei Tage lang in die innersten Gemächer seines Schlosses, ohne mit irgend jemandem ein Wort zu reden.

Der Oberrichter aber befahl, daß alles zur Hinrichtung auf öffentlichem Markte bereitet werden sollte und sandte dem Könige eine Ladung, bei der Vollziehung des Urteils gegenwärtig zu sein. Don Pedro las den Befehl und stampfte mit dem Fuß, doch ließ er zurücksagen, er werde kommen.

»Den Schluß meiner Sage erspare ich bis auf morgen nacht«, sprach Franz, seine Erzählung für heute abbrechend.

Achthundertneunundvierzigste Nacht

Der Morgen des Gerichts brach an, alle Bewohner Madrids und Tausende von nah und fern strömten durch die Gassen, dem großen Marktplatz zu, wo das schwarzbehängte Schafott hoch, damit es allen sichtbar sei, sich erhob.

Als die festgesetzte Stunde schlug, ertönte von allen Türmen das Trauergeläut, und vom Gerichtshause aus setzte sich der Zug in Bewegung. Voran die Geistlichkeit, den Weihbischof an der Spitze, dann die frommen Brüderschaften, nun Herolde, und von seinen Richtern umgeben der Oberrichter, dann Hellebardiere, in ihrer Mitte ein Pferd führend, worauf die lebensgroße, mit dem Purpurmantel bekleidete Figur, welche den König vorstellte, saß. Das Gesicht der Figur war treu dem des Königs in Wachs nachgebildet worden, so daß es jeder sogleich erkannte. Soldaten schlossen den Zug, der sich der

Blutbühne zuwandte, auf welcher schon der Nachrichter mit seinen Gesellen harrte.

Am Fuß des Schafotts hielt der Zug, der Oberrichter bestieg mit seinen Richtern eine kleinere, dem Schafott gegenüber errichtete Tribüne, auf welcher, außer den Sitzen für die Richter, noch ein mit schwarzem Tuch behangener Armsessel für den König befindlich war. Kaum hatten die Richter Platz genommen, so erhob sich der Oberrichter wieder und redete das Volk an, es zur Ruhe und zum Ernst bei dem bevorstehenden Akt der Gerechtigkeit ermahnend. Darauf gab er den Herolden ein Zeichen, diese erhoben ihre Stäbe nach allen vier Himmelsgegenden, und alsbald schmetterten Trompeten und wirbelten Pauken, zum Zeichen, daß das peinliche Halsgericht seinen Anfang nehme.

Da teilte sich der Volkshaufe auf der der königlichen Burg zugekehrten Seite, und auf schwarzem Rappen sprengte, ohne alle Begleitung, der König durch die sich bildende Gasse der Bühne zu, auf welcher die Richter versammelt waren. Angelangt, sprang er rasch vom Pferde, die Stufen hinauf, grüßte die Richter flüchtig mit drohender, finsterer Miene, so daß fast allen, außer dem Oberrichter, der Mut sank, und warf sich dann in den für ihn bestimmten Armsessel. – Der Oberrichter nahte sich ihm ehrerbietig und fragte ihn, ob er das gesprochene Urteil für recht erkenne oder nicht. Mit finstern Blicken erwiderte der König, das Urteil sei gerecht. –

Darauf winkte der Oberrichter und stieg von der Tribüne herab und hinauf auf das Schafott, und ihm nachgetragen wurde das Bild des Königs, welches solange am Fuße des Schafotts auf dem Pferde gesessen hatte. Der Oberrichter ließ der Figur den Purpurmantel abbinden, welchen ein Edelmann in Empfang nahm, und brach sodann im Namen des Gesetzes und des Königs den Stab über das Haupt Don Pedros von Kastilien. Darauf wurde die Figur auf den Richtstuhl befestigt und ihr, wie einem lebenden Menschen, die Augen verbunden. Nun trat der Scharfrichter vor, neigte das breite funkelnde Schwert gegen die Tribüne, wo der lebende König saß, wandte sich dann, holte aus und trennte mit mächtigem Hiebe das Haupt von dem Bild Don Pedros, daß es dumpf tönend auf den Boden des Schafotts dahinrollte. Ein Schrekkensschrei tönte aus dem Munde der versammelten Menge über die Kühnheit des Oberrichters; denn keiner hatte geglaubt, daß er das Urteil wirklich würde vollstrecken lassen. Der Oberrichter aber befahl ruhig, den enthaupteten Körper in einen Sarg zu legen, dann trat er hart an die Brüstung der Blutbühne und sprach mit lauter Stimme zu dem versammelten Volke: »Ihr waret alle Zeugen eines Ereignisses, das in der Weltgeschichte vielleicht ohne Beispiel ist. – Don Pedro, unser König, hatte schwer gefehlt; er hatte, seine königliche Würde und die Pflicht eines edlen Mannes vergessend, gestrebt, das Weib eines guten, treuen Untertanen zu verführen, und mordete dann nicht nur den wehrlosen Gatten, sondern auch den gleichfalls wehrlosen Freund desselben, welche beide nicht ahnten, daß ihr König ein Verführer und Mörder sein könne.

Dafür sprach ihm das Gericht das Todesurteil und verdammte ihn, da wir ihn selbst, als unsern gesalbten König, dessen Person heilig und unverletzlich ist, nicht töten können, seine öffentliche Hinrichtung im Bilde mit anzuschauen.

Schwer fehlte Don Pedro von Kastilien im Rausche wilder Leidenschaft, aber als dieser vorüber, da erkannte er die Macht des Gesetzes und verehrte sie, erkannte er die Gerechtigkeit unseres Urteils und unterwarf sich ihm, damit keiner unter uns sich erhaben dünke über dem Gesetze, keiner sich es einfallen lasse, zu glauben, er dürfe ungestraft Böses tun. Heil unserm gerechten König, er hat seine Schuld gebüßt und hat uns allen gezeigt, wie wir, wenn wir fehlten, uns willig der Büßung unterwerfen sollen.«

So sprach der Oberrichter, und alles Volk jauchzte: »Heil unserm gerechten König, Don Pedro!«

Don Pedro hatte die ganze Zeit über regungslos in seinem Sessel gesessen, das bleiche Gesicht mit den Händen bedeckend. Nun blickte er auf und winkte dem Oberrichter, zu ihm herüberzukommen. Dieser gehorchte, und der Kammerherr folgte mit dem Purpurmantel, welchen er kniend dem König darbot.

Don Pedro ging auf den Oberrichter zu, umarmte ihn und sprach: »Sei mir gesegnet, du edler, mutiger und getreuer Diener deines Herrn! Willst es preisen, daß ich dem Gesetze mich unterwarf und die gerechte Strafe über mich ergehen ließ. Wie soll ich denn dich genügsam rühmen, der du, dem Könige gegenüber, welchen das Volk den Grausamen nennt, das heilige Recht bewahrtest und mutig vertratest? Heil dir, gerechter, furchtloser Richter. Trage fortan diesen Purpur, sooft du Recht sprichst, zum ewigen Andenken an diese Begebenheit.«

So sprach Don Pedro der Grausame vor allem Volke zu dem Oberrichter und schmückte ihn selbst mit dem Purpurmantel, und auch die übrigen Richter belobte er, und den Scharfrichter ließ er fürstlich beschenken und erklärte ihn für edel. Sein enthauptetes Bild ließ er vor dem Altar seiner Schloßkapelle einsenken; vorher wurde noch das Haupt in Stein nachgebildet und an die Mauerecke jener Gasse, in welcher der Doppelmord verübt war, eingemauert, wo es noch bis auf den heutigen Tag zu sehen sein soll.

Somit schloß Franz seine Sage, welche allen sehr wohlgefallen hatte. Der Freiherr sprach: »Mir ist jener Fürst von jeher immer als ein außerordentlicher kühner Geist erschienen, wie denn auch seine Schicksale außerordentlich waren. Mir hat besonders jene Anekdote sehr gefallen, welche ich vor einiger Zeit in einer alten Sammlung las«:

Ein junger Geistlicher, ebenso jähzornig als eitel, ermordete einen armen Schuhmacher, weil ihm derselbe ein Paar neue Schuhe nicht zu Dank gefertigt hatte. Don Pedro wollte ihn der weltlichen Gerechtigkeit übergeben, aber dawider protestierte die Geistlichkeit, drohte mit Bann und reizte den bigotten Pöbel auf, so daß Don Pedro nichts ausrichten konnte. Das geistliche Gericht, um übrigens doch etwas zu tun, legte dem jungen Geistlichen die Strafe auf, wegen verübten Mordes an einem Familienvater – ein Jahr lang keine Messe lesen zu dürfen. Als der älteste Sohn des Ermordeten diesen Urteilsspruch erfuhr, lauerte er dem Mörder auf und ermordete ihn gleichfalls. Darüber erhob nun die Geistlichkeit ein gewaltiges Geschrei und verlangte die härteste Bestrafung des Mörders.

»Nicht mehr wie billig«, sprach Don Pedro, »ich verdamme ihn nach Euerm Beispiel, ein Jahr lang keine Schuhe machen zu dürfen.«

»*Gut gegeben*«, *sprach Franz,* »*und gerecht!*«

Achthundertundfünfzigste Nacht

DAS MÄRCHEN VOM RITTER EST

Vor mehreren hundert Jahren lebte einmal in Franken ein Ritter von altem Schrot und Korn, tugendsam und lobesam nach seiner Väter und seines Landes Weise, von deutschem Mut und von deutschem Durst. Und um den letztern zu stillen, zog er durchs liebe deutsche Vaterland und trank von allen Weinen, welche er antraf. – Aber es waren damals eben einige schlechte Jahre für den Wein in Deutschland gewesen und wollte ihm weder der Rhein noch der Moseler, weder der Meißner noch der Grüneberger, weder der Naumburger noch der Grinzinger sonderlich munden, und das Maul wurde ihm endlich schief, weil er es allemal verziehen mußte, sooft er einen Becher des sauern Tranks hinabgoß. Da rief er endlich seinen Knappen und sprach folgendermaßen zu ihm: »Höre Knapp', ich halt' es hier nicht länger aus. Der Wein wird täglich saurer und der Himmel täglich grauer hierzulande. Auf, laß uns wandern von Land zu Land, bis wir einen lichtern Himmel und einen süßern Trunk Wein finden. Sattle also gleich unsere Klepper, schwing dich auf und reit voraus, nach Welschland zu, und wo du eine Schenke gewahrst, da koste mir den Wein, und wo er gut ist, da schreibe mit Kreide das Wörtlein Est an die Tür, damit ich's gewahre und gleichfalls einkehre, mich zu laben.«

Der Knappe tat, wie ihm befohlen war, sattelte die Klepper, schwang sich auf, ritt voraus, dem schönen Welschland zu, und kostete in jeder Schenke den Wein. Und wo er einen guten fand, da schrieb er an die Wirtshaustür das Wörtlein »Est«, welches der Ritter ihn hatte schreiben gelehrt, denn sonst konnte er nichts schreiben, selbst seinen Namen nicht.

Und Ritter Hans ritt hinterdrein, und wo er eine Schenke sah, da äugelte er schon von weitem, ob er nicht das Wörtlein »Est« an der Tür des Hauses erlugen könnte, und wenn er's erblickte, so kehrte er freudig ein und tat sich eine Güte.

So zogen beide, Ritter und Knappe, langsam zwar, doch wohlgemut ihres Weges fürbaß, der Knappe unverdrossen voraus und der Ritter unverdrossen hinterdrein, bis sie nach Montefiascone, dem Städtchen, welches am Fuße des Flaschenberges, hart an dem See von Bolsena liegt, kamen. Hier kehrte der Knappe ein und kostete den Wein, und das war der Muskateller, welcher auf dem Flaschenberge wächst. Als der Knappe von diesem Götterwein gekostet hatte, lief er geschwind hinaus, um das Wörtlein »Est« an die Tür zu schreiben. Es schien ihm aber ein »Est«, mit weißer gewöhnlicher Kreide geschrieben, nicht genügsam, die Trefflichkeit des Weines auszudrücken, und deshalb schrieb er mit riesengroßen, feuerroten Buchstaben »EST, EST, EST« an die Tür und kehrte dann eiligst in die Schenke zurück, um noch einige Flaschen zu kosten.

Bald darauf kam der Ritter, las die Schrift, kehrte ein, setzte sich zu seinem Knappen, fing an zu trinken und hörte nicht eher auf, bis er tot zu Boden sank.

Als der Knappe sein Räuschchen, welches er sich angetrunken, ausgeschlafen hatte und den Tod seines Herrn erfuhr, gebärdete er sich gar kläglich und tröstete sich erst, als er erfuhr, daß ihm laut Testament des Freiherrn all dessen bares Geld gehören solle, um auf sein Andenken fortzutrinken. (So hatte es der alte, gute Ritter schon vor langer Zeit festgesetzt und in der Urkunde, welche er überall mit sich führte, angegeben.)

Aus Dankbarkeit ließ der Knappe ihm auf der Spitze des Flaschenberges ein schönes Grab graben, darin begrub er ihn und setzte ihm einen Leichenstein mit der lateinischen Inschrift, welche er von einem gelehrten Mönch hatte verfertigen lassen, nämlich so:

EST, EST, EST! –
PROPTER NIMIUM EST!
DOMINUS MEUS
MORTUUS
EST.

Das ist die Mär vom Ritter Kostewein und seinem Knappen.

Achthunderteinundfünfzigste Nacht

»Wie oft wird nicht die glühende Liebe Julias zu Romeo, die Leidenschaft Heloises zu Abälard erwähnt«, nahm heute der Arzt das Wort, »während man die schwärmerische, reine Neigung, welche eine edle Frau für Ludwig XII. empfand, der Vergessenheit überläßt.«

Da allen die Begebenheit und Person, welcher Willmann gedachte, unbekannt war, erzählte der Arzt:

THOMASSINE SPINOLA

Als Ludwig XII., König von Frankreich, welcher mit vollem Rechte den Titel »Vater des Volkes« führte, im Jahr 1502 seinen prunkvollen Einzug in Genua hielt, wurde er von den Genuesern mit ungeheuchelter Freude begrüßt und auf das herrlichste bewirtet.

Sie stellten ihm zu Ehren die glänzendsten Feste an, und ihre Eifersucht verleugnend, führten sie ihn in die Kreise der schönsten Frauen und Fräulein und zürnten nicht, wenn der König eine vor der andern rühmte und ihre Schönheit pries.

Der König war gutmütig und heiter, er tanzte mit den schönsten Frauen, und obgleich er sonst ein Freund der holden Damen war, so störte er doch keines Herzens Frieden und blieb immer in bescheidener Entfernung.

Unter den Genuesischen Damen strahlte durch Anmut und Herzensgaben vorzüglich Thomassine Spinola, die Gemahlin eines Mannes aus einer der ersten Familien.

Der König huldigte ihr vor allen, er war von Natur liebenswürdig, heiter und mild und flößte dadurch, ohne es zu wollen, der schönen Thomassine eine ebenso reine als feurige Leidenschaft ein. Dem König blieben ihre Gesinnungen nicht lange verborgen, und es ist wohl verzeihlich, daß er bei der Liebe einer so schönen, edlen Frau nicht gleichgültig blieb.

Thomassine verhehlte ihre Liebe länger nicht, sie bat den König um die Erlaubnis, sich die Dame seines Herzens und ihn den Geliebten nennen zu dürfen, den Gegenstand ihrer Gedanken.

Obgleich König Ludwig seine Gemahlin Anna von Bretagne bis zur Anbetung liebte, so schmeichelte ihm doch die Bitte der edlen Genueserin so sehr, daß er sie gern erfüllte.

Das höchste Ziel ihrer Wünsche war nun erreicht, sie lebte nur noch in den Gedanken an den König, ihr Gemahl wurde ihr ein Fremder, nur Ludwig der einzige Gegenstand ihrer Liebe.

Als der König Genua verließ, begleitete ihn Thomassine nicht, ihre reine, geistige Liebe bedurfte das Anschauen des Geliebten nicht, sie wünschte nichts, als stets an ihn zu denken und in seinem Andenken fortzuleben.

Zwei Jahre später erkrankte der König schwer, die Königin Anna war trostlos, und die Ärzte gaben den geliebten Herrn schon verloren.

In Italien verbreitete sich das Gerücht von seinem Tode und drang auch zu den Ohren der zärtlichen Genueserin. Von Stund an nahm sie weder Speise noch Trank zu sich, sie ging einen Tag totenblaß umher, dann mußte sie sich zur Ruhe legen.

Am achten Tag schloß sie ihre Augen, eben als die Nachricht von der Genesung des Königs nach Genua kam.

Als der König den Tod Thomassines erfuhr, war er tief betrübt und verbarg seine Rührung nicht.

Er befahl seinem Geschichtsschreiber Authon das Andenken der edlen Thomassine Spinola der Nachwelt zu erhalten.

Vier lange Gedichte von Authon sandte Ludwig nach Genua zur Leichenfeier Thomassines. Auch ließ er ihr Grabmal damit schmücken.

Thomassine hatte noch nicht das zwanzigste Jahr erreicht, als der vermeintliche Tod ihres Geliebten ihr in der Blüte ihrer Schönheit das Herz brach.

Achthundertzweiundfünfzigste Nacht

»Küttner vergißt uns nicht«, sprach heute lächelnd Eduard, welcher wieder Briefe von ihm erhalten hatte. »Er hat uns diesmal seine Rheinfahrt beschrieben und viele kleine Sagen mit eingewebt.«

Hierauf zog er ein Manuskript hervor und las:

KÜTTNERS RHEINREISE

Wenn Reisen wahrhaft das Leben genießen heißt – so ist eine Burg- oder Wasserfahrt, prunkhaft gesprochen, ein Götterleben. Freiheit, Freiheit, himmlische Luft, ruft Götz von Berlichingen, als sich alle Riegel seines irdischen Wesens lösen – so rief auch ich, als ich meine ernsten Geschäfte abgetan, die über alle Beschreibung reizende Rheinreise von Mainz nach Köln antreten konnte. Natur und Menschenwerke haben hier einen Schatz von Sagen bewahrt, die ich für meine Freunde aufschrieb.

Mainz

Im blauen Duft liegt in der Ferne das liebger Römergröße und altritterlicher Herrlichkeit umkränliche Taunusgebirge, das viele Trümmer ehemalizen. Mainz, der Schlüssel Deutschlands, erinnert mit seinen altertümlichen Denkmalen an die bedeutendsten Momente der vaterländischen Geschichte, der Eichelstein und der Aquäduit bei Zahlbach, von Drusus Germanicus erbaut, vermischen sich mit den gotischen Kolossen, ernst mahnend an das Aufstreben des Christentums, an Karl den Großen und den heiligen Bonifaz; indes im Dom aus Frauenlobs Grabe, den die dankbaren Frauen dort zu Grabe trugen, der Minnesang ertönt und Schöffers und Fusts Häuser, wie Gutenbergs beide

Monumente uns die Wiege der Buchdruckerkunst aufdecken. Hinab führt uns der klare Strom auf seinen grünen Wogen an Rebenbergen vorüber nach Johannisberg und Bingen, durch den herrlichen Rheingau. Von jetzt an ändert sich die Szene, und wie der Korybantenchor erst kühne, zuletzt wilde Gruppen entwickelt, so legen schon bei Rüdesheim die weichen Rebenhügel schwere Felsenpanzer an und schauen mit zackigen Klippen behelmt, von steiler Höhe drohend herab, den schwellenden Fluten den Krieg anzukündigen. Da begegnet uns die dunkle Sage von der alten, den Rhein finster anschauenden

Brömsenburg,

mit ihrem halb römischen, halb gotischen Baue, mahnt sie an ernste, düstere Schicksale und Tod und Untergang in den Fluten. Von ihren Zinnen stürzte sich einst die liebende Gisela in den Strom hinab, als ihr Vater Hans Brömser von Rüdesheim aus seiner Gefangenschaft in Palästina befreit, sie seinem Gelübde gemäß als Lösungspreis dem Kloster widmen wollte.

Als der Alte verzweifelnd hinunterschaute, hielt ihm der Flußgott die weiße Leiche des Mädchens entgegen, daß er sich droben im Sturmwind die Haare zerraufte und der wilde Geist der Rache ihn durch die Nächte umhertrieb und keine Ruhe in seiner Not finden ließ, bis er den Kapuzinern das Kloster zur Not Gottes erbaute und darin an heiliger Stätte seine Sklavenketten aufhängte.

Wilder und immer wilder türmen sich die Felsen an, der Rhein grollt und murrt in seiner Tiefe, Bingen entgegenflutend, hinter welchem sie als furchtbar gerüstete Riesen einen Kreis um den grauen Turm schließen, an dem Hattos Gespenst zu jeder Mitternacht in Nebel gehüllt aufsteigt. Hatto war Bischof zu Mainz, ein hartherziger Mann, der bei einer Hungersnot den Armen seine Speicher verschloß, daß sie umkamen – während er an prächtig bestellter Tafel schwelgte. Zu teuern Preisen verkaufte er nur die großen Vorräte, so daß die Bedrängten in seine Speicher zu dringen wagten, sich vor dem Hungertode zu schützen. Da ließ der unbarmherzige Mann Gottes die Türen schließen, Feuer um das Magazin legen und die armen Unglücklichen verbrennen, ja als ihr Hilferufen und Todesstöhnen zu seinem Palast drang –, sagte er spottend zu seinen feisten Dienern: »Hört ihr das Pfeifen der Kornmäuse?« Da erging Gottes Strafgericht über den Unmenschen. Scharen von Mäusen zeigten sich in seinem Palast, in jedem Gemach, seiner Kammer und seinem Speisesaal. Keine Kunst konnte sie vertreiben, sie raubten ihm den Bissen vom Munde, in seiner Sündenangst ließ er sich mitten im Rhein ein festes Kastell bauen; doch kaum hatte er sich dahinbegeben, kamen Millionen von Mäusen ihm gefolgt, schwammen durch den reißenden Strom, sprangen an ihn herauf und versetzten ihn in grause Angst.

Nun erkannte er das Gericht Gottes, er, der Unbarmherzige, verzweifelte an des Himmels Gnade, und sein Leben zu enden, stürzte er sich in die tobenden Fluten und fand sein Grab. Doch findet der Sünder dort keine Ruhe, nächtlich erscheint sein bleicher Schatten, ringend mit der schäumenden Flut. –

Nun öffnet sich das Felsentor von Bingen, und man tritt ein in den gewaltigen Dom, welchen die Natur hier erbaute. Dunkle Waldgebirge sind die Hallen, tausendjährige Felsen die Pilaster, über denen der blaue Himmelsbogen sich zur Kuppel wölbt. Nun geht es an Asmannshausen, Caub und Lorich vorüber, man sieht die Trümmer des Baugbergs, Rheinsteins und den Falkenberg, Burg Senneck und Lorich, über dem der abenteuerliche Hederich sich wild steigend erhebt. Die Umwohnenden nennen diesen grotesken Felsen auch die Teufelsleiter, weil die Sage erzählt, daß ein Herr Gilger von Lorch hier heraufgesprengt sei, um seine droben von einem Berggeiste gefangene schöne Geliebte Garlinda zu erretten; zu welcher Luftfahrt ihm der Teufel die Leiter verfertigt habe. Auch durch die Heimlichkeit des nahen

Wispertales

flüstert eine andere Mär von drei hier verborgenen Waldmädchen noch fort, welche vorüberziehende junge, neugierige und eitle Gesellen durch ihr wisperndes Bst, bst, anlocken und für ihren Vorwitz anführen sollen.

Es gewährt der Phantasie ein recht schauerliches Vergnügen, alles in dieser wundervollen Gegend so heimlich belebt zu ahnen und das Kindermärchen mit der altehrwürdigen Legende an diesen Ufern Hand in Hand wandeln zu sehen. Im Sanertale trägt uns die steile Höhe nach Sickingens von Bergen gleichsam umschanzter Burg hinan.

Bald sehen wir nun das altertümliche Bacharach mit der Burg Stahleck und den gotischen Trümmern der düstern Wernerskirche. Der jugendliche Märtyrer wurde zu Wesel von den Juden grausam ermordet und in den Rhein geworfen, dessen Gewässer aber die Leiche wunderbar stromaufwärts trug und bei Bacharach ans Land spülte, wo ihm zum Angedenken die jetzt in Trümmern liegende Kirche erbaut wurde. Hier wächst der treffliche Muskateller, welcher dem trägen Kaiser Wenzel so wohl schmeckte, daß er für vier Fässer desselben der Stadt Nürnberg seine Rechte an sie verkaufte. Bei Caub, wo Blücher mit seinen Heldenscharen in der Neujahrsnacht 1814 den Fluß überschritt, umfängt uns der Rhein wie ein mit Bergen umschlossener See, mitten in dem Bassin aber erhebt sich der pittoreske

Pfalzgrafenstein

wie die Zinnen einer untergesunkenen, noch halb aus dem Wasser hervorragenden Burgfeste. Das ganze Gebäude ruht auf einem Felsen im Strome, von oben führt nur eine Falltüre in dasselbe. Die Sage erzählt von einer innigen Liebe, die der tapfere Herzog von Braunschweig zur schönen Agnes, Tochter des Pfalzgrafen Konrad von Staufen, gefühlt, die aber dem Vater nicht genehm war, weil Kaiser Heinrich VI. sich um die Hand der Jungfrau für einen seiner Verwandten bewarb. Um die Tochter vor jedem Versuche des feurigen und mächtigen Braunschweigers zu hüten, ließ Konrad die Pfalz im Rheine erbauen und schloß Agnes hier ein. Die Mutter aber nahm sich der Liebenden an und ließ dem jungen Herzog, wenn er zur Nachtzeit im Fischerkahn zur schönen Rheinundine heranschwamm, das Fallgatter der Wasserburg öffnen, damit das Pärchen kosen könne. Doch Agnes fühlte bald ein süßes Pfand der stillen Liebe im Schoß erblühen – der Vater und der Kaiser verziehen, und der tapfere Braunschweiger brachte bei der Vermählung so eines der schönsten deutschen Länder zu seinem sächsischen Erbe und wurde zugleich Pfalzgraf bei Rhein. Konrad gab aber ein Hausgesetz, daß alle künftigen Pfalzgräfinnen ihre Niederkunft hier über den Fluten des Rheins erwarten müßten; das einzige Gemach, welches nur wenig Raum hat, zeigt man noch jetzt, wenn man zur einsamen Pfalz hinüberschifft.

Jenseits bei Caub liegt das Kastell Schünberg, welches vor dem 12. Jahrhundert Schnüberg genannt wurde, deren Stamm fränkischer Abkunft und mit Karl dem Großen an den Rhein gekommen war. Die Sage versetzte sieben Fräuleins in diese Burg, welche durch ihre außerordentlichen Reize alle Jünglinge der Umgegend an sich lockten, doch ihre unbesiegbare Sprödigkeit verwirrte den Armen so die Köpfe, daß sie wahnsinnig im Gebirge umherirrten. Bei einem Vorfall dieser Art zog sich ein fürchterliches Gewitter über der Burg zusammen, und als die sieben Fräuleins erschrocken aus sieben Fensterlein hervorschauten, hüllte sie eine aus dem Rheine heraufschwellende, feuchte Wolke ein und machte sie für immer unsichtbar. Später erschienen, als der Strom seicht geworden, unter Wesel sieben Felsenhäupter aus dem Wasser, welche der vorbeifahrende Schiffer noch heutzutage fürchtet und die sieben Jungfrauen nennt.

Achthundertdreiundfünfzigste Nacht

Bei Oberwesel braust der Rhein furchtbar gegen den ihm trotzenden Rammelstein, am Ufer aber ist eine Gott geweihte Stätte. Die herrliche gotische Liebenfrauenkirche erhebt sich einsam unter schattenden Bäumen. Zur Staffierung dieser wilden Gegend ruft die Legende den alten Einsiedler Goar herauf, welcher im sechsten Jahrhundert hier unter frommen, einfältigen Fischern lebte. Das Märchen dagegen sitzt zusammengekauert zwischen den Klippen des wunderlich gestalteten

Lorleyfelsens,

und plaudert dir, wenn du das vielfache dich hier neckende Echo anrufst, abenteuerliche Dinge vom Rheinmädchen, welches diesen Berg bewohnend, die Vorüberfahrenden lockte, daß sie sich ihm näherten und seinen Armen entgegeneilend in die Fluten stürzten und Tod oder stille, heimliche Liebe im feuchten Bette der Undine fanden. Wenn der arme Fischer hierher zum Salmenfange herüberfährt, ruft er noch jetzt die Loreley auf, welche bald aus dieser, bald aus jener Klippe ihm antwortet und dazwischen vom schönen jungen Pfalzgrafen singt, welcher sich ihr einst im Strome vermählte. Wer sich der Bank von St. Goar nähert, den zieht ein Wirbel, das Gewirre genannt, leicht hinunter in das Gebiet des tückischen Flußgottes.

Wenn übrigens von Mainz bis Rüdesheim die Natur uns die Gemälde eines Claude Lorrain vorzauberte, so hat sie dagegen hier den kühnen Pinsel Salvator Rosas ergriffen. Wir kommen nun an den Schlössern Katze und Maus vorüber und schauen zu den am rechten Rheinufer sich hoch erhebenden Brüdern, den Ruinen von Liebenstein und Sternfels, empor. Der alte Ritter von Sternfels, der vorletzte seines Stammes, erzog droben auf seiner Burg zwei Söhne und mit ihnen ein schönes Mädchen, eine entfernte Verwandte, welche einem der beiden zur künftigen Gattin bestimmt war. Der älteste Bruder hatte bereits eine stille Neigung zu der holden Jungfrau gefaßt, als er die lodernden Flammen der ersten Liebe bei seinem jüngern Bruder entdeckte und deutschen tiefen Gemütes sich schweigend bekämpfte und zurücktrat. Zu dieser Zeit predigte Hildegard von Bingen mit dem heiligen Bernhard das Kreuz an beiden Ufern des Rheins, und der junge Verlobte, entflammt von dem begeisternden Aufruf, legte in die Hände der heiligen Frau den Schwur ab, nicht eher seine Braut zum Altar zu führen, bevor er sich eine Palme am heiligen Grabe errungen haben würde. Er zog fort, und sein älterer Bruder nach Rhense, im Dienst des Fürsten seine Liebe durch Taten zu dämpfen. Der Vater lebte nun einsam mit der duldenden Jungfrau – sein Ende nahte schnell –, und die über den Rhein tönende Totenglocke rief den ältesten Bruder als Beschützer zurück. Streng bewahrte er das Geheimnis seiner duldenden Brust – aber auch die Jungfrau litt dieselben Qualen, sie liebte eigentlich den älteren Bruder. Beide ahnten in vertraulicher Nähe nur, was sie füreinander fühlten – brachten dem Bruder nach des Vaters Willen das schwere Opfer und schwiegen. Um sich zu zerstreuen, baute der Ältere dem Sternberge gegenüber eine zweite Burg und nannte sie bedeutungsvoll den Liebenstein, indes die Jungfrau beide Burgen vereint mit dem Namen der Brüder begrüßte.

Plötzlich verkündete eine Nachricht, der jüngere Bruder kehre mit einer schönen Griechin aus dem Morgenlande zurück, die er seiner Braut als Freundin entgegenführe. Da brach der Ältere in wilden Zorn aus, sandte dem Bruder seinen Fehdehandschuh entgegen, bezog die neue Feste Liebenstein und führte eine trennende Mauer zwischen beiden Burgen auf – die Heißgeliebte gegen den entarteten Bruder zu beschützen – doch diese war verschwunden.

Eine wilde Fehde entbrannte zwischen den Brüdern, ein Zweikampf beider sollte sie enden – da trat plötzlich ernst und still, gleich einer Heiligen, eine Nonne Friede gebietend zwischen sie. Sie erkannten im blassen Engelsantlitz die Versöhnerin, die teuren Züge der Schwester – schworen Frieden in ihre geliebten Hände – und wanderten still und ernst zurück in ihre verlassenen Burgen – die Nonne aber in ihre kalte Klosterzelle.

Tiefsinnig ritt der jüngere Bruder zurück und schlich wie ein Gespenst durch ein Nebenpförtlein in seine Burg, zum Gemach der schönen Griechin. Tod und Hölle, da erblickte er sie buhlend in den Armen eines schönen Knappen. Er zog sein Schwert, sie zu ermorden. Doch sie entfloh mit dem Lieblinge seinem Grimme. –

Am andern Morgen ging er still zum Liebenstein hinauf, am Busen des edlen Bruders zu weinen. Beide wallfahrteten dann zu dem Kloster der geliebten Schwester – sie fragten nach ihr –, man zeigte ihnen ihre entseelte Hülle. –

Der Stoff dieser Sage ist ein zweckmäßiger Vorwurf für die tragische Dichtkunst und wurde verschiedentlich, auch von dem ritterlichen Fouqué und später von dem als geschmackvollen Bühnenvorstand bekannten Geheimen Hofrat von Küstner bearbeitet.

An dem alten römischen Städtchen Bodobriga (Boppard) vorüberfahrend, sehen wir auch Rhense, wo nicht weit vom Ufer auf einer beschatteten Wiese ehemals der Königsstuhl stand. Unter Kapellen wechselt die ganze Szene wie durch einen Zauberschlag aus dem Furchtbaren in das Liebliche, der Rhein breitet sich zwischen Ehrenbreitenstein und Koblenz dem blühenden Garten des Maifeldes entgegen. Wir sehen die herrliche Moselbrücke und auf dem Petersberg die Gräber zweier neuer romantischer Helden, der Generale Marceau und Hoche.

Schnell trägt uns das Schiff zum lieblichen Bonn. Doch ehe wir es erreichen, besteigen wir noch den Gipfel des Siebengebirges, dessen sieben Bergkegel Trümmer alter Schlösser tragen. Gigantisch ragt vor allem der Drachenfels herab, in dessen Höhlen der tapfere Siegfried den furchtbaren Drachen, der die Gegend umher verwüstete, erlegte, worauf er ihn verbrannte und sich mit dem Fett des Drachens den ganzen Körper bestrich. Nur eine Stelle hatte der jugendliche Held und nordische Achilles nicht damit bedeckt, und hier war es, wo der grimme Hagen ihn traf und den gehörnten Siegfried tötete. – Schauen wir vom Gipfel hinab, erblicken wir im Rhein die reizende Insel Nonnenwert und Rolandseck. In dem Kloster auf Nonnenwert endete die schöne Emma, die die Liebe des tapferen Roland nicht erwidern konnte. Er baute sich eine kleine Feste auf einem nebenstehenden Felsen – und blickte solange sehnsuchtsvoll nach der Geliebten, bis der Tod ihm die Augen schloß. Wie schön Schiller diesen Stoff zu seiner Ballade Ritter Toggenburg benutzte, bedarf keiner Erwähnung. Haben diese Sagen vom Rhein gefallen, sende ich nächstens mehr von andern Ufern. –

Achthundertvierundfünfzigste Nacht

WILHELM TELL ODER DIE BEFREIUNG DER SCHWEIZ

Es wird vielleicht überflüssig erscheinen, die Sage von Tell diesem Kreise zu erzählen, da sie als eine der schönsten von Kindern und Greisen gekannt ist. In neuen Zeiten hat man uns, durch historische Forschungen veranlaßt, diese herrliche Überlieferung nun rauben wollen, daher möge hier eine ausführliche Behandlung nicht unwillkommen sein.

Im 15. Jahrhundert war die Schweiz unter dem hohen und niedern Adel geteilt, zwischen dessen Besitzungen sich Städte, Flecken und

Bezirke befanden, die unmittelbar der Hoheit des Kaisers und des deutschen Reiches unterworfen waren. Unter dem Adel besaß Habsburg die größten Besitzungen in Thurgau und Aargau. Appenzell stand unter dem Abt von St. Gallen; Zürich, Bern, Freiburg, Solothurn standen unmittelbar unter dem deutschen Reiche, so auch Schwyz, Waldstädten, Uri und Unterwalden, welche besonders, soweit die Geschichte reicht, mit unermüdeter Vorsorge und Tapferkeit ihre Freiheiten verteidigten. Um so empfindlicher mußte den kräftigen Natursöhnen daher der Übermut des Adels fallen, der Knechte aus ihnen machen wollte. Um dem zu entgehen, hatten sich die Waldstädte gegen einen bestimmten Sold in den Schutz des edlen Grafen Rudolph von Habsburg begeben, doch seine vielfachen Kämpfe hinderten ihn, sie nach Wunsch beschützen zu können, daher befestigten sie im Jahr 1260 ihre friedlichen Täler und Gebirgspässe, vertrieben die Ritter, und erst nach zwölfjährigem Kampfe, und als Rudolph zum deutschen Kaiser gewählt worden, konnte er ihnen mit dem Frieden ihre Rechte gegen den Adel sichern; er setzte kaiserliche Vogte ein, welche in ihren Burgen außerhalb der Gaue wohnen mußten und nur zuweilen den Boden der freien Städte betreten durften, besonders wenn man sie heischte, um über eine Blutschuld nach Urteil und Recht zu sprechen. Gesegnet blieb den rauhen Alpensöhnen das Andenken ihres Beschützers Rudolph von Habsburg und auf seines Nachfolgers Adolph von Nassau. Doch ganz andere Entwürfe schien Rudolphs Sohn, Albrecht von Österreich, zu entfalten. Nachdem er vom Schlachtfelde zu Worms als Sieger heimgekehrt, ließ er die Waldstädte einladen, sich dem Schutze Österreichs zu vertrauen, unter dem sie ruhiger als unter dem so oft getrennten Reiche leben würden, aber die Häupter erwiderten, wie ihre Altvordern wollten sie dem Reiche getreu sein. Albrecht, als jetziges Reichsoberhaupt, baten sie nur um die Bestätigung ihrer Freiheiten. Doch seine Räte und Diener, ihrem Herrn zu schmeicheln und in der Hoffnung, sein Land zu vergrößern, hinderten ihn darin. Als Land- und Reichsvögte wurden Herrmann Geßler von Brunegg nach Schwyz und Uri – und Beringar von Landenberg nach Unterwalden gesandt – und nahmen ihre Wohnsitze ganz wider alle Rechte in den freien Gauen – suchten durch Schmeicheleien Vertrauen zu gewinnen. Doch bald als ihre glatten Künste nicht fruchteten, begannen sie ihre Grausamkeiten, freche Willkür zerstörte alles Heilige – Freiheit, Eigentum, Ehre und Familienglück. Man schickte Botschaft an den Kaiser um Bestätigung der alten Rechte, versperrt war ihnen der Weg, verhöhnt kamen die Boten zurück, und gnadenloser hausten die Vögte. Im

Melchtale lebte Heinrich Anderhalden, genannt von Melchtal, ein hochverehrter Greis, begütert und ein eifriger Freund der Freiheit. Diesem ließ der Landvogt von Landenberg ein Gespann seiner besten Ochsen nach Sarnen treiben, auf bescheidenen Einwand wurde erwidert: »Er nehme die Ochsen nach seines Herrn Geheiß – wollten die Bauern ihr Brot gewinnen, möchten sie selbst den Pflug ziehen!« Melchtals Sohn zerschlug dem Schergen, der die Ochsen vom Pflug spannte, mit seinem Stecken einen Finger – und entfloh nach Uri. Der alte Melchtal sollte dem erzürnten Vogte seinen Sohn zur Bestrafung schaffen. Da er es nicht konnte, ließ der grausame Tyrann dem würdigen Greis die Augen ausstechen – und ihn dann noch des größten Teils seiner Habe berauben. – Gleiches Schicksal fürchtend, wagte niemand seine Stimme gegen das unerhörte Gräßliche zu erheben. –

Gelingt irgendeinem hochgestellten Bösewicht ein Verbrechen – wagen leicht im frevelenden Übermut auch andere ihren Lüsten zu folgen. Nahe bei dem Kloster Engelberg liegt Alzelm auf einem fruchtbaren Hügel. Hier wirtschaftete Konrad von Bunngarten mit einem holden Weibe von ausnehmender Zucht und Schönheit. Auf einer Wiese erblickte sie Wolfenschins, des Landvogts Stellvertreter, sie goß die Glut des Begehrens in seine Adern. Da der Mann nicht zu Hause war, begehrte er von ihr, ihm ein Bad zu bereiten, sie sollte ihm dabei dienen in unlautrer Weise. Sie hielt ihn listig hin, und als ihr Mann heimgekehrt, übte der sein gutes Hausrecht und erschlug ihn mit der Axt im Bade, floh dann zu Freunden in Uri, wo auch schon Gewitterwolken sich zusammengezogen hatten, weil Geßler, zur Befestigung seiner Gewalt, auf dem Hügel Solaturn bei Altorf eine Burg, der er den höhnenden Namen Zwing-Uri gab, erbaut hatte. Eine dumpfe Stille des Volkes und einzelne bedeutungsvolle Laute der Unzufriedenheit ließen Geßler eine Verschwörung befürchten. Um des Volkes Gesinnungen zu prüfen, ließ er in seinem Übermut auf dem Platz zu Altorf einen Hut, das Zeichen des Hauses Österreich, auf eine hohe Stange befestigen. Diesen Hut müsse jeder Vorübergehende, bei Todesstrafe, wie den Landvogt selbst, mit gebogenem Knie und entblößtem Haupte begrüßen.

Mit Übermut hatte Geßler den Stauffacher in Steinen, freien Besitzer eines herrlichen Hauses, behandelt. Sein biederes Weib, Margarethe Herlobig, befeuerte ihren Mann, diese Schmach abzuwerfen. So ging Stauffacher nach Uri zum alten Bannerherrn von Attinghausen, der über Geßlers Unternehmen mit dem Hute auf das äußerste erbittert war. »Länger«, sagte dieser Edle, »könne das herrenlose Spiel der Willkür nicht getrieben werden.« Ermutigt durch diese Worte, doch mißtrauend dem Stande des Freiherrn, warf er sich an das Herz seines alten bewährten Freundes, Walter Fürst, in Uri (Tells Schwiegervater), bei dem er gleiche Gesinnung, Klugheit, Kraft und Mut fand. Beide Männer und Arnold von Melchtal verbanden sich durch einen Eid, »mit Rat und Tat der Väter köstlichstes Erbteil, ihres Landes Freiheit zu retten.« Sie warben in der Heimat dem Bunde brave und kluge Männer. Als Ort der Zusammenkunft wählten sie den einsamen Felsenschoß vom Rütli, eine waldumkränzte Wiese zur linken Seite des Waldstättersees. In der Nacht des 16. Novembers 1307 versammelten sich Stauffacher, Fürst und Melchtal, des Bundes Häupter, jeder mit zehn der Verbündeten auf dem Rütli. Viele rieten, sogleich den Angriff zu beginnen. Doch auf den Antrag der Unterwaldner, die erst Sarnen und Roßberg mit List in ihre Gewalt bringen wollten, wurde der erste Tag des kommenden Jahres zur Vertreibung der Land- und Reichsvögte bestimmt. Alle Angehörigen derselben sollten, so wie ihre Habe, geschont werden, nur die Burgen wolle man zerstören. So solle die Nachwelt einst erkennen, daß nur Notwehr gegen Gewalt, nicht Raubsucht sie getrieben.

Indessen wurden die Bewohner der Umgebungen des Vierwaldstättersees durch eine neue ungeheure Gewalttat Geßlers, wie durch eine Fügung des Himmels, zum Werke ihrer Befreiung begeistert. Wilhelm Tell von Bürglen in Uri, eine halbe Stunde von Altorf, ein Mann voll Kraft und Gewandtheit des Körpers, kühn und besonnen in Gefahren, mit einem Herzen voll Gradheit und umfassenden Wohlwollens, lebte als Gatte eines braven Weibes und als Vater hoffnungsvoller Kinder harmlos unter dem Dache seiner Väter. Zwar fühlte er wie andere den Druck der Zwingherren seiner Heimat; aber, ein rüstiger Alpenjäger, sah er mit stolzer Zuversicht in die Tiefen der ruhigen Täler; er achtete die Bekämpfung der Tyrannen ein leichtes Spiel. Er war ausersehen, das ganze Werk der Befreiung als Vorbild vaterländischen Heldensinnes zu beginnen. Er mußte sein Liebstes an den unsichern Wurf seines Geschosses setzen, sein Name sollte das große Losungswort eines tapfern Freistaates werden.

In sich selbst gekehrt, ging Tell eines Tages mit bedecktem Haupte vor dem bei Altorf aufgestecktem Hute vorüber. Da ergriffen ihn die Schergen Geßlers, und hingestellt vor den Richterstuhl des erbarmungslosen Mannes, suchte Tell sein Verfahren mit der Einfalt der Landessitten und mit der Beteuerung zu entschuldigen, daß er des Zeichens Bedeutung nicht gekannt habe. Aber Verderben brütend in dunkler

Brust und sich grimmig freuend, daß er sich eines Mannes bemächtigen konnte, dessen Mut und Gesinnung ihm furchtbar schien, ersann Geßler eine Strafe, die auf das zarteste Gefühl der Menschen berechnet war. Tell, der kraftvolle Sohn der Natur, der tieffühlende Mann, der zärtliche Gatte und sorgsame Vater, sollte mit der Armbrust, in gemessener Entfernung, einen Apfel von dem Kopfe seines teuersten Kindes, eines holden und lebensfrohen Knaben, schießen. »Verfehle sein tötendes Geschoß das Ziel, so werde mit seinem eigenen Leben der zagende Vater das Versehen seines tränenvollen Auges, das Beben seines Vaterarmes büßen.« – Vergebens bot Tell seinen Kopf um des Kindes Leben. Höhnend erwiderte der Gewalthaber: »So du den Schuß nicht wagst, wird auch dein Kind nicht leben; Stamm und Zweig will ich mit einem Hiebe fällen!« – Voll frommen Glaubens an eine höhere Fügung, wagte Tell den Schuß. Es rauschte die gespannte Sehne, und als hätte ein Engel des Himmels ihn getragen, durchschneidet der zackige Pfeil die Mitte des verhängnisvollen Apfels. – Schweigend und gespannt hatte das Volk in erwartungsvoller Stille gelauscht, Getümmel und Freude unterbrach nun seine stillen Gebete. Alles jubelte im Dankgeschrei hinauf zu dem Himmel, und der entzückte Vater preßt sein gerettetes Kind an die Brust und will sich entfernen.

Achthundertfünfundfünfzigste Nacht

Doch der Verworfene unter den Seligen, der Reichsvogt, erwägend die Teilnahme der jubelnden Menge, sinnt auf neue Rache. Er fragte Tell, wozu er einen zweiten Pfeil in seinen Gürtel gesteckt habe. Da er mit der Antwort zögert, sichert er ihn seines Lebens, und nun sagt Tell mit dem Ausbruch des tiefverletzten Vater- und Menschengefühls in unglücklicher Offenheit: »In Eurem Herzen haftete jetzt dieser zweite Pfeil, hätte nicht Gottes Vorsicht, die Ihr versuchtet, meinen schuldlosen Knaben gerettet!« Furchtbar faltete sich Geßlers Stirn, mit teuflischer List entgegnete er: »Mein Wort hat dir dein Leben, nicht deine Freiheit versichert. Im Burgverlies zu Küßnacht wirst du liegen, solange Gott dein Leben fristet – dort, wo kein Ton dein Ohr, kein Licht den Stern deines Auges erreicht.« – Weder seine Bitten noch die Bürgschaft und Fürsprache seiner Freunde konnte Tells Befreiung erringen; gebunden ließ ihn der Reichsvogt in seinem Schiff auf dem Vierwaldstättersee nach Küßnacht führen. Umwölkt blickten die hohen Felsen herab, stärker rauschten die starren Wälder, tosend hoben sich vom Sturm die getürmten Wellen und drohten das Schiff an den Klippen zu zerschellen. Schon war der Mast zersplittert, die Fährleute beteten in ihrer Todesfurcht zu Gott, verlassen starrte Geßler hinaus in die erbarmungslose Wasserwüste, fühlend, daß er, der Erbarmungslose, keinen Teil habe an der Gnade Gottes, während Tell, der Sturmerfahrene, ruhig in einem Winkel des Schiffes lag, den Tod in den Wellen als ein Glück erwartend gegen die Gefangenschaft, die seiner harrte. – »Tell allein«, sagte einer der Mannschaft zu Geßler, »vermag vielleicht die Gewalt der Wogen zu brechen!« Geßler gebot, die Bande des Gefangenen zu lösen; der ergriff das Steuer und die Fährleute ermutigt die Ruder. So gleitete das Schiff durch die prallenden Wogen mit kühner Wendung an den schiffbrechenden Klippen vorüber gegen das Gestade von Schwyz. wo ein erhabener Fels mit einem jähen und abgeplatteten Abhang über die Fluten des Sees ragt. Angelangt an diesem Felsenriff, erfaßte Tell mit raschem Griff sein Geschoß, und mit übermenschlicher Kraft und Gewandtheit sich hinanschwingend auf die Platte des jähtrotzenden Felsens, stieß er mit gestemmtem Fuß das Fahrzeug zurück in den Schoß der Wellen, die als geißelnde Furien nun die Rippen des Schiffes schlugen; doch gelang es noch später dem Landvogt, nach langer Todesangst zu Brunnen zu landen.

Ein verwegenes Unternehmen, wie es der Klippen und Abhänge überspringende Jäger wagen konnte, hatte dem tapferen Tell die nimmer gehoffte Freiheit wieder gegeben. Frei war er, wie die flüchtige Gemse, aber auch heimatlos wie diese stand er auf der Felsenplatte, die seinen Namen noch heute verewigt. Gesetzlos behandelt und ohne den Schutz der Gesetze fühlte er sich jetzt im wilden Naturzustand. Verletzt als Vater und als Mensch, eilte er raschen Schrittes, wie ein Strafbote des Himmels, über die Gebirge. Oberhalb einer schmalen Gasse zwischen Art und Küßnacht lauerte Tell, in dichtes Buschwerk verborgen, um den zweiten Pfeil, des Todes scharfen Widerhaken, in das Herz seines unmenschlichen Feindes zu schnellen. Weib und Kinder, Herd und Vaterland drängten sich allgewaltig und Rettung flehend an seinen Busen. Endlich kam der stolze Reichsvogt auf stattlichem Rosse, umgeben von seinen Reisigen, und schnell flügelte Tell den tötenden Wurf in die erbarmungslose Brust des Mannes, der schon zweimal das Verderben der Seinigen beschlossen hatte und dessen Tod ein Freudenfest für alle Hütten und Herzen der Taler war. Froh des Vollbrachten, und geleitet von dem Genius seiner Heimat, floh Tell, der Rächer seines dankbaren Volkes, nach Schwyz zu Stauffacher und von dort über die höchsten Bergjoche nach Uri zu Walther Fürst, seinem Schwiegervater. Seine Tat war das blutige Vorspiel großer Ereignisse und siegreicher Schlachten, die er selbst zum Teil mitgeschlagen haben soll. Sie war das Signal zur Befreiung seines Vaterlandes, dessen Verbündete, durch sie angefeuert, mit größerer Sehnsucht und Entschlossenheit dem verabredeten Tag der Erlösung, dem ersten Tag des Jahres 1308, entgegensahen. Ganz eines solchen Helden würdig ist, was die graue Sage über das fernere Leben und seinen Tod berichtet. Einfach und bieder lebte er lange noch seinen Vater- und Menschenpflichten, in deren treuer Erfüllung er sein Ende fand. Der Schächen, ein Bach nahe bei Bürglen, war 1654 reißend angeschwollen und ein Kind darin dem Ertrinken nahe. Tell warf sich, es zu retten, in die Fluten, und fand in dem edelsten Bestreben seinen Tod. Sein Mannesstamm erlosch 1684, der weibliche um 1720.

Die Landesgemeinde von Uri verordnete im Jahre 1388, eine Kapelle zu Tells Gedächtnis auf der Platte am Axenberge zu bauen; 114 Männer waren noch in der Landesgemeinde, welche ihn persönlich gekannt hatten.

Seit undenklichen Zeiten war zwischen Immisen und Küßnacht, in der hohlen Gasse, wo Geßler fiel, eine Kapelle zum Gedächtnis der Tat Tells erbaut, und statt der verfallenden wurde im Jahre 1600 dort eine neue erbaut. Auch auf dem Platz, wo Tells Wohnung stand, wurde 1582 eine Kapelle gestiftet.

»Trotz dieser Zeugnisse«, sagte Eduard, »hat man in neuester Zeit wieder versucht, die persönliche Existenz Wilhelm Tells abzuleugnen; doch ergötzen wir uns ferner an den herrlichen Bildern erhabener Größe, welche uns in den Blättern der Geschichte und durch den Lieblingsdichter der deutschen Nation, unseren Schiller, geschenkt wurden. Nie hat ein Held der Vorzeit ein gefährlicheres Ziel getroffen, nie eine gehaltvollere Tat getan, als Tells Pfeilschuß nach dem Apfel auf dem Kopf seines Kindes war. Geßlers Tötung ist eine Tat so besonderer Art, daß sie sich nicht nach gewöhnlichen Begriffen messen läßt. Ein Landsmann Tells hat den Stoff auch zu einem Schauspiel benutzt, und mit besonderem Vergnügen lese ich oft den Tell von Veit Weber (Leonhard Wächter), der mit Schiller in demselben Jahre ein Schauspiel daraus schuf, welches in manchen Szenen das Schillersche Werk an Treue und Originalität überragt. Ein geistreicher Kritiker, Börne, äußert sich: »Aus Schillers liebevollem, die ganze Welt umfassendem Herzen entsprang Tells be-

schränktes häusliches Gemüt und seine kleine, enge Tat; die Fehler des Gedichts sind die Tugenden des Dichters.«

»Laß, mein Lieber, das Raisonieren; wir könnten aus der Sage leicht in die Politik geraten«, sagte Alma.

»Recht, meine Liebe«, erwiderte er, »lieber will ich als Pendant zum Tell die Sage von Palnatoke, wie sie uns Saxo Grammaticus mitteilt, erzählen, welche unter dem dänischen König Harald im Jahre 965 sich zugetragen haben soll. Beiläufig bemerke ich, daß der edle Oehlenschläger diesen Gegenstand trefflich zu einem vaterländischen Schauspiel benutzte. Palnatoke und Tell haben dieselbe Begebenheit, aber auch den graden, freien, ehrlichen Charakter gemein. Wie verschieden muß ihr Handeln sein, da jener ein Heide und Held, dieser ein Hirt und Christ, und andere Zeit und Umgebung die ältere Sage schmücken.«

Achthundertsechsundfünfzigste Nacht

PALNATOKE, JARL IN FÜHNEN, WENDSÜSSEL UND ENGLAND

In finsterer Zeit, gegen Ende des zehnten Jahrhunderts, als der König Harald Blauzahn in Dänemark als König regierte, und sein Sohn, Serend Zwickbart, Seekönig war, wurden durch den edlen Pope, Bischof in Schleswig, die ersten Strahlen des Christentums in Dänemark verbreitet. Doch blieb das Volk im geheimen immer noch seinen heidnischen Göttern zugetan, die seine Voreltern so lange gnädig beschützt hatten und ihnen die Herrschaft über das stolze England, ja durch seine mannhaften schnellsegelnden Schiffe und Flotten den Besitz aller Meere und Küsten untertan gaben, bis zum fernen schönen Land Italien hinab. Ungern sahen daher die tapferen Fürsten und Grafen des Landes die Einführung einer milden Duldung und Vergebung predigenden Religion, die nach den rohen Begriffen ihres Rache lehrenden Götzendienstes die Kraft des Stärkeren in Fesseln schlug. Das Christentum lag, wie ein kleines Kind, noch in der Wiege und hatte noch keine Kräfte gewonnen. Kaiser Otto der Große sah mit großer Freude auch in so entfernten Gegenden das Gedeihen des Christentums, versprach dem König Harald Blauzahn stete Freundschaft und Hilfe und sandte ihm eine Bulle Johannes IX., der Christen Heiligen Vater zu Rom, die den Bischof Libengius in Hamburg zum Bischof für jene Gegenden erhob, und der durch Pallium und Bischofsstab vom Papst selbst bestätigt wurde als Oberhirte des Christentums im Norden. Eigentlich entschloß sich Harald auch nur mit geheimem Widerwillen zur Annahme, und das Beispiel, was Hakon Jarl gegeben, der, als er auf das Meer hinausgekommen, eine ganze Ladung heiliger Bücher, Gefäße und Mönche über Bord warf und dann wieder in Norwegen Heidentempel baute, schien er nicht übel Lust zu haben, nachzuahmen. Doch fürchtete er Ottos Schwert und die Wunderkraft, die Bischof Popo, der zur Bestätigung seiner göttlichen Sendung vor dem König ein Wunder tat, indem er einen glühenden eisernen Handschuh anzog und gleich darauf unversehrt die Hand zeigte.

Edel waren wohl die Zwecke des Priesters, doch Täuschung spinnt immer ein gehaltloses Gewebe, welches durch den richtigen Gebrauch der Vernunft zerreißen muß; so hetzten sie auch den König gegen die tapfersten Helden, besonders gegen seinen eigenen Sohn Fiölnir und den tapferen Helden, den Palnatoke, auf. Sein Untergang sollte ihm auf eine merkwürdige Art bereitet werden. Er hatte sich, hochmütig, trotzig, seiner Kraft bewußt, bei einem Trinkgelage gerühmt, besser und länger auf den Schlittschuhen laufen zu können als der König, der Jedermann. Da befahl ihm dieser, zur Strafe hinunter auf den langen Skinen zu laufen, in Schonen, von der schneebedeckten Kulle, hoffend, seine wilde Dreistigkeit würde ihn im Meer begraben; doch durch Walhalls Hilfe bestand er glücklich das gefährliche Wagestück, ja friedlich und ohne Groll nahte er sich sogar dem König wieder im Saale zu Rothschild. Schlecht nur konnte Harald seinen Ingrimm über die Rettung Tokes verbergen, besonders da dieser ihn vor den versammelten Großen mit seinem Beinamen Blauzahn begrüßte und er sich in der Unterredung mit dem König rühmte, besser als er zu schießen.

»Triffst du besser als ich? Bringt kein Schrecken dich zum Zittern?« fragte der König. – »Ich steh' bei meinem Wort«, erwiderte Toke. – »Deine letzte Heldentat beweist nicht viel«, war die Antwort des Herrschers. »Denn daß dein Schlittschuh barst und du wie ein Knabe niederstürzest, rettete dich vor dem Ertrinken im Meer. Ein tüchtiger Krieger bist du, das sind viele. Daß du Länder besitzest und mächtig bist, zeugt von Glück, nicht von Verdienst. Beweise uns deine Tüchtigkeit durch Außerordentliches. Ich hab' etwas erfunden, was sich leicht ausführen läßt, hier auf der Stelle, gleich im Saale, wo ich wahrnehmen kann, ob du ein übergroßer Bogenschütze bist. Dein Sohn Palnir ist in deinem Gefolge, er knie dort nieder im Saal, und du schieße dort aus der Ecke einen Apfel von seinem Scheitel, ohne seine goldenen Locken zu berühren, dann sollst du der beste Schütze sein; sonst, wo du dich weigerst, magst du der größte Lügner und Verächter deines Königs heißen und ewig von Hof und Land verwiesen sein.«

Zorn und Unwillen bemeisterte sich aller, besonders aber Palnatokes und seines Sohnes Palnir. – Der Knabe wollte nicht knien vor dem König, nur vor den Göttern; doch im Vertrauen auf seines Vaters Geschick und aus Verachtung über des Königs unmenschlich-höllisches Begehr forderte er als Pfand der glücklichen Wette den goldenen Herrscherring von des Königs Arm und trieb seinen Vater sorglos zur schnellen Ausführung. – Der ermannte sich, ließ den Knaben in dem Hof an einen großen Stein, der ehemals Odins Altar war, knien und den jetzt Haralds Knechte besudelten. – »Geh, mein braver Junge, den ich innig liebe. Solltest du fallen, so sinkst du als ein Opfer auf Odins Altar. Grüße ihn von deinem Vater und leg ein Kissen auf die Heldenbank, dir zur Seite, für mich zurecht, wenn ich komme«, sagte Palnatoke.

Der König reizte ihn durch höhnende Rede, worauf Palnatoke erwiderte: »Nur unnatürliche Väter hassen ihre Söhne, ich liebe meinen«, nahm noch einen zweiten Pfeil aus seinem Köcher und steckte ihn in seinen Busen, zielte und schoß unter dem jauchzenden Beifall der tapferen Kämpen mit dem ersten Pfeil den Apfel von des Sohnes Haupt. Klingend schlugen die Helden mit ihren Schwertern auf die Schilder, die mächtigen Götter preisend; fröhlich drückte Palnatoke den Knaben ans Herz, der den Ring trotzig vom König begehrte, den ihm dieser erst nach langer Zögerung gab, indem er den Vater listig fragte, wozu er den zweiten Pfeil in den Busen gesteckt. Der antwortete mit kühner, unbefangener Rede: »Herr, wenn der erste meinen Sohn getötet, dann war der zweite für deine Brust bestimmt!« – Der König erschrak ob dieser Rede und lud die Helden alle zum Mahl, und sein Feind sei, wer nicht folge. Alles folgte dem König, außer dem erzürnten Vater und seinem Sohn; er verband sich mit seinen Schwähern Buü und Kämpe wie mit Thorwald, dem Weitgereisten, und anderen tapferen Männern des Nordens, mit dem König zugleich die Klosterpest aus Süden zu stürzen, mit dem tapferen Swend, dem Sohne des Haralds, die alten Götter wieder auf den Thron zu setzen, und wenn sein Unternehmen mißlänge, mit den besten Helden von Seeland nach Usedom zu fliehen, Jomsburg wieder zu erheben und so das alte Leire, was in Trümmern lag, neu zu gründen. Es rüsteten sich die Helden, aber auch der König, dessen Heer im Nachteil war. Da schloß er mit seinem Sohne, dem ersten des feindlichen Heeres, einen Waffenstillstand, um vielleicht mit List zu siegen. Ja, er sandte sogar den Skoftn, einen falschen Mann, seinen Sohn und den Palnatoke meuchlings zu morden; doch dessen Gewissen ließ ihm die Tat nicht vollführen; ja, er warnte sogar die Verfolgten. Da ließ Palnatoke ihn binden, führte ihn kühn durch eine geheime Tür in des Königs Schloß, der eben in der Nacht von bösen Träumen geplagt wurde, weil er seines durch ihn gemordeten älteren Bruders Kund gedachte. Er trat in voller Rüstung, mit gespanntem Bogen, unerwartet durch die Tapetentür und schoß ihm den Pfeil durch das schwarze, böse Herz. Der Pfeil verriet ihn, da er beim Leichenmahl ihn offen für den seinigen erkannte. Frei ging er von dannen, doch mordete ihn sein treuester Freund Buü in der Berserker- oder Streiterwut. Büßen sollte er gleich mit seinem Leben diese Tat, das letzte Wort Palnatokes erflehte ihm noch die Freiheit.

Achthundertsiebenundfünfzigste Nacht

Heute erzählte der Kaplan folgende altnordische Sage, als ergötzliches Seitenstück zu der Sage von dem Ritter Est:

KÖNIGIN KRIMHILDS GROSSER TRUNK

König Hakon der Däne war ein gewaltiger Held, und im Trinken konnt' es ihm keiner seiner Ritter zuvortun, so, daß er allerwärts, wie im Kampfe, so beim Trunke, als der Erste galt. Des freute er sich denn und stiftete eine Tafel, daran setzte er sich, wenn er auf der Jagd und im Kampf sich herumgetummelt hatte, mit seinen vornehmsten Leuten und trank mit ihnen um die Wette aus gewaltigen Hörnern den köstlichsten Met. Und jedes Horn war so groß, daß es soviel faßte wie drei Helme, und es war Gesetz bei den edlen Zechern, daß keiner eher von der Tafel aufstehen durfte, bevor er nicht sein bis zum Rande gefülltes Horn dreimal geleert hatte.

Als nun einstmals die teuern Männer so beisammensaßen und fröhlich zechten und dabei sich ihrer Heldentaten rühmten und neue

Wetten um Leib und Leben anstellten, trat ein Bote in die Halle, den hatte Harald, der närrische König von Norwegen, gesandt, und der trug ein Trinkhorn, so gewaltig und schwer, daß er es kaum schleppen konnte, und hinter ihm kamen zwölf Knechte, die schroteten keuchend ein großes Faß Met mit Mühe in den Saal. Der Bote aber setzte das große Horn vor den König Hakon auf die Tafel und sprach also:

»Gruß dir, König Hakon, und Gruß Euch, Helden von dem König der Norweger, Harald, und hier sendet er Euch das größte Faß mit altem Met und das größte Trinkhorn aus seinem Keller, zum Zeichen, daß er Frieden und Freundschaft mit dir, König Hakon, schließen will. Doch stellt er Euch die Bedingung: Ihr sollt noch heute aus diesem Horn das Faß leeren; sonst will er es ansehen, als schlüget Ihr Frieden und Freundschaft aus, und will sich rüsten zum Kriege wider Euch.«

Da wurden der König Hakon und seine Helden lustig und lachten, daß es hallte, über die tolle Botschaft des tollen Harald; dann aber sprach Hakon: »Wir haben zwar alle schon heut' unser Maß getrunken, aber das Fäßlein da soll uns noch zu guter Letzt behagen.« Somit winkte er und ließ sich das Riesenhorn bis zum Rande füllen, umspannte es mit beiden Armen und fing an zu trinken, daß die Augen ihm übergingen, bis er das große Horn bis zum letzten Tropfen geleert hatte. »Soll mich Thor!« rief der Bote, als er das sah. »Der König hat einen guten Zug«.

König Hakon aber schöpfte Atem, stampfte mit dem Horn auf die Tafel, erhob sich und ging, sich niederzulegen. Im Gehen aber sprach er zu seinen Helden: »Drauf, Männer, drauf! Ich habe das meine getan!«

Da fingen die Recken auch an zu trinken, und es ging herrlich. Bald hörten sie, wie das Faß schon hohl klang, wenn sie daran klopften; aber hier und dort fiel nach und nach ein Held von seinem Sitz und blieb ruhig liegen, wo er hingefallen war. Immer kleiner wurde die Zahl derer, die noch trinken konnten, und auch diese mußten sich oft verschnaufen, ehe sie wieder ansetzten.

Endlich war das Faß leer bis auf ein Horn, aber keiner konnte nun auch nur einen Tropfen mehr trinken. Der Bote ermahnte sie, das letzte zu versuchen, und sagte: »Bedenkt, Ihr bietet dem König Harald Span und Fehde, wo Ihr nicht trinkt.« – Aber die Helden waren taub für seine Rede und lallten nur noch, und wenn einer sich rührte, so fielen ihrer drei zu Boden zu denen, welche schon lange dalagen. Der Bote lachte und meinte, nun habe König Harald den Sieg gewonnen, indem aber trat die Königin Krimhild in den Saal, und als sie erfuhr, wie es um die

Helden und die Wette stünde, sprach sie: »Ich komme zu spät, seh' ich, den Ehrentrunk zu trinken; doch ein Restchen wird wohl noch im Fasse sein, füllt mir das Horn.« Der Bote gehorchte, füllte ihr mit der Neige aus dem Fasse das Riesenhorn bis zum Überschweppen und bot es ihr dar.

Und Königin Krimhild setzte das Horn an und trank so wacker, daß kein Tropfen mehr drin blieb.

Da zog der Bote beschämt ab, seinem Herrn zu verkünden, was er am Hofe König Hakons des Dänen erlebt hatte; Frau Krimhild aber freute sich, daß sie den Frieden und die Ehre der Tafelrunde bewahrt hatte, und König Hakon hatte sie noch eins so lieb denn früher, und alle Helden priesen sie und tranken von Stund an ihr zu Ehren außer den früheren Hörnern täglich noch ein viertes.

Achthundertachtundfünfzigste Nacht

DAS SCHNEIDERLEIN VON LISSABON

In einer der jämmerlichsten Vorstädte der königlichen Stadt Lissabon lebte vor Zeiten einmal ein alter Edelmann und guter Christ, oder auch ein alter Christ und guter Edelmann, wie man will, es kommt am Ende alles auf eins heraus, denn der Don Jose Pedro Maria Cavalho Ziga da Bocco war seines Zeichens ein Schneider, und das ist die Hauptsache.

Don Jose war schon bei Jahren, er hatte aber noch ein junges, hübsches Mädchen geheiratet, die Tochter eines Kollegen, welcher ebenfalls ein alter Christ und vortrefflicher Edelmann war. Es war aber, die Wahrheit zu sagen, die Ehe des alten Don Jose und der jungen, schönen Donna Josefina eine Ehe, wie sie ungefähr Hund und Katze miteinander führen würden. Alle Tage Zank und Streit, denn Don Jose war so eifersüchtig wie ein Türke, drei Spanier und sechs Portugiesen zusammengenommen, und Donna Josefina war, wie er sagte, verliebter und leichtfertiger denn alle Nonnen des Klosters der heiligen Ursula, und hatte Don Jose, wenn er bös wurde, geradezu den Teufel im Leibe, so schienen der holden Donna Josefina jederzeit zehn Legionen Teufelchen zur Seite zu stehen, welche ihr halfen, ihren alten Ehetyrannen

Das Schneiderlein von Lissabon

täglich und stündlich dergestalt zu quälen, daß Don Jose, als das erste Jahr seines Ehestandes sich zu Ende neigte, sich richtig die Schwindsucht an den Hals geärgert hatte, so daß er mit dem Beginn des neuen Jahres seinen Wehestand und auch das Zeitliche segnete.

Die junge Witwe ertrug ihren Verlust mit viel Fassung und tröstete sich endlich auch, als sie gerade neun Monate nach dem Hinscheiden des lieben Seligen ein munteres Knäblein gebar, dem Don Joses Namen, Titel und Habe als rechtmäßigem Erben zugesprochen wurden.

Das Knäblein wuchs heran und wurde so hübsch wie seine Mutter, zugleich aber auch der ausgemachteste Taugenichts, der sich denken ließ. Er sollte das Handwerk seines Vaters bei seinem Großvater mütterlicherseits lernen; doch dazu hatte er blutwenig Lust, mehr Lust schon, lose Streiche zu verüben, und als er heranwuchs, hübsche Mädchen zu necken. Am liebsten lief er müßig in den Gassen herum und gaffte, wo es was zu gaffen gab oder ließ sich, in der Sonne hingestreckt, von derselben bescheinen, als wolle er so die Worte seines Großvaters durch die Tat widerlegen: »Der Bursche ist nicht wert, daß ihn die Sonne bescheint«, oder er streckte sich in die kühle Vorhalle einer Kirche hin und schlief dort, je nachdem das Wetter heiß oder kühl war.

Der Großvater ermahnte und zankte vergebens, der junge Franziskus lachte ihm ins Gesicht, und Donna Josefina nahm ihr liebes Söhnchen immer kräftig in Schutz.

Zum Unglück für den nun fünfzehnjährigen Franziskus lernte ein stattlicher Soldat, welcher die Würde eines Unteroffiziers bekleidete, seine Mutter kennen. Die hübsche, achtundzwanzigjährige, wohlhabende Witwe gefiel dem Krieger über die Maßen wohl, und nach einigen Monaten schon war er der Stiefvater des frommen Kindes Franziskus.

Franziskus merkte gar bald, daß sein neuer Herr Stiefpapa nicht so mit sich spaßen ließe wie der alte Herr Großpapa und die Frau Mutter; denn bei dem ersten losen Streich, welchen er nur versuchsweise, wie er meinte, an dem Stiefvater verübte, prügelte ihn dieser so unbarmherzig ab, daß Franziskus, wie das Sprichwort sagt, den Himmel für eine Baßgeige und die Erde für einen Dudelsack ansah.

Achthundertneunundfünfzigste Nacht

Der Arzt setzte diese Nacht das gestern abgebrochene Märchen wie folgt fort:

Als sich Franziskus von den erhaltenen Prügeln wieder erholt hatte, lief er zu seiner Mutter, ihr seinen Schmerz zu klagen. Doch da fand er wenig Trost; denn die gute Donna Josefina lebte und webte noch in den Flitterwochen ihrer neuen Ehe und wußte ihrem Söhnlein keinen besseren Rat zu geben als dem guten Stiefvater gehorsam zu sein und ihn zu lieben und zu ehren, wie es sich zieme für einen frommen Knaben.

Der fromme Knabe murmelte eine Verwünschung zwischen den Zähnen und faßte heimlich den Entschluß, davonzulaufen. Gesagt, getan; er packte in der Nacht, wo alles im Hause schlief, sein Bündelchen zusammen, stahl der Mutter, dem Groß- und Stiefvater so viel Geld, als er erwischen konnte, ließ sich an einem Strick aus dem Fenster seiner Kammer herab und lief, was er laufen konnte, aus Lissabon ins Freie, in die Welt.

Wohin er lief, das wußt' er nicht, sondern er lief, wie schon so mancher Taugenichts vor und nach ihm, der Nase nach, und da ein Taugenichts, wenn er nur zu betteln versteht, hierzulande keine Sorge hat um sein tägliches Brot, so befand er sich ganz wohl dabei; denn wo er eine Küche roch, da sprach er zu, betete ein Ave Maria oder flehte auch nur bei dieser oder jener Marter irgend eines guten Heiligen, welcher ihm gerade beifiel, und erhielt so immer, was er begehrte; des Nachts schlief er bald in einer Hütte, bald im Flur eines Palastes oder auf einer Kirchentreppe, in schönen Nächten auch wohl auf freiem Felde, immer jedoch ganz vortrefflich; denn schlafen konnt' er wie ein fetter Abt, so daß das Geschrei von einer Koppel Maulesel ihn nicht erweckt haben würde, bevor nicht seine bestimmte Schlafzeit verflossen.

Als der holde Jüngling auf solche Weise mehrere Tage, gleich wie ein Apostel des Schlingeltums, gewandert war, geriet er, er wußte nicht recht wie, in einen großen, dichten Wald. Er hatte diesen Wald, eh' er ihn betrat, nur für ein ganz kleines Gehölz angesehen und fand sich plötzlich von ungeheuren, tausendjährigen Eichen umgeben.

Er stutzte gewaltig und wollte rasch wieder zurück und aus dem Walde hinauslaufen, denn er witterte so etwas von Hexerei; aber je mehr und angestrengter er lief, je mehr dehnte der Wald sich aus und um so dichter und düsterer wurde er.

Endlich konnte Franziskus nicht mehr laufen, der Atem verging ihm, und er sank kraftlos unter einen Baum, wo er alle mögliche Zeit hatte, über seine betrübte Lage nachzudenken.

Achthundertundsechzigste Nacht

Daß Fränzchens Lage nicht die erfreulichste sei, merkte das gute Jüngelchen nur zu bald; denn infolge seines Hin- und Herlaufens verspürte er einen gewaltigen Hunger und noch einen gewaltigeren Durst. Aber da war weit und breit kein Palast, kein Haus, keine Hütte, wo er für ein »Gesegn'es St. Christoph!« ein Tischlein deck dich gefunden hätte. Bäume, nichts als Bäume! Und nicht einmal Fruchtbäume, nicht einmal Nuß-, Eichen- und Kastanienbäume, sondern ganz einfältige, wilde Bäume, welche nichts trugen als Blätter und hin und wieder Nadeln. Er horchte mit gespitzten Ohren, ob er nicht mindestens das Rauschen eines Quells vernähme, mit dessen Wasser er seine dürre Zunge netzen könne. Alles umsonst! Er sah es ein, daß alle Kunst des Bettelns, als worin er es zur Meisterschaft gebracht hatte, in diesem unvernünftigen Walde ihm nichts nützen würde, wenn er nicht einem barmherzigen Geschöpf begegne.

Er stand also wieder auf und begann aufs neue einen Ausweg aus dem Walde zu suchen; allein er geriet nur immer um so tiefer hinein, und wie er seine Stimme erschallen ließ und um Hilfe rief, antwortete ihm nicht einmal ein Waldvogel; alles furchtbar still und öde. Da sank er endlich zum zweiten Mal unter einen Baum, er wollte wieder aufspringen, denn die Nacht brach schon herein, und er strebte verzweifelnd aus dem Wald zu entrinnen, weil er Furcht hatte, in der Nacht möge irgend eine wilde Bestie kommen, welche ebenso ausgehungert sei denn er, und ihn fressen. Aber er war so matt und entkräftet, daß er sich nicht vom Fleck rühren konnte und halb ohnmächtig wieder zurücksank.

Nun begann er, seine Flucht aus dem elterlichen Hause zu verwünschen und zu bereuen, und klagte sich selbst an als einen Leichtsinnigen, einen Toren. Aber damit verbesserte sich seine Sache nun nicht mehr, im Gegenteil wurd' es nun immer schlimmer, und der Himmel schien beschlossen zu haben, den bis dahin verstockten Sünder einmal recht gründlich Mores zu lehren.

Ein schweres Gewitter war schon früher nach und nach heraufgezogen, nun brach es los! Furchtbar heulte und wütete der Sturm, zerbrach die stärksten Bäume, daß sie krachend um und neben dem zitternden Franziskus niederstürzten, der Regen prasselte in dichten Strömen aus den zerrissenen Wolkenschläuchen herab, furchtbar rollte der Donner und zischten die Blitze – es war, als sollte die Welt untergehen, und Franziskus war vor Angst mehr tot als lebendig.

Endlich ließ das Unwetter etwas nach und der Tag brach an; durchnäßt von dem noch immer fallenden Regen, erstarrt vor Kälte und halb sinnlos vor Angst und Hunger, wälzte sich Franziskus auf dem nassen Boden und rief die Heilige Jungfrau und die elftausend Jungfrauen, den heiligen Nikolaus und den großen Christoph, St. Jacob und St. Laurenz auf dem Rost, den heiligen Anastasius und den heiligen Purgantius um die Wette an, daß sie ihm helfen möchten.

Da stand plötzlich ein uraltes Mütterlein vor ihm und redete ihn freundlich an: »Wer bist du, Söhnchen, was fehlt dir und warum lamentierst du so erbärmlich?«

Achthunderteinundsechzigste Nacht

Franziskus schaute in die Höhe, und das alte Mütterlein, obschon es ungestalt und zwerghaft krummgebückt am Stabe humpelte, erschien ihm dennoch in seiner Not als ein lieblicher Engel des Lichts. Er richtete sich empor und faltete flehend die Hände, indem er mit zitternder Stimme die Alte um ein Stückchen Brot und ein Schlückchen Wasser bat.

Das alte Mütterchen reichte ihm aus einem Korbe, welchen es am Arme trug, ein derbes Stück Brot, ein Stück Ziegenkäse und einige Zwiebeln, und dazu ein Fläschchen, worin nicht Wasser, sondern Wein war.

He! Wie biß Held Franziskus zu! Wie trank er in langen Zügen die Flasche leer! Neues Leben goß der Göttertrank durch seine Adern, und er war wieder so herzhaft und lustig, als sei ihm nie etwas Böses geschehen.

Das Mütterchen fragte ihn jetzt wieder, wer er denn sei und wie er in den großen wilden Wald geraten? Es tat dabei so freundlich und lobte so sehr sein hübsches, edles Wesen, daß der edle Sprößling des Lissaboner Schneiders auf den Gedanken geriet, ihm nicht die Wahrheit zu sagen, sondern ihm etwas aufzubinden, um es in ihrer guten Meinung von ihm zu bestärken. Er erzählte ihm also, daß er der Erbprinz eines großen Königreichs, vor, neben oder hinter Lisboa (gewiß wisse er die Lage nicht!) sei, welchen sein böser Oheim, zugunsten seines eigenen Sohnes, habe aus dem Reiche entführen lassen, mit der Weisung an seine Entführer, ihn zu töten. Die Mörder hätten aber Erbarmen gefühlt mit seiner Jugend und seiner Schönheit, und weil er ein so frommer, tugendsamer Prinz sei, hätten sie ihn daher bloß in diesem Wald ausgesetzt, damit die wilden Tiere ihn fräßen, wenn welche drin wären. Für den Fall, daß er mit dem Leben davonkäme, habe er schwören müssen, nie wieder in sein Königreich zurückzukehren; solches habe er denn auch getan, um sein Leben zu retten.

Das alte Mütterchen hörte der Erzählung aufmerksam zu und schien sehr davon erbaut. Dann lud es den vermeinten Prinzen ehrfurchtsvoll ein, es doch mit seiner hohen Gegenwart in seiner niederen Hütte, welche nicht weit von hier im Walde stehe, zu beehren; dort wolle sie das liebe Prinzchen hegen und pflegen nach Kräften, damit es sich erhole und wieder frisch und munter werde.

Nichts weiter hatte der Schelm Franziskus bezweckt. Gnädig bewilligte er der Alten ihr Gesuch und schritt mit dem Anstand eines echten Schneiderprinzen neben ihr her, durch den Wald, der Hütte zu.

Achthundertzweiundsechzigste Nacht

Als Franz und das Mütterchen die Hütte erreichten, verwunderte sich der erstere nicht wenig über die Sauberkeit und Zierlichkeit derselben, noch mehr darüber, daß man von der Hütte aus den Ausgang des Waldes, und durch den Ausgang das freie Feld und die Türme einer großen Stadt erblicken konnte. Er fragte das Mütterchen, was denn das für eine große Stadt sei, und seine Verwunderung stieg, als er erfuhr, diese große Stadt sei keine andere als die alte, weltberühmte Roma im Kirchenstaate, woselbst der Heilige Vater in eigener Person, als Statthalter Christi, auf St. Petri Stuhl sitze.

Das Mütterchen erzählte dem jungen Prinzen sehr viel Schönes von dieser großen, herrlichen Stadt, und Seine Hoheit sperrten Mund, Nase und Ohren weit auf über all die Wunderdinge, welche sie zu vernehmen geruhten. Am meisten aber verwunderte sich Franziskus jedoch im stillen, daß er in etlichen Tagen den weiten Weg von Lisboa bis Rom sollte gelaufen sein, ohne nur ein einziges Mal unterwegs über ein Wasser zu setzen. Da er in der Geographie durchaus unbewandert war, so zerbrach er sich zwar nicht länger den Kopf über die Frage, ob man von Lissabon geradewegs zu Lande nach Rom reisen könne oder nicht, sondern hielt sich nur an die außerordentliche Schnelligkeit, womit er gelaufen sein mußte, obgleich er sich dessen nicht bewußt war, wohl aber, daß Rom von Lissabon weit entfernt. Jedoch auch hierüber beruhigte er sich bald, indem ihm das Sprichwort »Schneiderleicht« einfiel. »Es steckt im Blut«, sagte er leise zu sich, »und zudem ist es klar, daß ein bißchen Hexerei mit im Spiele, wenn nur das alte Mütterchen nicht selber eine Hexe ist.«

Er beobachtete das Mütterchen nach Kräften, aber da merkte er, so sehr er auflauerte, nichts Verdächtiges, es war und blieb das alte, gute, mitleidige, leichtgläubige Mütterchen, welches ihn im Walde gelabt und sodann mit sich in seine Hütte genommen hatte, wo es ihn hegte, pflegte und hätschelte wie seinen leiblichen Sohn.

Außer ihm und Franz bewohnte niemand die Hütte, nicht einmal ein Hund oder ein schwarzer Kater, der gewöhnliche Begleiter alter Hexen, ließ sich blicken; Franziskus gab daher jeden Gedanken, daß seine Wohltäterin eine Hexe sei, bald auf. Aber statt nun ihre Wohltaten durch Dankbarkeit und Wahrheit zu lohnen, belog der unverschämte Schneiderprinz die arme Alte täglich aufs neue und spürte herum, ob er nichts von Wert ergattern könne, womit er sich aus dem Staube machen und hin nach Rom laufen könne; denn die stille Waldeinsamkeit hatte er bald satt und sehnte sich gewaltig nach dem lustigen Leben und Treiben der Städte.

Achthundertdreiundsechzigste Nacht

Wie ward ihm daher, als er eines Tages das alte Mütterchen überraschte, wie es vor einer großen offenen Truhe stand, welche mit Goldstücken bis zum Rande gefüllt war. Ein Schrei des Staunens entfuhr ihm, das Mütterchen wandte sich um, und als es ihn erblickte, sprach es schmunzelnd, ohne seine starren, gierigen, an dem Golde haftenden Blicke zu bemerken: »Hoho! Mein Jüngelchen, nicht wahr, das nimmt dich wunder, daß du bei mir so viel schönes, blankes Gold erblickst. Ja, Söhnchen, wer in der Jugend arbeitet und spart, der hat's im Alter und darf nicht sorgen, daß er noch spät am Lebensabend in Not und Kummer geraten muß. Wenn du klug bist, Söhnchen, so machst du's ebenso wie ich – wie?« Damit klappte die Alte den Deckel der Truhe zu, verschloß sie und hing den Schlüssel an die Wand unter das Bild der heiligen Katharina, wo er für gewöhnlich seinen Platz hatte.

Franziskus verfolgte alle ihre Bewegungen mit den Augen und gab, als sie ihn etwas fragte, eine verkehrte Antwort. Die Alte lachte, setzte ihm zu Essen und zu Trinken vor und neckte ihn über seine Zerstreutheit.

Franziskus dachte aber: Lache nur, du gutes Mütterlein! Morgen will ich auch lachen. Ein paar Taschen voll Goldstücke und einen Ränzel dito kann deine große Kassette da zur Not schon hergeben. Was soll das schöne Gold hier im Walde ungenutzt liegen?

Hinaus in die Welt
mit dem funkelnden Geld! –
Gar schlecht ist's bestellt
mit leeren Taschen.
Doch sind sie voll,
dann ist mir wohl!
Dann kann ich haschen,
dann kann ich naschen,
was mir gefällt,
und mein ist die Welt!
Wie will ich leben als reicher Mann!
Es schaut mir keiner den Schneider an!
Die Männer sollen sich vor mir bücken,
die Mädel lachen, wenn's mich erblicken
und nicken mir zu und haben so gern
den artigen, zierlichen,
jungen, manierlichen,
mutigen,
wutigen,
küssigen,
müßigen,
reichen Herrn! –
Ein leuchtender Stern
erschein' ich allen!

Und werde gefallen
so wie ich erschien'. –
Die Herzen sind mein!
Wohin ich die Blicke,
die strahlenden, schicke,
entzücke,
beglücke,
ich ganz ohne Müh'. –
Mich ehret die Menschheit, mich achtet das Vieh –
und scheid' ich, so weinen
die Großen, die Kleinen!
die Jungen, die Alten,
sie möchten mich halten! –
Es pochen die Herzen
vor Sehnsucht und Schmerzen!
O Scheiden und Meiden,
Wie tust du so weh! –
Doch ich, immer heiter
und fröhlich, zieh' weiter,
voll Gold alle Taschen!
Zu haschen!
Zu naschen! –
Wer nennt mich noch Schneider? –
Prinz bin ich! Juchhe!

Achthundertvierundsechzigste Nacht

So dachte Franziskus und sprach er zu sich selbst, als er später in dem Wald herumstrich, seinen Plan weiter zu überlegen. Endlich war sein Entschluß gefaßt, und er kehrte zurück in die Hütte, wo das alte Mütterchen schon mit dem Abendessen seiner harrte.

Franziskus war ein so ausgemachter Taugenichts, daß er nicht die mindesten Gewissensskrupel empfand, seine alte Wohltäterin, von der er wußte, daß sie ihn wie einen Sohn liebe, heimlich zu verlassen und noch dazu zu bestehlen. Er ließ sich's zu guter Letzt noch vortrefflich an ihrem Tische schmecken und trank den Wein, welchen sie ihm vorsetzte, »auf gut Glück!«, wobei er natürlich nur an sein Spitzbubenglück und an kein anderes dachte. Als er satt war, stellte er sich, als ob eine unüberwindliche Müdigkeit ihn anwandle und streckte sich auf sein Lager, wo er bald darauf in einen tiefen Schlaf zu fallen schien und aus Leibeskräften zu schnarchen begann, um die gute Alte desto sicherer zu hintergehen. Die Alte hantierte noch eine Zeitlang in der Hütte herum, dann suchte auch sie ihre Lagerstätte und fing ebenfalls dergestalt an zu schnarchen, daß Franziskus sich's selber gestehen mußte: sie überträfe ihn darin bei weitem. Vorsichtig erhob er sich nun, fand beim hellen Mondenschein, der in das Zimmerchen fiel, gar bald die Stelle, wo der Schlüssel zur Geldtruhe hing, nahm ihn, schloß die Truhe auf, und nun fing er an, nach Herzenslust sich mit dem Geld zu bepacken.

Erst steckt er alle Taschen voll,
so viel sie mochten fassen.
»Ach!« seufzt' der Gaudieb, »daß ich soll
so viel zurück noch lassen.
Wie so zufrieden wollt' ich sein,
wär's halb nur – wär's nur alles mein.«

»Noch diesen Ränzel füll' ich mir
mit spanischen Dublonen! –
Und in der Mütze Beutel hier
ist Platz für hundert Kronen;
Drum nehm' ich sie, und frisch hinein!
O möchten's ihrer Tausend sein.«

»Und jetzo fort, nicht lange mehr,
so fängt es an zu tagen!
Der Mammon ist verteufelt schwer,
doch will ich ihn schon tragen.
Die Müh ist klein, der Vorteil groß!
Im nächsten Ort kauf' ich ein Roß.

»Lebt wohl! Du Wald, du Hüttchen du!
Leb wohl, du alte Schnurre!
Entdeckst du den Betrug – nur zu!
Dann keife, tobe, murre,
fiel mir nicht dieses Stückchen ein,
– ich müßt' ein Narr gewesen sein.«

Somit packte Franziskus noch den Ränzel auf den Rücken, nahm die schwere Mütze in die Hand und verließ die Hütte.

Er lief, was er konnte, dem Ausgange des Waldes zu und hoffte jeden Augenblick, daß er ihn erreichen und auf die freie Landstraße treten würde, aber dem war nicht so.

Der Morgen brach schon an – Franziskus war auf dem rechten Wege, das litt keinen Zweifel, denn richtig sah er die Öffnung des Waldes immer vor sich und erkannte auch schon die Kuppel von St. Peter, welche hoch über alle Paläste Roms, eine düstere graue Riesenmasse, im Morgenrot emporragte, aber es war, als käme er trotz des angestrengtesten Laufs nicht vom Fleck, denn nicht näher kam er dem Ausgang des Waldes.

Achthundertfünfundsechzigste Nacht

Da kam dem sauberen Burschen ein Grausen an, und er merkte, daß es mit dem Walde doch noch eine eigene Bewandtnis haben müsse. Verzweifelnd lief er immer weiter, um den Ausgang des Waldes zu erreichen, da hörte er hinter sich in weiter Entfernung die wehklagende Stimme der Alten, welche seinen Namen rief.

»Ruf du nur, du gute Alte«
sprach Franziskus, schneller laufend.
»Doch ein Dummkopf, wenn ich halte!«
Aber plötzlich hielt er schnaufend.

Denn stets schwerer ward der Ranzen,
den er trug auf seinem Rücken –
War's ihm erst schon nicht zum Tanzen,
wollt ihn jetzt die Last erdrücken.

»Ei, verdammt!« rief Franz im Grimme,
und der Ranzen flog zur Erde.
Da erscholl der Alten Stimme:
»Auf mein Prinzchen, auf zu Pferde!«

Und hast du, kannst du, verwandelte sich der Ranzen in einen großen, schwarzen Ziegenbock, unsichtbare Hände ergriffen den Franziskus, bleuten ihn tüchtig durch, wozu ein lautes Hohngelächter erscholl, und setzten ihn dann auf den Bock. Dieser lief alsbald waldeinwärts, der Hütte der Alten zu. Franziskus nahm sich zusammen, er wollte von dem verruchten Schneiderrappen springen und noch einen Versuch zur Flucht machen; aber er saß so fest auf dem Bock, als wäre er daraufgenäht gewesen, und so mußte er sitzenbleiben und sich in sein Schicksal ergeben.

Der Bock bog rasch um eine Waldecke, da stand das Hüttchen der Alten, und die Alte stand davor mit erhobenem Finger, dem Prinzen drohend, dem flüchtigen Prinzen, der jetzt mit tiefer Beschämung gewahrte, daß alles Geld in seinen Taschen sich in Nähnadeln, Fingerhüte, Zwirnsknäule und dergleichen verwandelt hatte; an der Seite hing ihm aber eine große Schere, wie ein Schwert. So hielt er vor der Alten.

Achthundertsechsundsechzigste Nacht

»Nun«, rief die Alte, als der Bock mit dem armen Franziskus, der vor Scham hätte in die Erde sinken mögen, hielt, »nun, du edler Schneiderprinz, bist du schon zurückgekehrt zu dem alten Mütterchen und der alten Hütte im grünen Walde? Steig ab, teure Hoheit, steig ab von deinem schwarzen Leibroß und geruhe dich in meine schlechte Behausung zu verfügen.« Und als der verdutzte Jüngling nicht sogleich Folge leistete, so berührte die Alte den Ziegenbock mit ihrem Krückstabe, alsbald verwandelte sich der Bock wieder in das alte Ränzel und fuhr dem Schneiderlein blitzschnell zwischen den Füßen davon, so, daß Fränzchen gar unsanft auf dem harten Erdboden niederzusitzen kam. Das alte Mütterchen lachte laut, half dem verunglückten Reiter, der weder die Augen aufzuschlagen noch ein Wort zu sprechen wagte, wieder auf die Beine und expedierte ihn mittels einiger sehr vernehmlicher Rippenpüffe in die Hütte. In der Stube stand der Tisch und war gedeckt, und die Speisen und der Wein dufteten dem Schneiderlein lieblicher denn je in die Nase, so daß ihm der Mund alsbald zu wässern begann und er mit Sehnsucht des Augenblicks harrte, wo die Alte ihn einladen würde, niederzusitzen und zuzulangen. Aber damit hatte es für diesmal gute Wege! Die Alte setzte sich selbst an den Tisch, aß und trank, solange noch ein Krümchen und ein Tröpfchen vorhielten, und ließ das gute Fränzchen mit den Armen St. Martins um die Wette fasten, ohne sich auch nur ein einziges Mal nach ihm umzublicken. Als sie endlich satt war, stand sie auf, trat vor den armen Sünder hin und sprach: »Söhnchen, mit deiner erlogenen Prinzlichkeit ist's nunmehr vorbei, und du wirst sehr wohl tun, wenn du es von nun an so treibst, daß du deinem wahren Stande Ehre machst als tugendsamer, sittiger Schneider! Die Mittel dazu will ich dir zeigen, und stellst du dich fleißig und ordentlich an, so soll es mit der Zeit dein Schaden nicht sein; wehe dir aber, wofern du nach wie vor ein Taugenichts und Galgenschwengel bleiben wolltest, auch für solche Gesellen habe ich Mittel, schau her!« Somit faßte sie den Franziskus bei der Hand und führte ihn in ein kleines, an das größere anstoßende Gemach, wo hinein er zuvor noch nie gekommen war. Dort erblickte Franziskus an den Wänden eine Menge gläserner Nadelbüchsen, und in jeder Nadelbüchse stak ein kleines, allerliebstes, lebendiges Schneiderlein mit Bügel und Schere und Elle und Maß und Nadel und Zwirn, und alle zogen gar jämmerliche Gesichter und zappelten erbärmlich und zirpten und piepten wie melancholische Heimchen. – »All diese winzigen Schneiderlein«, sprach die Alte, »all die du hier siehst (es sind ihrer gerade 299!), waren solche nichtswürdige Taugenichtse wie du einer bist, und eben darum hab' ich sie in diese gläsernen Nadelbüchsen hinein verzaubert, damit sie ihre Sünden bereuen, und sie sollen so lange in ihrer Gefangenschaft verharren, bis ein Schneider kommt und sie erlöset. – Du magst dein Heil daran versuchen, wenn du Lust hast, es gehört nichts weiter dazu, als daß du ein ordentlicher Mensch und ein geschickter Jünger der Zunft wirst. Wenn du aber dich nicht besserst, so kannst du immerhin darauf gefaßt sein, daß du das dritte Hundert der Nadelbüchsen-insassen vollmachst.«

Damit führte sie ihn in die Stube zurück und gab ihm Nadel und Zwirn und Schere und Bügeleisen, Elle und Maß, und endlich auch Stoffe zu einem Kleid und unterwies ihn in der edlen Schneiderkunst, trotz einem Doktor derselben.

Franziskus, obwohl er sich aus Furcht alle mögliche Mühe gab, begriff doch alles entsetzlich schwer, wie das denn nicht anders sein konnte, da er, trotzdem daß er schon ein großer Schlingel war, noch nie ans Arbeiten, am allerwenigsten aber ans Kunstschneidern gedacht hatte. – Aber das Mütterchen wußte, wie es selber gesagt, Mittel und Wege, einen Taugenichts zur Raison zu bringen, und es wandte seinen Krückstock, Hunger und Durst so zweckmäßig bei seinen neuen

Lehrling an, daß dieser doch endlich in sich ging, und nach dreier Jahresfrist so weit in der Kunst fortgeschritten war, daß er es wagen durfte, an sein Probestück zu denken.

Die Alte säumte nicht, ihm dieses aufzugeben, und so schwierig die Aufgabe war, ein passendes Staatskleid für die übel und eckig gewachsene Alte zu fertigen, so gelang es ihm doch zur größten Zufriedenheit der Alten.

Aber o Wunder! Kaum hatte die Alte das schöne Prunkgewand angelegt, so war sie nicht mehr eine Alte, sondern ein wunderschönes junges Mädchen, und in dem Nebenzimmer klang es hell, und all die gläsernen Nadelbüchsen zersprangen, und die 299 erlösten Schneidergesellen hüpften daraus hervor und huldigten dem erstaunten Franziskus als ihrem Meister und König.

Und in der Tat ward Franziskus der König aller Schneider in Portugal, denn die Hütte verwandelte sich in einen schönen Palast, und darin wohnte fortan Franziskus mit den 299 Schneidern und heiratete das schöne, junge Mädchen, welches die Tochter einer mächtigen Fee und eines Schneiders war. Und Franz lebte glücklich und zufrieden und schneiderte viele Jahre lang mit seinen Gesellen um die Wette die allerschönsten Gewänder.

Solches wissen alle Leute, die es lasen und hörten.

Achthundertsiebenundsechzigste Nacht

Heute erzählte der Kaplan die Sage von dem tapferen Herzog

HÜON VON BORDEAUX

Zur Zeit, als Karl der Große glorreich über sein großes Reich herrschte, war Siegewin Herzog von Guyene und tat es, was väterliche Sorgfalt für sein Land und seine Untertanen betraf, dem großen Karl nach Kräften gleich. Trotzdem aber wurde ihm endlich die Zeit daheim lang, und weder sein holdes Weib noch seine beiden lieben Jungen vermochten es, die Begierde nach Abenteuern aus seiner Seele zu verdrängen, so daß er endlich weder Rast noch Ruhe mehr hatte und es gewaltsam ihn hinaustrieb von Reich und Volk und Weib und Kind in die weite Welt.

Sein Sinn war auf das heilige Grab gerichtet, und mit einigen treuen Knappen zog er dahin, um für die Befreiung desselben mitzukämpfen.

Bitter war wohl der Abschied von der Heimat, von seinen Lieben, doch sein Entschluß war fest, und in der Zuversicht, nach Verlauf dreier Jahre wieder heimzukehren, zog er wohlgemut von dannen. Aber die drei Jahre vergingen, und wer nicht heimkehrte, war Herr Siegewin, und im vierten Jahr kam die Kunde durch einen seiner zurückkehrenden Mannen, daß Herr Siegewin geblieben sei im Kampfe um das Heilige Grab und begraben liege in geweihter Erde vor Joppe.

Seine junge Witwe betrauerte ihn aufrichtig mit vielen Tränen und ließ ihm eine Menge Seelenmessen lesen. Dann aber faßte sie sich, wie es die Pflicht einer frommen Christin, und verwaltete sorgsam und getreu das Land während der Minderjährigkeit ihrer Söhne. Diese wuchsen frisch und fröhlich heran und zeigten schon früh den edlen ritterlichen Geist ihres Herrn Vaters, besonders Hüon, der Älteste, welcher dereinst das Herzogtum übernehmen sollte. Und als er zwanzig Jahre alt war, säumte seine Frau Mutter nicht, ihm die Regierung zu übergeben, indem sie eine feierliche Huldigung zu Bordeaux veranstaltete.

Zwei Jahre lang regierte der junge Herzog zur Freude und zum Heile seines Landes und hielt sich nebenbei wacker in allen ritterlichen Übungen. Da bekam er eine Ladung von dem Kaiser an dessen Hoflager zum Empfang der Lehen, und gehorsam dem Rufe machte er sich auf, mit seinem jüngeren Bruder Gerard und einem stattlichen Gefolge der kaiserlichen Burg zuzuziehen.

Nun lebte aber am Hofe Kaiser Karls ein listiger Mann namens Amory von Hohenblat, der war ein arger Feind des Hauses Bordeaux und hatte schon den Vater des jungen Hüon mehr denn nötig aus des Kaisers Gunst geschwätzt, um auch dem Sohne ohne sonderliche Mühe jetzt zu schaden. Um aber noch sicherer zu gehen, so vereinigte er sich mit des Kaisers zweitem Sohne, dem wilden Scharlot, welcher längst Lust bezeigt hatte nach dem reichen Herzogtum Bordeaux, und beredete ihn, Herrn Hüon anzufallen, wenn er der kaiserlichen Burg sich nahen würde.

Hüon ließ sich von dem allen nichts träumen und zog wacker und guter Dinge seines geraden Weges daher. Als er nun in den Wald von Montley kam, entfernte sich der junge Gerard von dem Trupp und ließ seinen Falken im Wald steigen. Hüon und die Seinen hatten dessen nicht acht, weil sie meinten, der Knabe würde sich alsbald wieder zu ihnen finden. Auf einmal hörten sie mitten aus dem Wald ein klägliches Geschrei erschallen, und als sie herzueilten, siehe, da lag der junge Gerard vom Pferde herabgeworfen, beschmutzt und blutend auf der Erde, neben ihm stand ein Edelknecht, im Begriff, ihn tüchtig abzuwalken.

Von Zorn entbrannt rief Hüon: »Grobian!
Was hat der Knabe dir getan,
der wehrlos ist, ihm also mitzuspielen?
Zurück! Und rühr ihn noch mit einem Finger an,
wofern dich's juckt, mein Schwert in deinem Wanst zu fühlen.«

»Ha!« schrie der Edelknecht. »Bist du's? Dich sucht' ich just,
schon lange dürst' ich nach der Lust
mein racheglühend Blut in deinem Blut zu kühlen!
Erkennst du mich nicht, so wiss', ich bin der Sohn
des Herzogs Dietrich von Urdennen:
Dein Vater Siegewin (mög' er im Abgrund brennen!)
trug über meinen einst beim offnen Rennen
mit Hinterlist den Dank davon,
und durch die Flucht allein entging er seinem Lohn.
Doch Rache hab' ich ihm geschworen,
du sollst mir zahlen für ihn! Da, sieh zu deinen Ohren.«

Und mit dem Worte rannte er gegen den jungen Hüon, der sich so einen Tanz gar nicht versah, mit eingelegter Lanze los. Zum Glück parierte dieser den ihm zugedachten Stich mit dem linken Arm, um den er in der Eile seinen Mantel schlug, mit der rechten Hand aber riß er das Schwert samt der Scheide vom Kuppel los und gab dem Angreifer einen solchen Schlag am rechten Schlaf, daß der Unhold niederstürzte, um nimmer wieder aufzustehen.

Achthundertachtundsechzigste Nacht

Plötzlich ließen sich Reiter im Wald sehen, und Herr Hüon vermeinte schon, nun würde der Kampf erst recht losgehen, aber die Reiter hielten in der Entfernung still und warteten ruhig, bis Hüon seines Bruders Kopfwunde verbunden hatte und mit den Seinigen den Wald verließ, dann legten sie den Leichnam des Erschlagenen auf ein Roß und führten ihn mit sich davon.

Hüon verfolgte ruhig seinen Weg und langte in kurzem auf der kaiserlichen Burg an. Sein Oheim, der Abt von St. Denys, führte beim Gehör das Wort, der alte Karl bezeigte sich besonders gnädig und lud den jungen Herzog und dessen Bruder mit an seine Tafel.

Alles schien sich zum Besten zu fügen, aber eben als der Kaiser mit seinen Rittern und Gästen bei der Tafel saß, sprangen die Flügeltüren des Saales auf, und Amory von Hohenblat trat ein in schwarzer Rüstung und schwarz verhängtem Helmzeichen. Ihm folgten zwölf Knappen, eine verhüllte Totenbahre tragend, welche sie mitten im Saal niedersetzten. Den Gästen standen bei diesem Anblick die Haare zu Berge, und der alte Kaiser selbst erblaßte. Indem trat Amory hervor, hob die Decke von dem blutigen Leichnam, der darunter lag, und rief dem Kaiser zu: »Sieh, das ist dein Sohn Scharlot, und hier« – damit deutete er auf Herrn Hüon – »ist der Frevler, der dir und dem Reich die Wunde schlug! – Sich nichts versehend, fiel dein Scharlot im Wald durch Meuchelmord! Weh mir, daß ich zu spät kam, ihn zu retten.«

Der alte Kaiser stand einige Augenblicke unbeweglich, dann schrie er laut vor Schmerz: »Mein Sohn! O mein Sohn!« und warf sich in Verzweiflung neben den Leichnam hin.

Dem Herrn Hüon ging der Jammer des alten Kaisers durchs Herz, und er hätte in diesem Augenblick, um den Scharlot wieder zu erwekken, gerne sein bestes Blut hingegeben. »Herr!« rief er. »Herr! Höre mich! Nicht mein ist die Schuld dieses Mordes! Dein Sohn betrog mich, er gab sich für den Sohn des Herzogs von Ardennen aus. Er schlug den Knaben, meinen Bruder, der ihm kein Leid getan, sprach lästerlich von der Ehre meines Vaters, fiel mich selber unerwartet mörderisch an. Bei Gott, es hätte die Geduld von einem Heiligen morden können, und den möchte ich sehen, der kalt dabei geblieben wäre.«

Karl, als er den Hüon so reden hörte, sprang wütend vom Leichnam auf und schrie: »Ha! Bösewicht!« Somit riß er einem Knecht die Hellebarde aus der Faust, und hätten ihn die Fürsten nicht mit Macht zurückgehalten, er hätte sie dem armen Herzog durch und durch gerannt. Hüons Ritter sprangen ihm zu Hilfe und traten vor ihn hin, so daß der Kaiser nicht an ihn konnte, und die Fürsten murrten laut, daß Karl einen ihresgleichen so schnöde zu behandeln trachtete. Es entstand ein lautes Murren unter ihnen, und nur mit Mühe gelang es dem ehrwürdigen Abt von St. Denys, den Ausbruch der allgemeinen Unzufriedenheit zu beschwichtigen. Nun trug er den ganzen Verlauf der Sache dem Kaiser vor, die Überredung saß auf seinen Lippen, allein das half gar wenig bei dem alten, strengen Herrn, die Leiche des Sohnes lag da und der Mord schrie um Rache. »Hier!« rief der Kaiser dem Friedesstifter zu. »Hier sieh und sprich dem Mörder meines Sohnes das Urteil! Sprichs für mich! Sein Blut soll die Raben mästen.«

Jetzt schwoll Herrn Hüons Herz, und er schrie überlaut: »Ich bin kein Mörder! – Der Richter richtet nicht billig in eigener Sache! Mein Ankläger Amory ist ein Verräter! Hier steh' ich und will es ihm beweisen mit Gefahr meines Lebens: Daß er ein Lügner ist und war und sein wird. Er allein hat alles Unheil angestiftet! Ich will mein Recht! Der Kaiser kann mir's nicht versagen. Hier liegt mein Handschuh! Gott mag entscheiden zwischen mir und Amory, welchen von uns die Stimme dieses Blutes zur Hölle donnern soll.«

Der Kaiser, nur noch mehr erbittert über Hüons kühne Rede, befahl seinen Trabanten, ihn zu greifen und in das tiefste Burgverlies zu werfen. Aber da widersetzten sich alle Fürsten und Ritter und meinten, einen ehrlichen Zweikampf dürfe der Kaiser keinem angeklagten Edlen versagen, und sie würden nimmer zugeben, daß der Kaiser so willkürlich und grausam mit einem Fürsten verfahre. Selbst Amory, welcher vermeinte, den jungen Hüon mit leichter Mühe zu besiegen, bat um Erlaubnis, die Ausforderung annehmen zu dürfen, und so mußte der alte, starre Karl, wiewohl mit großem Widerwillen, endlich nachgeben.

Achthundertneunundsechzigste Nacht

Der Tag des Gerichts erschien. Eine große Menge Volk war versammelt, den Kampf auf Tod und Leben mitanzusehen. Mit seinem silberblanken Turnierschild erschien Herzog Hüon in den Schranken, und alles Volk begrüßte ihn mit Liebe, denn jeder hielt ihn im voraus keines Meuchelmordes für fähig.

Schon stand der Kläger da, in einem Erker lag der alte Karl, umringt von seinen Fürsten, und schaute gar ingrimmig drein, als Herr Hüon ihn, wie es Sitte, ehrfurchtsvoll begrüßte.

Die Sonne wurde geteilt, die Richter setzten sich und die Trompeten ertönten. Alsbald rannten die Kämpfer aufeinander los und trafen so gewaltig zusammen, daß beider Rosse auf die Knie stürzten und die Ritter sich kaum im Sattel halten konnten. Eilfertig machten sich beide aus den Bügeln los, und nun, in einem Blitz, flogen beide Schwerter aus der Scheide. An Grimm, Stärke und Erfahrung war offenbar Amory seinem Gegner weit überlegen, doch die Unschuld seiner Sache gab dem wackeren Hüon Kraft und beschützte ihn. Dennoch blieb der Sieg lange unentschieden. Aber bald floß aus mehr als einer Wunde des Klägers Blut, während Hüon noch munter und unverletzt kämpfte. Der wilde Amory, als er merkte, wie sehr er anfing in Nachteil zu geraten, entbrannte von neuer Wut und stürmte gewaltiger auf Hüon ein, so daß auch dieser jetzt in nicht geringe Gefahr geriet und endlich notgedrungen zurückweichen mußte. Des Sieges schon gewiß, faßte Amory mit beiden Händen sein gewaltiges Rolandsschwert, um mit einem Streich Herrn Hüon den Garaus zu machen. Doch Hüon wandte sich blitzschnell, so daß er glücklich dem Todeshieb entging, und ebenso schnell seinen Vorteil ersehend, brachte er, eh jener sich wieder ins Gleichgewicht zu schwingen vermochte, ihm da, wo der Helm sich an den Panzerkragen fügte, so einen Hieb bei, daß ihm die Ohren sausten, die entnervte Hand das Schwert verlor und Amory selbst zu Boden sank. Darauf, mit gezücktem Schwert, schrie Hüon ihm zu: »Entlade dein Gewissen, wenn ich dein Leben schonen soll! Gesteh es auf der Stelle.« –

»Bandit!« schrie Amory, indem er alle Kraft zu einem letzten Stoß zusammennahm. »Dies für dich! – Fahre mit mir zum Teufel!« Glücklicherweise mißlang der Stoß durch eine schnelle Wendung, welche Hüon machte. Allein aufs höchste erbittert über solche Tücke, vergaß der Sieger im gerechten Zorn, daß Amory, um öffentlich vor dem Kaiser die Wahrheit kundzutun, noch etwas Atem nötig hatte, und stieß ihm sein breites Schwert wütend in den Rachen, so daß Amory auf der Stelle verschied.

Alsbald ertönten Pauken und Trompeten, und der Herold rief Herrn Hüon als Sieger aus, und daß er freigesprochen sei von aller Schuld, und die Ritter kamen und wünschten dem edlen Hüon Glück und führten ihn im Triumph zum Kaiser.

Kaiser Karl aber blickte finster und sprach: »Was soll mir das? Kann dieser neue Mord mir meinen Sohn wiedergeben? – Wer hat Hüons

Unschuld anerkannt? Ließ Amory ein Wort des Widerrufs hören? Nein! Also verbanne ich dich, Hüon, auf ewig aus meinen Reichen, und all dein Land und Gut sei unserer Krone verfallen.«

Die Pairs und die Ritterschaft knieten um des Kaisers Thron herum sich fast die Knie wund, um ein milderes Urteil für den armen Hüon zu erbitten, und fast verzweifelten sie schon, je den alten Starrkopf zu bewegen, als plötzlich der Kaiser sich also vernehmen ließ.

»Gut, Ihr Fürsten und Ritter! Ihr wollt es, und wir geben nach, doch hört die Bedingung, der nichts zu widerrufen vermögend ist! Ich begnadige den Mörder meines Sohnes, dich, Hüon von Bordeaux! Allein aus allen meinen Reichen, ich wiederhole es, bist du von Stund' an verbannt, und bis du Stück für Stück mein kaiserlich Gebot erfüllt hast, ist deine Wiederkehr unmittelbarer Tod. –

Zieh hin nach Babylon, und in der festlichen Stunde,
wenn der Kalif im Staat an seiner Tafelrunde
mit seinen Emirn sich beim frohen Mahl vergnügt,
tritt hin, und schlage dem, der ihm zur Linken liegt
den Kopf ab, daß sein Blut die Tafel überspritze.
Ist dies getan, so nahe züchtig dich
der Erbin seines Thrones, zunächst an seinem Sitze
und küss' als deine Braut sie dreimal öffentlich.«

»Und wenn dann der Kalif, der einer solchen Szene
in seiner eignen Gegenwart
sich nicht versah, vor deiner Kühnheit starrt,
so wirf dich an der goldnen Lehne
von seinem Stuhle hin, nach Morgenländer Art,
und zum Geschenk für mich, daß unsre Freundschaft kröne,
erbitte dir von ihm vier seiner Backenzähne,
und eine Hand voll Haar aus seinem grauen Bart.«

»Geh hin, und wie gesagt, eh' du aufs Haar vollzogen,
was ich dir hier von Wort zu Wort gebot,
ist deine Wiederkehr unmittelbarer Tod. –
Wir bleiben übrigens in Gnaden dir gewogen.«

Wie den Rittern und dem armen Hüon, als sie solche saubere Bedingung hörten, zumute war, läßt sich besser denken als beschreiben. Es war sichtlich, daß der Kaiser ihm fort und fort grollte und daß die schönen Worte von »in Gnaden gewogen bleiben«, nicht besser als ein Todesurteil seien. Ein dumpfes Murren erhob sich im Saale. »Beim St. Georg!« sprach einer von den Rittern, »ich bin nicht eben furchtsames Gemüts und habe manchen Strauß neben Lanzelot und Tristan bestanden. Setz einer seinen Kopf, ich setze meinen zur Wette! Doch was der Kaiser da dem Hüon angesonnen, hätt' auch, so brav er war, Herr Gawin hübsch bleiben lassen.«

Auch Hüon merkte wohl, wo hinaus der Kaiser gedachte, ob es aber nun Verzweiflung oder Ahnung oder Trotz war, was ihn so tollkühn machte, genug, er sprach zum Kaiser:

»Was Du befohlen, Herr, kann meinen Mut nicht beugen.
Ich bin ein Frank! – Unmöglich oder nicht,
ich unternehms, und alle seid ihr Zeugen.«

Somit verneigte sich Hüon vor dem Kaiser, den Fürsten und allen Rittern, verließ den Hof, holte sich seiner Mutter Segen und verließ schon nach wenigen Tagen das schöne Frankreich, um nach Babylon zu ziehen. Er nahm aber seinen Weg über Rom.

Achthundertundsiebzigste Nacht

In Rom beichtete Herr Hüon dem Heiligen Vater und empfing dessen Segen, wobei ihm der Heilige Vater verhieß, es werde ihm alles wohl gelingen, nur solle er nicht unterlassen, wenn er nach Joppe käme, das Heilige Grab zu besuchen.

Hüon küßte demütig den Pantoffel und gelobte Gehorsam, dann schiffte er sich ein.

Er stieg in Joppe an Land und trat mit dem Pilgerstabe die Wallfahrt nach Jerusalem an, wo er sich durch ein herzhaftes Gebet stärkte und nun mit neuem Mut und verhängtem Zügel auf Bagdad losritt. Allein zwischen Jerusalem und Bagdad lag noch mancher steile Berg und mancher dicke Wald und manche Wüstenei, und kein Mensch in dem verwünschten Heidenlande verstand seine Sprache, so daß, wenn er irgendwen um den nächsten Weg nach Bagdad fragte, ihm keiner antwortete. Einst traf der Weg, der eben vor ihm lag, auf einen Wald. Er ritt den ganzen Tag, bei Sturm und Regen, bald rechts, bald links! Oft mußte er mit seinem breiten Schwert sich einen Weg durch das Dickicht bahnen, aber der Wald schien sich immer mehr und mehr auszudehnen, und Herrn Hüon wurde endlich zum erstenmal in seinem Leben etwas ängstlich zumut, als rings um ihn die Löwen und anderen wilden Tiere bei einbrechender Nacht ihr fürchterliches Gebrüll erhuben. – Er stieg vom Pferde und gewahrte einen kurzen Pfad, der sich durch Felsen einen Berg hinaufwand. Sein Roß am Zaume nach sich ziehend, das blanke Schwert in der andern Hand, stieg er bergauf.

Er war nicht lange so fortgezogen, als er in der Ferne den Schein eines Feuers zu sehen glaubte. Der Anblick erfüllte ihn mit neuem Mut, denn er hoffte, ein menschliches Wesen auf dieser öden Höhe zu finden. Rascher ging er dem Schimmer nach. Auf einmal stand er vor einer großen Felsschlucht, in deren Mitte, vor einer finsteren Höhle, ein prasselndes Feuer flammte. In wunderbaren Gestalten ragte aus der dunklen Nacht das angestrahlte Gestein, mit wildem Gebüsche versetzt, das aus der schwarzen Spalte herabnickte. Mit einem seltsamen, aus Lust und Grauen gemischten Gefühl blickte Hüon hinab in die Schlucht und dachte kaum daran, weiter vorzudringen.

Indem tönte aus der Höhle ein donnerndes »Halt!«, und plötzlich stand vor dem erstaunten Hüon ein Mann von wildem Aussehen, mit einem Mantel bedeckt aus grob zusammengeflickten Tierfellen. Ein grauschwarzer Bart hing ihm bis auf den Magen herab, und auf der Schulter trug er als Keule einen Zedernast, groß und schwer genug, um damit auf einen Streich den größten Stier zu erschlagen.

Herr Hüon, ohne vor dem Mann und seiner Zeder und seinem Bart zu erschrecken, fing in seiner Landessprache (der einzigen, welche er verstand) an, ihm seine Not zu klagen. »Was hör ich!« rief der alte Waldmann entzückt aus. »O süße Musik vom Ufer der Garonne! Seit sechzehn Jahren schon hörte ich die liebe Sprache meines Landes nicht. Willkommen, edler Herr, auf dem Libanon! Willkommen, obschon ich leicht erraten kann, daß Ihr den Weg in dieses Drachennest nicht um meinetwillen genommen habt. Kommt, ruht aus! Genießet, was ich habe, einen Bissen Wildbret, halb roh zwar, doch kräftig, und einen Trunk aus diesem klaren Quell, und mein guter Wille mag's Euch würzen, wenn es nicht der Hunger tut.«

Herr Hüon, dem dieser Gruß gar große Freude machte, säumte nicht, der Einladung seines Landsmannes nachzukommen. Er folgte ihm in die Höhle und legte Helm und Panzer ab. Wie vom Blitz getroffen stand der alte Waldbewohner, als er Hüons Gesicht erblickte, und rief einmal über das andere: »O wie ähnlich – o wie so ähnlich seht Ihr meinem lieben seligen Herrn, um den ich hier in dieser wilden Einöde, so fern von meinem Volke und meinem Lande, schon sechzehn Jahre weine. Diese Hand hat ihm das Auge zugedrückt, dies Auge sein frühes Grab mit treuen Zähren begossen. Und jetzt seh' ich ihn in Euch wieder – wunderbar! Vergönnt mir, lieber junger Herr, daß Scherasmin Euch bei Eurem Namen nenne!«

»Mein Name ist Hüon, Erbe und Sohn des braven Siegewin, einst Herzog von Guyenne.«

»O!« rief der Alte, indem er ihm zu Füßen fiel. »So log mein Herz mir nicht! Ihr seid der Sohn des edlen, frommen Ritters, dem ich diente! Ihr waret noch ein ganz kleines Knäblein, als wir uns aufmachten, zum Heiligen Grabe zu fahren. –

Wer hätte dazumal gedacht,
wir würden uns in diesen Felsenschlünden
auf Libanon nach achtzehn Jahren finden?
Verzweifle keiner je, dem in der tiefsten Nacht
der Hoffnung letzte Sterne schwinden.
Doch, Herr, verzeiht, daß mich die Freude plaudern macht.
Laßt mich vielmehr vor allen Dingen fragen,
was für ein Sturmwind Euch in dieses Land verschlagen?«

Hüon, nachdem er sich mit einem frischen Trunk und ein wenig Honigseim erquickt hatte, streckte sich behaglich auf eine Moosbank am Feuer neben dem Alten nieder und erzählte getreulich, was ihm in Frankreich geschehen und weshalb er jetzt auf der Fahrt nach Babylon begriffen sei und schloß seine Erzählung damit, daß er sprach: »Willst du mir, mein guter Scherasmin, dahin den nächsten Weg aus diesen Bergen weisen, so habe Dank, wo nicht, so mach' ich's, wie ich kann.«

»Mein bester Herr!« versetzte Scherasmin, »Ihr ruft mich, wie aus dem Grab, in ein neues Leben! Hier schwör' ich Euch, ich will mit Euch ziehen und Euch so treu dienen, wie ich Eurem Vater diente. Das Werk, wozu der Kaiser Euch ausgesandt hat, ist schwer, doch ist auch Ehre dabei zu gewinnen, und somit in Gottes Namen frisch drauf! Ich steh' Euch bei bis zum letzten Tropfen Blutes.«

Der junge Fürst, von solcher Treue gerührt, fiel dem Alten dankbar um den Hals. Dann legten sich beide auf die Streu und schliefen, als wär' es der weichste Flaum.

Achthunderteinundsiebzigste Nacht

Als es Tag wurde, erwachte der Ritter mit gestärktem Mut, weckte seinen getreuen Scherasmin und ließ sich von ihm seine Rüstung anschnallen, sodann machten sich beide auf den Weg, der Alte, den Quersack auf dem Rücken, den Knittel in der Hand, trabte zu Fuß neben dem Ritter her.

So zogen Hüon und Scherasmin drei Tage lang den Libanon hinunter. Am vierten Morgen ließ ein kleiner Haufen Reiter sich ziemlich nahe auf einer Höhe sehen. »Das sind Araber!« rief Scherasmin seinem Herrn zu. »Und wenn es möglich wäre, so wär' es wohl das beste, wir gingen dem rohen Volke aus dem Wege!«

»Ei, wo denkst du hin!« erwiderte Hüon, »wo hörtest du, daß Franken je geflohen?«

Die Araber, angezogen von Hüons glänzender Rüstung, kamen näher, den Säbel gezückt. Ein Mann zu Fuß, ein Mann zu Pferd, da schien ihnen der Sieg federleicht. Allein sie fanden sich gewaltig betrogen! Denn Herr Hüon, mit seinem Schilde bedeckt, sprengte unter sie und warf mit seinem Speer den Anführer so kräftig von dem Pferd, daß ihm ein blutiger Strom aus Mund und Nase quoll. Nun drangen alle auf Herrn Hüon los, des Hauptmanns Fall zu rächen. Allein Scherasmin, der seinem Herrn den Rücken deckte, schlug sogleich einen Araber zu Boden, und Hüon selbst arbeitete so wacker, daß bald ein zweiter und dritter den Sattel räumte. Vergebens riefen die Heiden zu ihrem Mohammed. Endlich hielt keiner mehr stand, und wer noch fliehen konnte, der floh in vollem Lauf.

Scherasmin säumte nicht, sich das beste Roß, dessen Reiter im Sande dahingestreckt lag, einzufangen und sich aufzuschwingen, so daß er nun ganz stattlich neben seinem Herrn daherritt. Beide sprengten vogelschnell den Tälern zu, die sich in unabsehbaren Weiten an dem Fuße des Gebirges ausdehnten.

Gegen Abend erreichten sie einen Wald, und Hüon sprach zu seinem Scherasmin: »Freund, mich brennt's wie Feuer, bis ich dem Kaiser Wort gehalten! Du wolltest mich den nächsten Weg nach Bagdad führen, und mir ist's, als sei ich schon vier Tage geritten.«

»Der nächste Weg«, versetzte Scherasmin, »geht mitten durch diesen Wald; allein ich rate Euch nicht, daß Ihr ihn wählt. Man spricht nicht gut von ihm, ein kleiner, boshafter, übellauniger Kobold treibt sein Wesen drin. Es wimmelt drin von Füchsen, Hirschen, Rehen, die Menschen waren, so gut als wir. – Besteht Ihr drauf, durch den Wald zu reiten, so weiß der Himmel, in welches Tier wir, eh' es Morgen wird, verwandelt sind.«

»Ei«, lächelte Hüon, »geht nur durch diesen Wald der Weg nach Babylon, so fürcht' ich nichts. Wenn du dich fürchtest, so bleibe du immerhin zurück; ich reite vorwärts.« Damit gab er seinem Pferde die Sporen und ritt kecklich in den Wald, und Scherasmin, der um alles in der Welt seinen Herrn nicht verlassen hätte, folgte ihm, wiewohl mit Grauen.

Schweigend ritten beide eine Weile fort, ohne daß ihnen irgend etwas Verdächtiges aufstieß. Alles war ringsum stille wie das Grab; kaum hörte man das Rauschen eines Blattes.

Als nun aber der Mond aufging, da gewahrten Hüon und sein Knappe, daß sie sich nicht mehr in einem wilden Wald, sondern in einem schönen Lustgarten befanden, durch den sich, hin und her, so viele Wege schlängelten, daß es unmöglich war, sich nicht darin zu verirren.

»Herr«, sagte Scherasmin, »hier ist es darauf abgesehen, uns in einem Labyrinth zu fangen; der einzige Weg, uns noch herauszufinden, ist, daß wir auf gut Glück der Nase nach trottieren.« Plötzlich erblickten die Reiter in der Mitte des Parks ein Schloß, das, wie aus Abendrot gewebt, sich schimmernd in die Luft erhob. Erstaunt sahen Hüon und Scherasmin einander an; da flogen die goldenen Tore des Schlosses auf, und aus dem Schloß rollte ein silberner Wagen daher, mit Leoparden bespannt. Und in den Silberwagen stand ein Knäblein, schön wie ein Liebesgott, die Perlenzügel in der einen Hand, mit der andern sich auf einen Lilienstengel stützend. Um die Schultern hing ihm ein elfenbeinernes Horn und ein goldener zierlicher Becher.

»Mein bester Herr«, rief Scherasmin, angstvoll dessen Pferd beim Zügel fassend, »wir sind verloren! Da kommt der Zwerg! Flieht, o flieht!« Damit wandte er sein eigenes Roß und sprengte wie toll davon, Herrn Hüon nach sich reißend. Sturm, Blitz und Ungewitter verfolgte die Fliehenden. Auf einmal spaltete der Blitz einen mächtigen Baum; Scherasmins Pferd machte einen so heftigen Seitensprung, daß der Alte aus dem Sattel flog und derb auf dem Boden niederzusitzen kam. Augenblicklich hörte das Unwetter auf, der Himmel war heiter und mondhell wie früher; Hüon und sein Knappe bemerkten, daß sie sich wieder auf dem nämlichen Flecke befanden, von wo aus sie ausgeritten waren, und vor ihnen, auf seinem Silberwagen, hielt der schöne Zwerg.

Der Kaplan brach hier seine Erzählung ab, mit dem Versprechen, sie in der folgenden Nacht fortzusetzen. Ein Bote brachte dem Freiherrn ein großes Paket Briefe und Zeitschriften. Als er eine der letzten flüchtig durchblätterte, errötete er, biß sich in die Lippen und runzelte die Stirn. Endlich stand er auf, steckte die Zeitschrift zu sich und sprach lächelnd zu seiner ihn besorgt anblickenden Gattin: »Es ist nichts, Liebe! Eine Lächerlichkeit, gelegentlich teil ich sie Euch allen mit.« Somit entfernte er sich. Etwas verstimmt trennten sich die übrigen Schloßbewohner.

Achthundertzweiundsiebzigste Nacht

Der schöne Zwerg nahte sich dem Ritter und redete ihn in seiner Sprache an:

»Warum entfliehn vor mir, o Hüon von Guyenne? – Wie? Du verstummst? Beim Gott des Himmels, den ich kenne, antworte mir.«

»Was willst du von mir?« fragte der Jüngling. Der Zwerg versetzte:

»Fürchte nichts! Wer das Licht nicht scheuen darf,
der ist mit mir verbrüdert.
Ich liebte dich von deiner Kindheit an,
und was ich Gutes dir bestimme,
an keinem Adamskind hab' ich es je zuvor getan!
Dein Herz ist rein, dein Wandel ohne Krümme,
wo Pflicht und Ehre ruft, fragst du nicht Fleisch und Blut,
hast Glauben an dich selbst, hast in der Prüfung Mut:
So kann mein Schutz dir niemals fehlen,
denn meine Strafgewalt trifft nur befleckte Seelen.
Mir ist der Auftrag wohlbekannt,
womit dich Karl nach Babylon gesandt.
Du siehst, was für ein Ungewitter
er dir bereitet hat; sein Groll verlangt dein Blut.
Allein, was du mit Glauben und mit Mut –
ein treuer Ritter –
begonnen hast, das helf' ich dir vollenden.
Da, wackrer Hüon, nimm dies Horn aus meinen Händen!
Ertönt mit lieblichem Ton von einem sanften Hauch
sein schneckengleich gewundner Bauch,

und dräuten dir mit Schwert und Lanzen
zehntausend Mann, sie fangen an zu tanzen,
und tanzen ohne Rast, bis sie zu Boden fallen.
Doch lassest du's mit Macht erschallen,
so ist's ein Ruf und ich erscheine dir,
und wär' ich tausend Meilen von dir entfernt.

Auch diesen Becher nimm, der sich mit Weine füllet,
sobald ein Biedermann ihn an die Lippen bringt;
der Quell versieget nie, woraus sein Nektar quillet.
Doch bringt ein Schalk ihn an des Mundes Rand,
so wird der Becher leer und glüht ihm in der Hand.«

Herr Hüon nahm mit Dank die wunderbaren Geschenke des schönen Zwerges und war sehr erfreut über den verheißenen Schutz. Indessen bemerkte er die ersten lichten Purpurstreifen im Osten, welche den neuen Tag verkündeten, und fragte bescheiden – denn seine Ungeduld ließ ihn nicht rasten – seinen schönen Schützer um den nächsten Weg nach Babylon. Der Zwerg belehrte ihn aufs beste und sprach sodann:

»Zeuch hin, und daß nie Oberon die Stunde sehen möge,
da Hüons Herz durch Schwäche sich entehrt.«

Somit verschwand der Elfenkönig, denn niemand anders war der schöne Zwerg, und voll Dankbarkeit blickte Hüon ihm nach.

Freund Scherasmin, der sich bisher mäuschenstill verhalten hatte, schlich nun herbei und fragte den Ritter neugierig: »Mein, ob es wohl seine Richtigkeit mit dem Weine im Becher hat?« –

»Versuch es!« versetzte Hüon und reichte ihm den Becher. Der Alte ergriff den leeren Becher und setzte an, und siehe da, augenblicklich füllte sich der Becher mit dem alleredelsten Bordeauxwein, und wie er trank, verjüngte er sich um zwanzig Jahre.

»Oh!« rief er entzückt, als er sich wieder so jung und frisch fühlte –, »Oh, der wackre Kleine! Ja, nun steht mein Glaube fester wie ein Berg!«

Darauf schwang er sich wieder auf sein Roß, und Herr und Knappe setzten ihre Reise fort.

So zogen sie ohne alle Abenteuer wieder vier Tage lang. Am fünften, da ihr Weg sie durch ein Gebirge führte, drang auf einmal ein gräßliches Geschrei in ihre Ohren. – Der Ritter riß sein Schwert aus der Scheide, Scherasmin desgleichen, und beide sprengten dahin, von woher die Zetertöne schallten. Welch ein Anblick bot sich ihnen dar! Ein Sarazene zu Pferd, von einem Löwen angefallen, kämpfte verzweifelnd wider das Untier. Schon taumelte halb zerrissen sein Roß und wälzte mit ihm in einem Strom von Blut sich um. Grimmschnaubend stürzte der Löwe auf seinen Gegner los, aus jedem Blick eine Feuerflamme schießend, aber indem fuhr Hüons Schwert ihm seitwärts in den Leib, so daß er augenblicklich tot zu Boden stürzte.

Achthundertdreiundsiebzigste Nacht

Der Sarazene, den reichen, mit Juwelen bedeckten Kleidern nach ein vornehmer Mann, lag halb ohnmächtig am Boden. Hüon und Scherasmin führten ihn unter eine Baumgruppe, in deren Schatten sie ihn setzten; Scherasmin reichte ihm den goldnen Becher zur Labung dar und sprach auf Arabisch zu ihm: »Fürwahr, Herr, Ihr habt dem Gott der Christen Dank zu sagen!«

Mit scheelem Auge nahm der Heide den Becher voll, doch sowie er ihn an den Mund brachte, versiegte der Wein und der Becher brannte in seiner Faust wie glühendes Metall. Laut brüllend warf er ihn von sich und stampfte, tobte und lästerte greulich, so daß Herr Hüon endlich die Geduld verlor und er sein breites Schwert zog, um den Heiden zu bekehren.

Allein der Schalk hatte keine Lust, dem Löwentöter zum Kampfe zu stehen; wie ein gejagter Strauß lief er nach der Stelle, wo die Pferde standen, packte Hüons Klepper bei der Mähne, schwang sich hinauf und jagte, wie mit dem Sturmwind um die Wette, davon.

Das war freilich ein ärgerliches Abenteuer. Allein was half's, der Pferdedieb war nicht mehr einzuholen. Zum Glück war im nächsten Dorf ein Ding, das einem Maultier glich, feil, und Herr Hüon kaufte es für seinen Knappen. Das arme Tier war so elend und ausgehungert, daß die Sonne hindurchschien; doch dünkte es dem Knappen noch immer besser auf dessen Rücken, als seinem Herrn zu Fuße nachzukeuchen.

So setzten nun beide abermals ihren Zug fort; schon sank die Sonne, da auf einmal sahen sie von fern, in einem weiten Tale, die Königin der Städte, das unermeßliche Bagdad, im Abendschimmer glänzend vor sich liegen. Ein wunderbar Gemisch von Schrecken und Entzücken erfaßte bei diesem Anblick den jungen Fürsten.

»Auf«, rief er, »auf, mein Scherasmin! Wir müssen Bagdad noch vor Einbruch der Nacht erreichen!« Und im schärfsten Trabe ging es vorwärts. Der Knappe goß seinem armen, keuchenden Tiere mitleidig etwas Wein auf die lechzende Zunge, indem er sprach: »Trink, du guter, treuer Klepper! Der Becher trocknet nicht für deinesgleichen ein!«

Er hatte recht. Kaum saugt des Maultiers Zunge,
so lechzend als ein ausgebrannter Stein,
den süßen Tau des Zaubergeldes ein,
so schießt mit allbelebendem Schwunge
ein Feuerstrom durch Adern und Gebein;
von neuer Kraft gespannt, erfrischt an Herz und Lunge,
läuft's, einem Windspiel gleich, mit ihm davon,
und eh' der Tag erlischt, sind sie in Babylon.

»Was dem edlen, mutigen Hüon in Bagdad begegnete«, schloß der Kaplan, »werde ich morgen nacht mitteilen.«

Achthundertvierundsiebzigste Nacht

Hüon und Scherasmin kehrten in einen Han ein, wo für gewöhnlich christliche Reisende übernachteten. Der Wirt, selber ein Christ, empfing sie aufs beste, ließ ihnen ein gutes Mahl bereiten und erzählte ihnen unterdessen, daß morgen der Sultan von Bagdad seine Tochter, die wunderschöne Prinzessin Rezia, mit dem Drusenfürsten Babekan vermählen werde.

»Ei, da kommen wir ja eben zu rechter Zeit!« rief Scherasmin, Hüon aber winkte ihm zu schweigen, und nachdem sie sich an dem Abendbrote gütlich getan hatten, geleitete der Wirt sie in eine Kammer, wo sie auf die duftende Streu sich ausstreckten und bald sanft entschliefen.

Das erste, was Herrn Hüon in die Augen fiel, als er erwachte, war ein prächtiger Kaftan, wie ihn nur die höchsten Emire tragen, wenn sich der Hof zu einem Feste schmückt; der Stoff war der feinste Goldgrund, mit Perlen und Diamanten übersät. Dazu ein Turban, wie aus Schnee gewebt, ein Säbel mit Rubinen und Saphiren geziert, so reich, daß er die

Augen blendete; kurz, zum ganzen Putz, vom Turban bis zu den Stiefelchen aus übergoldetem Leder, mangelte nichts. Der Ritter glaubte zu träumen, als er die Pracht sah, und weckte geschwind seinen treuen Scherasmin. Der rieb sich erst nicht minder verwundert die Augen; endlich aber sprach er: »Ich setze mein Leben dran, der Zwerg – wollt' ich sagen Herr Oberon – hat Euch so gut bedacht.«

Hüon fand das auch und sprach: »So ist's! Durch alle die Heiden im Vorhof des Palastes macht mir dies zum Hochzeitsmahle bahn.« Darauf ließ er sich von seinem Knappen anputzen und reichte dem verwunderten Wirt einen großen Beutel Gold und verließ den Han.

Vor der Türe fand er auch noch ein reichgezäumtes Roß von der edelsten Art, zwei wunderholde Knaben standen daneben und hielten ihm die goldnen Zügel hin. Hüon schwang sich auf, die Knaben liefen voraus und führten ihn zur Burg des Kalifen.

Kühnlich zog er durch den ersten Hof der Burg, im zweiten stieg er ab und ging zum dritten ein. Überall machten ihm die Wachen ehrfurchtsvoll Platz, da sie ihn für einen Hochzeitsgast vom ersten Range hielten. Ein Säulengang führte ihn jetzt zu einer Tür von vergoldetem Erz, und durch einen Vorsaal trat er endlich in den Hochzeitssaal.

Da saß der alte Kalif, der mächtige Harun al Raschid, und ihm zur Rechten seine Tochter, die schöne Rezia, und ihm zur Linken der häßliche Drusenfürst Babekan, und Hüon erkannte in letzterem sogleich den Sarazenen, welchen er aus den Klauen des Löwen gerettet hatte, und der dafür sich vermaß, der Christen Gott zu lästern.

Rasch wie des Himmels Flamme blitzt
Herrn Hüons Säbel auf, der Kopf des Heiden fliegt,
und hoch aufbrausend überspritzt
sein Blut den Tisch, und den, der ihm zur Seite liegt.

Starres Entsetzen erfaßte den alten Kalifen, erfaßte alle Gäste beim Anblick dieser kecken, blutigen Tat. Aller Arme griffen nach den Dolchen und Schwertern, aber alle blieben wie gelähmt, und kein Schwert, kein Dolch kam aus der Scheide hervor.

Hüon aber nahte sich sittig der schönen Rezia, küßte sie dreimal auf ihren schönen Mund und steckte der hold Errötenden einen goldnen Ring an den Finger, wobei er sie laut als seine Braut begrüßte und nochmals sie küßte; darüber fiel ihm aber der Turban vom Haupte und seine schönen, blonden Locken wurden sichtbar und verrieten ihn den Heiden als einen Franken.

Als das der alte Sultan sah, schrie er laut auf und stampfte und knirschte mit den Zähnen und sprach: »Ha, Sklaven! Ihr leidet, daß der Frankenhund mich so verhöhne? Ergreift ihn, martert ihn! Zapft ihm sein schwarzes Blut ab, daß er seinen Frevel büße!«

Auf einmal blitzen hundert Klingen
in Hüons Aug', und kaum erhascht er noch,
eh' sie im Sturm auf ihn von allen Seiten dringen,
sein hingeworfnes Schwert. Er schwingt es drohend. Doch
die schöne Rezia, von Lieb' und Angst entgeistert,
schlingt einen Arm um ihn, macht ihre Brust zum Schild
der seinigen – der andre Arm bemeistert
sich seines Schwerts – »Zurück, Verwegne!« schreit sie wild –,
»zurück – o schone sein, mein Vater! Und o du,
den zum Gemahl das Schicksal mir gegeben,
o spart mein Blut in euer beider Leben.«

Aber die Bitten der schönen Rezia waren umsonst, des Sultans Wut nahm immer mehr überhand, die Heiden dringen ein, und vergebens ließ Hüon sein gutes Schwert blitzen. Noch hielt ihm Rezia den Arm, ihr ängstliches Geschrei durchbohrte sein Herz – nichts blieb ihm übrig, sie zu beschützen, als Oberons Horn; er setzte es an und ließ einen sanften Ton daraus erklingen.

Auf einmal fällt der hochgezückte Stahl
aus jeder Faust; im raschen Taumel schlingen
der Emire Hände sich zu tänzerischen Ringen;
ein lautes Hussah schallt bachantisch durch den Saal,
und jung und alt, was Füße hat, muß springen;
des Hornes Kraft läßt ihnen keine Wahl.
Nur Rezia, bestürzt, dies Wunderwerk zu sehen,
bestürzt und froh zugleich, bleibt neben Hüon stehen.
Der ganze Diwan dreht im Kreis
sich schwindelnd um; die alten Baffen schnalzen
den Takt dazu; und wie auf glattem Eis
sieht man den Imam selbst mit einem Hämmling walzen.
Nicht Stand noch Alter wird gespart;
sogar der Sultan kann der Lust sich nicht erwehren,
faßt seinen Großwesir beim Bart,
und will dem alten Mann noch einen Bocksprung lehren.

Indem kam Scherasmin gelaufen und sprach: »Kommt, lieber Herr! Wir haben keine Zeit, dem Tanzen zuzusehen, die Pferde stehen unten gesattelt und bepackt, die ganze Burg ist toll, alle Türen offen und unbewacht, auch habe ich unterwegs die hübsche Fatme, die Zofe der Prinzessin, angetroffen, sie flieht mit uns, also geschwind!«

»Sachte«, rief Hüon, »sachte, Freund Scherasmin, das Schwerste bleibt noch zu tun!«

Allmählich ließ nun die Kraft des Hornes nach, und mehr und minder betäubt sanken die Tänzer, einer nach dem andern, zu Boden, der Kalif selbst fiel auf seine Ottomane.

Alsbald trat Hüon, die Stille im Saale sich zunutze machend, zu dem Kalifen hin, ließ sich an seinem Sitz auf ein Knie nieder und begann in sanftem Ton also zu reden:

»*Was ich morgen berichten werde.*«

Achthundertfünfundsiebzigste Nacht

Hüon also sprach in sanftem Ton:

»Mein großer Kaiser Karl, von dem ich Dienstmann bin,
läßt seinen Gruß dem Herrn der Morgenländer melden
und bittet dich – verzeih, mir fällt's zu sagen hart!
Doch, meinem Herrn den Mund sowie den Arm zu lehnen,
ist meine Pflicht – um vier von deinen Backenzähnen
und eine Hand voll Haar aus deinem Silberbart.«

Hilf Himmel, in welche Wut geriet der alte Sultan, als er diese Worte vernahm! Er starrte umher, wollte fluchen, und die Wut brach schäumend jedes Wort an seinen blauen Lippen. Er schrie, tobte wie ein Unsinniger, und sein Schreien und Toben erweckte endlich seine Emire und Sklaven, daß sie erschreckt aufsprangen und mit Schwertern, Lanzen und Dolchen auf Hüon eindrangen.

Doch Hüon, eh' sie ihn erreichten, riß eilig einem der Männer eine Lanze aus der Hand und schlug damit so tapfer um sich, daß in kurzem viele, die seinem Grimm zu nahe gekommen waren, am Boden um ihn her zappelten. Der gute Scherasmin, der an der Türe bei der Prinzessin ihr zum Schutze stand, hatte seine herzinnige Freude, als er seinen Herrn so heldenmütig kämpfen sah; doch bald machte der Prinzessin Angstgeschrei ihn darauf aufmerksam, daß doch am Ende das Ding für Herrn Hüon schlimm ablaufen könne; rasch also sprang er herzu, riß dem kämpfenden Hüon das Wunderhorn von der Schulter und blies, als wolle er Tote erwecken.

Die ganze Burg erschallte davon und krachte, der Tag verfinsterte sich, Gespenster ließen sich wie schnelle Blitze sehen, und unter stetem Donner schwankte des Schlosses Felsengrund. Das Herz der Heiden erbebte, sie taumelten Trunknen gleich, Gehör, Gesicht vergingen ihnen, die Waffen entfielen ihren Händen, starr und fühllos lagen endlich alle umher, der alte Sultan lag in tiefem Schlafe.

Auf einmal schwieg der Sturm, liebliches Wehen, Lilienduft erfüllte den Saal, und wie ein lieblicher Engel schwebte Oberon auf einem Wölkchen daher.

Die schöne Rezia stieß einen lauten Schrei aus und sank vor der glänzenden Erscheinung anbetend nieder.

Oberon aber sprach zu Hüon:

»Gut, Hüon! Gut, mein Freund! Du hast dein Ehrenwort
gelöst; ich bin mit dir zufrieden.
Zum Ritterdank ist dir dies schöne Weib beschieden.«
Und Oberon bewegt den Lilienstab
sanft gegen sie, als wollt' er seinen Segen
auf ihrer Herzen Bündnis legen,
und eine Träne fällt aus seinem Aug' herab
auf beider Stirn. »So eil auf Liebesschwingen –«,
spricht er, »du holdes Paar – mein Wagen steht bereit,
bevor das nächste Licht der Schatten Heer zerstreut,
euch sicher an den Strand von Askalon zu bringen.«

Nachdem Oberon so geredet, verschwand er. Die schöne Rezia nahm weinend von ihrem Vater Abschied, dann aber folgte sie Herrn Hüon, denn sie liebte ihn über alles.

Als sie vor der Burg anlangten, fanden sie dort einen Wolkenwagen mit Schwänen bespannt und von einem kleinen Elfen geführt, da hinein setzten sich Hüon und Rezia, Scherasmin und Fatme, der kleine Elfe schwang sein Lilienreis, die Schwäne breiteten ihre Flügel aus, und hoch in den Abendhimmel erhob sich der leichte Wagen.

Achthundertsechsundsiebzigste Nacht

Der kleine Elfe führte die Schützlinge Oberons glücklich, wie der Herrscher es verheißen, bis an den Hafen von Askalon, dort überreichte er Herrn Hüon ein goldnes Kästchen, reich mit Juwelen besetzt, und in dem Kästchen befanden sich die verlangten Backenzähne und eine Handvoll Haar aus dem Barte des Kalifen, welches alles ein kleiner Elfe dem alten Herrn, während er im Schlafe lag, geschickt ohne Schere und Pelikan entwandt hatte. Darauf nahm der luftige Führer von allen freundlich Abschied und lenkte seinen Wolkenwagen zurück in Oberons Reich.

Hüon, Rezia, Scherasmin und Fatme dagegen schifften sich auf dem ersten Fahrzeug, das nach Frankistan absegelte, ein und kamen glücklich auf dem teuern Boden an. In Rom ward Rezia von dem Heiligen Vater selber in den Christenbund aufgenommen und erhielt in der Taufe den Namen Amanda, sodann vermählte der Heilige Vater sie mit Herrn Hüon, und alle reisten hierauf weiter nach Frankreich.

Als sie endlich dem langersehnten Ziele sich nahten, als sie, im blauen Morgenduft gehüllt, die Türme von Paris erblickten, wie pochte da so freudig Herrn Hüons Herz, wie jauchzte der ehrliche Scherasmin.

Sie erreichten Paris eben, als ein Herold ein großes Turnier ausrief, wozu männiglich geladen sei. Als erster Preis waren die Lande des verschollenen Herzogs von Guyenne vom Kaiser ausgesetzt. Herr Hüon erstaunte nicht wenig, als er dieses Ausgebot vernahm, und noch mehr staunte er, als er erfuhr, daß heute schon der letzte Tag des Turniers sei, und daß den Preis wahrscheinlich ein Sohn des Herzogs von Montfort davontragen würde, welcher bisher über alle Mitkämpfer obgesiegt habe.

»Daran erkenn' ich den noch immer regen Groll des Kaisers«, sprach Herr Hüon, »aber mein Entschluß ist gefaßt, und ich will ihm beweisen, daß ich wert bin, mein Land zu besitzen.«

Alsbald ließ er die schöne Amanda von ihrer Zofe auf das köstlichste schmücken, er selber legte die reichsten Waffen an, ließ sein Visier herab und ritt so in Begleitung seiner Gattin und seines Knappen in die Schranken.

Alles Volk und der ganze Hof erstaunte über die wunderschöne fremde Dame und den glänzenden Ritter. Hüon begehrte, mit um den ersten Preis zu kämpfen, und nachdem er beschworen hatte, daß er ein Franke und von edler Abkunft sei, ward ihm der Kampf gestattet. Sein Gegner, der bisher alle Mitkämpfer aus dem Sattel gehoben hatte und sich schon für den Sieger hielt, sah den neuen Ankömmling gar scheel von der Seite an und beschloß, ärgerlich darüber, noch einmal kämpfen zu müssen, ihm die ganze Kraft seines Arms fühlen zu lassen.

Der gute Ritter hatte aber seine Rechnung ohne den Wirt gemacht, denn schon beim ersten Rennen hob Hüon ihn aus dem Sattel und schleuderte ihn so gewaltig an die Schrankenwände, daß ihm alle Rippen im Leibe knackten und er für tot davongetragen wurde. Lauter Jubel des Volks ertönte, und Hüon schaute sich ringsum, ob noch ein Gegner auftreten werde, ihm den Sieg streitig zu machen; aber dazu hatte keiner Lust, und laut rief der Herold den fremden Ritter als alleinigen Sieger aus.

Rasch nun wandte sich Hüon nach der Seite, wo Amanda auf ihrem Zelter saß, hob sie herab, bot ihr die Hand und führte sie zum Thron des Kaisers, wo er mit ihr niederkniete und den Helm abnahm. Ein Ruf des Staunens tönte aus dem Munde aller Fürsten und Ritter, als sie in dem Sieger den edlen Hüon erkannten, und der alte Kaiser saß da, stumm und regungslos, seinen eignen Augen nicht trauend. Hüon aber stellte seine Gemahlin dem alten Herrn als die Tochter des Kalifen von Babylon vor, erzählte schlicht und einfach, wie er die Bedingungen des Kaisers erfüllt habe, und reichte ihm am Schluß seiner Rede das Kästchen mit den Backenzähnen und den Barthaaren des Kalifen.

Da brachen alle Fürsten und Edlen sowie das versammelte Volk in ungemessenen Jubel aus, Kaiser Karl aber stieg von seinem Thron herab, umarmte den heldenmütigen Paladin und sprach: »Mit dir war Gott und das Recht, mein Zorn ist verschwunden! Weiche fortan nimmer aus der Nähe meines Thrones! Und mög' es mir nie an Rittern fehlen, welche dir an Tugend und Heldenmut gleichen.«

Achthundertsiebenundsiebzigste Nacht

Heute erzählte die Freifrau folgende schöne Sage:

DAS KRANKE KIND

In einem Dorfe an der Grenze von Tirol lebte vor hundert Jahren in einem armseligen Hüttchen ein junges, armes Bauernweib, deren Mann vor Jahr und Tag bei einem nächtlichen Gange von den Grenzwächtern (welche ihn für einen Schleichhändler gehalten hatten) war erschossen worden. Der arme Mann war durchaus unschuldig gewesen und hatte jenen unglücklichen Gang nur in der Absicht unternommen, um für sein junges Weib, welches eben in Kindesnöten lag, einen Arzt herbeizuholen.

Der Schreck und der Jammer über den Tod ihres braven, geliebten Mannes hatten das arme Weib ebenfalls dem Tode nahegebracht. Zwar siegte ihre Jugend und ihre kräftige Natur über ihre Krankheit, daß sie endlich genas, aber ihr Kind, ein schöner Knabe und des Vaters Ebenbild, weshalb die Mutter mit ganzer Seele an ihm hing, begann infolge der kummervollen Nahrung zu kränkeln und sich abzuzehren, so daß er endlich einem kleinen Skelette glich und jeden Augenblick sterben zu wollen schien.

Die arme Mutter weinte bitterlich, denn je mehr Mühe und Sorge das kranke Kind gemacht hatte, um so lieber und teurer war es ihr geworden. Sie tat alles, was eine gute, liebende Mutter vermag, um ihr einziges Kind am Leben zu erhalten, sie darbte sich trocken Brot vom Munde ab, um für die letzten Pfennige Arznei zu kaufen, sie bewachte bei Tag und Nacht jeden Atemzug des armen kleinen Wesens, aber der unerbittliche Tod kennt kein Erbarmen, und der Arzt tat endlich den Ausspruch, daß alle Hilfe vergeblich sei und das Kind nur noch wenige Stunden leben könne.

Jammernd hörte die Mutter den Ausspruch, und als der Arzt weg war, warf sie sich an der Wiege des Kindes nieder und flehte inbrünstige Gebete zu Gott, er möge ihr doch ihr einziges noch übriges Gut am Leben erhalten.

Und als sie so betete, sank ihr Haupt auf das Kind nieder, ihre Augen schlossen sich, und erschöpft an allen geistigen und körperlichen Kräften, verfiel sie in einen kurzen Schlummer.

Da erschien ihr die Heilige Jungfrau mit dem Jesusknaben auf dem Arme und sprach zu ihr: »Sei getrost, du treues Mutterherz, der Allmächtige hat dein Gebet erhört und sendet mich, dir Hilfe zu bringen, sofern du die letzte Prüfung bestehst. Wenn du erwachst, wirst du dein Kind in süßem, erquickendem Schlaf versenkt finden; dieser Schlaf wird ihm das Leben retten und seine Gesundheit wiedergeben, wofern du Tag und Nacht darüber wachst, daß das Kind während dreier Tage nicht erweckt wird; würde es nur einen Augenblick erweckt oder auch nur von seiner Stelle gerückt, so wäre es unrettbar dem Tode verfallen.«

Darauf hielt die Mutter Gottes den Jesusknaben über das kranke Kind, daß er es mit seinen Händchen berühre, und verschwand.

Und alsbald erwachte neugestärkt die Mutter und sah mit unaussprechlichem Entzücken, daß ihr Gesicht kein leerer Traum gewesen war, denn mit sanftgeröteten Wangen lag ihr kleiner Liebling da, in ruhigen, gesunden Schlaf versenkt, leise und gleichmäßig atmend. Die Mutter setzte sich still neben ihn, die Augen unablässig auf ihn gerichtet. So saß sie still und hoffend zwei Tage und zwei Nächte lang, betend, fastend und wachend.

In der dritten Nacht aber entstand am Ende des Dorfes Feuer und verbreitete, vom Sturmwinde angefacht, sich mit reißender Schnelligkeit immer weiter, so daß in kurzem das ganze Dorf in Flammen stand.

Entsetzt sprang die junge Bäuerin auf und eilte ans Fenster, und als sie sah, wie ihre kleine Hütte rings von brennenden Gebäuden umgeben war und jeden Augenblick in Gefahr stand, selber von den Flammen ergriffen zu werden, da sprang sie zurück an die Wiege, um mit ihrem Kinde zu entfliehen.

Aber eingedenk der Worte der Heiligen Jungfrau hielt sie plötzlich inne, und ohne ihren Knaben zu berühren, setzte sie sich wieder neben der Wiege auf den Boden, die Hände in den Schoß gefaltet, gottergeben, denkend: »Ist es des Herrn Wille, so sterb' ich hier mit meinem Kinde, aber nimmer werd' ich versuchen, mein Leben zu retten, auf die Gefahr hin, daß mein Knabe sterbe.«

Gräßlich hallte der Feuerlärm, gräßlich das Wehgeschrei der Armen, deren Habe und Leben in den Flammen zugrunde ging, aber die treue Mutter blieb standhaft, und selbst da, als endlich das Dach ihrer Hütte in Brand geriet, wich und wankte sie nicht. Da ließ die Wut des Feuers plötzlich nach, gute Nachbarn retteten die Hütte der armen Frau, als aber nun der Tag anbrach, da erwachte blühend und kräftig das gestern noch todkranke Kind, lallte freundlich den süßen Mutternamen und streckte der Jubelnden, jetzt so Reichen, die Ärmchen entgegen.

Der Knabe wurde groß und brav und vergalt seiner Mutter, soviel nur immer ein guter Sohn einer guten Mutter vergelten kann, ihre Liebe.

Achthundertachtundsiebzigste Nacht

Heute erzählte der Kaplan:

DER RITT UM DEN KYNAST

Zur Zeit Kaiser Friedrichs II., wie manche behaupten, während andre diese Geschichte um ein paar Jahrhunderte später vorfallen lassen, lebte auf einer der schönsten Burgen Schlesiens, auf dem romantisch gelegenen Kynast, Ritter Wolf vom Kynast, ein Mann, ebenso roh als tapfer, ebenso jähzornig als habsüchtig, der Schrecken seiner Untertanen, der beste Trinker, der tollste Reiter, der verwegenste Schütze in der ganzen Umgegend.

Seine sanfte Gemahlin, Frau Emma, vermochte wenig über ihn, er behandelte sie wenig anders als wie er seine Mägde behandelte, und sie war nur ruhig und einigermaßen glücklich, wenn der gestrenge Herr eben bei guter Laune war, in das Feld zog oder sonst in der Gegend umherstreifte.

Die gute Rittersfrau, eines bessern Loses würdig, lebte nicht lange an der Seite ihres rauhen Gemahls. Sie starb, ehe sie das dreißigste Jahr angetreten hatte, und hinterließ ihrem Eheherrn ein sechsjähriges Töchterchen, Kunigunde.

Der Ritter vom Kynast betrachtete anfangs das kleine Mädchen mit unfreundlichen Blicken, weil er sich einen Knaben gewünscht hatte. Als Kunigunde aber ganz die heftige, herrische Gemütsart ihres Vaters zeigte, fing er an, sie zu lieben, nahm sie mit sich auf die Jagd und freute sich, wenn sie mit ihrem wilden Rosse über Hecken und Graben setzte und den Vogel im Fluge schoß.

Ihr zuliebe vermählte sich der Ritter vom Kynast nicht wieder, und kaum zählte Kunigunde zwölf Jahre, so herrschte sie schon so unumschränkt auf dem Kynast wie ihr Vater.

An Schönheit übertraf sie noch ihre Mutter, ihr Anstand war der einer Königin und ihr Antlitz voll Lieblichkeit, auch war ihr Herz für sanftere Gefühle nicht unempfänglich, auch liebte sie ihren Vater unbegrenzt, aber dieser suchte alles hervor, um alle zarteren Empfindungen in ihr zu töten, die Liebe zu ihm ausgenommen.

So erreichte die schöne Amazone Kunigunde ihr sechzehntes Jahr. Einige stattliche Ritter hatten sich um sie beworben, aber ihr Vater liebte ihre Gesellschaft zu sehr, als daß er daran gedacht hätte, sie jetzt schon zu vermählen, und Kunigunde hatte für die Werbungen der Ritter nur Hohn und Spott.

Eines Tages war der Graf vom Kynast wie gewöhnlich auf die Jagd geritten, Kunigunde hatte aus Eigensinn ihn nicht begleiten wollen und war daheimgeblieben.

Als aber der Abend die Spitzen der Berge mit Rosenscheine verklärte, ging sie hinaus in den kleinen Burggarten, da hörte sie das Jagdhorn ihres Vaters und eilte ihm entgegen; doch er kam nicht den gewöhnlichen Weg geritten, sondern sprengte aus Laune und Übermut einen kürzern, steilern Weg herauf – von der Nachwelt die kleine Hölle genannt.

Auf dem steilen Felsen glitt das Roß, eines solchen Weges ungewohnt, aus und stürzte mit dem Ritter vom Kynast hinab in den nahen Abgrund.

Kunigunde schrie laut auf vor Schreck und Schmerz, sie rief ihres Vaters Burggesinde herbei; aber den emsigen Bemühungen der Knappen gelang es nur, den zerschmetterten Leichnam des Ritters aus der Tiefe emporzuziehen.

Kunigunde wollte verzweifeln, als sie den Leichnam ihres Vaters erblickte, sie warf sich neben ihn zur Erde, zerraufte ihr glänzend schwarzes Haar und nahm weder Speise und Trank zu sich.

Sie veranstaltete ihm ein prachtvolles Leichenbegängnis und schwur laut an seinem Sarge, sich mit keinem Ritter zu vermählen, welcher nicht die schmale Mauer, welche ihre Burg umgab, glücklich umreite.

Nun war Kunigunde Herrin des Kynasts, und sie wußte, von Schönheit, Verstand und Mut unterstützt, die Burg zu behaupten.

Jähzornig war sie noch immer, aber auch wohltätig, wahrheitsliebend und fast immer gerecht. Der Schmerz über den Verlust ihres Vaters tobte nicht mehr so heftig wie sonst in ihr, aber sie betrauerte ihn noch immer tief und schien allen Freuden abgestorben.

»Für heute«, unterbrach sich der Kaplan, »habe ich genug von meiner Sage mitgeteilt; morgen will ich, mit Ihrer Erlaubnis, weiter fortfahren.«

»Sie haben in mir«, sagte der Freiherr, »die Erinnerung an den Kynast geweckt. Nie werde ich die himmlische Aussicht vergessen, welche dem Auge entgegenlacht, hat man den Turm bestiegen, und noch immer erinnre ich mich an die schmale, jetzt bis auf eine oder anderthalb Ellen hohe, abgetragene Mauer, welche der Sage nach die Ritter umritten haben.«

»Die Ritter?« fragte Alma.

»Ich will den Kaplan nicht verraten«, entgegnete lächelnd der Freiherr.

Achthundertneunundsiebzigste Nacht

Heute fuhr der Kaplan in Mitteilung der Sage fort:

Der Ruf von Kunigundes Schönheit und ihr reiches Erbe lockte mehrere Ritter auf den Kynast, welche sich ehrerbietig um des Fräuleins Hand bewarben.

Die Erbin von Kynast erklärte fest, daß sie gesonnen sei, ihren Schwur zu halten, und daß nur der Ritter ihr Gemahl werde, welcher sich zu dem Ritt um die Mauer entschließe und ihn ohne allen Unfall vollbringe.

Die Ritter, entzückt von des Fräuleins Reizen und geblendet von dem Erbe, erklärten sich bereit, das Wagnis zu vollziehen.

Früh gab der Burgwart das Zeichen, Kunigunde begab sich auf den Turm, und der erste Ritter begann das Wagestück. Aber kaum hatte er den dritten Teil des Weges zurückgelegt, so stürzte er mit seinem Rosse in die Tiefe. Kunigunde sah es und sagte heftig: »Ha, nun hat mein Vater einen gefunden, der sein Schicksal teilt!«

Obgleich der erste Ritter unglücklich gewesen war, versuchte doch ein zweiter den gefahrvollen Ritt, auch sein Los war Tod; aber selbst der zweite Unglücksfall hielt mehrere junge, tollkühne Ritter nicht ab, auf die gefahrvolle Weise um Kunigunde zu werben und den Tod in der Tiefe zu finden.

Schon waren mehrere der edelsten jungen Männer, um Kunigunde zu gewinnen, gestorben; mancher Vater verwünschte Kunigunde, manche Mutter beweinte ihren liebsten Sohn, denn die Schönheit Kunigundes zog immer neue Werber an, und jeder hoffte, von dem Glücke mehr begünstigt zu werden wie sein Vorgänger.

Vergebens warnte der Burgkaplan das Fräulein vor der Wiederholung ihres Frevels und verkündigte ihr, daß sich für ihren Übermut früher oder später ein Rächer finden würde.

Kunigunde entgegnete kalt: »Ich habe es geschworen, auch nötige ich ja keinen Ritter, das Wagstück zu unternehmen, und ist es meine Schuld, daß keiner sein Roß besser zu lenken weiß? Es ist wohl edleres Blut geflossen auf diesem Felsen, als das dieser jungen Milchbärte.«

Nach und nach aber hörten die Werbungen um die Hand der Erbin vom Kynast auf. Zu viele Jünglinge hatten sich statt mit ihr mit der kühlen Erde vermählt, als daß noch einer Lust haben konnte, sein Leben für ein eigensinniges Fräulein und für eine Herrschaft auf das Spiel zu setzen.

Kunigunde war dies recht; denn obgleich sie ihre Eitelkeit verletzt fühlte, so fürchtete sie doch auch, ein Ritter könne den Ritt glücklich vollbringen, und sie hatte nicht Lust, eines Mannes Untergebene zu werden.

Drei Jahre waren verstrichen, seitdem der letzte Ritter auf dem Kynast seinen Tod gefunden hatte, da verkündete die Trompete des Torwarts, daß ein Ritter mit seinem Leibknappen auf dem Kynast einziehe. Kunigunde eilte sogleich an das Fenster, um den angekommenen Fremden zu betrachten, und erstaunte über seine edle Gestalt und den fürstlichen Anstand, mit dem er sich vom Rosse schwang und sie grüßte.

»Wahrlich, ein edler, kühner Ritter«, sprach sie zu ihrer Zofe und sandte diese, den Ritter zu sich einzuladen. Aber diese kam mit der Antwort zurück: »Der Ritter wünsche diesen Abend im Gebete zuzubringen, auch sei er gekommen, um den Ritt um die Mauer zu vollbringen, aus keinem andern Grunde.« Dazu beschrieb die Zofe des Ritters wunderbare Schönheit, seine edlen Züge, seine stolze Haltung, seine sanfte Stimme so lebendig, daß Fräulein Kunigunde die Zofe nochmals zu dem Ritter sandte und ihn bitten ließ, er möge doch sein Vorhaben aufgeben, um nicht auch den Tod zu finden wie viele andere vor ihm. »Auch«, fügte sie hocherrötend mit bebender Stimme hinzu, »gibt es ja Mittel, ein Gelübde zurückzunehmen; die Kirche kann binden und kann lösen!«

Die Zofe brachte die Antwort, daß der Ritter sich nicht von seinem Wagestück abhalten lassen wollte und Kunigunde kniete nieder und betete mit Inbrunst zu Gott um das Leben des Ritters.

Achthundertundachtzigste Nacht

Als am andern Morgen der Ritter in den Burghof trat und sein Knappe ihm sein edles Roß gesattelt und gezäumt vorführte, sprach er: »Gnädiger Herr, noch ist es Zeit, Eure gefahrvolle Reise zu unterlassen, ich bitte, ich beschwöre Euch, steht ab von Eurem Vorhaben, gedenkt der heißen Tränen, die um Euch fließen würden.«

»Still, Konrad!« gebot der Ritter sanft, aber majestätisch, und der Knappe schwieg.

Jetzt trat der Burgkaplan zu dem Ritter und bat ihn, sein Wagestück unvollzogen zu lassen, aber auch er vermochte nichts über den festen Sinn des Ritters zu der Versicherung, Fräulein Kunigunde würde sich, sollte ihm ein Unfall begegnen, zu Tode grämen. Er lächelte nur, erbat sich des Kaplans Segen und schwang sich dann auf sein Roß.

Während der ungenannte Ritter seinen Weg mutig antrat, verlebte Kunigunde die qualvollsten Augenblicke ihres Lebens. Todesangst und bange Erwartung, gemischt mit leiser Hoffnung, dehnten ihr die Minute zur Stunde aus.

Kalt und fühllos hatte sie bisher den Tod manches jungen Ritters vernommen, ihr Herz war ungerührt, ihr Gewissen ruhig geblieben. Jetzt fürchtete sie die Strafe des Ewigen für ihr sündhaftes Verlangen, denn sie liebte den namenlosen Ritter, und ihre ganze Seele war von seinem Bilde erfüllt. Sie versuchte zu beten, die Angst verwirrte ihre Sinne. »Betet, betet!« rief sie ihren Zofen zu.

Da ertönte lustig die Trompete des Torwarts, der Jubelruf der Knappen erschallte, es ward Kunigunde verkündigt, daß der Ritter glücklich die schwere Probe bestanden habe. Kunigunde sank in Ohnmacht vor Freude, als sie wieder zu sich kam. Sie ließ sich köstlich schmücken und erwartete den Ritter, um ihm ihre Hand als Preis zu reichen.

Nicht lange durfte sie seiner harren, ihr Burgvogt meldete ihn ihr an, und glücklich über seinen Sieg, stolz auf ihre Schönheit, schritt ihm Kunigunde entgegen.

Der Ritter trat auf sie zu, neigte sich vor ihr und nahm den Helm ab, so daß sie sein edles, herrliches Antlitz schauen konnte. Dann sprach er zu ihr:

»Fräulein, den gefahrvollen Weg habe ich unter dem Beistande Gottes und der Heiligen zurückgelegt, ich ging mutig an das Unternehmen, denn mein Roß, früher das Eigentum eines tapfern Schotten, ist gewohnt, auf schmalen, steilen Pfaden zu schreiten.

Zwei Jünglinge, die ich schätzte und liebte, fanden durch Euern Frevelmut den Tod: Sie wollte ich rächen, indem ich das Wagestück bestände und zugleich der letzte Ritter wäre, welcher um Eurer Torheit willen den gefahrvollen Ritt wagte. Euer Gemahl kann ich nicht sein, denn schon nenne ich ein sanftes, liebes Weib meine Gattin, auch scheidet mein Stand mich von Euch, ich bin ein sächsischer Prinz. Lebt wohl, Fräulein, und betet für Eure Seele!«

Hierauf wandte sich der Fürst und verließ das Gemach.

Fräulein Kunigunde war vernichtet, verwundet im tiefsten Herzen.

Sie nahm den Schleier und beschloß ihre Tage im Kloster. Die Burg und Herrschaft Kynast kam an einen entfernten Verwandten Kunigundes.

Noch jetzt erzählt der Mann, welcher die Fremden auf dem Kynast herumführt, von Kunigunde und den Rittern, welche sich um sie bewarben, er zeigt die schmale Mauer, auf welcher sie ritten, und den Ort, wo ihr Vater mit dem Pferde stürzte. Er zeigt auch die Küche, wo der Wolf das Lamm gefressen hat, und Kinder bringen das Bild der Kunigunde, es zu küssen, um ein kleines Geschenk davonzutragen, welches jeder ihnen willig reicht.

Als ich den Kynast besuchte, hatte ich glücklicherweise einen hellen Tag, der schöne Kranz von Bergen lag vor mir im Sonnenglanze, zu meinen Füßen die lieblichen Täler, das freundliche Warmbrunn, das alte Hirschberg.

»Sie breiten ein schönes Bild vor mir aus«, sprach der Freiherr, »und mit Ihnen sehe ich, was Sie jetzt im Geiste erblicken. Zwei liebliche Kinder spielten auf den Ruinen und wanden sich Kränze aus dem Unkraute, welches in dem Burggarten wucherte. Sie waren blond und blauäugig, der Knabe nannte sich Bolko, das Mädchen Agnes, es war mir, als sollte ich die ehrsame Rittersfrau kommen sehen, Agnes und Bolko zu rufen.«

»Ach«, seufzte Marie, »könnte ich einst meine väterländischen Gebirge schauen!«

Der Arzt winkte der Freifrau bedeutend zu und flüsterte, als Marie den Saal verließ: »Segnet Gott meine Hand, sieht das Fräulein in wenigen Tagen!«

Achthunderteinundachtzigste Nacht

Als sich den nächsten Abend die Bewohner des Schlosses Runsitten wieder versammelten, erschien besonders Alma in der heitersten, fast mutwilligen Stimmung. Es war dies allen um so erfreulicher, als seit einiger Zeit ein nichts weniger als froher Humor an der jungen, reizenden Frau bemerkbar gewesen war.

»Da du heute so froher Laune bist«, sprach die Freifrau zu ihr, »so könnte es dir wohl gefallen, unsere heutige Unterhaltung zu übernehmen und uns ein Märchen mitzuteilen.«

»Herzlich gerne«, versetzte Alma, »und da ich selbst fühle, daß meine plötzliche Lustigkeit (nachdem ich so lange Zeit, wie ich gar wohl weiß, Grillen fing), recht kindisch und albern erscheinen mag, so will ich mir zur Buße und Ihnen zum Ergötzen einmal wieder ein Kindermärchen erzählen, welches ich vor Jahren in einem Taschenbuche las.«

Somit begann Alma:

MUTTER ELSE

Der Schnee flog in dichten Flocken zur Erde, in den Zimmern der Reichen brannten die Diener bereits die bunten Christbäume an, in der Hütte der Armut suchte die liebende Mutter nach dem letzten Stümpfchen Licht, es aufzustecken und ihre Kindlein doch auch durch etwas zu erfreuen.

Nur sechs Kinder saßen ganz allein in dem dunklen Gemache, der Vater war noch bei der Arbeit und die Mutter zum Bäcker gegangen, um für die letzten Groschen ein Brot zu holen, damit doch wenigstens am Heiligen Abend die Kinder nicht hungrig zu Bette gehen sollten.

»Ach«, sagte Julchen, das älteste Kind, »wie glücklich sind doch die Reichen. Die Kinder in dem großen, schönen Hause dort bekommen Äpfel und Nüsse, allerlei schöne Sachen, und wir –«

»Ja, wir«, fielen die andern Kinder ein, »wir bekommen nichts, gar nichts!«

Die eintretende Mutter unterbrach das Gespräch und legte seufzend das Brot auf den Tisch, der Vater folgte ihr und sprach: »Ich komme leer heim, liebe Gertrud, der edle Ratsherr bescherte seinen Kindern, als ich gehen wollte, und hatte nicht Zeit, mir meinen Lohn auszuzahlen.«

»Und gaben sie dir auf deine Bitten nicht ein paar alte Spielsachen oder ein Püppchen«, sagte Gertrud mit gebrochener Stimme, und als der Mann ihr erzählte, daß er gar nicht mit der Frau vom Hause habe sprechen können, legte sie ihr Haupt an seine Brust, um die hervorquellenden Tränen zu verbergen.

»Laß es gut sein, Gertrud«, sprach der Vater, »die Kinder wachsen wohl heran und verdienen endlich auch etwas. Sieh die Mädchen und Buben nur an, rührig sind sie, Gott sei Dank, gesund und wohlgebildet, und bald, gewiß bald ist euch geholfen.«

In demselben Augenblicke pocht es an die Türe, die Nachbarin Martha trat ein und fragte Frau Gertrud, ob sie wohl mit in die schöne Christmette gehen wolle.

Gertrud sehnte sich zu beten, warf einen fragenden Blick auf den Mann, und als dieser ihr freundlich zurief: »Geh in Gottes Namen!«, segnete sie jedes Kind mit dem Zeichen des Heiligen Kreuzes und folgte der Nachbarin.

Kuno, der zurückbleibende Vater, gab jedem Kindlein ein Stückchen Brot, und als sie dies mit vielem Behagen verzehrt hatten, brachte er sie alle sechs in ein großes Himmelbett, welches er von seiner Großmutter geerbt und ungeachtet aller Not erhalten hatte. Drauf ermahnte er die Kinder zu beten, und Gottfried, an dem heute die Reihe war, betete:

»Lieber Gott, ich bitte dich,
ein frommes Kind laß werden mich,
soll ich ein frommes Kind nicht werden,
nimm mich lieber von der Erden;
nimm mich in dein Himmelreich,
mach mich deinen Engeln gleich. Amen!«

»Amen!« wiederholten die Kinder und schliefen unter dem Schutze der lieben Englein sanft und selig ein.

Vater Kuno löschte hierauf die Lampe aus, nahm seinen alten, zerlöcherten Mantel um, öffnete leise, um die schlafenden Kinder nicht zu wecken, die Türe, und murmelte, indem er die Hütte verschloß: »Vor Mitternacht kommt Gertraud nicht aus der Kirche zurück, und da bin ich längst wieder daheim.«

Schnellen Schrittes wandte er sich nach einer langen, von keinem Lampenschimmer erhellten Straße und stand jetzt, ziemlich laut anklopfend, vor einem kleinen Häuschen still.

»Nun, nun, ich komme schon!« rief es im Häuschen, der schwere

Riegel schob sich zurück und Mutter Else, die einzige Bewohnerin des Hauses, stand in ihrem Hausanzuge vor ihm.

»Mit Gunst, Frau Else«, sagte höflich Kuno, »wohl bin ich ein später, unerwarteter Besuch, aber wenn ihr mir auch nicht helfen könnt, so weiß ich doch, Ihr hört mich freundlich an.«

»Meint Ihr?« versetzte Else, indem sie einen forschenden Blick auf Kunos bleiches Antlitz warf und ihn in ihr warmes Stüblein nötigte, und dieser erwiderte beherzt: »Ja, ich vertraue Euch. Als meine Frau weinend unser jüngstes Knäblein im Arme hielt und wir durch böse Menschen um den letzten Teil unserer Habe gekommen waren, da erschienet Ihr, brachtet Speise und Trank für uns alle und standet Pate bei dem kleinen Christoph.«

»Da soll ich wohl wieder helfen?« fragte Else in einem Tone, der eigne Hilflosigkeit verriet. Kuno aber ließ sich nicht irremachen und fuhr fort: »Wenn auch nicht mit Tat, doch mit Rat; Ihr seid allgemein als eine kluge Frau bekannt, Ihr könnt Heiltränke kochen und aus der Hand wahrsagen, ja selbst Krankheiten versprechen. Ich und mein Weib arbeiten Tag für Tag und erwerben doch nicht mehr als das tägliche Brot für uns und unsere Kinder, heute konnt' ich meinen guten Kindern nicht einmal einen Apfel schenken – das, Frau Else, zerbrach meinen Mut, das zerdrückt mein Herz. Ihr wißt gewiß ein Mittel, was meiner Not steuert, vielleicht einen Schatz, der im Verborgnen liegt – sagt an den Ort, mag mir erscheinen, was da will, ich fürchte mich nicht, mir gibt die Verzweiflung Mut.«

Else schwieg, wiegte das graue Haupt hin und her und sprach nach einer Pause: »Einen Schatz wüßt' ich wohl, aber die Bedingungen sind fast unmöglich zu erfüllen.«

»Nennt sie, nennt sie, Mutter Else!« sagte Kuno rasch und faßte bittend die Hand der klugen Frau.

Lächelnd sprach Else: »Ob Ihr viel für Euch erobern werdet, weiß ich nicht, aber Euern Kindern könnte der Gang frommen.«

»Dann ist mein innigster Wunsch erfüllt«, versetzte Kuno, »redet nur, liebe, gute Mutter Else.«

»So geht«, begann diese, »auf den nächsten Kreuzweg, dort wartet, bis jemand kommt, den bittet um ein Stück Geld, dafür kauft Euch morgen eine Hacke und einen Spaten. Am Neujahrstag schneidet Ihr dem artigsten und besten von Euren Kindern eine Locke ab, hüllt sie in ein Tüchlein und tragt dasselbe bei Euch. Sobald es dämmert, nehmt Ihr sechs Töpfe und geht zur großen Linde vor dem Haupttore, dort holt Euch soviel Erde, als Ihr in die Töpfchen braucht, und in jedes Töpfchen legt eine Locke, so weit Ihr damit langt. Diese Töpfchen setzt Euern Kindern am Neujahrsabend hin und übergebt sie ihnen zur Bewahrung, das Weitere wird sich finden. Sagt aber keiner sterblichen Seele, selbst Eurem Weibe, ein Wort, sonst verliert das Mittel seine Kraft, und nun geht mit Gott.«

Kuno drückte seiner Ratgeberin dankbar die Hand und eilte seiner Wohnung zu; unterwegs gedachte er an Elses Rat, am ersten Kreuzwege stand er still. Bald erschien singend ein Mann, Kuno bat, wie ihm Else geheißen, denselben um ein Stück Geld, jener fröhlich und zum Mitteilen geneigt, drückte ihm zwei Silbermünzen in die Hand und ging weiter. Der Beschenkte schritt heitern Mutes nach seiner Wohnung, sein Weib weilte noch in der Kirche, die sechs Kinder schliefen in ihrem großen Himmelbette wie die Engel, und Kuno betete zu Gott um Gelingen seines Planes.

Achthundertzweiundachtzigste Nacht

Kaum hatte der bedrängte Hausvater das Gemach der Mutter Else verlassen, so pochte es abermals an die Türe. Unmutig über die späte Störung öffnete sie und brummte ziemlich unfreundlich den ihr wohlbekannten Diener des edlen Ratsherrn Balder an.

»Was soll's, ist jemand krank?« fragte sie, indem sie nach dem Wandschränkchen, mit Heilkräutern angefüllt, sah, und murmelte auf die höfliche Bitte des Dieners, sogleich zum edlen Herrn zu kommen: »Bei diesem Wetter, wenn niemand krank ist? Das fehlte mir.«

Kaspar mußte die Verdrießliche zehnmal seine kluge, liebe, gute, auch weiland schöne Else nennen, ehe sie nach dem großgeblumten Mantel langte und Miene machte, dem Boten zu folgen.

Unterwegs horchte sie den Schwatzhaften aus, indem sie treuherzig bald nach diesem, bald nach jenem fragte, und langsam, von ihm geführt, schritt sie jetzt die breite, hellerleuchtete Treppe im Hause des Ratsherrn hinauf. Ungemeldet trat sie in das große, mit Christleuchtern gezierte Zimmer und warf, indem sie umhergrüßte, forschende Blicke auf die Anwesenden.

In der Mitte des Zimmers stand eine große Tafel, mit Spielsachen, Zuckerwaren und köstlichen Kleidern reich beladen.

Neben der Tafel saß trübselig der edle Rat Balder, und seine Hausfrau stand nicht minder mißmutig neben ihrem Eheherrn. In einem Winkel kauerte Barbara, Balders neunjähriges Töchterlein, eifrig bemüht, eine schöne, von Gold strotzende Puppe zu zerreißen, und in der andern Ecke zertrat Ruthardt, das zehnjährige Söhnlein, ein schönes Bild und schrie dazu voll Zorn: »Ich will, ich mag von all den dummen Sachen nichts, bis mein Wunsch erfüllt ist.«

»Da seht, Frau Else, wie traurig unser Christabend ist«, begann Frau Balder, »wir, mein Liebster und ich, dachten, die Kinder zu erfreuen, aber sie sehen all die schönen Gaben nicht an und wollen weder lachen noch lustig sein.«

»So, ei«, sagte Frau Else gedehnt, »so sind wohl die lieben, kleinen Herrschaften unpaß?«

»Nein«, entgegnete Frau Balder, »das Bärbchen will einen redenden Vogel haben, und obgleich ich schon alle Diener mit vielem Gelde ausgesandt habe, keiner hat mir einen gebracht, und das liebe Mägdlein grämt sich nun.«

»Und der Bube, mein Herzblatt«, fiel Herr Balder ein, »wünscht sich ein lebendiges Pferdlein, welches fliegen kann – ich habe noch keins auffinden können, obgleich ich selbst auf den Christmarkt eilte.«

»Die lieben Kinderchen«, antwortete Else etwas höhnisch, »verlangen aber auch seltsame Dinge.«

»Ja«, lachte Herr Balder, »mein Bube ist kein gewöhnlicher Knabe, er denkt hoch hinaus, begnügt sich nicht, bringt's einmal weit in der Welt.«

»Und mein Mägdlein«, fiel Frau Balder ein, »wird nicht so eine simple Hausfrau, sie liebt die edle Kunst, alles was rar und teuer ist. Oh, mein Bärbchen wird einmal eine große Dame.«

»Schafft Rat, kluge Frau«, riefen die Eltern jetzt, »unsre Kinder müssen ihre Wünsche erfüllt sehen.«

»Das wird schwer gehen«, sagte Mutter Else, indem sie sich zu Barbara und Ruthardt wandte, »gebt diese Wünsche lieber auf, junge Herrschaften, es ist besser. Seht, hier prangt ja eine Tafel voll herrlicher Gaben.«

»Ach, die alten, häßlichen Puppen«, schrie Barbara. »Und die dummen, häßlichen Pferde«, rief Ruthardt zornig, mit den Füßen auftretend. »Schaff uns einen redenden Vogel, ein lebendiges Pferd, du altes Weib.«

»Nun, nun, altes Weib«, murmelte Mutter Else, »schaffen kann ich es Euch nicht selbst, aber ein Mittel, es zu erhalten, will ich Euch sagen. Da ihr aber die schönen Sachen hier nicht wollt, so gebt sie mir, ich kenne sechs arme Kinder, die haben heute noch keinen Apfel gesehen.«

»Was essen sie denn?« fragte Barbara.

»Trocknes Brot.«

»Ei, Mutter, das ist lustig, das wäre nichts für mich«, rief Barbara, »nein, meine Sachen behalte ich für mich, die geb' ich nicht häßlichen Bettelkindern, vor denen mir graut.«

»Hab' ich keine Freude über mein Pferd, sollen sich andere Kinder auch nicht freuen, da will ich lieber zur Lust meine Sachen zerreißen«, sagte Ruthardt.

»Das Mädchen wird eine gute Wirtin, lieber Mann«, sprach wohlgefällig Frau Balder, und der Vater entgegnete: »Mein Bube hat Grundsätze, nun sagt uns auch die Mittel an, Else.«

Else lächelte und berichtete ihm genau, wie sie Kuno berichtet hatte. Die Eltern versprachen pünktliche Befolgung und Verschwiegenheit. »Vergeßt nicht den Neujahrstag abends um sieben Uhr bei der großen Linde, und nehmt von jedem Eurer guten Kinder eine Locke mit«, sprach sie höhnisch an der Türe und eilte hinaus.

»Welche bösen, bösen Kinder!« wiederholte sie auf dem Heimwege laut, und der leuchtende Diener sprach: »Ich bin neugierig, ob es den lieblosen Kindern immer nach Wunsche gehen wird.«

Der Neujahrsabend erschien, Gertraud saß an ihrem Spinnrocken, Julchen fing eben an, einen frischen Wocken um ihren kleinen Rocken zu legen, und die anderen, die zwei kleinsten Kinder ausgenommen, waren alle auf ihre Weise tätig, da öffnete sich die Türe und Mutter Else trat ein.

Freundlich grüßend trat ihr Frau Gertraud entgegen, die Kinder umringten sie jubelnd, denn sie erzählte ihnen bisweilen ein anmutiges Märchen, und die Freude wurde noch lauter, als ihnen Frau Else zwei schöne, große Äpfel reichte.

Die Kinder überlegten, ob sie mit den beiden Äpfeln spielen oder sie unter sich teilen sollten, oder ob es nicht besser sei, einen der Mutter zu geben, den andern für den Vater aufzuheben.

Frau Else beseitigte diesen Zweifel durch einen dritten Apfel, die Kinder brachten den ersten der Mutter, legten den zweiten auf des Vaters Platz, und den dritten schnitt Julchen gewissenhaft in sechs gleiche Teile.

Darauf setzten sie sich still nieder und dankten der guten Else noch tausendmal, als diese endlich schied, nachdem sie mit freundlichen Blicken die muntern Kinder gemustert und jedes herzlich geküßt hatte.

Zu derselben Zeit stand Vater Kuno unter der Linde vor dem Haupttore, alles um ihn her war still, die grimmige Kälte hielt die Leute in ihren Wohnungen, und es dunkelte schon längst. Der Wind sauste durch die entlaubten Äste der Linde, um den Stamm derselben aber hüpfte ein kleines, graues Männlein und sprach im freundlichen Tone: »Was willst du hier?«

»Vergebt«, erwiderte Kuno, ein Kreuz schlagend, »ich will weiter nichts als ein wenig Erde, diese sechs Töpfchen damit zu füllen.«

»Immerzu!« nickte lachend das Männlein. »Sag deinen Kindern einen Gruß von Ruprecht.« Damit verschwand es, und als Kuno die Töpfe mit der starren Erde gefüllt hatte, tönte es aus den Zweigen der Linde gar lieblich:

»Der Ruprecht bin ich, bald groß, bald klein,
bei guten Kindern kehr' ich ein,
und wer ein gutes Kind will sein,
den wird die kleinste Gabe freun.«

Wohlgemut schritt Kuno seiner Hütte zu, übergab fünf von seinen Kindern jedem ein Töpfchen zur Pflege, dem Kleinsten aber setzte er es auf den Platz, wo der Spinnrocken der Mutter stand; die, dacht' er, wird schon Sorge dafür tragen.

Achthundertdreiundachtzigste Nacht

Kaum hatte Kuno die Linde verlassen, so erschien der edle Ratsherr Balder mit Hacke und Spaten, seine Hausfrau leuchtete ihm vor. War auch beiden der Gang sauer und ungewohnt, um dem lieben Ruthardt und dem guten Bärbchen die gewünschten Sachen zu verschaffen, gingen sie doch. Sie froren auch nicht so wie der arme Kuno in seinem abgetragenen Mantel, sie waren in schöne Zobelpelze gehüllt und konnten die Kälte schon ertragen. Ein heftiger Windstoß schien die Linde aus der Wurzel zu heben, wieder erschien das graue Männlein und fragte ganz unwirsch: »Wer seid Ihr, was wollt Ihr? Euren schönen Kleidern nach hab' ich Euch schon genug für Eure ungezogenen Kinder gebracht, sind sie noch nicht zufrieden?«

Die zärtlichen Eltern sahen einander erschrocken und mit langen Gesichtern an, Frau Balder machte einen tiefen Knicks und sprach: »Gestrenger Herr Ruprecht, seid nicht ungehalten, unsere Kinder sind nicht unbescheiden und begehren nur ein fliegendes Pferd und einen redenden Vogel zum Spielen, mehr nicht. Da hat uns Frau Else geraten –«

»Ja, Frau Else«, fiel der edle Ratsherr ein, und Ruprecht entgegnete: »Schon gut, weiß schon, und ich will Euch geben, was Euern Kindern nötig ist.«

Erfreut grub der Ratsherr, Frau Balder versah die Töpfchen mit Erde, und als sie fortgehen wollten, erklang es heiser aus den Ästen der Linde:

»Der Ruprecht bin ich, bald groß, bald klein,
bei allen Kindern kehr' ich ein,
die bösen werden von mir geschlagen,
den guten bring' ich Gaben getragen,
wenn Eure Kinder gute sein,
wird sie die heut'ge Gabe freun.«

Vergnügt eilten die Eltern ihrem schönen Hause zu und übergaben jedem Kinde das Töpfchen Erde zur Pflege.

Achthundertvierundachtzigste Nacht

»In dem alten, grauen Töpfchen wird auch etwas Rechtes stecken«, sagte Ruthardt zu Bärbchen, »ich schütte die Erde hinab in den Hof, und das Töpfchen werf' ich nach, da werden die Hühner recht erschrekken.«

»Tu, was du willst«, sprach Barbara, »ich hebe mir das meinige auf, vielleicht verwandelt es sich doch in den redenden Vogel oder es wächst eine Blume, an die man nur riechen darf, um schön zu werden. Schön bin ich nun wohl schon, aber neulich hörte ich sagen, meine Augen seien nicht schön, vielleicht werden sie nun hell wie Karfunkel.«

»Deine schwarzen Augen sind häßlich, weil du voll Neid bist«, lachte Ruthardt höhnisch. Bärbchen ging auf ihn ein, um ihn zu schlagen, Ruthardt drängte sie unsanft zurück und zertrat dabei sein Töpfchen.

Barbara floh, und Ruthardt rief den Diener, die Erde wegzuschütten und gebot ihm, den Eltern nichts davon zu sagen.

Die eitle Barbara wartete fleißig des Töpfchens und begoß es, neugierig auf den Erfolg harrend.

Wirklich erblühte am Dreikönigstage eine große, glänzende Blume, und als Barbara das Näschen darüberhielt, ward ihr Gesicht ganz entstellt und häßlich, und schaudernd fuhr sie vor dem Spiegel zurück.

Sie lief schreiend zu der Mutter, welche sich über Bärbchens Antlitz entsetzte, und als sie an ihrer Hand zu der Blume zurückkehrte, sang diese:

»Bin ich kein redend Vögelein,
bin ich ein singend Blümelein,
du Barbara klein
wirst häßlich sein,
bis daß dein Herz ist gut und rein.«

Darauf verschwand die Blume.

Der Vater und Ruthardt vernahmen mit Schrecken diese Begebenheit, und der letztere war ganz still und sah die Schwester nur furchtsam an.

Die Kinder erhielten weder ein fliegendes Pferd noch einen redenden Vogel, ihre schönen Spielsachen hatten sie zerschlagen, und nun hatten sie gar nichts zu spielen, denn die Eltern fürchteten sich vor den Gaben des Ruprechts und baten ihn um nichts mehr.

Bärbchen gelobte der Mutter gut und fromm zu sein, damit sie wieder hübsch werde, und Ruthardt versprach Folgsamkeit, denn er fürchtete, auch so entstellt zu werden.

Mutter Else aber ließ sich nicht mehr in Herrn Balders Hause sehen, auch ward dort ihr Name gar nicht mehr genannt.

Achthundertfünfundachtzigste Nacht

Währenddessen sich Barbara und Ruthardt über Ruprechts Gaben geärgert hatten, war es die angelegentlichste Sorge von Kunos Kindern gewesen, die anvertrauten Töpfchen sorglich zu pflegen.

Jeden Morgen begossen sie die Töpfchen, trugen sie an die Sonne und suchten sie vor jeder rauhen Luft zu schützen. Dabei waren sie artig und freundlich gegen jedermann und hatten ihre braven Eltern lieb.

Laut jubelnd kamen die ältesten am Dreikönigstage gesprungen und verkündeten den Eltern, daß aus jedem Töpfchen ein grünes Reis hervorkomme.

Der Vater lächelte und dachte an Mutter Else; als es nun Abend war, nahmen die Kinder ihre Töpfchen vom Fenster weg, und jedes setzte das seinige auf seinen Platz.

Die Mutter nahm des kleinen Christophs Töpfchen weg und trug es zu ihrem Spinnrocken.

Hierauf gingen die Eltern hinaus, der Vater um Reisig vom Boden, die Mutter um Wasser zu holen, Julchen trug den kleinen Christoph in das Himmelbett, und die andern Kinder folgten ihr nach.

Da öffnete sich leise die Haustüre, ein kleines, graues Männlein schlich herein ins Gemach, blieb bei jedem Töpfchen ein Weilchen stehen, murmelte einige Worte und verschwand ebenso spurlos als es gekommen war.

Da nun die Eltern wieder in das Gemach kamen und Julchen zu gleicher Zeit mit dem erwachten Brüderchen auf dem Arme aus der Kammer trat, blieben alle regungslos und erstaunt stehen.

Aus jedem Töpfchen war ein Tannenbäumchen gewachsen mit brennenden Wachsstöckchen, und jedes war behangen mit Spielsachen und Kleidern, mit Äpfeln und Nüssen vollauf.

»Dürfen wir das aber auch nehmen?« fragte schüchtern Julchen, da sangen die Bäumlein gar lieblich:

»Vom Ruprecht komm' ich zu euch herein,
die Bäumlein sollen euer sein,
solang ihr gute Kinder seid,
ist auch der Ruprecht euch nicht weit.«

Nun war Jubel und Glück in der kleinen Hütte, und die Eltern weinten vor Freude über das Entzücken ihrer Kinder, obgleich sie selbst nichts hatten.

Da knackte der lustige Gottfried eine Nuß auf, drin lag ein Geldstück, und in jeder Nuß lag ein Geldstück, diese brachten die Kinder den Eltern.

Das Geld langte zu einem kleinen Häuschen, Kuno konnte wieder sein früheres Gewerbe anfangen, und er und seine Kinder waren von nun an glücklich.

Dankend gedenkt Kuno jeden Tag an Mutter Else.

Das Märlein hatte alle ergötzt, und der Freiherr bemerkte, es verleugne bei aller Anspruchslosigkeit und trotz seiner kindischen Drollerie jenen tiefen Sinn im kindischen Spiele nicht, der das Wesen jedes echten Märleins sei.

»Um dies noch mehr herauszustellen«, sprach Franz, »werde ich Ihnen morgen – der Kuriosität wegen – ein sogenanntes Märchen der neuesten Schule mitteilen, das, obwohl es einen vielgelesenen und gepriesenen jungen Autor zum Verfasser hat, in seiner affektierten Innigkeit und Zerrissenheit einen grellen Kontrast zu allem dem bildet, was uns in den alten, echten Märchen auf so wohltuende Weise anregt, rührt und erfreut.

Das Schicksal dieser modernen romantischen Poeten gemahnt mich an das des Ixion: Unablässig bemühen sie sich, das ungeschlachte Rad der prosaischen Tagesinteressen und der womöglich noch prosaischeren geselligen Zustände der Gegenwart, den Musenberg hinanzuwälzen, aber das Rad läuft wieder den Berg hinab und rädert die Armen jämmerlich.«

»Natürlich«, versetzte der Freiherr, »die Poesie ist Kunde, Rückblick in die dämmernde Vorzeit, unsere Gegenwart kann nur unsere Enkel und Urenkel vielleicht dereinst begeistern, den wahren Dichter bleibt seine Zeit insofern fremd, daß er nie unmittelbar ihre Interessen zum Vorwurf seiner Gedichte wählen wird. Nur die Vergangenheit vermögen wir gerecht und richtig zu beurteilen, nie die Zeit, in der wir leben. Der größte Dichter steht hier nicht höher denn jeder andere Mensch! Nur die Vorwelt vermag er, gereinigt von den Schlacken (die ihr anklebten, wie sie der Gegenwart ankleben), zu verklären, das Lächerliche seiner Zeit steht ihm zu nah, um mit Glück poetisch sie auffassen und wiedergeben zu können.«

Achthundertsechsundachtzigste Nacht

Seinem Versprechen gemäß teilte Franz in dieser Nacht das Märchen vom Totengräber und seinem treuen Liebchen mit.

DAS MÄRCHEN VOM TOTENGRÄBER UND SEINEM TREUEN LIEBCHEN

Es war einmal ein junger Bursche, der liebte ein junges Mädchen, und er sagte es ihr, und da sagte sie: »Ich liebe dich auch.«

Und darauf umarmten sie sich und küßten sich und schwuren einander ewige Treue.

Und der junge Bursche hielt seinen Schwur immerdar, denn sein ganzes Herz war voll Liebe für das eine Mädchen.

Das junge Mädchen aber hielt ihren Schwur nicht so gut, sondern gab sich einem andern Liebsten zu eigen, der reicher war und hübscher, obschon sonst nicht besser.

Da kamen zu dem jungen Burschen seine Freunde und sagten's ihm: »Dein Liebchen ist dir ungetreu geworden und hat einen andern genommen.«

Er aber wollte solches gar nicht glauben, sondern sagte: »Sie ist gestorben!«

Und somit ging er hin zum Totengräber und verdung sich zu seinem Knecht, denn er wollte sein Liebchen selbst begraben. – Aber sie lebte noch und war fröhlich.

Und er wartete Tage, Wochen, Monde und Jahre und begrub viele Leute, welche gestorben waren, und endlich auch den alten Totengräber, seinen Meister – aber sein Liebchen konnte er noch immer nicht begraben. Sie lebte noch und war fröhlich.

Viele, viele Jahre waren so vergangen, aus dem jungen Burschen war ein alter Mann geworden, seine Haare waren weiß, seine Glieder zitterten, und vom langen Warten war er fast müde. – Da sagte man ihm eines Tages: »Grabe ein Grab, denn morgen bringen sie dein Liebchen!«

Da freute er sich und grub ein schönes Grab, zehn Fuß tief, und schmückte es aus mit Veilchen und blauen Hyazinthen, und als er damit fertig war, zog er seine Sonntagskleider an und setzte einen Zypressenkranz auf sein Haupt, mit einer langen Schleppe dran von schwarzem Flor, welches sich verwunderlich ausnahm.

Dann stellte er sich ans Tor des Totengartens und wartete, daß sie sein Liebchen brächten.

Und als die Sonne sich neigte und das Glöckchen den Abendsegen ausläutete, brachten sie es.

Aber auf ihrem Sarge fehlte die Jungfrauenkrone, und ihr Mann und ihre Kinder und Kindeskinder gingen hinterher und trugen leid.

Als der alte Bursche solches sah, ergrimmte er und stieß die Träger fort vom offnen Grabe und schrie: »Für mein treues Liebchen hatt' ich dieses Grab gegraben, nicht für das Weib eines andern! – Aber nun will ich's für mich selbst behalten, die Treulose verdient kein ehrlich Begräbnis!« Und als er so gerufen, sprang er hinein in sein Grab.

Da erschraken die Leidtragenden und Träger. Der Herr Superintendent aber, welcher den Leichensermon halten wollte, wurde sehr böse und schalt den Alten und sagte, er habe zuviel Schnaps getrunken und er solle auf der Stelle wieder aus dem Grabe steigen, wenn er nicht wolle abgesetzt werden von rechts wegen.

Der alte Bursche scherte sich jedoch nicht um die Vermahnung des ehrwürdigen Herrn und blieb ganz patzig liegen, und als ihn die Träger mit Gewalt aus der Grube werfen wollten, fanden sie, daß er tot war.

Fröhliches Ende des alten Märchens vom Totengräber und seinem treuen Liebchen.

»Es ist, wie Sie sagen«, sprach der Freiherr zu Franz, als derselbe das Märchen erzählt hatte. »Dieses neumodische Märchen charakterisiert ganz das Trostlose, Zerrissene, Schiefe und Aftergenialische der neuern Schule. Alles ist auf die Spitze gestellt, und doch fehlt die Spitze; nach einem Kern wird vollends keiner fragen; alles läuft am Ende auf einen ohnmächtigen, verzweifelten Witz hinaus.«

»Merkwürdig bleibt es«, sprach Eduard, »wie solch verunglückte Erzeugnisse in der abgestandenen Heineschen Manier dennoch fortwährend nicht nur gerühmt und gepriesen, sondern auch gelesen werden. Man sollt' es kaum glauben, daß so gewöhnliches Geschreibsel, wie es mancher melancholische Sekundaner ebenso gut, wo nicht besser, in einer sentimentalen Stunde in sein Tagebuch schreibt, je habe für etwas Außergewöhnliches gelten können. Ich erröte oft, wenn ich daran denke, welchen Unsinn ich als fünfzehn- bis siebzehnjähriger Bursche zusammendichtete; denn auch ich hatte damals eine treulose Hedwig und eine tote Marie, so gut wie zehntausend andere. Gott weiß es, daß mein Herz nicht abgestorben ist, und daß ich zu lieben vermag, wißt ihr alle; aber für Unsinn muß ich

die Ergüsse meiner damaligen Seelenstimmung erklären; dennoch: Will ich der Wahrheit ihr Recht geben, so muß ich es sagen, daß sie um nichts schlechter sind als manche Meisterwerke der neuern romantischen Lyriker und Prosaiker.«

Alle lachten und brachen das Gespräch für diesmal ab.

Achthundertsiebenundachtzigste Nacht

Eduard wurde diesen Abend gebeten, ein recht heiteres Märchen zu erzählen, und er erzählte:

HANS HODRIAN

Im Bodetale, hart am Fuße der Roßtrappe und unfern des Bodekessels, lebte vor vielen Jahren ein alter Bauer, Michel Hodrian, der hatte einen Sohn, der hieß Hans Hodrian, das war der allerdümmste und häßlichste Junge im ganzen Harzgebirge.

Er war klein und dick, hatte rote Haare, schielende Augen und ein Paar krumme Säbelbeine, womit er aber laufen und springen konnte, trotz einem Kobolde.

Als der Junge heranwuchs und fünfzehn Jahre zählte, da starb seine Mutter, und sein Vater sagte: »Basta! Solange die Alte lebte, durfte ich dem Hans kein scheeles Gesicht machen und ihm noch viel weniger eine Güte tun mit dem Haselrohr, und so ist er ein Taugenichts geworden und ein Faulenzer. Das soll jetzt anders werden, und der Junge soll arbeiten lernen und sich bessern.«

Wer aber nicht arbeitete und sich auch nicht besserte, das war Hans Hodrian und blieb Hans Hodrian, trotz aller Haselstöcke, welche sein Vater auf seinem breiten Rücken zuschanden schlug.

So verflossen abermals drei Jahre, und das Knäblein war jetzt achtzehn Jahre alt. Da geschah es, daß dem alten Michel Hodrian die Haselstöcke wieder einmal ausgingen, und er sagte zu Hans: »Höre, mein Junge, da heute Sonntag ist, so will ich dir ein Vergnügen gönnen. Geh in den Wald und spiele dort den Nachmittag, derweil ich in der Schenke mit dem Schulmeister Politik treibe; wenn du aber nach Hause kommst, so vergiß mir bei Leib und Leben nicht, mir ein tüchtiges Bund Haselstöcke mitzubringen; ich brauche sie sehr nötig.«

Hans versprach das und sprang lustig davon; denn er war so blitzdumm, daß er nicht merkte, wozu sein Vater die Haselstöcke bestellt hatte.

Als er in den Wald kam, hüpfte er umher und spielte, was er konnte und wußte; er pfiff den Vögeln ihre Weisen nach, neckte sich mit dem Kuckuck und suchte sich Waldbeeren, welche er aß.

Darüber verspätete er sich aber, und die Sonne war schon gesunken, als er erst daran dachte, nach Hause zurückzukehren. Er lief, was er laufen konnte, um aus dem Walde zu kommen. Als er aber nun das Ende desselben erreicht hatte, so fiel ihm ein, was sein Vater ihm befohlen habe mitzubringen, nämlich ein großes Bund Haselstöcke. Eilig lief er wieder in den Wald zurück, um Haselstöcke abzubrechen. Es war unterdessen aber schon so dunkel geworden, daß er keinen Busch mehr erkennen konnte.

Darüber fing er ganz erbärmlich an zu weinen und zu klagen und raufte sich seine roten Haare aus, kurz, stellte sich gar ungebärdig. Plötzlich drang ein heller Lichtschein grade dicht in seine Augen, so daß er blinzeln und niesen mußte. Erschrocken stolperte er einige Schritte zurück und gewahrte jetzt ein kleines, altes Weiblein von gar seltsamem Aussehen. Sie trug einen Rock von schönem, grünem Moose, dazu einen Mantel und eine Mütze, alles von Moos, und in der einen Hand eine ganz bemooste Krücke, in der andern aber hielt sie eine Blendlaterne, womit sie dem guten Hans grad unter die Nase leuchtete. Einige Augenblicke standen beide einander schweigend gegenüber, dann fragte das alte Weibchen den weinenden Burschen:

»Wer bist du?«

Hans hielt einen Augenblick mit dem Weinen inne und antwortete: »Ich bin der Hans Hodrian, der Sohn von dem alten Michel Hodrian in der Hütte unten am Ende des Dorfs.«

»So? Und was treibst du denn?«

»Nichts!«

»Warum nicht?«

»Ich sollte Bauer werden, aber die Leute sagen, ich wäre zu dumm dazu.«

»Ja, Hans! Wenn das so ist, so werde doch ein vornehmer Herr!«

»Oh, das wollt' ich schon, wenn ich nur wüßte, wie ich es anfinge?«

»Du brauchst nur so viel Verstand zu haben, um es sogleich zu wünschen, denn ich will alle deine Wünsche erfüllen. Ich bin ein

Moosweibchen und dir schon lange gewogen. Also frisch, dummer Hans, wünsche dir einmal etwas.«

Nun meint doch wohl der dümmste, der dieses hört, daß Hans sich sogleich zum reichen, vornehmen Herrn gewünscht haben würde! Aber so unbegreiflich dumm war der Junge, daß er daran nicht dachte, sondern er wünschte sich einen großen Bund der derbsten Haselstöcke, um sie seinem Vater bringen zu können.

»O du dummer, du blitzdummer Hans Hodrian!« rief das Moosweibchen, indem es verschwand. Aber vor Hans lag ein großer Bund der stärksten Haselstöcke. Mühsam lud er ihn auf und rannte, Gott dankend, damit nach Hause.

Achthundertachtundachtzigste Nacht

Als Hans Hodrian zu Hause ankam, keuchend und schwitzend unter seiner Last, hatte sein Vater, der alte Michel Hodrian, schon viele Stunden auf ihn gewartet und war sehr übler Laune. Deshalb, und weil er an diesem Abend mehr als er eigentlich vertragen konnte, getrunken hatte, griff er sogleich nach den neuen Haselstöcken und prügelte so lange unverdrossen auf seinen Sohn los, bis alle Haselstöcke kurz und klein waren; dann warf er ihn zur Tür und zum Hause hinaus, welches er von innen verschloß, indem er rief: »Daß du mir in deinem Leben nicht wieder vor Augen kommst, du liederlicher Galgenstrick, du Nachtschwärmer du, wenn ich dich nicht vollends zu Tode hauen soll.«

Hans war der vielen Schläge schon so gewohnt, daß er eine tüchtige Portion davon vertragen konnte, ohne sich sonderlich viel daraus zu machen. Diesmal war es ihm aber doch ein bißchen zu arg geworden, und er hatte sich den Befehl seines Vaters zu gut gemerkt, um die mindeste Lust zu verspüren, wieder in die Hütte zurückzukehren. »Ich will davongehen«, sprach er, »in die weite Welt. Wenn ich aber nur wüßte, wo ich diese Nacht bleiben sollte?«

Da stand plötzlich wieder das Moosweibchen mit ihrer Leuchte vor ihm und sprach: »Dummer Hans! So geh doch ins Wirtshaus, es ist ja nur wenig Schritte von hier, und dort kannst du essen, trinken und schlafen nach Herzenslust, bis es wieder Morgen wird, wo du, wie du sagst, in die weite Welt laufen willst.«

Hans Hodrian aber lachte dämisch und sprach: »Ich bin wohl der dumme Hans, wie alle Leute sagen, aber doch noch lange nicht so dumm wie du; denn ich weiß doch, daß keiner in einem Wirtshause essen, trinken und schlafen kann, wenn er nicht Geld vollauf hat.«

»So wünsche dir Geld, dummer Hans Hodrian!«

»Prosit, die Mahlzeit! Ich wünsche mir in meinem Leben nichts wieder. Ich habe mir ein Bündel Haselstöcke gewünscht und weiß am besten, wie der Wunsch meinem armen Buckel bekommen ist. Also nichts da! Wenn du mir sonst nicht helfen kannst, so geh nur!«

»So nimm dies«, rief ungeduldig das alte Mütterchen und reichte ihm einen Beutel voll Wildermannstaler, »du dummer Hans Hodrian; aber du sollst schon noch wünschen lernen, so sollst du!« Damit ging das alte Mütterchen davon und verlor sich in die Dunkelheit der Nacht.

Achthundertneunundachtzigste Nacht

Hans Hodrian aber ging sogleich in die Schenke und ließ sich Bier geben und trank es, und als er so trank, da kamen Fliegen, die quälten ihn tüchtig. Da wurde er ärgerlich und sagte, indem er mit seinem Stock nach den Fliegen schlug: »Ih! So wollt ich doch, daß ich mit einem Streich gleich ihrer sieben auf einmal totschlüge!« Damit schlug er zu und richtig hatte er sieben Fliegen auf einmal totgeschlagen.

Das hielt er nun für eine gewaltige Heldentat und gab dem Schulmeister einen Taler, daß er ihm einen Vers schriebe, der auf seine Heldentat Bezug hätte, und der Schulmeister sagte: »Ja, ich will dir für einen Taler ein Heller-Gedicht machen!« Das tat er denn auch ehrlich und schrieb auf einen großen Zettel den Vers:

Ick, Hans Hodrian,
hef säwen upp eenen Schlag schlahn,
ohn' allen Grimm.

Diesen Zettel steckte er am Morgen darauf, als er das Wirtshaus verließ, um in die weite Welt zu gehen, an seinen Hut, daß jeder es lesen könne, welch ein heldenmütiger Kerl Hans Hodrian sei.

Hans Hodrian war nicht lange auf der Landstraße fortgewandert, da kam in einer schönen Kutsche ein Graf des Weges dahergefahren, und neben ihm saß seine Frau Gräfin. Als der Graf den Hans Hodrian erblickte, da ließ er halten, denn er war neugierig zu lesen, was auf dem Zettel geschrieben stand. Er las denn auch den Vers, und als er ihn gelesen, so fragte er den Hans, ob das wirklich wahr sei, daß er ihrer sieben auf einen Schlag erschlagen hätte, und als Hans solches bejahte, so bat er ihn recht sehr, er möge sich doch neben den Kutscher auf den Bock setzen und mit ihm durch den Wald, der nun käme, bis nach der Residenz fahren. Hans ließ sich nicht lange bitten, sondern setzte sich neben den Kutscher auf den Bock, und so ging es lustig fort in die weite Welt.

Achthundertundneunzigste Nacht

In dem Walde aber, durch welchen die Reise ging, sollte es erschrecklich viele Bären geben und auch Räuber, und der Graf wußte nicht, vor wem er sich mehr fürchtete, ob vor den Bären oder vor den Räubern; deshalb hatte er den Hans Hodrian, weil er ihn für einen tapfern Mann hielt, mitgenommen. Es ließen sich auch wirklich einige Räuber blicken; aber als sie den Zettel an Hans' Hut lasen, nahmen sie geschwinde Reißaus, und als der Graf Hans von den Bären erzählte und Hans in den Bart brummte: »Ich wollte, der Teufel holte die infamen Bestien!«, da holte richtig der Teufel alle Bären aus dem Walde weg und briet sie sich zum Abendbrot.

So wurde denn die Reise glücklich vollendet, und der Graf nahm aus Dankbarkeit den dummen Hans mit in sein Haus und erzählte dem Könige von Hans' Mut und Kühnheit, so daß der König begierig war, den Wundermann zu sehen.

Da wurde Hans von seinem Grafen schön aufgeputzt und an den Hof geführt, und der König sah wohl, welch ein garstiger Bursche der Hans war, aber wie dumm er war, das merkte er nicht. Doch die schöne Prinzessin, seine Tochter, merkte es und konnte das Lachen nicht lassen. Das verdroß den dummen Hans Hodrian und er sagte: »Blitz! Ich wollte, du müßtest mich heiraten!«

Da lachte die Prinzessin noch stärker und sagte: »Das könnte schon geschehen, wenn du zuvor erst wünschtest, daß du hübscher, klüger und vornehmer wärst.«

»Hm!« brummte Hans grämlich, »ich wüßte gar nicht, wie ich hübscher und klüger sein könnte als ich schon bin; aber wenn es dir ernst wäre, du kleine Hexe, so wünscht' ich dir zu gefallen schon, daß ich der schönste, klügste und reichste Prinz wäre.«

Und kaum, daß Hans Hodrian diesen Wunsch getan hatte, so verwandelte er sich plötzlich in den schönsten, klügsten, reichsten Prinzen.

Er warf sich der Prinzessin zu Füßen und flehte sie an, ihn nicht zu verwerfen.

Errötend neigte die Prinzessin sich ihm zu, und während der König, der Graf und alle Hofleute vor Erstaunen nicht wußten wie ihnen geschah, stand neben dem schönen Paare das Mooswelbchen und schmunzelte: »Nun, Hans Hodrian, hab' ich's nicht gesagt, daß du noch recht viel wünschen lernen solltest?«

Hans Hodrian heiratete die schöne Prinzessin und machte auch seinen alten Vater zum Grafen; aber der Alte wollte nicht aus dem schönen Bodetale wegziehen und blieb dort wohnen, lebte aber lustig und in Freuden, und wenn sie nicht gestorben sind, so leben sie noch alle bis auf den heutigen Tag.

Das Märchen hatte alle ergötzt. »Es ist ein echtes Volksmärchen«, sagte der Freiherr, »das bei aller Roheit der Form doch einen echt poetischen Kern in sich trägt, oder ist es etwa nicht gar hübsch und anmutig, daß die junge, schöne Prinzessin die Veranlassung gibt, daß der dumme Hans Hodrian etwas Ordentliches wünscht und dadurch zum schönen, gescheiten und reichen Prinzen wird.«

»Auch der Schluß ist hübsch«, sprach Alma, »und rührend fast, daß der alte Bauer, der nun Graf ist, sein liebes Bodetal nicht verlassen will.«

»Es ist das aber auch ein Plätzchen auf Gottes schöner Erde, von dem sich's nicht so leicht scheidet, wenn man es einmal sah«, sagte der Kaplan.

Achthunderteinundneunzigste Nacht

»Am Beginn unserer nächtlichen Unterhaltungen«, sprach der Freiherr, »wurde eine Sage von dem Eisengitter zu Augsburg erzählt. Ganz ähnliche Sagen existieren an anderen Orten, z. B. zu Magdeburg, und auch bei der Sage vom Stock im Eisen in Wien ist dasselbe Thema auf dieselbe Art benutzt, nur daß es sich beim letzten Orte nicht um ein Eisengitter,

sondern um ein künstliches Schloß handelte. Abweichender und düsterer in ihrer Kürze ist die Sage vom Gespenster-Schmied in Schlesien, weshalb ich sie zur Vergleichung mitteile, wenn es euch recht ist.«

Alle baten um die Sage, und der Freiherr erzählte:

DER GESPENSTER-SCHMIED

Zur Zeit des Dreißigjährigen Krieges, nämlich vor dreihundert Jahren, lebte in einem schlesischen Städtchen ein Schmied, der war in seiner Jugend Soldat gewesen und hatte ein wüstes Leben geführt. – Auch jetzt trieb er es nicht besser, und obwohl er sein Handwerk verstand wie kein andrer, so mochten seine Nachbarn doch nichts mit ihm zu schaffen haben, denn er war ein Schlemmer und Spieler, und das dritte Wort, was aus seinem Munde kam, war ein gottloser Fluch oder sonst eine Ruchlosigkeit.

Da begab es sich eines Tages, daß ein fremder Schmiedegesell ins Städtchen einwanderte und bei dem bösen Meister Kurt um Arbeit nachfragte.

Kurt merkte bald, daß der fremde Gesell ein geschickter Bursche wäre, und da er tüchtig fluchte und schwur und einen vollen Geldsäckel bei sich führte, so wurden sie bald handelseins miteinander und der fremde Gesell blieb bei Kurt in Arbeit.

Kurt merkte bald, daß sein Gesell ohne Mühe dreimal mehr arbeitete, denn zwei gewöhnliche Gesellen. Das gefiel ihm wohl, und er machte für seine Person von nun an schon am frühen Morgen Feierabend, lag in allen Schenken, trank, spielte und fluchte, daß alle frommen Leute sich davor entsetzten. Seine Schmiede aber arbeitete trotzdem rüstig fort, und der fremde Gesell ließ es ihm nie am Gelde fehlen, um in die Schenke gehen zu können.

Nun ist aber einstmals an einem Freitagabend ein stattlicher Reiter vor die Schmiede gekommen, ganz in Scharlach gekleidet, mit reicher Goldstickerei, einem Gesichte, welches vom Sonnenbrand ganz schwarzbraun gewesen ist, und auf dem Hut hat er drei feuerrote Hahnenfedern getragen.

Der hat nach dem Meister Kurt gefragt, und als Kurt herbeigekommen ist, hat er ihn gefragt: »Ob er sich wohl getraue, ihm binnen heute und sieben Wochen ein künstliches eisernes Geländer für eine Grabstätte zu fertigen, und zwar so, daß in der Mitte zwischen allerlei

Laubwerk und wunderlichen Tiergestalten ein vergoldetes Kreuz angebracht wäre?«

»Warum das nicht?« hat Meister Kurt geantwortet, »so Ihr brav zahlt, so will ich Euch alles zur bestimmten Zeit liefern.«

Da hat der Fremde einen großen Beutel mit rotfunkelnden Goldstükken auf den Tisch geworfen und dabei gesagt: »Noch siebenmal soviel wie diese Summe beträgt, sollt Ihr erhalten, wenn Ihr das Gitterwerk fertig abliefert; aber Ihr müßt mir Leib und Seele verschreiben, daß ich es von heute an über sieben Wochen, bevor die Glocke zwölf (Mitternacht) schlägt, erhalte.«

Dawider hat denn auch der ruchlose Schmied nicht das geringste einzuwenden gehabt, sondern er hat die Verschreibung ausgestellt, das Geld zu sich gesteckt, und der Reiter ist wieder davongeritten.

Nun hat der Schmied zu seinem Knechte gesagt: »Geh an die Arbeit und schaffe alles fertig zur bestimmten Zeit!« und hat sich gar nicht weiter um die Arbeit gekümmert, als daß er alle Morgen nachsah, ob der Geselle arbeitete.

Der Geselle hat alles fertiggemacht bis auf eins, und als nun die sieben Wochen um waren und der letzte Tag anbrach, da ist er vor des Meisters Bette getreten und hat gesagt: »Meister! Ich habe alles fertiggemacht, bis auf eins, nämlich das Kreuz, das kann ich nicht machen, denn ich habe mit dem Teufel einen Bund geschlossen, daß ich es nicht darf, sonst holt er mich.«

Da ist dem gottlosen Kurt ein Grausen angekommen, und er ist aus dem Bette gesprungen, in die Schmiede gelaufen und hat in Todesangst angefangen zu schmieden. Aber wie er sich quälte und wie er's hämmerte und drehte – es wollte kein Kreuz draus werden – so hat er vergebens gearbeitet und dabei geheult vor Verzweiflung bis es Mitternacht geschlagen hat, da ist der Teufel gekommen, und weil das Gitter nicht fertig war, hat er den Schmied bei lebendigem Leibe geholt. –

Als man aber ein goldnes Kreuz an das Gitter bringen wollte, ist es (das Gitter) in Staub zerfallen.

Achthundertzweiundneunzigste Nacht

Heute begann Franz:

SIGISMUND, PRINZ VON POLEN
ODER
DAS MENSCHLICHE LEBEN IST EIN TRAUM

Vor vielen hundert Jahren regierte in Polen König Basilius, dessen Heldenruhm im ganzen Norden widerhallte. Aber noch mehr als sein Heldenmut wurde sein edler Sinn und seine tiefe Wissenschaft in geheimen Dingen gepriesen, und die weisesten Männer erkannten ihn für den König der Weisheit an.

Aber der Weiseste ist nicht der Glücklichste! Diese Wahrheit erfuhr König Basilius nur zu frühe! Denn als seine über alles geliebte Königin im dritten Jahre ihrer glücklichen Ehe ihm das Geständnis machte, daß sie sich Mutter fühle und er voll froher Vaterhoffnung auf seinen astrologischen Turm eilte, seinem noch ungebornen Kinde das Horoskop zu stellen, da las er zu seinem Entsetzen in den Sternen, daß sein geliebtes Weib ihm einen Knaben gebären und über die Geburt sterben würde.

Obgleich nun solche Kunde schon schrecklich genug für ihn war und ihn mit der größten Betrübnis erfüllte, so forschte er doch noch weiter nach und ersah mit Grausen, daß sein Sohn dereinst mehr einem wilden, mörderischen Tiere denn einem Menschen gleichen würde, und daß er bestimmt sei, seinen eignen Vater zu bekriegen und seinen Fuß auf dessen Greisenhaupt zu setzen.

»Unselige Wissenschaft!« seufzte der König, als er solches in den Sternen gelesen hatte, und von Stund an bemächtigte ein finstrer Trübsinn sich seiner Seele; er konnte seine blühende, lebensfrohe Königin nicht ansehen, ohne insgeheim, der nahen, ewigen Trennung eingedenk, im stillen bitterlich zu weinen, und jede ihrer unschuldigen Liebkosungen zerriß ihm das Herz.

Endlich nahte der für seine Liebe und allem, was ihm lieb, so schreckliche Tag. Es war, als wolle selbst die Natur ihren Schmerz darüber zu erkennen geben, daß ein Engel sterben müsse, damit ein Ungeheuer geboren werde, in solchem Aufruhr waren alle Elemente. Der Tag verfinsterte sich, drei Unwetter zugleich kämpften furchtbar am Himmel wider einander, von den Donnerschlägen erzitterte die Erde, die Blitze spalteten die Mauern der Paläste, Wolkenbrüche ergossen sich, als sei eine zweite Sündflut im Anzuge, und die Windsbraut durchtobte das Land, gleich wie ein Heer heulender Wölfe. Unter solchen furchtbaren Zeichen wurde der Knabe geboren, indem seine Mutter verschied. Er war groß und schön, aber von finsterm, wildem Ansehen und hatte alle Zähne mit auf die Welt gebracht, womit er die Amme, welche ihn säugen sollte, biß, daß sie starb.

Basilius hatte erst im Sinn gehabt, den Knaben gleich nach der Geburt erwürgen zu lassen. Aber sein sterbendes Weib hatte ihn beschworen, sich ihres Kindes zu erbarmen, und als er nun den Knaben sah, der, wenn auch verfinstert, der toten Mutter Züge trug, da jammerte ihn das Kind, und er bedachte, wie es ja nicht des Kindes Schuld sei, daß es unter einem feindlichen Gestirn geboren. Er verwarf also den Gedanken, das Kind ermorden zu lassen, doch sann er auf Mittel, wie er die noch nicht erfüllten Prophezeiungen zunichte machen könne, ohne den Knaben zu töten.

Er beredete sich mit einem Großen seines Reiches, Clotald mit Namen, von dem er wußte, daß er ihm ganz ergeben sei. Nachdem beide Männer alles miteinander genau erwogen hatten, so ließ der König zuerst seinen Sohn taufen, um ihn soviel wie möglich aus der Macht des Satans zu befreien. Sodann wurde dem Volke und allen, welche nicht um das Geheimnis wissen sollten, bekanntgemacht, der junge Prinz sei bald nach der Geburt gestorben und mit seiner Mutter begraben worden. Um das Geheimnis wußten außer dem König und Clotald nur noch zwei bewährte Diener, welche einen teuern Eid hatten schwören müssen, daß sie immerdar bis an ihr Ende ein unverbrüchliches Schweigen beobachten würden.

Mit diesen beiden Dienern ritt Clotald in einer dunklen Nacht aus der königlichen Burg, vor sich auf dem Rosse das in Decken gehüllte Kind. Sie ritten neun Tage und neun Nächte durch, ohne ein Wort zu reden. Als der zehnte Tag anbrach, gelangten sie in ein wildes, schauerliches Felstal, rings von himmelhohen, steilen Bergen umgeben. In diesem Tale stand ein fester, unförmiger Turm, von außen so rauh und ohne Kunst anzusehen, daß er mehr einem herabgestürzten großen Felsblock am Fuß des Berges, woran er lehnte, denn einem Gebäude von Menschenhand glich. Im Innern war er jedoch mit allem wohlversehen, was zur Notdurft und Bequemlichkeit, ja sogar zum Überfluß erforderlich war. In diesen Turm begaben sich die Männer mit dem Kinde, als in den künftigen Aufenthalt desselben.

Prinz Sigismund von Polen

Der König aber sandte ihnen Soldaten nach, die umstellten das Tal und hielten ununterbrochen Wache, daß niemand hineinkäme, und der Tod stand darauf für den, der es wagen würde, durch die Wachen zu schleichen oder mit Gewalt zu brechen.

Achthundertdreiundneunzigste Nacht

Also lebte der prinzliche Knabe Sigismund (diesen Namen hatte er in der heiligen Taufe erhalten) mit seinen Wärtern in der Wildnis. Clotald unterwies ihn, als er heranwuchs, in den Wissenschaften und Künsten, wie sich selbe für den künftigen Herrscher eines edlen Volkes eignen. Denn König Basilius war keineswegs gesonnen, seinen Sohn wie ein wildes Tier heranwachsen und in diesem jammervollen Zustande die Zeit seines Lebens in der Wildnis verbringen zu lassen, sondern er war entschlossen, wenn sein Sohn ein bestimmtes Alter erreicht haben würde, zu prüfen, inwiefern dessen Neigungen mit dem schrecklichen Horoskop übereinstimmten oder nicht, und ob es nicht möglich sei, das Unheil abzuwenden, welches die Sterne ihm und dem Reiche verkündet hatten.

Deshalb zog auch Clotald alle Monate einmal nach dem Hoflager des Königs, um diesem Nachricht von seinem Sohne zu bringen. Die Nachrichten lauteten alle dahin, daß Prinz Sigismund sich geistig und körperlich von Tage zu Tage herrlicher entwickele; er zeigte in allem einen großen natürlichen Verstand, kühnen Mut und Adel der Gesinnung.

Doch alle diese schönen und rühmenswerten Tugenden schwanden dahin, wenn die Leidenschaften des Prinzen, einmal erregt, Widerstand fanden; eine furchtbare Wildheit, gleich der eines reißenden Tieres, überkam ihn dann und beraubte ihn der Kraft seines Verstandes; er zeigte sich sodann ungerecht, willkürlich und blutdürstig grausam. Schon in seinem zwölften Jahre hatte er bei einer solchen Gelegenheit den einen seiner Wächter erschlagen, und von diesem Augenblick an durfte er nur mit schweren Ketten belastet umhergehen, damit nicht neues Unheil dieser Art entstehen möge.

Solchergestalt wurde Sigismund zwanzig Jahre alt, und sein Vater hatte ihn seit seiner Geburt nicht gesehen. Sigismund selbst aber kannte keine andern Menschen, als seinen Erzieher Clotald und seine Wächter, und was er von der Welt und den übrigen Menschen wußte, dessen war er sich zwar deutlich bewußt, aber nur so, als wie wir uns dessen bewußt sind, was uns die Dichter und Erzähler von einem schönen, fernen Lande und von Menschen verkünden, welche wir nie selbst sahen und auch nicht hoffen dürfen je zu sehen.

Oft starrte Sigismund dem Zuge der Wolken nach sowie dem Fluge des Adlers, der sich hinauf zur Sonne schwang. Oft, wenn er aus lebhaften Träumen erwachte, trat er des Nachts hinaus aus seinem Turm in das enge Felstal und schaute in den Mond, und seine innere Klage wurde laut:

»Weh mir«, sprach er, »wie bin ich zu beklagen! Schwer lastet des Himmels Hand auf mir! Welch ein Verbrechen beging ich, indem ich geboren ward? – denn keines andern bin ich mir bewußt! – Bestraft der Himmel nur an dem Menschen so grausam die große Schuld, daß er geboren ward? Freut doch sonst alles was lebt des Daseins sich und darf es frei genießen. – Der Fisch, entsprossen aus Schlamm und Laich, durcheilt die Flut fröhlich und ungehindert und fast will ihm die Unendlichkeit nicht genügen, die ihm das weite Reich des Meeres bietet, und ich mit einem ungleich edlern Geist soll in der Haft des engen Kerkers leben? Kaum deckt der erste weiche Flaum den Körper des jungen Adlers, so regt er schon die kühnen Schwingen und wagt es, der Sonne zuzustreben. Und ich mit einem ungleich höhern Drang soll nie mich erheben aus diesem niedern Tale? Frei schweift der Löwe durch die Wildnis und brüllt nach Mord und Beute, und die Menschen nennen ihn den König der Tiere, dem keines an Mut und Adel gleiche – und ich – begabt mit einem ungleich edlern Drang soll wie ein Sklave die Kette tragen. Selbst die unbelebte Natur atmet Freiheit! Frei ragt des Baumes Gipfel in die Luft! Frei ziehn die Wolken, rauschen die Ströme, wehen die Winde, rollt der Donner und zuckt der Blitz. – Alles was lebt ist frei – ich nur bin ein Knecht!«

So klagte Sigismund, und Clotald, der ihn belauschte, hinterbrachte es dem Könige, dessen Herz fast darüber brechen wollte, daß ein so edler, hochbegabter Jüngling solle ausgestoßen bleiben von der menschlichen Gesellschaft.

Achthundertvierundneunzigste Nacht

Endlich hatte der Prinz sein einundzwanzigstes Jahr erreicht, und der König, sein Vater, war entschlossen, jetzt die Prüfung mit ihm anzustellen. Er berief also seinen Reichsrat und alles Volk an einem bestimmten Tage zusammen und machte sie mit dem bis dahin streng bewahrten Geheimnis bekannt und daß sein Sohn noch lebe.

Da riefen alle Reichsräte und alles Volk: »Gib uns unsern rechtmäßigen Prinzen zurück; er und kein anderer soll unser König sein, wenn du dereinst zu deinen Vätern versammelt wirst.«

König Basilius aber sprach: »Nicht also! Nur wenn mein Sohn sich des Thrones würdig bezeigt, soll er ihn dereinst besteigen und über euch herrschen; bezeigt er sich unwürdig, so sollen meine Geschwisterkinder, Iwan, Herzog von Moskau, und Faniska, Prinzessin von Polen, vereint über euch herrschen.«

Da trat die schöne Faniska vor und rief: »O grausamer Vater! So soll dein Sohn, nachdem er die lichte Herrlichkeit der Welt gesehen, die goldne Freiheit unbeschränkt genossen, wieder zurückkehren in des Kerkers Nacht, wenn er die harte Prüfung nicht besteht und so sich noch tausendmal elender und unglücklicher fühlen denn früher?« Und der Herzog von Moskau stimmte bei und sprach: »Nimmer werd' ich eine Krone tragen, solange ein rechtmäßiger Erbe derselben lebt.«

»Beruhigt euch!« entgegnete Basilius, »diesen Abend erhält Sigismund durch Clotald einen Schlaftrunk, der ihn in einen neuntägigen Schlummer senkt, bei seinem Erwachen soll er sich hier als König finden. Bezeigt er sich dann gut, gerecht und weise, so tret' ich ihm sogleich meinen Thron ab, denn der Jahre Last und Kummer haben meinen Sinn gebeugt, und ich bedarf der Ruhe. Zeigt aber Sigismund sich wild, tyrannisch, ungerecht, des Thrones unwert, so werde er im Schlafe in seinen Kerker zurückgebracht, und er soll dann bei seinem Wiedererwachen glauben, alles nur geträumt zu haben. Dann wird er sich nicht unglücklicher fühlen als vorher.« –

Damit mußten sich alle zufrieden geben, und König Basilius erteilte alle nötigen Befehle, um die Prüfung mit dem Prinzen Sigismund anstellen zu können.

Am Abend desselben Tages, als der gefangene Jüngling wieder mit sehnenden Blicken den Flug eines Adlers verfolgte, redete Clotald zu ihm von der Macht und der Herrlichkeit eines Königs über ein edles, mächtiges Volk, und als er glaubte, die Phantasie des Prinzen genugsam erhitzt er haben, so reichte er ihm einen Becher Wein zum Abendtrunk.

Kaum hatte Sigismund den Becher geleert, so empfand er eine große Müdigkeit wie nie zuvor und ging in den Turm, wo er sich auf sein Lager warf und entschlief.

Achthundertfünfundneunzigste Nacht

Eine himmlische Musik erweckte den Prinzen! Er schlug die Augen auf und blickte erstaunt um sich – verschwunden waren die düstern Mauern seines Kerkers, er befand sich in einem großen, hellen Gemache, dessen Wände mit den reichsten, prächtigsten Tapeten bekleidet waren, aus goldenen Kohlenbecken dufteten köstliche Wohlgerüche in blauen Wölkchen empor – das war nicht die rauhe Bärenhaut, welche ihm gewöhnlich zum Lager diente –, das nicht die Wolfsfelle, womit er sonst bekleidet war. –

Er ruhte auf schwellenden, seidenen Pfühlen, und seine Gewänder bestanden aus zartem Linnen, Samt, Seide und alles reich verziert mit Juwelen, Perlen und Gold. –

Er sprang auf – keine Kette drückte ihn mehr, noch hinderte sie seine Bewegungen, aber überwältigt von all den Wundern sank er wieder auf das kaum verlassene Lager zurück und fragte sich laut: »Oh, was ist das? – Bin ich nicht Sigismund?« –

Da traten eine Menge Diener in das Gemach und brachten ihm Kleider und Kostbarkeiten, Wein und auserlesene Speisen, sie begrüßten ihn als den König der Polen, kleideten ihn in das königliche Gewand, kredenzten ihm den Becher und bedienten ihn.

Staunend sah und hörte Sigismund alles und fragte: »König der Polen? Ich?« –

Da trat ein Höfling hervor und fragte ihn demütig, ob es ihm beliebe, in den Thronsaal zu gehen, um die Huldigung der Großen des Reichs in Empfang zu nehmen. »Ja«, sagte Sigismund entschlossen, und mit königlichem Anstande trat er in den Thronsaal, wo er sich auf den Thron setzte und von allen Großen mit Würde die Huldigung entgegennahm.

»So bin ich denn ein König!« sprach er bei sich selbst, »wie es geschehen ist, ist mir ein Rätsel. Doch mag es sein! Ich werde herrschen, wie es einem König ziemt.« Als er sich nun so umschaute, da erblickte er mitten unter den ernsten, würdigen Männern einen buntgekleideten

Burschen mit einer Schellenmütze auf dem Haupte. Er fragte, wer dieser Bursche sei, und sogleich trat derselbe hervor und kündigte sich selber als des Königs lustigen Rat an, wobei er sich so possierlich stellte, daß Prinz Sigismund laut lachte und zu ihm sagte: »Komm her und setze dich auf der untersten Stufe meines Thrones, du gefällst mir von allen den Leuten, welche ich bis jetzt erblickte, am besten, und sollst immer um mich sein.«

Ein Hofherr, der solches hörte, nahte sich und sprach: »Erlaube, König, wenn du dem Narren da den Vorzug vor den weisen Männern gibst, so ist das unköniglich und nicht weise.« Da errötete Sigismund, denn er fühlte, daß der Hofmann recht habe, dies aber ärgerte ihn und er versetzte: »Bei weitem törichter ist es noch, wenn sich's ein Höfling herausnimmt, seinen König öffentlich ungefragt meistern zu wollen, selbst wenn der König unrecht hätte, wofür hab' ich denn meinen Narren, wenn meine Weisen närrisch handeln wollen?«

Der Höfling trat beschämt zurück, und die Räte bewunderten des Königs natürlichen, scharfen Verstand, der selbst im Irrtum sich bewährte.

Achthundertsechsundneunzigste Nacht

Nun trat der Herzog von Moskau in den Saal, freundlich den Prinzen grüßend und ihm Glück wünschend zu seiner Thronbesteigung, indem er sich seinen Vetter nannte.

»Gott befohlen!« gab Sigismund kurz zur Antwort, denn er war im Innern ergrimmt, daß der Herzog ihn nicht wie alle übrigen mit entblößtem Haupte begrüßt hatte. Der Herzog, darüber verwundert, sprach: »Ei Vetter, ich hätte eine bessere Antwort auf meinen Gruß erwartet.«

»Gefällt Euch meine Antwort nicht«, versetzte Sigismund, »nun gut, so werde ich, wenn ich ja ins künftige Euch wiedersehe, sagen: Gott nicht befohlen.«

»König!« flüsterte der Narr ihm leise zu, »sei nicht zu scharf mit dem, es ist der Herzog von Moskau, ein mächtiger Fürst.«

Sigismund aber versetzte stolz: »Ich bin König und somit mehr denn er, und mich verdroß es, daß er mit bedecktem Haupte mich begrüßte.«

»Herr«, nahm der vorige Hofmann wieder das Wort, »dieses Recht steht ihm zu, denn er ist der freie Fürst eines unabhängigen Landes und somit deinesgleichen.«

»Verdammt!« murmelte der Prinz. »Wer mir noch einmal widerspricht, der soll einen Sprung aus dem Fenster versuchen. – Narr! Wie ist dein Name?« fragte er diesen.

»Clarin, mein König« erwiderte dieser. Da trat auch die schöne Faniska herzu, den Prinzen zu begrüßen, und Sigismund, der zuvor noch nie ein Weib gesehen hatte, fragte entzückt: »O Clarin, wer ist dieses himmlische Wesen, das in menschlicher Gestalt einer Göttin Zauber und Vorrecht übt.«

»Das ist deine Muhme Faniska, hoher Herr!« versetzte Clarin, und Sigismund, außer sich, stürzte vom Thron herab, die Prinzessin zu umarmen. Die Prinzessin, erschreckt über solche Heftigkeit, flüchtete sich errötend hinter den Herzog von Moskau, und dieser, den Prinzen abwehrend, sprach ernst: »Vetter! So etwas ist nicht Sitte und ziemt sich nicht, Ihr beleidigt ja die Prinzessin!«

Zornig erwiderte Sigismund: »Ihr – Ihr beleidigt mich – geht den Augenblick und kommt mir nicht wieder vor die Augen, sonst könnte Euch leicht der Kopf verloren gehen, den Hut darauf hinwegzutragen.«

»Herr, mäßige dich!« sprach abermals der Hofmann. »Herr Iwan ist ein freier Fürst, gleich dir, wie ich dir schon bemerkt habe.«

»Schon wieder?« fragte mit dem Fuße stampfend Sigismund, »hab' ich dir nicht auch bemerkt, daß jeder, der es wagen würde, mir noch einmal zu widersprechen, sogleich einen Sprung aus dem Fenster machen solle?«

»Herr«, versetzte der Kämmerling mutig, »so etwas kannst und darfst du keinem freien Mann antun.«

»Nun, bei Gott!« schrie Sigismund, »ich will's zuerst mit dir versuchen.« Damit ergriff er den unglücklichen Warner mit kräftigem Arme und rannte mit ihm zum Saale hinaus. Ehe noch die Anwesenden von ihrem Schreck sich erholt hatten und ihm nacheilen konnten, kehrte Sigismund zurück und sprach lachend: »Hoch vom Balkon hinab in die See flog er, so konnte es also doch geschehen.« Entsetzt eilten alle aus dem Saale, dem Könige zu verkünden, was sich begeben, nur Sigismund und der Narr blieben zurück, und der letztere sprach: »Dem naseweisen Hofschranzen ist recht geschehen, und ich freue mich darüber, aber, Herr König, das Ding wird Lärm machen, und dein Herr Vater wird es übel vermerken, denn eine Gewalttat ist es doch allemal.«

»Dem Hofnarren steht die Rede frei«, versetzte Sigismund, »aber hab' ich denn noch einen Vater? – Ich dachte immer, Clotald« –, hier stockte der Prinz und blickte zweifelnd vor sich hin, denn seine Gedanken verwirrten sich, Clarin aber sprach: »Da kommt der Herr Clotald her, der mag die volle Auskunft über alles geben.« Rasch blickte Sigismund auf und sah zu seinem größten Erstaunen seinen Erzieher wirklich auf sich zukommen, aber nicht befehlend und strenge wie sonst, sondern ehrfurchtsvoll, mit der Miene eines Untertanen. Als solcher begrüßte er den Prinzen auch und empfahl sich seiner Huld und Gnade. Sigismund, als er von seinem Erstaunen sich etwas erholt, versicherte seinem Erzieher seines Wohlwollens und fragte ihn um den Zusammenhang aller Begebenheiten, welche so sehr sein Erstaunen in Anspruch genommen. Clotald darauf erzählte ihm, weshalb sein Vater ihn so lange in der Wildnis habe gefangengehalten, daß er aber aus väterlicher Liebe endlich sich entschlossen, seinen einzigen Sohn nicht länger in der Wildnis gleich einem Ausgestoßenen leben zu lassen, und daß er willens sei, ihn in alle seine Rechte einzusetzen und hoffe, der Prinz werde solcher Liebe und solchen Vertrauens sich wert zeigen.

Kaum daß Clotald seine Erzählung geendet hatte, so geriet der Prinz in die äußerste Wut. »Verräter!« schrie er seinen Erzieher an, »also tat ich dir nicht unrecht, du botest meinem unnatürlichen Vater, der mich durch einundzwanzig Jahre aller menschlichen Rechte grausam beraubte, deine feile Hand und übtest Tyrannei an mir, dafür sollst du sterben!« Somit faßte der Prinz den alten Mann und würde ihn auf der Stelle ermordet haben, wenn nicht Herzog Iwan, welcher soeben mit dem König und den Hofleuten eintrat, sich dazwischengeworfen und den Prinzen abgewehrt hätte.

Sigismund stellte sich wie rasend an, und erst als er den König erblickte, wurde er ruhiger und blickte ihn finster an. Basilius nahte sich ihm und sprach in kummervollem Tone: »Wie gerne würde ich dich als meinen Sohn in meine Arme schließen, aber meine schon erhobenen Arme sinken wieder herab, und Schauder erfaßt mich bei deinem Anblick, denn Gewalt und Mord ist das erste, was ich von dir erfahren muß.« Trotzig erwiderte Sigismund: »Wie konntet Ihr anders von mir erwarten, da Ihr mich nicht wie einen Prinzen, was sag ich, nicht einmal wie einen Menschen habt erziehen lassen, sondern wie ein wildes Tier! Gezwungen habt Ihr mich aus meinem Kerker entlassen, denn ich weiß es, das Volk verlangte seinen rechtmäßigen Königssohn zurück. Liebe empfing ich nie von Euch, seit ich lebe: Wie möget Ihr auf Liebe von mir rechnen? Habt Ihr aus törichtem Aberglauben töricht und grausam an mir gehandelt, so erntet jetzt die Früchte Eurer eitlen Saat und seht wohl zu, daß nicht der letzte Teil dessen noch in Erfüllung gehe, was

Eure Sterne Euch prophezeiten, daß ich nicht meinen Fuß noch auf Euren greisen Scheitel setze.«

»O Ungeheuer!» rief Basilius, »so redest du zu mir? Doch wahre du dich wohl, du trotzest jetzt auf die Macht eines Pöbels, der nicht weiß, was er will. Du wähnst dich unverletzlich, weil bewaffnete Söldner dir huldigten und für dich fechten würden, wenn du es befehlen würdest. Aber wie, wenn alles nur ein Traum? Wie, wenn du morgen wieder in deiner Einöde erwachtest, ein gefesselter Sklave?« – Somit ging der König und alle Edlen mit ihm, nur Sigismund und der Narr blieben zurück; Sigismund ernst und betroffen vor sich hinstarrend. Aber der Narr wußte guten Rat, er führte den Prinzen in den Kredenzsaal, wo sie so lange tranken, bis Sigismund trunken und besinnungslos zu Boden sank.

Achthundertsiebenundneunzigste Nacht

Aus schweren Träumen von Gewalt und Mord und Tyrannei erwachte Sigismund. Es war finstre Nacht. »He! Diener! Wachen!« rief er. »Lichter her.« Da drang der Schimmer eines Lichts aus einer Nebentür, und an sein Lager trat Clotald. Sigismund blickte sich erschrocken um und schauderte, denn nicht mehr prunkende Wände umgaben ihn, sondern die Mauern seines Felsenkerkers, er sprang auf – seine Ketten rasselten. – Er blickte Clotald zweifelnd an, senkte dann das Auge und seufzte tief.

»Das heiß ich schlafen«, sprach Clotald, »von einem Abend bis zum andern! Der Wein mag dir zu stark gewesen sein; auch sprachst du seltsame Dinge im Schlaf. Was hat dir denn geträumt?«

»Geträumt?« wiederholte Sigismund sinnend und blickte vor sich hin, endlich seufzte er: »Ja, geträumt, aber Gott, so lebhaft – nein! Unmöglich! – Und doch! – Ja, ich habe geträumt.«

»Was denn?«

Sigismund erzählte, ohne etwas zu verschweigen.

»Und mich, deinen Lehrer wolltest du töten?« fragte Clotald, als der Prinz seine Erzählung geendet hatte.

»Ich hielt dich für meinen Quäler an diesem Ort und haßte dich«, antwortete Sigismund.

»Wie klein!« sprach Clotald, »ein König soll nie hassen, sondern gerecht richten, und wo er darf, verzeihen, denn Großmut ist neben der Gerechtigkeit eines Fürsten erste Tugend! Wie du im Traume handeltest, würdest du auch im Wachen handeln, unedel, grausam, ein Spiel deiner Leidenschaften, der Traum hat dir gezeigt, daß du nicht würdig bist zu herrschen, da du deine wilden Neigungen und deine Rachsucht nicht zu beherrschen vermochtest. Beherzige die Lehre, die dein Traum dir gab, und trage in Geduld dein trauriges Los.« Als er so gesprochen, entfernte Clotald sich wieder, und der Prinz sagte zu sich selbst: »Er hat recht! Ich war grausam, unedel und ungerecht im Traum. Ich glaube, ich würde jetzt edler handeln, wenn ich einmal wieder träumte, daß ich König sei, und auch, wenn ich es wirklich wäre – im Wachen. – Oh, was ist das Leben? Raserei! Ein täuschend Bild! – Schatten! Wie wenig gibt uns das Glück! Wie wenig kann es uns bieten! Ein Traum nur ist das Leben, und die Träume selber sind – ein Traum.« Somit entschlief er wieder, denn es war noch Nacht.

Achthundertachtundneunzigste Nacht

Heute beschloß Franz seine Sage wie folgt:

Aber diesmal währte der Schlaf des Prinzen nicht so lange, denn kaum, daß der Tag graute, so wurde er durch ein lautes Geschrei erweckt. Er sprang vom Lager auf und eilte aus dem Turm. Da erblickte er eine zahllose Menge bewaffneter Soldaten und anderes Volk, und alle riefen: »Sei uns gegrüßt, Sigismund, unser König! Wir wollen nicht, daß dein Vater Fremde auf den Thron setze, der dir gebührt und haben uns empört.« »Auf, stelle dich an die Spitze!« sprach der Anführer des Haufens, »wir wagen Blut und Leben für dich! Wir wollen nach der Burg deines Vaters ziehen; seine Söldner vernichten und ihn zwingen, dir den Thron zu überlassen, das Volk, wenn es dich sieht, wird zu dir übertreten.«

Staunend stand Sigismund da und dachte: »Das ist wieder wohl ein Traum.« Als aber die Aufrührer in ihn drangen, mit ihnen zu ziehen, da sprach er: »Ja, ich will es! Und wär' es auch nur ein Traum! Er ist zu schön.« Eben als sie davonziehen wollten, brachten etliche Soldaten den alten Clotald und die beiden Turmwächter gefangen, welche bleich und zitternd um Gnade flehten. Sigismunds Herz schwoll vor Grimm, als er die Verhaßten erblickte, doch mäßigte er sich und sagte gütig zu ihnen: »Fürchtet nichts! Ich suche nur mein Recht, nicht Rache. Ihr wart nur Werkzeuge eines Tyrannen. Ziehet hin in Frieden, wohin es euch gefällt.« Erfreut dankten die Freigegebenen dem Prinzen und eilten an den Hof des alten Königs, der sich rüstete wider seinen Sohn und die Empörer.

Beide Heere trafen aneinder, aber obwohl das Heer des alten Königs wohl dreimal so stark war als das seines Sohnes, so blieb doch der Prinz überall Sieger, so tapfer kämpfte er und so weise wußte er alle Vorteile zu benutzen, als sei er der erfahrenste Feldherr. Endlich hatte er den alten König so in die Enge getrieben, daß dieser vergebens zu entrinnen suchte, und nahe daran war, gefangen zu werden.

Da sprach Basilius: »Ich sehe es nun zu spät ein, dem Spruch des Schicksals entgeht kein Sterblicher, und was ich zu vermeiden suchte, hab' ich selber herbeigeführt! Wohl, laßt uns sehen, wie tief uns das Geschick noch beugen will.« Somit machte er sich auf mit den wenigen Edlen seines Gefolges, welche ihm treu geblieben waren, und ging seinem daherziehenden siegreichen Sohne entgegen. In einiger Entfernung kniete er nieder und rief mit lauter Stimme: »Sigismund, der Spruch der Sterne ist erfüllt; gebeugt, besiegt kniet hier dein Vater vor dir und erwartet, daß du deinen Fuß setzest auf sein greises Haupt.«

Aber Sigismund eilte herzu, faßte seinen Vater in die Arme, hob ihn empor und warf sich ihm selber zu Füßen, indem er sprach: »Mitnichten, mein König und Vater! Hier liegt dein Sohn zu deinen Füßen, der nur um sein Recht kämpfte, genug gebüßt hast du den Wahn, der allzuviel den Sternen dich vertrauen ließ. Heil uns beiden, wenn die Wirklichkeit dich lehrte, mir dem Sohne, meinem Herzen mehr zu vertrauen als einem zweideutigen Orakel.« Als Basilius das hörte, so fiel er seinem Sohne um den Hals und weinte Freudentränen, und alles Volk jubelte.

Sigismund wurde König und vermählte sich mit seiner schönen Base Faniska, seine Wächter sowie den edlen Clotald belohnte er königlich, den Anführer der Rebellen aber ließ er in den Felsenturm sperren, »denn«, sagte er, »wenn der Verrat vollzogen ist, braucht es nicht mehr des Verräters«.

Sigismund regierte lange und glücklich. Wenn die Menschen um seiner Güte, Gerechtigkeit und Weisheit willen ihn priesen, so antwortete er lächelnd: »Was rühmt ihr mich und preiset meine Weisheit, da ich doch nur übe, was ein Traum mich lehrte?«

Das Leben ist ein Traum!
Und nichts bleibt uns von allem, was wir hatten,
als – die Erinnerung an unsre Taten.

»Ich halte diese Dichtung des herrlichen Calderon für eine der erhabensten und tiefsinnigsten, welche es gibt«, bemerkte der Freiherr, und alle stimmten dem aus vollem Herzen bei sowie, daß sie Gemeingut aller Klassen werden müsse.

»Möchte solches doch die Sagenform bewirken, in der sie uns heute mitgeteilt wurde«, sagte Marie.

Achthundertneunundneunzigste Nacht

Der Arzt hatte Maries Augen wieder untersucht und die beste Hoffnung für ihre Herstellung gegeben, Hoffnung macht glücklich, deshalb waren heute alle Bewohner des Schlosses Runsitten heitrer als gewöhnlich, Marie war heiter, weil sie ihre Geliebten heiter sah und weil Reiner geschrieben, daß er in kurzer Zeit wieder in Runsitten sein würde.

Als Franz aufgefordert wurde, etwas zu erzählen, begann er ein Märlein:

DAS BALSAMBÜCHSCHEN

Vor Zeiten gab es ein hübsches Dorf, gelegen am Ufer der Elbe, das hatte der schönen Mädchen viele, dafür aber desto weniger hübsche Männer. Weil aber die Mädchen nicht aus dem Dorfe kamen, mithin keine andern Männer sahen, so hielten sie ihre Landsleute für hübsch und waren zufrieden, wenn diese ihnen Blumensträuße brachten und sie zum Tanze führten.

Unter den Jünglingen des Dorfes war Florian der reichste, aber leider auch der häßlichste: er hatte einen Struppkopf, eine ungeheure Nase, und sein rechter Fuß lebte in steter Feindschaft mit dem linken, weshalb er diesen unaufhörlich trat. Sein Auge hatte er auf Rosine, die schönste Jungfrau des Dorfes, geworfen, und weil Rosine ihn von Kindheit her kannte und er ihr alles zu Gefallen tat, sie auch immer sehr reich und mit Geschmack beschenkte, so war sie ihm dafür recht gut und sagte recht vergnügt, daß sie ihn Ostern übers Jahr heiraten wolle.

Darüber freute sich der gute Florian nicht wenig, er ließ sein Haus schön ausmalen durch einen Kunstmaler, den er aus der nahen Stadt verschrieb, pflanzte Blumen in seinen Garten, kaufte eine stattliche Kalesche, schönes Tuch für sich, schweren Taffet für Rosine, und sandte seinen Knecht mit dem besten Weizen nach der Mühle, dabei ließ er dem Müller sagen, er wolle feines Mundmehl davon haben zu Hochzeitskuchen.

Röschen nähte und strickte an ihrer Ausstattung und nahm sich vor, den nächsten schönen Tag mit Florian in die Stadt zu gehen, wo sie noch niemals gewesen war, um zu sehen, was für Brautkleider eben Mode wären.

Bisweilen, wenn sie eben in den Spiegel gesehen hatte, sprach sie wohl zur Mutter: »Ach Mutter, der Florian, so gut er auch ist, scheint mir doch ein recht garstiger Bursche, und ich bin doch gewiß ein schmuckes Mädel.«

»Hübsch bist du freilich, wie ich in meiner Jugend«, setzte Frau Martha dann hinzu, »aber sieh nur die andern Burschen im Dorfe an, sie sind auch nicht schön, ja nicht einmal hübsch, und nicht halb so gut, so gefällig und reich wie dein Florian. Dazu weiß er es, daß er nicht hübsch ist, er läuft also nicht geputzt umher, daß ihn die Mädchen ansehen sollen und um sie anzugaffen. Daß du, das hübscheste Mädchen im Dorfe, ihn heiratest, schmeichelt ihm und seiner Familie nicht wenig, sie fragen nach keiner Mitgabe, und sitzt du nur erst in seinen schönen Zimmern, so wirst du auch bald den Florian ebenso schön finden.«

Rosine fand das alles sehr vernünftig, gab der Mutter recht und war zufrieden.

»Was schadet's auch«, dachte sie, »daß Florian nicht hübsch ist, als seine Frau bin ich sein anderes Ich, da muß er also als Ehemann mir immer ähnlicher werden. Hat Florian einen Struppkopf, so habe ich dagegen Locken wie von Seide, so fein und glänzend braun, ist seine Nase krumm und lang, so ist meine Nase desto grader und nicht länger als sie sein muß, um kein Stupsnäschen zu heißen, und tanzt er schlecht, ja wohl gar, wie einige böse Zungen behaupten, etwas einwärts, so tanze ich desto flinker und setze meine Füßchen so zierlich wie nur eine.«

So kam der Sonntag heran, an welchem sie mit Florian nach der Stadt geheh wollte; er erschien bei ihr im schönsten Putz, und Rosinchen hatte auch nichts an ihrem Anzuge gespart, um recht hübsch auszusehen. Florian machte Rosines Mutter sein Kompliment, überreichte seiner Braut einen schönen Blumenstrauß und trat nun wohlgemut mit ihr seine Wanderung an.

Hier unterbrach Franz sein Märlein und fuhr die folgende Nacht fort:

Neunhundertste Nacht

Rüstig schritt das Pärchen auf der Straße weiter, Florian versprach Röschen, ihr das das Schönste, was nur in der Stadt zu haben sei, zu kaufen, und Rosine träumte im voraus von den Herrlichkeiten der Stadt.

Als sie nun endlich in der Stadt waren, das Mädchen die schönen, höhen Häuser, die reichen Kaufläden sah (denn es war eben Jahrmarkt in der Stadt), sah sie sich verwunderungsvoll um und freute sich kindisch über die vielen geputzten Herren und Damen, welche ihr begegneten.

Die Damen und Zofen, welche das niedliche Landmädchen sah, kamen ihr fast alle minder hübsch als sie selbst vor, die schön geputzten Herren und jungen Burschen aber schienen ihr alle viel schöner als ihr Florian, und je länger sie die Herren betrachtete und ihren Bräutigam, desto unlieblicher fand sie ihn. Ihr lächelndes Gesicht wurde nach dieser Entdeckung finstrer und klärte sich erst dann einigermaßen auf, als der gutmütige Schatz sie zu einer Bude führte, in welcher schöne Bänder verkauft wurden.

Der Verkäufer, selbst ein junger, hübscher Mann, rief Florian heran: »Immer näher, mein Schätzbarer, kauft etwas für Euer hübsches Schwesterlein!« Florian trat näher und sagte schmunzelnd: »Ei behüte, das hübsche Mägdlein ist meine Braut!«

Der Krämer ließ die Elle sinken und sagte mit einem Tone, welcher die Worte deutlich genug auslegte: »Das hübsche Mädchen Eure Braut?«

»Freilich, warum denn nicht!« sagte Florian verdrießlich, und ein andrer, der an der Bude stand, flüsterte Rosine ins Ohr: »Ist es wahr, liebliche Rose, daß Ihr Euch mit dieser Kuckucksblume vermählen wollt?«

Rosinchen wurde feuerrot, Florian, um von den Spöttern fortzukommen, bezahlte schnell das Band und ging mit seinem Liebchen weiter. Sie waren kaum die Straße entlanggegangen, als ihnen zwei Freundinnen Rosines mit ihren Freiern, ebenfalls rechtlichen, aber auch nicht sehr hübschen Burschen begegneten. Die wollten auf einen Tanzsaal gehen, und Florian und seine Braut schlossen sich ihnen an.

In dem Tanzsaale waren viele hübsche Pärchen, die sich nach fröhlichen Weisen im Kreise drehten.

Rosinchen sah sich sogleich im Kreise um und fand wieder, daß ihr Florian doch wirklich zu häßlich für sie sei.

Ein hübscher Bursche und guter Tänzer forderte Rosinchen zum Tanze auf. Sie flog mit ihm dahin, während Florian ihr gutmütig, aber doch etwas finster nachsah. Als dieser Tanz zu Ende war, trat Florian mit ihr in die Reihen, er tanzte so steif, trat seine Tänzerin so derb auf das Füßchen, daß sie ganz verdrießlich zurücktrat. Ja sie mußte sogar hören, daß ein schöner junger Mann, auf sie blickend, zu einem anderen sprach: »Mit dem hübschen Mädchen dort muß es einen Haken haben, daß sie den häßlichen Burschen heiraten will.«

Jetzt kannte sich Rosine vor Zorn nicht mehr, aufgebracht begehrte sie, Florian solle sie sogleich nach Hause bringen, was er auch willig versprach. Unterwegs redete sie kein Wort mit ihm, er jedoch sprach desto mehr, denn er überschüttete seine Geliebte mit Vorwürfen, welche die Eifersucht ihm eingab. Daß Florian ihr dadurch nicht liebenswürdiger erschien, ist natürlich, Rosine antwortete ihm nicht und kam mit Tränen in den Augen zu Hause an. »Ach Mutter!« rief sie aus, »ich kann und will Florians Frau nicht werden, er ist gar so häßlich, die Leute würden mit den Fingern auf mich deuten, ginge ich mit ihm zur Kirche.«

Vergebens machte die Mutter ihr Vorstellungen, Rosine beharrte auf ihren Vorsatz, und als Florian in einigen Tagen reumütig zu ihr kam, kündigte sie ihm an, daß sie ihn nicht heiraten würde.

Florian entfernte sich seufzend. Ihre Mutter ägerte sich und erschöpfte sich vergebens in Zuredungen. Rosine sah ihn nicht mehr an, er bewarb sich aus Trotz um eine andre, erhielt aber ein Körbchen und kam nun wieder demütig, mit reichen Geschenken, zu seiner ersten Braut, welche sich auf sein Bitten und Zureden der Mutter wieder mit ihm versöhnte.

Der gute Florian war nun nach Kräften bemüht, sich die Liebe seiner Rosine wieder zu erwerben. Er lobte alles, was sie tat, schmeichelte ihr, beschenkte sie und war die Aufmerksamkeit selbst, er nannte alle

Mädchen häßlich und schwur, daß es ihm niemals einfallen könne, eine andre nur freundlich anzusehen.

Eines Tages, als er aus Rosinchens Hause ging und sie ihm nachsah, sprach sie zu ihrer Mutter: »Ach Mütterchen! Es gibt ja, wie ich gehört habe, viele Schönheitsmittel, wüßt' ich nur eins, was den Florian verschönte.«

Die Mutter sann nach, dann sagte sie: »Eben fällt mir etwas ein, Röschen, am Ende des Dorfes, wo der Wald beginnt, in der Einsiedelei, lebt ein Mann, welcher ein Zauberer sein soll. Ruft man ihn an, so erscheint er, und hat er eben gute Laune, so erfüllt er dem, welcher ihn rief, jeden Wunsch. Willst du hingehen, so tue es, ich werde dich begleiten, ein Leid wird er uns nicht zufügen.«

Rosinchen fand den Vorschlag vortrefflich und bat die Mutter, den Weg zu dem Zauberer sogleich anzutreten.

Die Frauen nahmen ihre Regentücher um und langten nach einem Stündchen glücklich bei dem Zauberer an, welcher so gefällig war, auf Rosinchens ersten Ruf zu erscheinen.

Nicht ohne Schüchternheit trug sie ihm ihre Bitte vor, der Zauberer sah sie freundlich an und sprach: »Nichts ist natürlicher, als daß ein hübsches Mädchen auch einen hübschen Mann haben will. Nimm dieses Balsambüchschen, gib deinem Schatz etwas davon zu essen, und du wirst sehen, daß er in kurzem der liebenswürdigste Mann sein wird. Zweierlei jedoch merke dir: Dieser Balsam wirkt nur wohltätig auf Unschöne. Und dann bedenke, was du tust: Schöne Männer sind eitel, und eitle Männer sind selten treu.«

Hierauf entfernte sich der Zauberer, und Rosine ging vergnügt mit ihrer Mutter nach Hause.

Neunhundertunderste Nacht

Den andern Tag war Sonntag, und Florian kam schönstens geputzt, um sie zum Tanze zu holen. Rosinchen empfing ihn freundlich und reichte ihm eine Tasse Milch, in welche sie eine tüchtige Portion von dem Balsam hineingetan hatte. Er trank die Milch, und o Wunder, der Struppkopf verwandelte sich in den schönsten blonden Lockenkopf, die krumme, lange Nase ward zur geraden, griechischen und seine Haltung, seine ganze Gestalt so schön, daß es wohl nicht leicht einen schönern

Jüngling geben konnte wie diesen. Rosine war sehr glücklich und trat stolz und heiter mit ihm in den Tanzsaal. Aller Augen richteten sich auf ihn, alle Mädchen nickten ihm freundlich zu, und seine Braut kannte sich nicht vor Freude.

Anfangs merkte Florian diese Verwandlung nicht und verließ seine Braut keinen Augenblick, als aber alle Mädchen ihn anredeten, er beim Tanze nicht wie sonst Körbchen erhielt und endlich gar vor einem Spiegel vorbeikam, blickte er ganz vergnügt hinein und verliebte sich in sich selbst.

Das hübsche Rosinchen wurde vernachlässigt, denn eben trat eine bildschöne fremde Dame herein, um dem Tanze der Landleute zuzusehen. Es war das Fräulein, welches eben aus der Stadt gekommen war.

Herablassend äußerte sie, sie wolle einmal mittanzen, und sogleich ging sie, Florian aufzufordern.

Sie sprach sehr freundlich mit ihm, nahm einen Blumenstrauß von ihm und Rosinchen, welche heute den Florian unaussprechlich liebte, ging von Eifersucht gefoltert aus dem Saale.

Als er sich wieder bei ihr sehen ließ, überhäufte sie ihn mit Vorwürfen, die er mit eitlem Lächeln beantwortete, sie drohte, sich von ihm zu trennen, er sagte: »Ich habe genug von dir leiden müssen, es ist Zeit, daß du nun auch leidest.« Kurz, Rosinchen fühlte sich von diesem Tage an unzufriedener als sie sich gefühlt hatte, wie Florian noch häßlich gewesen war.

»Oh!« seufzte sie, »auch sein treues, gutes Herz hat der verwünschte Balsam verwandelt.« Sie suchte alles hervor, um durch Schmuck und Putz ihn zu fesseln, und endlich kam sie auf den Gedanken, den Balsam zu trinken, ganz den Ausspruch des Zauberers vergessend, der Balsam wirkt nur wohltätig auf Unschöne.

Kaum hatte sie den Balsam genossen, so zeigte sich auch schon seine Wirkung. Ihr schönes Haar wurde brandrot, ihr hübsches Näschen breit und dick, ihr Händchen rot, ihr Fuß plump und die schöne Haut voll Sommerflecke.

Als Rosinchen sich in dem Spiegel sah, schrie sie laut auf, ihre Mutter, welche eben eintrat, meinte auch, Rosine sei etwas verändert, aber doch immer noch sehr hübsch, ihr liebes Töchterchen und Florian werden sich schon eines Bessern besinnen.

Rosinchen wollte gar nicht mehr ausgehen, Florian, welcher sie aber ungeachtet seiner Eitelkeit und seines Flattersinnes, der ihm jetzt den Kopf verwirrte, noch liebte, kam zu ihr. Als er aber ihr garstiges Gesicht sah, sprach er: »Sonst, liebe Jungfer, war ich Euch immer zu häßlich, mein treues Herz und meine andern guten Eigenschaften waren Euch nichts. Jetzt, weil ich andern, die mich nur nach dem Scheine beurteilen, gefalle, findet Ihr mich auch hübsch. Seht, das gefällt mir nicht, und da Ihr mich nicht wahrhaft liebt und überdem Euch sehr verändert habt, so ist es besser, wir scheiden.

Ich will morgendes Tages in die weite Welt gehen, seht zu, daß Ihr einen bessern Freier findet als mich!«

Mit diesen Worten entfernte er sich und ließ Rosine in der traurigsten Stimmung zurück.

Das Mädchen klagte der Mutter ihr Leid, und diese riet ihr, noch einmal zu dem Zauberer zu gehen.

Röschen befolgte den Rat und rief den Zauberer, welcher auch diesmal nicht lange auf sich warten ließ. Sie klagte ihm, was ihr geschehen war, und er sprach: »Ich sehe es, mein Kind, ich warnte dich und kann dir nicht helfen. Einen Rat und einen Trost will ich dir geben: Wenn es wieder Mai ist, so pflücke Maiblüten und wasche dich mit ihrem Safte und dann, bleibt Florian in der Fremde dir treu; hat er dich wirklich geliebt, so wird er auch wieder zurückkommen und dich heimführen.«

Neunhundertundzweite Nacht

Seit der Versicherung des Zauberers war Rosinchen wieder etwas getröstet.

»Endlich«, sagte sie zu sich, »endlich muß doch der Mai kommen, und vielleicht ist Florian mir treuer als ich glaube. Er hat mich geliebt, und doch wohl nicht nur um meines hübschen Gesichtes willen, ja wenn ich an seine Herzensgüte denke und an seine Liebe zu mir, so fühle ich, daß ich ihn auch lieben könnte, wenn er wieder häßlich würde. Was nützt mir ein schöner Mann, wenn er sich um andere bemüht, der beste Schatz ist am Ende doch nur ein gutes Herz!«

Diese Gedanken wären Rosine wohl nicht gekommen, wenn sie hübsch geblieben wäre, jetzt hatte sie aber Zeit zum Nachdenken, denn sie stand nicht mehr vor dem Spiegel, ging nicht mehr zum Tanz, sondern spann fleißig, besorgte die Wirtschaft und las manchmal etwas, wodurch sie sich Kenntnisse erwarb und ihren Geist bildete.

So verstrich der Sommer, die Garben wurden eingesammelt, der Winter hüllte die Erde in Schnee, und Rosinchen dachte, als sie endlich wieder die erste Lerche hörte: »Juchheißa, bald ist Mai!«

Noch lag der Schnee auf den Wiesen, und nur hier und da schaute ein grüner Grashalm darunter hervor, als eines Tages Rosine mit ihrer Mutter nach der Stadt gehen wollte.

Noch immer sah Rosine fast häßlich aus, aber dennoch hatte ihr Gesicht jetzt einen Ausdruck von Güte, ihre Gestalt eine gewisse edle Haltung, welche ihr früher gemangelt hatte.

Eben sprach sie wieder reuevoll von Florian, da öffnete sich die Türe und herein trat, im Reiseanzuge, Florian.

Ein freudiges Ach entschlüpfte Rosinchens Munde, er eilte mit ausgebreiteten Armen auf sie zu und rief: »Rosine, da bin ich wieder, es gefiel mir in der Fremde nicht, weil du mir fehltest. Sieh, du hast mich früher arg geneckt wegen meiner Häßlichkeit, aber ich liebte dich doch, du hast geglaubt, ich könne dich verlassen, weil die Eitelkeit mich eine Zeitlang verblendete, aber ich fand, daß keine, selbst die Schönste nicht, mein Rosinchen sei.«

»Ich weiß nicht, wie es kommt, daß ich nur dich liebe, vielleicht hast du es mir angetan, aber selbst jetzt erscheinst du mir hübsch, wenn ich nur deine Stimme höre und wenn mir etwas Frohes begegnet; so dachte ich stets, wenn sie es nur wüßte, denn kein andrer Mensch ist du für mich, du, die ich schon als Kind am liebsten mochte, und die mir so lieb ist, wie sie eben immer ist.«

Da weinte Rosine und gab ihm die Hand und sprach: »Kannst du mir verzeihen?«

Und beide waren ganz glücklich, und er dachte, Rosinchen sei doch die Schönste.

Nun wurden wieder Anstalten zur Hochzeit gemacht, das Aufgebot bestellt, und die Braut mußte darein willigen, sich noch vor dem Mai mit Florian trauen zu lassen.

Am Polterabend teilte Röschen dem Geliebten mit, daß sie die Ursache seiner Verschönerung sei und erzählte ihm alles, was sich mit dem Balsambüchschen zugetragen habe.

Florian begehrte es zu sehen, Rosinchen brachte es ihm, aber es war leer.

Er lächelte: »Laß es uns dem Zauberer wiedergeben«, sprach er, »es ist besser.«

Arm in Arm gingen sie nach dem Walde und riefen ihn.

»Kommt ihr endlich, ihr drolligen Menschen?« sprach er lachend,

»nicht wahr, ich habe euch geneckt, nun seid deshalb nicht verdrießlich, ist es doch nur zu euerm Besten geschehen, Ihr habt jetzt beide tiefere Blicke in euer Inneres getan und die Prüfung gut bestanden. Ich habe euch immer gern gehabt und über eure frühere Liebe gelächelt, die euch zusammengeführt hatte, häßlich zu schön und jetzt wieder häßlich zu schön, aber die Liebe macht solche wunderliche Sprünge.

Doch weil im Grunde doch nur Gleiches zu Gleichem stimmt, so iß du Rosinchen.« Bei diesen Worten reichte er ihr eine Muschel, mit hellem Wasser gefüllt, in welche er etwas aus dem von Rosinchen ihm dargereichten Balsambüchschen tat, was er wieder gefüllt hatte.

Rosinchen ließ sich nicht zweimal nötigen, sie tat einen herzhaften Schluck und stand im Nu wieder in ihrer vorigen Gestalt da, was dem schöngebliebenen Florian nicht unlieb war.

Das schöne Paar wurde den andern Tag getraut, bei der Hochzeit wurde fröhlich geschmaust, und noch viele Jahre verlebten Rosinchen und Florian in vergnügter Ehe.

Die Zuhörer lachten. Der Arzt fing an, über Sympathie zu sprechen, Marie sprach: »Wie mir doch die Menschen erscheinen würden, wenn ich sehen könnte, und was ich wohl schön und häßlich nennen würde?«

Neunhundertunddritte Nacht

»Lassen Sie uns beten«, sprach an diesem Tage der Kaplan, als sich am Morgen die ganze Familie des Freiherrn, mit Ausnahme Maries und des Arztes, im Saale versammelt hatten.

Und alle knieten nieder, während der Kaplan ein herzliches Gebet sprach und den Segen Gottes auf die Hand des Arztes erflehte, denn dieser war jetzt bei Marie, um ihre Augen zu operieren.

Unter dem Vorwande ihre Augen zu untersuchen, nahte er sich ihr; sie schien zu ahnen, was er vorhabe, denn sie faltete die Hände und betete. Einen Augenblick, ein Schrei des Schmerzes, ein Jubellaut! Dann sank Marie ohnmächtig um.

Willmann war auf das eifrigste bemüht, die Ohnmächtige in das Leben zurückzurufen; der Kaplan trat in das Zimmer.

»Gott hat mich gesegnet!« rief ihm der Arzt zu und stürzte in seine Arme.

Die Frauen traten ein, um Marie zur Ruhe zu bringen, welche noch immer vor Wonne und vor Schrecken zitterte.

Auf den Freiherrn hatte die Operation einen tiefen Eindruck gemacht; er war heiterer und zuversichtlicher geworden, er hoffte wieder eine fröhliche Zukunft ohne geheime Vorwürfe.

Der Arzt war ganz entzückt und selig, daß er wenigstens einem Auge Maries das Licht gegeben hatte. In acht Tagen wollte er das zweite Auge Maries operieren, jetzt verordnete er, was alle Augenärzte tun, daß Marie in ein mit dichten Vorhängen versehenes Zimmer kam und die Binde über ihre Augen durchaus nicht gelüftet werden dürfe.

Die Freifrau wollte alles festlich anordnen, was nötig war, um den Tag, an welchem Marie die Binde zum ersten Male abgenommen werden sollte, auf das festlichste zu begehen. Der Arzt aber stellte ihr vor, daß jede Gemütsbewegung Marie nur nachteilig sein könne, der Freiherr aber gestand seiner Gemahlin, daß er dem Arzt eine besondere Überraschung zudenke, und als er ihr seinen Plan mitgeteilt hatte, war Frau von Runsitten auf das innigste erfreut.

Am Abende versammelten sich alle in Maries Gemache, welche einer angenehmen Zerstreuung bedurfte. Der Arzt gebot, Marie nicht viel sprechen zu lassen, und Eduard erzählte folgende Sage.

DER WASSERMANN

Zu der Zeit der Kreuzzüge lebte auf einem schönen, am Ufer eines großen Stromes gelegenen Schlosse der Graf Romuald von Binnenburg, ein wenn auch nicht mehr junger, doch lebensfroher, rüstiger Herr.

Sein geliebtes Weib war ihm vor Jahren vorangegangen in das Jenseits, doch in einem schönen, braven Sohne, welcher die Züge seiner Mutter trug, glaubte er noch immer sie zu sehen.

Sein Sohn hatte sich bereits die goldenen Sporen verdient, und der Graf wünschte, daß er sich nun unter den Töchtern des Landes umschauen und ein züchtiges, holdes Fräulein heimführen möge, damit dem Vater noch die Freude werde, Enkel auf seinen Armen zu wiegen.

Der Sohn hätte gern einen Zug in das Heilige Land mitgemacht, aber er konnte den Bitten seines Vaters, in der Heimat zu bleiben, nicht widerstehen; auch kam er endlich zu der Erkenntnis, welche den meisten seiner Zeitgenossen abging, daß diese Kreuzzüge nicht befohlen wurden, um den christlichen Glauben im Morgenlande zu verbreiten, sondern um die Blüte der Ritterschaft und des Adels zu zerstören oder doch wenigstens zu schwächen.

Er ließ also auf des Vaters Wunsch sein schönstes Roß satteln und zäumen, schmückte sich auf das herrlichste und ritt, von einem alten Knappen und seinem jungen Knappen begleitet, auf Brautschau.

Er sah der schönen Fräuleins viele, aber keine fesselte ihn so sehr, daß er gewünscht hätte, sich mit ihr zu vermählen. Er kehrte deshalb, nachdem er sich in der ganzen Gegend umgeschaut und auf mancher Burg wohl acht Tage verweilt hatte, nach einigen Monaten heim, ohne Bräutigam zu sein.

Als er in das Gemach seines Vaters trat, kam ihm dieser hastig entgegen und fragte mit einer gewissen Ängstlichkeit: »Bist du verlobt, Konradin?«

Als es der Sohn verneinte, atmete der Vater freudig und sprach: »Eine größere Freude hättest du mir nicht leicht bereiten können, als du mir mit dieser Versicherung gegeben hast. Fast vergessen von mir, lebte in einer kleinen, halbverfallnen Burg ein alter Freund von mir. Das Unglück hat ihn seit Jahren heimgesucht, und er hat sich von der Welt zurückgezogen. Jetzt ist er dem Tode nahe und sandte mir durch einen Knappen dieses Schreiben, was du hier siehst, in welchem er mich dringend bittet, seine einzige, hilflose Tochter Helena in meinen Schutz zu nehmen. Den Wunsch meines alten, treuen Freundes werde ich mit Freuden erfüllen, und ich bitte dich, daß du sogleich dich aufmachst, das holde Mädchen, welches meinem Schutze anvertraut ist, aus ihrer öden Burg hinweg und in meine Arme zu führen.

Der junge Ritter verneigte sich gehorsam und zog den andern Morgen aus, um die Waise unter seinem Schutze auf seine Burg zu führen.

Als der Ritter bei dem Strome vorbeiritt, hielt sich sein Knappe dicht hinter ihm, und als sie das silberne Band des Stromes in weiterer Entfernung erblickten, sprach dieser: »Mit Gunst, gestrenger Herr Ritter, wenn mich nicht alles täuscht, tauchte das Haupt des Wassermannes aus dem Strome, und das bedeutet uns schwerlich Glück.«

»Es ist möglich!« sagte der Ritter, »ich habe ihn auch erblickt, aber schweige davon, ich mag meinen trüben Ahnungen nicht Worte geben.«

Stumm und eilig ritten sie weiter.

Neunhundertundvierte Nacht

Gegen Abend erreichte der junge Konradin von Binnenburg die alte Burg, welche der Freund seines Vaters bewohnte. Obgleich der Ritter in der Dämmerung über die Zugbrücke ritt, erkannte er doch schon die schwarze Fahne auf dem verfallenen Wartturme und wußte nun, daß der alte Ritter verschieden sei.

Er nannte sich dem alten Kastellan, welcher ihn sogleich auf das ehrerbietigste begrüßte und in die große Halle führte, wo er den Ritter bat, zu verweilen.

Konrad schaute sich um, überall waren Spuren von Armut sichtbar. Nachdem der Ritter sich etwas umgeschaut hatte, trat der Kaplan ein, ein alter Mann von ehrwürdigem Ansehen. Er grüßte den Jüngling freundlich und sagte mit Würde: »Es freut mich zu hören, daß Euer Vater sich der Waise seines Freundes väterlich annehmen will, und nicht leicht wird er eine Jungfrau finden, welche seines Schutzes würdiger ist. Ich hoffe, Ihr werdet es gestatten, daß Irmtraud, ihre alte Erzieherin, sie begleitet, und vertraue das edle Fräulein Euerm Schutze.«

Konrad erwiderte einige Worte hierauf, der Kastellan besorgte Erfrischungen und der Kaplan blieb bei dem Ritter, um ihm Gesellschaft zu leisten.

Die alte Irmtraud erschien, sie brachte dem jungen Ritter des Fräuleins Danksagungen für seine Güte, zugleich bat sie ihn, daß er doch so lange auf der Burg verweilen möge, bis das Fräulein sich zur Reise gerüstet und den Grabhügel ihres diesen Morgen beerdigten Vaters mit Blumen geschmückt habe.

Diese Wünsche versprach der junge Ritter zu erfüllen und ließ dem Fräulein melden, daß sie ganz über ihn zu befehlen habe.

Bei einem Becher Wein erzählte der Kaplan von dem verstorbenen Ritter, seinen Waffentaten, seinem Unglück und rühmte die Tugend und die Kenntnisse der verwaisten Helena, aber von ihrer Schönheit sprach er kein Wort, so daß der Ritter auf den Gedanken kam, das Fräulein sei eben nicht reich damit begabt.

Als der Kaplan dem jungen Grafen den Pokal zum zweiten Male mit Wein füllte und dieser noch immer so in sich gekehrt dasaß, sprach er: »Mit Gunst, edler Ritter, Ihr seid so mißmutig und niedergeschlagen, darf ich, ein Diener der Kirche, Euch wohl fragen, warum?«

»Ihr kommt mir zuvor, frommer Vater«, entgegnete der Ritter, »ich wollte Euch schon bitten, mich anzuhören. So wisset denn, schon als

Kind habe ich gehört, daß in dem Strome, an welchem meines Vaters Burg gelegen ist, ein mächtiger Wassergeist haust, welcher viel nützen und schaden kann, aber weil er tückisch und schadenfroh ist, lieber Unheil anrichtet als beglückt. Wenn er sich sehen so läßt, sagt man, soll dem, der ihn erblickt, bald ein Unglück erfahren. Nun wißt, ich sah heute morgen den Wassermann, und ich fürchte für mich, denn mein Auge täuschte sich nicht, mein Knappe hat ihn auch erblickt.«

»Seid guten Mutes, junger Ritter«, erwiderte der Kaplan, »der Wassermann ist nur denen gefährlich, die ihn anrufen. Verschweigen kann ich Euch aber nicht, daß dieser mächtige und tückische Geist, welcher nicht nur in dem Strome, sondern in allen Gewässern des Erdballes herrscht, besonders Euer Geschlecht haßt!«

»Mein Geschlecht?« fragte Konrad.

»Der Sage nach«, begann der Kaplan, »liebte das schönste Wasserfräulein Euern Ahnherrn, ihm zuliebe verließ sie das Wasserreich, gesellte sich den Sterblichen zu, bezahlte aber ihre Leidenschaft für den Ritter bald mit dem Tode. Seit jener Zeit haßt der Wassermann Euern Stamm, schon oft trat der Strom aus und verheerte Eure Fluren, schon oft, seit Jahrhunderten, ertranken die schönsten Fräuleins Eures Stammes, wenn sie sich im Kahne wiegten. War der Strom auch noch so ruhig und still, plötzlich brauste er auf und verschlang die holden Fräuleins von Binnenburg, denn der Wassermann hatte jenes schöne Wasserfräulein geliebt! Darum, junger Ritter, meidet den Strom, fliehet den Wassermann, Euch kann er nur Verderben bringen.«

Auf des Jünglings Gemüt hatte des Kaplans Erzählung tiefen Eindruck gemacht, und er schwur feierlich, niemals den Wassermann um etwas anzusprechen, ja ihn zu fliehen, wie den Bösen selbst.

Neunhundertundfünfte Nacht

Heute fuhr Eduard in Mitteilung seiner Sage fort:

Nach drei Tagen, welche Ritter Konrad auf der Burg zubrachte, ließ ihm das Fräulein melden, daß es bereit sei, ihm zu folgen. Er ließ sein Pferd satteln, des Fräuleins Zelter wurde vorgeführt, für die alte Irmtraud eine Sänfte gebracht, und der Ritter erwartete, nicht ohne Neugier, das Fräulein. Sie trat ein in tiefer Trauer, ihr Antlitz war mit einem dichten, schwarzen Schleier verhüllt, dennoch fiel dem Ritter ihre edle Gestalt auf, und tief in sein Herz drang es, als sie mit süßer Stimme sprach: »Ich danke Euch, edler Ritter, daß Ihr es mir gestattet, meine alte, treue Irmtraud mit mir zu nehmen; glaubt mir, daß ich es innig erkenne, was Euer edler Vater für die Waise tut.«

Mit zitternder Stimme nahm sie von dem Kaplan Abschied, welcher sie segnete und denselben Tag noch die einsame Burg verließ, um seine Tage im Kloster zu beschließen.

Unterwegs ritt der Ritter neben dem Fräulein, sie antwortete auf seine Fragen sittig und mit der sanften Stimme, die ihn so entzückte. Den Schleier schlug sie selbst dann nicht ganz zurück, als sie einige Erfrischungen genoß, und der Ritter, dem die weibliche Eitelkeit wohlbekannt war, wurde immer zuversichtlicher in dem Glauben, daß Helena häßlich sei.

Der Abendstern strahlte schon am Himmel, als Konrad Helena zurief: »Seht, Fräulein, dort meines Vaters Burg.«

Helena blickte auf, aber ihr Roß zu dem Ritter hinlenkend sprach sie: »Wohl sehe ich Eures Vaters schöne Burg, aber auch dort aus dem Strome den Kopf des Wassermannes tauchen, mir graut vor ihm, und ich wollte, ich hätte ihn niemals erblickt.«

Der Ritter sprach ihr Mut zu und spornte sein Roß; des Fräuleins Roß folgte diesem, und nach einer kleinen Stunde ritten sie über die Zugbrücke der Binnenburg.

Der alte Graf von Binnenburg empfing Helena wie eine Tochter, und als Konrad die Jungfrau unverschleiert sah, da war es ihm, als sähe er die Sonne aufgehen, und sein Herz gab sich ihr zu eigen für die Ewigkeit. Helena wurde das zierlichste Gemach in der Burg gegeben, was früher die Burgfrau bewohnt hatte, und die alte Irmtraud wohnte dicht neben ihrem Fräulein.

Konrad ritt nicht mehr auf die Brautschau und lebte ganz glücklich im Anschauen der schönen Helena, sein Herz hatte sie erkoren, aber er sprach von seiner Liebe zu niemanden, denn er wollte erst ihr Trauerjahr vorüberlassen.

Zu dieser Zeit hatte der alte Ritter in drei Nächten hintereinander denselben Traum. Sein Schutzheiliger erschien ihm im Traume und rief ihm zu, er solle noch einmal in das gelobte Land ziehen und dort für seine Seele beten.

Der Ritter war ein gottesfürchtiger Mann, noch kräftig genug, um seine Reise wohl wagen zu können, und schickte sich zum Zuge in das Heilige Land an, obgleich Konrad ihn flehentlich bat zurückzubleiben.

»Sei getrost, ich kehre wieder!« sprach er zu ihm und ließ sich weder durch des Sohnes Bitten noch durch Helenas Tränen abhalten, seine Reise, begleitet von zwei treuen Knappen, anzutreten. Vorher übergab er Konrad die Burg, segnete ihn und befahl Helena in seines Sohnes Schutz. Helena reichte dem Ritter zum Andenken eine Schärpe und einen goldnen Ring, den sie immer getragen hatte.

Nach des Ritters Abreise wurde es noch stiller im Schlosse, Konrad, um Helena nicht lästig zu fallen, ging fleißig auf die Jagd, das Fräulein saß mit Irmtraud in ihrem Gemache, betete und spann. So neigte sich das Trauerjahr zum Ende, Konrad warb nun feierlich um Helenas Hand und diese, welche ihn schon längst im stillen geliebt hatte, gab ihm hochbeglückt das Jawort. Die Verbindung sollte erst nach der Rückkehr von Konrads Vater vollzogen werden. Jetzt begann für Konrad und Helena ein neues, seliges Leben; eins war glücklich im Anschauen des andern.

Konrad ließ die alte, hohe Burg auf das herrlichste für Helena schmücken, das schönste Roß stand bereit, Helena an Konrads Seite durch den Wald zu treten, und wenn die alte Irmtraud mit nassen Augen sprach: »Fräulein, wie seid Ihr doch so glücklich!«, antwortete Helena: »Das hat mein Vater im Himmel mir erbetet.«

Neunhundertundsechste Nacht

Während dieser Zeit war der alte Graf von Binnenburg glücklich im Gelobten Lande angekommen, er hatte an heiliger Stätte seine Gebete verrichtet und trat nach zwölf Monaten langer Entfernung von der Heimat die Rückreise an, sich schon im Geiste auf das Wiedersehen freuend.

Als sich der Ritter auf dem Schiffe befand, erhob sich plötzlich ein furchtbarer Sturm, haushohe Wogen schlugen an das Schiff an, welches gewaltig hin- und hergeschleudert wurde, und alle, die sich auf dem Schiffe befanden, gaben sich verloren.

Da sagte ein Matrose, ein listiger Mensch, mit einem Gesicht, welches wenig Vertrauen einflößte, leise zu dem Grafen: »Der Wassermann zürnt und will uns an das Leben, aber bisweilen genügt ihm auch eine freiwillige Gabe von Gold oder edlen Steinen, besitzt Ihr dergleichen, so werft sie ihm hinab in sein Reich.«

Da erblickte der Ritter den schönen, goldnen Reif an seiner Hand, den er von Helena erhalten, und warf ihn hinab in die Tiefe, in demselben Augenblick tauchte das Haupt des Wassermannes aus dem Meere empor, und der Ritter vernahm wie er sprach: »Nun hast du dein Mündel verlobt!«

Dem Ritter war bange, aber er dachte, wie kann ein Wassermann Gewalt über die Menschen haben und fing an zu beten und die Heiligen um Schutz anzuflehen.

Während dies auf dem Meere geschah, stand das Fräulein am Fenster ihres Klosetts und schaute hinab in das Tal und auf den Strom, in dem sich die Sonne und der blaue Himmel spiegelte, und Sehnsucht nach dem Strome erwachte in ihr. Sie wünschte auf seinem Ufer zu wandeln und sich die Wasserblumen zu pflücken, die daselbst erblühten.

Eilends holte sie ihren Schleier, warf ihn über und ging aus der Burg hinab an des Stromes Ufer. Da vernahm sie lieblichen Wellengesang und lauschte lange und weilte noch am Strome, als sich schon die Sterne in ihm spiegelten.

So sah sie Konrad, er kam, um sie in die Burg zu führen, wohin sie ihm nur mit Widerstreben folgte, und als er mit ihr davonging, tauchte der Wassermann empor und sah Konrad tückisch an, und eine Stimme in dessen Innern sprach: »Nun ist mein Glück auf ewig hin!«

Von jenem Tage an ging Helene, des früher so geliebten Konrads Bitten nicht achtend, täglich zum Strome, früh mit dem ersten Morgenstrahl und oft leuchtete der Mond schon lange, ehe sie sich bewegen ließ heimzukehren. Selbst des Nachts stand sie auf, öffnete das Fenster, blickte nach dem Strome und weinte, daß sie nicht hinab konnte.

So trieb sie es neun Tage, am zehnten Tage schmückte sie sich, setzte sich an das Fenster und schaute nach dem Strome. Da trat plötzlich der Strom aus, hohe Wogen wallten bis zur Burg, und auf der höchsten glänzendsten saß der Wassermann. Sie reichte bis zu dem Fenster, an welchem Helena saß. Mit starker Hand erfaßte er das Fräulein und nahm sie mit fort in sein Reich. Alsbald zog sich der Strom wieder in sein Bett, in ihm spiegelte sich die Sonne und ein Regenbogen.

Konrad, welcher das Kommen des Wassermannes gesehen hatte, eilte zum Strome und rief die Geliebte. Sie tauchte empor und flüsterte: »Konrad, rette mich!«

Da stürzte der Jüngling in die Tiefe und wurde nicht mehr gesehen.

Als der alte Graf wohlbehalten aus Palästina heimkehrte, fand er seine Burg von dem Wasser zerstört und seinen Konrad nicht mehr. Als ihm erzählt worden war, was sich begeben, sprach er: »So ist es doch wahr, daß die Wassergeister mit dem Menschen Krieg führen und ihn hinabziehen in die kalte Tiefe?«

Er verließ seine Burg und beschloß seine Tage in dem Kloster; als er begraben wurde, warf man ihm seinen Schild in das Grab nach, er war der letzte Graf von Binnenburg.

»Weiteres«, fügte Eduard hinzu, »verkündet die Sage nicht, aber noch viele gibt es, die an sie glauben; auch erzählen sie manche so, das Fräulein sei durch Konrad befreit worden, aber diesen Glauben teile ich nicht, denn was die Elemente mit sich fortführen oder verschlingen, das bringen weder Macht noch Fleiß der Sterblichen diesen zurück.«

Neunhundertundsiebente Nacht

Der Kaplan erzählte heute:

DIE GEISTERINSEL

Es lebte vor vielen hundert Jahren ein edler Fürst, der hieß Prospero, und er war Herzog von Sizilien, dessen große Gelehrsamkeit und Weisheit war bekannt in allen Landen, und mächtige Geister – so ging die Sage im Volke – waren ihm dienstbar. Je mehr aber nun die Schätze seines Wissens von Tage zu Tage zunahmen, um so mehr entfernte er sich der wirklichen Welt, und er vergaß darüber endlich seine Regierung, so daß seine Minister nach Willkür schalteten und das Volk darüber zu murren begann.

Solange Prosperos Gemahlin noch lebte, drohte ihm freilich keine Gefahr, denn die edle Herzogin war unablässig bemüht, wo sie konnte die Not des Volkes zu lindern und somit seinen Unwillen zu beschwichtigen; aber das half nur für Augenblicke, und als Camilla starb und Prospero nur noch trübsinniger und verschlossener wurde und die Wirklichkeit floh, da drohte jeden Augenblick der Unwille des Volkes loszubrechen und wider den seine Pflichten vergessenden Fürsten sich zu kehren, um so mehr, als er dem Reiche keinen Erben hinterließ; denn seine Gattin hatte ihm nur eine Tochter geboren, welche damals aber erst vier Jahre zählte. Antonio, Prosperos Bruder, ein listiger und ehrgeiziger Prinz, benutzte die Stimmung der Unzufriedenen zu seinem Vorteil, verschwor sich mit ihnen, und ehe noch Prospero durch einen seiner wenigen Getreuen gewarnt werden konnte, waren alle Maßregeln genommen, ihn zu verderben.

Der Aufstand brach los; die Verschworenen bemächtigten sich des unglücklichen Prosperos ohne Widerstand und warfen ihn in einen Kerker, während Antonio durch die Straßen der Hauptstadt ritt und sich von dem Volke als Herzog begrüßen ließ. Natürlich verabsäumte er nicht, den Gruß der Menge dadurch zu erwidern, daß er versicherte, alles, was bisher Grund zum Mißvergnügen gegeben, solle von nun an wegfallen und dagegen nur Segen und Heil auf sein geliebtes Volk herabströmen.

Darauf kehrte er nach dem Schlosse zurück, um im geheimen Rat zu überlegen, was er mit seinem Bruder und dessen Tochter, der kleinen Miranda, beginnen solle.

Einige aus dem Rate stimmten ohne weiteres dafür, man solle den entthronten Prospero und seine Tochter insgeheim töten, dawider aber setzte sich Antonio aus Klugheit, indem er sagte: »Das Leben der Fürsten sei heilig und unverletzlich.« (Der Schalk fürchtete, mit der Zeit könne ihm dieses widerfahren.) Antonio verdammte den entthronten Herzog zu ewigem Gefängnis, aber das schien grausamer als Tod, da Prospero doch minder eines Verbrechens als der Schwäche und der Fahrlässigkeit schuldig befunden wurde. Noch andere trugen auf Verbannung aus dem Reiche an. Allein, das war gefährlich! Konnte denn Prospero nicht bei andern Fürsten Schutz und Hilfe suchen und auch finden! Endlich tat einer den Vorschlag, man möge Prosperos und seines Kindes Schicksal der Gottheit anheimstellen, nämlich so, daß man beide in einem offnen Kahne dem Spiele des hohen Meeres preisgäbe und sie so ihrem Schicksale überließe. Dieser Vorschlag, unter allen der grausamste und abscheulichste, fand allgemeinen Beifall, und die Verräter beeilten sich ihn auszuführen.

In einer finstern Nacht rissen sie den unglücklichen Prospero aus seinem Kerker und schleppten ihn mit der kleinen Miranda auf ein im Hafen segelfertig daliegendes Kriegsschiff. Das Schiff fuhr ab, und als es nach drei Tagen weit genug von Siziliens Küste sich auf offnem Meere befand, wurde ein kleines Boot mit wenigen Lebensmitteln herabgelassen; dahinein mußte Prospero mit Miranda steigen, und rasch segelte das große Schiff davon.

Prospero, als er sich so allein und hilflos mit seinem Kinde auf dem weiten Meere sah, weinte bitterlich und wollte fast an aller und jeglicher Rettung verzweifeln. Da erfaßte plötzlich eine Strömung sein kleines Fahrzeug und trieb es mit Blitzesschnelle fort, zugleich vernahm Prospero ein wunderseltsames Klingen in der Luft, bald lieblich und zart, bald mächtig rauschend. Prospero blickte auf die kleine Miranda, das Kind schlief und lächelte, da fühlte er auf einmal einen leichten Druck auf der Brust, und als er mit der Hand nach der Stelle fuhr, erfaßte er ein schwarzes Stäbchen mit wunderbaren silbernen Charakteren, welches er sogleich für einen Zauberstab erkannte. Freudig schwang er es dreimal über sich, und alsbald schwebte ein lieblicher Sylphe ihm gegenüber auf dem Rand des Schiffchens herab, wo er sich auf einem Rosenwölkchen wiegte und also sang:

»Höre mir zu! Höre mir zu!
Laß dir verkünden!
Willst du mich binden,
so bin ich dein
und will dich befrein,
von Sorg' und Pein,
aus jeder Gefahr!
Und herrschen sollst du immerdar.
Aber uns Sylphen auch mußt du befrein,
willst du's, so schwöre –
bei deiner Ehre –
treu uns zu sein.«

»Ich schwöre dir und deinen Genossen Treue, wofern du mich und dieses Kind rettest!« rief Prospero dem Sylphen zu, und dieser sang:

»So führ' ich euch der Insel zu,
dein Kindlein schläft in guter Ruh'!
Und deines Schwurs gedenke du.«

Und schneller und schneller trieb die Strömung das Schifflein, bis es auf einmal stille stand, da kamen die Sylphen, die Genossen Ariels, welcher zu dem Fürsten geredet, und trugen den gleichfalls Entschlummerten mit seinem Kinde an das blühende duftende Ufer der Geisterinsel.

Neunhundertundachte Nacht

Als Prospero erwachte, befand er sich auf einem prächtigen Lager in einer großen Höhle, deren Wände aus Lapislazuli bestanden. In einem ebenso prachtvollen Bettchen, neben dem seinigen, schlummerte Miranda. In der Höhle befanden sich außer den Lagerstätten noch kostbare Polster, Tische und Schränke, alles aus den edelsten Stoffen gefertigt, als Seide, Gold, Ebenholz und Elfenbein. Ganz dieser prachtvollen Geräte würdig waren auch die vielen schönen Kleider, welche für Prospero und Miranda bereit lagen, so daß er allerdings nicht mehr daran zweifeln konnte, daß er ausersehen sei, über mächtige Geister zu herrschen. Er sehnte sich aber nach Aufklärung all des Wunderbaren, das ihn umgab, und schwang deshalb das Zauberstäbchen. Alsbald stand der Sylphe Ariel vor ihm und fragte nach seinem Begehr. –

»Gib mir Auskunft«, sprach Prospero, »wie ich dazu komme, daß du und deine Genossen mich zu ihrem Herrscher erwählten, und sage mir, was ich zu tun habe, um meine Macht weise zu gebrauchen, denn mit Scham muß ich bekennen, daß all meine Wissenschaft bis jetzt mich nicht lehrte, weise zu sein, mindestens nicht so zu handeln.« Ariel lächelte und antwortete: »Der Spruch des Schicksals berief dich auf zwölf Jahre zu unsrem Herrscher, diese Zeit ist dir gewiß, und keine Macht, und wäre sie noch so groß, kann dir bedrohlich werden. Doch wenn diese Zeit verflossen –«

Nun fragte Prospero, als der Sylphe stockte.

»Ich will dir alles getreu berichten«, sprach Ariel, »wisse, diese Insel wurde von jeher von freien Elementargeistern bewohnt, und lange lebten wir einig, wohltätig wirkend durch unsere Kräfte. Endlich jedoch brach um geringer Ursache willen Streit unter uns aus, und feindlich kämpften wir wider einander. Umsonst mahnte uns der große Meister zur Eintracht, wir hörten ihn nicht und beriefen uns trotzig auf die Freiheit unsers Gebiets, ja, wir strebten in unserer törichten Vermessenheit sogar danach, den großen Meister allen Gehorsam aufzukündigen und ihn von seinem Thron zu vertreiben. Da ergrimmte er und sprach: ›Mir wollt ihr nicht gehorchen, meiner Oberherrschaft mich entziehen! So herrsche denn von nun an ein Weib über euch und quäle euch mit aller Bosheit deren ein Weib fähig ist, und das so lange, bis ein Fürst der Sterblichen, welchem sein aufrührerisches Volk tat wie ihr mir tun wolltet, eurer Insel naht und auf zwölf Jahre euch erlöst. Werdet ihr dann unter seiner milden und weisen Herrschaft euch meiner Verzeihung würdig machen, so möget ihr hoffen, doch mißbraucht nur einer von euch einmal seine Milde, dann fürchtet das Schlimmste, der verworfene Bastard eurer vorigen Peinigerin würde dann vielleicht über euch herrschen, bis mein Zorn gesühnt.‹

So sprach der große Meister und sandte uns die böse Hexe Sicorax, welche zwölf Jahre lang uns quälte, mehr als Worte auszudrücken vermögen. Sie brachte aus ihrem Reiche einen abscheulichen mißgestalteten Buben mit, dessen Vater, ebenfalls ein böser Zauberer, schon lange seine verdiente Strafe im Orkus abbüßt. Als die zwölf Jahre vorüber waren, mußte Sicorax auf ebenso lange Zeit hinabfahren zu ihrem höllischen Buhlen, ihr Bube aber blieb zurück, denn du, unser verkündeter neuer Herrscher, hast die Verpflichtung, ihn zu erziehen, und regierst du uns nicht weise, und duldest du es, daß unser eigensinniges, listiges und mitunter treuloses Volk deine Güte mißbraucht, ja, schonst du nur einen unter uns, der es wagt, dir zu widerstreben, wenn du befiehlst, so mußt du es vielleicht auch dulden, daß nach zwölf Jahren das Untier Caliban sich mit deiner Tochter vermählt.« »Nimmermehr!« rief Prospero, »lieber verlaß ich sogleich die Insel.«

»Das steht dir nicht mehr frei«, sprach Ariel. »Dein Schwur bindet dich. Du mußt nun herrschen, wohl oder übel, und uns die Schuld zahlen, welche du bei deinem Volke machtest.«

Prospero errötete und schwieg.

Neunhundertundneunte Nacht

Das zwölfte Jahr der Herrschaft Prosperos auf der Geisterinsel ging zu Ende, und mit Zagen sah er den letzten Tag desselben näherrücken, da er sich's bewußt war, daß er, wie sehr er auch über sich gewacht, doch hin und wieder gegen die störrigen, neckigen Geister gewesen war. Zwar hatte Ariel immer alles Mögliche getan, seine Kameraden zu bestimmen, in allen Stücken sich den Anordnungen Prosperos zu fügen, allein Freund Ariel selber konnte die Natur des Elementargeistes, dem aller und jeder Zwang verhaßt ist, nicht verleugnen, und so war es denn gekommen, daß er selbst mehr denn einmal dem milden Prospero widersprochen und sich ungehorsam gegen ihn gezeigt hatte, und Porspero hatte es ihm richtig allemal verziehen, ohne ihn zu bestrafen. Auch aus dem Bastard Caliban hatte Prospero nicht sonderlich viel

Gutes gezogen, das war aber kein Wunder, denn Caliban war nicht nur von Natur boshaft, sondern auch das dümmste Geschöpf, das je einige entfernte Ähnlichkeit mit einem Menschen hatte.

Vielleicht wäre der weiche Prospero strenger gewesen, gegen die eigensinnigen Geister sowohl als auch gegen den täppischen, boshaften Caliban, aber wenn er ja einmal Miene machte, ernstlich seine Macht zu gebrauchen, so flehte seine Tochter, die sanfte Miranda, für die Schuldigen, und Prospero verzieh um des geliebten Kindes willen. Und freilich war Miranda das liebenswürdigste Mädchen, das man sich denken konnte, schön wie die Morgenröte, und gut und unschuldig wie ein Engel. Und weil sie selber so gut und schuldlos war und nie ihrem Vater Grund zum Unwillen gab, so hielt sie alle andern Wesen ebenfalls für gut, sogar den abscheulichen Caliban. Auch wußte sie es nicht, welche Gefahr ihr und ihrem Vater durch dessen allzu große Milde drohe, denn dem Prospero war es nicht erlaubt, sie früher als am vorletzten Tage mit allen Verhältnissen bekanntzumachen.

»Wenn dir solches gelingt«, sprach Ariel kleinlaut zu seinem Herrn, »wenn es dir gelingt, o Prospero, deine Tochter über alles aufzuklären und sie vor Calibans Tücke zu warnen, so wird sie der Gefahr entgehen und auch du, aber ich zweifle daran, denn schon beginnt die Macht der bösen Sicorax wieder zu wachsen, und sicher wird sie nichts unterlassen, was ihr möglich ist, um dich in deinem Vorhaben zu hindern, und ihrem Sohne zu nützen.«

»Unseliges Geschick«, sprach Prospero, »unseliges Geschick, das mich auf dieses Eiland führte, wär' ich lieber in den Wogen des Meeres untergegangen! Ist denn sonst keine Hilfe mehr.«

»Ach freilich!« seufzte Ariel, »wenn Miranda einen Mann fände, den sie lieben könnte, der ihrer Liebe wert und die Probe bestände, bevor die Zeit der Frist verronnen, dann auch wärt ihr gerettet, und wir armen Geister immerdar, wenn es dir nämlich gefallen würde, freiwillig den Zauberstab zu zerbrechen, durch den du uns beherrschest. Dies ist die letzte Bedingung.«

Prospero sann einige Augenblicke nach, dann sprach er: »Höre, Ariel, bestimme mir all deine Brüder, daß sie diesmal mir unbedingt folgen, und folge auch du mir unbedingt! Glückt mir sodann, was ich vorhabe, so zerbreche ich freiwillig meinen Zauberstab und ihr alle sollt frei sein.«

»Oh, sprich! Befiehl lieber Meister!« rief Ariel, und Prospero sprach: »Wohl, so höre! Streife mit deinen Brüdern auf dem Meere umher, wo du ein Schiff erblickst, da betrachte genau die Mannschaft, und findest du einen darunter, der dir geeignet scheint in dem Herzen Mirandas Liebe zu erregen, so rufe deine Brüder herbei, daß sie einen Sturm erregen, dann führt das Schiff wohlbehalten an dieses Eiland und erregt unter der Mannschaft einen blinden Schrecken, daß sie meinen, das Schiff sei gestrandet und müsse zugrunde gehen. Wenn alle dann in Todesangst sich zu retten suchen, so führst du es so, daß der Erwählte an dieser Seite der Insel landet, wo du ihn mir bringst, doch so, daß er keine übernatürliche Macht ahnt. Seine Genossen zerstreust du auf der andern Seite der Insel und täuschst sie durch Blendwerke, daß sie diesem Teile nicht nahen. Doch laß es ihnen an nichts fehlen, was sie zum Leben bedürfen, und nimm dich wohl in acht, daß deine Neckereien sowie die deiner Genossen ihnen nicht schaden. Hast du mich verstanden?«

Ariel bejahte das und versprach heilig und teuer seinem Meister in allem gewissenhaft Folge zu leisten. Somit wollte er schnell davoneilen, besann sich aber und blieb zögernd vor dem Fürsten stehen.

»Nun?« rief Prospero anmutig, »soll das etwa eine Probe deines Gehorsams sein? Warum bist du nicht schon bei deinen Genossen? Warum nicht schon auf dem Meere? Langsamer, träger Geist!«

»Ach Meister!« versetzte Ariel kleinlaut, »es fällt mir eben ein, daß wir ja gar nichts eher zu unsern Gunsten unternehmen dürfen, als in der Nacht vor dem letzten Tage. Und das ist, wie du weißt, erst morgen nacht.«

Prospero seufzte, aber er konnte nichts dawider einwenden, sondern mußte sich damit begnügen, dem leichtsinnigen Sylphen nachdrücklich und wiederholt alles zu sagen, was ihm irgend von Nutzen schien, sein Vorhaben mit Glück zu fördern, und Ariel bezwang seine Ungeduld so gut es gehen wollte, und hörte mit möglichster Aufmerksamkeit diesen und den folgenden Tag die weisen Lehren des weisen Prospero an.

Endlich erschien der langersehnte Abend, und Ariel nahm Abschied von seinem Herrn, der sehnlichst des Zeichens harrte, daß das, was Ariel zu suchen ausgezogen, gefunden sei. Lange harrte er in ängstlicher Spannung vergebens, bis gegen Mitternacht plötzlich ein heftiger Donnerschlag ertönte und ein wütender Sturm losbrach, da jubelte Prospero: »Gefunden!«

Neunhundertundzehnte Nacht

Die ganze Nacht hindurch währte der schreckliche Sturm, und ein furchtbares Gewitter mit Donner, Blitz und Regen erhöhte seine Schrecken. Endlich brach der Tag an, der Sturm schwieg, das Gewitter hatte ausgetobt und ein heiterer, lichter Frühlingsmorgen grüßte lächelnd das schöne Tal, in dessen Mitte Prosperos Wohnung lag.

Wie klopfte dem Fürsten das Herz! Seit zwölf Jahren hatte er außer seiner Tochter keinen Menschen gesehen, und Miranda wußte kaum mehr, daß es außer ihr und ihrem Vater noch Menschen gebe. Prospero ergötzte sich im voraus an dem Gedanken, wie Miranda staunen würde, wenn sie außer ihrem Vater noch einen Menschen sehe. »Aber wird sie ihn lieben?« fragte Prospero sich, »und wenn auch, wird sie ihn so schnell lieben, und wird er die Probe bestehen?« Neue Sorge überfiel ihn, als er dieses dachte, und beschloß einen Versuch zu machen, seiner Tochter das Geheimnis mitzuteilen, um sie mindestens von der Gefahr zu befreien, dem rohen Caliban anzugehören.

Eben trat Miranda aus der Höhle und bot lächelnd ihrem Vater einen guten Morgen. Sie trug einen Kranz von Rosenknospen, und Rosen schmückten ihre Brust. Der Vater blickte sie an mit einem Gemisch von Entzücken und Schmerz, doch sich fassend sagte er, daß sie sich zu ihm niedersetzen und ihm aufmerksam zuhören solle, denn er habe ihr eine wichtige Mitteilung zu machen. – Miranda setzte sich neben ihn, versichernd, aufmerksam zuhören zu wollen, und Prospero begann seine Erzählung damit, ihr zu sagen, wer er und sie wären, wie sie auf diese Insel gekommen und wie er die Herrschaft über die Geister erhalten habe. Bis hierher verfolgte Miranda die Erzählung ihres Vaters mit größter Aufmerksamkeit, und es war ersichtlich, wieviel Interesse sie daran nahm; als aber nun Prospero fortfuhr, von der bösen Zauberin Sycorax und ihrem Bastard Caliban zu reden, als er ihr die Gefahr schilderte, in der sie gegenwärtig sich befänden, da nickte Miranda, als überkäme eine große Müdigkeit sie. – »Hörst du mich, Miranda?« fragte Prospero, seine Erzählung unterbrechend. Miranda fuhr empor und sprach: »Bitte, verzeihe Vater! Aber eine unerklärliche Müdigkeit erfaßte mich plötzlich, beginne noch einmal deine Geschichte.« Prospero tat es, und Miranda hörte und merkte sich alles wohl, bis Prospero wieder von Sycorax und Caliban zu sprechen anfing: Da fing auch Miranda wieder schlaftrunken an zu nicken. »Miranda! Hörst du mich?« fragte Prospero. – »Ich höre dich«, lallte Miranda und entschlief. »Und redete ich mit der Stimme des Donners zu dir, du würdest mich nicht hören«, klagte Prospero, indem er die auf den Rasen Hingesunkene mit kummervollen Blicken betrachtete. »Der Zauber der Sycorax vernichtet meine Bemühungen, dich vor der Gefahr zu warnen.« – Traurig stützte er das Haupt in die Hand und starrte vor sich hin. Da raschelte es in den Büschen und Caliban nahte sich dem Platze. Es war ein häßlicher, mißgestalteter Bursche, mit einem Höcker hinten und vorn, langen Nägeln an den Fingern der plumpen Hände, struppigen Borsthaaren, niedriger Stirne, kleinen Schweinsaugen, plattgedrückter Nase und einem Maule, dessen Winkel bis an die langen Ziegenohren reichten. Als er Miranda und ihren Vater erblickte, lachte er dumm und rief mit rauher, mißtönender Stimme: »Hoho! Hoho! Da ist ja der Alte und Mirandchen! Hoho! Hoho!«

Prospero blickte auf und fragte finster: »Was willst du hier, wer gab dir die Erlaubnis, ohne meinen Befehl dich diesem Platze zu nahen?«

»Hoho!« grinste Caliban, »die Erlaubnis nahm ich mir, ich will doch einmal mein Bräutchen zuvor ordentlich betrachten, eh' ich sie heirate.« Und somit trat er der schlummernden Miranda näher, aber Prospero berührte ihn mit seinem Zauberstabe, daß er drei Schritte zurückprallte, und sprach: »Wage es nicht, elender Sklave, so lieb dir dein Leben ist, meinem Kinde zu nahen.«

»Brr!« brummte Caliban, »wie grimmig, aber du brauchst dich gar nicht so böse anzustellen, denn morgen ist es mit deiner Herrschaft zu Ende, und ich werde deine Tochter heiraten, dawider hilft nichts.«

»Das wird sich finden.«

»Oh! Es hat sich schon gefunden! Mein Mütterchen hält Wort. Morgen abend kommt sie unter Donner und Blitz, dann heißt es: Marsch, Herr Prospero! Und Caliban wird Prinz Wunderschön, und ich heirate sie, und du wirst an einem Spieße gebraten, weil du meinem Mütterchen und dem armen Caliban ihre Insel geraubt hattest und den armen Caliban schlugst.«

»Mußt ich dich nicht schlagen?« fragte Prospero, »konnte ich anders deine Bosheit zügeln? Undankbarer! Wer war es, der dich reden lehrte – glichest du nicht, als ich dich fand, einem wilden Tiere ohne Vernunft und Sprache?«

»Ha!« versetzte Caliban, »daß du mich reden lehrtest, muß ich dir freilich danken, denn wenn ich nicht reden könnte, so könnt' ich dir ja nicht fluchen!«

Prospero fuhr zürnend auf und rief: »Wo du noch ein Wort wagst, so ruf' ich meine Geister, die sollen dich quälen mit Krämpfen und Stechen! – Zuckst du noch? Fort! Den Augenblick! Und lies mir Holz im Walde und schleppe es zur Stelle, und wehe dir, wenn du weniger bringst, als du mit äußerster Anstrengung all deiner Kräfte tragen kannst.«

Caliban ließ die Ohren hängen und schlich brummend davon. Prospero aber erweckte seine Tochter und ging mit ihr in seine Höhle.

Unterdessen hatte Ariel alle Befehle Prosperos pünktlich und mit großer Geschicklichkeit ausgeführt; durch Sturm und Graus hatte er das Schiff, welches er ausersehen, in die Bucht der Insel geführt, wo es sicher lag, doch von aller Mannschaft verlassen, welche er durch blinden Lärm getäuscht hatte.

Den erwähnten Jüngling hatte er, in einen tiefen Schlaf versenkt, an ein sicheres Versteck gebracht, während die übrige Mannschaft des Schiffes zerstreut und ratlos auf dem wüsten Teile der Insel umherirrte. Ariel nahte sich jetzt seinem Gebieter und erzählte ihm, wie er alles ausgerichtet habe, und Prospero ging mit ihm nach dem Orte, wo der im Schlaf versenkte Jüngling ruhte.

Neunhundertundelfte Nacht

Prospero geriet in eine seltsame Bewegung, als er den schlafenden Jüngling erblickte, es war ihm, als habe er ihn schon irgendwo gesehen, und fragend sah er seinen Sylphen an. Ariel lächelte und sprach: »Erwecke ihn und gib dich ihm als Beherrscher dieser Insel kund, er mag dir dann selber sagen, wer er ist. O Meister, diesmal sollst du mit deinem Ariel und seinen Brüdern zufrieden sein. Doch jetzt muß ich zurück zu seinen Genossen, es ist ein junger Diener des Jünglings darunter, ein Tollkopf, der seinen Herrn über alles liebt und fest entschlossen ist, die ganze Insel zu durchstreifen, um seinen Herrn zu suchen, den muß ich irre führen und auf diese oder jene Weise aufhalten, damit er Euch hier nicht stört.« Somit verschwand Ariel. Prospero aber erweckte den Jüngling, welcher erstaunt sich umblickte, und dann dem ehrwürdigen Greise zu Füßen sank, weil er ihn für ein überirdisches Wesen hielt, welches ihn errettet habe aus den Wogen des empörten Meeres. Prospero, der in seiner Seele las, erhob ihn und sprach: »Ich bin keine Gottheit, sondern ein sterblicher Mensch wie du, doch ist mir große Macht verliehen, und ich gebiete auf dieser Insel, welche außer von mir und meiner Tochter nur noch von Elementargeistern bewohnt ist. Mit Hilfe dieser mir untergebenen Geister rettete ich dich, und gastfrei will ich dich bei mir aufnehmen, solange du bei mir zu weilen Lust hast. Nun aber sage mir, wer du bist.«

Der Jüngling neigte sich vor dem Beherrscher der Insel und sprach: »Mein Name ist Fernando, und mein Vater war Antonio, Herzog von Sizilien. – Fehlt dir aber was?« unterbrach der Jüngling seine Erzählung, als er die heftige Bewegung bemerkte, in die Prospero geraten war, als er den Namen seines Vaters genannt hatte.

»Nichts, nichts!« versetzte Prospero. – »Fahre in deiner Erzählung fort – dein Vater ist tot? – Da bist du ja Herzog von Sizilien!«

»Nicht ich!« sprach Fernando, »denn auf seinem Sterbebette entdeckte mir mein Vater unter heißen Reuetränen seine Schuld. Durch Verrat hatte er seinem ältern Bruder Prospero des Thrones beraubt und ihn und seine vierjährige Tochter auf hoher See in einem kleinen Fahrzeuge ihrem Schicksal überlassen. Er beschwor mich, alles anzuwenden, um den unglücklichen Prospero und sein Kind zu finden und sie zurückzuführen in ihr Eigentum, und ich säumte nicht, sobald Antonio verschieden war, ein Schiff zu besteigen, um selbst alle Länder der Erde zu durchforschen nach meinem teuern Ohm und meiner Base.«

Als Prospero solches hörte, empfand er die größte Freude über Fernandos Rechtschaffenheit und wiederholte ihm die Versicherung seines Schutzes und daß er ihn als einen lieben Gast begrüße: »Nur eins versprich mir«, schloß er, »versprich mir, daß dir die Unschuld meiner Tochter heilig sein soll! Das Mädchen sah außer mir noch nie einen Mann – denn ein mißgestalteter Sklave, der noch auf dieser Insel lebt, verdient kaum den Namen eines Menschen, wie er denn wirklich auch nur der Bastard eines Gnomen und einer verruchten Hexe ist! – Du bist schön Fernando, und leicht dürfte es dir werden, meine unerfahrene Miranda (diesen Namen hat sie mit deiner Base gemein) zu verführen. Deshalb schwöre mir, daß du sie nie anders als mit den Augen eines Bruders betrachten willst.«

Fernando beteuerte, daß er nie sich so vergessen würde, um seinem Retter und Wohltäter mit Undank zu lohnen. Dieses Versprechen schien den guten Prospero zu beruhigen, und er führte seinen Gast in seine Höhle.

Oh, welch ein Augenblick, als Miranda und Fernando einander erblickten. Beide glaubten eine himmlische Erscheinung zu haben. – Sie erröteten und erbleichten wechselweise, sie sahen sich erstaunt, entzückt an, als wollten sie die Augen nie wieder voneinander abwenden, und gleich darauf schlugen sie sie verwirrt und verschämt zu Boden. Sie zitterten und keins konnte einen Schritt vorwärts tun, keins konnte ein armes Wörtchen reden, und doch hätten sie laut jubeln mögen und jubelnd einander in die Arme stürzen, denn der erste Blick hatte beider Herzen getroffen, sie liebten einander. Endlich brachte Prospero es soweit, daß sie einander begrüßten und stockend einige Worte redeten. – Doch als er nun tat, als ob er ihre Verwirrung und ihr scheues Wesen gar nicht bemerke, auch nicht bemerkt habe, wie sehr sie einander liebten, da wurden sie freier und unbefangener, erzählten einander was sie wußten, Miranda von ihren Blumen und Vögeln, von ihren Lieblingsplätzchen auf der Insel, von dem lustigen Sylphen Ariel und dem lächerlichen Caliban, Fernando aber erzählte von fernen Ländern und Menschen, von den Wundern der Städte und von den Schrecken des Meeres, welche er überstanden, und als sie genug von den ernsteren Dingen geplaudert hatten, da sangen sie zusammen süße Lieder, welche sie einander lehrten, und spielten Rätsel- und Antwortspiele, wie harmlose und fröhliche Kinder sie spielen, und lachten und scherzten, und wurden selber fröhliche und harmlose Kinder. Prospero aber schied von ihnen, um sich nach dem andern Teile der Insel zu begeben, wo Caliban hauste, und eh' er ging, gab er ihnen einen großen Sack voll Korallen, rote und weiße, die sollten sie während seiner Abwesenheit sondern und genau zählen, wieviel rote und wieviel weiße Korallen es wären.

Neunhundertundzwölfte Nacht

Unterdessen hatten sich auf dem wüsten Ende der Insel drei von Fernandos Leuten zusammengefunden, es waren dies Trinkolo, der Kellermeister, Steffano, der Koch, und Orbi, der Page des Prinzen. Alle drei waren lange einsam umhergeirrt, und ihre Freude war um so größer, als sie endlich zusammentrafen; als aber nun der erste Freudenrausch des Wiedersehens vorüber war, da gab es trübselige Gesichter, denn nicht nur, daß sie ihren geliebten Prinzen und ihre übrigen Kameraden beklagten, so meldeten sich auch bei allen dreien die unverschämten Gäste Hunger und Durst, welche befriedigt sein wollten und sich wenig darum kümmerten, ob auf einer wüsten Insel Rat zu schaffen sei oder nicht.

»Daß sich St. Januario erbarme«, klagte Steffano, »bin ich deshalb Hof- und Leibkoch geworden, daß ich auf schnöde Weise Hungers sterben soll?« – »Und ich«, klagte Trinkolo, »ich, der Oberhof-Kellermeister, der ich bis dahin gleichsam in edelsten Syrakusaner, Lacrimae Christi und Muskateller schwamm –, ich soll verdursten und verdorren wie eine Rose in glühendem Sande der Wüste – o sapperment! Muß ich mich so erniedrigen, zu wünschen nur irgendwo einen Quell mit trinkbarem Wasser zu finden, um wie ein Hund in diesem schlechten Elemente meinen Durst zu löschen.«

»Ich gebe die Hoffnung nicht auf, unsern guten Prinzen noch wieder zu finden«, sprach der Page, »denn wäre es nicht ungerecht, daß, wenn drei so nichtswürdige Burschen wie du Freund Trinkolo, du Freund Steffano und ich sind, glücklich gerettet wurden – ein so edler, liebenswürdiger Prinz hätte zugrunde gehen sollen.«

Die beiden Alten zogen bei dieser Rede des jungen Pagen ein grämliches Gesicht, und Trinkolo erwiderte: »Allen Respekt vor unserm gnädigen Prinzen und quasi Herzog, aber die Wahrheit zu sagen, so ist er doch an allem Unheil schuld; denn wer einen guten Weinkeller hat, der soll sein Lebtag nicht auf den dummen Einfall kommen, auf dem Wasser fahren zu wollen, denn der Wein nur ist vergnüglich und das Wasser ist betrüglich, heißt es in einem Trinkliede.«

»Richtig«, stimmte Steffano ihm bei, »und wer die Ehre hat, einen Mundkoch zu besitzen, der sich schmeicheln darf, ein Drastikus und Cerberus in seiner Art zu sein, wie meine Wenigkeit, der soll sich nicht auf wüste Inseln begeben, wo es weder zahmes noch wildes Wildbret, weder gefiedertes noch ungefiedertes Federvieh, noch Schlachtvieh, noch Rindvieh, noch Gemüse – kurz, nichts gibt, wovon der Koch aller Köche vermögend und imstande wäre, ein vernünftiges Mittagsmahl oder auch nur ein Frühstück oder Vesperbrot bereiten könnte.«

»Mit all euerm Geschwätz werdet ihr nichts ausrichten«, sprach ungeduldig der Page. –

»Wir wollen suchen«, seufzte Trinkolo, »wo wir irgendeinen Tropfen Wasser aufspüren, ach regnete es nur wie in der verflossenen Nacht, ich würde das Maul aufsperren und mir es vollregnen lassen, meine Zunge klebt mir am Gaumen.«

»Laßt uns an den Strand gehen und Muscheln suchen«, schlug Steffano vor, »oder in den Wald, da wollen wir Beeren lesen, wenn nämlich welche dort wachsen.«

»Alles nichts!« rief der Page, »aber einen guten Geist, wenn ein solcher auf diesem Eilande hauset, möcht' ich anrufen, mir ein gutes

Mahl daherzuzaubern, woran ich mich erquicken könnte, dann hätt' ich neue Kraft und frischen Mut unserm Prinzen nachzuspüren.«

Ariel hatte ungesehen die letzten Worte des Pagen belauscht, und kaum, daß sie gesprochen waren, so zauberte er auf einmal eine reichlich versehne Tafel für drei Personen gedeckt auf den Platz, wo die drei Schiffbrüchigen standen.

Trinkolo und Steffano prallten erschrocken zurück, Orbi aber, kaum verwundert, rief fröhlich: »Heißa! Getroffen, hier hauset ein guter Geist, und dies ist mir ein Zeichen, daß wir unsern Prinzen wieder finden werden. Allons Kameraden! Auf das Wohl unseres Prinzen.« Damit füllte er aus einer Flasche drei Gläser mit köstlich duftendem Wein, nahm selbst eins und forderte Trinkolo und den Koch auf, die beiden andern zu ergreifen und ihm Bescheid zu tun.

Aber Trinkolo und Steffano, so hungrig und durstig sie waren, trauten dem Dinge doch nicht und warnten als gute Christen den Pagen, doch nicht von dem Weine und den Speisen aus des Teufels Keller zu kosten. »Hasenfüße die ihr seid!« lachte der Page. »Vivat, mein Prinz!« Ein Tusch ertönte von unsichtbaren Instrumenten in der Luft, und Orbi leerte das erste Glas auf einen Zug.

Neunhundertunddreizehnte Nacht

»Bei allem, was ich kenne«, rief Orbi begeistert, als er den Becher geleert hatte, »das ist ein Götterwein! Jetzt wollen wir sehen, ob das Essen mit ihm gleichen Schritt hält.« Somit setzte er sich an den Tisch und begann nach Herzenslust zu schmausen.

Trinkolo und Steffano sahen ihm aus der Entfernung mit gierigen Blicken zu, der Mund wässerte beiden, denn Orbi konnte nicht Worte genug finden, um die Speisen und den Wein nach Würden zu rühmen.

Als nun die beiden Alten sahen, daß dem Pagen nichts Übles widerfuhr, ja, daß er um so lustiger wurde, je tapferer er schmauste und zechte, da sprach Trinkolo, indem er behutsam näherschlich: »Ich möchte doch in der Tat wissen, ob dieser Wein wohl so gut ist wie derjenige aus dem Mutterfäßchen des Prinzen«, und Steffano sprach: »Dieses Ragout scheint mir auf eine ganz eigene Weise zubereitet, und dieser Hecht ist in der Tat von außerordentlicher Schönheit.«

»So kommt doch und kostet, Ihr Hasen!« rief Orbi, indem er sein frisches Glas Wein leerte.

»Was meinst du, Bruder Steffano«, fragte schmunzelnd Trinkolo, indem er dem Tische wieder um einen Schritt nähertrat. – »Was meinst du, Bruder Trinkolo?« fragte Steffano zurück.

»Geh voran, Bruder!« sprach Trinkolo, »du bist der ältere.« »Mitnichten, Bruder!« versetzte Steffano: »Geh du voran, du hast mehr Courage als ich.«

»Possen!« rief der Page, indem er die beiden alten jeden bei einer Hand ergriff und sie halb mit Gewalt neben sich zum Sitzen niederzog, »Possen! Ihr habt beide keinen Mut! Aber da, trinkt, und er wird euch schon bekommen!«

Trinkolo und Steffano waren gewaltig erschrocken, als sie auf einmal an der Wundertafel saßen; da sie aber doch nun saßen und ihnen der Duft des Weines und der Speisen gar zu lieblich in die Nasen stach, so faßten sie sich ein Herz und leerten ihre Gläser.

O Himmel! Wie verklärten sich die langen, grämlichen Gesichter der beiden Alten, als sie den Götterwein schlürften. »Per bacco«, rief Trinkolo, »das ist der edelste Syracusaner, der je über eines Sterblichen Zunge glitt. Frisch, Steffano, lange zu, der Spitzbube läßt uns sonst nichts mehr übrig.«

»Ich bin gesättigt«, sprach der Page, indem er sich erhob, »und ich will jetzt sogleich eine Streiferei auf der Insel beginnen, ihr Alten tut euch indessen hier gütlich und erwartet meine Zurückkunft.« Trinkolo und Steffano versprachen den Platz nicht zu verlassen, und Orbi entfernte sich, um die Insel zu durchsuchen. Als die beiden Alten allein waren, aßen und tranken sie um so tapferer, je mehr sie sich erst gefürchtet hatten. Als nun der Wein ihnen in die Köpfe stieg, da sprach Trinkolo: »Bruder Steffano! Laß uns die Gesundheit unserer Frauen trinken! Vivat, dein alter Drache soll leben.«

»Bedanke mich«, rief Steffano, »und deine alte Meerkatze soll auch leben!«

»Bedanke mich gleichfalls«, rief Trinkolo, »aber, Brüderchen, wollen wir auch nicht eins singen, unsern Hausteufeln zu Ehren?«

»Wie du willst, Brüderchen«, versetzte Steffano. Die beiden Alten füllten die Gläser wieder, tranken und stimmten ihre Kehlen, um ihren erbaulichen Gesang zu beginnen.

Zufällig kam eben Caliban mit seiner Holzlast des Weges daher; als er die beiden drolligen Alten erblickte, wollte er davonlaufen, aber er witterte die köstlichen Speisen und den Wein, und als er hörte, wie lustig und gutmütig die beiden Alten miteinander sprachen, so bekam er wieder Mut, er versteckte sich in einem Gebüsch, wo er sie, selbst ungesehen, genau beobachten konnte, und wartete auf den rechten Augenblick, hervorzutreten und sein Teil von dem leckern Mahle zu erhaschen.

Die beiden Alten waren unterdessen mit den Vorbereitungen zum Singen fertiggeworden und begannen mit krähenden Stimmen:

»Mögen unsre Weiber doch
in der Heimat hausen,
wenn wir, frei vom Ehejoch,
hier in Frieden schmausen. –

Aber lieber möchten wir
in der Heimat schmausen!
Und statt unsrer sollten hier
unsre Weiber hausen.«

Caliban, der das hörte, konnte sich nicht enthalten, aus dem Busche, den Ton der Alten nachahmend, zu singen.

»Dieser Tausch gefiel auch mir!«

Trinkolo und Steffano sahen sich verdutzt an und fragten: »Sprachst du?« – »Nein, aber du?« – »Nein.«

»Dieser Tausch gefiel auch mir!« wiederholte Caliban; und erschrokken fragten die beiden Alten. »Wer sprach da? Wer spricht da? – Wer hat da gesprochen?«

Nun trat Caliban plötzlich aus dem Busche hervor und sang, dem Trinkolo und dem Steffano nachäffend.

»Mögen eure Weiber doch
in der Heimat hausen.
Könnt ihr, frei vom Ehejoch,
hier im Frieden schmausen.

Aber besser: Könntet ihr
in der Heimat schmausen,
und statt eurer müßten hier,
eure Weiber hausen.«

Neunhundertundvierzehnte Nacht

Laut lachend kam Caliban näher und rief: »Hahaha! Das war ein Spaß!«

Erschrocken sprangen Trinkolo und Steffano von der Tafel auf und wollten sich davonschleichen, aber Caliban, der Gefallen an ihrer Gesellschaft fand, rief ihnen zu, indem er sich selber an den Tisch setzte: »Na, warum wollt ihr denn davonlaufen? Ihr dummen Kerle!«

»Er kennt uns!« flüsterte Steffano zitternd seinem Gefährten zu, »am Ende ist's der Böse in höchsteigener Person. –

»Fürchtet euch nicht«, sprach Caliban weiter, »und kommt näher! Ich beiß' euch nicht.« –

Und Trinkolo tröstete seinen Gefährten: »Es ist nicht der Teufel, sondern nur ein monströses Monstrum.«

Caliban schenkte die Gläser voll und rief: »So setzt euch doch her zu mir und trinkt.« Trinkolo, als der Mutigere, folgte zitternd der Einladung und setzte sich, wiewohl mit geheimen Schauder, neben Caliban. Der feige Steffano aber suchte sich zu entschuldigen, und stotterte: »Ew. Herrlichkeit wollen verzeihen, ich kann nicht gut sitzen – ich habe ein Malum –«, das nahm jedoch Caliban sehr ungnädig auf und rief drohend: »Setze dich oder –« und wie der Blitz saß Steffano auf seiner andern Seite.

Dem Caliban schien es zwischen den beiden alten Burschen sehr wohl zu schmecken, denn er aß wie ein Wolf und trank wie ein Walfisch, Trinkolo und Steffano dagegen schienen allen Appetit verloren zu haben und saßen da mit wahren Jammergesichtern, die um so erbärmlicher ausfielen, als sie sich bemühten, sehr freundlich auszusehen, besonders legte es der feige Steffano darauf an, den Angenehmen zu spielen, da er in seiner Herzensangst jeden Augenblick vermeinte, nun werde das greuliche Ungeheuer sein großes Maul aufsperren und ihn mit Haut und Haar verschlingen.

»Ihr seid beide ein paar närrische Kerle«, knurrte Caliban nach einer Weile behaglich. »Wie heißt ihr denn?«

Beide nannten ihre Namen.

»Und wer seid ihr denn?« fragte Caliban weiter.

»Ich bin Hof-Kellermeister!« antwortete Trinkolo.

»Und ich Oberhof-Mundkoch«, sagte Steffano.

»Soso, soso!« brummte Caliban und sprach dann, sich von dem einen zum andern wendend, »hört nur, ich will euch in meine Dienste an meinen Hof nehmen.«

Trinkolo und Steffano starrten verdutzt den Gnomen an und fragten zweifelnd: »Ei – ei, haben den Ew. Herrlichkeit einen Hof?«

»Hört nur«, sagte Caliban, »noch nicht! – Aber von morgen an will ich einen Hof halten.«

»Daß sich Gott erbarme!« flüsterte Steffano seinem Kameraden zu, »das Monstrum einen Hof, das wird was Schönes werden!«

»Hört nur«, fuhr Caliban behaglich fort, »diese Insel gehört mir, und ich bin der Beherrscher aller Geister, die hier wohnen.«

»Alle Tausend!« riefen die beiden Alten, indem sie aufsprangen und den glücklichen Caliban mit Ehrfurcht betrachteten. – »Alle Tausend! Da verzeihen Ew. Hoheit, wir hätten sie beinahe für eine Mißgeburt gehalten.«

»Ja«, sprach Caliban, »morgen werde ich Prinz Wunderschön, mein Mütterchen Sicorax hat mir's versprochen. Und ihr müßt nur nicht glauben, daß die ganze Insel so wüst und unfruchtbar ist als diese Seite. – O bewahre! Auf der andern Seite da ist's herrlich! – Schattige Wälder mit Wild aller Art, kristallhelle Bäche mit Forellen und andern Fischen, Weinberge, Kornfelder, kurz alles, was sich das Herz nur wünschen kann – und nun vollends erst meine Wohnung! Denkt euch eine große, große Höhle aus einem einzigen blauen Edelstein, das Tor von Gold mit Perlen und Diamanten besät, und inwendig alles von Samt, Seide, Gold, Ebenholz und Elfenbein, und alles mit Perlen und Juwelen verziert. – O das ist schön.«

»Alle Wetter, das glaub' ich«, rief Trinkolo, »führe uns doch nur sogleich dahin, liebenswürdiger Monarch!«

Steffano vereinte seine Bitten mit denen Trinkolos. Caliban kratzte sich den Kopf und brummte: »Ja, das geht nicht, der Prospero ist noch dort.«

»Ei was!« sprach Trinkolo, den der Wein beherzt gemacht hatte, »was schert uns der Phosphorus oder Bosporus oder wie der Kerl sonst heißt! Ew. Majestät sind ja Beherrscher der Insel.«

»Freilich wohl!« sprach Caliban, »aber dieser Prospero ist ein alter Hexenmeister, der mein Mütterchen vor zwölf Jahren vertrieben hat. Aber morgen kommt Mütterchen wieder, und dann hat sein Regiment ein Ende, und ich heirate ihm zum Ärger seine Tochter, die schöne Miranda. Und nun hört! Wenn ihr Mut habt, so wollen wir es rasch zu Ende bringen! Eben um diese Zeit hält der Alte sein Mittagsschläfchen, was meint ihr, wenn wir in seine Höhle schlichen und ihm den Kopf einschlügen? Wenn ihr mir dabei helft, so will ich euch königlich belohnen, wenn ihr mir aber nicht helft, so verwandle ich dich, Trinkolo, auf der Stelle in einen Waldesel, und dich, Steffano, in einen Pavian – nun wählt, was euch am besten dünkt.«

Wären Trinkolo und Steffano vollkommen nüchtern gewesen, sie hätten sich gewiß lieber zehnmal in einen Waldesel und in einen Pavian verwandeln lassen, als daß sie sich zu einem solchen Wagnis wie der Mord Prosperos war, verstanden hätten. Allein, der Wein hatte wie gesagt ihre Köpfe wirbeln gemacht, und so gingen sie auf Calibans Vorschlag ein und schwuren ihm Treue auf einem Stecken, welchen er ihnen hinhielt, und wovon er ihnen vorlog, daß es ein Zauberstab sei.

Neunhundertundfünfzehnte Nacht

Zum Unglück für den mächtigen Caliban mußte eben, als die Verschwornen sich aufmachen wollten, nach Prosperos Höhle zu schleichen, der muntere Page (welchem der freundliche Ariel über des Prinzen Schicksal volle Auskunft gegeben) zurückkehren. Er wollte auf Ariels Befehl seine Kameraden solange zurückhalten, bis der Sylphe selbst sie zu ihrem Herrn führen würde, und war nun nicht wenig verwundert, sie in Calibans Gesellschaft zu finden. Aber noch weit mehr verwunderte er sich, als Caliban, nachdem er Trinkolo und Steffano befragt hatte, wer der junge Bursche sei, auf ihn zutrat und ihm befahl, niederzuknien und ihm zu huldigen.

»Was ist denn das für ein Geschöpf?« fragte Orbi den Kellermeister.

»Pst!« raunte Trinkolo ihm zu, »das ist der Herr der Insel.« Und Caliban bestätigte es: »Ich bin der Prinz Wunderschön.«

»Prinz Mondkalb magst du sein!« rief lachend der Page.

Caliban forderte nochmals den Pagen auf, ihm zu huldigen, und weder Trinkolo noch Steffano ließen es dabei an Ermahnungen fehlen, aber Orbi verspottete sie alle drei und nannte Herrn Caliban einen Betrüger.

Das verdroß diesen höchlich und er schwur, daß Orbi seine Macht empfinden solle. Trinkolo und Steffano flehten um Gnade für ihren jungen Kameraden, aber »Nichts da!« sprach Caliban. »Er hat ein loses Maul und muß bestraft werden, ich will ihn verzaubern! Kein Wort mehr! – Du Trinkolo stelle dich dort hin, und du Steffano auf die andere Seite!« (Zitternd gehorchten die Alten.) »Und du, junger Naseweis, stelle dich da in die Mitte hin!« Lachend gehorchte Orbi. »Lache nicht!« rief Caliban ärgerlich, »wart', ich will dir den Mund mit deiner Schärpe verbinden!« (Er tat es, und Orbi, um sich einen Scherz zu machen, ließ es geschehen.) »So«, sprach Caliban weiter, als er dem Pagen den Mund verbunden hatte, »so, und nun bleibe stille stehen und rühre kein Glied – und ihr andern zittert nicht, klappert nicht mit den Zähnen! – Still!«

Jetzt zog er mit seinem angeblichen Zauberstab einen Kreis um den Pagen, focht sodann mit dem Stab in der Luft und sprach pathetisch: »Sonne, Mond und Sterne, seid mir gehorsam!«

»Betrüger! Betrüger!« tönte es aus der Luft; es war Ariels Stimme, der unsichtbar dem Treiben zuschaute.

»Still!« befahl Caliban, »wer sprach da, warst du es, Trinkolo?«

»Ach, nein!«

»Oder du, Steffano?«

»Ach, nein!«

»Still! Keiner rühre sich, keiner rede! – Sonne, Mond und Sterne! Seid mir gehorsam, und du, junger Naseweis – werde klüger!«

Somit tupfte Caliban mit seinem Stecken dem Pagen auf das Haupt. Orbi stand steif und stumm da, Trinkolo und Steffano waren vor Angst mehr tot als lebendig. Caliban schwieg einige Minuten, dann sprach er wohlgefällig zu den beiden Alten, indem er auf Orbi deutete: »Da seht selber! Hand, Fuß und Zunge hab' ich bezaubert, er kann kein Glied rühren und keine Silbe mehr reden.«

Trinkolo trat näher, den Bezauberten zu betrachten, und sagte mitleidig: »Wahrhaftig! Steif und stumm! Wie der arme Junge sich grämt.«

Da riß jedoch Orbi die Schärpe von dem Mund und tanzte laut trällernd und singend herum, bald den Trinkolo, bald den Steffano, bald selbst den Beschwörer ergreifend und sie im Kreise mit sich herumschwingend, daß ihnen der Atem verging. »Lauft – lauft, was ihr laufen könnt!« schrie Caliban ängstlich dem Koch und dem Kellermeister zu. – »Er ist toll, ich traf ihn zu hart mit meinem Zauberstabe auf den Kopf!« Und Caliban und Trinkolo und Steffano liefen, was sie laufen konnten, hinter ihnen her hetzte Ariel einen großen Bienenschwarm, so daß sie jämmerlich zerstochen wurden. Endlich fanden sie in einem dichten Gebüsche Schutz, wo sie ihren Unfall bejammerten und sodann sich aufmachten, ihren Plan auf Prosperos Leben auszuführen.

Orbi aber harrte geduldig, bis Ariel ihn zu seinem Herrn führen würde.

Neunhundertundsechzehnte Nacht

Ariel hatte seinem Herrn von allem Nachricht gegeben, und dieser war nach der Höhle zurückgekehrt. Dort fand er Miranda und Fernando, welche soeben das langweilige Korallenzählen beendet hatten; er fragte sie nach der Zahl der roten und weißen, und als sie sie richtig angaben, lächelte er.

Da trat Fernando zu ihm und sprach: »Mächtiger Fürst der Geister! Ich habe dir mein Wort gehalten, und kannst du in meinem Herzen lesen, so weißt du, daß es rein ist. Aber dann weißt du auch noch, wie sehr ich vom ersten Augenblick an, da ich sie sah, deine Tochter liebe, und Miranda liebt mich.«

»Ei!« rief Prospero ihn unterbrechend, »hast du das trotz des Korallenzählens herausbekommen?«

Fernando errötete und fuhr fort: »Ich hoffe, dies Vergehen ist verzeihlich – verzeiht es mir, mächtiger Fürst, und bewillige mir die Hand deines Kindes.«

»Aber dein Ohm?« fragte Prospero ernst. –

»Mit deiner Hilfe hoff' ich ihn zu finden, wenn er noch lebt.«

»Und deine Base? Willst du mit ihrer Hand zugleich dem Herzogtum entsagen?«

»O!« rief Fernando feurig, »was ist mir der erste Thron der Welt ohne die Geliebte, die mein Herz sich erwählte? Gib mir deine Miranda, und in der niedrigsten Hütte werd' ich mich ein König dünken.«

»Nimm sie!« sprach Prospero, indem er seine Tochter zuführte. »Nimm sie und mit ihr das Herzogtum Sizilien, denn ich selbst bin dein Ohm Prospero, und Miranda ist deine Base.«

Entzückt fiel Fernando seinem Ohm zu Füßen und sodann in Mirandas Arme.

Da tönte Jubelgeschrei! Fernando blickte auf und gewahrte seine ganze Schiffsmannschaft, an deren Spitze der treue Page Orbi daherzog. Nur Trinkolo, der Kellermeister, und Steffano, der Koch, fehlten, aber auch diese trieb Ariel in Gesellschaft Calibans herbei und führte sie gebunden vor Prospero. Prospero verzieh den beiden Alten, den tückischen Caliban aber verbannte er zu seiner bösen Mutter Sycorax, und alsbald tat sich die Erde auf, und der Gnom sank hinab in den Orkus.

Nun befahl Prospero, daß das Schiff Fernados zur Abfahrt gerüstet würde, und als solches geschehen und der Wind günstig wehte, hieß er allen, auch Fernando und Miranda, das Schiff besteigen und seiner harren. Als nun alle diesem Befehle gehorchten und nur er allein noch auf der Insel war, da berief er den getreuen Ariel und alle übrigen Geister, daß sie ihm in sichtbaren Gestalten erschienen. Und es kamen die lustigen Sylphen, die feurigen Salamander, die grünlockigen Nixen und die braunen Gnome gehorsam und demütig. Da trat Prospero unter sie und nahm von ihnen Abschied und verkündete ihnen, daß die böse Sycorax bezwungen sei sowie, daß der große Meister ihnen verziehen habe und daß sie ihre Freiheit wieder erhalten sollten, und indem er dieses letzte sagte, zerbrach er seinen Zauberstab, der die Geistergesellschaft hielt. Da jauchzten die Geister und dankten dem großmütigen Prospero, und Ariel versprach ihm die glücklichste Heimkehr in sein Land.

So schied denn auch Prospero von der Geisterinsel und bestieg das Schiff, welches alsbald in See stach. Ariel hielt Wort, der günstigste Wind, das heiterste Wetter begünstigten diesmal die Reise. Das Schiff erreichte Sizilien. – Mit Jubel begrüßte das Volk den Zurückkehrenden als seinen Fürsten und rechtmäßigen Herrscher. Aber Prospero wollte nicht mehr herrschen, weil er fühlte, daß es ihm an Kraft fehle. Er übergab seinem Eidam Fernando die Regierung, indem er sprach: »Herrsche weiser und kräftiger denn ich – ich habe meine frühere Schwäche hart gebüßt, indem ich jetzt ein glückliches Volk fand, das es nicht durch mich ist, obgleich es mein Volk war. Erhalte du und schütze sein Glück, daß ich des deinigen mich freuen mag.«

Freundlich hatten alle die Sage mitangehört, und alle gedachten mit Freude der herrlichen Dichtung des großen Briten, der der nämliche Stoff zugrunde liegt.

Neunhundertundsiebzehnte Nacht

Diesen Abend erzählte die Freifrau nachfolgende Rheinsage:

DIE SCHWANENBURG BEI CLEVE

Die junge Gräfin Beatrix galt für die schönste Maid im ganzen Cleverlande. Sie war seit kurzem eine Waise, denn ihre Mutter hatte nicht vermocht, den Tod des geliebten Gatten (welcher in Palästina als ein Held gefallen war) zu überleben.

Einsam und still lebte die holde Jungfrau auf ihrer hohen Burg und gedachte oft mit Wehmut der teuern Eltern, welche schon so früh hatten sterben müssen. Ihre einzige Ergötzlichkeit bestand darin, daß sie an schönen Abenden am Ufer des Rheins ein Stündchen lustwandelte. Eines Abends, als sie sich wieder einsam so erging, den schönen, von der untergehenden Sonne geröteten Strom sinnend betrachtete und auf sein leises, heimliches Rauschen horchte, schwebte plötzlich ein seltsames Schifflein daher. Es glich einer großen Perlenmuschel, und zwei stolze Schwäne zogen es. Die goldnen Zügel lenkte ein junger, schöner Ritter. Beatrix wollte fliehen, aber sie vermochte es nicht, und eine unerklärliche Macht zwang sie, den wundersamen Schiffer zu erwarten. – Er kam immer näher, endlich hielt er dicht am Ufer, neigte sich vor der Gräfin und sprach mit sanfter Stimme und sittigem Wesen: »Ich bin Erlin von der Schwanenburg, der mit Euerm edlen Vater in Antiochia kämpfte. Wisset: Der Graf ist nicht tot, aber ein Gelübde bindet ihn, in dem Heiligen Lande zu verweilen, solange er noch lebt. Auf sein Gebot kehrte ich zurück ins Cleverland, die Kunde und dieses Schreiben von Euerm Vater Euch zu bringen. In drei Tagen seht Ihr mich wieder«, somit überreichte er dem Fräulein den Brief ihres Vaters, neigte sich ehrfurchtsvoll und lenkte sein Schifflein um, worauf er bald den Augen der staunenden Beatrix entschwand.

Beatrix eilte auf ihre Burg und in ihr Gemach, wo sie den teuern Brief ihres geliebten Vaters las; der Brief lautete: »Mein edler Waffengenosse Erlin wird dir Kunde von mir bringen. Ist dein Herz noch frei, so wähle ihn zum Gatten, vor allen würde diese Wahl ich segnen.«

Beatrix errötete hold, denn nur zu deutlich empfand sie es, wie, was ihr Vater wünschte, der Wunsch ihres eigenen Herzens sei.

Als nun die drei Tage um waren und Beatrix, als die Sonne sank,

Die Schwanenburg bei Cleve

wieder am Rheine lustwandelte, da schiffte wieder, wie vor drei Tagen, Erlin von der Schwanenburg daher und landete am Ufer, wo er diesmal ausstieg und sich der Gräfin nahte. »Drei Tage sind verflossen!« sprach er schüchtern, »ob ich nun zurückkehre oder bleibe, steht bei Euch.«

Statt jeder andern Antwort reichte Beatrix dem Ritter ihre Hand, und nach abermals drei Tagen legte der Priester ihre Hände ineinander.

Jahre schwanden den Glücklichen dahin wie Tage, Beatrix gebar im Laufe derselben ihrem Gatten drei Söhne: Dietrich, Gottfried und Konrad.

Die Knaben wuchsen heran und reiften zu Jünglingen, alle drei gleich edel, brav und gut. Und als der Vater sie wehrhaft machte, reichte er Dietrich sein Schild und sein Schwert und sprach: Wenn ich – scheide, Sohn, gehört die Grafschaft dir.« Seinem Sohn Gottfried schenkte er sein silbernes Hüfthorn und seinem jüngsten Sohn Konrad seine Sporen und seinen Siegelring, auch übergab er beiden ein herrliches Land, da wo der Rhein den Lahnfluß aufnimmt.

Am andern Morgen war der Graf von Cleve verschwunden. An seine Gattin hatte er einen Brief zurückgelassen, der lautete:

»Geliebtes Weib!

Ein heiliger Schwur ruft mich nach Palästina zu deinem Vater zurück. Ich lasse dir unsere Söhne. Euer Bild lebt in meinem Herzen, dies dir zum Trost.«

Tagelang saß fortan die treue Beatrix auf dem Burgsöller und schaute herab, ob nicht ihr Gatte wiederkehren würde – aber er kehrte nicht zurück, und bald ruhte Beatrix, von Gram und Sehnsucht verzehrt, in der Ahnengruft neben ihrer Mutter. Das Volk und ihre Söhne beweinten sie lange und herzlich, die Burg aber führt bis auf den heutigen Tag den Namen Schwanenburg, und von der Spitze des Turmes leuchtet weithin ein großer goldner Schwan.

Man fand die Sage ebenso wunderbar als rührend. »Morgen«, sprach Franz, »gedenke ich ein recht grausiges Gespensterstück zum besten zu geben.«

Neunhundertundachtzehnte Nacht

Franz begann heute:

DIE MUTIGE FRAU

Es war am zweiten Osterfeste des Jahres 1567, als ein stattlich gekleideter Fremder, begleitet von einem Diener, vor der ansehnlichsten Herberge der Stadt Schweidnitz hielt, und als der Diener den Bescheid gebracht, daß der Herr gute Aufnahme und ein reinliches Gemach finden könne, schwang er sich von seinem Rappen und trat in das Haus.

Wirt und Wirtin begrüßten ihn auf das höflichste, der erstere führte seinen Gast die Stiege hinauf in das beste Gemach, während die Wirtin nach der Küche sprang, um das Abendessen zu bereiten, welches der Herr bestellt hatte.

In der großen Unterstube waren mehrere Bürger der Stadt versammelt, die bei ihren Bierkrügen von Krieg und Frieden, vom Zustande des Reiches und von Stadtneuigkeiten sprachen.

Auf der Ofenbank saß Margarethe, des Wirtes Magd, ein junges hübsches Mädchen, mit großen braunen Augen und dunklen Locken. Sie sollte auf die Gäste achten und bereit sein, sie mit frischem Trunke zu bedienen, aber sie hörte wenig von dem, was um sie her vorging, und saß, ganz in sich selbst versenkt, traurig bei ihrem Spinnrocken.

Jetzt trat ein junger hübscher Mann in Jägerstracht durch die kleine Türe, die aus der Küche in die Gaststube führte, und mit leiser, sanfter Stimme sprach er zu Margarethe:

»Wieder in Tränen, liebe gute Margarethe, verbanne deinen Trübsinn, es wird, es muß alles noch gut werden, noch heute, wenn du es willst, spreche ich mit meinen Eltern.«

»Oh, tue dies nicht«, sagte kleinlaut Margarethe, »der Vater würde dich verfluchen, wenn er erführe, daß ich, die arme Magd, dein Weib bin, deine Mutter würde uns die heimliche Trauung nie vergeben, auf dich würde das Unheil hereinstürmen, darum schweige, mein Franz, bis zu meinem Tode, der nicht mehr fern sein wird.«

»Nimmermehr!« rief feurig Franz, »ich will, ich werde nicht schweigen, auch habe ich heute Glück gehabt und bin nun nicht mehr von den Eltern abhängig.«

»Glück?« fragte Margarethe, »hast du einen Schatz gefunden? Hat dich jemand beschenkt?«

»Ja und nein! Der Graf, dem der große Forst bei W... gehört, braucht einen Förster, weil der alte Kaspar, den ich, wie du weißt, oft besuchte, in diesen Tagen gestorben ist. Als ich mich vorgestern auf den Weg machte, wollte ich dir nichts von meinem Vorhaben entdecken, damit dich das Mißlingen nicht schmerzen sollte, nun aber ist alles geglückt, ich habe mich dem Grafen vorgestellt, ihm gefallen, die Försterstelle erhalten, darum freue dich!«

»Ach wie gern möcht' ich mich recht freuen, könnt' ich es nur!« seufzte Margarethe, »wie oft haben deine Eltern, die deine Neigung zu mir wohl bemerkten, mir meine Armut, meine Herkunft vorgeworfen, wie oft wollten sie mich nicht schon aus dem Hause weisen, nur weil sie in ihrer Wirtschaft eine ehrliche, flinke Magd bedürfen, nahmen sie ihre harten Worte zurück!«

»Weine nur nicht, lasse mich sorgen, es wird sich bald alles ändern«, tröstete Franz, da blickte Frau Martha zur Türe herein, und als sie das Pärchen miteinander plaudern hörte, rief sie Margarethe rasch ab, welche die Tränen trocknete und in die Küche hinaustrat.

»Unverschämte Dirne!« ließ sie die Arme an, »was unterfängst du dich, mit meinem Sohne zu sprechen, als wärest du seinesgleichen. Meinst du, der schöne, stattliche Jäger, der Erbe dieses Gasthofes, werde dich blutarme, hergelaufene Dirne zum Altare führen? Wollt' er dies, er wäre von Stund' an mein Sohn nicht mehr; du aber verläßt augenblicklich mein Haus, wirfst du noch einmal dein Auge auf ihn, oder besitzt du vielleicht die hundert Goldgulden, welche meine Schwiegertochter zum Mahlschatz bringen muß?«

Margarethe antwortete nur mit Tränen, schürte das Feuer auf dem Herde und verrichtete emsig ihre Arbeit.

Die Wirtin sah ihr zu, und als sie bemerkte, daß es Margarethe bei aller Betrübnis doch so flink von der Hand ging, sprach sie: »Wahr ist es, du hast ein gutes Herz und bist eine brave Dirne, ich habe nichts gegen deine Person und würde dich gerne Tochter nennen, aber nur gleich und gleich paßt zusammen, also nicht arm und reich, ein eheliches Kind und ein Bankert.«

Dies letzte Wort, obschon sie es schon mehrmals gehört, zerriß Margarethes Herz, und laut schluchzend verließ sie die Küche und schlich sich hinauf nach ihrem dunklen Bodenkämmerchen.

Neunhundertundneunzehnte Nacht

Heute erzählte Franz weiter:

Der stattliche Fremde hatte sein Abendmahl auf seinem Zimmer eingenommen, und weil ihm die Zeit lang wurde, er auch gern hörte, was sich in der Welt begab, verfügte er sich hinunter in die Gaststube und fragte höflich an, ob es ihm vergönnt sei, sich zu den ehrenwerten Bürgern an den Tisch zu setzen.

Diese machten ihm ehrerbietig am obern Ende der Tafel Platz, und auf seinen Ruf brachte Margarethe, welche wieder in die Gaststube gemußt hatte, ihm den Becher mit duftendem Weine. Man sprach von diesem und jenem, und der Fremde, welcher freundlich zuhörte, mischte sich von Zeit zu Zeit in das Gespräch, bisweilen blickte er auch nach Margarethe, die wieder am Spinnrocken saß, und seine Gedanken schienen sie mit einer Person aus seiner Erinnerung zu vergleichen.

»Aber glaubt Ihr denn wirklich an den tollen Spuk?« fragte ein Bürger seinen Nachbarn, welcher mit einem andern geflüstert hatte, und der Angeredete erwiderte: »Ganz gewiß, der Nachtwächter hat diese Nacht das Gerippe wieder wandeln sehen, Ihr könnt es glauben!«

»Was ist das mit dem Gerippe?« fragte der Fremde, und der Bürger nahm das Wort: »Auf unserem Gottesacker befindet sich eine Gruft, in welcher ein Gerippe steht: Welch einen Namen es getragen, als es noch mit Fleisch und Haut bedeckt unter den Lebenden wandelte, weiß niemand, ebensowenig wem die Gruft gehört hat, sie steht seit länger als fünfzig Jahren verfallen, ohne Türe, niemand wird mehr hineinbegraben, und die Zeit hat dem Wappen über dem Grufteingange so übel mitgespielt, daß man nicht einmal daraus zu erkennen vermag, wessen Geschlecht hier beerdigt liegt. Vor vielen Jahren wollte der Totengräber, dessen Sohn jetzt das Amt hat, das Gerippe in die Erde legen, deshalb grub er ein Grab und ging hin, es zu holen; aber das Gerippe versetzte ihm einen derben Schlag mit der Knochenhand und sprach mit hohler Stimme: ›Laß mich in Ruhe hier, bis ich mich selbst in das Grab legen kann.‹

Da ergriff den Totengräber ein panischer Schreck, er entfloh und ging niemals anders als am hellen Tage und selbst dann nicht ohne Begleitung bei dem Gerippe vorbei.

Der Totengräber erzählte, was ihm begegnet war, und seit der Zeit ließ natürlich jeder das Gerippe in Ruhe.

Nun will der Totengräber gesehen haben, daß das Gerippe um

Mitternacht über den Kirchhof geschritten sei zur gegenüberstehenden Gruft, welche ebenfalls verfallen ist und niemandem gehört. Dort sei es bis zum Schlage eins stehengeblieben und dann wieder in seine Gruft zurückgekehrt.«

»Eine merkwürdige Erscheinung!« sprach der Fremde, »ich hätte wohl Lust zu erfahren, ob es sich also mit dem Gerippe verhält, und wenn ich daheim bleibe, so geschieht dies nicht aus Furcht, sondern weil ich ein Fünfziger bin, der nicht Lust hat, sich im kalten November auf dem Kirchhofe um Mitternacht die Gicht zu holen. Aber dem, welcher den Gang wagt, wollt' ich schon hundert Goldgulden geben, bringt er mir ein sicheres Pfand, daß er wirklich das Gerippe gefragt, warum es ruhelos umherwandelt; das Geld achte ich nicht, ich besitze dessen genug, und da ich ein Arzt bin, so möcht' ich gar zu gern wissen, ob wohl in einem solchen Gerippe noch Leben und Seele wohnen kann.«

Da sprang Margarethe auf, von einem raschen Entschlusse ergriffen. »Herr!« sprach sie zu dem Doktor, »seid Ihr bereit, jedem, der den Gang tut, hundert Goldgulden zu zahlen, so bin ich bereit, ihn zu wagen.«

»Du, ein zartes Mägdlein, um Mitternacht?« fragte erstaunt der Arzt.

»Ihr? Du Margarethe?« riefen erstaunt die Gäste verwundert durcheinander.

»Ich will mir ein Heiratsgut verdienen!« sprach Margarethe mit seltsamen Tone, Wirt und Wirtin aber, die ihr noch zürnten, sprachen: »Laßt sie nur gehen, die tolle Dirne, sie mag zusehen, wie ihr der Vorwitz bekommt.«

»Was soll ich zum Pfande bringen, daß ich wirklich dagewesen bin?« fragte Margarethe. Da zog der Herr einen goldnen Reif vom Finger und sprach: »Stecke diesen Ring dem Gerippe an den Knochenfinger, und hast du mir Kunde gebracht, von dem was sich begeben, und ich finde morgen früh den Ring, so sind hundert Goldgulden dein.«

Franz, der einzige, welcher Margarethe von diesem Schritte abgehalten haben würde, saß auf seinem Gemache, nachdenkend, wie er die Eltern zur Verzeihung seines heimlich getanen Schrittes bewege, also warnte niemand Margarethe, welche ein Regentuch überwarf und festen, schnellen Schrittes dem Gottesacker zueilte.

Neunhundertundzwanzigste Nacht

»Mir hat von der grausigen Sache geträumt, die Sie uns erzählt haben«, sagte heute die Freifrau, »ich sah im Traume die arme Margarethe zum Gottesacker eilen, hörte wie das Gerippe mit ihr sprach und erblickte hierauf die Verwegne mit flatternden Haaren als Wahnsinnige.«

»Ich hoffe«, sprach Alma, »die gute Margarethe ist auf halbem Wege umgekehrt, nicht wahr? O bitte, erzählen Sie.«

»Sie sind beide auf falschem Wege, meine gnädigen Frauen«, sagte Franz.

Margarethe ging wirklich auf den Gottesacker, und obschon ihre Knie wankten, ihre Liebe gab ihr Mut und Kraft.

Herzhaft schritt sie auf die Gruft zu, sah vom Strahl des Mondes beleuchtet das Gerippe stehen und sprach mit sanfter, zitternder Stimme: »Ist es wahr, daß du des Nachts ruhelos umherwandelst und ist es möglich, daß dir Ruhe zu verschaffen ist, so sage es an.«

Da schlug die Glocke zwölf, Margarethe hatte, mutig durch des Gerippes Schweigen, ihm den goldnen Reif an den Finger gesteckt. Da sprach es, indem es seine dürren Arme um Margarethes Hals schlang, so daß sie es auf dem Rücken tragen mußte: »Vermessene, die du es gewagt hast, um Mitternacht dich in meine Geheimnisse einzudrängen, wisse, daß ich dich nicht eher verlassen werde, als bis du mir Verzeihung geholt hast von jener Frau, die du dort in der gegenüberstehenden Gruft sehen wirst.«

Margarethe schauderte, aber sie ging doch mit wankenden Schritten nach der Gruft, in dieser saß eine Frau, mit leichenblassen Wangen und eingefallenen Augen in weiße Leichentücher gehüllt.

Zu dieser Frau, deren Anblick fast noch schrecklicher war, als der des Gerippes, sprach Margarethe bebend: »Vergib dem, welchen ich trage, vergib ihm!«

Die Frau schüttelte ernst und schweigend das Haupt, und Margarethe sagte mit erhöhter Angst: »Vergib ihm um meinetwillen, denn wisse, das Gerippe verläßt mich nicht eher, als bis ich ihm Vergebung von dir erfleht habe.«

Und wieder schüttelte die Frau ernst und schweigend das Haupt, da rief Margarethe in Todesangst: »O so vergib ihm um des Kindes willen, das ich unter meinem Herzen trage.«

Und langsam erhob die Frau ihr Haupt und sprach feierlich: »Ihm sei vergeben!«

Hierauf erhob sie sich, stieg in die Gruft hinab, hob einen Sargdeckel ab und legte sich in den Sarg, dessen Deckel von unsichtbaren Händen über sie gelegt wurde.

Das Gerippe ließ Margarethe los und ging mit den Worten »Dank, du mutige, fromme Frau« in seine Gruft zurück.

Margarethe säumte nun nicht länger und trat ihren Rückweg an.

Während der Zeit hatten alle in der Gaststube von Margarethes Mute gesprochen, viele aber, und darunter auch der Arzt, hatten es bezweifelt, daß sie wirklich das Gerippe anreden werde. Da sprach der Fremde: »Liebe Leute, ich forsche einem Tischler namens Hellerbach nach, welcher früher in Breslau lebte, jetzt aber, wie ich höre, hier in der Nähe wohnen soll.«

»Er wohnt auch nur eine Stunde von hier«, sagte die Wirtin, »und Margarethe wird Euch die beste Auskunft über ihn geben können, denn sie war früher bei ihm seine Pflegetochter.«

»Wie alt ist diese Margarethe?« fragte der Arzt mit bebender Stimme.

»Neunzehn Jahre am Michaelistage gewesen!« antwortete die Wirtin.

Da wurde der Fremde totenblaß, taumelte in seinen Lehnstuhl zurück und vermochte nichts hervorzubringen als die Worte: »Eilt ihr nach, holt sie, es bringt tausend Goldgulden dem, der sie mir ohne ein Leid vom Gottesacker bringt!«

Das Bewußtsein verließ ihn, alle eilten ihm zu Hilfe, keiner hatte Lust sich die tausend Goldgulden zu verdienen. Endlich kehrte der Arzt in das Leben zurück, da trat Franz ein, er vernahm, was sich begeben hatte, und mit dem Ausrufe: »Margarethe, meine Margarethe, mein Weib!« stürzte er fort, um sie zu holen.

Staunend blickten ihm die Zurückgebliebenen nach, seine Eltern sagten kein Wort, ja die Mutter bereute es, Margarethe durch ihre harten Worte zu dem verzweifelten Schritte getrieben zu haben.

Neunhunderteinundzwanzigste Nacht

Jetzt wurden Tritte hörbar, die Türe öffnete sich, und auf ihren Franz gestützt, trat Margarethe ein, bleich, aber ohne alle Zeichen von Krankheit.

Eilends berichtete sie, was ihr geschehen, und hoffte nun nichts weiter, als den versprochenen Lohn, ihre Aussteuer zu erhalten; da stürzte der Doktor auf sie und schloß sie mit den Worten: »Margarethe, ich bin dein Vater, du bist meine Tochter!« in seine Arme.

Nachdem der erste Freudenrausch der Wiedergefundenen verflogen war, begann der Arzt: »Ich war eben dreißig Jahre alt, als ich Leibarzt eines reichen böhmischen Grafen wurde, der mir seine Gunst und sein Vertrauen schenkte. Seine schöne Tochter Anna zeichnete mich aus, ich liebte sie glühend, und die Folge unsrer geheimen Neigung war, da der Vater nie in unsre Verbindung gewilligt haben würde, Flucht und heimliche Trauung.

Weil wir uns vor den Verfolgungen des Grafen fürchteten, flohen wir unter fremden Namen nach Breslau und lebten daselbst still und eingezogen in dem Hause des Tischlers Hellerbach. Hier ward Margarethe Mutter einer Tochter und starb; ich wollte verzweifeln, nur das Kind erhielt mich am Leben. Da vernahm ich, daß der Graf mir auf der Spur sei, für Margarethe mußte ich mich erhalten. Im Herbste konnte ich das zarte Kind nicht mit mir nehmen, auch war ich nicht geeignet, ein kleines Kind zu pflegen.

Ich legte eine große Summe in Hellerbachs Hände, empfahl ihm und seinem Weibe des Kindes Pflege und reiste nach Welschland. Dort studierte ich weiter, hatte Glück mit meinen Kuren und brachte es in kurzer Zeit so weit, daß ich einen bedeutenden Ruf erhielt und Leibarzt eines italienischen Herzogs wurde. Oftmals wollte ich nach Deutschland reisen, um mir meine Tochter zu holen, immer fanden sich Hindernisse. In den letzten Jahren war ich sehr kränklich und konnte somit erst jetzt die Reise nach meinem Vaterlande antreten. In Breslau erfuhr ich, wo Hellerbach jetzt lebte; daß ich meine Tochter als Magd finden würde, ahnte ich nicht. Daß sie meine Tochter ist, bin ich fest überzeugt, ihr Gesicht fiel mir schon früher wegen der Ähnlichkeit mit den Zügen meiner verstorbenen Margarethe auf. Sie hat auch ihre sanfte Stimme.«

»Und Hellerbach hat keine Tochter und hat uns gesagt, als er sie zu uns in Dienste brachte, sie sei der Bastard eines Gelehrten!« fiel der Wirt ein.

»Der Schändliche!« sprach Margarethes Vater. »Aber von jetzt an soll mein Kind glücklich sein, denn meine Tochter ist sie, hier seh' ich auch das kleine braune Mal auf ihrer rechten Hand. Margarethe ist nun meine Erbin und der junge Mann, Euer Sohn, auch der meine, er hat ja die arme Magd schon geliebt!«

Daß Franz' Eltern nun mit Freuden in die Verbindung willigten, glaubt wohl jeder. Die heimlich Verbundenen wurden noch einmal öffentlich getraut, und in dem Gasthofe ging es an diesem Tage hoch her. Den Ring hatte man wirklich an des Gerippes Knochenfinger gefunden, er wurde Margarethes Trauring. Das Gerippe wurde verscharrt.

»Gott sei Dank, daß die Sage, welche so viel Schauerliches enthält, sich heiter endet«, sagte Claudine, »und daß die gute Margarethe für ihren seltenen Mut belohnt wird.«

»Ich bin selbst froh darüber, denn ich entgehe dadurch den Vorwürfen, welche die Damen aus Mitleid über mich ausschütten würden«, sprach Franz.

Als nun die Gesellschaft Maries Gemach verlassen hatte, sagte der Arzt auf dem Korridor zu dem Kaplan: »Morgen beten Sie wieder, werter Freund, morgen gedenke ich Maries linkes Auge zu operieren. Ich hätte ihr können jetzt Licht lassen, aber dann wird sie auf dem zweiten erst operierten Auge die Binde nicht lassen wollen, und darauf muß ich streng bestehen.«

»Gott gebe, daß Ihnen auch die zweite Operation gut gelingt wie die erste!« sagte der Kaplan.

»Sie hat mich sehr glücklich gemacht«, sprach Willmann bewegt, »bald wird, wenn meine Ahnung mich nicht täuscht, diesem Hause der Glücksstern wieder aufgehen. Eduard und Alma, Franz und Claudine, Marie und vielleicht der Maler, ich sage vielleicht, denn noch hat sie ihn nicht gesehen! Und wer weiß, welch ein Glück noch dem Freiherrn bevorsteht.«

»Lassen Sie uns hoffen«, sprach der Kaplan.

Neunhundertzweiundzwanzigste Nacht

Auch die zweite Operation war Willmann glücklich gelungen, und er ging zu dem Freiherrn, um mit ihm über seine Reise nach Wien zu seiner Braut zu sprechen.

Der Freiherr ersuchte ihn sehr freundlich, nur noch vierzehn Tage auf dem Schlosse zu verweilen, um Zeuge des Augenblicks zu sein, in welchem Marie die Binde von den Augen genommen würde. Willmann konnte dem Freiherrn diese Bitte nicht versagen und schob seine Reise um zwei Wochen hinaus. Als sich abends wieder alle in dem Salon versammelt hatten, sagte Willmann zu Franz: »Ihre Sage hat mich an eine Begeben-

heit erinnert, deren Zeuge mein Vater war. Oft hat er uns erzählt, was er mit angesehen und angehört hat auf dem berühmten Schlosse F..., und merkwürdig war es mir, daß jetzt, sechsundvierzig Jahre später, sich bestätigt hat, was mein Vater damals hörte.«

Von den Anwesenden aufgefordert, zu erzählen, begann der Arzt:

EINE NACHT AUF DEM SCHLOSSE F...

Von der Universität heimkehrend, kam mein Vater durch das freundliche böhmische Städtchen F... Die schöne Gegend und drükkende Hitze bewogen meinen Vater, einen Tag daselbst zu rasten, auch wollte er das nahe bei der Stadt auf hohem Felsen gelegene Schloß F... nicht unbesucht lassen, weil er sich von seinen Türmen aus eine köstliche Aussicht versprach und weil er die Originalporträts mehrerer berühmter Personen aus dem sechzehnten und siebzehnten Jahrhundert dort sehen konnte.

Er beschaute sich das alte Schloß und kam ganz entzückt von der himmlischen Aussicht und ergriffen von einigen Porträts, die er mit Grund für ähnlich hielt, zurück in den Gasthof.

»Wie kommt es aber«, fragte er einige Bewohner des Städtchens, »daß der Graf, welcher dieses schöne Schloß besitzt, es nicht bewohnt? Es ist doch Raum genug für eine zahlreiche Familie und eine ansehnliche Dienerschaft, und in diesen schönen Sälen und Gemächern muß es sich ganz herrlich wohnen.«

»Er hat der Schlösser viele«, antwortete ein angesehener Mann des Ortes, »Schloß F... ist nicht eingerichtet, und wenn der Graf nicht eben in der Hauptstadt des Landes oder in der Residenz sich aufhält, lebt er lieber auf dem Lande als in unserm kleinen Städtchen. Er will auch das Schloß, welches so viele merkwürdige Porträts enthält, den Besuchern nicht verschließen, und bewohnte er es, würden die zahlreichen Besuche ihn stören.«

»Man sagte einmal, es spuke in dem alten Schlosse«, nahm ein alter Herr das Wort, »möglich ist, daß die vielen alten Generale, deren Porträts auf dem Schlosse hängen, und daß der berühmte Kriegsheld W... selbst im Bilde nicht ruhen noch rasten können.«

»Ich bin eben nicht furchtsam«, sprach ein dritter, »aber Porträts, besonders wenn sie in Lebensgröße sind und gut gemalt, haben für mich etwas ungemein Schauerliches. Wenn sie einen so von allen Seiten mit großen Augen ansehen und man meint, die Augen bewegten sich, wenn man jeden Augenblick erwarten muß, so ein alter Ahnherr wird nun den Mund öffnen und sagen: ›Halt! Stillgestanden, ich habe mit dir zu sprechen‹, um keinen Preis bliebe ich eine Nacht auf dem Schlosse.«

»Ich auch nicht«, sagte ein vierter, »der Ratten und Mäuse wegen, die dort hausen!«

»Und ich nicht«, sprach der erste, »weil es doch nicht ganz richtig oben sein mag.«

»Ich bin augenblicklich bereit, eine Nacht auf dem Schlosse zuzubringen«, sagte mein Vater.

Das Gespräch wandte sich endlich so, daß die sämtlichen Herren mit meinem Vater um zwei Dutzend Flaschen Ungarwein wetteten, daß mein Vater nicht auf das Schloß ginge und die Nacht dort bliebe. Mein Vater ging die Wette ein, der Kastellan des Schlosses wurde in Kenntnis davon gesetzt, und um Glock zehn Uhr zog die ganze Gesellschaft im hellen Mondenscheine aus dem Gasthofe hinauf auf das Schloß.

Sie begleiteten meinen Vater bis in das erste Zimmer, und nachdem sie ihm gute Nacht gewünscht hatten, verließen sie ihn. Die Treppentüre wurde von außen mit einem französischen Schlüssel zugesperrt, den der Älteste in der Gesellschaft an sich nahm.

Hier schwieg der Erzähler, Alma sagte: »Man rühmt, und mit Recht, daß die Männer minder furchtsam sind wie die Frauen, ich gestehe, ich würde um keinen Preis eine Nacht allein auf so einem alten, mir unbekannten Schlosse zubringen, und ich glaube auch, nicht alle Männer würden es wagen.«

»Mein Vater hat uns wenigstens oft versichert, daß er es nicht zum zweiten Male tun würde.«

Neunhundertdreiundzwanzigste Nacht

Als die Gesellschaft meinen Vater verlassen hatte und er sich allein sah, lachte er, daß die Herren es für ein Wagstück hielten, eine Nacht in dem alten, ruhigen Schlosse zu bleiben, das, da es kein Geld enthielt, auch keine Räuber anlocken konnte. Es kam ihm komisch vor, daß sie ihren guten Wein so wohlfeilen Kaufs weggaben; er nahm sich vor, sich ihn recht gut schmecken zu lassen und diese Nacht über so gut als möglich zu schlafen.

»Ja, ich werde besser schlafen, als ich unten im Gasthofe, ja selbst im elterlichen Hause schlafen könnte«, sprach er zu sich, indem er sich auf ein altmodisches, mit weißem Atlas überzogenes Kanapee legte. Überall herrschte drückende Hitze, in den hohen Zimmern des alten, steinernen Schlosses, dessen Fenster selten geöffnet wurden, wohltuende Kühle.

Mein Vater schlief auch ruhig ein; da weckte ihn nach einem kurzen Schlummer der Klang der Turmuhr, es schlug dreimal.

»Schon drei Uhr!« dachte mein Vater. »Nun, da hätte ich denn die Nacht so ziemlich ruhig verschlafen, und die Geisterstunde wäre vorüber. Wie herrlich sich die Landschaft im Mondesschimmer ausnehmen muß«, dachte er und ging in das Nebenzimmer, aus welchem man eine herrliche Aussicht hat. Er öffnete es und schaute tief unter sich die freundliche, stille Stadt, ihm gegenüber die auf Anhöhen gelegenen Fluren, einige kleine Häuser und hinter diesen den Kranz von Bergen.

»O Gott, wie schön ist die Welt!« rief er aus, in diesem Anblicke schwelgend.

Da schlug es zwölf, also nicht drei; dreiviertel hatte es vorher geschlagen. Mein Vater blieb ruhig im Fenster liegen, da dünkte es ihm, als höre er hinter sich das Rauschen eines seidenen Gewandes und jetzt, als vernehme er schwere Tritte.

»Irgend jemand, der mich necken will«, denkt er und blickt sich um, aber wie versteinert steht er da, als er mitten im Zimmer den Feldmarschall W... in seiner halb altdeutschen, halb spanischen Tracht stehen sieht und den Rahmen, der sein Porträt umgab, leer. Er sieht eine schöne Frau im seidnen Gewande, die sich vor ihm neigt, und auf einen Wink des Feldmarschalls treten fast alle Personen aus den Rahmen, und die Brustbilder neigen sich vor ihm in den Rahmen oder wenden sich wie beschämt von ihm ab.

Und aus den übrigen Gemächern treten Frauen in seidenen und samtenen Gewändern, Kardinäle, Feldherren, berühmte Staatsmänner. Sie setzen sich auf die alten Sofas und Stühle und flüstern zusammen, und eine Dame sagt: »Wie ist es hier so dunkel, so still, keine Musik, kein Hofstaat!«

Der Feldmarschall geht in dem Kreise umher, wie ein Monarch, jedem ein paar Worte sagend, und zu einem alten, mit Orden gezierten Generale sprach er: »Entschuldige dich nicht, G..., ich weiß, du warst nicht aus persönlicher Feindschaft gegen mich, und was man dir von meinem Nachlasse gab und den Meinen nahm, hätte an deiner Stelle jeder andre genommen, hättest du dich auch geweigert, die Meinen hätten es doch nicht behalten.«

Hierauf verließ er das Gemach, und mein Vater, dem es unter den andern noch unheimlicher war und welchem, da ihm nichts geschah, die Neugierde trieb, folgte dem Feldmarschall durch mehrere Zimmer eine Stiege hinauf. Vor dem Bilde eines Mannes in mittleren Jahren blieb W... stehen und sprach: »F..., sei gerecht, sei gerecht, höre, untersuche selbst, gib nichts auf meine Feinde, auf Ohrenbläser. Sei gerecht, ehe die Nachwelt dir den Namen ›der Schwache, der Ungerechte‹ erteilt!«

Da sprach der Mann: »Geschehenes ist nicht mehr zu ändern, aber ich werde es im Traume meinen Enkeln befehlen, daß du nochmals gerichtest werdest, auf daß deine Unschuld hervorgehe.«

Da wandte sich W... und lächelte spöttisch, begab sich wieder in den Saal, wo noch alle flüsternd dasaßen. Und als die Glocke eins schlug, gingen alle die Gestalten ruhig in ihre Rahmen zurück und wurden Bilder.

Meinem Vater hatte bei diesem Anblicke die Haut geschaudert, er befühlte sich, ob er nicht träume, und zum Zeichen, daß er wache, zog er sein Schnupftuch heraus und riß es mitten voneinander, dann trat er wieder an das Fenster, um die Stadt zu sehen und hier und da ein Haus, aus dessen Fenstern das Nachtlämpchen schimmerte.

Neunhundertvierundzwanzigste Nacht

Mein Vater dankte Gott, als endlich die Sonne aufging und die Stunde seiner Befreiung aus dem alten Schlosse schlug, denn selbst bei hellem Tagesschein war ihm in der Nähe der Porträts unheimlich.

Um Punkt sechs Uhr hörte er Tritte, die Treppentüre wurde aufgeschlossen, und die ganze Gesellschaft kam, ihn im Triumphe abzuholen. Mein Vater sah blaß und übernächtig aus, und als er mit Fragen bestürmt wurde, sagte er, er habe allerdings etwas Seltsames auf dem Schlosse gesehen, könne es aber nicht erzählen. Zweien aus der Gesellschaft vertraute er aber, was er gesehen und gehört.

Diese wollten anfangs lachen, wurden aber doch gar ernsthaft dabei und erklärten endlich alles, was er vernommen habe wollen, für einen Traum oder für Bilder seiner erregten Phantasie. Mein Vater wollte aber das nicht glauben, berief sich darauf, daß er am offenen Fenster gestanden und auf sein zerrissenes Taschentuch. Auch dem alten Kastellan vertraute mein Vater, was er mitangesehen und angehört, und dieser sagte hierauf: »Herr, ich lache Sie nicht aus, wie vielleicht andre. Mein Vater, mein Großvater, mein Urgroßvater waren hier Kastellane, und einer hat dem andern versichert, daß der Feldmarschall unschuldig sei, vom Vater bis auf den Sohn hat es sich fortgeerbt. Auch mag es wohl nicht immer ruhig in den Gemächern sein, vor sechs Jahren habe ich selbst einmal etwas vernommen. Ich führte nämlich einen Fremden herum, welcher einen Stock mit einem Knopfe hatte, der ein Edelstein war. Spät, es mochte wohl elf Uhr sein, pochte es an meine Türe, ich öffnete, der Fremde stand da und sagte zu mir, daß er seinen Stock im ersten Zimmer des Schlosses habe stehenlassen und daß ich ihn doch gegen ein gutes Trinkgeld holen möge, weil er den nächsten Morgen um drei Uhr abreisen wolle.

Ich ging sogleich, mit meiner Laterne versehen, auf das Schloß und holte dem Herrn den Stock, welcher auch richtig im ersten Zimmer stand. Da hörte ich im anstoßenden Gemache seidne Gewänder rauschen und Tritte, aber ich hütete mich wohl, hineinzutreten, eilends verließ ich das Zimmer, schloß zu und lief, was ich konnte, die Treppe hinab, wo der Herr auf mich wartete.

Seit jenem Tage gehe ich nicht mehr, wenn es dunkelt, in das Schloß.«

Mein Vater verließ F... Jahre vergingen, er konnte die Nacht auf dem Schlosse nicht vergessen und litt seitdem keine lebensgroßen Porträts in seinem Zimmer, und als er selbständig war, auch nicht mehr in seinem Hause. »Wenn ich mich auch überreden wollte, daß ich nur geträumt«, sprach er oft, »es ist nicht möglich, so lebhaft zu träumen.« Wie staunte er, der gleich den meisten seiner Zeitgenossen den W... für einen Verräter hielt, als jetzt nach langen Jahren Akten aufgefunden worden sind, die ihn für schuldlos erklären.

Seitdem ist mein Vater noch fester überzeugt, daß es nicht Traumgestalten waren, die er sah.

»Und Sie?« fragte der Freiherr.

»Ich werde es für einen Traum halten, solange mir nicht ähnliches im Zustande des Wachens begegnet.«

»Wie kann Geist und Seele der Person, die von ihnen belebt wurde, in dem Porträt derselben wohnen?« sagte Eduard. »Viel eher ist wohl anzunehmen, daß der Geist des Malers in ihm wohnen kann.«

»Die meisten Maler legen nur nicht viel Geist hinein«, sprach lächelnd der Arzt.

Frau von Runsitten sagte: »Ich hörte vor Jahren, daß in einem alten Schlosse um jede Mitternacht im Ahnensaale die Ahnfrau umhergehen solle, schön gekleidet, blühenden Gesichtes, wie eine lebende Frau.

Niemand bezweifelte dies, nur der Herr des Schlosses wollte sich genau von der Wahrheit dieser Aussage überzeugen, er ließ den reinen Fußboden mit feinem Kohlenstaub bestreuen, und schloß nun eigenhändig beide Türen, die in den Saal führten, zu und versiegelte sie mit seinem Wappen, auch blieb er, um sich ganz sicher zu stellen, die Nacht in dem Gemache, welches an den Ahnensaal stieß, er hörte nichts und spottete schon über die Gläubigen, aber wie staunte er, als er am Morgen, da er das Gemach selbst aufschloß, in dem Staube der Kohlen Fußstapfen gewahrte, die klein genug waren, um einem Frauenfuße zugerechnet werden zu können.

Neunhundertfünfundzwanzigste Nacht

Heute erzählte Claudine die italienische Novelle

DIE DREI SCHWESTERN

In Venedig lebte einmal ein reicher Kaufherr namens Antonio, welchem der Himmel zwar keinen Sohn geschenkt hatte, dafür aber drei schöne Töchter.

Die älteste hieß Guiletta und hatte glänzend schwarzes Haar und schöne schwarze Augen, die zweite, Hyacintha, hatte ein liebliches Antlitz, umwallt von kastanienbraunen Locken, dazu ein Paar große, kastanienbraune Augen, die dritte, Viola, war blond, und ihr Vater hatte sie, um ihrer schönen, blauen Augen willen, Viola genannt. Sie glich ganz ihrer verstorbenen Mutter, welche, weil Blondinen in Italien Seltenheiten sind, oft wegen ihrer blauen Augen und goldnen Locken angestaunt worden war.

Eines Tages saß der Vater bei seinen Kindern, mehrere Hausfreunde waren zugegen und rühmten wieder, wie gewöhnlich, Violas schöne Haare und Augen.

»Sie dankt sie den Gebeten, welche ihre Mutter zu ihrer Schutzheiligen gebetet«, sprach Herr Antonio, »denn jahrelang wünschte sich meine verstorbene Gattin ein Mädchen mit blonden Locken und blauen Augen.«

Da sprang Viola auf und rief: »Nun denn, so schwöre ich hiermit feierlich und nehme die Anwesenden zu Zeugen, daß ich mich mit keinem Manne vermählen will, welcher nicht ebenfalls blondes Haar und blaue Augen hat.«

»Und ich«, sprach ernsthaft Guiletta, »schwöre, daß ich unter keiner Bedingung einem Manne die Hand geben will, welcher nicht dunkle Locken hat wie ich und rabenschwarze Augen.«

»Und ich«, fiel Hyacintha ein, »ich gelobe, eher in das Kloster zu gehen, als eines Mannes Gattin zu werden, der nicht kastanienbraunes Haar und ein kastanienbraunes Augenpaar hat wie ich.«

Einige in der Gesellschaft wollten die Jungfrauen bereden, das voreilige Gelübde zu widerrufen, doch Herr Antonio, den die Weinlaune romantisch gestimmt hatte, fand das Vorhaben seiner Töchter sehr löblich und stimmte dafür, ja er schwur, daß er seine Einwilligung zu keiner Verbindung seiner Töchter geben wolle, wenn nicht jeder Bräutigam Haare und Augen von der Farbe der Haare und Augen seiner Braut habe.

Ein spekulativer Kaufmann, welcher das mitangehört hatte, baute auf diese Äußerung einen Plan, und indem er in seinen Gedanken schon alles für gelungen hielt, trat er hervor, schlug vor, die Gelübde der Jungfrauen zu Protokoll zu bringen, und als dies geschehen war, sagte er: »Was ihr hier gelobt habt, meine schönen Jungfrauen, ist leichter gesagt als gehalten, die Liebe kann euch einen wunderlichen Streich spielen, und euer Vater ist viel zu zärtlich, um euch nur den kleinsten Wunsch zu versagen. Er wird es zufrieden sein, wenn die schwarzgelockte Hyacintha einen Blonden heiratet, wenn Viola, die Blonde –«

»Haltet ein, Herr Pedro!« riefen hier die drei Töchter und der Vater. »Haltet ein!« Und nun vermaßen sie sich so hoch und teuer, daß Herr Antonio feierlich, schriftlich vor Zeugen, versprach, daß die Tochter, welche ihrem Gelübde zuwider sich vermählte, dem Herrn Pedro ihr Heiratsgut, sechstausend Dukaten, zahle, dagegen Herr Pedro jeder Braut, welche ihr Gelübde halte, einen kostbaren Brautschmuck, tausend Dukaten an Gold und Edelsteinen wert, dagegensetzte.

Es wurde von einem anwesenden Rechtsgelehrten in aller Form eine Schrift darüber aufgesetzt, welche demselben, nachdem alle Unterschriften darauf standen, zur Bewahrung übergeben wurde. Herr Pedro war darüber nicht wenig erfreut, er hatte nämlich zwei junge, hübsche, wohlgebildete Söhne und einen Neffen, seiner verstorbenen Schwester Sohn, welchen er ebenfalls zärtlich liebte.

Sein ältester Sohn, Raimond, hatte schöne, dunkle Locken, pechschwarze Augen und war somit ein Mann für die schöne Guiletta, welche ihm eine erwünschte Schwiegertochter war, sein zweiter Sohn, Guiseppo, hatte Augen und Haare wie Hyacintha, und sein Neffe, Romeo, war der schönste Blonde in ganz Venedig.

Eine Verbindung seiner Söhne mit Antonios Töchtern war seit langer Zeit sein Lieblingswunsch, aber weil er selbst nicht so reich wie Antonio war, fürchtete er eine abschlägige Antwort und glaubte, daß die schönen Jungfrauen schon heimliche Bräute wären; nun aber war er Zeuge ihres Gelübdes und nahm sich vor, es zum Vorteile seines Hauses und seiner Söhne zu benutzen.

Neunhundertsechsundzwanzigste Nacht

Kaum war Pedro in seinem Hause angekommen, so rief er die drei Jünglinge herbei, erzählte ihnen das Gelübde der Schwestern, schilderte ihnen die Schönheit, die Jugend und den Reichtum der Bräute und bat sie auf das herzlichste, ihr Glück zu versuchen und sich um die Jungfrauen zu bewerben. Die drei Jünglinge, welche erst kürzlich von ihren Reisen zurückgekommen waren, kannten die Schwestern noch nicht, aber sie waren sehr geneigt, die hübschen, reichen Mädchen heimzuführen, wenn nur diese selbst nichts dagegen hätten.

Herr Pedro war über die Bereitwilligkeit sehr vergnügt, er sagte dem schwarzlockigen Raimond, daß er seine Bestimmte alle Morgen vor dem Altare der heiligen Julia, Guiseppo seine Hyacintha vor dem der heiligen Barbara, Romeo aber Viola vor dem Hauptaltare in der Domkirche finden werde.

Die Jünglinge säumten auch nicht, sich den andern Tag in die Kirche zu begeben, aber jeder hatte vergessen, zu welchem Altare er treten solle, und so kam es denn, daß der blondgelockte Romeo zu dem Altare ging, an welchem die braunäugige Hyacintha ihre Andacht verrichtete, während Guiseppo neben Guiletta niederkniete und Raimond der blauäugigen Viola mit zierlichem Anstande das Weihwasser reichte. Unglücklicherweise hatte sich jeder Jüngling in die Jungfrau verliebt, welche er gesehen, die Mädchen waren ebenfalls nicht gleichgültig bei dem Anblicke der hübschen Jünglinge geblieben, und da sie sich täglich sahen, endlich sprachen, zuletzt bestellten, so war der Liebeshandel eines jeden Paares schon im vollen Gange, als jede der Jungfrauen entdeckte, daß sie den Jüngling, den sie liebe, wegen ihres Gelübdes die Hand nicht reichen dürfe.

Das Gelübde, welches diese drei reichen, schönen Mädchen getan hatten, war nicht verschwiegen geblieben; schwarze und braunäugige Jünglinge und Männer bewarben sich um die beiden ältesten, und ein Leipziger Handelsfreund, dem man davon geschrieben hatte, sandte mit der nächsten Post seine zwei blonden Söhne an Herrn Pedro, welche er in Ermangelung blonder Venezianer für geeignet hielt, der schönen Viola zur Wahl vorgestellt zu werden.

Der alte Herr Antonio war ein guter Mann, aber auch ein Kaufmann, deshalb wünschte er dem Herrn Pedro den versprochenen Brautschmuck für jede seiner Töchter abzugewinnen. Von den Freiern, welche sich um seine Töchter beworben hatten, gefielen ihm drei besonders wohl, und er gab ihnen halb und halb das Jawort.

Hierauf begab er sich zu seinen Töchtern, sagte ihnen, daß sich für jede ein passender Mann gefunden und hoffte nun, daß seine Töchter vollkommen zufrieden sein würden. Aber die Jungfrauen waren ganz erschrocken, wollten von keiner Verbindung wissen, erklärten ihr Gelübde für Scherz und gestanden endlich, als der Vater mit Fragen in sie drang, daß jede schon einen Gegenstand für ihr Herz gefunden habe.

Dies war dem Vater keineswegs angenehm, besonders war es ihm unlieb, als jede ihm den Namen des Erwählten nannte, und er sah, daß die Mädchen ihr reiches Heiratsgut verlieren sollten. Nach einigen Bedenken versicherte er, daß er seine Töchter zwar zu keiner Verbindung zwingen, aber auch in keine Verbindung willigen würde, die wider ihr Gelübde sei.

Bei diesem Ausspruche beharrte der Vater, die Mädchen weinten und teilten ihren Liebhabern ihr Mißgeschick mit, welche sich an Herrn Pedro wendeten und Rat und Hilfe von ihm verlangten. Diesem war die Verwechslung nun schon recht, denn jeder seiner Söhne hatte die Neigung einer schönen, reichen Jungfrau gewonnen; aber zu Herrn Antonios Ausspruche schüttelte er den Kopf, denn er zweifelte auch an seiner Einwilligung und hätte, da seine Söhne die reichen Bräute heimführen sollten, nun gern auf die sechstausend Dukaten verzichtet, die jede von Herrn Antonios Töchtern an ihn zahlen sollte, wenn er sonst mit Ehren hätte darauf verzichten können, und die er nur verwettet hätte, um die hübschen Mädchen eher zu Verbindungen mit seinen Söhnen zu bewegen, die freilich, so daß sie sich mit dem Gelübde vertrugen, stattfinden sollten.

Herr Antonio blieb unerbittlich, die Mädchen weinten, Herrn Pedros Söhne und sein Neffe wollten verzweifeln, und das ganze Abenteuer hätte leicht noch traurig enden können, wenn die Liebhaber nicht auf den Einfall gekommen wären, sich Perücken machen zu lassen. In diesen Perücken holten sie sich bei Herrn Antonio, welcher es mit den Augen nicht so genau nahm, das Jawort, Herr Pedro gab jeder von seinen Schwiegertöchtern mit Freuden den versprochenen Schmuck, und als die Trauung vorüber war und die jungen Ehemänner ihre Perücken ablegten, grämten sich die beiden vergnügten Väter auch nicht mehr darüber.

Neunhundertsiebenundzwanzigste Nacht

Als heute die Freifrau gebeten wurde, etwas zu erzählen, sagte sie:

»Wir haben einander schon so viel Angenehmes von berühmten und bekannten deutschen Schriftstellern erzählt, laßt mich denn heute eine Sage mitteilen, welche eine bejahrte, hochgeachtete Schriftstellerin Deutschlands, deren Schriften oft mit Vergnügen von uns gelesen worden sind, mitteilen«. Und sie las:

DIE WALPURGISNACHT

Es war an einem schönen Abend im Beginnen des Frühlings, als ein liebend Paar in der Umwölbung frisch begrünter Büsche am Ufer des Sees saß. Hinter dem Gebirge war die Sonne schon lange verschwunden, nur die gegenüberliegenden Felsenzacken prangten noch im rötlichen Glanze; Dämmerung verbreitete sich in den Talschluchten. Einzelne Nebelstreifen stiegen aus den Kiefernwäldern empor und schwebten langsam an den Abhängen hin; die Himmelswolken zitterten in den leise bewegten Wellen, einzelne Sterne erschienen am dunklen Blau und spiegelten sich im Wasser wider. Alles war still und feierlich. Der Sonntag ging zu Ende, kein Geräusch arbeitender Menschen unterbrach das Schweigen, nur die Wellen des Sees klatschten in langsamen Schlägen an das Ufer, und hier oder dort tönte der Ruf einer einsamen Sennerin von der Alpe herab. Rudolf und Else hielten sich umschlungen, ihre Herzen waren von Liebe und Dank gegen Gott erfüllt, der sie so wunderbar bis hierher geführt; denn heute waren sie zum ersten Mal in der Kirche des Benediktinerstiftes aufgeboten worden, und ihre Hochzeit war auf den nächsten Monat angesetzt. Sie hatten ihr Glück wohlverdient, manche schwere Prüfung hatte ihre Liebe geläutert und bewährt, und nur nach Jahren von Trennung und Kummer war es ihnen gelungen, ein Glück zu genießen, das lange Entbehrung ihnen um so teurer gemacht hatte.

Rudolfs Vater war der reiche Sensenschmiedmeister Christoph gewesen, dessen Haus mit Werkstätten, Öfen und Wirtschaftsgebäuden dort drüben im Walde lag, wo der Gießbach aus dem dunklen Tannengehege hervorstürzt und mit lautem Gebraus die mächtigen Räder treibt.

Der einzige Sohn war von dem Vater zum geistlichen Stande bestimmt. Er war bei den Benediktinern in die Schule gegangen, denen Markt, See und Wälder weit umher gehörten, und sollte einst eine wichtige Person im Staate werden, wie es manche andere in jenen Zeiten geworden waren, wo die Gefahren des Dreißigjährigen Krieges, Bauernaufruhr und trotzige Landherrn, dem bedrängten Fürsten den Rat frommer und gelehrter Männer sehr nötig gemacht hatten.

Meister Christoph sah seinen Sohn im Geiste schon mit Kette und Kreuz geschmückt in der Versammlung der Österreichischen Landstände oder am Hofe des Kaisers, weidete sich an der Ehre. die seinem Hause widerfahren sollte und verzichtete gern dafür auf die Freude, einst Enkel auf seinem Schoß zu wiegen und sein Haus auf blühende Kinder in Friede und Eintracht zu vererben.

Rudolf indessen dachte nicht wie sein Vater. Von Kindheit an hatte es ihm das Herz aufgeregt, wenn die Nachbarn abends in der Schenke oder an der Tafel im Stifte durchziehende Krieger von den jetzigen Zeitläufen, von den Zügen der Schweden oder wohl gar vom Wallenstein erzählten, unter dessen Fahnen manche von ihnen gedient. Dann wallte sein Blut heißer, er hing am Munde des Sprechenden, und in seinen Spielstunden wurden die Gefechte, die er hatte beschreiben hören, unter seinen Kameraden dargestellt, über die er sich, ohne es zu wollen, eine Art von Übergewicht erworben hatte.

Der Vater horchte wenig auf diese deutlich ausgesprochene Neigung seines Sohnes, und Rudolf mußte bei den Benediktinern bleiben, in deren Klosterzwang er sich wie im Kerker fühlte.

Neunhundertachtundzwanzigste Nacht

Heute las Frau von Runsitten weiter:

Aber der Knabe trat in die Jünglingsjahre, und das Gefühl fing an zu sprechen. Eine Fronleichnamsprozession, bei welcher er als der schönste und älteste der Klosterschüler die schwere Fahne zu tragen und an den ländlich geschmückten Altären am Ufer des Sees während der Evangelien zu stehen hatte, zeigte ihm ein Bild, das auf einmal viele Rätsel seines Innern löste. Es traten aus dem Zuge sechs weißgekleidete Mädchen, mit Blumenkränzen in den Locken und Blumenkörbchen in der Hand, hervor, sangen der Heiligen Jungfrau den Hymnus und streuten die duftenden Kräuter des Mais vor der Hochgebenedeiten hin. Die eine, bei weitem die schönste von allen, richtete unter dem Kranze weißer Narzissen, der die goldenen Locken schmückte, das unschuldsvolle blaue Auge auf ihn; der Blick drang in sein Herz, die Fahne entsank beinahe seinen Armen.

Auch das Mädchen blieb wie gefesselt stehen, die Blumen einen Augenblick regungslos in der ausgestreckten Hand haltend; aber die Gespielen winkten, hastig streute sie ihre Spende vor dem Altare hin und eilte, sich dem Zuge anzuschließen.

Das Bild des Mädchens wich nicht mehr aus Rudolfs Seele, und trotz Schulstunden und strenger Aufsicht wußte er in wenig Tagen sich Kunde von dem Mädchen zu verschaffen, zu erfahren, wer sie war, wo sie lebte und sie, freilich selten und nicht ohne Gefahr, zu sehen und zu sprechen.

Hoch oben auf dem Berge, der sich links am See hinabzog, stand des Vaters einsame Hütte, in der er arm und wenig geachtet, von seiner Hände mühsamer Arbeit und dem Ertrage eines kleinen Feldes lebte. Auf Umwegen über Felsen und Schluchten, wo niemand seine Spur ahnte, wußte Rudolf den Weg zu ihr zu finden, und Else hatte den schlanken Fahnenträger zu wohl ins Auge gefaßt, um ihn nicht wieder zu erkennen, als er das erstemal von dem Felsen, hinter ihres Vaters Hütte niederkletternd, ihr überrascht, stumm und doch so beredt gegenüberstand.

Von dem an sahen sich die jungen Leute, sooft es möglich war, und diese Besuche hätten vollends den letzten Funken von Neigung zum Kloster ersticken müssen, wenn noch einer in Rudolfs Brust geglimmt hätte. Er erklärte sich bestimmt gegen seinen Vater, ohne gleichwohl des mächtigsten Hindernisses zu erwähnen, das ihm seinen frommen Beruf verleidete; aber was er schlau verborgen zu halten glaubte, hatten Mißgunst und Zufall doch verraten.

Der Vater entbrannte in heftigen Zorn und drohte ihm mit seinem Fluch, wenn er auch nur einen Gedanken an die Betteldirne da oben im Walde nähren oder es versuchen würde, den Ansichten seines Vaters entgegenzuhandeln. Vom Morgen an sollte er nicht bloß zur Schule und Unterricht ins Stift gehen; Meister Christoph hatte es mit dem Abte besprochen, daß sein Sohn völlig ins Kloster aufgenommen, dort wohnen, schlafen und ganz als Novize desselben behandelt werden sollte.

In derselben Nacht war Rudolf verschwunden. Die Bestürzung des ersten Augenblicks wich bei dem Vater bald der Überzeugung, daß der Bursche nicht weit fort und schon wieder zu finden sein würde, wenn es ihm an Geld gebräche.

Indes wurde bei dem Hüttler im Walde, bei Verwandten in der Umgegend nachgesucht, wo man den Flüchtigen vermuten konnte; es zeigte sich keine Spur, wohl aber erfuhr man, daß eben im nächsten Städtchen Werber gelegen hätten, die um ein großes Handgeld Leute für des Erzherzog Leopold Wilhelms Scharen zu gewinnen suchten, da die Gefahr vor dem Eindringen der Schweden ins Herz von Österreich täglich wuchs und Banner und Torstenson Böhmen verwüstend durchzogen. Wie eine Zentnerlast fiel bei dieser Nachricht dem Vater die Erinnerung an Rudolfs Liebe zum Soldatenstande aufs Herz, und wirklich stand es nicht vier Wochen an, als ein reisender Handwerksbursche, aus Böhmen kommend, durch den Marktflecken zog und fürchterliche Dinge von den Greueln der Schweden erzählte, dem erschrockenen Meister Christoph aber einen letzten Gruß und die Bitte um seinen väterlichen Segen von seinem Sohne Rudolf brachte, den er in Linz bereits in Montur auf einem schönen Pferde unter den Pappenheimischen Kürassieren auf dem Platz hatte halten sehen, wo der Oberst die Truppen musterte und mit besonderem Wohlgefallen bei dem schöngewachsenen Rekruten verweilte.

Neunhundertneunundzwanzigste Nacht

Jetzt war es um Christophs Fassung geschehen. Bisher hatte der Gedanke, daß sein Verschwinden nichts als eine List gewesen sei, um den Vater nachgiebig zu machen, seinen Mut und seine Strenge aufrechterhalten. Nun war das Unglück da und nicht allein keine Rede mehr von den Würden des geistlichen Standes, sondern vielleicht in kurzem von dem Leben seines Sohnes, der ja im ersten Gefecht fallen konnte. Gern hätte der Vater jetzt seinen ehrgeizigen Hoffnungen entsagt, wenn er nur den Sohn wieder gehabt hätte; er ließ auch durch den Abt an den Obersten schreiben – aber das Regiment war bereits nach Böhmen aufgebrochen und in dieser bedrängten Zeit keine Rede von Entlassung auch nur eines Mannes.

Drei Jahre waren auf diese Art vergangen. Reisende Handwerker, Krämer, die die Jahrmärkte besuchten, brachten zuweilen Nachricht von dem Entfernten. Er hatte im Kloster schreiben gelernt und benutzte diese Fertigkeit nun, dem Vater und seiner Else manches Zeichen seines Lebens und seiner warmen Erinnerung zu geben.

Else, so schmerzlich ihr die Trennung war, so viel sie für den Geliebten zu zittern hatte, wußte ihn doch lieber unter den Pappenheimern als unter den geistlichen Herrn; denn an seiner Treue zweifelte sie nicht und fühlte an ihrem Herzen, daß, wenn er das Leben aus dem Kriege zurückbrächte, so brächte er auch seine Liebe mit. Der Vater aber söhnte sich nach und nach mit dem Gedanken aus, den Sohn auf einer andern Bahn zu suchen, die ja doch auch zu Ehren und Würden führen könnte. Rudolf hatte sich nun ausgezeichnet, er war Wachtmeister geworden, man hatte in jenen Zeiten manches Beispiel, daß ein Kind unbekannter Eltern im Kriege ein glänzendes Glück gemacht hatte und ein vornehmer Herr geworden war. Sein Unwille legte sich, und als der lange Krieg sich seinem Ende zu nahen schien, die Friedensunterhandlungen in Osnabrück angeknüpft waren, erkrankte Meister Christoph schwer; er fühlte, daß er nicht mehr aufkommen würde, ließ dem Sohn schreiben, der jetzt leicht Urlaub erhielt und, wenn er wollte, auch seinen Abschied erhalten konnte, und Rudolf flog an das Schmerzenslager des versöhnten Vaters, der eben noch lange genug lebte, um in des Sohnes Arme zu sterben und ihm mit seinem Segen seine ganz beträchtliche Habe zu hinterlassen.

Nun dachte Rudolf nicht mehr daran, zu seinen Gefährten zurückzukehren, er hatte sich Ehre erworben. Else hatte recht geglaubt;‘ er brachte seine ganze Liebe und Treue mit aus dem Kriege und hatte fortan keinen andern Wunsch, als sie recht bald in seines Vaters wohlgeordnetes Haus einzuführen.

Indes hatte das Wiederkommen des jungen, schönen, reichen Mannes Aufsehen in der Nachbarschaft und mancherlei Wünsche und Hoffnungen erregt, und wie er den nächsten Sonntag in der knappen Reiterstracht, mit kriegerischen Stiefeln, dem hohen Hut, von dem die rote Feder über die Schulter wallte, kühn in die Augen gedrückt, unter den Bauern am Brunnen vor der Kirche stand, um den Anfang des Gottesdienstes zu erwarten, da wandten sich die Augen aller Frauen und Mädchen nach der stattlichen Erscheinung. Man bemerkte seinen schönen Wuchs, wie gut ihm das Soldatenkleid stand, wie er sich ganz anders in den drei Jahren ausgebildet habe, wie treu und freundlich trotz des kriegerischen Aussehens die blauen Augen unter dem dunklen Hut und den vollen gelben Locken hervorblickten; man berechnete, wie schön und wohlversehen das Haus und die Sensenschmiede sei, und Rudolf war von dem Augenblicke an der Gegenstand vielfältiger Bemühungen, die aber alle ganz spurlos an seinem treuen Sinne abglitten.

Vor allem hatte Gertrud, des Pflegers einzige Tochter, den Eindruck allzuwohl bewahrt, den sein Anblick am Brunnen auf sie gemacht hatte, und sie zweifelte keinen Augenblick, daß es ihr, dem vornehmsten Mädchen im Orte, glücken würde, auch den bedeutendsten Freier zu gewinnen. Nichts, was zu diesem Zwecke führen konnte – freundliche Einladungen und Auszeichnungen, schimmernde Aussichten in die Zukunft, wenn der Pfleger, ein mächtiger Mann in seinem Wirkungskreise, sich für den Ehrgeiz des künftigen Schwiegersohnes verwenden wollte, Erkundigungen und endlich unmittelbare Anträge –, wurde gespart; aber Rudolf blieb immer ungerührt, bis man zuletzt, nicht ohne heftigen Unmut, inne wurde, daß dies anscheinend kalte Herz schon längst von einer stillen Flamme erfüllt und nur zu warm, von keiner Zeit, keiner Trennung zerstört, seine treue Liebe für ein armes Mädchen bewahrt habe. Jetzt versuchte man es, durch Verleumdungen und Verlockungen die liebenden Herzen zu trennen. Else erfuhr tausenderlei Verdruß. Rudolf wurde von allen Seiten mit den nachteiligsten Berichten von seiner Erwählten gereizt und Elses Vater durch Drohungen geschreckt. Aber alles fruchtete nichts! Rudolf ging still seinen Weg fort, empfand von allen nur die Kränkungen, die Else fühlen mußte, erhielt nach mancher Verzögerung ihres Vaters Einwilligung und sah sich endlich am Ziele seiner Wünsche.

Neunhundertunddreißigste Nacht

Nun saßen sie beisammen am Ufer des Sees im neu beschatteten Erlengebüsch, versenkt in heilige Gespräche, die nur zuweilen ausdrucksvolle Seufzer und wortlose Entzückungen unterbrachen. Die Dämmerung hatte indes der Nacht Platz gemacht. Der Glühwurm fing an durchs Dunkel zu leuchten, und drüben, hinterm Walde, blickte düster und bleich die schmale Sichel des Neumonds durch die Wipfel des Tannenwaldes auf der Felsenwand, die steil vom See in die Lüfte emporstieg. Hier und da raschelte eine Eidechse oder ein Laubfrosch durchs Gras, und das Nachtgevögel fing an, aus den Büschen aufzuflattern. Else fuhr ein paarmal zusammen, es war ihr unheimlich zumute, und fester schmiegte sie sich an die Seite ihres Bräutigams. Er lächelte ihrer Furcht und suchte sie zu zerstreuen; aber Else wurde mit jedem Augenblick ängstlicher; allerlei Erzählungen von zauberischen Wesen, die in diesen Stunden der beginnenden Nacht unheimlich zu walten pflegen, von der Macht, die sie durch verborgene Künste über Menschen, Tiere, Wolken und Wellen auszuüben vermögen, fielen ihr ein, und sie vermochte selbst in Rudolfs beruhigender Nähe nicht, ihrem innern Grauen zu gebieten. In dem Augenblick schallten leise Fußtritte durch die Finsternis. Sie näherten sich. Else zitterte, Rudolf horchte, es kam etwas durch die Nacht geschritten. Er sprang auf und trat, Else im Arme haltend, dem Kommenden entgegen. Es schien eine verhüllte Weibsgestalt, die den Waldpfad vom Berge herabkam. »Wer da?« rief Rudolf. »Wer geht hier?« Die Gestalt stieß einen dumpfen Schrei aus und flog mit schnellen Schritten dem Walde zu.

Else war so erschrocken, daß sie lange nicht zu sprechen vermochte. In ihrem Sinne war die Verhüllte niemand anders als eine Hexe, die oben auf dem Berge, wo das Steinrund liegt und wo bei Nacht die Elfen tanzen, daß man die Spur ihrer Ringe am Morgen im Grase sieht, gewesen war und nun in irgendeinem Zauberwerk, im Kräutersuchen oder Beschwören, wozu Einsamkeit und Schweigen erfordert wird, durch Rudolfs Anrede gestört und vielleicht in große Not gebracht worden sei, die sie ihnen entgelten lassen würde. Vergebens glaubte er an Wuchs und Stimme die Pflegerstochter erkannt zu haben und sagte es Else. Was soll die reiche, vornehme Jungfrau in so später Nacht hier tun? Wo käme sie denn so allein her? – Else fürchtete den Zorn der gereizten Hexe, und es dünkte sie nicht unmöglich, daß solche Personen auch wohl, um andere zu äffen und irrezuführen, fremde Stimmen annehmen könnten.

Während dieser Reden hatte Rudolf sein zagendes Mädchen nach Hause geführt und dachte des nächtlichen Abenteuers weiter nicht mehr. Auf Else hatte es einen tiefen Eindruck gemacht, und sie vermochte lange nicht die unheimliche Bewegung zu vergessen.

Neunhunderteinunddreißigste Nacht

Aber am schmerzlichsten hatte das Abenteuer auf jene gewirkt, welche die Ursache all dieses Schreckens war, auf Gertrud selbst, denn sie war es wirklich gewesen, die in der Sonntagsnacht vom Walde herabkam, und Rudolf hatte sie nur zu wohl erkannt. Es war nicht das erstemal, daß sie bei aufgehendem Monde, verhüllt und verstohlen, diesen Weg zurückgelegt hatte, und ganz hatten auch Else ihre Vermutungen nicht getäuscht. Eine heftige Leidenschaft hatte Gertrud umhergetrieben, seit sie Rudolf das erstemal gesehen. Es brauchte lang, bis sie erkannte, mit welchen Hindernissen sie in diesem Herzen zu kämpfen habe, und als sie es endlich einsah, war ihre Neigung schon zu sehr erwachsen, um sie mit Erfolg zu bestreiten. Auch fehlte es Gertrud hierzu an Willen, an Ergebung, an frommen Sinn. Wohl aber versuchte sie durch den Einfluß ihres Vaters und sonst noch auf jede Art, jenes ihr verhaßte Band zu trennen, und endlich, als auch diese Versuche mißlangen, nahm sie Zuflucht zu geheimen Künsten.

Es lebte manches Weib in der Nähe, der man mehr als gewöhnliche Wissenschaft zutraute, und manche Geschichten wurden erzählt, manches begab sich, das nicht im Laufe der Natur gelegen haben konnte. Eine solche Trösterin und Ratgeberin hatte Gertrud gewünscht und auch bald gefunden, und vieles war versucht worde, dessen Gefahr nur Rudolfs und Elses gottergebener Sinn von ihnen abgewendet hatte.

So fruchtlos alle diese Bestrebungen blieben, so waren sie doch nicht imstande, Gertruds hoffnungslose Leidenschaft zu schwächen, und sie erschrak, wie vor einem nie zu ahnenden Unglück, als heute morgen der Pfarrer nach der Predigt die Brautpaare verkündete und Rudolf und Else genannt wurden. Ihre Nachbarin mußte sie halb ohnmächtig aus der Kirche führen. Das erregte Aufsehen! Viele wußten es wohl zu deuten, denn was Gertrud und ihre Eltern sich in dieser Sache versprochen und erlaubt, war bekannt geworden, und als das Hochamt zu Ende war und die Gemeinde noch am Brunnen auf dem Kirchplatz verweilte, wurde Rudolfs nahe Heirat, Elses Glück und der stolzen Gertrud Ohnmacht von allen Seiten beurteilt und besprochen. Unbesonnene Nachbarinnen ermangelten nicht der Frau Pflegerin und ihrer Tochter alles, was am Brunnen geredet worden war, zu hinterbringen, und Gertrud sah sich nebst dem Schmerz über den letzten verschwundenen Hoffnungsschimmer auch noch dem Gerede und Gespötte preisgegeben.

Neunhundertzweiunddreißigste Nacht

Mit verzweifelndem Herzen erwartete Gertrud das Sinken des Tages, um in dieser höchsten Not bei ihrer Vertrauten Rat zu suchen. Vermummt und unbemerkt war sie mit der Dämmerung aus dem Hinterpförtchen des Hauses geschlichen, hatte ebenso ungesehen die Hütte in der Felsenschlucht erreicht und mit aller Heftigkeit ihres Gefühls augenblickliche Hilfe gefordert, wenn nicht alles verloren sein sollte. Gelassen und grinsend wies die Alte sie zur Geduld, sagte ihr, daß sie jetzt an einem Werke arbeite, das ihren Wünschen sicher entsprechen würde, indem alle Stellungen der Gestirne über die Stunde, wo das geheimnisvolle Gebräu begonnen, günstig gestanden hätten und daß sie an seinem Gelingen nicht zweifele; nur fordere sie sieben Haare von Gertruds Haupt. – Wie willig verstand sich diese dazu! Auf einem kleinen Schemel niedersitzend, bot sie den dürren Fingern der Alten ihr dunkles Gelocke; aber ein stechender Schmerz durchfuhr sie bei dem ersten Haar, das jene auszog. Erschrocken sprang Gertrud vom Schemel auf, die Alte drückte sie gewaltsam nieder, und ihr höhnisches Gelächter begleitete den noch sechsmal wiederholten, empfindlichen Stich. Dann führte sie die betäubte Gertrud vor die Türe, schloß diese hinter ihr und rief ihr noch zu, wenn der Mond voll werde, wiederzukommen, aber nicht eher.

Noch eine ganze Weile stand Gertrud vor der geschlossenen Türe. Ihr Haupt schmerzte sie heftig, und ein unnennbares Grausen, wie sie es noch nie gefühlt, wenn sie hier gewesen, hatte sich ihrer bemächtigt. Es war indes finster geworden. Alles schien ihr verändert, düster starrten sie die Felszacken an, wie sie in die dunkle Luft emporstiegen, ein unheimliches Gebrause ging durch den Wald, der See schlug dumpf und ächzend ans Ufer. Von innerer Angst getrieben, eilte sie an den

Büschen des Gestades hin, Fledermäuse schwirrten pfeifend vor ihr auf, jedes rauschende Blatt machte ihr bange, und in dem dämmernden Dickicht, durch welches ihr Weg führte, bildete der schief einfallende, bleiche Mondesstrahl ihr furchtbare Gestalten. Jetzt, dort in dem Busche am Ufer regte sich's; sie hörte flüstern, es hob sich lang und furchtbar empor, es trat ihr entgegen, und Rudolfs Stimme, des heftig Gewünschten, des so schmerzlich Verlornen, traf ihr Herz. Er war es, seine Else im Arm. Schrecken und Jammer preßten ihr einen dumpfen Schrei aus, und sie eilte mit schnellen Schritten dem dunklen Walde zu.

Neunhundertdreiunddreißigste Nacht

Mit welcher Ungeduld erwartete die Gepeinigte den Tag des Vollmondes; indes das glückliche Brautpaar jeden Morgen mit gleich stiller Freude aufsteigen sah, weil er ihnen neues Glück brachte, und jeden Abend mit Lust berechnete, daß sie ihrem Ziele nun um einen Tag näher gekommen. Endlich kam der bestimmte Abend. Es war wolkig und stürmisch. In dunkles, verhüllendes Gewand gekleidet, eilte Gertrud auf den einsamsten Wegen am See entlang und schlüpfte in die Hütte. Die Alte hatte sie erwartet; kein Licht als das des Mondes, über welches der Wind die Wolkenschatten jagte, erhellte in schnellem Wechsel den unfreundlich finstern Raum. Hinten, wo die Hütte am rauhen Felsen lehnte, schloß ein Pförtchen die geheimnisvolle Höhle, in der die Alte ihre Tränke und Zauber bereitete, während in der vordern Stube alles von gewöhnlicher Armut und gewöhnlichem Gebrauche zeugte. Gertrud sah die Alte an, und eine Art Grausen befiel sie; denn es dünkte sie, sie habe heute ein ganz anderes Gesicht wie sonst. Ihre Mienen mochten die Stimmung ihres Gemütes verraten haben. Die Alte grinste sie furchtbar an, Gertrud wagte keinen Laut, sie gebot ihren Blicken und folgte der Führerin zu dem Pförtchen. Jene öffnete und trat in die niedere, finstere Höhle, in der für sie jetzt nur ein mäßig großer Kessel auf verglühenden Kohlen zu sehen war. Die Alte holte Feuer, Zange und Blasebalg, sie schürte, sie fachte die Lohe an, Gertrud wollte ebenfalls hineintreten und ihr helfen; sie stieß sie zurück, indem sie ausrief: »Törin! Es ist dein Tod! Bleib draußen!«

Zitternd blieb Gertrud unter der Türe stehen. Der Kessel fing an zu wallen, ein betäubender Dampf stieg in die Höhe, das Gesicht der Alten wurde im Scheine des flammenden Feuers immer fremder, immer gräßlicher; Gertrud wagte nicht mehr, sie anzusehen. Jetzt erhob sich der Rauch in dichte Wolken über dem Gefäß und füllte die ganze Höhle an. »Blick hin!« rief die Alte und wies mit der dürren Hand an die gegenüberstehende Wand. Der Rauch wallte auf und ab und ballte und zog sich von einer Seite auf die andere. Endlich war der Mittelpunkt frei. Eine wohleingerichtete Stube erschien; in ihr saß an einem Tische ein Mann, beschäftigt, eine Flinte zu putzen. Es war Rudolf! Nicht sein Bild, wie er leibte und lebte! Ein größeres Kind spielte am Boden, ein kleineres schlief in der Wiege am Ofen. Jetzt ging die Türe auf. Eine Frauengestalt trat herein, und Gertrud erblickte mit Entsetzen sich selbst wie in einem Spiegel. Die Frau ging zu Rudolf hin, nahm das Kind aus der Wiege, legte es an ihren Busen, und der Vater sah mit Lust und Rührung auf seine Lieben hinüber. Gertruds Herz schlug hoch, ihr Blick flammte. Sie war es! Rudolfs Weib, ihre Kinder die seinigen!

Ein Ausruf der Freude entschlüpfte ihren Lippen, mit gräßlichem Gepolter verschwand alles vor ihren Augen. Die Alte riß sie gewaltsam mit sich aus der Türe, die krachend hinter ihnen zuschlug, und ergoß sich nun in Scheltworten über ihr unzeitiges Geschrei. Aber Gertrud ließ die Alte keifen und fragte nun: »Und wird es so sein? Werde ich sein Weib werden?«

Hier brach die Freifrau ab, die Fortsetzung auf morgen versprechend.

Neunhundertvierunddreißigste Nacht

Mit den Worten: »Du hast es gesehen, jetzt frage nicht mehr!« schob die Alte Gertrud aus der Stube und gebot ihr, sobald nicht wieder zu erscheinen.

Gertrud verlangte es nicht. Hatte sie doch gesehen, was der Zielpunkt all ihrer heftigen Wünsche war, sich als Rudolfs Weib! Wie träumend kam sie zu Hause an. Rudolf sollte ihr gehören, sie lieben und sie ein Glück erreichen, dessen Größe ihr nun selbst schwindelnd vorkam! Bald indes fand sie sich darein. Sie begriff zwar nicht recht, wie es zugehn sollte, da seine Hochzeit mit Else ganz nahe war und sich nirgends ein Hindernis, ja nur eine Ursache der Verzögerung zeigte; aber sie vertraute auf das, was sie bei der Hexe gesehn, endlich auf ihre Vorzüge und Rudolfs gesunden Verstand, der ihm vielleicht noch, ehe es zu spät wäre, den Mißgriff seiner Wahl einsehen machen würde. In diesem Vertrauen harrte sie jeden Tag mit heftiger Spannung auf jede Neuigkeit, auf jedes Wort, das sie von andern oder im Hause reden hörte, indem sie keineswegs zweifelte, es möchte sich etwas zutragen, welches ihren Hoffnungen entsprechen und Rudolfs verhaßte Heirat zerstören sollte. Aber Tag für Tag verging, ohne daß jenes Ereignis eintrat. Gertruds innere Bewegung war groß, trotz des Verbotes war sie schon zweimal an der Hütte in der Felsenschlucht gewesen, aber sie fand die Türe fest verschlossen, und ob die Alte wirklich abwesend war oder nur nicht öffnen wollte, blieb ihr ein Rätsel. Endlich fehlten nur zwei Tage an der bestimmten Frist, und da sich statt jener Nachricht, welche Gertrud mit banger Spannung erwartete, vielmehr die Kunde verbreitete, vorübergehende Jägerburschen hätten die Hütte der Alten im Walde offenstehend, leer und sie selbst nirgends gefunden, entwickelte sich mit dem bittern Gefühl getäuschter Hoffnung und Beschämung die Überzeugung in Gertrud, daß die Alte sie betrogen und einen schändlichen Gebrauch von ihrer Leichtgläubigkeit gemacht habe. Mit Hast ergriff sie daher das Anerbieten einer Verwandten, die den folgenden Tag nach der nächsten Stadt abzureisen gedachte, wo eine Schwester von Gertruds Mutter lebte, um nur nicht zu allen ihren vorigen Schmerzen auch noch die Demütigung und Pein zu erleben, an dem Tage der Hochzeit gegenwärtig sein zu müssen.

Neunhundertfünfunddreißigste Nacht

So setzte sie sich denn mit ihrer Verwandten in ihr Wägelchen, blickte unter heißen Tränen des Zornes und des Schmerzes noch einmal vom Ende des Sees auf den Markt und die Waldgebirge zurück, wo da links hinüber der dicke Rauch aus der Sensenschmiede emporwallte und das Haus stand, in welchem bald eine andere als sie schalten und des höchsten Glückes dieser Erde, der Liebe des schönsten Mannes sich erfreuen sollte. Sie verwünschte die Hexe, die sie mit falschen Hoffnungen geäfft hatte, und langte in tiefer Betrübnis bei ihrer Muhme an.

Es dauerte nicht lange, so kam die Nachricht von Rudolfs Hochzeitsfeste, von der kostbaren Mahlzeit, von dem prächtigen Hochamte in der Stiftskirche, wie stattlich und blendend der Bräutigam in seiner Reitertracht – denn noch hatte er den gesuchten Abschied nicht erhalten –, wie wunderschön und dabei so demütig die Braut in ihrem köstlichen Putze ausgesehen, nach dem Städtchen. Man hörte erzählen, daß Rudolf am folgenden Tage zwanzig Arme gespeist, bei der Tafel ihnen samt seiner jungen Frau aufgewartet, die sich ungemein hold dabei benommen, und er sie alle mit Kleidungsstücken und einem Zehrpfennige beschenkt habe, und Getrud konnte den giftigen Pfeilen, die sie auch hierher verfolgten, nicht ausweichen. Ihr Herz war zermalmt, ihr Stolz auf das grausamste verletzt, und nichts blieb ihr übrig als eine unzerstörbare Leidenschaft für den Verlorenen.

Indessen schien sich ihr wenigstens von einer Seite eine Art von Trost darzubieten. Ein reicher Hammermeister, der sein Werk aufgegeben hatte und von einem ansehnlichen Vermögen in Ruhe lebte, kam oft in das Haus von Gertruds Verwandten; er sah sie und fand, daß sie, trotz ihrer verblichenen Jugend und eines Zuges von Hohn und Stolz in ihren Mienen, noch für ein ganz hübsches Mädchen gelte konnte. Gerade ihr Stolz, ihr entschiedenes Betragen gefiel dem eitlen Manne, und daß sie des angesehenen Pflegers Tochter und reich war, schmeichelte andern Neigungen seines Herzens.

Er ließ ihr durch die Muhme einen Antrag machen. Sie überlegte. Der Mann war bejahrt, von unangenehmer Gestalt und wohnte weit von hier in den Bergen, das war nicht nach ihrem Sinne; aber der Gedanke, heiraten und dem Stolzen, der sie einer Betteldirne aufgeopfert, zeigen zu können, daß sie eine weit glänzendere Partie hatte finden können, bestimmte sie, den Antrag anzunehmen.

Neunhundertsechsunddreißigste Nacht

Gertrud wünschte ihren Triumph vollkommen zu haben, deshalb machte sie ihrem Freier zur unerläßlichen Bedingung, daß er seine einsame Besitzung verlassen und sich in Gertruds Geburtsort mit ihr ansiedeln müsse.

Der Wunsch, in der Nähe ihrer Eltern zu leben, galt zum scheinbarsten Vorwande; was am tiefsten dabei zugrunde lag, gestand sie sich vielleicht selbst nicht ein. Sie wollte jetzt nur den Mann, der sie ausgeschlagen, demütigen und die verhaßte Nebenbuhlerin verdunkeln.

Alles erstaunte daher, als nach Verlauf einiger Wochen die Pflegerstochter als Gemahlin des allbekannten, reichen Hamnmermeisters in ihren väterlichen Wohnort zurückkehrte und bald das schönste Haus am Markte, die kostbarste Einrichtung und die prächtigsten Kleider besaß. Alles beschwatzte diese Neuigkeit, zerbrach sich die Köpfe über den schnelles Entschluß, bespöttelte oder lobpries ihn, je nachdem eines jeden Sinn gestellt war; nur diejenigen, auf welche der Streich eigentlich geführt war, die, deren Kränkung der eigentliche Zweck dieses Schrittes gewesen, nur Rudolf und Else bekümmerten sich nicht darum. In der Einsamkeit ihres abgelegenen Hauses, von dem Treiben und Reden der Nachbarn geschieden, mit der Einrichtung einer neu angefangenen Wirtschaft beschäftigt, durch ihre gegenseitige Liebe vollgenügend beglückt, fragten sie wenig nach der übrigen Welt, und man hatte im Flecken schon bald aufgehört, von der großen Neuigkeit zu sprechen, als Else erst am Sonntage in der Kirche Gertruds Heirat vernahm und sich herzlich darüber gefreut haben würde, wenn der neue Ehemann, den man ihr zeigte, ihr nicht gar zu alt und häßlich vorgekommen wäre. Beim Nachhausekommen erzählte sie es ihrem Manne, das Ereignis wurde besprochen und am Abend, als sie Hand in Hand vor der Haustüre saßen, die untergehende Sonne eine glühende Brücke über den See schlug, die Stille des sinkenden Tages, die Schönheit der Natur um sie her, das fromme Glück ihrer eigenen Herzen sie zum innigen Danke gegen Gott aufforderten, hatten sie Gertrud und ihre Heirat ganz vergessen.

Aber Gertrud konnte Rudolf nicht vergessen. Zwar lebte sie dem Anscheine nach in glänzenden Umständen, ihr Haus war eines der vornehmsten des Ortes, ihr Tisch immer am besten besetzt, und von jedem Jahrmarkt brachte der gefällige Ehemann ihr schöne Stoffe, köstliches Geschmeide oder zierliches Gerät mit nach Hause. Dennoch nagte die Natter des Neides und des heimlichen Verlangens an ihrem Herzen. Sooft sie Rudolf in der Kirche oder bei einem Schmause erblickte, fühlte sie ihr Innerstes erschüttert, jedesmal brannte dann die Stelle ihres Kopfes, von welcher die Alte ihr voriges Jahr die Haare genommen, mit unsäglichem Schmerze; sie welkte in ungestillter Sehnsucht langsam hin, und als jetzt die Geburt eines Knaben das Glück des jungen Ehepaares vollkommen machte, da riß es wie mit brennenden Haken an ihrem Herzen, und sie wußte sich ihres Jammers kein Ende. Gerade um diese Zeit lief ein Gerücht, daß die Alte sich wieder in der Felsenschlucht sehe lasse. Jägerburschen, die durch den Wald streiften, wollten sie erblickt haben; denn von jeher zeigte das Geheimnisvolle der Natur sich am ersten dem mit ihr vertrauten

Weidmann. Später brachten auch Holzknechte die Nachricht von der Anwesenheit der Hexe und wie man Spuren ihres verborgenen, nächtlichen Treibens in dem Steinrund oder auf der Waldwiese gefunden habe.

Gertrud sammelte alle diese Kunden in ihrem Herzen; es erwachte eine heftige Lust in ihr, die furchtbare Alte zu besuchen, nur um sie wegen ihres lügenhaften Zauberspiels zur Rede zu setzen.

Eine Weile kämpften bessere Regungen und die Erinnerung des ersten Betruges mit diesem Wunsch; zuletzt siegte dieser. Gertrud besuchte die Alte, sie fand die Türe nicht mehr verschlossen, sie ging von da an öfters hin, und alles an ihr und um sie fing an, sich nach und nach anders zu gestalten.

Neunhundertsiebenunddreißigste Nacht

Der schöne Tag kam heran, an welchem Marie die Binde abgenommen werden sollte. Alle im Schlosse waren in der freudigsten Erwartung. Marie hatte oft versichert, sie werde jeden kennen, bevor er spreche, deshalb hatten sich auch alle im Salon versammelt.

Jetzt trat sie ein, von Willmann geführt, welcher ihr leise die Binde abnahm. Marie schrie laut auf vor Freude und Staunen, dann stürzte ein Tränenstrom aus ihren Augen, und unwillkürlich sank sie in die Knie.

»Wie anders, wie so ganz anders habe ich mir die Gegenstände um mich her und besonders die Menschen gedacht. Ich kann gar nicht beschreiben, wie ich mir die Gesichter vorstellte, ebenso schön, aber ganz anders, nur eins finde ich über allen Ausdruck schön und habe es mir nicht so schön, so beredt gedacht, obgleich viel davon gehört, nämlich das Auge.«

Neugierig trat sie zum Freiherrn und sah lange in dessen glänzende Augen.

»Hier«, fuhr sie fort, »hier steht mein verehrter Oheim, ich sehe, er hat einige Falten im Gesicht, das muß er sein, neben ihm meine gütige Tante, hier Alma, hier Claudine, dies ist mein edler Retter Willmann, dies mein würdiger Freund, der Kaplan, aber jetzt«, sie schaute auf Franz und Eduard, »jetzt bin ich ungewiß!« Franz lächelte und sah unwillkürlich nach Claudine, da rief Marie rasch: »Oh, nun kenne ich Sie, nun weiß ich, daß Franz vor mir steht.«

Claudine wurde dunkelrot und verlegen.

»Jetzt ist es Zeit, den werten Freund, den helfenden Arzt zu belohnen, soviel in unsern Kräften steht«, sprach der Freiherr.

Da faßte Marie des Arztes Hand, und vor ihr gingen, weil sie den Weg noch nicht kannte, der Freiherr und seine Gemahlin. Dem Arzte und Marie folgten Claudine und Franz, Eduard und Alma; der Kaplan verschwand durch eine Seitentüre.

Sie traten in die Kapelle, die mit Blumen geziert und hell erleuchtet war; vor dem Altare stand in seiner Amtstracht der Kaplan. Der Arzt sah sich verwundert um. Da entzog ihm Marie ihre Hand und ging auf ein Blumengebüsch zu, aus dem im Festschmuck, das Haar mit Myrten bekränzt, des Arztes Braut, Gertrude, trat. Ihr folgten ihre nächsten Verwandten.

Der Arzt war tief bewegt und so überrascht, daß er nicht wußte, was er sagen sollte, Marie aber legte seine Hand in Gertruds Hand, und der Freiherr rief dem Kaplan zu: »Trauen Sie dies Paar, im Namen Gottes.«

Als die feierliche Handlung vorüber war, begaben sich alle in den Ahnensaal, wo ein festliches Mahl ihrer harrte.

Nach dem Mahl zog der Freiherr den Arzt beiseite und sprach: »Ich hoffe, Sie werden bei mir bleiben, solange Sie leben; damit Sie dies mit leichterem Herzen können, verdopple ich von heute an Ihren Jahrgehalt.« Der Arzt verbeugte sich dankend. Da trat Frau von Runsitten hinzu und sprach freundlich: »Ihre bisherige Wohnung ist nun freilich zu eng, Sie müssen es sich schon gefallen lassen, auf den linken Flügel in das zweite Stockwerk zu ziehen, wo ich die sechs bisher unbewohnten Gemächer für Sie und Ihre junge Frau eingerichtet habe. Ich kenne ungefähr Ihren Geschmack und hoffe, daß es Ihnen gefallen wird.«

Der froh bewegte Willmann fand keine Worte für seinen Dank, Gertrud, welche die Gemächer schon gesehen hatte, erklärte, daß ihr alles sehr wohl gefalle und daß sie hier in dem schönen Schlosse im Kreise der guten, liebenswürdigen Menschen sich so glücklich wie in Wien fühlen würde, selbst wenn nicht ihr Gatte allein schon das Glück ihres Lebens ausmache. »Die Meinen freilich vermisse ich schmerzlich«, fügte sie hinzu, und ihre Augen füllten sich mit Tränen.

»Sie werden uns immer willkommen sein«, sagte Frau von Runsitten, »jedes Jahr werden sie ihre liebe Gertrud besuchen, und so werden Sie immer in den freundlichen Gedanken leben, daß Sie die Ihrigen bald bei sich sehen.«

Marie, die glückliche, flüsterte jetzt ihrer Tante einige Worte in das Ohr und blickte bittend bald sie, bald den Freiherrn an. Aber beide sagten sanft, doch fest: »Diese Bitte, Marie, können wir dir nicht erfüllen, lasse Franz und Claudine noch in dem Verhältnisse, das sie jetzt beglückt, denn nichts kommt dem Glücke gleich, sich zu verstehen, zu lieben und diese Empfindungen zu verschweigen.«

Neunhundertachtunddreißigste Nacht

Heute las die Freifrau die Fortsetzung:

Gertruds ungleichen Launen, die reizbare Heftigkeit, welche sie ihrem Mann und allen ihren Hausgenossen oft unerträglich machte, verloren sich allmählich, sie wurde freundlicher mit allen, sie nahm gegen ihren Mann ein beinah schmeichelndes Wesen an, sie zeigte sich munter in der Gesellschaft, eifrig im Haushalt, und eine innere Sicherheit schien sie über alle einzelnen Vorfälle zu erheben und zu beruhigen. Mit ungezwungener Leichtigkeit suchte sie nun nähere Bekanntschaft in der Sensenschmiede, sie machte Else ein paarmal freundlich in der Kirche Platz, sie sprach einige Worte mit ihr, ein gefälliges Betragen stellte sich zwischen ihnen her, aus einzelnen Worten wurden längere Gespräche vor der Kirchtüre und beim Nachhausegehen; die Hammermeisterin bewies Else eine unverkennbare Zuneigung, und Elses Herz war nicht fähig, früherer Beleidigungen zu gedenken, wo sie Reue und Willen zu vergüten zu sehen glaubte. Sie erwiderte Wohlwollen mit Wohlwollen, und es machte sich endlich eines Sonntags, daß die Hammermeisterin, die schon oft von der schönen Lage der Sensenschmiede geredet hatte, Else geradezu nach Hause begleitete.

Der erste Besuch war kurz, ihm folgten mehrere und längere. Auch Else kam zuweilen herüber, nur viel seltner; denn zu Hause war Rudolf, ihr Kind, und folglich ihre Welt. Auch hatte Rudolf sie anfänglich vor einer zu genauen Bekanntschaft mit einer Person gewarnt, die ihr einst so viel üblen Willen bewiesen hatte. Das würde allein hinreichend gewesen sein, Else von jeder weitern Annäherung abzuhalten, denn ihres Mannes Wunsch war ihr Gesetz, aber Rudolf mußte selbst nach und nach seinem frühern Argwohn entsagen, die Hammermeisterin war höflich mit ihm, freundlich mit Else, ohne jede Übertreibung, welche auf Absichten schließen läßt. Der Ruf erzählte, daß ihr häusliches Verhältnis viel anständiger sei als im Anfange ihrer Ehe, und Rudolfs Herzen lag der Glaube an menschliche Güte, an Rückkehr vom Bösen so nahe, daß auch er endlich seinen heimlichen Widerwillen gegen Gertrud fahren ließ und nichts mehr dawider hatte, wenn die Frauen sich öfters sahen.

Nur ein einziger Umstand nährte zuweilen den alten Verdacht oder weckte ihn für kurze Zeit aus seinem Schlummer. Das war die dunkle Vermutung, welche hin und wieder unter den Bewohnern des Ortes sich regte, als pflege Gertrud einen geheimen Umgang mit der Alten in der Felsenhütte, welche die ganze Gegend eine Hexe schalt. Doch auch diese Gerüchte waren so wenig bestätigt, Gertruds Benehmen zeigte so wenig Spuren eines solchen Sinnes, daß auch diese Gedanken keine bleibende Festigkeit erhalten konnten und der Umgang beider Frauen um so ungestörter war, da die Hammermeisterin am liebsten jene Stunden oder Tage zu ihren Besuchen wählte, wo sie den Sensenschmied nicht zu Hause wußte. Diese Beobachtung trug nicht wenig bei, auch Elsens Herz über jede eifersüchtige Regung gegen die noch immer hübsche und einst so gefürchtete Nebenbuhlerin zu beruhigen.

Gegen den Frühling mußte Rudolf eine etwas längere Reise unternehmen. Else dachte mit Schmerz an die bevorstehende Trennung, Gertrud baute eine sichere Hoffnung darauf, und so blieb, was auch in ihrem Herzen bei dem Gedanken an Rudolfs Entfernung sich regen mochte, ihre Haltung äußerlich ruhig. Rudolf war nun abgereist; vor dem Anfang des Mais war seine Rückkehr nicht zu erwarten. Else fühlte sich recht verlassen, und selbst Gertruds Gesellschaft vermochte wenig über ihre Sehnsucht. Diese kam jetzt desto fleißiger, um die Einsame, wie sie sagte, zu trösten. Die Spinnabende hatten mit der beginnenden Feldarbeit aufgehört, die Frauen waren sehr oft allein, und Else, die für ihr Leben gern wunderbare Geschichten und schauerliche Ereignisse hörte, fand sich am besten zerstreut, wenn ihre Freundin solche Gegenstände auf die Bahn brachte, und das tat sie, wie es schien, sehr gern.

Neunhundertneununddreißigste Nacht

Es kam allerlei zur Sprache, und nachdem das Kapitel der Geistererscheinungen, der deutsamen Träume erschöpft war, erzählte Gertrud ihrer Freundin mancherlei, was eine neue Welt vor ihren Blicken eröffnete, nämlich von Menschen, die sich unsichtbar machen oder zu gleicher Zeit an verschiedenen Orten zu sein vermöchten; von der

Wissenschaft, Abwesende deutlich und klar vor sich erscheinen zu machen, ihnen trotz großer Entfernungen Liebes oder Leides nach Gefallen zuzufügen; zukünftige wie auch gegenwärtige, wiewohl weit entlegene Dinge zu erforschen; von der Macht in undenkbar schneller Zeit einen verhältnismäßigen, ungeheuern Raum zurückzulegen, Verstorbene zu rufen usw. Wie mit großer Vorsicht und unter dem Siegel der strengsten Verschwiegenheit teilte sie ihr einige solche Erfahrungen, von denen sie bei ihrem letzten Aufenthalt in der Stadt gehört, mit und gab nicht undeutlich zu verstehen, daß der Mutter Schwester, bei der sie damals gelebt, selbst in mehreren solchen Künsten erfahren gewesen sei und ihrer Nichte erstaunenswürdige Proben ihrer Wissenschaft habe sehen lassen. Elses Neugierde war aufs höchste gespannt. Unzählige Fragen drängten sich in ihrem Geiste, und indes ein Schauer nach dem andern sie überrieselte, forschte sie immer weiter und hing wie bezaubert an den Lippen der kunstvollen Erzählerin.

Gertrud hatte richtig berechnet. Elses Vorwitz, ja ihre brennende Begierde nach solchen Dingen war aufgereizt, besonders, da nach und nach Gertrud manchen Wink sich entfallen ließ, es sei nicht unmöglich, ähnliche Dinge einmal zu sehen oder Zeuge davon zu sein, wenn man auch – wovor Else schon bei dem fernsten Gedanken zurückschauderte – nicht den geringsten Anteil selbst daran nähme.

»Ist es möglich?« rief Else erstaunt.

»Warum nicht?« erwiderte Gertrud. »Es gibt Verwahrungsmittel, Vorkehrungen, die zu treffen sind, es werden den übernatürlichen Mächten gewisse unübersteigliche Schranken gesetzt. Vorsichtig muß man freilich sein, sich von keinem Vorwitz, auch von keinem unzeitigen Schreck hinreißen lassen, die bestimmten Grenzen zu überschreiten oder zu sprechen, wo das tiefste Schweigen geboten ist. Übrigens kann dann nichts geschehen, und wie Ihr mich da seht, frisch und gesund und so eine gute Christin als Ihr seid, bin ich schon mehr als einmal Zeugin solcher wunderbaren Dinge gewesen und habe Sachen gesehen, deren Wiedererzählung Euch ein Märchen bedünken würde.«

Das waren neue Funken in Elses Geist geworfen. Bunte wundersame Blicke wogten vor ihrer Seele auf und ab, und was sie oft und jederzeit mit der lebhaftesten Anregung gehört und als unglaublich, als ihr wenigstens auf immer unzugänglich betrachtet hatte, trat nun als wirklich, als erreichbar vor sie hin und zog sie mit unwiderstehlicher Gewalt an. Gar zu gern hätte sie auch so etwas gesehen, und ohne diesen Wunsch deutlich auszusprechen – wovon eine geheime Scheu sie immer zurückhielt –, zeigten die kleinen Künste, mit welchen sie jedesmal, sooft sie sich mit Gertrud allein befand, das Gespräch auf diese Gegenstände zu lenken wußte, wie alle Kräfte ihrer Seele sich nach und nach dahin wandten.

Gertrud tat das ihrige, um diese Glut zur hellen Flamme anzufachen. Sie ließ ihre Freundin erraten, daß sie mehr als bloße Zuschauerin bei jenen Mysterien gewesen sei, daß auch ihr manche Sprüche, manche Vorschriften, wie man sich der natürlichen Kräfte zu übernatürlichen Zwecken bedienen könne, nicht unbekannt seien, und obwohl eine Art von scheuer Entfremdung vor ihrer zauberhaften Freundin Else im ersten Augenblick nach dieser Eröffnung ergriff, so wirkte doch die Bemerkung, daß ja Gertruds Ruf und Leben untadelhaft, ihre Wirtschaft gesegnet, ihr Christentum von niemand bezweifelt sei – nach und nach dahin, jenes scheue Gefühl zum Teil zu überwinden. Sie setzte nicht allein ihren Umgang eifrig fort, sondern sie ließ sich immer mehr und mehr in jene Schlingen verstricken.

Neunhundertundvierzigste Nacht

So war der halbe März und fast der ganze Aprilmonat vergangen, Rudolf wurde binnen zehn, zwölf Tagen zurückerwartet; Elses Herz schlug höher in freudiger Erwartung des geliebten Gatten, des Vaters ihres Säuglings, und auch in Gertruds Brust regten sich Gefühle gewaltigerer, kühnerer Art bei dem Gedanken, daß sie ihn bald und unter ganz andern, beseligenden Verhältnissen wiedersehen werde, daß aber nun auch, was zu geschehen habe, schnell und kräftig getan werden müsse.

An einem milden Abend in den letzten Tagen des Aprils saßen die Frauen vor der Türe der Sensenschmiede beisammen. Rudolfs nahe Zurückkunft, allerlei Vorbereitungen hatten bisher den frohen Gegenstand Elses mit ihrer Vertrauten ausgemacht. Aber jetzt fing es an zu dämmern, die Farben verblaßten, die entfernteren Gegenstände verloren sich in undeutlichen Massen, und schon strahlten helle Sterne aus dem Mühlbache wider, der, hinter dem Hause mit Getöse von den Rädern stürzend, hier in beruhigten Fluten dem See zuströmte. In den dichten Gebüschen an seinem Ufer, in dem Wald auf der Berglehne war es tiefe Nacht; Leuchtkäfer schwebten mit stillem, grünlichem Lichte durch das Dunkel, kreisten vor den Frauen herum, und Gertrud schien ihr Spiel mit bedeutendem Ernst zu betrachten. Einzelne Worte, die ihr gleichsam entschlüpften, bestätigten dies. Es fiel Else auf, und die gewohnte Gedankenreihe knüpfte sich an die seltsame Beobachtung, als plötzlich ein heller Feuerball aus dem Gesträuch von der Bergseite herausfuhr und, an Gertrud vorüberfliegend, zischend im Mühlbach erlosch. »Es ist gut«, sagte diese ruhig, »ich werde kommen.«

Else sprang auf und starrte aus der Entfernung ihre Gesellschafterin an. »Was war das?« rief sie endlich, schlug ein Kreuz und wagte es nicht, näher zu Gertrud zu treten. »Närrisches Weib«, erwiderte diese höchst gelassen. »Was wird's sein? Sie laden mich ein auf den ersten Mai.«

»In der Walpurgisnacht?« rief Else mit noch größerem Schrecken. »Und Ihr werdet gehen?«

»Anders kann ich wohl nicht! Es hat so seine eigne Bewandtnis mit solchen Einladungen, und ohne Gefahr können sie nicht abgeschlagen sowie nicht ohne großen Nutzen angenommen werden.«

»Ihr wollt auf den Bocksberg reisen? Gertrud! Um Gottes willen – wo der Satan hofhält, wo die Teufel –«

Lächelnd schüttelte diese das Haupt. »Welche albernen Vorstellungen«, antwortete sie. »Man merkt wohl, daß Ihr das vom Hörensagen, aus unwissender, einfältiger Leute Mund habt. Es ist nicht so fürchterlich und nicht so verderblich, wie Ihr meint, das kann ich Euch versichern.«

»Waret Ihr denn schon dort?«

»Einmal, im vergangenen Jahr. Die Muhme nahm mich mit.«

»Die Muhme? War sie doch nicht hier, ich hätte ja auch davon wissen müssen.«

»Ihr macht mich lachen. Wohl war sie hier, aber freilich nicht, um hier zu wohnen oder in ihrem gewöhnlichen Wagen, wie Ihr zu glauben scheint. Bei der Nacht hat sie mich abgeholt. Wir haben schon unser Fuhrwerk, es geht schnell und sicher, und es braucht einen niemand zu sehen.«

»Also auf der Ofengabel? Oder auf dem Besen?«

»Else!« antwortete Gertrud gleichsam ungeduldig. »Redet doch nicht so töricht und so ganz wie das dümmste Volk. Doch was brauch' ich Euch viel zu sagen oder mich zu ereifern? Die Sache ist nun einmal wie sie ist und geht Euch nichts an. Ihr fahrt doch nicht mit mir, das weiß ich.«

»Nein, sicher nicht!« rief Else hastig. »Aber«, indem sie sich besann, »sehen möcht' ich solch eine Reise wohl einmal.«

»Das wäre ein leichtes. Doch lassen wir das! Ihr seid zu ängstlich, es ist nichts für Euch.«

Sie schwieg und schien das Gespräch enden zu wollen. Auch Else sprach eine Weile nichts, aber was sie gehört und gesehen war doch gar zu wunderbar; sie fing auf einem Umwege abermals an davon zu reden, sie ging endlich in ihrem Mute so weit, sich um die Art der Zusammenkunft in der ersten Mainacht zu erkundigen, und Gertrud machte eine solche Beschreibung von den Freuden und Genüssen unaussprechlich wundervoller Natur, daß diese Bilder nicht mehr aus Elses Seele schwanden.

Es waren noch einige Tage bis dahin. Gertrud zeigte sich seltner, die Vorbereitungen zu der Reise hielten sie auf, wie sie sagte. Was sie in den wenigen mit ihrer Freundin zugebrachten Augenblicken ihr davon erzählte, war danach berechnet, jene schon entzündete Begierde noch höher anzufachen, besonders da sie ihr versicherte, wie man alles mit ansehen, ja unter den nötigen Vorkehrungen selbst mitmachen könne, ohne seinem Seelenheil zu schaden, ohne eine minder gute Christin zu sein, wie Else ja an Gertruds eigenem Beispiel sehe.

Alles dies, so schlau es auch Gertrud darauf angelegt hatte, um Else zur Teilnahme an ihrem fluchwürdigen Unternehmen zu bewegen, erreichte nun wohl dies Ziel nicht; denn tiefe Frömmigkeit und besonders die Liebe zu Rudolf, den sie mit jedem heimlichen Schritte zu kränken fürchtete, hielten Else von jedem gewagten Entschlusse ab. Aber das glaubte sie sich doch erlauben zu dürfen, die Freundin auf ihrem wunderbar geschilderten Reisewagen zu sehen, und so wurde verabredet, daß Gertrud, wenn sie bei Elses Haus sein würde, wo ihr Weg sie, wie sie behauptete, vorüberführen müsse, ans Fenster klopfen und Else dann durch dieses alles, wie sie es wünschte, sehen könnte.

Neunhunderteinundvierzigste Nacht

Die Nacht des ersten Mai kam heran. – Ein helles Vollmondlicht verklärte die Gegend in unbeschreiblich mildem Glanz. Else lag schlaflos in ihrem einsamen Bette. Gedanken an den abwesenden Geliebten, an seine nahe Wiederkunft, an die nächtliche Reise der Freundin, kreuzten sich wechselweis in ihrem Kopfe. Da schlug es langsam auf der Zimmeruhr die elfte Stunde, ein wunderlicher Schauer ergoß sich über Else, und gleich darauf pochte es ans Fenster. Das war Gertrud! Geh nicht! Geh nicht! flüsterte eine Stimme in Elses Brust; aber es pochte noch einmal und stärker, und das helle Mondlicht warf einen langen Schatten der vor dem Fenster stehenden Gestalt ins Zimmer. Else schlug ein Nachtkleid über sich, sprang aus dem Bette und wirbelte das Fenster auf; denn es wäre doch gar zu ungezogen gewesen, sich nicht einmal zu zeigen. Da stand Gertrud, köstlich, aber in wunderbaren Farben geschmückt, und grüßte Else mit widrigem Lachen. »Ihr seht, ich halte Wort«, sagte sie, »da bin ich mit meinem Fuhrwerk.« »Seh' ich doch keins«, erwiderte Else, »Ihr seid zu Fuß.« »Welcher Einfall!« erwiderte jene, »ich bin nur abgestiegen, dort steht der Wagen.« Sie wies ein paar Schritte abwärts. Else lehnte sich stärker hervor, um die Kutsche zu sehen, und erblickte wirklich etwas seltsam Gestaltetes, von dem sie nicht wußte, was sie daraus machen sollte, und zwei häßliche, aber ungeheure Fledermäuse davor angespannt. »Nicht möglich!« rief sie. »Das Euer Wagen?« »Ja doch, ja!« antwortete Gertrud, »Ihr seht ihn nur nicht recht«, und mit diesen Worten langte sie nach Elses Hand, als wollte sie sie in eine Stellung rücken, von wo aus sie das Fuhrwerk besser sehen konnte; aber in dem Augenblick fühlte sich Else mit unwiderstehlicher Gewalt gefaßt. »Was macht Ihr?« rief sie, »laßt mich los!« Aber Gertrud lachte höhnisch. »Nicht doch, nicht doch!« rief sie. »Kommt nur, der Wagen wartet.« – Und bei diesen Worten riß sie mächtig an dem Arm der Erschrockenen, zog sie gewaltsam aus dem Fenster, der Wagen flog unter dem gellenden Pfeifen der Fledermäuse herbei, und plötzlich sah sich Else an Gertruds Seite auf dem Fuhrwerk, das sich zu ihrem Schrecken geradezu in die Luft erhob. Sie stieß einen lauten Schrei aus, ihre Sinne schwanden, und als sie wieder zu sich kam, lag bereits die heimatliche Gegend mit allen ihren Bergen und Seen im hellen Mondscheine tief unter ihr. Sie war vor Angst außer sich, sie wollte um Hilfe rufen! Gertrud legte ihr die Hand auf den Mund. »Keinen Laut«, rief sie, »keinen Namen, der uns jetzt in Gefahr bringen könnte! Haltet Euch still! Ihr seid in meiner Macht.« Else schwieg, sie sah die Wahrheit dieser entsetzlichen Versicherung nur zu gut ein. Jeder Nerv an ihr zitterte mit jedem Blick hinab in die unermeßliche Tiefe, über der sie schwebte, und wie sie beim schnellen Dahinfliegen Städte, Dörfer, weite Ebenen, ansehnliche Gebirge und große Flüsse, wie auf einer unabsehbaren Fläche ausgebreitet, unter sich unterschied, wuchs ihr Grauen, ihre Angst und ihre Reue, sich jemals mit diesem zauberhaften Weibe in einen freundschaftlichen Verkehr eingelassen zu haben. Jetzt dachte sie ihres Mannes, seiner früheren Warnungen, seines Schreckens, wenn er sie bei seiner Nachhausekunft nicht vorfände, ihres Kindes – eine namenlose Verzweiflung bemächtigte sich ihrer Seele, und selbst die Tränen versagten der Geängstigten.

Plötzlich hörte sie ein widriges Schwirren und Kreischen durch die Luft, allerlei häßliches Gevögel, seltsame Fratzengestalten schwärmten unter, neben und über ihr hin; sie schloß die Augen vor dem grauenvollen Anblick und empfahl ihre Seele Gott und allen lieben Heiligen; denn des irdischen Lebens hat sie sich schon verziehen.

Da fühlte sie, daß der Wagen sich allmählich senkte und die Blitzesschnelle der Bewegung nachließ. »Wir sind zur Stelle!« rief Gertrud.

Else schlug die Augen auf, ein helles Licht, wie aus der Esse eines Hochofens, schlug ihr ins Gesicht, nahe unter ihr lag die kahle mit ungeheuren Felsblöcken besäte Kuppe eines hohen Berges. Alles schien in Flammen zu stehen und doch brannte nichts, aber auf der feurigen Ebene, in deren Mitte sich ein Haufen Felsentrümmer wie ein Altar erhob, kreisten, schwebten, zischten, heulten und pfiffen die furchtbarsten, die seltsamsten, die gräßlichsten Gestalten in der hellen Erleuchtung pfeilschnell hin und wieder, daß Else vor dem Anblick Hören und Sehen verging und sie, des Verbots uneingedenk, mit lautem Geschrei »Jesus, Maria!« ausrief. In dem Augenblick verschwand alles mit donnerndem Getöse vor ihren Augen. Dichte Finsternis umhüllte sie, sie fühlte sich sinken, stürzen, sie glaubte sich ihrem Tode nahe, empfahl sich in Gottes Hand und verlor das Bewußtsein.

Neunhundertzweiundvierzigste Nacht

Ein milder, wunderlieblicher Morgen verkündete die Ankunft des schönsten Monats im Jahr, des holden Mai. Wie ein jugendlicher Held, ihre Bahn siegreich zu durchlaufen, stieg die Sonne über einen Föhrenwald herauf, ihr Strahl verjagte den letzten frostigen Nachthauch, der noch in den Blüten und Niederungen weilte, das Morgenopfer der neubelebten Erde wallte von den erquickten Wiesen zum Himmel empor, die Sonne sog den duftenden Nebel auf, Licht, Wärme und Leben drangen in die beseelte und unbeseelte Schöpfung.

Da fühlte auch ein unglückliches Weib, das wie sterbend an einem Zaune lag, den milden Einfluß; – sie schlug die matten Augen auf, sie sah erstaunt, entsetzt herum in der weiten, hellen Ebene, wo kein Gegenstand ihr eine bekannte Erinnerung zurief; sie betrachtete sich selbst, sie begriff keinen Zusammenhang, nicht wie sie hierhergekommen, nicht wo sie sei. Eine unendliche Müdigkeit lag in ihrem ganzen Wesen, und nur ein tiefer, innerer Schmerz mahnte die Unglückliche, daß in dem Dunkel ihrer Erinnerungen nichts als Qual und Elend lag.

Jetzt richtete sie sich auf, sie ermunterte sich, sie fing an sich zu besinnen, einzelne schreckliche Bilder, qualvolle Empfindungen wachten nach und nach in ihrem betäubten Geiste auf, es war ihr, als hätte die letzte Nacht unendlich lange gewährt und die frühere Vergangenheit läge weit hinter ihr. »O mein Rudolf! Mein Rudolf! Mein Kind!« rief sie jetzt jammernd aus, und ein Tränenstrom stürzte über ihre Wangen. Allmählich ordneten sich ihre Gedanken; mit den Tränen schien der betäubende Schwindel von ihr zu weichen, sie erkannte alles klar, sie war durch die Bosheit einer falschen Hexe von ihrer Heimat, von ihrem Gatten entfernt. Wo sie aber war? Wie sie hierhergekommen, das begriff sie nicht.

Es bedurfte einiger Zeit, bis sie gefaßt genug war, sich in ihren nächsten Umgebungen umzusehen; aber da war auch gar nichts, das ihr nur im geringsten bekannt vorgekommen wäre. Eine flache Gegend dehnte sich unabsehlich rings herum aus, hie und da ragten Kirchtürme ferner Dörfer empor, eine breite schöne Straße lief durch Äcker und Wiesen hin, worauf sie einige bepackte Fracht- und Reisewagen kommen sah. Es schien ein wohlbebautes Land, und in der Ferne glaubte sie die Mauern und Türme einer Stadt zu entdecken, nach welcher zu die Poststraße führte. Ringsum aber war weder Dorf noch Haus, das nächste wohl eine halbe Stunde entfernt und sie so erschöpft, daß sie kaum wußte, wie sie es erreichen und noch weniger, was sie sagen würde, um bei der abenteuerlichen Art ihrer Hierherkunft Glauben zu finden und nicht als eine Landstreicherin angehalten zu werden.

Dennoch mußte ein Entschluß gefaßt werden, sie erhob sich mühsam und wankte eine Weile am Zaune hin. Da schlenderte ein munterer Knabe, eine Herde Gänse vor sich hertreibend, den Weg zwischen den Felsen heran. Else faßte sich ein Herz und redete ihn an, indem sie ihn um den Namen des nächsten Dorfes und der Stadt dort in der Ferne fragte. Sie hörte Klänge, die ihrem Ohre ganz fremd waren; auch die Aussprache des Knaben, obwohl deutsch, kam ihr ungewohnt und nicht recht verständlich vor. Sie fragte um das Land, den Fürsten, welchem es gehörte, und nun besann sie sich, diesen Namen von ihrem Manne bei

Gelegenheit seiner Feldzüge nennen gehört, aber auch allemal die Vorstellung einer sehr weiten Entfernung damit verbunden zu haben.

Der Knabe war indessen mit seiner Herde vorübergezogen, und Else stand verwirrt, unschlüssig wie bisher. Doch raffte sie sich auf und ging dem Dorfe zu; aber sie konnte es nicht erreichen, ihre Erschöpfung war zu groß, sie sank ins Gras am Wege nieder, fühlte mit neuem Schmerz ihre gänzliche Verlassenheit und fing von neuem bitterlich an zu weinen.

Neunhundertdreiundvierzigste Nacht

Der Schall nahender Männertritte weckte sie aus ihrem dumpfen Jammer. Sie sah auf. Ein bejahrter Mann, schwarz gekleidet, mit ehrwürdigen Zügen, kam die Straße her und blieb verwundert vor der unbekannten Wanderin stehn. Mit einer Frage, wie weit es noch in jene Stadt, die sie nannte, sei, knüpfte sie das Gespräch und ihre Erkundigungen an. Des Alten Reden bestätigten und erläuterten, was der Knabe gesagt hatte. Sie fragte endlich, wie weit es von hier bis nach – sie nannte ihren Wohnort – sei? Der Mann hatte den Namen nie gehört. – »Oder bis an die Donau, bis Linz?« – »O mein Kind! Wohl über hundert Meilen!« war des Mannes Antwort. Else erbleichte, und ein Ton des heftigen Schmerzes drang aus ihrer Brust. Der Mann hatte Mitleid mit ihr. »Woher kommst du, mein Kind?« fragte er liebreich, »und wie kommst du hierher, wo du ganz fremd zu sein scheinst?« – Hier brachen Elses Tränen aufs neue hervor. Der Alte suchte sie zu beruhigen; aber das volle Gewicht ihres Unglücks stürzte mit zermalmender Gewalt auf sie, sie konnte nicht antworten, und was hätte sie auch sagen können, was dem Unbekannten nicht wie ein Märchen geklungen, es und sie in seinen Augen verdächtig gemacht haben würde? – Sie warf sich ins Gras hinüber und überließ sich schluchzend der Betrachtung und dem Gefühle ihres grenzenlosen Elends. Nach einer Weile erhob sie sich. Der Mann stand noch mitleidig vor ihr. Die Notwendigkeit zu sprechen, ihm zu sagen, woher sie sei, erschien ihr als unausweichbar, und sie war so gar nicht vorbereitet! Weinend blickte sie zu ihm empor, faltete die Hände und sagte: »Wer ich bin und woher ich komme, sollt Ihr erfahren, sobald ich imstande bin, von Dingen, die mich so tief betrüben, zu sprechen. Habt Geduld und laßt mir Zeit.«

Der Schulmeister – denn das war er – sah bei diesen Worten den Ausdruck ihres offnen, lieblichen Gesichts, er sah die in Tränen schwimmenden blauen Augen, wurde gerührt und sagte: »Gut, meine Tochter! Ich will nicht in dich dringen, weil es dir Schmerz macht; auch könnte ich mich ohnedies nicht bei dir verweilen, mein Geschäft führt mich dort in jenes Dorf. Aber in einer Stunde komme ich wieder, und dann wollen wir weitersprechen.«

Mit diesen Worten schüttelte er der Tiefbetrübten treuherzig die Hand und verfolgte seinen Weg.

Else sah ihm nach, der Gedanke, was wirst du dem guten Greise sagen, wenn er wiederkommt, stand erschreckend vor ihr. Woher sollte sie sagen, daß sie käme, und wie war sie hierher geraten? Wußte sie doch kaum selbst. Ihr Herz drängte sie, die Wahrheit zu gestehen, und doch fürchtete sie, sich damit, so schuldlos sie war, verdächtig oder verhaßt zu machen. Da fielen ihr die Fracht- und Reisewagen in die Augen, die jenseits der Felder auf der breiten Straße gegen die Stadt hinzogen. Sie erinnerte sich, von ihrem Rudolf gehört zu haben, daß dieses Städtchen nicht weit von Braunschweig liege. Sie ordnete ihre Gedanken, dankte Gott für die Fassung, die er ihr geschenkt, für den Anteil, den ein guter Mensch an ihr nahm. Sie fand in allen dem einen Fingerzeig, sich hier um eine Unterkunft umzusehen – denn wo konnte sie in dieser Gegend hingehen, wo sie nicht ebenso fremd und hilflos war – und sie erwartete mit etwas mehr Ruhe, obwohl noch immer mit dem tiefsten Schmerz, die Wiederkunft des Schulmeisters. Diese erfolgte auch in nicht gar langer Zeit; und nun erzählte ihm Else, daß sie bei einer fremden Herrschaft in Linz gedient, daß diese über Wien nach Braunschweig und von dort noch weiter habe reisen wollen, daß sie mit ihr den Weg bis einige Meilen von hier gemacht, aber da so schwer krank geworden sei, daß die Herrschaft, die sich nicht aufhalten konnte, sie habe zurücklassen müssen; daß sie während ihrer langen Krankheit ihre kleine Barschaft und was ihre Herrschaft ihr gegeben, verzehrt und sich freilich nun auf den Weg gemacht, aber ohne Geld, ohne Bekanntschaft und mit noch schwachen Kräften, verzweifeln müsse, Braunschweig zu erreichen, wo sie ohnedies ihre Herrschaft nach so manchen Wochen kaum mehr vermuten könne.

Diese Erzählung, welche ziemlich wahrscheinlich klang, erweckte des Schulmeisters innigstes Mitleid mit der Verlassenen, deren Kleidung und Aussehen ganz wohl mit dem Gesagten übereinstimmte, und er fragte sie, was sie nun zu tun entschlossen sei?

»Ach, wenn ich jemand fände, der mich in Dienst nehmen wollte, als

Magd, als Hirtin! Ich bin eine Bauerstochter, kenne die Landarbeit und scheue keine.«

Der Alte sah sie eine Weile an. »Wahrhaftig«, sagte er endlich, »es scheint, der Himmel habe dich mir zugeschickt oder mich dich finden lassen, meine Tochter! Ich bin Schulmeister hier im Dorfe und lebe mit meinem schon etwas kränkelnden Weibe ganz allein dort in dem Hause, wo die Linden stehen. Vorgestern starb unsere Magd, die uns siebzehn Jahre redlich gedient. Mein Weib wollte sich nicht trösten über diesen Verlust, und heute schickt uns Gott unverhofft eine andere, und wie es scheint, recht brave. So laß es uns denn in seinem heiligen Namen miteinander versuchen, ich hoffe, wir sollen uns vertragen.«

Neunhundertvierundvierzigste Nacht

Else tönten diese Worte wie eine Botschaft des Himmels. War sie doch jetzt nicht mehr verlassen, hatte sie doch einen Menschen gefunden, der sich ihrer annahm. Sie erhob sich und ging, so schnell es ihre Mattigkeit erlaubte, mit dem Alten in sein Haus. Freilich wollte die Schulmeisterin einige Einwendungen über der neuen Magd gar zu große Jugend und gar zu liebliches Aussehen machen; aber der Mann wußte sie alle mit freundlicher Zuversicht zu beseitigen, und Elses Betragen zeigte bald, daß die guten Menschen ihre Wohltat an keine Unwürdige verschwendet hatten. So fleißig, so geduldig, so treu war noch keine Magd gewesen; sie überhob die Frau, welche schon die Beschwerden der Jahre zu tragen hatte, so viel sie konnte, sah ihr ihre Wünsche an den Augen ab, suchte ihren Gebieter durch Gehorsam und pünktliche Ordnung zu erfreuen und schaltete wie ein guter Geist in diesem Hause, das sie gastfreundlich aufgenommen.

Neunhundertfünfundvierzigste Nacht

In wenigen Monaten war Elses Verhältnis zu ihrem Dienstgeber ganz verändert. Sie schienen nicht eine Magd aufgenommen, sondern eine liebende Tochter gefunden zu haben; und auch sie verehrte das alte Paar gleich ihren leiblichen Eltern.

Aber so schön und lohnend auch Elses Stellung zu diesem Hause war, so vermochte sie doch den tiefen Kummer und die unauslöschliche Sehnsucht nach ihren fernen Lieben nicht zu beschwichtigen. In der Einsamkeit stiller Nächte flossen ihre Tränen und jammernd lag sie täglich im Gebet vor Gott, daß er sich ihrer Not erbarmen und ihr einen Weg zeigen möge, um zu den ihrigen zurückzukehren. Der Gedanke an die Angst ihres Rudolfs, an seinen Schmerz um sie, an die seltsamen Vermutungen, die er und alle Welt sich von ihrem Verschwinden machen mußten, die Sorge um ihr verlassenes Kind, wegen dessen sie sich die bittersten Vorwürfe machte, Grauen und Furcht vor den Absichten der gottlosen Gertrud, alles das vereinigte sich in manchen Augenblicken, um ihr Herz bis zur Verzweiflung zu bringen, und nur die Vatergüte Gottes hielt das zitternde Geschöpf, daß es nicht ganz in dieser Nacht versank, und auf den Allmächtigen vertrauen konnte, der züchtigt, weil er liebt, der den glimmenden Docht nicht auslöschen, das zerknickte Rohr nicht zerbrechen will.

So vergingen zwei kummervolle Jahre. Allerlei unter der Hand angestellte Nachforschungen blieben fruchtlos. Es erschien ihr kein Weg, etwas von ihren Lieben zu erfahren, noch weniger eine Möglichkeit, ohne Geld, ohne Weisung zu ihnen zurückzukehren. Zu Ende dieser Zeit starb endlich nach langem Siechtume Elses Gebieterin, und ihr folgte bald der einsame Witwer, der es nicht vermochte, ohne die Gefährtin zu leben, mit der er eine so lange Strecke des Lebensweges in Eintracht zurückgelegt hatte. –

Die fromme Else hatte beide mit kindlicher Treue gepflegt und ihnen die Augen zugedrückt; aber sie erschrak freudig, als nun die Gerichte erschienen, um über die Verlassenschaft des alten Paares abzuhandeln, und es sich bei Eröffnung des Testaments zeigte, daß ihre Wohltäter sie zur Erbin eingesetzt hatten, so daß sie jetzt mehr als zu viel besaß, um die Reise in ihre Heimat anzutreten, zu Mann und Kind. Unablässig war nun ihr Sinn auf diese Rückkehr gerichtet, das lang entwöhnte Gefühl der Hoffnung blühte aufs neue in ihrem Herzen auf, und die bloße Möglichkeit, ihre Lieben wiederzusehen, die ihr seit ihrer Verbannung ganz verschwunden war, erfüllte sie mit stillem Entzücken.

Sobald es tunlich war, führte sie ihren Vorsatz aus, nachdem sie sich nach der besten Art und Weise, wie solches geschehen könne, erkundigt hatte, um nur ja des heißgewünschten Zieles nicht zu verfehlen. Teils mit dem Postwagen, teils mit guten Menschen, denen man sie empfohlen, gelangte sie endlich bis gegen die Berge ihrer Heimat, und wie sie hier die wohlbekannten Felsenspitzen erblickte, die Gebirgswelt sich vor ihren Blicken auftat, und der Gedanke, dort lebt Mann und Kind, dort wirst du sie bald wiedersehen, sie mit unaussprechlichem Gefühl ergriff, da stürzten ihre Tränen hervor.

Sie war einer Ohnmacht nahe, und ihre Reisegefährtin, eine alte Bürgersfrau aus dem nächsten Städtchen, hatte Mühe, ihre Lebensgeister aufrechtzuerhalten.

Den Rest des Weges von der letzten Station bis zu ihrem Geburtsort war sie entschlossen zu Fuß und ganz unerkannt zurückzulegen. Wußte sie doch noch nicht, wie sie ihre Lieben finden, was man von ihr denken, wie man sie aufnehmen würde? Diese Sorgen, welche früher sich oft in ihr geregt hatten, fielen jetzt in den letzten Augenblicken mit aller Gewalt auf ihre Seele und lähmten den geflügelten Schritt, mit welchem sie die erste halbe Meile ihres Weges zurückgelegt hatte. Nun hatte sie die waldige Schlucht durchwandert, die sie noch vom See und dem Anblick ihres Wohnorts schied. Ihre Angst, ihre Spannung stieg mit jedem Schritte. Nun öffnete sich das Tal, und nun lag plötzlich der See mit allen seinen angrenzenden Bergen, mit den Dörfern an seinen Gestaden, oben am Ende der Marktflecken vor ihr, und dort links, hinter dem Walde, wo ihr Auge vergebens nach Dach oder Giebel schaute, verkündete der dunkle, aufsteigende Rauch der Esse den Ort, wo Rudolf, wo ihr Kind lebten – wenn sie noch lebten! Ergriffen von diesem Gedanken stürzte sie weinend am Seeufer nieder, hielt den mütterlichen Boden umfaßt und ergoß ihr Herz im heißen Gebete. Sie erhob sich, sie hatte vielleicht noch ein paar Stunden weit zu gehen. Und was sollte sie finden, wie würde man sie empfangen? – Nein, es war nicht möglich, ohne vorläufige Erkundigung, ohne nähere Kenntnis von dem vielleicht Entsetzlichen, was sie zu Hause erwarten könnte, den gewagten Schritt zu tun und sich den Ihrigen plötzlich darzustellen.

Diese Betrachtung und die Erschöpfung ihrer Kräfte bestimmten sie, in einem nahen Hause, wo sie eine freundliche Alte spinnend vor der Tür sitzen und ein paar Enkelchen, wie es schien, die vor ihr spielten, bewachen sah, einzusprechen und um eine Erquickung zu bitten. Gutmütig betrachtete die Alte das hübsche junge Weib, dessen Kleidung auf eine fremde Heimat schließen ließ, und dem Kummer und Erschöpfung aus den bleichen Zügen sah, und holte ihr einen Krug mit Milch und Brot. Sie saßen zusammen vor dem Hause. Die Gegend, die Dörfer, die Häuser, die man nah und fern sah, gaben eine schickliche Einleitung zu Elses bangen Fragen, die sich bald nach der Rauchsäule, die eben hinter dem Wald aufstieg, und nach dem jungen Sensenschmied wandten, den sie in der Fremde als Reiter gekannt zu haben versicherte. Sie selbst war aus der Gegend von Prag und im Begriff, Verwandte ihres jüngst verstorbenen Mannes zu besuchen, die in St. Gilgen wohnten.

Neunhundertsechsundvierzigste Nacht

Die Alte gab freundlichen Bescheid über alles, und endlich auch über den Sensenschmied. Er lebte noch, und es ging ihm wohl mit seiner Frau und seinen beiden Kindern.

»Seiner Frau?« fragte Else tödlich erschrocken. »Er hat also wieder geheiratet?«

»Nicht daß ich wüßte! Er müßte etwa schon im Kriege ein Weib gehabt haben. Oh, die Soldaten nehmen das nicht so genau.«

»Und wer ist denn seine Frau?« brachte Else mühsam hervor.

»Ein hiesiges Kind«, antwortete die Alte, »dort aus dem Markt. Sie sind schon mehrere Jahre verheiratet.«

»Zwei Jahre«, stammelte Elfe mit bebenden Lippen.

»Oh, wohl länger! Das älteste Kind läuft schon recht hübsch.«

Else erstarrte. Sie wußte nicht, was sie denken sollte. Die Bauersfrau sah sie forschend an. Eine sehr wahrscheinliche Vermutung, daß nämlich Rudolf während seines Kriegsdienstes irgendeine Verbindung mit diesem jungen, schönen Geschöpf gehabt, drängte sich ihr auf, und spiegelte sich in dem Mitleid, das aus ihren Mienen sprach. Neugierig, aber schonend, stellte nun auch sie allerhand Fragen; doch Else war zu bestürzt, um den Sinn derselben recht zu verstehen, und nur als sie sich ein wenig gefaßt hatte, vermochte sie weiterzureden und sich zu erkundigen: Ob Rudolf gut mit seiner Frau lebe?

»Darüber spricht man allerlei«, erwiderte die Alte. »Sie soll zänkisch, böswillig sein und dem braven Mann sein Haus zur Hölle machen.«

Eine seltsame Empfindung, aus Mitleid und heimlicher Schadenfreude gemischt, wallte in Else auf. Sie forschte weiter. Alles was sie hörte, diente nur sie zu verwirren, ihr eine klare Übersicht dessen, was geschehen sein mochte, unmöglich zu machen. Doch ach, was sie erfahren, war schon hinreichend, ihr jede Hoffnung zu rauben. Ehe sie die Frau verließ, fiel ihr ein, sich auch noch nach Gertrud zu erkundigen.

»Ihr scheint ja ziemlich bekannt in der Gegend«, antwortete die Alte.

»Mein Mann war zuweilen hier bei seinen Verwandten; von ihm weiß ich manches. Wie geht es der Hammermeisterin?«

»Ach, da müßt Ihr eine Weile nichts von hier gehört haben, die ist schon lange tot.«

»Tot«, rief Else entsetzt, »und wann, wie?«

»Es hat stets eine seltsame Bewandtnis mit dem Weibe gehabt. Man sprach wunderlich von ihr, sie soll allerlei geheime Künste getrieben haben. Nun, Ihr versteht mich, man redet nicht gern davon, am Ende läßt sich auch nichts beweisen, und es ist unchristlich, so etwas auf bloßem Anschein hier seinem Nächsten nachzusagen. Genug, vor ein paar Jahren – sie hatte die Gewohnheit, sich im See zu baden; man sagt, sie hätte es getan, um ihre hübsche Gestalt zu erhalten, und das Wasser vorher mit allerlei Segenssprüchen besprochen – also vor 2 Jahren war sie eines Morgens, wie sie pflegte, noch vor Sonnenaufgang hinausgegangen; die Magd mußte ihr in einiger Entfernung hinter dem Dickicht warten. Aber ja, sie soll noch zurückkommen! Als es der Magd zu lange währte, ging sie, nach ihrer Frau zu schauen. Die war fort, ihre Kleider lagen am Ufer, sie selbst war verschwunden. Ob der See sie verschlungen, ob der Böse – Gott sei bei uns! – sie über den zauberischen Frevel geholt, den sie da getrieben? – Wer weiß das? – Der Hammermeister ließ überall nachsuchen, um ihren Körper zu finden, aber umsonst. Es ist möglich – der See hat tiefe Stellen – daß die Unglückliche in eine solche geraten und der Wirbel sie hinabgezogen; es ist auch noch etwas andres möglich – kurz: zum Vorschein ist sie nie wieder gekommen.«

Neunhundertsiebenundvierzigste Nacht

Else schwieg schaudernd, sie glaubte den Finger einer richtenden Vergeltung zu erblicken, und als sie sich noch ein wenig gefaßt und der Bauersfrau für ihre Freundlichkeit gedankt hatte, setzte sie ihren letzten peinvollen Weg nach einem Orte fort, wo sie die höchste Seligkeit nach so langen Leiden zu finden gehofft hatte, und den sie nun wahrscheinlich nur unerkannt und heimlich betreten, und dann auf ewig wieder verlassen mußte. Aber sehen, sehen mußte sie ihren Mann, ihr Kind noch einmal, zum letztenmal auf dieser Welt. Der Weg war weit. ihre Kräfte erschöpft, mühsam schleppte sie sich fort. Die Sonne stand hoch am Himmel, als sie jetzt um das Gebüsch herumbog, der Waldbach, an dessen Ufern sie so oft mit ihrem Mann gesessen, brauste ihr aus dem Tannendunkel entgegen; nun erblickte sie das friedliche Haus rechts herunter vom Wege, hörte die Stimme eines Kindes, vielleicht ihres Kindes aus der Stube schallen – und wankend, bleich, schritt sie die Anhöhe hinab; jetzt lag der Hof offen vor ihr, und eine Frau in sauberer Hauskleidung stand am Brunnen und wusch. Else konnte sie nicht im Gesichte sehen, denn die Person hatte sich eben über den Trog niedergebeugt. So schlich sie hinter ihr der offnen Tür zu, wollte verstohlen hineinblicken, und guter Gott – da saß ihr Rudolf, gedankenvoll den Arm auf den Tisch, den Kopf auf den Arm gestützt, viel bleicher, viel trüber, als einst vor ihr. Alle Besinnung, alle Umsicht verließ sie bei dem Anblick des geliebten Mannes, und mit einem lauten Schrei des Schmerzes, der Freude flog sie an seine Brust. Erstaunt und unmutig wand sich Rudolph aus den Armen der fremden Gestalt, sah ihr ins Gesicht und sagte unwillig: »Was soll der alberne Scherz? Zu was die törichte Mummerei?«

Else war wie niedergedonnert. Dieser kalte und doch so natürliche Empfang war das befremdendste, was ihr begegnen konnte; sie stand dem Zürnenden sprachlos gegenüber und vermochte nichts, als die Hände zu ringen und flehend zu ihm aufzublicken. »Einfältige Possen«, sagte er, und trat ans Fenster von ihr weg.

»Ach Rudolf«, rief sie endlich schmerzlich. »Ist das alles, was du mir nach zweijähriger Trennung zu sagen hast?«

Er wandte sich rasch um. »Zweijährige Trennung?« rief er entrüstet. »Du gehst vor einer halben Stunde hinaus an den Brunnen und kommst jetzt verkleidet herein! – Was soll die Komödie? Wahrhaftig, Else, dein Betragen von heute morgen war nicht darnach, um diesen Spaß zu rechtfertigen. Überhaupt – aber ich will mich nicht von neuem ärgern; hinaus an deine Arbeit, hier hast du nichts zu tun.«

»O Rudolf, Rudolf!«, jammerte Else, »welch ungeheurer Betrug ist hier vorgegangen! – Ich war ja zwei Jahre und drei Monate weg von dir, seit der unseligen Walpurgisnacht.«

»Walpurgisnacht?« rief Rudolf. »An welchen Zeitpunkt wagst du mich zu mahnen? – Ja, seit der Walpurgisnacht bist du verwandelt, und ich ein unglücklicher Mann.«

»Ich war es nicht! Ich war es nicht«, rief Else mit steigender Lebhaftigkeit und steigendem Mute. »Nein, mein Rudolf, ich habe dich nicht gequält. Ich war weit, weit von hier. Oh, kennst du deine Else nicht mehr?«

Bei diesen Worten streckte sie die Arme zärtlich nach ihm aus, die

Tränen, die aus ihren Augen flossen, der Ausdruck ihrer Blicke, der Ton ihrer Stimme, alles drang mächtig zu seinem Herzen. Er fühlte sich überwältigt. »O Gott – Gott«, rief er. »Das ist wieder so, wie in der guten, alten Zeit! Else, liebst du mich noch?«

In dem Augenblick ging die Tür auf, und ihr Ebenbild, eine zweite Else, den Korb mit ausgerungener Wäsche auf dem Kopf, trat ins Zimmer.

»Heiliger Gott«, schrie Rudolph, »es sind zwei!«

Die Vorlesung wurde hier durch einen Boten unterbrochen, der dem Freiherrn ein Paket Briefe überbrachte.

Neunhundertachtundvierzigste Nacht

Diesen Abend wurde die Vorlesung fortgesetzt.

Aber Else, in deren Seele schon längst ein schrecklicher Argwohn gegärt hatte, schrie laut, sprang zum Weihbrunnkesselchen am Türpfosten, sprengte die Tropfen auf die unheimliche Gestalt, schlug ein Kreuz, und jene, die im ersten Moment bei Elses Anblick ebenso entsetzt vor ihr gestanden hatte, floh nun mit einem fürchterlichen Schrei zur Tür hinaus, und im Entfliehen glaubten Rudolf und Else plötzlich Gertruds Züge an ihr zu erkennen. Sie war fort, die beiden Gatten sahen sich bebend, staunend an; aber eine süße Beruhigung senkte sich in Elses so lange zerrissenes Herz, und vor Rudolfs Geist dämmerte eine Ahnung des wahren Zusammenhanges auf. Er streckte die Arme nach seiner Wiedergefundenen aus. »Ach, bist du's denn«, rief er. »Bist du meine wahre, gute Else?« – Sie sank weinend an seine Brust. Zu reden vermochte sie nicht; auch Rudolf, überwältigt von Grauen, Liebe, süßer Hoffnung und bangem Entsetzen, war seiner selbst nicht ganz mächtig. Endlich ordneten sich seine verworrenen Gedanken, und er hörte nun unter den wechselndsten Empfindungen, was ihm Else voll Reue und Liebe von ihrem vertrauten Umgang mit Gertrud, ihrer gewaltsamen Entführung, dem Hexentanze und ihrem Leben bei dem Schulmeister erzählte. Sie saß auf Rudolfs Schoß; jedes ihrer Worte, jeder Blick diente dazu, die beruhigende Gewißheit, daß diese seine geliebte Else und jenes zank- und zornsüchtige Wesen, das ihm durch zwei Jahre das Leben vergällt, nur ein unheimlicher Spuk gewesen sei, in seiner Brust zu verbreiten.

Nun begann auch er seinen Bericht, wie er vor zwei Jahren, bald nach jener unseligen Nacht, nach Hause gekommen, seine Frau in ihren gewöhnlichen Verrichtungen und alles übrige in der besten Ordnung gefunden, so daß an eine Verwechslung gar nicht zu denken gewesen. Doch bald schien ihm das Wesen, das ganze Gemüt seines Weibes verwandelt. An die Stelle der sanftesten Demut war ein auffahrendes Betragen getreten, das keinen Widerspruch dulden, mit niemandem im Hause Nachsicht haben wollte. Keifen und Zanken mit Mann und Gesinde war vom frühsten Morgen bis abends die Tagesordnung, und selbst ihre Liebe zu ihm hatte eine andere, leidenschaftlichere, aber durchaus nicht anmutigere Gestalt angenommen. Auf keine Weise wußte sich Rudolf diese Verwandlung zu erklären, bis ein Zufall und die Geschwätzigkeit einer alten Magd ihm entdeckte, daß ihre Frau in der Walpurgisnacht mit der Frau Hammermeisterin heimlich ausgegangen, erst spät am Morgen wieder durch das Hinterpförtchen des Gartens nach Hause gekommen, sich von allen, nur nicht von dieser Magd, unbemerkt in ihre Kammer geschlichen, und seitdem wie umgewandelt gewesen sei.

Rudolf entsetzte sich. Eine Ahnung von etwas Grauenhaftem, was hier vorgegangen sein möchte, erfaßte und entfremdete ihn, von dem Augenblick dieser Entdeckung an, von seinem Weibe. Es erregte einen schmerzlichen Zwiespalt in seinem Herzen, wenn er diese geliebten, vertrauten Züge sah, aus deren Betrachtung so oft stille Lust in seine Seele geflossen war, und das Betragen seines Weibes jeden Augenblick diesem Eindruck widersprach; wenn es ihm vorkam, als ob jene Else, die er einst geliebt, und diese, die nun vor ihm stand, gar nicht ein und dieselbe Person sein könne.

Endlich stellte er sie einst über jene Nacht zu Rede, und die Art, wie sie diese Nachforschung aufnahm, zeigte ihm, daß sein Verdacht nur zu wohlbegründet gewesen; aber von diesem Augenblick an war auch jeder Anschein von Frieden oder Liebe von dem unseligen Paar gewichen. Else schien nur zu leben, um ihren Mann zu quälen, und dennoch brach mitten aus diesem Zorn und Unmut oft ein Strahl der heißesten Liebe zu ihm hervor, die sich hauptsächlich in unbändiger Eifersucht kundgab.

Ebenso, wie mit dem Mann, war auch ihr Benehmen mit den Kindern; den ältesten haßte und verfolgte sie, den jüngern –

– »Du hast noch ein Kind! Ich weiß es«, rief jetzt Else, und eine wunderschmerzliche Empfindung bemächtigte sich ihrer. Sie war von Rudolfs Schoß aufgesprungen und sah sich in der Stube um.

»Dort in der Wiege«, sagte der Vater.

Else trat hin – die Wiege war leer, verschwunden das Kind, verschwunden wie die Mutter, und vermutlich mit ihr zugleich.

Neunhundertneunundvierzigste Nacht

Ergriffen und entsetzt standen die Gatten vor der leeren Stelle; aber nach und nach verbreitete sich ein beruhigendes Gefühl über ihre Herzen, fromme Gedanken von der väterlichen Waltung Gottes, von seinem unmittelbaren Segen und Schutz, erhoben sich in ihren Seelen.

Jetzt kam der ältere Knabe an der Hand seiner Wärterin in die Stube. Else eilte auf ihr Kind zu, sie schloß es mit Entzücken und Dank gegen Gott in ihre Arme. Dies war ihr Kind! Kein zauberhaftes Irrwesen, und sie endlich nach so langen Schmerzen wieder mit den Ihrigen vereint!

Rudolfs häusliches Glück blühte von neuem auf. Die Leiden der vergangenen Jahre waren den neuvereinigten Gatten eine unerschöpfliche Quelle süßer Gespräche, frommer, kindlich dankbarer Betrachtungen.

Aber wenige Tage nach Elses Zurückkunft fanden Fischer den lange gesuchten Leichnam der ertrunkenen Hammermeisterin im See und brachten ihn ihrem Mann. Nun ging das Gerücht, daß sich die Fischer und der Meister höchst darüber verwundert, wie frisch und vom langen Liegen im Wasser unangegriffen die Verstorbene ausgesehen, gleich als wäre sie erst kürzlich in den See gestürzt. Der Witwer ließ ihr ein prächtiges Leichenbegängnis halten; doch sagte man, er sei froh gewesen, durch unwidersprechliche Bestätigung ihres Todes seiner Freiheit und der Unmöglichkeit ihrer einstmaligen Rückkehr in sein Haus versichert gewesen zu sein.

Neunhundertundfünfzigste Nacht

Als heute Gertrud aufgefordert wurde, eine Sage zu erzählen, sprach sie: »Die Sage, welche Frau von Runsitten vorgelesen hat, erinnert mich, daß man nicht nur von der Walpurgisnacht, sondern auch von der Andreasnacht verschiedene Sagen hat.«

»In manchen Gegenden, z. B. in Sachsen, brechen die Leute am Andreasabend Zweige von Kirschbäumen, welche sie in Wasser setzen, damit sie den Weihnachtsabend blühen, was auch der Fall ist. Auch gehen die Mädchen abends horchen, sie stellen sich unter die Fenster, und was zuerst gesprochen wird, beziehen sie auf ihre Zukunft, indem sie sich eine Weissagung daraus entnehmen. Allgemein ist das Gehen auf Kreuzwege um die Abendstunde, wer dann zuerst über den Kreuzweg schreitet, ist für sie ebenfalls ein Prophet. Erscheint zuerst eine alte Frau, so bedeutet es ihnen Unheil, am liebsten sehen sie einen jungen, hübschen Mann kommen, der ihnen einen schmucken Freier bedeutet.«

»Die Mägde auf dem Lande beten an diesem Tage inbrünstig zum heiligen Andreas und opfern ihm eine Kerze.«

»Der Sage nach ging einst ein junges Mädchen am Andreasabend auf einen Kreuzweg, um den ersten Vorüberkommenden zu erwarten; da schritt der Tod mit Stundenglas und Sense langsam an ihr vorüber und winkte ihr. Halb tot vor Schrecken kam sie nach Hause, und kein Jahr war dahingeschwunden, als man das jugendliche, holde Wesen begraben mußte.«

»Viel hat hier wohl die Einbildung gewirkt«, sprach Willmann, »die Furcht vor dem Tode führt oft den Tod herbei, der ohne sie noch ferngeblieben wäre, überhaupt haben Schreck, Ärger, Furcht und Angst viel mehr Einfluß auf den Menschen, als man sich gewöhnlich zugestehen will.«

»Ich kenne noch eine Sage vom Andreasabend«, sprach Gertrud, und nach dem Wunsche der übrigen begann sie:

DER ANDREASABEND

Vor langen, langen Jahren, saßen Base und Nichte am Andreasabend beim Kamin und spannen fleißig einen Rocken nach dem andern ab, da sagte die Nichte: »Base, 's ist heute Andreas, ich möchte wohl auf den Kreuzweg gehen und schauen, wen ich erblicken würde.«

Da sprach die Base: »Töricht Kind, zum Freien bist du noch viel zu jung, auch heißt es Gott versuchen, wenn man in die Zukunft schauen will, die uns zu unserm Heile verborgen bleiben soll!«

Darauf sprach die Nichte: »Base, Ihr habt recht, ich will fein zu Hause bleiben, meinen Rocken abspinnen und mich dann zu Bette legen.«

Das tat sie auch; aber um Mitternacht, als die Base fest schlief, stand sie leise auf, kleidete sich hastig an und ging auf den Zehen aus dem Zimmer, die Treppe hinab und auf den nächsten Kreuzweg.

Alles war still auf den Straßen, nur hier und da aus den Fenstern schimmerte ein Nachtlämpchen, und verdrießlich sagte das Mädchen: »Ach, niemand läßt sich mehr blicken, daran ist die Base schuld, ich bekomme also dieses Jahr noch keinen Mann. Wie kränkt mich dies, ich wollte nicht in den Himmel kommen, wenn ich den Triumph hätte, unter allen Jungfern meiner Verwandtschaft und Bekanntschaft die erste zu sein, die einen reichen, stattlichen Freier bekäme. Wie würde dies die andern ärgern!«

Indem schlug die Glocke zwölf; da sauste ein prachtvoller Wagen mit schwarzen Rossen bespannt vorbei, und in dem Wagen saß ein reichgeputzter Herr mit einer Feder auf dem Hute.

Er grüßte das staunende Mädchen freundlich, und Röschen ging voll stolzer Hoffnungen, voll Jubels nach Hause.

Seit dem Andreasabend hielt sie sich schon für eine reiche, vornehme Frau, den ganzen Tag stand sie vor dem Spiegel, den Spinnrocken berührte sie nicht mehr, und die frommen Ermahnungen der Base verlachte sie. Einen jungen Handwerker, der um sie freite, wies sie schnöde ab, auf einen reichern hoffend, und jedermann, der Röschen sonst wohlgewollt, erklärte sie für eine eitle, hochmütige Närrin.

So vergingen einige Monate, als Röschen eines Tages wieder neben der Muhme saß und spann.

Da rollte eine stattliche Kutsche, bespannt mit sechs schwarzen Rossen vor das Haus, ein kostbar gekleideter Herr stieg aus, ging die Treppe hinauf und trat in der Base Zimmer. Dort warb er mit höflichen Worten bei ihr um Röschens Hand, und die Base sprach: »Herr, so glänzend auch Euer Antrag ist, so kann ich mich seiner doch nicht recht freuen, meine Nichte ist arm und von geringem Stande, und Gott befiehlt, daß keiner sich überhebe.«

Da wurde der Freier blaß und sprach zu Röschen: »Und Ihr, mein schönes Kind?« Sie erwiderte: »Ich bin Euer, mag die Base mich segnen oder fluchen, ich bin nicht deshalb schön und jung, daß ich ungesehen in einem Winkelgäßchen verblühen soll.«

»Wohl gesprochen«, sagte der Freier, »so muß ein junges Mädchen denken, wenn es ihr Glück machen will.«

Drauf steckte er ihr einen Ring an, der wie Feuer funkelte und im Dunkeln hell leuchtete wie eine Kerze. Zum Gegengeschenk gab ihm Röschen das silberne Kreuzchen, was sie am Halse trug, und um das er sie gebeten.

Dann kamen Diener, welche kostbaren Schmuck und seidne Stoffe für sie brachten; endlich schied der Freier, nachdem er seiner Braut das Versprechen gegeben hatte, sie den neunten Abend nach seinem ersten Besuche abzuholen und feierlich als Braut heimzuführen.

Neunhunderteinundfünfzigste Nacht

Als die Base sich mit der Nichte allein sah, sprach sie zu ihr mit bewegter Stimme: »Schon oft hast du in der letzten Zeit meine Warnungen überhört, ich bitte dich, schlage sie nur diesmal nicht in den Wind, denke, daß deine Mutter zu dir spricht. Mir ist, als ich den Freier sah, gar unheimlich geworden, die Pracht, die reichen Geschenke blenden mich nicht, man weiß nicht, wie er heißt, noch wo er herstammt und von wannen er kommt, es kann wohl gar ein böser Geist sein.«

»Warum nicht gar«, fuhr Röschen auf, »Ihr gönnt mir wohl mein Glück nicht, weil ich eine vornehme und reiche Dame werde, und Ihr – doch laßt mich schweigen und bekümmert Euch nicht um mich, ich bin schon selbst klug genug.«

Nach diesen Worten wendete sie der Base den Rücken zu und schmückte sich mit den Edelsteinen, welche ihr der reiche Freier geschenkt. Aus den schönen, seidenen Stoffen ließ sie sich Kleider machen und schritt nun in Schleppkleidern stolz umher, sich ihrer armen Base schämend. Vergebens beschwor die Base das Mädchen, an ihr Seelenheil zu denken, ja sie vergaß es nicht, Röschen darauf aufmerksam zu machen, daß der neunte Tag, an welchem sie der Freier versprochenermaßen abholen wollte, der letzte April sei.

Röschen lachte dazu. »Warum nicht?« sagte sie übermütig, »bei einem so reichen, galanten Teufel, wie dieser ist, muß es sich gar nicht übel leben lassen.«

Das war freilich nur Scherz, denn Röschen hielt den Freier für einen reichen Edelmann und hatte Furcht vor einer Verbindung mit dem

Teufel, aber wenn sie des Teufels Hilfe zu einem Triumph für Eitelkeit bedurft hätte, würde sie dieselbe ohne Bedenken angenommen haben.

So verstrichen acht Tage, und der neunte, an welchem ihr Freier kommen wollte, um sie zu holen, erschien. Schon früh eilte die Base in die Messe, Röschen aber hatte keine Lust, sie zu begleiten, und stellte sich vor den Spiegel, sich heute auf das köstlichste zu schmücken, damit sie dem reichen Freier gefallen möge, und er sein Wort nicht zurücknehme. Still und ängstlich ging die Base den ganzen Tag umher, während Röschen voll Stolz und Eitelkeit im Gemach auf- und abschritt, bald sich in dem Spiegel zunickend, damit ihre Ohrgehänge um so schöner funkelten, bald auf ihre lange Schleppe schauend.

Als der Abend hereinbrach, wollte die Base Röschen ein Kreuz um den Hals binden, das Mädchen riß es aber ab und sprach: »Das tombakne Kreuz würde schön zu meinen Brillanten passen.«

Jetzt rollte wieder der prachtvolle Wagen mit den sechs Rossen heran, der Herr stieg aus, und kam, die Braut zu holen.

Vergebens beschwor die Base das Mädchen, zurückzubleiben, sie entzog ihr die Hand und eilte blitzschnell die Treppe hinab. Alle Nachbarn schauten zu ihrer Freude aus den Fenstern und bewunderten die Pracht. Sie stiegen ein. Im Galopp fuhr der Wagen fort, daß die Funken stoben.

Da wurde Röschen bange, und sie schrie: »Wohin bringt Ihr mich?«

Und er sprach: »In mein Schloß, wo du großen Hofstaat finden wirst.«

Und wieder fragte Röschen: »Und wer seid Ihr denn?«

»Der Fürst der Hölle!« rief er aus. Da sank das Mädchen zusammen und fing an zu beten, was ihr nur einfiel. Und im Nu verschwand die Kutsche mit den Rossen und ihrem Herrn. Röschen lag auf ihrem Bette, totenblaß, sterbend, und unter den frommen Gebeten der Base verschied sie. –

Neunhundertzweiundfünfzigste Nacht

Heute trug Franz folgendes Märchen vor:

DAS GALGENMÄNNLEIN

Vor zweihundert und etlichen Jahren lebte zu Hamburg ein reicher Kaufherr, Jakob Bunge geheißen, schon bejahrt und Witwer, der hatte keinen andern Leibeserben als seinen Sohn Franz, einen hübschen Burschen, aber so leichtsinnig und nichtsnutzig wie kein anderes Hamburger Stadtkind damaliger Zeit.

Darüber betrübte sich der alte Bunge gar sehr, und er dachte mit Gram daran, was für ein Ende es dereinst mit seinem Sohne und seinen Speziestalern nehmen würde, wenn er, der Alte, gestorben sein würde, und wenn er das so recht bedachte, so kam ihm oft die Lust an, noch bei seinen Lebenszeiten sich im Grabe umzudrehen. »Zum Kaufmann taugt der Junge nun und nimmermehr«, sprach er einstmals bei sich selbst, »denn er ist faul, wo es die Arbeit betrifft, nachlässig, leichtsinnig, in summa ohne alle und jede Solidität.« Er beriet sich mit einem alten Freunde, und dieser riet ihm am Ende, den Franz studieren zu lassen, und zwar Gottesgelehrtheit, damit er womöglich in sich schlüge, und so, wenn auch kein ehrenwerter Kaufherr, doch wenigstens ein stattliches Kirchenlicht werde.

Der alte Jakob Bunge fand diesen Vorschlag nicht gar so übel und meinte: Allerdings könne sein Franz vielleicht noch ein tüchtiger Prediger werden, denn eine tüchtige Lunge und derbe Fäuste, damit auf der Kanzel herumzupauken, habe er, auch sei er eben nicht dumm – kurz, der Vorschlag gefiel dem Alten je mehr er ihn überdachte so wohl, daß er nicht säumte, die Ausführung desselben zu betreiben, und Franz hatte so viel von der Herrlichkeit und Ungebundenheit des Studentenlebens gehört, daß er sich durchaus nicht dawider setzte, nach Leipzig zu reisen, um dort Gottes Wort sich eintrichtern zu lassen. Als Ostern herankam, wo sein Vater gewöhnlich zur Messe zog, führte ihn dieser selbst an den Ort seiner Bestimmung. Franz wog schmunzelnd die volle Geldbörse, welche sein Vater ihm beim Abschied überreichte, in der Hand, und nahm die guten Lehren, welche ihm dabei erteilt wurden, in den Kauf. Als aber der Alte Leipzig verlassen und wieder nach Hamburg zurückgekehrt war, da legte er sich mit allem Eifer aufs Studieren, das heißt, er besuchte zwar nicht oft die Hörsäle der alten Professoren, aber doch mitunter fleißig den Karzer, am allerfleißigsten aber die fixen Zechen. Den Auerbachschen Keller und die große Bierhalle hinter der Thomaskirche in der Klostergasse, auch der Fechtboden und die Reitbahn wurden nicht vergessen, und die Unzahl seiner Liebschaften machte dem alten Sprüchlein über die Leipziger Mägdlein alle Ehre.

Also studierte Franz Bunge drei Jahre in Leipzig und dachte nicht ans Examen. Endlich mußt' er freilich daran denken, und auch daran, was sein Vater sagen würde, wenn er erführe, daß Fränzchen alles mögliche, nur nichts Gescheites, am allerwenigsten aber, was er gesollt – nämlich Gottesgelehrtheit – studiert hatte! – Aber gerade, als er sich am wenigsten Rat wußte, bekam er einen Brief, der ihm meldete, daß sein Vater plötzlich verstorben sei.

Franz fuhr alsbald von Leipzig ab, zurück nach Hamburg, wo er die große Erbschaft in Empfang nahm (denn er war eben mündig geworden), sodann kehrte er wieder nach Leipzig zurück, um noch einige Jahre fort zu studieren, denn er hatte diese Stadt und das lustige Studentenleben daselbst vor allem liebgewonnen.

Er studierte also abermals drei Jahre lang und diesmal, da er die Mittel besaß, mit so großem Erfolg, daß, bevor noch das dritte Studienjahr ganz zu Ende war, er sich vergebens nach nur einen Deut mehr von seinem ungeheuern Vermögen umsah. Alles war wie gewonnen, so zerronnen, und er ein so stattlicher Bettler zu nennen, als nur je einer die grimmasche Gasse oder den Brühl hinabgeschlichen, solange Leipzig stand.

Neunhundertdreiundfünfzigste Nacht

Ein Bettler darf nirgends große Ansprüche machen, am allerwenigsten aber in einer so lustigen, aufgeweckten Stadt, als dazumal das schöne Leipzig war, wo nur derjenige in Ansehen stand, der Geld und viel Geld und sehr viel Geld hatte. Franz fand die alte unbestrittene Wahrheit nur zu bald bestätigt sowie auch die, daß, wo das Glück davonzieht, auch die guten Freunde nicht mehr ausdauern. Himmel, wie viele gute Freunde hatte er nicht gehabt, solange die alten Taler und die neuen blanken Füchse in seinen Taschen klingelten, aber alle die guten Freunde waren nicht mehr für ihn zu Haus, sobald es kund wurde, daß seine Taschen leer seien und keine Hoffnung mehr, sie bald wieder zu füllen. Und eben die, denen er am meisten wohlgetan (denn gutmütig und mitleidig war er), lohnten es ihm jetzt mit dem schwärzesten Undank.

Unter dieser letztern saubern Art von falschen Freunden befand sich auch ein verdorbenes Lumpengenie namens Spinne. Dieser Bursche war der Sohn eines Schneiders aus Dresden, der sich durch die vielen St. Petrus-Läppchen, welche er in seine Hölle wandern ließ, ein artiges Vermögen erschneidert hatte, und nun in seinem Schneiderhochmut darauf verfiel, sein Wilhelmchen zum Gelehrten zu machen. Er schickte den Jungen auf die Kreuzschule, von wo er aber bald seiner schlechten Streiche halber weggejagt wurde; dieses drohte den Plan des Alten zu zerstören, zum Glück aber hatte er einen Verwandten in Budissin, zu diesem sandte er Wilhelmchen, um dort sich für die hohe Schule vorzubereiten. Es ging damit so ziemlich, und der Bursche, gewitzigt durch seinen Unfall in Dresden, hütete sich wohl, es jetzt allzu arg zu treiben. So kam denn die Zeit heran, wo er nach Leipzig zog, um dort das Jus zu studieren. Gar bald wurde er dort für einen lügnerischen, hämischen und spitzbübischen Burschen erkannt, der sich meisterlich darauf verstand, Schulden zu machen, auf mehr oder minder seine Weise zu betrügen, und solchen, welche ihn durchschauten und ihn mieden, heimlicherweise, wo er konnte, ein Bein zu stellen. Zwar wußte er sich in der Regel auf listige Weise der gerechten Strafe für seine Streiche zu entziehen, aber einige Male geschah es doch, daß er an den unrechten Mann geriet und tüchtig abgeprügelt wurde. Dies, sowie daß er nichts Ordentliches gelernt hatte, trieb ihn an, bevor es noch zum Examen kam, der Rechtsgelehrtheit Valet zu sagen und sich zum Magister der freien Künste machen zu lassen. Als solcher trieb er Poeterei und was dazugehört, ungefähr wie ein Schuhflicker das Besohlen oder ein Flickschneider das Flicken und drängte sich, wo er konnte, an die neuankommenden, lustigen Brüder, in deren Taschen er die Münze klimpern hörte. Auch an Franz hatte er sich gedrängt, und bei dem jungen Verschwender eine so reichliche Ernste gehalten, daß er ihm schon um Gottes willen in seiner jetzigen bedrängten Lage mit der zuletzt von ihm geborgten Summe hätte unter die Arme greifen können, aber dazu war Wilhelm Spinne auf keine Weise aufgelegt, und machte sich sogar noch das Vergnügen, die, welche Lust bezeugten, dem für seinen Leichtsinn so hart bestraften Franz helfen zu wollen, davon abzumahnen und ihnen solche unerhörte Schandgeschichten von seinem ehemaligen Freunde vorzulügen, daß die Mildgesinnten endlich ihr Geld lieber auf die Straße geworfen, als an Franz geliehen haben würden. Franz empfand gar bald die Folgen davon, und merkte auch, wer der Anstifter dieses letzten Unheils für ihn gewesen sei. Ergrimmt über solche schurkische Bosheit, lief er zu dem verunglückten Jünger der Gerechtigkeit und dermaligen Poeten und zerdrosch ihn unverdrossen, solange er nur den Arm rühren konnte, dann lief er aus Leipzig den Weg nach Lützen zu, wo damals eben kaiserliche Werber lagen, und ließ sich anwerben zum Soldaten. Mit diesen zog er bald davon, während Spinne, nachdem er die erhaltenen Prügel verwunden, sich anschickte, ein junges, hübsches, dabei aber sehr einfältiges Mägdlein, die Tochter eines alten Landpfarrers, zu freien, welche ihm mit dazu verhelfen sollte, den jungen, reichen Burschen sowie auch hin und wieder einen alten Gönner dergestalt zu verblenden, daß sie ein – auch wohl alle beide Augen, bei Ehren-Spinnens freien Künsten zudrücken möchten.

Wie es dem armen Franz unter den Soldaten erging, werde ich morgen erzählen, schloß Franz für diesen Abend abbrechend.

Neunhundertvierundfünfzigste Nacht

Diese Nacht setzte Franz, seinem Versprechen gemäß, die Mitteilung des Märchens vom Galgenmännlein fort:

Franz wanderte, wie gesagt, mit den kaiserlichen Werbern unter einem Trupp anderer Rekruten von Lützen fort nach Naumburg, wo eben das Regiment lag, unter das alle gesteckt werden sollten. Franz fand bald Ursache, seinen übereilten Schritt bitter zu bereuen, denn er stand unter einem bitterbösen Korporal, dem es an aller und jeglicher Geduld fehlte, einem armen Rekruten anders als mit Hilfe des Stocks die Handgriffe beim Exerzieren beizubringen. Franz wurde besonders reichlich von ihm bedacht, als er dessen trübes, melancholisches Wesen, welches er für Faulheit und bösen Willen hielt, gewahrte, und allerdings ließ der unglückliche Rekrut sich viele Nachlässigkeiten zuschulden kommen, auch wußte Franz nicht, daß es Sitte beim Regiment, daß jeder Gemeine einen Teil seiner kargen Löhnung dem gestrengen Herrn Korporal heimlich zufließen ließe. Franz, der dies verabsäumte und trotz allen Anspielungen des Korporals nicht merkte, wie er es zu halten habe, wurde von Tag zu Tag mehr tyrannisiert und wußte seiner Not kein Ende.

Endlich merkte er, was er im Dienst versehen habe, und beeilte sich, es wieder gutzumachen, aber das half ihm jetzt nichts mehr, denn der Korporal war zu erbost auf ihn. Zwar nahm er die Groschen und Kreuzer, welche Franz sich abdarbte, aber die schlechte Behandlung hörte deshalb nicht auf. Da wurde endlich Franz des Dinges müde, und sprach zu sich selbst: »Soll und muß ich doch einmal wie ein Hund behandelt werden, so will ich mindestens mein Geld nicht mehr an den spitzbübischen Korporal verlieren, darben will ich nach wie vor, aber sparen will ich und zusammenscharren, bis ich so viel habe, daß ich mich loskaufen kann von dem vermaledeiten Soldatenleben.

Bevor er aber noch so viel beisammen hatte, daß er auch nur von fern an die Ausführung seines Vorhabens denken konnte, ließ ihn der Hauptmann der Kompanie vor sich fordern. Franz erschrak im ersten Augenblick gewaltig und dachte schon, der rachsüchtige Korporal möge ihm ein böses Stücklein gespielt haben. Doch der Empfang des Hauptmannes zerstreute augenblicklich diese Besorgnis, und erfüllte ihn mit neuem Mut.

Der Hauptmann, ein noch junger, ernster Mann, betrachtete ihn lange und scharf und sprach sodann: »Tritt näher und merke auf, was ich dir sagen werde. Ich habe wohl gesehen, wie grausam dein Korporal vor allen dich behandelt, und wie sehr du schmachtest einem Stande Valet zu sagen, der dir statt Befreiung, Sklaverei, statt Glück nur Unheil brachte. Ist's nicht so?« –

Franz seufzte tief und antwortete: »Leider Gottes, gestrenger Herr.«

»Ich kann dich gegen den Korporal nicht vertreten«, fuhr der Hauptmann fort. »Der Korporal muß dem Gemeinen gegenüber immer recht behalten, und hätte er noch so sehr unrecht, wollten wir davon abgehen, so wäre es um alle Manneszucht getan. Es gibt nur ein Mittel, deiner Not ein Ende zu machen. Du mußt dich loskaufen. Wieviel Geld hast du?«

»Sechs Goldgulden, sauer erspart.«

»Das ist zuwenig! In dieser Zeit, wo der Soldat so gesucht wird, läßt man einen so hübschen Burschen nicht unter zweihundert Goldgulden frei, wenn man ihn einmal hat. Hast du keine reiche Sippschaft, welche für dich zahlen könnte, wenn du heimschreibst?« –

Traurig verneinte Franz dieses.

Der Hauptmann ging einigemale mit großen Schritten im Gemache auf und ab, dann trat er an einen Tisch, füllte aus einer silbernen Kanne einen Becher mit dunkelrotem Weine, stürzte ihn auf einen Zug hinab, füllte ihn dann nochmals und bot ihn dem erstaunten Franz dar, indem er sprach: »Trink wackrer Bursche, ich seh' dirs an, daß du lange nicht von dem edlen Rebenblut gekostet hast.«

Franz nahm den Becher, neigte sich und trank auf das Wohlergehen seines gnädigen Hauptmannes. Der Hauptmann lächelte und ging wieder einigemale mit verschränkten Armen auf und ab. Plötzlich blieb er dicht vor Franz stehen, sah ihn starr an und fragte dann: »Hast du Mut, etwas zu unternehmen, um dir nicht nur deine Freiheit, sondern auch Geld und Wohlleben, und mehr als du je dir träumen ließest, zu gewinnen?« »Wie wäre das möglich«, fragte staunend Franz.

Neunhundertfünfundfünfzigste Nacht

»Es ist, wie ich sage!« sprach der Hauptmann, »wärst du der rasendste Verschwender, dein Schatz würde nimmer und nimmer erschöpft! Wärst du der unersättlichste Geizhals, dein Geiz würde befriedigt werden, denn nur ein Gedanke von dir, und Millionen liegen zu deinen Füßen – aber hast du Mut, etwas dagegen zu wagen?«

Franz schauderte unwillkürlich ob dieser ungeheuern Zusage und der ernsten Frage des Hauptmannes. Es war ihm klar, daß hier von keinem Scherz die Rede sei, und eine innere Stimme flüsterte ihm zu, jede Versuchung zu meiden. Aber da gedachte er seines erbärmlichen jetzigen Lebens, seines früheren Wohllebens und der Verheißung, daß ihm Millionen zu Gebote stehen sollten, sofern er nur Mut habe, etwas dran zu setzen, und er antwortete dem Hauptmanne: »Ew. Gestrenger, Mut hab' ich schon, und wenn sich alles so verhält, wie Ihr sagtet, so würde ich mich nicht fürchten etwas dran zu wagen, selbst wenn – –«

»Nun? Du stockst?« rief der Hauptmann. »Da trink noch einmal und nun frisch mit der Sprache heraus – selbst wenn –? – Nun weiter.«

Franz faßte sich ein Herz und rief: »– nun selbst wenn der Teufel dabei im Spiele wäre.«

Der Hauptmann nickte mit dem Kopfe und sprach nach einer langen Pause, indem er sich traulich auf Franz' Schulter stützte: »Es ist nicht ganz so schlimm, wie du sagtest, indessen verhehlen kann ich nicht und darf es auch nicht, daß allerdings etwas Teuflisches dabei im Spiele ist. – Hast du schon je von dem Galgenmännlein gehört, das um Mitternacht von einem Sonntagskinde unter dem Galgen, an welchem tags vorher ein armer Sünder gehenkt wurde, ausgegraben wird? – Wer im Besitz eines solchen Galgenmännleins ist, dem stehen alle Schätze der Welt zu Gebote, der erste Besitzer mag, wenn er kann, es um einen ungeheuren Preis verkaufen, wenn er einen Käufer findet, doch muß dies sodann um eine geringere Summe geschehen, als er selbst dafür zahlte. Wer endlich so wenig dafür zahlt, daß er keinen geringeren Preis dafür erhalten kann, der muß das Galgenmännlein behalten, denn es mag ihm weder gestohlen werden noch kann er es von sich werfen oder vererben. Mit dem letzten Besitzer aber fährt das Galgenmännlein, wenn er stirbt, zur Hölle, von wannen es stammt. Ich bin vor etlichen Jahren in Besitz eines solchen Galgenmännleins gekommen, verhehle dir jedoch nicht, daß mich der Frevel reut, und daß mir graut, wenn ich bedenke, wie mich die erste beste Kugel der nächsten Feldschlacht der Hölle in dem Rachen senden könnte. Da ich mir nur dieser einen schweren Sünde bewußt bin, so hoffe ich solchem gräulichen Geschick zu entgehen, wenn ich mein Galgenmännlein mit guter Art los werde. Dir kann es für den Augenblick nützen, und ich will es dir, wenn du es haben willst, verkaufen. Ich hoffe, du wirst bald so klug werden, dich nach einem neuen Käufer umzusehen, weil dein Seelenheil dir doch wohl mehr gilt als der höllische Mammon. Unter meinen Kameraden würde mir es sogleich dieser oder jener um einen großen Preis abkaufen – (ich selbst gab mein ganzes Vermögen dafür) und dies könnte mir schon recht sein, denn mit der Weggabe des Galgenmännleins verschwindet all sein Geld von seinem bisherigen Besitzer, aber ich will dir wohl, der du in Not bist, und will keinen meiner leichtsinnigen Kameraden dem Verderben zuführen, willst du's also mit dem Galgenmännlein wagen, so verkaufe alles, was dir gehört, leg es zu deinem noch übrigen Gelde und bringe mir dieses, daß ich dir meinen Schatzmeister dafür übergebe.

Franz besann sich nicht lange, er dankte dem Hauptmann viel tausendmal, lief nach Hause, verschacherte an den ersten besten Juden alles, was er sein nannte, schlug es zu seinen sechs Goldgulden und kehrte mit diesen allen, als der Abend einbrach, zum Hauptmann zurück, dem er das Geld brachte. Der Hauptmann übergab ihm dagegen ein helles, längliches Fläschlein von geschliffenem Glase, worin eine dunkle Masse sich heftig hin und her bewegte. »Hier ist das Galgenmännlein«, sprach er ernst, »gehe damit nach Hause, wünsche dir, indem du es in die linke Tasche deines Wamses steckst, eine beliebige Summe, und alsbald wirst du selbe in deiner rechten Tasche finden. Melde dich sodann morgen früh bei deinem Korporal und begehre dich freizukaufen. Er muß mir sodann die Anzeige machen, welche ich dem Obersten mitteilen werde. Morgen um diese Stunde bist du sodann frei.«

Neunhundertsechsundfünfzigste Nacht

Franz verließ den Hauptmann, um seiner Wohnung zuzugehen. Unterwegs kam ihm der Gedanke: »Wie, wenn der Hauptmann sich doch nur einen gnädigen Spaß mit mir gemacht und mich um meine sechs Goldgulden, und was ich sonst noch mein nannte, geprellt hätte?« Er stand, indem er dieses dachte, eben vor einer Weinschenke, aus deren Gaststube gar lustiges Lärmen und Becherklingen schallte. »Ei«, rief Franz, »darüber wollen wir bald ins klare kommen. Heda, Galgenmännlein, meine rechte Tasche ist leer, ich wünsche aber, daß sie mit harten Talern gefüllt sei, zur Probe, was du vermagst.« Damit schlug er mit der Hand an die Tasche und erschrak fast mächtig, als der hellste, reinste Silberklang daraus ertönte. Er griff hinein und zog eine Handvoll funkelnder harter Taler vom schönsten und neuesten Gepräge hervor. – »Daß dich!« rief er verblüfft, »daß dich – der Hauptmann ist ein ehrlicher Mann und das Galgenmännlein hat seine Probe richtig bestanden. Aber graut mirs doch fast, ob dem Wunder! Ich will eins trinken, damit mir der Schreck nicht schadet, überhaupt, so lange es sein muß, mir gütlich tun, denn daß ich meinen Kleinen in der linken Tasche nicht allzu lange behalten werde, merk ich wohl! In meinem Leben verspürte ich noch kein solches Herzpochen, hinein! und – Wein her!« Diese letzten Worte rief er, schon in die Gaststube tretend.

Der Wirt betrachtete sich seinen neuen Gast, der verstört und bleich sich in einen abgelegenen Winkel der großen Stube setzte, und ging dann langsam an den Schenktisch, füllte einen Becher mit ehrlichem Naumburger Krätzer und brachte ihm solchen.

Franz kostete, setzte aber schnell wieder ab und rief zornig: »Was ist das für ein elender Krätzer, tragt ihn nur wieder fort, wenn ich Euch nicht den Becher an den Kopf werfen soll, und bringt mir einen vom Besten, hört Ihr, vom Besten.« – Somit warf er dem Wirt mehrere blanke Taler hin, und dieser, der ihn vorhin kaum eines Blickes gewürdigt hatte, war nun die Demut selbst, brachte den verlangten besten Wein herbei, welchen er im Keller hatte, und fragte auf die höflichste Weise, was sein verehrter Gast noch weiter befehle.

»Schert Euch zum Teufel und laßt mich in Ruhe!« antwortete Franz, und der Wirt zog sich bescheiden zurück, Franz schlürfte den in der Tat köstlichen Wein, dehnte sich behaglich in dem weichen Sessel hinterm Ofen, und ein ganz eigenes Gefühl beschlich ihn, wenn er bedachte, wie kummervoll er noch zwei Tage zuvor um diese Zeit bei einem Trunk sauren Dünnbiers in seinem Quartier gesessen hatte. Damals wär' es ihm gewiß nicht in den Sinn gekommen, den angesehenen Weinschenken am Markt so grob anzulassen, und schwerlich würde dieser es sich haben gefallen lassen, ohne die schönen Taler, welche er ihm zugeworfen. Und wenn er jetzt bedachte, daß morgen selbst sein Korporal, der alte Bär, sich in einen wedelnden Pudel umwandeln würde, wenn er ihm einige Taler, oder gar einige Goldstücke hinwerfe. – »Es ist doch eine herrliche Sache um das Geld!« sprach er, »und mein Hauptmann ist, die Wahrheit zu sagen, ein großer Narr, daß er jetzt schon den kleinen Kerl in der Phiole weggegeben hat, und mit ihm alle Reichtümer. Nun auf sein Wohl!« – Er trank und rief nach einem frischen Humpen, welchen ihm alsbald der höfliche Wirt dienstfertig kredenzte, dann fuhr er in seinem Selbstgespräche fort: »Aber ich – ich werde kein Narr sein, nein! Wahrhaftig nicht! Es werden sich immer Käufer zu dem Galgenmännlein finden, und merk ich, daß Hans Mors bei mir anklopfen will, so verschachere ich es an den ersten besten Mauschel und sterbe selig, bis dahin, semper fröhlich! Nur halb selig! – Immerhin. Ja, so soll es sein!« schloß er, leerte den zweiten Becher und ging in der frohsten Laune davon, seinem Quartiere zu.

Neunhundertsiebenundfünfzigste Nacht

Als am anderen Morgen Franz die Wache bezog, empfing ihn sein Korporal mit fürchterlichen Flüchen und Scheltworten, denn er hatte schon erfahren, daß Franz gestern abend in einem Weinhause sich gütlich getan habe. Aber schnell legte sich sein Zorn, als Franz kecklich seine Hand ergriff, sie kräftig drückte und ihm dazu einige Worte ins Ohr flüsterte, sodann aber laut gar demütig um Gehör bat.

»Ja so, das ist ein anderes!« sprach schmunzelnd der edle Korporal, indem er mit den beiden Goldstücken, welche Franz ihm in die Hand gedrückt hatte, in die Tasche fuhr. »Also, Euer Alter hat Euch Mosen und Propheten gesandt, daß Ihr Euch loskaufen sollt? Werd' es noch heute morgen rapportieren, und hoffe, daß Ihr meiner Mühe beim Abschiede gedenken werdet, hab' es ja immer gut mit Euch gemeint, und hätte mit der Zeit wohl noch etwas Ordentliches aus Euch gezogen. Nun, es sollte nicht sein, Ihr habt Geld, und wer Geld hat, braucht nicht zu dienen.« Somit ging der Korporal davon, um dem Hauptmann die Meldung zu machen. Schon nach einigen Stunden wurde der harrende Franz vor den Obersten des Regiments beschieden, zahlte die verlangte Summe und erhielt seinen Abschied, verbrieft und besiegelt. Diesen Abschied und sein Galgenmännlein in der Tasche sprang er fröhlich davon in eine Herberge, wo er von dem Wirte einen stattlichen Klepper erhandelte, und Schneider und Schuster kommen ließ, um sich durch sie aus einem armen Soldaten in einen stattlichen Junker umwandeln zu lassen. Er war klug genug, um in der Stadt, wo ihn so viele als einen armen Gemeinen gekannt hatten, nichts von den ungeheuren Reichtümern verlauten zu lassen, welche ihm zu Gebote stünden, aber mit Begierde wünschte er sich schon in das schöne Welschland hin versetzt, welches er sich zum Schauplatze seiner künftigen Freuden erwählt hatte, und kaum daß Schneider und Schuster ihn mit dem Notwendigsten versehen hatten, so schwang er sich auf sein Roß und ritt zum Tor hinaus.

Als er durch die Stadt ritt, war ihm der Gedanke gekommen, bei seinem ehemaligen Hauptmann vorzusprechen und ihm Valet zu sagen, allein er fürchtete nicht ohne Grund ernste Vermahnungen von ihm, das Galgenmännlein so bald nur möglich wieder von sich zu tun, wozu er, wie gesagt, vorerst noch gar keine Lust hatte. Er unterließ es also den Hauptmann aufzusuchen und ritt fürbaß.

Er nahm seinen Weg über Leipzig zurück, um dort einige Tage zum Ärger seiner falschen Freunde – die ihn geplündert hatten als er reich war, und ihn nicht gekannt hatten, als er arm war – zu verbringen in Saus und Braus. Bald wurde seine Zurückkunft bekannt und – seine ehemaligen Schmeichler und Tellerlecker spitzten gewaltig die Ohren, eilten dann aber herzu und boten ihm aufs neue ihre Freundschaft sowie Hab und Gut an. An ihrer Spitze zog der Poet Wilhelm Spinne einher, der die empfangenen Prügel rein vergessen zu haben schien, denn er hatte eine hochtönende Freudenode auf die glückliche, frohe Zurückkunft seines Freundes und Gönners, Herrn Franz Bunges, verfertigt, welche er demselben auf rosenfarbenen Seidenzeug gedruckt überreichte, wobei er nicht unerwähnt ließ, wie er sich vor kurzem in den Stand der heiligen Ehe begeben habe, und daß seine junge, hübsche Frau vor Begierde brenne, die Bekanntschaft seines verehrten Freundes und Gönners zu machen.

Franz trieb aber all das lose und verächtliche Gesindel von seiner Schwelle und suchte sich neue Genossen, die zwar im Grunde um nichts besser waren, die er aber doch noch nicht als so ausgemachte Schufte kannte, als Herr Spinne und Konsorten. Mit diesen genoß er alle Freuden, welche Überfluß am Golde herbeizaubern kann, in so reichlichem Maße, oder vielmehr auf so ungemessene Weise, daß ganz Leipzig sich darüber verwunderte, und die reichsten Wechsler die Hände über den Köpfen zusammenschlugen, wenn sie es so bedachten, welche ungeheure Summe in purem Golde in Zeit von wenigen Wochen durch den ehemaligen Studenten Franz Bunge in Umlauf gekommen war. Endlich vermochte die Stadt dem genußsüchtigen Verschwender nichts Neues mehr zu bieten, und er verließ Leipzig plötzlich bei Nacht und Nebel.

Neunhundertachtundfünfzigste Nacht

Er nahm seinen Weg über Dresden, Prag, Wien nach Italien. Er reiste jetzt als reicher Graf in einem mit Sechsen bespannten Wagen und hatte Bediente und Kutscher angenommen. In allen den genannten bedeutenden Städten verweilte er einige Zeit, genoß, was zu genießen war, spielte den großen Herrn, daß es eine Art war, und ergötzte sich an dem starren Erstaunen, welches seine Verschwendung Tag für Tag erregte. Als er endlich in Italien anlangte, dem Wunderlande der Schönheit, da erreichte seine Lust den höchsten Gipfel, und nimmer fiel es ihm ein, an die Zukunft zu denken, er lebte und schwelgte nur in der lichten wonnigen Gegenwart.

In Rom, der heiligen Stadt, trieb er es am ärgsten, und wurde er am meisten seines unerschöpflichen Reichtums wegen verehrt. Niemand kümmerte sich darum, wie es einem Menschen möglich sei, Tag für Tag das Gold mit vollen Händen wegzuwerfen, ohne je Mangel daran zu verspüren, obgleich er nie mit einem Wechsler oder mit sonst jemandem verkehrte, von dem er Geld erhielt.

Es konnte nicht fehlen, daß der übermenschlich reiche Graf bald eine

Menge Freunde, und darunter sehr vornehme, gewann. Doch all diese Freunde, und zum Teil auch all die prachtvollen Feste, welche er gab, wurden ihm auf die Dauer von Herzem gleichgültig, und er merkte es wohl, daß ihm etwas fehle, was sein Galgenmännlein ihm nie würde verschaffen können, wenn er sich's nicht selber zu gewinnen vermöge, nämlich die Liebe eines schönen schuldlosen Mägdleins. Er schaute sich unter den Töchtern und Schwestern seiner Bekannten eifrig um, ob er nicht ein solches Mägdlein finden möge, und er sah ihrer genug, die, was die Schönheit betraf, ihm wohl nichts zu wünschen übrig gelassen hätten, aber mit der Unschuld da haperte es oft gewaltig, auch merkte er gar bald, daß selbst bei den Bessern der Eigennutz sich mit ins Spiel mischte, so daß ihn um seines Geldes willen wohl jede gerne geheiratet haben würde, hätte sie ihn auch nicht geliebt.

Damit war ihm nun freilich nicht gedient, und er gab es auf unter seinen Bekannten und da, wo er bekannt war, eine Geliebte zu suchen. In unscheinbarer Kleidung, ohne alle Bedienung verließ er die Stadt und streifte in der Umgebung derselben umher.

Unvermerkt fand er großen Gefallen an solchem freien Umherstreifen in der schönen Natur, deren Pracht und Herrlichkeit er in seinem bisherigen üppigen Leben kaum geahnt, noch weniger der Betrachtung wert gehalten hatte. Eines Tages wurde er von einem Trupp Pfifferari eingeholt, welche von Rom kamen, wohin sie vor mehreren Wochen gepilgert waren, um den Madonnen vor sämtlichen Kirchtüren Ständchen zu bringen, und welche jetzt nach Teracina zurückkehrten.

Franz redete einige dieser guten Leute an, und sie gefielen ihm so wohl und wußten ihm so viel von der schönen romantischen Lage Teracinas zu sagen, daß er bis zum nächsten Städtchen mit ihnen pilgerte, dort mit einem Venturino sich einigte und lustig und guter Dinge dem kühn gelegenen Felsenneste zuflog.

Von jeher war Teracina seiner schönen Mädchen wegen berühmt, und Franz fand diesen Ruhm mehr als zur Genüge bestätigt, als er die schöne Nazarena, die Tochter der ehrlichen Witwe, bei der er sich eingemietet hatte, erblickte. Ein süßer, ein empfundener Schauer durchbebte sein ganzes Wesen und sagte ihm, daß er gefunden habe, wonach er so lange gestrebt, und wogegen alle Schätze der Erde nur eitler verächtlicher Tand.

Neunhundertneunundfünfzigste Nacht

Und Franz hatte gefunden, was er so lange suchte! – Mit jedem Tage, welchen er in Teracina verlebte, wuchs die Liebe, die er schon vom ersten Augenblick an für die holde Nazarena empfunden, und zum Gott träumte er sich, als er von ihren Lippen das Geständnis erhielt, daß auch sie ihn liebe, trotz seiner Armut, denn für arm hatte er sich bei ihr ausgegeben, um die Wahrheit ihrer Gesinnung zu prüfen.

Im Taumel seiner Freude, von einem solchen Engel geliebt zu sein, glaubte er sie nicht höher beglücken zu können, als wenn er ihr nun die Wahrheit sagte, daß er reich, unermeßlich reich sei. Er tat dies, und zum Beweis, daß er kein Märchen sage, rief er im Gedanken sein Galgenmännlein an, fuhr mit der Hand in die Tasche und zog sie mit Goldstükken gefüllt wieder hervor, welche er in die Stube streute. Dies mutwillige Spiel wiederholte er, bis der Boden des Zimmers hoch mit Goldstücken bedeckt lag, er würde noch länger damit fortgefahren haben, wenn er nicht statt des erwarteten Entzückens den Ausdruck des höchsten Entsetzens in Nazarenas Zügen gewahrt hätte. »Um aller Heiligen willen«, rief das Mädchen, »was ist das? – Woher kommt auf einmal diese ungeheure Menge Geld, unter dessen Last du hättest erliegen müssen, wenn du schon früher es bei dir getragen. Weh mir, du bist ein Zauberer! Weiche von mir, und alle Heiligen mögen mich vor dir behüten.«

Franz erschrak mächtig über diese Wirkung seines Reichtums auf seine Geliebte. Er sah es zu spät ein, wie unbesonnen und töricht er dem reinen schuldlosen Kinde gegenüber gehandelt hatte. Er warf sich ihr zu Füßen und schwur hoch und teuer, daß er kein Zauberer sei, kein Bündnis mit dem Bösen habe, und daß er auf allen Reichtum dieser Welt verzichten wolle, wenn er nur sie, die Geliebte behalten könne.

»Aber wie soll ich mir denn diese unheimliche Erscheinung erklären«, sprach Nazarena: »Sage mir alles!« – Franz, der kein Mittel sah, sich von dem Verdachte, als sei er ein Zauberer oder gar ein Genosse des Satans, zu reinigen, hielt es für geraten, seiner Geliebten alles ehrlich und der Wahrheit gemäß mitzuteilen, und begann seine Erzählung. Staunend hörte Nazarena ihn an, und als er geendet hatte, wünschte sie das wunderbare Galgenmännlein zu sehen. Zögernd langte Franz das Fläschlein aus der Tasche und reichte es dem Mädchen hin; Nazarena erfaßte es und betrachtete es, aber kaum, daß sie einen Blick darauf geworfen, so sank sie mit einem lauten Geschrei ohnmächtig zu Boden.

Franz war auf das heftigste erschrocken, er rief um Hilfe, er suchte selbst der Ohnmächtigen zu helfen, er ergriff in seiner Herzensangst, ohne recht zu wissen, was er tat, das verwünschte Fläschchen, welches neben der Ohnmächtigen am Boden lag und warf es aus dem Fenster. Dann rief er verzweifelnd seiner Geliebten ins Ohr, »der Unhold sei entfernt, sie solle nur erwachen und ihn lieben wie sonst«.

Unterdessen war Lorenza, Nazarenas Mutter, herbeigekommen, und auch sie bemühte sich, ihre Tochter ins Leben zurückzurufen. Es gelang endlich, und Nazarena schlug die Augen auf, doch kaum, daß sie den zitternden Franz gewahrte, so schrie sie, ihr Gesicht mit beiden Händen bedeckend: »Fort Abscheulicher! Fort Genosse des Teufels! Schütze mich vor ihm, Mutter! Er steht mit dem Bösen im Bunde, in seiner Nähe flammt die Hölle!« Und somit sank sie aufs neue wie tot zu Boden. Da erfaßte Todesangst und wilde Verzweiflung den armen Franz, sinnlos stürzte er aus dem Hause, durch die Straßen aus der Stadt, den Felsweg hinab auf den Weg nach Rom. Er lief, als sei ein Heer böser Geister hinter ihm her, dem er entrinnen wolle, endlich war seine Kraft erschöpft, er stürzte zusammen und vermeinte nicht anders, als daß jetzt das Ende seines Lebens da sei.

Neunhundertundsechzigste Nacht

Franz erwachte nach einiger Zeit aus einer tiefen Ohnmacht. Mühsam richtete er sich auf und schaute sich um, und fand sich nicht fern von einer einzeln stehenden Herberge, er kehrte ein und erkundigte sich, ob er hier übernachten könne, und als ihm dies bejaht wurde, ließ er sich ein Zimmer anweisen und eine Flasche Wein bringen. Er stürzte einen Becher von dem Getränk hinunter, und noch einen, um seinen Schmerz zu betäuben, denn die holde Nazarena, das fühlte er, war auf immer für ihn verloren. »O meine Liebe«, rief er, – »Ja, so mußte es kommen! Binde nur einer mit dem Teufel an, und das verwünschte Galgenmännlein ist auch fort, und ich bin jetzt ein Bettler.«

Aber da irrte Franz, denn das Galgenmännlein war, obgleich er es samt der Flasche aus dem Fenster auf die Straße geworfen hatte, voll getreuer Anhänglichkeit wieder in Franz' linke Tasche zurückgekehrt, und gab ihm soeben seine Anwesenheit zu erkennen, daß es seine rechte Tasche unaufgefordert mit Goldstücken anfüllte. Franz erschrak, als er dieses merkte, und griff hastig – nicht nach der rechten, sondern nach der linken Tasche, und richtig fühlte er dort die Phiole, die Behausung des Galgenmännleins. So sehr er aber nun im ersten Augenblick erschrocken war, so fand er doch, als er etwas ruhiger darüber nachdachte, daß vorerst ihm das Galgenmännlein nur Nutzen bringen könne, und war somit ganz wohl damit zufrieden, daß es zurückgekehrt sei.

So seltsam es scheinen möchte, so war es doch gewiß, daß er das Galgenmännlein bis dato noch nicht ein einziges Mal genau betrachtet hatte; als er es von dem Hauptmann empfing, war es Abend gewesen, und er hatte nur eine undeutliche dunkle Masse in der Phiole hin und wider fahren sehen. Später hatte ihn immer, er wußte nicht was, abgehalten, eine nähere Besichtigung vorzunehmen, und so hatte denn das Galgenmännlein immer ungestört in seiner linken Tasche geruht; wechselte er die Kleider, so schlüpfte die Phiole selber aus der Tasche des abgelegten in die Tasche dessen, welches er eben trug, recht, als habe das Männlein es darauf angelegt, so wenig wie möglich sichtbar zu werden.

Jetzt kam dem Besitzer plötzlich die Lust an, das Ding zu betrachten, das seinem Liebchen einen solchen Todesschreck verursacht, und ihn um ihre Liebe gebracht hatte. Er griff in die Tasche nach der Phiole, aber das Männlein drinnen machte sich gewaltig schwer, so daß er es nur mit Mühe herausziehen konnte.

»Mach' keine Komplimente, Galgenmännlein«, brummte Franz, »warst du doch willig genug, als ich dich meinem Liebchen zeigen wollte, laß dich auch einmal von mir betrachten!« Somit brachte er das Fläschlein hervor und betrachtete sich den wunderlichen Gast drinnen, der sich jetzt gar ruhig und ehrenwert verhielt, als wolle er seinem Herrn und Meister den Anblick seiner holden Gestalt durchaus nicht verkümmern. Franz betrachtete ihn aufmerksam, und konnte durchaus nicht begreifen, was denn seine liebe Nazarena so Schreckliches an dem Männlein habe finden können. Es war ein fingerlanges, dürres Kerlchen, in eng anliegender, schwarzer Tracht, das Gesichtchen war voller Fältchen von gelbbrauner Lederfarbe, es hatte schwarzes, struppiges Haar, hin und wieder mit Grau untermischt, ein Zeichen, daß es schon ein ziemlich altes Galgenmännlein sein müsse, unter dicken, buschigen Brauen blitzten zwei kleine, spitzbübische Schweinsaugen hervor, die Stirne war niedrig, die Nase glich der eines Mopsen, und das breite Mohrenmaul zog sich von einem Ohr zum andern, es zuckte, auch wenn es stille saß, beständig mit den Schultern, bald nach einer, bald nach der andern Seite, bald zog es sie hoch in die Höhe, so daß der

Kopf dazwischen stak, wobei es denn vergnügt grinste, wie ein alter Affe, und zugleich die dürren Händchen behaglich rieb und wand. Als er merkte, wie sehr sein Anblick seinen Herrn ergötzte, begann es die allerseltsamsten Gesichter und Kapriolen zu schneiden, machte Männchen, schlug Purzelbäume und tanzte wie toll in der Phiole herum. Franz lachte eine Zeitlang herzlich darüber. Endlich aber kam ihm fast ein Grausen über den kleinen unheimlichen Kerl an, schnell schob er ihn in die Tasche, trank etliche Becher Wein und warf sich auf sein Lager, wo er erst spät einschlief.

Neunhunderteinundsechzigste Nacht

Franz war nach Rom zurückgekehrt und begann alldort sein wildes Leben aufs neue, denn nur im Rausche wilder Lust fand er Betäubung für den Schmerz, seine geliebte Nazarene verloren zu haben.

Wenn aber einmal eine Herrlichkeit erst unterbrochen wurde, so kommt das bald öfter vor, und wenn das Unglück erst einmal da ist, so flieht es nicht so bald von dannen, sondern übt erst alle seine Tücken.

So ging es auch diesmal. Franz hatte kaum einige Wochen lang in Rom sein altes Leben fortgesetzt, so meldeten sich die gewöhnlichen Folgen eines allzu üppigen und schwärmerischen Lebens. Franz erkrankte gefährlich, und der herbeigerufene Arzt schüttelte bedenklich das Haupt, und tat einen nichts weniger als erfreulichen Ausspruch über die vorhandene Gefahr.

Das war ein Donnerschlag für den armen Patienten, denn fürchtete er schon den Tod genügsam, so fürchtete er noch weit mehr den kleinen abscheulichen Kerl in der Phiole, der von nun an allnächtlich aus dem Glase herauskroch auf Franz' Bettdecke, bis zu dessen Haupt lief, dort sich dehnte und reckte, bis er zum rauhen, glotzenden, drückenden Alp wurde, und ihm sodann mit grölzender Stimme ins Ohr raunte: »Hoho, Brüderlein! Hoho! – Will's zu Ende mit Dir? – Hoho! Galgenmännlein! Hoho! – Galgenmännlein! Brüderlein! Gehst mit mir?« Dann gnurrte und murrte und prustete das Ungetüm wie ein Kater und fuhr noch immer im heisernden, singenden Ton fort: »Merk' auf, Brüderlein, will dir ein Lied singen nach der Armensündermelodie. Schönes, neues Lied, gedichtet in diesem Jahr, da das Galgenbrüderlein verschieden war, hahahaha! – Hör' zu!

Was grämst du dich, du armer Wicht?
's wächst für den Tod kein Kräutlein nicht,
du mußt, du mußt davon!
Drum streck' und recke dein Gebein,
es muß einmal gestorben sein,
tralalera, du mußt davon! –

Du, Bruder, bist der erste nicht!
Du, Bruder, bist der letzte nicht!
Drum sperr' dich, Bruder, nicht.
Zerbrochen ist dein Stundenglas!
Der Knochenmann war lange, baß,
auf dich, du Gauch, erpicht.

Lieb Galgenbrüderlein, fahr' ab:
Der Leib ins tiefe, dunkle Grab,
die Seele nehme ich.
Wie flammt der Hölle lichte Glut!
He, Galgenbruder, frischen Mut!
Zur Hölle schlepp' ich dich.«

Und wenn der Unhold so gesungen hatte, so kroch er wieder als Galgenmännlein in die Phiole, aber die Phiole flammte im roten Höllenglanz, und in der feurigen Lohe sprang und tänzelte die ganze Nacht hindurch das Galgenmännlein und schnitt Kapriolen, daß Franz kein Auge zum erquickenden Schlaf schließen konnte. Dennoch blieb er diesmal am Leben. Seine Jugend und seine kräftige Natur retteten ihn mit Hilfe des sorgsamen Arztes, eines alten, weißbartigen Juden, und schon nach einigen Wochen war er soweit wieder hergestellt, daß er es wagen konnte, an einem heitern Frühlingstage ins Freie zu gehen.

In langen, durstigen Zügen trank er die balsamische Luft, und ergötzte sein Auge an dem lieben, schimmernden Sonnenlicht, an dem hellen Grün der Bäume und Büsche. – Aber alle Lebensfreude war aus seinem Herzen entschwunden, die Geliebte für ihn auf ewig verloren, und in seiner Tasche fühlte er wie ein Bleigewicht das Fläschlein mit dem gräßlichen Galgenmännlein liegen, so oft er auch versuchte, sich seiner zu entledigen, denn aus Feuer und Wasser sowie aus tiefen Abgründen kehrte es immer wieder zurück zu seinem Herrn, dem unglücklichen Franz.

Neunhundertzweiundsechzigste Nacht

Franz war davon überzeugt, daß es eine Unmöglichkeit sei, des Galgenmännleins auf gewaltsame Weise sich zu entledigen, und suchte daher, wie er einen Käufer dafür fände. Er verfiel auf seinen Arzt, den Juden, weil er in seinem törichten Glauben meinte, an dem Seelenheil eines Juden sei bei weitem weniger gelegen, als an dem eines sogenannten Christen. Er kannte aber den Arzt als einen zu frommen, rechtschaffenen Mann, als daß er drauf hätte rechnen können, er werde ihm das Galgenmännlein abkaufen, wenn er wisse, was es eigentlich für eine Bewandtnis damit habe. So suchte er ihn zu überlisten, indem er das Galgenmännlein für einen Homonculus, das ist für einen durch physikalische und chemische Prozesse fabrizierten Menschen, ausgab. Der Arzt glaubte dies um so eher, als das Galgenmännlein durchaus nichts in seiner Gestalt hatte, wodurch es seine teuflische Natur verraten hätte, sondern es sah einem ganz gewöhnlichen geistigen Menschenkinde gleich, so daß der Jude sogar behauptete, es sei das getreue Ebenbild des päpstlichen Sekretärs, was an seinen Ort gestellt sein mag. Genug, der Arzt kaufte das Galgenmännlein für fünf Goldgulden von seinem Patienten, und Franz dankte Gott, daß er von dem unheimlichen Dinge befreit sei.

Er hatte sich zu früh gefreut, denn nach einigen Tagen bekam er einen Rückfall seiner Krankheit und mußte aufs neue die Hilfe des Juden in Anspruch nehmen.

Der Jude stellte ihn auch diesmal wieder her, erklärte aber zugleich, daß er für keinen neuen Rückfall stände, wenn Franz sich nicht entschließe, eine Anzahl Pillen zu verschlucken, wovon das Gläschen einen Goldgulden koste.

Franz gab seinen letzten Goldgulden für ein Gläschen solcher Pillen mit Freuden hin, und empfing es wohlverpackt und versiegelt von dem Juden, der sich eiligst entfernte. Aber wie erschrak Franz, als er das Päckchen öffnete, und neben den Pillen das Galgenmännlein fand, und dabei einen Zettel von der Hand des Juden. Der Zettel lautete:

»Elender, Undankbarer!

Ich rettete dir das Leben, und du wolltest mich dem Teufel in den Rachen spielen. Nimm dein verruchtes Galgenmännlein zurück, das ich nur zu bald als ein solches erkannte, wofür ich dem Gott meiner Väter danke! – Willst du es an den Mann bringen, so suche einen noch Verworfeneren, als du selber bist, für die Hälfte eines halben Goldguldens magst du es noch verkaufen, aber sieh dich wohl vor damit, daß du es nicht nocheinmal zurückerhältst.«

Franz wollte verzweifeln, als er diese Zeilen las; er fühlte seine Schlechtigkeit und schämte sich ihrer, er dankte dem Juden, der den Preis des Galgenmännleins so gestellt hatte, daß ihm doch noch die Möglichkeit blieb, es nocheinmal zu verkaufen. Aber Todesangst erfaßte ihn, wenn er daran dachte, daß es ihm nicht gelänge, den Kauf abzuschließen, denn dann war er der Hölle verfallen, und billig mußte der so niedrige Preis für einen solchen Schatzmeister bei jedem Besonneneren Bedenken erregen, ihn zu kaufen, mußte Franz doch selber zugeben, daß all sein Leichtsinn ihm nicht vermocht haben würde, durch den Kauf des Galgenmännleins sein Seelenheil aufs Spiel zu setzen, wenn es ihm nicht darum zu tun gewesen wäre, sich von der Tyrannei eines Wütrichs von Korporal zu befreien. Dieser Gedanke fuhr ihm durch die Seele. – »Ich will wieder in mein Vaterland zurückkehren«, sprach er. »Ich will wieder unter die Soldaten gehen, unter ihnen gibt es ruchlose Burschen genug, die mir mein Galgenmännlein abkaufen werden, und ich will gleich den Preis so niedrig stellen, daß es keinem möglich werden soll, den grausigen kleinen Kerl mir wieder aufzuheften.«

Neunhundertdreiundsechzigste Nacht

Franz versäumte nicht, seinen Vorsatz, in sein Vaterland zurückzukehren, auszuführen, und ehe ein Monat verging, stand er als schmukker Jäger unter Holk.

Die Holk'schen Jäger waren freilich berüchtigt genug wegen ihrer Zügellosigkeit und ihres kecken Frevelmutes, und Franz durfte hoffen, hier am ersten sein verwünschtes Galgenmännlein loszuschlagen. Aber damit ging es doch nicht so geschwind, denn auch der Keckste, der das Männlein in dem Glase seine Kapriolen und Gesichter schneiden sah, empfand auf die Länge ein unheimliches Grausen, so sehr er auch anfangs immer darüber gelacht haben mochte. Endlich jedoch gelang es Franz, das Männlein an einen alten, ewig durstigen und ewig geldarmen alten Schlemmer und Spieler für einen Silbergroschen zu verkaufen, und unaussprechlich war seine Freude, als er sah, wie dem Käufer sein Kauf im geringsten nicht zu gereuen schien.

Da ging an einem Abend plötzlich ein dumpfes Gemurmel durch die Reihen des Regiments, daß am anderen Tag eine große Schlacht zu erwarten sei, und als der Tag anbrach, erhielten auch wirklich die Jäger den Befehl zum Aufbruch. Bald darauf hielten die Jäger in einem Busch, aus dem Hinterhalt auf den Feind zu schießen, und bald knallten die Büchsen und pfiffen die Kugeln, daß es eine Lust war. Franz schoß so eifrig, daß ihm bald seine Munition ausging. »Wer läßt mir für Geld und gute Worte ein paar Patronen ab!« rief er. – »Ich«, rief ein Jäger, »aber gleich bezahlt!«

Franz griff in die Tasche, suchte einige Groschen zusammen und warf sie dem Jäger hin, der ihm dafür etwa ein Dutzend Patronen zuwarf. Franz lud und schoß, und lud und schoß wieder, als er aber die letzte Patrone aufbiß, erstarrte er, denn nicht Pulver war es, was sie enthielt, sondern – jene Phiole mit dem Galgenmännlein, welches höhnisch ihn angrinste und lustige Kapriolen schnitt. Franz stieß einen lauten Schrei aus, indem pfiff eine Kugel durch das Gebüsch und er stürzte zu Boden.

Als er wieder zu sich kam, war es Nacht, alles war still um ihn, verstummt der Schlachtenlärm, und keine lebende Seele war weit und breit zu sehen – nur über die Leichen seiner getöteten Kameraden und die der Feinde schritt sein Fuß. Voll Entsetzen floh er davon und gönnte sich keine Ruhe, aus seiner linken Tasche aber krächzte und kicherte es:

»Brüderlein! Brüderlein!
Nun bist du mein!
Hast mich gekauft für'n Hellerlein!
Für einen einz'gen Heller klein!
Wer sollte jetzt der Käufer sein? –
Es kann mich niemand kaufen, nein!
Behalten mußt nun, Brüderlein!
Dein kleines Galgenmännelein!
Lauf, lauf! Mein Galgenbrüderlein.«

Und dabei machte sich das unheimliche Ding so schwer in seiner Tasche, daß es ihn bald zu Boden zog. Aber Franz raffte all seine Kraft zusammen und lief und heulte laut in trostloser Verzweiflung, bis der Tag zu grauen begann.

Da sah er sich in eine grause Wildnis, rings von steil aufsteigenden, himmelhohen, kahlen Felswänden umgeben. Inmitten der Schlucht aber war ein großer See, dessen Wasser ganz schwarz war, und Franz wäre fast umgesunken, als er an dem See einen Mann von fast übermenschlicher Größe erblickte, der sich das Gesicht in dem See wusch, wovon es ganz schwarzbraun wurde. Der Mann war übrigens köstlich in Schwarz, mit Feuerfarbe und Gold gekleidet und trug eine rote Hahnenfeder auf dem Hute, und nicht fern von ihm stand ein rabenschwarzer, köstlich aufgezäumter Rappe starr und unbeweglich, so daß man ihn hätte für leblos halten können, wenn er nicht aus den Nüstern und aus dem Maule den heißen Atem wie einen feurigen, falben Schwefeldunst von sich geblasen hätte. Franz wollte fliehen, aber er vermochte es nicht, obgleich sich das Galgenmännlein in seiner Tasche plötzlich ganz leicht machte und heftig hin und herfuhr, als drohe ihm irgendeine Gefahr. Vielleicht hielt eben dies den armen Franz aufrecht, als nun der Fremde, so wie er ihn gewahrte, mit raschen Schritten auf ihn zukam, indem er fragte: »Wer bist du, und wie kommst du an diesen Ort?«

Neunhundertvierundsechzigste Nacht

Franz faßte sich ein Herz und antwortete: »Wenn du der höllische Satan bist, so mach immerhin ein Ende mit mir, ich habe mich darein ergeben, meinen höllischen Leichtsinn zu büßen, meine Liebe hab' ich ja doch schon verloren durch das grausige Galgenmännlein.«

Hier unterbrach der Fremde ihn hastig, indem er rief: »Wie? Ein Galgenmännlein sagst du? Besitzest du ein Galgenmännlein, und ist es dir feil?« –

Franz sah erstaunt den Fremden an und fragte: »Ihr seid also nicht der Gottseibeiuns?«

Der Fremde lachte höhnisch und sprach: »Nein, der bin ich nicht, obwohl ein guter Bekannter von ihm, ich merke, armes Bürschchen, wie es mit dir steht. Es hat dir einer ein Galgenmännlein aufgehangen, und du kannst es nicht wieder loswerden. Getrost! Vielleicht helf' ich dir! Ich hab' mich schon lange dem Satan mit Leib und Seele verschrieben, noch 24 Jahre währt mein Pakt, dann holt er mich, und da hilft nichts wider, mir kann also das Galgenmännlein keinen Nachteil mehr bringen, sondern nur Vorteil. Ich war nämlich so dumm, mußt du wissen, mir bei Abschluß meines Pakts nur eine lumpige Million jährlich auszubedingen. Damit reicht aber ein Mann wie ich nicht weit, und der Satan ist ein alter Knicker, der dir keinen Batzen mehr zugibt, als im Pakt festgesetzt ist. Längst habe ich mir schon daher einen solchen kleinen Schatzmeister, Galgenmännlein genannt, gewünscht. – Nun sprich, wie niedrig steht der Preis, denn ich weiß wohl, wie bei diesem Handel der Preis von Mann zu Mann fällt.«

Franz seufzte tief und entgegnete: »Ach, lieber Herr, ich werde wohl den verwünschten kleinen Kerl behalten müssen, und am Ende kann es kommen, daß mich der Böse mit Euch an einem Tage holt.«

»Wieso das? Rede Bürschchen!«

Und Franz erzählte ehrlich seine ganze Geschichte.

»Pfui Teufel!« rief der Fremde unmutig. »Für einen Heller also hast du das Galgenmännlein zuletzt gekauft? Pfui Teufel! Das ist zu arg. Aber halt! Wir wollen etwas ersinnen, das Galgenmännlein soll und muß mein werden, dem Satan und seinem nichtswürdigen, dummen Heller zum Trotz! Ich hab's! Ich muß dir das Männlein um einen Halbheller abkaufen.«

»Aber wie wäre das möglich? Es gibt ja keine Halbheller!«

»Still! Höre mich und merke dir wohl, was ich dir sage! Den dritten Tag von heute an finde dich auf jener Felskuppe dort ein, über welche der Wald hervorragt, der Fürst des Landes wird dort jagen, wenn er das Wild bis zu einem Felssturz verfolgt, so werde ich in ein gräuliches Ungetüm verwandelt ihn anfallen. Wenn nun sein Gefolge erschrocken davonflieht und ich ihn unter mir habe, als wollt' ich ihn zerreißen, dann spring' du hervor, kämpfe zum Scheine mit mir und stürze mich endlich von dem Abhang hinab in die Tiefe. Als Belohnung für deine Tat fordere dann nichts weiter, als daß der Fürst einige Halbheller schlagen lasse, er wird dies gerne bewilligen, ich werde mir dann schon einen solchen Halbheller einwechseln und dir am letzten Tage dieses Monats auf dieser Stelle das Galgenmännlein abkaufen. Jetzt verlasse ich dich, verfolgst du diesen Fußpfad, der sich dort den Felsen hinaufwindet, so wirst du ein Städtchen erreichen, dort kehre ein und tu dir gütlich, solange du noch die Mittel hast, verschaffe dir auch andere Kleider! Adieu! Vergiß den dritten Tag nicht!«

Franz entfernte sich aus der Schlucht und eilte auf dem bezeichneten Pfade dem Städtchen zu. Unterwegs konnt' er sich nicht enthalten, das Fläschchen mit dem Galgenmännlein hervorzuziehen und es zu betrachten. Da sah er, wie das Galgenmännlein grämlich zusammengekauert am Boden der Flasche lag, und voll Bosheit und Trotz sich nicht regte und bewegte.

Franz, der Vermahnung des finstern Herrn aus der Felsschlucht wohl eingedenk, ließ sichs zwei Tage lang wohl sein und kaufte auch zur

Vorsorge eine Menge Gold- und Juwelenschmuck ein, weil er wohl wußte, daß mit dem Galgenmännlein all sein bares Geld verschwinden würde, all diese Kostbarkeiten aber schenkte er einem Kloster und bat sich dafür bei den frommen Brüdern aus, daß sie für ihn beten möchten.

Früh morgens am dritten Tage stand er schon auf der waldigen Felskuppe hinter einem Busche verborgen. Es geschah alles, wie der Fremde es ihm gesagt hatte. Der Fürst des Landes jagte im Walde und trieb gegen Mittag einen Hirsch aus dem Walde vor sich her. Der Hirsch stürzte sich in den Abgrund, aus welchem plötzlich ein zottiges Ungetüm, an Gestalt fast einem riesigen Bären gleichend, aber mit Hirschgeweihen, feurigen Augen und feuersprühendem Rachen sich erhob und den Fürsten anfiel. Entsetzt wichen die Jäger zurück, und das Ungeheuer warf den Herzog zu Boden und zerzauste ihn tüchtig, da sprang aber Franz aus seinem Versteck hervor, drosch mit einem derben Knittel herzhaft auf den groben Angreifer los und stürzte ihn endlich in die Schlucht.

Der Fürst, als er wieder zur Besinnung und auf die Beine gekommen war, dankte seinem Retter aus Herzensgrunde und sagte ihm, er möge sich nur dreist eine Gnade ausbitten, sie solle sicher ihm gewährt werden.

Da ließ Franz sich vor dem Herzog auf die Knie nieder, und bat ihn um Gottes willen, daß er doch möge ein paar Schock Halbheller schlagen und in Kurs setzen lassen.

Der Fürst blickte den Bittsteller erstaunt an und rief dann lachend: »Entweder du bist ein Schalk, der sich über mein schlechtes Geld lustig machen will, oder du hast dich versprochen und meinst statt Halbheller Goldkronen.«

»Keineswegs!« versetzte Franz bittend und dringend. »Halbheller, schlechte Halbheller, und je schlechter und wertloser, je besser! Nur daß sie ordentlich gelten und von männiglich für volle Halbheller angenommen werden müssen.«

Der Fürst wollte sich ausschütten vor Lachen über die seltsame Forderung und sprach zu Franz: »Gesell, ich merke, es rappelt dir im Kopfe, aber du hast meine Zusage und die Halbheller sollen geprägt werden. Wir behalten uns aber vor, dich noch besser für deine Hilfe in der Not zu belohnen, und du sollst uns auf unser Jagdschloß folgen.«

So zog Franz mit dem Herzog auf dessen Jagdschloß und der Herzog gab Befehl, daß sogleich einige Schock Halbheller geprägt und in Umlauf gesetzt wurden. Mit welchem Entzücken betrachtete Franz den ersten blanken Halbheller, wie er aus der Münze sprang.

Der letzte Tag des Monats kam heran, und Franz, der sich Urlaub vom Herzog erbeten und solchen erhalten hatte, stand schon als kaum der Morgen graute in der Felsschlucht am schwarzen See und harrte des Fremden. Das Galgenmännlein in seiner Tasche stellte sich gar ungebärdig und hatte dem armen Franz viel zu schaffen gemacht, daß er es, ohne den Hals zu brechen, den gefahrvollen Pfad herabgebracht hatte.

Endlich kam der Fremde eine senkrechte Felsenwand herabgeritten, so daß es schrecklich anzusehen war. Neben Franz hielt er sein Roß an, stieg ab und fragte lächelnd: »Nun, junger Gesell! Hast du dich eines andern besonnen, oder bist du noch gewillt, den Handel mit mir abzuschließen und mir für einen Halbheller dein Galgenmännlein zu verkaufen.« Und somit hielt er ihm einen blinkenden neuen Halbheller entgegen.

»Oh, mit Freuden!« rief Franz, nahm zitternd vor Freude die kleine Münze und reichte dem Fremden dafür das Galgenmännlein hin.

»Hab' ich dich endlich?« sprach der Fremde hohnlachend zu dem Galgenmännlein, indem er die Phiole hochhielt. »Ja, mach dich nur schwer! Gebärde dich nur mürrisch und schneide mir Gesichter, du mußt mir doch dienstbar sein, dem Satan und der ganzen Hölle zum Trotz, hahaha! Wie freu' ich mich, daß diesmal der Teufel der Geprellte ist, und du unverrichteter Sache mit mir zur Hölle zurück mußt, nur ruhig kleiner Kerl, oder ich lese dir ein Kapitel aus dem Höllenzwange vor.« Somit schob er die Phiole in seine Tasche und sprach zu Franz: »Gehab dich wohl, junger Gesell, und nimm dich in Zukunft in acht vor dergleichen Teufelszeug, es paßt einmal nicht für Leute deines Schlags!« Drauf schwang er sich auf seinen Rappen, trieb ihn an, und der Rappe lief mit ihm gleichwie eine Fliege die senkrechte Felsenwand hinauf.

Als Franz ihn nicht mehr sah, da kniete er in der Schlucht nieder befreit sei, gelobte auch, fortan ein frommes, gottseliges Leben zu führen und immerdar das Böse zu meiden. Somit verließ er ebenfalls die Schlucht und kehrte zurück in das Jagdschloß des Fürsten, wo er als dessen Leibjäger ein frommes, gottseliges Leben führte und in hohem Alter, unbeweibt, sanft und selig verschied.

Neunhundertfünfundsechzigste Nacht

Das Gespräch drehte sich diesen Abend um das gestern erzählte Märchen vom Galgenmännlein, der Freiherr bemerkte, daß de la Motte Fouqué denselben Stoff trefflich bearbeitet habe, und namentlich der Schluß ganz mit dem von Franz erzählten Märchen übereinstimme.

»Nicht so ganz«, entgegnete der Kaplan, »bei de la Motte Fouqué bezeigt sich der junge Mensch am Schluß noch zerknirschter und tritt nicht in die Dienste des Fürsten, dagegen fehlt die Episode der durch das Galgenmännlein getrennten Liebe zwischen Franz und Nazarena, welche das Tragische an dem Märchen erhöht.«

»Diesen Abend werden Sie uns eine Sage mitteilen, nicht?« fragte schmeichelnd Marie.

»Ja«, sprach der Kaplan, »und zwar eine sehr rührende, wie sie durch ganz Schweden im Munde des Volks lebt.« – Somit begann er:

DAS BRAUTPAAR VON FALUN

Vor zweihundert Jahren lebte ein junger Bursche in Falun, der warb um ein junges Mädchen, das war die Tochter eines Hüttenmeisters, und obwohl der Bursche nur ein armer Bergmann war, der Tag für Tag in der großen Hauptgrube arbeitete, so hatte der reiche Erich doch nichts dawider, denn Gustav war der bravste Bursche nah und fern, und es schien, als hätten die Berggeister ihn eigens in ihren Schutz genommen, denn schon mehr als eine reiche Kupferader hatte er entdeckt, und bei einem großen Schachtsturz, welcher an die sechzig Bergleute, welche eben in der Tiefe arbeiteten, erschlug, war er allein mit dem Leben davongekommen, obwohl er sich an der gefährlichsten Stelle befand, ja, er hatte nicht einmal eine leichte Verletzung davongetragen. Darum, und weil die schöne Else ihn wieder liebte, gab ihnen der alte Erich gerne seinen Segen und verlobte sie miteinander, und um Jahr und Tag sollte die Hochzeit sein. Gustav war überglücklich, und sein Glück war ihm ein neuer Sporn, sich auszuzeichnen, wo er konnte und es war, als wolle die große Grube ihm vorzugsweise all ihre geheimen Schätze offenbaren, denn fast alle Wochen entdeckte er von nun an eine reiche Ader im Gestein, und je mehr er entdeckte, um so mehr wuchs sein Eifer, so daß er oft vor der Zeit von seiner liebenden Braut sich losriß, um hinabzueilen in den dunklen Schoß der Erde.

So verfloß das Jahr und am Ende desselben wurde Gustav einstimmig, so jung er war, zum Obersteiger erwählt, als der alte gestorben war, und die Regierung bestätigte ihn in diesem wichtigen Posten.

Nun kam der Hochzeitstag heran, der reiche Erich wollte sie mit aller Festlichkeit begangen wissen und hatte schon lange vorher Freunde und Bekannte von nah und fern eingeladen, und jeder Fremde, der zufällig eintreffen würde, sollte heute die alte, nordische Gastfreundschaft im reichen Maße genießen. Aber wie die geschmückte Braut und der Brautvater, wie Freunde, Verwandte und Gäste harrten, der Bräutigam erschien nicht. Erich sandte auf den Rat der Geistlichen nach seiner Wohnung, da erfuhren sie von einem alten Knappen, daß Gustav noch gestern abend spät in die große Grube angefahren sei, um neue Adern, welche er am Morgen entdeckt, genauer zu untersuchen. Und indem der alte Mann noch redete, kamen schreckensbleich mehrere Bergleute und verkündeten, wie der große Schacht der Grube eingestürzt sei. Es war niemand in der Grube gewesen, als der Obersteiger Gustav Fröborn.

Sechzig Jahre danach wurde ein neuer Schacht an der Stelle des verschütteten gegraben, und als die Arbeiter in die Teufe gelangten, fanden sie in einem kleinen See von Vitriolwasser den Leichnam eines schönen Jünglings, unentstellt, und so frisch, als sei er erst eben verschieden. Sie förderten ihn zutage und stellten ihn aus, aber kein Mensch in ganz Falun kannte ihn. Da schlich plötzlich ein steinaltes Mütterlein an ihrer Krücke herbei und drängte sich an die Bahre, und als sie einen Blick auf den Toten geworfen hatte, fing sie an zu weinen und warf sich auf den Leichnam und rief: »Oh, Gustav Fröborn, mein Liebster! Seh' ich dich also noch einmal wieder in diesem Leben! Sechzig Jahre hat deine Else auf ihren Bräutigam geharrt, gelobt sei Gott! Nun bist du kommen, mich zu holen in das himmlische Reich, und kein Tod soll uns mehr scheiden.« Als das alte Mütterchen so geredet hatte, sank es tot über die Bahre hin, der Leichnam des Jünglings aber zerfiel zu einem Häufchen Asche.

Neunhundertsechsundsechzigste Nacht

Diesen Abend erzählte Eduard:

DER TAMBOUR

Es ist einmal ein Tambour gewesen, der schlug seine Trommel wie kein anderer, und wenn die Soldaten seine Trommel hörten, so bekam auch der Verzagteste Mut und kämpfte wie ein Held in der Schlacht, und deshalb meinten alle, die Trommel des kleinen Tambours müsse einen ganz eignen, wunderbaren Ton haben.

Nun lag das Regiment, dem unser Tambour voranschritt, eine Zeitlang in einem feinen Städtchen in Quartier, und da die Mannschaft aus lauter hübschen, flinken Burschen bestand, so verging nicht viel Zeit, und jeder hatte sein Liebchen gefunden, der Tambour auch. Das währte den ganzen Winter über, als aber der Frühling kam, da hieß es «Marsch! – Tambour voran!« und das Regiment zog aus dem Städtchen.

Da gab es ein großes Wehklagen unter den schönen Kindern daselbst, und des Tambours Liebchen besonders wollte sich gar nicht zufrieden geben. Er aber tröstete sie und sprach: »Weine nicht, feines Liebchen! Bald kehren wir zurück und dann führ' ich das ganze Regiment vor dein Haus und schlag einen Wirbel, dir zu Ehren, wie ihn selbst der König noch nicht schöner gehört hat.« Somit küßte er sie und alle zogen von dannen.

Der Tambour rührte die Trommel, und die Soldaten zogen dem Feind entgegen, so lustig, als ging es zum Tanze.

Und freilich war es ein Tanz, aber einer, wo der Tod den Reigen anführte, hei, wie die wackern Burschen dahinsanken, getroffen von den Kugeln aus der Schanze, die sie erstürmen sollten! Rechts und links, links und rechts, Vordermann und Hintermann, und der Trommelschläger schlug die Trommel, bis ihn selber eine Kugel traf, mitten ins treue, mutige Herz. Aber als es Nacht wurde, da wachte er wieder auf, und als er seine Kameraden alle um sich her liegen sah – und nicht einer fehlte –, da erhob er sich und sprach: »Ich muß noch einmal meine Trommel rühren, denn die Schanze muß genommen und die Schlacht gewonnen werden.« Und damit rührte er seine Trommel, bis alle seine Kameraden wieder auf den Beinen standen, und führte sie, immerfort trommelnd, gegen die Schanze, und sie stürmten die Schanze und schlugen den Feind und ein Schrecken schlug den Feind, daß er weit entfloh und die Schlacht gewonnen und das Vaterland befreit war.

Darauf führte der wackre Tambour seine Kameraden über das Schlachtfeld nach dem Städtchen, von wo sie ausgezogen waren, und in das Gäßchen, wo sein Liebchen wohnte und schlug einen Wirbel ihr zu Ehren, wie ihn selbst der König nicht gehört hatte, und am Morgen begab sichs, wie das alte Lied berichtet:

Da stehn des Morgens die Gebeine,
traleri, tralerei, trala!
In Reih' und Glied, wie Leichensteine,
traleri, tralerei, trala!
Der Tambour steht voran,
daß sie ihn sehen kann,
traleri, tralerei, tralara!

Neunhundertsiebenundsechzigste Nacht

Aufgefordert eine Sage mitzuteilen, erzählte heute der Arzt:

DIE WILDEN TÄNZER

In einem Dorfe am Zugersee lebte ein junges lustiges Völklein, dem nichts über das Tanzen ging, und da die Leutchen nun in der Woche, der Arbeit wegen, nicht viel Zeit zum Tanzen hatten, so tanzten sie des Sonntags. Oft vermahnte sie der Prediger, doch an diesem heiligen Tage nicht allzusehr ihrer wilden Lust zu fröhnen, und mindestens mit dem Tanzen zu warten, bis es Abend wäre, aber da kam er schlecht an, die jungen Burschen und Mädel lachten ihn aus und beschlossen, in gottlosem Frevelmut ihm am nächsten Sonntag einen rechten Possen zu spielen. Sie beredeten sich deshalb miteinander und wußten sogar mehrere verheiratete Männer und Frauen zu bereden, daß sie mit ihnen gemeinschaftliche Sache machten. Als nun der nächste Sonntag herankam, da zogen sie alle auf den Kirchhof, und während die gutgesinnten Einwohner des Dorfes in der Kirche saßen und sich an der Predigt erbauten, fing das ruchlose Völkchen draußen an zu tanzen und zu singen, so daß die Andacht in der Kirche gestört und in Ärgernis verwandelt wurde, doch plötzlich verstummte der Lärm draußen, und der Prediger fuhr in seiner Predigt fort. Als aber die Gemeinde aus der Kirche trat, da sah sie ein gräuliches Mirakel, denn in der fernsten Ecke an der Kirchhofsmauer, wo die Unehrlichen und Selbstmörder begraben werden, da tanzte das lose Volk im rasenden, raschen Wirbel den St.-Veits-Tanz, und wie der Prediger sie besprach und beschwor, tanzten sie fort und fort, denn sie mußten, zur Strafe ihrer Ruchlosigkeit.

Und sie tanzten den ganzen Tag und die Nacht, und tanzten den anderen Tag und tanzten Wochen und Monde, bei brennender Hitze, bei Sturm und Wind, Regen und Hagel, und als der Winter kam, tanzten sie im Schnee, und hörten Tag und Nacht nicht auf zu tanzen.

Viele von den nächsten Angehörigen der Tanzenden, als Eltern, Geschwister, Kinder starben in der Zeit und wurden auf dem Kirchhofe begraben und die Eltern, die Geschwister, die Kinder sahen es und tanzten fort und fort, während man wenige Schritte davon ihr Liebstes ins Grab senkte. Feuer brach in dem Dorfe aus und beleuchtete mit rotem Scheine den Friedhof, die Sturmglocken heulten, die armen Einwohner jammerten und retteten sich mit ihren Habseligkeiten auf den Kirchhof – und die Tänzer tanzten fort unter Sturmgeheul, Feuerprasseln und Wehklagen. Endlich war das Jahr herum und sie wurden erlöst von ihrer Strafe und taten strenge Buße, und gelobten sich's, fortan immerdar Gott vor Augen zu haben. – Sie konnten aber sich nimmer wieder des Lebens freuen, denn immer mußten sie daran denken, wie sie getanzt hatten, während ihre Lieben litten, starben und begraben wurden und ihre Hütten und ihre Habe in Flammen aufgingen.

»Eine entsetzliche Sage«, rief der Freiherr, »wie doch das Grauenhafte, Düstere so tief begründet im Charakter des Volks sich zeigt, und wär' es das heiterste der Erde! Die Mehrzahl der Sagen bezeugt dieses und unter der leichten Blumendecke gähnt der Abgrund.«

Neunhundertachtundsechzigste Nacht

DAS WAHRE UND DAS EINGEBILDETE GLÜCK

Der Schnee fiel in großen Flocken zur Erde, die Fenster waren hartgefroren, das Feuer im Kamine erloschen, Elisabeth, die hübsche Tochter der Frau Wohlgemuth, bemerkte es nicht. Jetzt trat die Mutter, welche auf dem Christmarkte gesessen und Hauben feilgehalten hatte, ein und sprach verdrießlich: »Was ist das, Elisabeth, hartgefrorene Fenster, kein Feuer im Kamine, meine Abendsuppe nicht gewärmt! Wirst du denn nimmermehr wie andere Jungfern deines Standes und Alters werden? Du bist eine wahre Sorge für mich, arbeiten willst du nicht, dazu hältst du dich zu vornehm, einem braven Manne deines Standes gibst du das Körbchen, weil dein Sinn nach einem Edelmann steht, ach Mädchen, wohin soll und muß deine Torheit führen?«

Elisabeth erwiderte kein Wort, stumm und finster schürte sie das Feuer im Kamine an, stellte die Suppe an die Flamme, holte Licht und setzte sich dann zum Spinnrocken.

Verdrießlich legte die Mutter den Mantel und ihre schöne Mütze von Fischotter ab, die sie über der Haube trug, und setzte sich dann an den Kamin, das eingenommene Geld überzählend.

Indem pochte es an die Türe, Frau Wohlgemuth steckte schnell die Münzen in die Tasche und sah durch das Fensterchen in der Türe, wer da wohl Einlaß begehre. Als sie ein uraltes, reinlich, aber dürftig gekleidetes Mütterchen gewahrte, öffnete sie schnell und fragte die Alte nach ihrem Begehr.

Diese bat die Frau Wohlgemuth, sie möge ihr doch gestatten, sich ein wenig an ihr warmen Kamin setzen zu dürfen, weil sie so müde und erfroren sei.

Die gutmütige Frau Wohlgemuth fragte nicht erst, wer die Frau sei, noch woher sie komme, sondern sagte ihr freundlich, daß sie sich wärmen könne, solange sie wolle.

Neunhundertneunundsechzigste Nacht

Als Elisabeth den Tisch gedeckt und die Speise aufgetragen hatte, lud sie die Alte ein, an ihrem Mahle teilzunehmen, wozu sich diese nicht lange nötigen ließ.

Als das Mahl eingenommen war, sagte das Mütterchen zu Frau Wohlgemuth: »Eure Tochter ist ein recht schmuckes Mädchen, aber sie sieht so verdrießlich aus, was fehlt denn dem hübschen Kinde?«

»Ach«, erwiderte im strengen Tone Frau Wohlgemuth, »meine Tochter ist eine Närrin, die mir viel Kummer macht. Sie war ein sehr hübsches Kind, wie sie klein war, und gefiel der Edelfrau, die uns gegenüber wohnte. Diese schmeichelte so lange an mir, bis ich es dem Kinde erlaubte, daß sie täglich die Edelfrau besuchen durfte.

Nun bekam sie von dieser schöne Spielsachen, köstliche Kleider, und als sie größer war, ließ sie ihr die Zither schlagen lehren und Gewänder sticken.

Dadurch wurde das Mädchen eitel und stolz. Es gefällt ihm nicht bei der schlichten Mutter. Meine Vorstellungen fruchten wenig, nur verdrossen verrichtet sie die Arbeit, die ihrem Stande zukommt, und die Bewerbungen eines jungen, wohlhabenden Müllers verschmäht sie!«

»Ja, ja! So sind manche Menschen«, entgegnete lächelnd das Mütterchen. »Aber seid nur ruhig, das gibt sich mit der Zeit, und wer weiß, ob nicht die Wünsche Eurer Tochter in Erfüllung gehen!«

»Warum nicht gar«, fuhr Frau Wohlgemuth auf.

Das Mütterchen erhob sich und sprach: »Nun, nun, nur nichts für ungut, liebe Frau. Ich will nun von Euch scheiden, doch bitte ich, daß Eure Tochter ein Andenken von mir nimmt, und es trägt.« Bei diesen Worten band sie Elisabeth eine Schnur dunkler, matter Perlen um den Hals, und nachdem sie freundlich gedankt hatte, verließ sie das Gemach.

Neunhundertundsiebzigste Nacht

Als Elisabeth am nächsten Morgen aufstand, sprach ihre Mutter freundlicher, als sie seit langer Zeit gewesen: »Leg deine besten Kleider an, Kind, und mache dich bereit mit mir in die nächste Stadt zu gehen. Der König ist, wie du weißt, gestorben und sein Nachfolger wird morgen gehuldigt, gewiß wird da sehr viel zu sehen sein, und wir wollen uns die Herrlichkeit doch auch beschauen. Elisabeth gehorchte gern, sie schmückte sich auf das beste, und als sie in den Spiegel sah, aus der ihr jugendliches Antlitz sie anlächelte, freute sie sich ihrer Schönheit.

Heiter schritt sie neben der Mutter auf dem hartgefrorenen Wege dahin und war ganz vergnügt, als sie in die schöne, große Residenz des Königs kam.

Buntes Gedränge war auf den Straßen, Musik und Jubelruf erschallte, Elisabeth wünschte sich hundert Augen und Ohren, um nur alles, was um sie her vorging, sehen und hören zu können.

Jetzt kam ein stattlicher Zug von Militär, den Behörden und der Geistlichkeit, Elisabeth drängte sich hinzu, um alles zu sehen, und nachdem dieser Zug vorbei war, kamen eine Menge junger, reichgekleideter Edelleute auf stolzen Rossen, begleitet von Pagen, die neben den Rossen gingen.

Einer davon warf einen Blick auf Elisabeth, grüßte sie freundlich und wandte sich mehrmals nach ihr um und flüsterte dann seinem Pagen etwas zu.

Es dauerte nicht lange, so kam der Page zu Elisabeth und ihrer Mutter, verbeugte sich artig vor ihnen und sprach: »Mein Herr, der Graf von Roussillon, läßt sich der ehrsamen Frau und der holden Jungfrau bestens empfehlen und sie höflichst einladen, sich in seinen Palast zu verfügen, aus dessen Fenster sie die Huldigung und die ganzen Festlichkeiten auf das beste sehen können.«

Die Frauen nahmen vergnügt das Anerbieten an, sie folgten dem Pagen. Jedermann machte ihnen höflich Platz, und jetzt traten sie in den großen Palast des Grafen. Der Page führte sie in ein schönes Zimmer, versah sie mit Konfekt und Wein und öffnete ihnen die Fenster, ihnen alles erklärend, was vorging.

»Seht, werte Frau«, sprach er, »dort ist der königliche Palast, da steht der König, gekleidet mit dem Purpur, und seht Ihr dort dicht hinter ihm seinen Freund und Günstling, den reichen, hochgeborenen Grafen von Roussillon, meinen Herrn?«

Er sagte noch viel zu seines Gebieters Lob, was Elisabeth, welcher der junge, stattliche Graf wohlgefiel, errötend anhörte.

Als die Festlichkeiten vorüber waren, kam der Graf die Frauen zu begrüßen.

Frau Wohlgemuth war hocherfreut über die Ehre, Elisabeth benahm sich mit vielem Anstande, den sie den Lehren und dem Umgange der Edelfrau dankte.

Der Graf unterhielt sich lange mit ihr, ganz entzückt von ihrer Anmut und ihrem Geiste. Frau Wohlgemuth wollte den Palast verlassen, doch der Graf bat sie dringend zu bleiben. Ja endlich wurde er so hingerissen von Elisabeths Schönheit, daß er feierlich um ihre Hand warb, die ihm die Jungfrau auch reichte, und nicht nur Rang und Reichtum des Werbers bestimmten sie dazu, ihr Herz sprach wirklich für ihn.

Auf einen Wink des Grafen traten Zofen ein, mit prachtvollen, seidnen, mit Gold gestickten Gewändern. Er entfernte sich, und die Zofen schmückten die Jungfrau wie eine junge Königin, sie konnten gar nicht aufhören, Elisabeths Schönheit, ihren Anstand und ihre Lieblichkeit zu rühmen.

Hier brach Alma ab, die Fortsetzung auf ein anderes Mal versprechend.

Neunhunderteinundsiebzigste Nacht

Die Gesellschaft war wie gewöhnlich im Saale versammelt, nur Eduard fehlte noch, endlich kam er, mit einem Brief von Reiner, den er eben erhalten hatte.

Auf den Wunsch des Freiherrn las Eduard den Brief des Malers vor, er schrieb:

»Mit unaussprechlicher Freude sage ich Ihnen, mein teuerster Freund, daß ich in wenigen Tagen auf Schloß Runsitten einzutreffen gedenke. Gern wäre ich überraschend gekommen, aber dann brächte ich mich um die Freude, zu denken, daß Sie mich erwarten, gern erwarten, das bin ich von dem verehrten Freiherrn, von der gütigen Frau vom Hause, von Ihrer holden Gemahlin gewiß, wie von den übrigen lieben Freunden und Freundinnen.

Ein zweiter Grund, warum ich mich bei Ihnen anmelde, ist der, daß ich nicht allein komme, ich bringe im Vertrauen auf die mir wohlbekannte Gastfreundschaft des Schloßherrn und seiner Gemahlin einen alten Freund mit, den ich nach langer Trennung in Schweden fand, und der sehr wünscht, den Kreis, von dem ich so oft mit Verehrung und Liebe spreche, kennenzulernen. Ich hoffe, daß sie meinen Freund liebgewinnen werden, obgleich Sie sein Äußeres nicht anziehend finden dürften, denn es ist ziemlich düster, und seiner schwachen Augen wegen muß er stets einen Schirm tragen.

Viel hätte ich Ihnen mitzuteilen, was mein Herz bewegt und zu freudiger Hoffnung stimmt, aber ich muß jetzt noch schweigen, bis das Schicksal selbst die rechte Stunde schlagen läßt.

Grüßen Sie alle die Teuern, die mein gedenken, vergessen Sie nicht an Marie meinen Gruß, die Arme, hat Willmann sie vergebens hoffen lassen? Ich habe keinen Brief erhalten, der mir den Erfolg der Operation gemeldet hätte.

Leben Sie wohl, das Glück sei mit Ihnen.«

»Einen Fremden bringt Reiner mit?« sagte Alma. »Ich habe meine Freunde und unseren kleinen Kreis so lieb, daß ich fürchte, ein Fremder möchte ein Störer sein.«

»Es ist ja Reiners Freund, also stimmt er auch zu uns«, sagte ihre Mutter.

»Ich weiß nicht, wie es kommt, daß mich die Erwähnung dieses Fremden so wunderbar ergriffen hat«, sprach der Freiherr, »lasset uns ihn froh erwarten.«

Frau von Kunsitten sprach mit Claudine und Alma über ein kleines Fest, was sie zu Reiners Empfange veranstalten lassen.

»Wir sollten ein Lustspiel aufführen«, schlug Franz vor.

»Ja, das wäre schön, oder ein Rührspiel, eine Parodie aller Rührspiele«, scherzte Alma, »gerade weil der Maler sich immer so entschieden gegen alle Rührspiele und empfindsamen Dramen ausspricht, und im Grunde seines Herzens doch sehr gemütlich und rührbar ist. Erlaubst du es, Väterchen?«

»Ich gebe dir Carte blanche«, sagte der Freiherr.

»Nun denn, so wollen wir ein solches Stück aufführen«, entschied Alma, »einer von den Herren verfaßt es, einige von uns spielen darin, wer nicht mit im Stück beschäftigt ist, bildet das Publikum, im großen Saale schlagen wir das Theater auf.«

»Ich erbiete mich zum Dekorationsmaler!« sagte Eduard.

»Ich zum Souffleur!« meinte Willmann.

»Ich spiele, was niemand von den Damen spielen will!« rief Alma.

»Wir werden keine Rolle zurückweisen«, versicherten Franz, Gertrud und Claudine, nur Marie schwieg errötend.

Eduard sagte lachend: »Eine herrliche Schauspielergesellschaft, gewiß die einzige auf Erden, die solche edle Mitglieder zählt, die zur Übernahme jeder Rolle bereit sind.«

Unter heiterm Gespräch verstrich der Abend.

Neunhundertzweiundsiebzigste Nacht

Die Unpäßlichkeit der Freifrau trennte heute die Schloßbewohner, welche sich sonst jeden Abend so gern in den Salon der Frau von Runsitten versammelten. Die Frauen verweilten bei der Kranken, um sie zu pflegen und zu unterhalten, und die Männer hatten sich, mit Ausnahme des Freiherrn, im Zimmer des Doktors eingefunden. Seine Gattin bereitete den Punsch, das Getränk, welches die Nordländer so lieben, und als sich die Männer um den runden Tisch gesetzt hatten, sagte der Kaplan: »In diesen Tagen habe ich einen mir noch unbekannten Dichter kennengelernt, von dem mir bisher bloß dessen unbedeutendere Sachen zu Gesicht gekommen waren. Ich habe mir vorgenommen, ihn recht gründlich zu studieren, und all den wunderlichen Sprüngen, die seine bunte Phantasie machte, zu folgen.«

»Sie sprechen vielleicht von Hoffmann?« fragte Willmann.

»Ja, von Callot Hoffmann, und wenn es Ihnen werte Freunde, genehm wäre, möchte ich Ihnen wohl eines seiner abenteuerlichsten, sagenhaften Nachstücke vorlesen, Ignaz Denner.«

»Es wird uns ein Genuß sein«, erwiderte Eduard, die übrigen stimmten bei, nur die Gattin des Arztes sagte lächelnd: »Nur sagen Sie mir vorher, verehrter Freund, ob es sehr schaurig ist, was Sie jetzt lesen wollen, draußen heult der Sturm, der Regen peitscht an die Fenster, so daß ich jetzt schon Furcht empfinde und sie durch Anhören einer schaurigen Sage nicht erhöhen möchte. Deshalb geh' ich in mein Zimmer, wenn« –

»Bleib nur, liebes Weib«, unterbrach sie ihr Gatte, »ich kenne diese Dichtung, und weiß es, sie wird dir ungeachtet alles Schauerlichen, vom dem sie durchweht ist, gefallen.«

»Nun, so will ich bleiben und mich neben dich setzen«, sagte freundlich seine Gattin.

Ein furchtbarer Windstoß erschütterte die Fenster. »Die Ouvertüre zu der Dichtung«, sprach der Kaplan, und als wieder Stille eingetreten war, las er:

IGNAZ DENNER

Vor alter, längst verflossener Zeit lebte in einem wilden, einsamen Forst des Fulda'schen Gebiets ein wackerer Jägersmann, Andres mit Namen. Er war sonst Leibjäger des Herrn Grafen Alois von Vach gewesen, den er auf weiten Reisen durch das schöne Welschland begleitet, und einmal, als sie auf den unsicheren Wegen in dem Königreich Neapel von Straßenräubern angefallen wurden, durch seine Klugheit und Tapferkeit aus großer Lebensgefahr gerettet hatte. In dem Wirtshause zu Neapel, wo sie eingekehrt waren, befand sich ein armes, bildschönes Mädchen, die von dem Hauswirt, der sie als eine Waise aufgenommen, gar hart behandelt und zu den niedrigsten Arbeiten in Hof und Küche gebraucht wurde. Andres suchte sie, so gut er sich ihr verständlich machen konnte, mit trostreichen Worten aufzurichten, und das Mädchen faßte solche Liebe zu ihm, daß sie sich nicht mehr von ihm trennen, sondern mitziehen wollte nach dem kalten Deutschland. Der Graf von Vach, gerührt von Andres Bitten und Georginas Tränen, erlaubte, daß sie sich zu dem geliebten Andres auf den Kutscherbock setzen und so die beschwerliche Reise machen durfte. Schon ehe sie über die Grenzen von Italien hinausgekommen, ließ sich Andres mit seiner Georgina trauen, und als sie dann nun endlich zurückgekehrt waren auf die Güter des Grafen von Vach, glaubte dieser den treuen Diener recht zu belohnen, da er ihn zu seinem Revierjäger ernannte. Mit seiner Georgina und einem alten Knecht zog er in den einsam rauhen Wald, den er schützen sollte wider die Freijäger und Holzdiebe. Statt des gehofften Wohlstandes, den ihm der Graf von Vach verheißen, führte er aber ein beschwerliches, mühseliges, dürftiges Leben, und geriet bald in Kummer und Elend. Der kleine Lohn an barem Gelde, den er von dem Grafen erhielt, reichte kaum hin, sich und seine Georgina zu kleiden. Die geringen Gefälle, die ihm bei Holzverkäufen zukamen, waren selten und ungewiß, und den Garten, auf dessen Bebauung und Benutzung er angewiesen, verwüsteten oft die Wölfe und die wilden Schweine, er mochte mit seinem Knecht auf der Hut sein wie er wollte, so daß bisweilen in einer Nacht die letzte Hoffnung des Lebensunterhalts vereitelt war. Dabei war sein Leben stets bedroht von den Holzdieben und Freischützen. Jeder Lockung widerstand er, als ein wackerer, frommer Mann, der lieber darben, als ungerechtes Gut an sich bringen wollte, und verwaltete sein Amt getreulich und tapfer, deshalb stellten sie ihm nach auf gefährliche Weise, und nur seine treuen Doggen schützten ihn vor nächtlichen Überfällen des Raubgesindels. Georgina, des Klimas und der Lebensweise in dem wilden Forst ganz ungewohnt, welkte zusehends hin. Ihre bräunliche Gesichtsfarbe verwandelte sich in fahles Gelb, ihre lebhaften, blitzenden Augen wurden düster, und ihr voller, üppiger Wuchs magerte mit jedem Tage mehr ab. Oft erwachte sie in mondheller Nacht. Schüsse krachten in der Ferne durch den Wald, die Doggen heulten, leise erhob sich der Mann vom Lager und schlich sich mit dem Knecht murmelnd hinaus in den Forst. Dann betete sie inbrünstig zu Gott und zu den Heiligen, daß sie und ihr treuer Mann errettet werden möchten aus dieser schrecklichen Einöde und aus der steten Todesgefahr. Die Geburt eines Knaben warf Georgina endlich auf das Krankenlager, und immer schwächer und schwächer werdend, sah sie ihr Ende vor Augen. Dumpf in sich hinbrütend, schlich der unglückliche Andres umher, alles Glück war mit der Krankheit seines Weibes von ihm gewichen. Wie neckendes, gespenstisches Wesen guckte das Wild aus den Büschen, sowie er sein Gewehr abdrückte, war es verstoben in der Luft. Er konnte kein Tier mehr treffen, und nur sein Knecht, ein geübter Schütze, beschaffte das Wild, welches er dem Grafen von Vach zu liefern gehalten war. Einst saß er an Georginas Bette, den starren Blick auf das geliebte Weib gerichtet, die ermattet zum Tode kaum mehr atmete. In dumpfem, lautlosem Schmerz hatte er ihre Hand gefaßt und hörte nicht das Ächzen des Knaben, der nahrungslos verschmachten wollte. Der Knecht ging schon am frühen Morgen nach Fulda, um für die letzte Ersparnis einige Erquickung für die Kranke herbeizuschaffen. Kein menschliches, tröstendes Wesen war weit und breit zu finden, nur der Sturm heulte in schneidenden Tönen des entsetzlichen Jammers durch die schwarzen Tannen, und die Doggen winselten wie in trostloser Klage um den unglücklichen Herrn. Da hörte Andres auf einmal es vor dem Hause daherschreiten, wie menschliche Fußtritte. Er glaubte, es wäre der zurückkehrende Knecht, unerachtet er ihn nicht so früh erwarten konnte, aber die Hunde sprangen heraus und bellten heftig. Es mußte ein Fremder sein. Andres ging selbst vor die Tür, da trat ihm ein langer, hagerer Mann entgegen, in grauem Mantel, die Reisemütze tief ins Gesicht gedrückt. »Ei«, sagte der Fremde, »wie bin ich doch hier im Walde so irre gegangen. Der Sturm tobt an den Bergen herab, wir bekommen ein schrecklich Wetter. Möchtet Ihr nicht erlauben, lieber Herr, daß ich in Euer Haus eintreten und mich von dem beschwerlichen Wege erholen und erquicken dürfte zur weiteren Reise?« »Ach Herr«, erwiderte Andres, »Ihr kommt in ein Haus der Not und des Elends, und außer dem Stuhl, auf dem Ihr ausruhen könnt, vermag ich kaum Euch irgendeine Erquickung anzubieten. Meinem armen, kranken Weibe mangelt es selbst daran, und mein Knecht, den ich nach Fulda geschickt, wird erst am späten Abend etwas zur Labung herbeibringen.« Unter diesen Worten waren sie in die Stube getreten. Der Fremde legte seine Reisemütze und seinen Mantel ab, unter dem er ein Felleisen und ein Kistchen trug. Er zog auch ein Stilett und ein paar Terzerole hervor, die er auf den Tisch legte. Andres war an Georginas Bett getreten, sie lag im bewußtlosen Zustande. Der Fremde trat ebenfalls hinzu, schaute die Kranke lange mit scharfen, bedächtigen Blicken an, und ergriff ihre Hand, den Puls sogleich erforschend. Als nun Andres voll Verzweiflung ausrief: »Ach Gott! Nun stirbt sie wohl!« da sagte der Fremde: »Mitnichten, lieber Freund! Seid ganz ruhig. Eurem Weibe fehlt nichts, als kräftige, gute Nahrung, und vorderhand wird ihr ein Mittel, das zugleich reizt und stärkt, die besten Dienste tun. Ich bin zwar kein Arzt, sondern vielmehr ein Kaufmann, allein doch in der Arzneiwissenschaft nicht unerfahren und besitze aus uralter Zeit her manches Arcanum, welches ich mit mir führe und auch wohl verkaufe.« Damit öffnete der Fremde sein Kistchen, holte eine Phiole heraus, tröpfelte von dem ganz dunkelroten Liquor etwas auf Zucker und gab es der Kranken. Dann holte er aus dem Felleisen eine kleine geschliffene Flasche köstlichen Rheinweins und flößte der Kranken ein paar Löffel voll ein. Den Knaben, befahl er, nur dicht an der Mutter Brust gelehnt ins Bette zu legen und beide der Ruhe zu überlassen. Dem Andres war es zumute, als sei ein Heiliger herabgestiegen in die Einöde, ihm Trost und Hilfe zu bringen. Anfangs hatte ihn der stechende, falsche Blick des Fremden abgeschreckt, jetzt wurde er durch die sorgliche Teilnahme, durch die augenscheinliche Hilfe, die er der armen Georgina leistete, zu ihm hingezogen. Er erzählte dem Fremden unverhohlen, wie er eben durch die Gnade, die ihm sein Herr, der Graf von Vach, angedeihen lassen wollte, in Not und Elend geraten sei, und wie er wohl Zeit seines Lebens nicht aus drückender Armut und Dürftigkeit kommen werde. Der Fremde tröstete ihn dagegen und meinte, wie oft ein unverhofftes Glück dem Hoffnungslosesten alle Güter des Lebens bringe, und daß man wohl etwas wagen müsse, das Glück selbst sich dienstbar zu machen. »Ach, lieber Herr«, erwiderte Andres, »ich vertraue Gott und der Fürsprache der Heiligen, zu denen wir, ich und mein treues Weib jeden Tag mit Inbrunst beten. Was soll ich denn tun, um mir Geld und Gut zu verschaffen? Ist es mir nach Gottes Weisheit nicht beschieden, so wäre es ja sündlich, darnach zu trachten. Soll ich aber noch in dieser Welt zu Gütern gelangen, welches ich meines armen Weibes halber wünsche, die ihr schönes Vaterland verlassen, um mir in diese wilde Einöde zu folgen, so kommt es wohl, ohne daß ich Leib und Leben wage um schnödes, weltliches Gut.« Der Fremde lächelte bei diesen Reden des frommen Andres auf ganz seltsame Weise und war im Begriff etwas zu erwidern, als Georgina mit einem tiefen Seufzer aus dem Schlaf, in den sie versunken, erwachte. Sie fühlte sich wunderbarlich gestärkt, auch der Knabe lächelte hold und lieblich an ihrer Brust. Andres war außer sich vor Freude, er weinte, er betete, er jubelte durch das Haus. Der Knecht war indessen zurückgekommen und bereitete, so gut er es vermochte, von den mitgebrachten Lebensmitteln das Mahl, an dem nun der Fremde teilnehmen sollte. Der Fremde kochte selbst eine Kraftsuppe für Georgina, und man sah, daß er allerlei Gewürz und andere Ingredienzen hineinwarf, die er bei sich getragen. Es war später Abend geworden, der Fremde mußte daher bei dem Andres übernachten, und er bat, daß man ihm in derselben Stube, wo Andres und Georgina schliefen, ein Strohlager bereiten möge. Das geschah. Andres, den die Besorgnis um Georgina nicht schlafen ließ, bemerkte, wie der Fremde beinahe bei jedem stärkeren Atemzuge Georginas auffuhr, wie er stündlich aufstand, leise sich ihrem Bette näherte, ihren Puls erforschte und ihr Arznei eintröpfelte.

Als der Morgen angebrochen, war Georgina wieder zusehends besser geworden. Andres dankte dem Fremden, den er seinen Schutzengel nannte, aus der Fülle seines Herzens. Auch Georgina äußerte, wie ihn wohl auf ihr inbrünstiges Gebet Gott selbst gesendet habe zu ihrer Rettung. Dem Fremden schienen diese lebhaften Ausbrüche des Dankes in gewisser Art beschwerlich zu fallen. Er war sichtlich verlegen und äußerte einmal über das andere, wie er ja ein Unmensch sein müsse, wenn er nicht der Kranken mit seiner Kenntnis und den Arzneimitteln, die er bei sich führe, habe beistehen sollen. Übrigens sei nicht Andres, sondern er zum Dank verpflichtet, da man ihn, der Not unerachtet, die im Hause herrsche, so gastlich aufgenommen, und er wolle auch keineswegs diese Pflicht unerfüllt lassen. Er zog einen wohlgefüllten Beutel hervor und nahm einige Goldstücke heraus, die er dem Andres hinreichte. »Ei Herr«, sagte Andres, »wie und wofür sollte ich denn so vieles Geld von Euch annehmen? Euch in meinem Hause zu beherbergen, da Ihr Euch in dem wilden, weitläufigen Forst verirrt hattet, das war ja Christenpflicht, und dünkte Euch das irgendeines Dankes wert, so habt Ihr mich ja überreich, ja mehr, als ich es nur mit Worten sagen mag, dadurch belohnt, daß Ihr als ein weiser, kunsterfahrener Mann mein liebes Weib vom augenscheinlichen Tode rettetet. Ach Herr, was Ihr an mir getan, werde ich Euch ewiglich nicht vergessen, und Gott möge es mir verleihen, daß ich die edle Tat Euch mit meinem Leben und Blut lohnen könne.« Bei diesen Worten des wackeren Andres fuhr es wie ein rascher, funkelnder Blitz aus den Augen des Fremden. »Ihr müßt, braver Mann«, sprach er, »durchaus das Geld annehmen. Ihr seid das schon Euerm Weibe schuldig, der Ihr damit bessere Nahrungsmittel und Pflege verschaffen könnt. Denn dieser bedarf sie nunmehr, um nicht wieder in ihren vorigen Zustand zurückzufallen, und Euerm Knaben Nahrung geben zu können.« »Ach Herr«, erwiderte Andres, »verzeiht es, aber eine innere Stimme sagt mir, daß ich Euer unverdientes Geld nicht nehmen darf. Diese innere Stimme, der ich wie der höheren Eingebung meines Schutzheiligen immer vertraut, hat mich bisher sicher durch das Leben geführt und mich beschützt vor allen Gefahren des Leibes und der Seele. Wollt Ihr großmütig handeln und an mir Armen ein übriges tun, so laßt mir ein Fläschlein von Eurer wundervollen Arznei zurück, damit durch ihre Kraft mein Weib ganz genese.« Georgina richtete sich im Bette auf, und der schmerzvolle, wehmütige Blick, den sie auf Andres warf, schien ihn anzuflehen, diesmal nicht so strenge auf sein inneres Widerstreben zu achten, sondern die Gabe des mildtätigen Mannes anzunehmen. Der Fremde bemerkte das, und sprach: »Nun, wenn Ihr denn durchaus mein Geld nicht annehmen wollt, so schenke ich es Eurem lieben Weibe, die meinen guten Willen, Euch aus der bitteren Not zu retten, nicht verschmähen wird.« Damit griff er noch einmal in den Beutel, und sich der Georgina nähernd, gab er ihr wohl noch einmal soviel Geld, als er vorhin dem Andres angeboten hatte. Georgina sah das schöne, funkelnde Gold mit vor Freude leuchtenden Augen, sie konnte kein Wort des Dankes herausbringen, die hellen Tränen schossen ihr die Wangen herab. Der Fremde wandte sich schnell von ihr weg und sprach zu Andres: »Seht, lieber Mann! Ihr könnt meine Gabe getrost annehmen, da ich nur etwas von großem Überfluß Euch mitteile. Gestehen will ich Euch, daß ich das nicht bin, was ich scheine. Nach meiner schlichten Kleidung, und da ich wie ein dürftiger, wandernder Krämer zu Fuß reise, glaubt Ihr gewiß, daß ich arm bin und mich nur kümmerlich von kleinem Verdienst auf Messen und Jahrmärkten nähre. Ich muß Euch jedoch sagen, daß ich durch glücklichen Handel mit den trefflichsten Kleinodien, den ich seit vielen Jahren treibe, ein sehr reicher Mann geworden, und nur die einfache Lebensweise aus alter Gewohnheit beibehalten habe. In diesem kleinen Felleisen und dem Kistchen bewahre ich Juwelen und köstliche, zum Teil noch im grauen Altertum geschnittene Steine, welche viele Tausende wert sind. Ich habe diesmal in Frankfurt sehr glückliche Geschäfte gemacht, so daß das wohl noch lange nicht der hundertste Teil des Gewinnes sein mag, was ich Eurem lieben Weibe schenkte. Überdem gebe ich Euch das Geld keineswegs umsonst, sondern verlange von Euch dafür allerlei Gefälligkeiten. Ich wollte, wie gewöhnlich, von Frankfurt nach Kassel gehen, und kam von Schüchtern aus vom richtigen Wege ab. Indessen habe ich gefunden, daß der Weg durch diesen Forst, den sonst die Reisenden scheuen, gerade für einen Fußgänger recht anmutig ist, weshalb ich denn künftig auf gleiche Reise immer diese Straße einschlagen und bei Euch einsprechen will. Ihr werdet daher mich jährlich zweimal bei Euch eintreffen sehen, nämlich zu Ostern, wenn ich von Frankfurt nach Kassel wandere, und im späten Herbst, wenn ich von der Leipziger Michaelismesse nach Frankfurt und von dort nach der Schweiz und wohl auch nach Welschland gehe. Dann sollt Ihr mich für gute Bezahlung einen, zwei, auch wohl drei Tage bei Euch beherbergen, und das ist die erste Gefälligkeit, um die ich Euch ersuche.

Ferner bitte ich Euch, dieses kleine Kistchen, worin Waren sind, die ich in Kassel nicht brauche und das mir beim Wandern hinderlich ist, zu behalten, bis ich künftigen Herbst wieder bei Euch einspreche. Nicht verhehlen will ich, daß die Waren viele Tausende wert sind, aber ich mag Euch deshalb doch kaum größere Sorglichkeit empfehlen, da ich nach der Treue und Frömmigkeit, die Ihr an den Tag legt, Euch zutraue, daß Ihr auch das Geringste, was ich Euch zurückließe, sorgfältig aufbewahren würdet, zumal werdet Ihr das bei Sachen von solch großem Werte, als die sind, welche in dem Kistchen verschlossen, sicherlich tun. Seht, das ist der zweite Dienst, den ich von Euch fordere. Das dritte, was ich verlange, wird Euch wohl am schwersten fallen, unerachtet es mir jetzt am nötigsten tut. Ihr sollt Euer liebes Weib nur auf diesen Tag verlassen und mich aus dem Forst bis auf die Straße nach Hirschfeld geleiten, wo ich bei Bekannten einsprechen und dann meine Reise nach Kassel fortsetzen will. Denn außer dem, daß ich des Weges im Forste nicht recht kundig bin, und mich daher zum zweitenmal verirren könnte, ohne von einem so wackern Mann, wie Ihr es seid, aufgenommen zu werden, ist es auch in der Gegend nicht recht geheuer. Euch als einem Jägersmann aus der Gegend wird man nichts anhaben, aber ich, als einsamer Wanderer, könnte wohl gefährdet werden. Man sprach in Frankfurt davon, daß eine Räuberbande, die sonst die Gegend von Schaffhausen unsicher machte, und sich bis nach Straßburg herauf ausdehnte, nunmehr sich ins Fuldaische geworfen haben soll, da die von Leipzig nach Frankfurt reisenden Kaufleute ihnen reicheren Gewinn versprachen, als sie dort finden konnten. Wie leicht wär es möglich, daß sie mich schon von Frankfurt aus als reichen Juwelenhändler kennten. Hab' ich also ja durch die Rettung Eures Weibes Dank verdient, so könnt Ihr mir dadurch reichlich lohnen, daß Ihr aus diesem Forste mich auf Weg und Steg leitet.« Andres war mit Freuden bereit, alles zu erfüllen, was man von ihm verlangte, und machte sich gleich, wie es der Fremde wünschte, zur Wanderung fertig, indem er seine Jägeruniform anzog, seine Doppelbüchse und seinen tüchtigen Hirschfänger umschnallte und dem Knecht befahl, zwei von den Doggen anzukuppeln. Der Fremde hatte unterdessen das Kistchen geöffnet und die prächtigen Geschmeide, Halsketten, Ohrringe, Spangen herausgenommen, die er auf Georginas Bette ausbreitete, so daß sie ihre Verwunderung und Freude gar nicht bergen konnte. Als nun aber der Fremde sie aufforderte, doch eine der schönsten Halsketten umzuhängen, die reichen Spangen auf ihre wunderschön geformten Arme zu streifen und ihr dann einen kleinen Taschenspiegel vorhielt, worin sie sich nach Herzenslust beschauen konnte, so daß sie in kindischer Lust aufjauchzte, da sagte Andres zu dem Fremden: »Ach, lieber Herr, wie möget Ihr doch in meinem armen Weibe solche Lüsternheit erregen, daß sie sich mit Dingen putzt, die ihr nimmermehr zukommen, und auch gar nicht anstehen. Nehmt mir es nicht übel, Herr, aber die einfache, rote Korallenschnur, die meine Georgina um den Hals gehängt hatte, als ich sie zum erstenmal in Neapel sah, ist mir tausendmal lieber, als das funkelnde, blitzende Geschmeide, das mir recht eitel und trügerisch vorkommt.« »Ihr seid auch gar zu strenge«, erwiderte der Fremde höhnisch lächelnd, »daß Ihr Eurem Weibe nicht einmal in ihrer Krankheit die unschuldige Freude lassen wollt, sich mit meinen schönen Geschmeiden herauszuputzen, die keineswegs trügerisch, sondern wahrhaft echt sind. Wißt Ihr denn nicht, daß eben den Weibern solche Dinge rechte Freude verursachen? Und was Ihr da sagt, daß solcher Prunk Eurer Georgina nicht zukomme, so muß ich das Gegenteil behaupten. Euer Weib ist hübsch genug, sich so herauszuputzen, und Ihr wißt ja nicht, ob sie nicht einmal auch noch reich genug sein wird, dergleichen Schmuck selbst zu besitzen und zu tragen.« Andres sprach mit sehr ernstem, nachdrücklichem Ton: »Ich bitte Euch, Herr, führt nicht solche geheimnisvolle, verfängliche Reden. Wollt Ihr denn mein armes Weib betören, daß sie von eitlem Gelüst nach solchem weltlichen Prunk und Staat nur drückender unsere Armut fühle, und um alle Lebensruhe, um alle Heiterkeit gebracht werde? Packt nur Eure schönen Sachen ein, lieber Herr, ich will sie Euch treulich bewahren, bis Ihr zurückkommt. Aber sagt mir nur, wenn, wie es der Himmel verhüten möge, Euch unterdessen ein Unglück zustoßen sollte, so daß Ihr nicht mehr zurückkehrtet in mein Haus, wohin soll ich dann das Kistchen abliefern, und wie lange soll ich auf Euch warten, ehe ich die Juwelen dem einhändige, den Ihr mir nennen werdet, sowie ich Euch jetzt um Euren Namen bitte?« »Ich heiße«, erwiderte der Fremde, »Ignaz Denner, und bin, wie Ihr schon wisset, Kauf- und Handelsmann. Ich habe weder Weib noch Kinder, und meine Verwandten wohnen im Walliser Land. Die kann ich aber keineswegs lieben und achten, da sie sich als ich noch arm und bedürftig war, um mich gar nicht bekümmert haben. Sollte in drei Jahren ich mich nicht sehen lassen, so behaltet das Kistchen ruhig an Euch, und da ich wohl weiß, daß beide, Ihr und Georgina, Euch sträuben werdet, das reiche Vermächtnis von mir anzunehmen, so schenke ich in jenem Fall das Kistchen mit Kleinodien Eurem Knaben, dem ich, wenn Ihr ihn firmen laßt, den Namen Ignatius beizugeben bitte.« Andres wußte in der Tat nicht, was er aus der seltenen Freigebigkeit und Großmut des fremden Mannes machen sollte. Er stand ganz verstummt vor ihm, indessen Georgina ihm für seinen guten Willen dankte und versicherte, zu Gott und den Heiligen fleißig beten zu wollen, daß sie ihn auf seinen weiteren beschwerlichen Reisen beschützen und ihn stets glücklich in ihr Haus zurückführen möchten. Der Fremde lächelte, so wie es seine Art war, auf seltsame Weise und meinte, daß wohl das Gebet einer schönen Frau mehr Kraft haben möge, als das seinige. Das Beten wollte er daher ihr überlassen, und übrigens seinem kräftigen, abgehärteten Körper und seinen guten Waffen vertrauen.

Dem frommen Andres mißfiel diese Äußerung des Fremden höchlich, indessen verschwieg er das, was er darauf zu erwidern schon im Begriffe stand, und trieb vielmehr den Fremden an, jetzt die Wanderung durch den Forst zu beginnen, da er sonst erst in später Nacht in sein Haus zurückkehren und seine Georgina in Furcht und Angst setzen würde.

Der Fremde sagte beim Abschied noch Georgina, daß er ausdrücklich ihr erlaube, sich, wenn es ihr Vergnügen mache, mit seinen Geschmeiden zu schmücken, da es ihr ja ohnedies in diesem einsamen, wilden Forst an jeder Belustigung mangle. Georgina errötete vor innerem Vergnügen, da sie freilich die ihrer Nation eigene Lust an glänzendem Staat und vorzüglich an kostbaren Steinen nicht unterdrücken konnte.

Nun schritten Denner und Andres rasch vorwärts durch den finstern, öden Wald. In dem dicksten Gebüsch schnupperten die Doggen umher und kläfften, den Herrn mit klugen, beredten Augen anschauend. »Hier ist es nicht geheuer«, sprach Andres, spannte den Hahn seiner Büchse und schritt mit den Hunden bedächtig vor dem fremden Kaufmann her. Oft war es ihm als rausche es in den Bäumen, und bald erblickte er in der Ferne finstre Gestalten, die gleich wieder in dem Gebüsch verschwanden. Er wollte seine Doggen loskuppeln. »Tut das nicht, lieber

Mann«, rief Denner, »denn ich kann Euch versichern, daß wir nicht das mindeste zu fürchten haben.« Kaum hatte er diese Worte gesprochen, als nur wenige Schritte von ihnen ein großer, schwarzer Kerl mit struppigen Haaren und großem Knebelbart, eine Büchse in der Hand, aus dem Gebüsch heraustrat. Andres machte sich schußfertig. »Schießt nicht, schießt nicht!« rief Denner; der schwarze Kerl nickte ihm freundlich zu und verlor sich in den Bäumen. Endlich waren sie aus dem Walde heraus, auf der lebhaften Landstraße. »Nun danke ich Euch herzlich für Euer Geleit«, sprach Denner, »kehrt nur jetzt in Euer Wohnhaus zurück. Sollten Euch wieder solche Gestalten aufstoßen, wie wir sie gesehen, so zieht ruhig Eure Straße fort, ohne Euch darum zu kümmern. Tut, als wenn Ihr gar nichts bemerktet, behaltet Eure Doggen am Strick, Ihr werdet ohne alle Gefahr Eure Wohnung erreichen.« Andres wußte nicht, was er von dem allen und von dem wunderlichen Kaufmann denken sollte, der wie ein Geisterbeschwörer den Feind zu bannen und von sich abzuhalten schien. Er konnte nicht begreifen, warum er denn erst sich habe durch den Wald geleiten lassen. Getrost schritt Andres durch den Forst zurück, es stieß ihm durchaus nichts Verdächtiges auf, und er kam wohlbehalten in sein Haus, wo ihm seine Georgina, die sich munter und kräftig aus dem Bette gemacht, voll Freude in die Arme fiel.

Durch die Freigebigkeit des fremden Kaufmanns bekam die kleine Haushaltung des Andres eine ganz andere Gestalt. Kaum war nämlich Georgina ganz genesen, als er mit ihr nach Fulda ging, und außer den nötigen Bedürfnissen noch manches Stück einkaufte, das ihrer häuslichen Einrichtung abging, und wodurch diese das Ansehen eines gewissen Wohlstandes erhielt. Dazu kam, daß seit dem Besuche des Fremden die Freijäger und Holzdiebe aus der Gegend gebannt schienen, und Andres seinem Posten ruhig vorstehen konnte. Auch sein Jagdglück war wiedergekehrt, so daß er, wie sonst, beinahe niemals einen Fehlschuß tat. Der Fremde stellte sich zu Michaelis wieder ein und blieb drei Tage. Der hartnäckigen Weigerung der Wirtsleute ungeachtet, war er doch wieder so freigebig wie das erstemal. Er versicherte, es sei nun einmal seine Absicht sie in Wohlstand zu versetzen, und so sich selbst das Absteigequartier im Walde freundlicher und angenehmer zu machen.

Nun konnte die bildhübsche Georgina sich besser kleiden, sie gestand dem Andres, daß sie der Fremde mit einer zierlich gearbeiteten goldenen Nadel, wie sie die Mädchen und Weiber in mancher Gegend Italiens durch das in Zöpfen zusammengeflochtene aufgewirbelte Haar zu stecken pflegen, beschenkt habe. Andres zog ein finstres Gesicht, aber in dem Augenblick war Georgina zur Tür hinausgesprungen, und nicht lange dauerte es, so kehrte sie zurück, ganz so gekleidet und geschmückt, wie Andres sie in Neapel gesehen hatte. Die schöne, goldene Nadel prangte in dem schwarzen Haar, in das sie mit malerischem Sinn bunte Blumen geflochten, und Andres mußte sich nun selbst gestehen, daß der Fremde sein Geschenk recht sinnig gewählt hatte, um seine Georgina wahrhaft zu erfreuen.

Andres äußerte dies unverhohlen, und Georgina meinte, daß der Fremde wohl ihr Schutzengel sei, der sie aus der tiefsten Dürftigkeit zum Wohlstande erhebe, und daß sie gar nicht begreife, wie Andres so wortkarg, so verschlossen gegen den Fremden, und überhaupt so traurig, so in sich gekehrt bleiben könne. »Ach liebes Herzensweib«, sprach Andres, »die innere Stimme, welche mir damals so laut sagte, daß ich durchaus nichts von dem Fremden annehmen dürfe, die schweigt bis jetzt keineswegs. Ich werde oft von inneren Vorwürfen gemartert, es ist mir, als ob mit dem Gelde des Fremden unrechtes Gut in mein Haus gekommen sei, und deshalb kann mich nichts recht freuen, was dafür angeschafft wurde. Ich kann mich jetzt wohl öfter mit einer kräftigen Speise, mit einem Glase Wein erlaben, glaube mir aber, liebe Georgina, war einmal ein guter Holzverkauf vorgefallen, und hatte mir der liebe Gott ein paar ehrlich verdiente Groschen mehr beschert als gewöhnlich, dann schmeckte mir ein Glas geringen Weins viel besser, als jetzt der gute Wein, den der Fremde uns mitbringt. Ich kann mich mit diesem sonderbaren Kaufmann durchaus nicht befreunden, ja es ist mir in seiner Gegenwart oft ganz unheimlich zumute. Hast du wohl bemerkt, liebe Georgina, daß er niemanden fest anzuschauen vermag? Und dabei blitzt er zuweilen aus seinen tiefliegenden, kleinen Augen so sonderbar heraus, und dann kann er bei unseren schlichten Reden oft so – bübisch möcht' ich sagen, lachen, daß es mich eiskalt überläuft. – Ach, möchten nur nicht meine inneren Gedanken wahr werden, aber oft ist es mir, als liege allerlei schwarzes Unheil im Hintergrunde, das nun der Fremde mit einem Mal hervorrufen werde, nachdem er uns in seinen künstlichen Schlingen gefangen.«

Georgina suchte ihrem Manne die schwarzen Vorstellungen auszureden, indem sie versicherte, wie sie oft in ihrem Vaterlande und vorzüglich bei ihren Pflegeeltern im Wirtshause Personen kennengelernt, deren Äußeres noch viel widriger gewesen sei, ungeachtet es am Ende grundgute Menschen waren. Andres schien getröstet, im Inneren beschloß er aber auf der Hut zu sein.

Der Fremde sprach bei Andres wieder ein, als sein Knabe, ein wunderschönes Kind, ganz der Mutter Ebenbild, gerade neun Monate alt geworden. Es war Georginas Namenstag. Sie hatte den Kleinen fremdartig und sonderbar herausgeputzt, sich selbst in ihre liebe, neapolitanische Tracht geworfen und ein besseres Mahl als gewöhnlich bereitet, wozu der Fremde eine Flasche köstlichen Weins aus dem Felleisen hergab. Als sie nun fröhlich bei Tische saßen und der kleine Knabe mit solch' wunderbar verständigen Augen umherblickte, hub der Fremde an: »Euer Kind verspricht in der Tat mit seinem besonderen Wesen schon jetzt recht viel, und es ist schade, daß Ihr nicht imstande sein werdet, es gehörig zu erziehen. Ich hatte Euch wohl einen Vorschlag zu tun, Ihr werdet ihn aber verwerfen wollen, unerachtet Ihr bedenken möchtet, daß er nur Euer Glück, Euren Wohlstand bezweckte. Ihr wißt, daß ich reich und ohne Kinder bin, ich fühle eine ganz besondere Liebe und Zuneigung zu Eurem Knaben. – Gebt mir ihn! – Ich bringe ihn nach Straßburg, wo er von einer Freundin von mir, einer alten, ehrbaren Frau, auf das beste erzogen werden und mir so wie Euch große Freude machen soll. Ihr werdet mit Eurem Kind von einer großen Last frei, doch müßt Ihr Euren Entschluß schnell fassen, da ich genötigt bin, noch heute abend abzureisen. Auf meinen Armen trage ich das Kind bis in das nächste Dorf, dort nehme ich dann ein Fuhrwerk.« Bei diesen Worten des Fremden riß Georgina das Kind, das er auf seinen Knien geschaukelt hatte, hastig fort und drückte es an ihren Busen, indem ihr die Tränen in die Augen traten. »Seht, lieber Herr«, sprach Andres, »wie meine Frau Euch auf Euren Vorschlag antwortet, und ebenso bin ich gesinnt. Eure Absicht mag recht gut sein, aber wie möget Ihr doch uns das Liebste rauben wollen, das wir auf Erden besitzen. Wie möget Ihr doch das eine Last nennen, was unser Leben aufheitern würde, wären wir auch noch in der tiefsten Dürftigkeit, aus der uns Eure Güte gerissen? Seht, lieber Herr! Ihr sagt selbst, daß Ihr ohne Frau und ohne Kinder wäret. Euch ist daher wohl die Seligkeit fremd, die gleichsam aus der Glorie des offenen Himmelreichs herabströmt auf Mann und Weib bei der Geburt eines Kindes. Es ist ja die reinste Liebe und Himmelswonne selbst, von der die Eltern erfüllt werden, wenn sie ihr Kind schauen, das stumm und still an der Mutter Brust liegend, doch mit gar beredter Zunge von ihrer Liebe, von ihrem höchsten Lebensglück spricht. Nein, lieber Herr! So groß auch die Wohltaten sind, die Ihr uns erzeugt habt, so wiegen sie doch lange nicht das auf, was uns unser Kind wert ist, denn wo gäbe es Schätze der Welt, die diesem Besitz gleichzustellen? Scheltet uns daher nicht undankbar, lieber Herr, daß wir Euch Euer Ansinnen so ganz und gar abschlagen. Wäret Ihr selbst Vater, so bedürfte es weiter gar keiner Entschuldigung für uns.« – »Nun, nun«, erwiderte der Fremde, indem er finster seitwärts blickte, »ich glaubte Euch wohlzutun, indem ich Euren Sohn reich und glücklich machte. Seid Ihr nicht damit zufrieden, so ist davon weiter nicht die Rede.« Georgina küßte und herzte den Knaben, als sei er aus großer Gefahr errettet und ihr wiedergegeben worden. Der Fremde strebte sichtlich, wieder unbefangen und heiter zu scheinen, man merkte es indessen doch nur zu deutlich, wie sehr ihn die Weigerung seiner Wirtsleute, ihm den Knaben zu geben, verdrossen hatte. Statt, wie er sagte, noch denselben Abend fortzureisen, blieb er wieder drei Tage, in welchen er jedoch nicht so wie sonst bei Georgina verweilte, sondern mit Andres auf die Jagd zog und sich bei dieser Gelegenheit viel von dem Grafen Alois von Vach erzählen ließ. Als in der Folge Ignaz Denner wieder bei seinem Freund Andres einsprach, dachte er nicht mehr an seinen Plan, den Knaben mit sich zu nehmen. Er war nach seiner Art freundlich wie vorher, und fuhr fort, Georgina reichlich zu beschenken, die er noch überdem wiederholt aufforderte, sooft sie Lust habe, sich mit den Juwelen aus dem Kistchen, das er Andres in Verwahrung gegeben, zu schmücken, welches sie auch wohl dann und wann heimlich tat. Oft wollte Denner, wie sonst, mit dem Knaben spielen, dieser sträubte sich aber und weinte, durchaus mochte er nicht mehr zu dem Fremden gehen, als wisse er etwas von dem feindlichen Anschlag, ihn seinen Eltern zu entführen.

Zwei Jahre hindurch hatte der Fremde nun auf seinen Wanderungen den Andres besucht, und Zeit und Gewohnheit hatten die Scheu, das Mißtrauen wider Denner endlich überwunden, so daß Andres seinen Wohlstand ruhig und heiter genoß. Im Herbst des dritten Jahres, als die Zeit, in der Denner gewöhnlich einzusprechen pflegte, schon vorüber war, pochte es in einer stürmischen Nacht hart an Andres Tür, und mehrere rauhe Stimmen riefen seinen Namen. Erschrocken sprang er aus dem Bette, als er aber zum Fenster herausfragte, wer ihn in finstrer Nacht so störe, und wie er gleich seine Doggen loslassen werde, um solche ungebetene Gäste wegzuhetzen, da sagte einer, er möge nur aufmachen, ein Freund sei da, und Andres erkannte Denners Stimme. Als er nun mit dem Licht in der Hand die Haustür öffnete, trat ihm Denner allein entgegen. Andres äußerte, wie es ihm vorgekommen, als ob mehrere Stimmen seinen Namen gerufen hätten. Denner meinte dagegen, daß den Andres das Heulen des Windes getäuscht haben müsse. Als sie in die Stube traten, erstaunte Andres nicht wenig, als er den Denner näher betrachtete und seinen ganz veränderten Anzug gewahr wurde. Statt der grauen, schlichten Kleidung und des Mantels trug er ein dunkelrotes Wams und einen breiten, ledernen Gurt, in dem ein Stilett und vier Pistolen staken, außerdem war er noch mit einem Säbel bewaffnet, selbst das Gesicht schien verändert, indem auf der sonst glatten Stirn nun buschige Augenbrauen lagen, und ein starker, schwarzer Bart sich über Lippe und Wange zog. »Andres!« sprach Denner, indem er ihn mit seinen funkelnden Augen anblitzte, »Andres! als ich vor beinahe drei Jahren dein Weib vom Tode errettet hatte, da wünschtest du, daß Gott dir es verleihen möge, mir die dir erzeigte Wohltat mit deinem Blut und Leben lohnen zu können. Dein Wunsch ist erfüllt, denn es ist nunmehr der Augenblick gekommen, in dem du mir deine Dankbarkeit, deine Treue beweisen kannst. Kleide dich an, nimm deine Büchse und komme mit mir, nur wenige Schritte vor Deiner Wohnung sollst du das übrige erfahren.« Andres wußte nicht, was er von Denners Zumutung halten sollte, der Worte, die er ihm vorhielt, indessen wohl eingedenk, versicherte er, wie er bereit sei, alles nur Mögliche für ihn zu unternehmen, sobald es nicht der Rechtschaffenheit, Tugend und Religion zuwiderlaufe. »Darüber kannst du ganz ruhig sein«, rief Denner, indem er ihm lächelnd auf die Schultern klopfte, und da er bemerkte, daß Georgina aufgesprungen war und vor Angst zitternd und bebend ihren Mann umklammerte, nahm er sie bei den Armen und sprach, sie sanft zurückziehend: »Laßt Euren Mann nur immer mit mir ziehen, in wenigen Stunden ist er wieder gesund bei Euch, und bringt Euch vielleicht was Schönes mit. Hab' ich es denn jemals böse mit Euch gemeint? Habe ich selbst dann, wenn Ihr mich verkanntet, nicht immer Euch Gutes erzeigt? Wahrhaftig, Ihr seid recht besondere, mißtrauische Leute.« Andres zauderte noch immer sich anzukleiden, da wandte Denner sich zu ihm und sprach mit zornigem Blick: »Ich hoffe, du wirst deine Zusage halten, denn es gilt nunmehr, das zu beweisen mit der Tat, was du gesprochen!« Schnell war nun Andres angekleidet, und indem er mit Denner zur Türe herausschritt, sprach er noch einmal: »Alles, lieber Herr, will ich für Euch tun, doch etwas Unrechtes werdet Ihr wohl von mir nicht fordern, da ich auch das kleinste, was wider mein Gewissen liefe, nicht vollbringen würde.« Denner antwortete nichts, sondern schritt rasch vorwärts.

Neunhundertdreiundsiebzigste Nacht

Sie waren durch das Dickicht gedrungen bis auf einen ziemlich geräumigen Rasenplatz, da pfiff Denner dreimal, daß der Ton ringsumher aus den schaurigen Klüften widerhallte, und überall in den Büschen flackerten Windlichter auf, und es rauschte und klirrte in den dunklen Gängen, bis sich schwarze, gräßliche Gestalten gespenstisch hervordrängten, und den Denner im Kreise umringten. Einer aus dem Kreise trat hervor und sprach, auf Andres hindeutend: »Das ist ja wohl unser neuer Geselle, nicht wahr, Hauptmann?« »Ja«, antwortete Denner, »ich hab' ihn aus dem Bette geholt, er soll sein Probestück machen, es kann nun gleich vorwärts gehen.« Andres erwachte bei diesen Worten wie aus dumpfer Betäubung, kalter Schweiß stand ihm auf der Stirne, aber er ermannte sich und rief heftig: »Was, du schändlicher Betrüger, für einen Kaufmann gabst du dich aus, und treibst ein höllisches, verruchtes Gewerbe und bist ein verworfener Räuber? Nimmermehr will ich dein Geselle sein, und teilnehmen an deinen Schandtaten, zu denen du mich, wie der Satan selbst, auf künstliche, hämische Weise verlocken wolltest! – Laßt mich gleich fort, du frevelicher Bösewicht, und räume mit deiner Rotte dies Gebiet, sonst verrate ich deine Schlupfwinkel der Obrigkeit, und du bekommst den Lohn für deine Schandtaten, denn nun weiß ich es wohl, daß du selbst der schwarze Ignaz bist, der mit seiner Bande an der Grenze gehaust und geraubt und gemordet hat. – Gleich lasse mich fort, ich will dich nie mehr schauen.« Denner lachte laut auf. »Was, du feiger Bube«, sprach er, »du unterstehst dich, mir zu trotzen, dich meinem Willen, meinem Machtwort entziehen zu wollen? Bist du nicht längst schon unser Geselle? Lebst du nicht schon seit beinahe drei Jahren von unserem Gelde? Schmückt sich dein Weib nicht mit unserem Raube? Nun stehst du unter uns und willst nicht arbeiten dafür, was du genossen? Folgst du uns nun nicht, zeigst du dich nicht gleich als unser rüstiger Kumpan, so lasse ich dich gebunden in unsere Höhle werfen, und meine Gesellen ziehen nach deiner Wohnung, zünden sie an und ermorden dein Weib und deinen Knaben. Doch ich werde wohl diese Maßregel, die nur eine Folge deiner Halsstarrigkeit sein würde, nicht ergreifen dürfen. Nun! – Wähle! – Es ist Zeit, wir müssen fort!« – Andres sah nun, daß die mindeste Weigerung seiner geliebten Georgina und dem Knaben das Leben kosten würde, den verräterischen, bübischen Denner im Innern zur Hölle verfluchend, beschloß er daher, in seinen Willen sich scheinbar zu fügen, rein von Diebstahl und Mord zu bleiben und das tiefere Eindringen in die Schlupfwinkel der Bande nur dazu zu benutzen, bei der ersten günstigen Gelegenheit ihre Aufhebung und Einziehung zu bewirken. Nach diesem, im stillen gefaßten Entschluß erklärte er dem Denner, wie trotz seines inneren Widerstrebens doch die Dankbarkeit für Georginas Rettung ihn verpflichte, etwas zu wagen, und er wolle daher die Expedition mitmachen, wobei er nur bitte, ihn als einen Neuling soviel wie möglich mit dem tätigen Anteil daran zu verschonen. Denner lobte seinen Entschluß, indem er hinzufügte, wie er keineswegs verlange, daß er förmlich zur Bande übertreten solle, vielmehr müsse er Revierjäger bleiben, denn so wäre er ihm und der Bande schon jetzt von großem Nutzen gewesen, was denn auch künftig der Fall sein würde.

Es war auf nichts Geringeres abgesehen, als die Wohnung eines reichen Pachters, die von dem Dorfe abgelegen, unfern dem Walde stand, zu überfallen und auszuplündern. Man wußte, daß der Pachter außer dem vielen Gelde und den Kostbarkeiten, die er besaß, eben jetzt für verkauftes Getreide eine sehr bedeutende Summe eingenommen hatte, die er bei sich bewahrte, und um so mehr versprachen sich die Räuber einen reichen Fang. Die Windlichter wurden ausgelöscht, und still zogen die Räuber durch die engen Schleichwege, bis sie dicht an dem Gebäude standen, welches einige von der Bande umringten. Andere dagegen stiegen über die Mauer, und sprengten von innen das Hoftor, einige wurden auf Wache ausgestellt, und unter diesen befand sich Andres. Bald hörte er, wie die Räuber die Türe erbrachen und ins Haus stürmten, er vernahm ihr Fluchen, ihr Geschrei, das Geheul der Gemißhandelten. Es fiel ein Schuß, der Pachter, ein beherzter Mann, mochte sich zur Wehr setzen – dann wurde es stiller – aufgesprengte Schlösser klirrten, Räuber schleppten Kisten zum Hoftor heraus. Einer von des Pachters Leuten mußte in der Finsternis entwischt und ins Dorf gerannt sein, denn auf einmal tönte die Sturmglocke durch die Nacht und bald darauf strömten Haufen mit hellauflodernden Lichtern die Straße herauf nach der Pachterwohnung. Nun fiel Schuß auf Schuß, die Räuber sammelten sich im Hofe und streckten alles nieder, was sich der Mauer näherte. Sie hatten ihre Windfackeln angezündet. Andres, der auf einer Anhöhe stand, konnte alles übersehen. Mit Entsetzen erblickte er unter den Bauern Jäger in der Uniform seines Herrn, des Grafen von Vach! – Was sollte er tun? – Sich zu ihnen zu begeben, war unmöglich, nur die schnellste Flucht konnte ihn retten, aber wie festgezaubert stand er da, hinstarrend in den Pachterhof, wo das Gefecht immer mörderischer wurde, denn durch eine kleine Pforte an der anderen Seite waren die Vachschen Jäger gedrungen und mit den

Räubern handgemein geworden. Die Räuber mußten zurück, sie drängten sich fechtend durch das Tor nach der Gegend, wo Andres stand. Er sah Denner, der unaufhörlich lud und schoß, und niemals fehlte. Ein junger, reichgekleideter Mann, von Vachschen Jägern umgeben, schien den Anführer zu machen, auf ihn legte Denner an, aber noch ehe er abdrückte, stürzte er, von einer Kugel getroffen, mit einem dumpfen Schrei nieder. Die Räuber flohen – schon stürzten die Vachschen Jäger herbei, da sprang, wie von unwiderstehlicher Macht getrieben, Andres herbei und rettete Denner, den er, stark wie er war, auf die Schultern warf und schnell forteilte. Ohne verfolgt zu werden, erreichte er glücklich den Wald. Nur einzelne Schüsse fielen hin und wieder, und bald wurde es ganz still, ein Zeichen, daß es den Räubern, die nicht verwundet auf dem Platze liegengeblieben, geglückt war in den Wald zu entkommen, und daß es den Jägern und Bauern nicht ratsam schien, in das Dickicht einzubrechen. »Setze mich nur nieder, Andres«, sprach Denner, »ich bin in den Fuß verwundet und verdammt, daß ich umstürzte, denn unerachtet mich die Wunde sehr schmerzt, glaub' ich doch nicht einmal, daß sie bedeutend ist.« Andres tat es, Denner holte eine kleine Phiole aus der Tasche, und als er sie öffnete, strahlte ein helles Licht heraus, bei dem Andres die Wunde genau untersuchen konnte. Denner hatte recht, nur ein starker Streifschuß hatte den rechten Fuß getroffen, der stark blutete. Andres verband die Wunde mit seinem Schnupftuch, Denner ließ seine Pfeife ertönen, aus der Ferne wurde geantwortet, und nun bat er den Andres, ihn sachte den schmalen Waldweg heraufzuführen, denn bald würden sie an Ort und Stelle sein. Wirklich dauerte es auch nicht lange, so sahen sie den Schein von Windlichtern durch das dunkle Gebüsch brechen, und hatten jenen Rasenplatz erreicht, von dem sie ausgegangen, und wo sie die übriggebliebenen Räuber bereits versammelt fanden. Alle jauchzten vor Freude auf, als Denner unter sie trat, und rühmten den Andres, der tief in sich gekehrt kein Wort vorzubringen vermochte. Es fand sich, daß über die Hälfte der Bande tot oder hart verwundet auf dem Platze liegengeblieben war. Indessen hatten einige von den Räubern, die dazu bestimmt waren, den Raub in Sicherheit zu bringen, mitten im Gefecht wirklich mehrere Kisten mit kostbarem Gerät sowie eine ansehnliche Summe Geld fortzuschaffen gewußt, so daß unerachtet das Unternehmen schlimm ausgegangen, doch die Beute ansehnlich blieb. Als nun das Nötige besprochen, wandte sich Denner, den man unterdessen ordentlich verbunden hatte und der kaum irgendeinen Schmerz mehr zu fühlen schien, zu Andres und sprach: »Ich habe dein

Weib vom Tode errettet, du hast mich in dieser Nacht der Gefangenschaft entzogen und mich folglich auch von dem mir gewissen Tode befreit, wir sind quitt! Du kannst in deine Wohnung zurückkehren. In den nächsten Tagen, vielleicht schon morgen, verlassen wir die Gegend. Du magst daher ganz ruhig darüber sein, daß wir dir ähnliches, so wie heute, zumuten werden. Du bist ja so ein gottesfürchtiger Narr und uns nicht brauchbar. Es ist indessen billig, daß du Teil am heutigen Raube nehmest, und überdem für meine Rettung belohnt werdest. Nimm daher diesen Beutel mit Geld, und behalte mich in gutem Andenken, denn übers Jahr hoffe ich bei dir einzusprechen.« »Gott der Herr soll mich behüten«, erwiderte Andres heftig, »daß ich auch nur einen Pfennig von Eurem schändlichen Raube nehmen sollte. Habt Ihr mich doch nur durch die abscheulichsten Drohungen gezwungen mitzugehen, welches ich ewiglich bereuen werde. Wohl mag es Sünde gewesen sein, daß ich dich, du schändlicher Bösewicht, der gerechten Strafe entzogen habe, aber Gott im Himmel mag es mir nach seiner Langmut verzeihen. Es war, als flehe in dem Augenblick meine Georgina um dein Leben, da du das ihrige errettet, und ich konnte nicht anders, als daß ich dich mit Gefahr meines Lebens und meiner Ehre, ja das Wohl und Weh meines Weibes und meines Kindes aufs Spiel setzend, der Gefahr entriß. Denn sprich, was wäre aus mir, wenn man mich verwundet, ja was wäre aus meinem armen Weibe, meinem Knaben geworden, wenn man mich erschlagen unter deiner verruchten Mörderbande gefunden hätte? – Aber sei überzeugt, daß, wenn du die Gegend nicht verläßt, wenn nur ein einziger hier geschehener Raub oder Mord mir kund wird, ich augenblicklich nach Fulda gehe und der Obrigkeit deine Schlupfwinkel verrate.« – Die Räuber wollten über den Andres herfallen, um ihn für seine Reden zu züchtigen, Denner verbot es ihnen jedoch, indem er sagte: »Laßt doch den albernen Kerl schwatzen, was tut das uns? Andres«, fuhr Denner fort, »du bist in meiner Gewalt sowie dein Weib und dein Knabe. Du sowohl als diese sollen aber ungefährdet bleiben, wenn du mir versprichst, dich ruhig in deiner Wohnung zu halten und über deine Mitwisserschaft von dem Vorfall dieser Nacht gänzlich zu schweigen. Das letzte rate ich dir um so mehr, als meine Rache dich furchtbar treffen und überdem die Obrigkeit dir selbst wohl deine Hilfe bei der Tat, sowie daß du schon lange von meinem Reichtum genossest, nicht so hingehen lassen würde. Dagegen verspreche ich dir noch einmal, daß ich die Gegend gänzlich räumen will, und wenigstens von mir und meiner Bande hier kein Unternehmen mehr ausgeführt werden soll.« Nachdem Andres notgedrungen diese Bedingungen des Räuberhauptmannes eingegangen war und feierlich versprochen hatte zu schweigen, wurde er von zwei Räubern durch wildverwachsene Fußsteige auf den breiten Waldweg geführt, und es war längst heller Morgen geworden, als er in sein Haus trat und die vor Sorgen und Angst totenbleiche Georgina umarmte. Er sagte ihr nur im allgemeinen, daß sich ihm Denner als der verruchteste Bösewicht offenbart, und er daher alle Gemeinschaft mit ihm abgebrochen habe. Nie solle er mehr seine Schwelle betreten. »Aber das Juwelenkästchen?« unterbrach ihn Georgina. Da fiel es dem Andres wie eine schwere Last aufs Herz. An die Kleinodien, die Denner bei ihm zurückgelassen, hatte er nicht gedacht, und unerklärlich schien es ihm, daß Denner auch nicht ein Wort darüber entfallen war. Er ging mit sich zu Rate, was er wohl mit diesem Kästchen anfangen solle. Zwar dachte er daran, es nach Fulda zu bringen und der Obrigkeit zu übergeben, wie sollte er aber den Besitz desselben beschönigen, ohne sich wenigstens dringender Gefahr auszusetzen, das dem Denner einmal gegebene Wort zu brechen? Er beschloß endlich, diesen Schatz getreulich zu bewahren, bis der Zufall ihm Gelegenheit darbieten würde, es Denner wieder zuzustellen, oder besser noch, es ohne sein Wort zu brechen an die Obrigkeit zu bringen.

Der Überfall der Pachterwohnung hatte nicht geringen Schreck in der ganzen Gegend verursacht, denn es war das kühnste Wagestück, das die Räuber seit Jahren unternommen, und ein sicherer Beweis, daß die Bande, welche sich erst durch gemeine Diebereien, dann durch das Anhalten und Berauben einzelner Reisender kundtat, sich bedeutend verstärkt haben mußte. Nur dem Zufall, daß der Neffe des Grafen von Vach, von mehreren Leuten seines Oheims begleitet, eben in dem Dorfe, das unfern der Pachterwohnung lag, übernachtete, und auf den ersten Lärm den Bauern, die gegen die Räuber auszogen, zu Hilfe eilte, hatte der Pachter die Rettung seines Lebens und des größten Teils seiner Barschaft zu verdanken. Drei von den Räubern, die auf dem Platze geblieben waren, lebten noch den andern Tag und gaben Hoffnung, von ihren Wunden zu genesen. Man hatte sie sorgfältig verbunden und in das Dorfgefängnis gesperrt, als man indessen am frühen Morgen des dritten Tages sie abführen wollte, fand man sie durch viele Stiche ermordet, ohne daß man hätte erraten können, wie das zugegangen. Jede Hoffnung der Gerichte, von den Gefangenen näheren Aufschluß über die Bande zu erhalten, war daher vereitelt. Andres schauderte im Inneren, als er das alles erzählen hörte, als er vernahm, wie mehrere Bauern und Jäger des Grafen Vach zum Teil getötet, zum Teil schwer verwundet wurden. Starke Patrouillen von

Fuldaischen Reitern durchstreiften den Wald und sprachen öfters bei ihm ein. Jeden Augenblick mußte Andres befürchten, daß man Denner selbst oder wenigstens einen von der Bande einbringen und dieser ihn dann als Genossen jener kühnen Freveltat erkennen und angeben werde. Zum erstenmal in seinem Leben fühlte er die folternde Qual des bösen Gewissens, und doch hatte ihn nur die Liebe zu seinem Weibe, zu dem Knaben, gezwungen, dem frevelichen Ansinnen Denners nachzugeben.

Alle Nachforschungen blieben fruchtlos, es war unmöglich, den Räubern auf die Spur zu kommen, und Andres überzeugte sich bald, daß Denner Wort gehalten und die Gegend mit seiner Bande verlassen hatte. Das Geld, welches er noch von Denners Geschenken übrig behalten, sowie die goldene Nadel, legte er zu den Kleinodien in das Kistchen, denn er wollte nicht noch mehr Sünde auf sich laden, und von geraubtem Gelde sich gütlich tun. So kam es denn, daß Andres bald wieder in die vorige Dürftigkeit und Armut geriet, aber immer mehr erheiterte sich sein Inneres, je längere Zeit verstrich, ohne daß irgend etwas sein ruhiges Leben verstört hätte. Nach zwei Jahren gebar ihm sein Weib noch einen Knaben, ohne jedoch wie das erstemal zu erkranken, wiewohl sie sich herzlich nach jener besseren Kost und Pflege sehnte, die ihr damals so wohlgetan. Andres saß einst in der Abenddämmerung traulich mit seinem Weibe zusammen, die den jüngst gebornen Knaben an der Brust hatte, während der ältere sich mit dem großen Hunde herumbalgte, der als Liebling seines Herrn wohl in der Stube sein durfte. Da kam der Knecht hinein und sagte, wie ein Mensch, der ihm ganz verdächtig vorkomme, schon seit beinahe einer Stunde um das Haus herumschleiche. Andres war im Begriffe mit seiner Büchse hinauszugehen, als er vor dem Hause seinen Namen rufen hörte. Er öffnete das Fenster und erkannte auf den ersten Blick den verhaßten Ignaz Denner, der sich wieder in das graue Kaufmannshabit geworfen hatte und ein Felleisen unter dem Arme trug. »Andres«, rief Denner, »du mußt mir diese Nacht Herberge geben in deinem Hause, morgen ziehe ich weiter.« »Was? Du unverschämter, verruchter Bösewicht?« rief Andres im vollen Zorn. »Du wagst es, dich wieder hier sehen zu lassen? Habe ich dir nicht treulich Wort gehalten, nur damit du dein Versprechen erfüllen und auf immer diese Gegend verlassen solltest? Du darfst nicht mehr meine Schwelle betreten – entferne dich schnell, oder ich schieße dich mörderischen Buben nieder! – Doch warte, ich will dir dein Geld, dein Geschmeide, womit du Satan mein Weib verblenden wolltest, hinabwerfen, dann magst du schnell forteilen.

Ich lasse dir drei Tage Zeit, spüre ich aber dann nur auf irgendeine Weise deine und deiner Bande Gegenwart, so eile ich schnell nach Fulda und entdecke alles, was ich weiß, der Obrigkeit. Magst du nun deine Drohungen gegen mich und mein Weib erfüllen wollen, ich verlasse mich auf den Beistand Gottes und werde dich Bösewicht mit meinem guten Gewehr zu treffen wissen.« Nun holte Andres schnell das Kästchen herbei, um es hinabzuwerfen, als er aber ans Fenster trat, war Denner verschwunden, und unerachtet die Doggen die ganze Gegend rings ums Haus durchspüren mußten, war es doch nicht möglich ihn aufzufinden. Andres sah nun wohl ein, wie er Denners Bosheit ausgesetzt nun in großer Gefahr schwebe. Er war daher allnächtlich auf seiner Hut, indessen blieb alles ruhig, und Andres überzeugte sich, daß Denner nur allein den Wald durchstrichen hatte. Um indessen seinen ängstlichen Zustand zu enden, ja um sein Gewissen zu beruhigen, das ihn mit Vorwürfen quälte, beschloß er nun nicht länger zu schweigen, sondern dem Rat in Fulda sein ganzes unverschuldetes Verhältnis mit Denner zu berichten, und zugleich das Kistchen mit den Kleinodien abzuliefern. Andres wußte wohl, daß er ohne Strafe nicht abkommen würde, jedoch verließ er sich auf sein reuiges Bekenntnis eines Fehltritts, zu dem ihn der verruchte Ignaz Denner, wie der Satan selbst, verlockt und gezwungen, sowie auf die Fürsprache seines Herrn, des Grafen von Vach, der dem treuen Diener ein günstiges Zeugnis nicht versagen konnte. Er hatte mit seinem Knechte mehrmals den Wald durchstreift, und nie war ihm etwas Verdächtiges aufgestoßen, für sein Weib war daher jetzt keine Gefahr vorhanden, und er wollte nun ungesäumt nach Fulda gehen, um seinen Vorsatz auszuführen.

An dem Morgen, als er sich zur Reise bereit gemacht, kam ein Bote von dem Grafen von Vach, der ihn augenblicklich auf das Schloß seines Herrn mitgehen hieß. Statt nach Fulda wanderte er also fort mit dem Boten nach dem Schloß, nicht ohne Bangigkeit, was wohl dieser ungewöhnliche Ruf seines Herrn zu bedeuten haben werde. Als er in dem Schloß angekommen, mußte er gleich in das Zimmer des Grafen treten. »Freue dich, Andres«, rief dieser ihm entgegen, »dich hat ein ganz unerwartetes Glück getroffen. Erinnerst du dich wohl noch unseres alten, mürrischen Hauswirts in Neapel, des Pflegevaters deiner Georgina? Der ist gestorben, aber auf dem Sterbebette hatte ihn noch das Gewissen gerührt wegen der abscheulichen Behandlung des armen, verwaisten Kindes, und deshalb hat er ihr zweitausend Dukaten vermacht, die bereits in Wechselbriefen in Frankfurt angekommen sind und die du bei meinem Bankier beheben kannst. Willst du dich gleich nach Frankfurt aufmachen, so lasse ich dir auf der Stelle das nötige Zertifikat ausfertigen, damit dir das Geld ohne Anstand ausgezahlt werde.« Den Andres machte die Freude sprachlos, und der Graf von Vach ergötzte sich nicht wenig an dem Entzücken seines treuen Dieners. Andres beschloß, als er sich gefaßt hatte, seinem Weibe eine unvermutete Freude zu bereiten, er nahm daher seines Herrn gnädiges Anerbieten an und machte sich, nachdem er die Urkunde zu seiner Legitimation erhalten, auf den Weg nach Frankfurt.

Seinem Weibe ließ er sagen, wie ihn der Graf mit wichtigen Aufträgen verschickt habe, und er daher einige Tage ausbleiben werde. – Als er in Frankfurt angekommen, wies ihn der Bankier des Grafen, bei dem er sich meldete, an einen anderen Kaufmann, der mit der Auszahlung des Legats beauftragt sein sollte. Andres fand ihn endlich und erhielt die ansehnliche Summe wirklich ausbezahlt. Immer nur an Georgina denkend, immer danach trachtend, ihre Freude recht vollkommen zu machen, kaufte er für sie allerlei schöne Sachen, und auch eine goldene Nadel, der ganz gleich, welche ihr Denner geschenkt hatte, und da er nun das schwere Felleisen nicht wohl als Fußgänger fortbringen konnte, verschaffte er sich ein Pferd. So trat er nun, nachdem er sechs Tage abwesend gewesen, wohlgemut seine Rückreise an. Bald hatte er den Forst und seine Wohnung erreicht. Er fand das Haus fest verschlossen. Laut rief er den Knecht, seine Georgina, niemand antwortete. Die Hunde winselten im Hause eingesperrt. Da ahnte er großes Unglück und schlug heftig an die Tür und schrie laut: »Georgina! – Georgina!« – Nun rauschte es am Bodenfenster, Georgina schaute heraus und rief: »Ach Gott! Andres bist du es? Gepriesen sei die Macht des Himmels, daß du nur wieder da bist.« Als Andres nun durch die geöffnete Tür eintrat, fiel ihm sein Weib totenbleich und laut heulend in die Arme. Regungslos stand er da, endlich faßte er sein Weib, die mit erschlafften Gliedern zu Boden sinken wollte, und trug sie in die Stube. Aber wie mit eisigen Krallen packte ihn das Entsetzen bei dem gräßlichen Anblick. Die ganze Stube voller Blutflecken an dem Boden, an den Wänden. Sein jüngster Knabe mit zerschnittener Brust tot auf seinem Bettchen! – »Wo ist George? Wo ist George?« schrie Andres endlich auf in wilder Verzweiflung, aber in dem Augenblicke hörte er, wie der Knabe die Treppe herabtrippelte und nach dem Vater rief. – Zerbrochene Gläser, Flaschen, Teller lagen umher. Der große, schwere Tisch, sonst an der Wand stehend, war in die Mitte des Zimmers gerückt, eine sonderbar geformte Kohlpfanne, mehrere Phiolen und eine Schüssel mit geronnenem Blut standen auf demselben. Andres nahm sein armes Knäblein aus dem Bette. Georgina verstand ihn, sie holte Tücher herbei, in die sie den Leichnam wickelten und im Garten begruben. Andres schnitt ein kleines Kreuz aus Eichenholz und setzte es auf den Grabhügel. Kein Wort, kein Laut entfloh den Lippen der unglücklichen Eltern. In dumpfem düsterem Schweigen hatten sie die Arbeit vollendet und saßen nun vor dem Hause in der Abenddämmerung, den starren Blick in die Ferne gerichtet. Erst den anderen Tag konnte Georgina den Verlauf dessen, was sich in Andres Abwesenheit zugetragen, erzählen. Am vierten Tage, nachdem Andres sein Haus verlassen, hatte der Knecht zur Mittagszeit wieder allerlei verdächtige Gestalten durch den Wald wanken gesehen, und Georgina deshalb des Mannes Rückkehr herzlich gewünscht. Mitten in der Nacht wurde sie durch lautes Toben und Schreien dicht vor dem Hause aus dem Schlafe geweckt, der Knecht stürzte herein und verkündete voller Schreck, daß das ganze Haus von Räubern umringt, und an eine Gegenwehr gar nicht zu denken sei. Die Doggen wüteten, aber bald schien es, als würden sie beschwichtigt, und man rief laut: »Andres! – Andres!« – Der Knecht faßte sich ein Herz, öffnete ein Fenster und rief herab, daß der Revierjäger Andres nicht zu Hause sei. »Nun, es tut nichts«, antwortete eine Stimme von unten herauf, »öffne nur die Tür, denn wir müssen bei Euch einkehren, Andres wird bald nachfolgen.« Was blieb dem Knecht übrig, als die Türe zu öffnen. Da strömte der helle Haufen der Räuber herein, und begrüßte Georgina als die Frau ihres Kameraden, dem der Hauptmann Freiheit und Leben zu danken habe. Sie verlangten, daß Georgina ihnen ein tüchtiges Essen bereiten möge, weil sie Nachts ein schweres Stück Arbeit vollbracht, das aber herrlich gelungen sei. Zitternd und bebend machte Georgina in der Küche ein großes Feuer an und bereitete das Mahl, wozu sie Wildbret, Wein und allerlei andere Ingredienzen von einem der Räuber empfing, der der Küchen- und Kellermeister der Bande zu sein schien. Der Knecht mußte den Tisch decken und das Geschirr herbeibringen. Er nahm den Augenblick wahr, und schlich sich fort zu seiner Frau in die Küche. »Ach wißt Ihr wohl«, fing er voller Entsetzen an, »was für eine Tat die Räuber in dieser Nacht verübt haben? Nach langer Abwesenheit und nach langer Vorbereitung haben sie vor etlichen Stunden das Schloß des Herrn Grafen von Vach überfallen, und nach tapferer Gegenwehr mehrere seiner Leute und ihn selbst getötet, das Schloß aber angezündet.« Georgina schrie unaufhörlich: »Ach mein Mann, wenn mein Mann nur auf dem Schlosse gewesen wäre! – Ach, der arme Herr!« – Die Räuber tobten und sangen unterdessen in der Stube und ließen sich den Wein wohl schmecken, bis ihnen das Mahl aufgetragen wurde. Der Morgen fing schon an zu dämmern, als der verhaßte Denner erschien. Nun wurden die Kisten und Felleisen, die sie auf ihren Packpferden mitgebracht hatten, geöffnet. Georgina hörte, wie sie vieles Geld zählten, und wie die Silbergeschirre klirrten, es schien alles verzeichnet zu werden. Endlich, als es schon lichter Tag geworden, brachen die Räuber auf, nur Denner blieb zurück. Er nahm eine freundliche, leutselige Miene an und sprach zu Georgina: »Ihr seid wohl recht erschrocken, liebe Frau, denn Euer Mann scheint Euch nicht gesagt zu haben, daß er schon seit geraumer Zeit unser Kamerad geworden. Es tut mir in der Tat leid, daß er nicht nach Hause gekommen ist, er muß einen anderen Weg eingeschlagen und uns verfehlt haben. Er war mit uns auf dem Schlosse des Bösewichts, des Grafen von Vach, der uns vor zwei Jahren auf alle nur mögliche Weise verfolgt hat und an dem in voriger Nacht wir Rache nahmen. – Er fiel kämpfend von Eures Mannes Hand. Beruhigt Euch nur, liebe Frau, und sagt dem Andres, daß er mich nun so bald nicht wiedersehen würde, da die Bande sich auf einige Zeit trennt. Heute abend verlasse ich Euch. Ihr habt lauter hübsche Kinder, liebe Frau! Das ist ja wieder ein herrlicher Knabe!« Mit diesen Worten nahm er den Kleinen von Georginas Arm und wußte mit ihm so freundlich zu spielen, daß das Kind lachte und jauchzte und gern bei ihm blieb, bis er es wieder der Mutter zurückgab. Schon war es Abend geworden, als Denner zu Georgina sagte: »Ihr merkt wohl, daß ich, unerachtet ich kein Weib und keine Kinder habe, welches mir manchmal recht nahe geht, doch gar zu gern mit kleinen Kinder spiele und tändle. Gebt mir doch Euren Kleinen auf die wenigen Augenblicke, die ich noch bei Euch zubringe. Nicht wahr? Der Kleine ist jetzt gerade neun Wochen alt?« Georgina bejahte das, und gab, jedoch nicht ohne inneres Widerstreben, den kleinen Knaben Denner hin, der sich mit ihm vor die Haustür setzte und Georgina bat, ihm nun das Abendessen zu bereiten, weil er in einer Stunde fort müßte. Kaum war Georgina in die Küche getreten, als sie sah, wie Denner mit dem Kinde auf dem Arme in die Stube ging. Bald darauf verbreitete sich ein seltsam riechender Dampf durch das Haus, der aus der Stube zu quellen schien. Georgina wurde von unbeschreiblicher Angst ergriffen, sie lief schnell nach der Stube und fand die Tür von innen verriegelt. Es war ihr, als höre sie das Kind leise wimmern. »Rette, rette mein Kind aus den Klauen des Bösewichts!« so schrie sie, eine gräßliche Tat ahnend, dem Knecht entgegen, der eben in das Haus trat. Dieser ergriff schnell die Axt und sprengte die Tür. Dicker, stinkender Dampf schlug ihnen entgegen. Mit einem

Sprung war Georgina im Zimmer. Der Knabe lag nackt über einer Schüssel, in die sein Blut tröpfelte. Sie sah nur noch, wie der Knecht mit der Axt ausholte, um den Denner zu treffen, wie dieser dem Schlage auswich, den Knecht unterlief und mit ihm rang. Es war ihr, als höre sie jetzt mehrere Stimmen dicht vor den Fenstern, bewußtlos sank sie zu Boden. Als sie wieder erwachte, war es finstre Nacht geworden, aber ganz betäubt, vermochte sie nicht, die erstarrten Glieder zu regen. Endlich wurde es Tag, und nun sah sie mit Entsetzen, wie das Blut im Zimmer schwamm. Stücke von Denners Kleidern lagen überall umher, ein ausgerissener Schopf von des Knechts Haaren, die Axt blutig daneben, der Knabe vom Tische herabgeschleudert mit zerschnittener Brust. Aufs neue wurde Georgina ohnmächtig, sie glaubte zu sterben, aber sie erwachte wie aus dem Todesschlummer, als es schon Mittag geworden. Sie raffte sich mühsam auf, sie rief laut den Georg, aber als niemand antwortete, glaubte sie, auch Georg sei ermordet. Die Verzweiflung gab ihr Kräfte, sie floh aus dem Zimmer in den Hof und schrie laut: »Georg! Georg!« Da antwortete es mit matter, kläglicher Stimme vom Bodenfenster herab: »Mutter, ach liebe Mutter, bist du denn da? Komm herauf zu mir, mich hungert sehr!« – Schnell sprang jetzt Georgina hinauf, und fand den Kleinen, der vor Angst bei dem Lärm im Hause in die Bodenkammer gekrochen war und nicht gewagt hatte herauszukommen. Mit Entzücken drückte Georgina den Kleinen an die Brust. Sie verschloß das Haus und wartete nun von Stunde zu Stunde in der Bodenkammer auf Andres, den sie auch verloren glaubte. Der Knabe hatte von oben herab gesehen, wie mehrere Männer ins Haus gingen und mit Denner einen toten Menschen heraustrugen. Endlich bemerkte auch Georgina das Geld und die schönen Sachen, die Andres mitgebracht hatte. »Ach, so ist es doch wahr?« schrie sie entsetzt auf. »So bist du doch« – Andres ließ sie nicht ausreden, sondern erzählte ausführlich, welches Glück sie betroffen, und wie er in Frankfurt gewesen sei, wo er sich ihre Erbschaft habe auszahlen lassen.

Neunhundertvierundsiebzigste Nacht

Als sich heute die Herren wieder bei Willmann eingefunden hatten, um die Fortsetzung von Ignaz Denner zu hören, war Willmann noch nicht zugegen. Er kam endlich aus dem Zimmer der Freifrau, die sich seiner

Versicherung gemäß besser als den Morgen befand, und alle waren über diese Nachricht hocherfreut. Der Kaplan zog das Buch hervor, und als die Hausfrau des Doktors eingetreten war und Platz genommen hatte, begann der Kaplan:

Der Neffe des ermordeten Grafen von Vach war nun Besitzer der Güter geworden. Bei diesem wollte sich Andres melden, getreulich alles Geschehene erzählen, Denners Schlupfwinkel entdecken, und bitten, ihn seines Dienstes zu entlassen, der ihm so viel Not und Gefahr bringe. Georgina durfte mit dem Knaben im Hause nicht zurückbleiben. Andres beschloß daher, seine besten, leicht fortzuschaffenden Sachen auf einen kleinen Leiterwagen zu packen, das Pferd vorzuspannen, und so mit seinem Weibe und Kinde eine Gegend auf immer zu verlassen, die ihm nur die schrecklichsten Erinnerungen erregen, und überdem niemals Ruhe und Sicherheit gewähren konnte. Der dritte Tag war zur Abreise bestimmt, und eben packten sie einen Kasten, als ein starkes Pferdegetrappel immer näher und näher kam. Andres erkannte den Vach'schen Förster, der bei dem Schlosse wohnte. Hinter im ritt ein Kommando Fuldaischer Dragoner. »Nun da finden wir ja den Bösewicht gerade bei der Arbeit, seinen Raub in Sicherheit zu bringen«, rief der Kommissar des Gerichts, der mitgekommen. Andres erstarrte vor Staunen und Schreck. Georgina war halb ohnmächtig. Sie fielen über ihn her, banden ihn und sein Weib mit Stricken und warfen sie auf den Leiterwagen, der schon vor dem Hause stand. Georgina jammerte laut um den Knaben und flehte um Gottes willen, daß man ihn ihr mitgeben möge. »Damit du deine Brut auch noch ins höllische Verderben bringen kannst?« sprach der Kommissar und riß den Knaben mit Gewalt aus Georginas Armen. Schon sollte es fortgehen, da trat der alte Förster, ein rauher, aber biederer Mann, noch einmal an den Wagen und sagte: »Andres, Andres, wie hast du dich denn von dem Satan verlocken lassen, solche Freveltaten zu begehen? Immer warst du ja sonst so fromm und ehrlich!« »Ach, lieber Herr«, schrie Andres auf im höchsten Jammer, »so wahr Gott im Himmel lebt, so wie ich dereinst selig zu sterben hoffe, ich bin unschuldig. Ihr habt mich ja gekannt von früher Jugend her, wie sollte ich, der ich niemals Unrechtes getan, solch ein abscheulicher Bösewicht geworden sein? Denn ich weiß wohl, daß Ihr mich für einen verruchten Räuber und Teilnehmer an der Freveltat haltet, die auf dem Schlosse meines geliebten, unglücklichen Herrn verübt worden ist. Aber ich bin unschuldig, bei meinem Leben und meiner Seligkeit!« »Nun«, sagte der alte Förster, »wenn du unschuldig bist, so wird das an den Tag kommen, mag auch noch soviel wider dich sprechen. Deines Knaben und des Besitztums, was du zurückläßt, will ich mich getreulich annehmen, so daß, wenn deine und deines Weibes Unschuld erwiesen, du den Jungen frisch und munter und deine Sachen unversehrt wiederfinden sollst.« Das Geld nahm der Kommissar des Gerichts in Beschlag. Unterwegs fragte Andres Georgina, wo sie denn das Kästchen verwahrt habe? Sie gestand, wie es ihr jetzt leid tue, daß sie es dem Denner überliefert, da es jetzt der Obrigkeit hätte übergeben werden können. In Fulda trennte man den Andres von seinem Weibe und warf ihn in ein tiefes, finsteres Gefängnis. Nach einigen Tagen wurde er zum Verhör geführt. Man beschuldigte ihn der Teilnahme an dem im Vach'schen Schlosse verübten Raubmorde, und ermahnte ihn, die Wahrheit zu gestehen, da schon alles wider ihn so gut als ausgemittelt sei. Andres erzählte nun getreulich alles, was sich mit ihm zugetragen, von dem ersten Eintritt des abscheulichen Denners in sein Haus, bis zu dem Augenblick seiner Verhaftung. Er klagte sich selbst voll Reue des einzigen Vergehens an, daß er, um Weib und Kind zu retten, bei der Plünderung des Pachters zugegen war und den Denner von der Gefangennehmung befreite, und beteuerte seine gänzliche Unschuld rücksichts des letzten, von der Denner'schen Bande verübten Raubmordes, da er zu eben derselben Zeit in Frankfurt gewesen sei. Jetzt öffnete sich die Türe des Gerichtssaals und der abscheuliche Denner wurde hereingeführt. Als er den Andres erblickte, lachte er auf in teuflischem Hohn und sprach: »Nun, Kamerad, hast du dich auch erwischen lassen? Hat dir deines Weibes Gebet denn nicht herausgeholfen?« Die Richter forderten Denner auf, sein Bekenntnis rücksichts des Andres zu wiederholen, und er sagte aus, daß eben der Vach'sche Revierjäger Andres, der jetzt vor ihm stehe, schon seit fünf Jahren mit ihm verbunden und das Jägerhaus sein bester und sicherster Schlupfwinkel gewesen sei. Andres habe immer den ihm gebührenden Teil vom Raube erhalten, wiewohl er nur zweimal tätig bei den Räubereien mitgewirkt. Einmal nämlich bei der Beraubung des Pachters, wo er ihn, den Denner, aus der dringendsten Gefahr errettet, und dann bei dem Unternehmen gegen den Grafen Alois von Vach, der eben durch einen glücklichen Schuß des Andres getötet worden sei. – Andres geriet in Wut, als er diese schändliche Lüge hörte. »Was?« schrie er, »du verruchter, teuflischer Bösewicht, du wagst es, mich der Ermordung meines lieben, armen Herrn anzuklagen, die du selbst verübt? Ja! Ich weiß es, nur du selbst bist solcher Tat fähig. Aber deine Rache verfolgt mich, weil ich aller Gemeinschaft mit dir entsagt habe, weil ich drohte, Euch als einen verruchten Räuber und Mörder niederzuschießen, sowie du meine Schwelle betreten würdest. Darum hast du mit deiner Bande mein Haus überfallen, als ich abwesend war, darum hast du mein armes, unschuldiges Kind und meinen braven Knecht ermordet. Aber du wirst der schrecklichen Strafe des gerechten Gottes nicht entgehen, sollte ich auch deiner Bosheit unterliegen.« Nun wiederholte Andres sein voriges Bekenntnis unter den heiligsten Beteuerungen der Wahrheit, aber Denner lachte höhnisch und meinte, warum er denn aus allzu großer Furcht vor dem Tode noch erst das Gericht zu belügen sich unterfange, und daß es sich schlecht mit der Frömmigkeit, von der er soviel Aufhebens mache, vereinbare, daß er Gott und die Heiligen zur Bekräftigung seiner falschen Aussagen anrufe. Die Richter wußten in der Tat nicht, was sie von dem Andres, dessen Miene und Sprache die Wahrheit seiner Aussage zu bestätigen schien, sowie von Denners kalter Festigkeit denken sollten. Nun wurde Georgina vorgeführt, die in namenlosem Jammer laut weinend auf den Mann zustürzte. Sie wußte nur Unzusammenhängendes zu erzählen, und unerachtet sie den Denner des entsetzlichen Mordes ihres Knaben anklagte, schien Denner doch keineswegs entrüstet, sondern behauptete, wie er schon früher getan, daß Georgina nie etwas von den Unternehmungen ihres Mannes gewußt habe, sondern ganz unschuldig sei. Andres wurde in sein Gefängnis zurückgeführt. Einige Tage nachher sagte ihm der ziemlich gutmütige Gefangenenwärter, daß sein Weib, da sowohl Denner als die übrigen Räuber fortwährend ihre Unschuld behauptet, sonst auch nichts wider sie ausgemittelt worden, der Haft entlassen sei. Der junge Graf von Vach, ein edelmütiger Herr, der sogar an seiner, des Andres, Schuld zu zweifeln scheine, habe Kaution gestellt, und der alte Förster Georgina in einem schönen Wagen abgeholt. Vergebens habe Georgina gebeten, ihren Mann sehen zu dürfen. Das sei ihr vom Gericht gänzlich abgeschlagen worden. Den armen Andres tröstete die Nachricht nicht wenig, da mehr als sein Unglück ihm seines Weibes elender Zustand im Gefängnis zu Herzen ging. Sein Prozeß verschlimmerte sich indessen von Tag zu Tag. Es war erwiesen, daß eben, wie Denner es angegeben, seit fünf Jahren Andres in einen gewissen Wohlstand geriet, dessen Quelle nur die Teilnahme an den Räubereien sein konnte. Ferner gestand Andres selbst seine Abwesenheit vom Hause während der auf dem Vach'schen Schlosse verübten Tat, und seine Angabe wegen seiner Erbschaft und seines Aufenthalts in Frankfurt blieb verdächtig, weil er den Namen des Kaufmanns, von dem er das Geld ausgezahlt erhalten haben wollte, durchaus nicht anzugeben wußte. Der Bankier des Grafen von Vach sowie der Hauswirt in Frankfurt, bei dem Andres eingekehrt war, versicherten einstimmig, wie sie sich des beschriebenen Revierjägers gar nicht erinnern könnten. Der Gerichtshalter des Grafen von Vach, der das Zertifikat für den Andres ausgefertigt hatte, war gestorben, und niemand von den Vach'schen Dienern wußte etwas von der Erbschaft, da der Graf nichts davon geäußert, Andres aber auch davon geschwiegen, weil er, aus Frankfurt zurückkehrend, sein Weib mit dem Gelde überraschen wollte. So blieb alles, was Andres vorbrachte, um nachzuweisen, daß er zur Zeit des Raubes in Frankfurt gewesen und das Geld ehrlich erworben sei, unausgemittelt. Denner blieb dagegen bei seiner früheren Behauptung, und ihm stimmten sämtliche Räuber, die eingefangen worden, in allem bei. Alles dieses hätte aber die Richter noch nicht so von der Schuld des unglücklichen Andres überzeugt, als die Aussage von zwei Vach'schen Jägern, die bei dem Schein der Flammen ganz genau den Andres erkannt und gesehen haben wollten, wie von ihm der Graf niedergestreckt wurde. Nun war Andres in den Augen des Gerichts ein verstockter, heuchlerischer Bösewicht, und gestützt auf das Resultat aller jener Aussagen und Beweise wurde ihm die Tortur zuerkannt, um seinen starren Sinn zu beugen und ihn zum Geständnis zu bringen.

Schon über ein Jahr schmachtete Andres im Kerker, der Gram hatte seine Kräfte aufgezehrt, und sein sonst robuster, starker Körper war schwach und ohnmächtig geworden. Der schreckliche Tag, an dem die Pein ihm das Geständnis einer Tat, welche er niemals begangen, abringen sollte, kam heran. Man führte ihn in die Folterkammer, wo die entsetzlichen, mit sinnreicher Grausamkeit erfundenen Instrumente lagen, und die Henkersknechte sich bereiteten, den Unglücklichen zu martern. Nochmals wurde Andres ermahnt, die Tat, deren er so dringend verdächtig, ja, deren er durch das Zeugnis jener Jäger überführt worden, zu gestehen. Er beteuerte wiederum seine Unschuld, und wiederholte alle Umstände seiner Bekanntschaft mit Denner in denselben Worten, wie er es im ersten Verhör getan. Da ergriffen ihn die Knechte, banden ihn mit Stricken und marterten ihn, indem sie seine Glieder ausrenkten und Stacheln einbohrten in das gedehnte Fleisch. Andres vermochte nicht die Qual zu ertragen. Vom Schmerz gewaltsam zerrissen, den Tod wünschend, gestand er alles, was man wollte, und wurde ohnmächtig in den Kerker zurückgeschleppt. Man stärkte ihn, wie es nach erlittener Tortur gewöhnlich, mit Wein, und er fiel in einen zwischen Wachen und Schlafen hinbrütenden Zustand. Da war es ihm, als lösten sich die Steine aus der Mauer, und als fielen sie krachend herab auf den Boden des Kerkers. Ein blutroter Schimmer drang durch, und in ihn trat eine Gestalt hinein, die, ungeachtet sie Denners Züge hatte, ihm doch nicht Denner zu sein schien. Glühender funkelten die Augen, schwärzer starrte das struppige Haar auf der Stirn empor, und tiefer senkten sich die finsteren Augenbrauen in die dicke Muskel herab, die über der krumm gebogenen Habichtsnase lag. Auf gräßlich seltsame Weise war das Gesicht verschrumpft und verzerrt und die Kleidung fremd und abenteuerlich, wie er Denner niemals gesehen. Ein feuerroter, mit Gold stark verbrämter weiter Mantel hing in bauschigen Falten der Gestalt über die Schultern, ein breiter, niedergekrempter, spanischer Hut mit herabhängender roter Feder saß schief auf dem Kopfe, ein langer Stoßdegen hing an der Seite, und unter dem linken Arm trug die Gestalt ein kleines Kästchen. So schritt der gespenstische Unhold auf Andres zu, in hohlem, dumpfem Tone sprechend: »Nun, Kamerad, wie hat dir die Folter geschmeckt? Du hast das alles bloß deinem Eigensinn zu verdanken. Hättest du dich als zur Bande gehörig bekannt, so wärst du nun schon gerettet. Versprichst du aber, dich mir und meiner Leitung ganz zu ergeben, und gewinnst du es über dich, von diesen Tropfen zu trinken, die aus deines Kindes Herzblut gekocht sind, so bist du augenblicklich aller Qual erledigt. Du fühlst dich gesund und kräftig, und für deine weitere Rettung will ich dann sorgen.« Andres konnte vor Schreck, Angst und Ermattung nicht sprechen. Er sah, wie seines Kindes Blut in der Phiole, die ihm die Gestalt hinhielt, in roten Flämmchen spielte. Inbrünstig betete er zu Gott und den Heiligen, daß sie ihn retten möchten aus den Klauen des Satans, der ihn verfolge und um die ewige Seligkeit bringen wolle, die er zu erlangen hoffe, sollte er auch eines schimpflichen Todes sterben. Nun lachte die Gestalt, daß es im Kerker wiedergellte und verschwand im dicken Dampfe. Andres erwachte endlich aus dumpfer Betäubung, er vermochte sich aufzurichten vom Lager, aber wie war ihm, als er sah, daß das Stroh, was unter seinem Haupte gelegen, sich stärker und stärker zu rühren begann und endlich weggeschoben wurde. Er gewahrte, daß ein Stein auf dem Fußboden von unten herausgedrängt worden und hörte mehrmals seinen Namen leise rufen. Er erkannte Denners Stimme und sprach: »Was willst du von mir? Laß mich ruhen, ich habe mit dir nichts zu schaffen!« »Andres«, sprach Denner, »ich bin durch mehrere Gewölbe gedrungen, um dich zu retten, denn wenn du auf den Richtplatz kommst, von dem ich errettet wurde, bist du verloren. Bloß um deines Weibes willen, die mir mehr angehört, als du wohl denken magst, helfe ich dir. Du bist ein mutloser Feigling. Was hat dir nun dein erbärmliches Leugnen gefruchtet? Bloß, daß du vom Vach'schen Schloß nicht zu rechter Zeit nach Hause zurückkehrtest und ich mich zu lange bei deinem Weibe aufhielt, ist Schuld, daß man mich auffing. Da, nimm die Feile und die Säge, befreie dich in künftiger Nacht von den Ketten und durchsäge das Schloß der Kerkertür. Schleiche durch den Gang, die äußere Tür linker Hand wird offen stehen, und draußen wirst du einen von uns finden, der dich weitergeleitet. Halte dich gut!« Andres nahm die Säge und die Feile, die ihm Denner hinreichte, und hob dann den Stein wieder in die Öffnung. Er war entschlossen, das zu tun, wozu ihn die innere Stimme des Gewissens aufforderte. Als es Tag geworden und der Gefangenenwärter hineintrat, da sagte er, wie er sehnlich wünsche, vor den Richter geführt zu werden, indem er Wichtiges zu entdecken habe. Noch an demselben Vormittage wurde sein Verlangen erfüllt, weil man nicht anders glaubte, als daß Andres neue, bisher noch unbekannt gebliebene Freveltaten der Bande gestehen werde. Andres überreichte den Richtern die von Denner erhaltenen Instrumente und erzählte den Vorgang der Nacht. »Ungeachtet ich gewiß und wahrhaftig unschuldig leide, so soll mich doch Gott behüten, daß ich danach trachten sollte, meine Freiheit auf unerlaubte Weise zu erlangen, denn das würde mich ja dem verruchten Denner, der mich in Schande und Tod gestürzt hat, in die Hände liefern, und ich dann erst durch mein sündliches, freveliches Unternehmen die Strafe verdienen, die ich jetzt unschuldig leiden werde.« So beschloß Andres seinen Vortrag. Die Richter schienen erstaunt und von Mitleid für den Unglücklichen durchdrungen, wiewohl sie durch die mannigfachen Tatsachen, die wider ihn sprachen, zu sehr von seiner Schuld überzeugt waren, um sein jetziges Benehmen nicht auch für zweifelhaft zu halten. Die Aufrichtigkeit des Andres und vorzüglich der Umstand, daß nach jener Anzeige der von Denner beabsichtigten Flucht, in der Stadt, und zwar in der nächsten Umgebung des Gefängnisses wirklich noch einige von der Bande ertappt und aufgegriffen wurden, hatte jedoch den wohltätigen Einfluß auf ihn, daß er aus dem unterirdischen Kerker, in den er gesperrt gewesen, herausgenommen wurde und eine lichte Gefängnisstube neben der Wohnung des Gefangenenwärters erhielt. Da brachte er seine Zeit mit Gedanken an sein treues Weib, an seinen Knaben und mit gottseligen Betrachtungen hin, und bald fühlte er sich ermutigt, das Leben auch auf schmerzliche Weise wie eine Bürde abzuwerfen. Nicht genug konnte sich der Gefangenenwärter über den frommen Verbrecher wundern, und er mußte notgedrungen beinahe an seine Unschuld glauben.

Endlich, nachdem beinahe noch ein Jahr verflossen, war der schwierige, verwickelte Prozeß wider Denner und seine Mitschuldigen geschlossen. Es hatte sich gefunden, daß die Bande bis an die Grenze von Italien ausgebreitet war, und schon seit geraumer Zeit überall raubte und mordete. Denner sollte gehängt und dann sein Körper verbrannt werden. Auch dem unglücklichen Andres war der Strang zuerkannt. Seiner Reue halber, und da er durch das Bekenntnis der ihm von Denner geratenen Flucht die Entdeckung des Anschlags der Bande, durchzubrechen, veranlaßt hatte, durfte jedoch sein Körper herabgenommen und auf der Gerichtsstätte verscharrt werden.

Der Morgen, an dem Denner und Andres hingerichtet werden sollten, war angebrochen, da ging die Tür des Gefängnisses auf, und der junge Graf von Vach trat hinein zu Andres, der auf den Knien lag und still betete. »Andres«, sprach der Graf, »du mußt sterben. Erleichtere dein Gewissen noch durch ein offenes Geständnis. Sage mir, hast du deinen Herrn getötet? Bist du wirklich der Mörder meines Oheims?« – Da stürzten dem Andres die Tränen aus den Augen, und er wiederholte nochmals alles, was er vor Gericht ausgesagt, ehe ihm die unheimliche Qual der Tortur eine Lüge auspreßte. Er rief Gott und die Heiligen an, die Wahrheit seiner Aussage und seine gänzliche Unschuld an dem Tode des geliebten Herrn zu bekräftigen.

»So ist hier«, fuhr der Graf von Vach fort, »ein unerklärliches Geheimnis im Spiel. Ich selbst, Andres, war von deiner Unschuld überzeugt, unerachtet vieles wider dich sprach, denn ich wußte ja, daß du von Jugend auf der treueste Diener meines Oheims gewesen bist, und ihn selbst einmal in Neapel mit Gefahr deines Lebens aus Räuberhänden errettet hast. Allein nur noch gestern haben mir die beiden alten Jäger meines Oheims, Franz und Nikolaus, geschworen, daß sie dich leibhaftig unter den Räubern gesehen, und genau bemerkt hätten, wie du selbst meinen Oheim niederstrecktest.« Andres wurde von den peinlichsten, schrecklichsten Gefühlen durchbohrt, es war ihm, als wenn der Satan selbst seine Gestalt angenommen habe, um ihn zu verderben, denn auch Denner hatte ja sogar im Kerker davon gesprochen, daß er den Andres wirklich gesehen, und so schien selbst die falsche Beschuldigung vor Gericht auf innerer, wahrer Überzeugung zu beruhen. Andres sagte dies alles unverhohlen, indem er hinzusetzte, daß er sich der Schickung des Himmesl ergebe, nach welcher er den schmählichen Tod eines Verbrechers sterben solle, daß aber, sei es auch lange Zeit nachher, seine Unschuld gewiß an den Tag kommen werde. Der Graf von Vach schien tief erschüttert, er konnte kaum noch dem Andres sagen, daß, nach seinem Wunsche, der Tag der Hinrichtung seinem unglücklichen Weibe verschwiegen geblieben sei, und daß sie sich nebst dem Knaben bei dem alten Förster aufhalte. Die Rathausglocke erklang dumpf und schauerlich in abgemessenen Pulsen. Andres wurde angekleidet, und der Zug ging mit den gewöhnlichen Feierlichkeiten unter dem Zuströmen unzähligen Volkes nach der Richtstätte. Andres betete laut und rührte durch sein frommes Betragen alle, die ihn sahen. Denner hatte die Miene des trotzigen, verstockten Bösewichts. Er schaute munter kräftig um sich, und lachte oft den armen Andres tückisch und schadenfroh an. Andres sollte zuerst hingerichtet werden. Er bestieg gefaßt mit dem Henker die Leiter, da kreischte ein Weib auf und sank ohnmächtig einem alten Mann in die Arme. Andres blickte hin, es war Georgina. Laut erflehte er vom Himmel Fassung und Stärke. »Dort, dort sehe ich dich wieder, mein armes, unglückliches Weib, ich sterbe unschuldig!« rief er, indem er den Blick sehnsuchtsvoll zum Himmel erhob. Der Richter rief dem Henker zu, er möge sich fördern, denn es entstand ein Murren unter dem Volke und es flogen Steine nach Denner, der ebenfalls schon die Leiter bestiegen hatte und die Zuschauer verhöhnte ob ihres Mitleids mit dem frommen Andres. Der Henker legte dem Andres den Strick um den Hals, da scholl es aus der Ferne her: »Halt – halt – um Christus willen, halt! – Der Mann ist unschuldig, Ihr richtet einen Unschuldigen hin!« – »Halt – halt!« schrien tausend Stimmen, und kaum vermochte die Wache zu steuern dem Volke, das hinzudrang und den Andres von der Leiter herabreißen wollte. Näher sprengte nun der Mann zu Pferde, der erst gerufen hatte, und Andres erkannte auf den ersten Blick in dem Fremden den Kaufmann, der ihm in Frankfurt Georginas Erbschaft ausgezahlt hatte. Seine Brust wollte zerspringen vor Freude und Seligkeit, kaum konnte er sich aufrecht erhalten, als er von der Leiter herabgestiegen. Der Kaufmann sagte dem Richter, daß zu derselben Zeit, als der Raubmord im Vach'schen Schlosse verübt worden, Andres in Frankfurt, also viele Meilen davon entfernt gewesen sei, und daß er dies vor Gericht auf die unzweifelhafteste Weise durch Urkunden und Zeugen dartun wolle. Da rief der Richter: »Die Hinrichtung des Andres kann keineswegs geschehen, denn dieser höchst wichtige Umstand beweiset, wenn er ausgemittelt wird, die völlige Unschuld des Angeklagten. Man fahre ihn sogleich nach dem Gefängnisse zurück.« Denner hatte alles von der Leiter herab ruhig angesehen. Als aber der Richter diese Worte gesprochen, da rollten seine glühenden Augen, er knirschte mit den Zähnen, er heulte in wilder Verzweiflung, daß es gräßlich wie der namenlose Jammer des wütenden Wahnsinns durch die Lüfte hallte: »Satan, Satan! Du hast mich betrogen – weh mir! Weh mir! Es ist aus – aus – alles verloren!« Man brachte ihn von der Leiter herab, er fiel zu Boden und röchelte dumpf: »Ich will alles bekennen – ich will alles bekennen!« Auch seine Hinrichtung wurde verschoben und er ins Gefängnis zurückgeführt, wo ihm jedes Entspringen unmöglich gemacht worden. Der Haß seiner Wächter war die beste Schutzwehr gegen die Schlauheit seiner Verbündeten. Wenige Augenblicke nachher, als Andres bei dem Gefangenenwärter angekommen, lag Georgina in seinen Armen. »Ach, Andres, Andres«, rief sie, »nun habe ich dich ganz wieder, da ich weiß, daß du unschuldig bist, denn auch ich habe an deiner Redlichkeit, an deiner Frömmigkeit gezweifelt!« Ungeachtet man Georgina den Tag der Hinrichtung verschwiegen, war sie doch von unbeschreiblicher Angst, von seltsamer Ahnung getrieben nach Fulda geeilt und gerade auf die Richtstätte gekommen, als ihr Mann die verhängnisvolle Leiter bestieg, die ihn zum Tode führen sollte. Der Kaufmann war die ganze lange Zeit der Untersuchung über auf Reisen in Frankreich und Italien gewesen, und jetzt über Wien und Prag zurückgekehrt. Der Zufall oder vielmehr eine besondere Schickung des Himmels wollte, daß er gerade in dem entscheidensten Augenblick auf dem Richtplatz ankam und den armen Andres von dem schmählichen Tode des Verbrechens rettete. Im Gasthof erfuhr er die ganze Geschichte des Andres, und es fiel ihm gleich schwer aufs Herz, daß Andres wohl derselbe Revierjäger sein könne, der vor zwei Jahren eine Erbschaft, die seinem Weibe von Neapel aus zugefallen, erhob. Schnell eilte er fort, und überzeugte sich, als er nun Andres sah, sogleich von der Wahrheit seiner Vermutung. Durch die eifrigen Bemühungen des wackern Kaufmanns und des jungen Grafen von Vach wurde Andres Aufenthalt in Frankfurt bis auf die Stunde ausgemittelt, dadurch aber seine völlige Unschuld an dem Raubmord dargetan. Denner selbst gestand nun die Richtigkeit der Angabe des Andres über das Verhältnis mit ihm, und meinte nur, der Satan müsse ihn geblendet haben, denn in der Tat hätte er geglaubt, Andres fechte auf dem Vachschen Schloß an seiner Seite. Für die erzwungene Teilnahme an der Ausplünderung des Pachterhofes sowie für die gesetzwidrige Rettung Denners, hatte, nach dem Ausspruch der Richter, Andres genug gebüßt durch das lange harte Gefängnis und die ausgestandene Marter und Todesangst. Er wurde daher durch Urteil und Recht von jeder weiteren Strafe freigesprochen und eilte mit seiner Georgina aufs Vach'sche Schloß, wo ihm der edle, wohltätige Graf im Nebengebäude eine Wohnung einräumte, von ihm nur die geringen Jagddienste fordernd, die des Grafen persönliche Liebhaberei notwendig machte. Auch die Gerichtskosten bezahlte der Graf, so daß Andres und Georgina in dem unbeschränkten Besitz ihres Vermögens blieben.

Der Prozeß wider den verruchten Ignaz Denner nahm jetzt eine ganz andere Wendung. Die Begebenheit auf der Gerichtsstätte schien ihn ganz umgewandelt zu haben. Sein höhnender, teuflischer Stolz war gebeugt, und aus seinem zerknirschten Innern brachen Geständnisse hervor, die den Richtern das Haar sträubten. Denner klagte sich selbst mit allen Zeichen tiefer Reue des Bündnisses mit dem Satan an, das er von seiner frühen Jugendzeit unterhalten, und so wurde vorzüglich hierauf die fernere Untersuchung mit dem Zutritt dazu verordneter Geistlichkeit gerichtet. Über seine früheren Lebensverhältnisse erzählte Denner soviel Sonderbares, daß man es für das Erzeugnis wahnsinniger Überspannung hätte halten müssen, wenn nicht durch die Erkundigungen, die man in Neapel, seinem angeblichen Geburtsort, einziehen ließ, alles bestätigt worden wäre. Ein Auszug aus den von dem geistlichen Gericht in Neapel verhandelten Akten ergab über Denners Herkunft folgende merkwürdige Umstände.

Vor langen Jahren lebte in Neapel ein alter, wunderlicher Doktor, Trabacchio mit Namen, den man seiner geheimnisvollen, stets glücklichen Kuren wegen insgemein den Wunderdoktor zu nennen pflegte. Es schien, als wenn das Alter nichts über ihn vermöge, denn er schritt rasch und jugendlich daher, unerachtet mehrere Eingeborene ihm nachrechnen konnten, daß er an die achtzig Jahre alt sein müßte. Sein Gesicht war auf eine seltsame, grausige Weise verzerrt und verschrumpft und seinen Blick konnte man kaum ohne inneren Schauer ertragen, wiewohl er oft den Kranken wohltat, so daß man sagte, bloß durch den scharf auf den Kranken gehefteten Blick heile er oftmals schwere, hartnäckige Übel. Über seinen schwarzen Anzug warf er gewöhnlich einen roten Mantel mit goldnen Tressen und Troddeln, unter dessen bauschigen Falten der lange Stoßdegen hervorragte. So lief er mit einer Kiste seiner Arzneien, die er selbst bereitete, durch die Straßen von Neapel zu seinen Kranken, und jeder wich ihm scheu aus. Nur in der höchsten Not wandte man sich an ihn, aber niemals schlug er es aus, einen Kranken zu besuchen, hatte er auch dabei nicht sonderlichen Gewinn zu hoffen. Mehrere Weiber starben ihm schnell, immer waren sie ausnehmend schön und insgemein Landdirnen gewesen. Er sperrte sie ein und erlaubte ihnen nur unter Begleitung einer alten, ekelhaft häßlichen Frau die Messe zu hören. Diese Alte war unbestechlich. Jeder noch so listig angelegte Versuch junger Lüstlinge, den schönen Frauen des Doktor Trabacchio näherzukommen, blieb fruchtlos. Unerachtet Doktor Trabacchio von Reichen sich gut bezahlen ließ, so stand doch seine Einnahme mit dem Reichtume an Geld und Kleinodien, den er in seinem Hause aufgehäuft hatte, und den er niemandem verhehlte, in keinem Verhältnis. Dabei war er zuzeiten freigebig bis zur Verschwendung und hatte die Gewohnheit, jedesmal, wenn ihm eine Frau gestorben, ein Gastmahl zu geben, dessen Aufwand wohl doppelt so viel betrug, als die reichste Einnahme, die ihm seine Praxis ein ganzes Jahr hindurch verschaffte. Mit seiner letzten Frau hatte er einen Sohn gezeugt, den er ebenso einsperrte wie seine Weiber. Niemand bekam ihn zu sehen. Nur bei dem Gastmahl, daß er nach dem Tode dieser Frau gab, saß der kleine dreijährige Knabe an seiner Seite, und alle Gäste waren über die Schönheit und die Klugheit des Kindes, das man – verriet sein körperliches Ansehen nicht sein Alter – seinem Benehmen nach wenigstens für zwölfjährig hätte halten können. Eben bei diesem Gastmahl äußerte der Doktor Trabacchio, daß, da nunmehr sein Wunsch einen Sohn zu haben erreicht sei, er nicht mehr heiraten werde. Sein übermäßiger Reichtum, aber noch mehr sein geheimnisvolles Wesen, seine wunderbaren Kuren, die bis ins Unglaubliche gingen, da bloß einigen von ihm bereiteter und eingeflößter Tropfen, ja oft bloß seiner Betastung, seinem Blick, die hartnäckigsten Krankheiten wichen, gaben endlich Anlaß zu allerlei seltsamen Gerüchten, die sich in Neapel verbreiteten. Man hielt den Doktor Trabacchio für einen Alchimisten, für einen Teufelsbeschwörer, ja man gab ihm endlich Schuld, daß er mit dem Satan im Bündnis stehe. Die letzte Sage entstand aus einer seltsamen Begebenheit, die sich mit einigen Edelleuten in Neapel zutrug. Diese kehrten einst spät in der Nacht von einem Gastmahle zurück, und gerieten, da sie im Weinrausch den Weg verfehlt, in eine einsame, verdächtige Gegend. Da rauschte und rasselte es vor ihnen und sie wurden mit Entsetzen gewahr, daß ein großer, leuchtendroter Hahn, ein zackiges Hirschgeweih auf dem Kopfe tragend, mit ausgebreiteten Flügeln daherschritt und sie mit menschlichen, funkelnden Augen anstarrte. Sie drängten sich in eine Ecke, der Hahn schritt vorüber, und ihm folgte eine große Figur im glänzenden, goldverbrämten Mantel. So wie die Gestalten vorüber waren, sagte einer von den Edelleuten leise: »Das war der Wunderdoktor Trabacchio.« Alle, nüchtern geworden durch den entsetzlichen Spuk, ermutigten sich und folgten dem angeblichen Doktor mit dem Hahn, dessen Leuchten den genommenen Weg zeigte. Sie sahen, wie die Gestalten wirklich auf das Haus des Doktors, das auf einem fernen, leeren, öden Platze stand, zuschritten. Vor dem Hause angekommen, rauschte der Hahn in die Höhe und schlug mit den Flügeln an das große Fenster über dem Balkon, das sich klirrend öffnete. Die Stimme eines alten Weibes meckerte: »Kommt – kommt nach Hause – kommt nach Hause – warm ist das Bett, und Liebchen wartet lange schon – lange schon!« Da war es, als stiegé der Doktor auf einer unsichtbaren Leiter empor, und rausche nach dem Hahn durch das Fenster, welches zugeschlagen wurde, daß es die einsame Straße entlang klirrte und dröhnte. Alles war im schwarzen Dunkel der Nacht verschwunden, und die Edelleute standen stumm und starr vor Grausen und Entsetzen. Dieser Spuk, Überzeugung der Edelleute, daß die Gestalt, der der teuflische Hahn vorleuchtete, niemand anders als der verrufene Doktor Trabacchio gewesen, war für das geistliche Gericht, dem alles zu Ohren kam, genug, dem fanatischen Wundermann sogleich in aller Stille nachzuspüren. Man brachte in der Tat heraus, daß in den Zimmern des Doktors sich oft ein roter Hahn befand, mit dem er auf wunderliche Weise zu sprechen und zu disputieren schien, als sprächen Gelehrte über zweifelhafte Gegenstände ihres Wissens. Das geistliche Gericht war im Begriff, den Doktor Trabacchio einzuziehen als einen verruchten Hexenmeister, aber das weltliche Gericht kam dem geistlichen zuvor und ließ den Doktor durch die Sbirren aufheben und ins Gefängnis schleppen, da er eben von dem Besuche eines Kranken heimkehrte. Die Alte war schon früher aus dem Hause geholt worden, den Knaben hatte man nicht finden können. Die Türen der Zimmer wurden verschlossen und versiegelt, Wachen rings um das Haus gestellt. Folgendes war Grund dieses gerichtlichen Verfahrens.

Seit einiger Zeit starben mehrere angesehene Personen in Neapel und in der umliegenden Gegend, und zwar nach der Ärzte einstimmigem Urteil an Gift. Dies hatte viele Untersuchungen veranlaßt, die fruchtlos blieben, bis endlich ein junger Mensch in Neapel, ein bekannter Lüstling und Verschwender, dessen Oheim vergiftet worden, die gräßliche Tat mit dem Zusatze eingestand, daß er das Gift von dem alten Weibe, der Haushälterin Trabacchios, gekauft habe. Man spürte der Alten nach und ertappte sie, als sie eben ein fest verschlossenes kleines Kistchen forttragen wollte, in dem man kleine Phiolen fand, die mit den Namen von allerlei Arzneimitteln versehen waren, unerachtet sie flüssiges Gift enthielten. Die Alte wollte nichts eingestehen. Als man ihr indessen mit der Tortur drohte, da bekannte sie, daß der Doktor Trabacchio schon seit vielen Jahren jenes künstliche Gift, das unter dem Namen Aqua Toffana bekannt sei, bereite, und daß der geheime Verkauf dieses Giftes, der durch sie bewirkt worden, beständig seine reichste Erwerbsquelle gewesen. Ferner sei es nur zu gewiß, daß er mit dem Satan im Bündnis stehe, der in verschiedenen Gestalten bei ihm einkehre. Jedes seiner Weiber habe ihm ein Kind geboren, ohne daß es jemand außer dem Hause geahnet. Das Kind habe er denn allemal, nachdem es neun Wochen oder neun Monate alt geworden, unter besonderen Zurüstungen und Feierlichkeiten auf unmenschliche Weise geschlachtet, indem er ihm die Brust aufgeschnitten und das Herz herausgenommen. Jedesmal sei der Satan bei dieser Operation bald in dieser, bald in jener Gestalt, meistens aber als Fledermaus mit menschlicher Larve erschienen und habe mit breiten Flügeln das Kohlfeuer angefacht, bei dem Trabacchio aus des Kindes Herzblut köstliche Tropfen bereitet, die jeder Siechheit kräftig widerständen. Die Weiber hätte Trabacchio bald nachher auf diese oder jene heimliche Weise getötet, so daß der schärfste Blick des Arztes wohl nie auch die kleinste Spur der Ermordung habe auffinden können. Nur Trabacchios letztes Weib, die ihm einen Sohn geboren, der noch lebe, sei des natürlichen Todes gestorben. –

Der Doktor Trabacchio gestand alles unverhohlen ein und schien eine Freude daran zu finden, das Gericht mit den schauerlichen Erzählungen seiner Untaten und vorzüglich der näheren Umstände seines entsetzlichen Bündnisses mit dem Satan in Verwirrung zu setzen. Die Geistlichen, welche dem Gericht beiwohnten, gaben sich alle nur ersinnliche Mühe, den Doktor zur Reue und zur Erkenntnis seiner Sünden zu bringen, aber es blieb vergebens, da Trabacchio sie nur verhöhnte und verlachte. Beide, die Alte und Trabacchio, wurden zum Scheiterhaufen verurteilt. – Man hatte unterdessen das Haus des Doktors untersucht und alle seine Reichtümer hervorgeholt, die nach Abzug der Gerichtskosten an die Hospitäler verteilt werden sollten. In Trabacchios Bibliothek fand man nicht ein einziges verdächtiges Buch, und noch viel weniger gab es Gerätschaften, die auf die satanische Kunst, die der Doktor getrieben, hätten hindeuten sollen. Nur ein verschlossenes Gewölbe, dessen viele durch die Mauer herausragende Röhren das Laboratorium verrieten, widerstand, als man es öffnen wollte, aller Kunst und aller Gewalt. Ja, wenn Schlosser und Maurer unter der Aufsicht des Gerichts sich eifrig bemühten, endlich durchzubrechen, so daß wohl der Zweck erreicht worden wäre, da kreischten im Innern des Gewölbes entsetzliche Stimmen, es rauschte auf und nieder, wie mit eiskalten Flügeln schlug es an die Gesichter der Arbeiter, und ein schneidender Zugwind pfiff in gellenden, gräßlichen Tönen durch den Gang, so daß von Grausen und Entsetzen ergriffen alle flohen, und am Ende niemand mehr sich an die Tür des Gewölbes wagen wollte, aus Furcht wahnsinnig zu werden vor Angst und Schrekken. Den Geistlichen, die sich der Tür nahten, ging es nicht besser, und es blieb nichts übrig, als die Ankunft eines alten Dominikaners aus Palermo zu erwarten, dessen Standhaftigkeit und Frömmigkeit bisher alle Künste des Satans weichen mußten. Als dieser Mönch sich nun in Neapel befand, war er bereit, den teuflischen Spuk in Trabacchios Gewölbe zu bekämpfen und verfügte sich hin, ausgerüstet mit Kreuz und Weihwasser, begleitet von mehreren Geistlichen und Gerichtspersonen, die aber weit von der Tür entfernt blieben. Der alte Dominikaner ging betend auf die Tür los, aber da erhob sich heftiger das Rauschen und Brausen, und die entsetzlichen Stimmen verworfener Geister lachten gellend heraus. Der Geistliche ließ sich jedoch nicht irre machen, er betete kräftiger, das Kruzifix emporhaltend und die Tür mit Weihwasser besprengend. »Man gebe mir ein Brecheisen!« rief er laut, zitternd reichte es ihm ein Maurerbursche hin, aber kaum setzte es der alte Mönch an die Tür, als sie mit furchtbar erschütterndem Knall aufsprang. Blaue Flammen leckten überall an den Wänden des Gewölbes herauf, und eine betäubende, erstickende Hitze strömte aus dem Innern. Dessen ungeachtet wollte der Dominikaner hineintreten, da stürzte der Boden des Gewölbes ein, daß das ganze Haus erdröhnte, und Flammen prasselten aus dem Abgrund hervor, die wütend um sich griffen und alles ringsumher erfaßten. Schnell mußte der Dominikaner mit seiner Begleitung fliehen, um nicht zu verbrennen oder verschüttet zu werden. Kaum waren sie auf der Straße, als das ganze Haus des Doktor Trabacchio in Flammen stand. Das Volk lief zusammen und jauchzte und jubelte, als es des verruchten Hexenmeisters Wohnung brennen sah, ohne auch nur das mindeste zur Rettung zu tun. Schon war das Dach eingestürzt, das inwendige Holzwerk flammte zu den Wänden heraus, und nur die starken Balken des oberen Stocks widerstanden noch der Gewalt des Feuers. Aber vor Entsetzen schrie das Volk auf, als es Trabacchios zwölfjährigen Sohn mit einem Kistchen unter dem Arm einen dieser glimmenden Balken entlangschreiten sah. Nur einen Moment dauerte diese Erscheinung, sie verschwand plötzlich in den hochaufschlagenden Flammen. Der Doktor Trabacchio schien sich herzinniglich zu freuen, als er diese Begebenheit erfuhr, und ging mit verwegener Frechheit zum Tode. Als man ihn an den Pfahl band, lachte er hell auf und sagte zu dem Henker, der ihn mordlustig recht fest anschnürte: »Sieh dich vor, Geselle, daß diese Stricke nicht an deinen Fäusten brennen!« Dem Mönch, der sich ihm zuletzt noch nahen wollte, rief er mit fürchterlicher Stimme zu: »Fort! – zurück von mir! Glaubst du denn, daß ich so dumm sein werde, Euch zu Gefallen einen schmerzlichen Tod zu leiden? Noch ist meine Stunde nicht gekommen.« – Nun fing das angezündete Holz an zu prasseln, kaum erreichte aber die Flamme den Trabacchio, als es hell aufloderte wie Strohfeuer und von einer fernen Anhöhe ein gellendes Hohngelächter sich hören ließ. Alles schaute hin, und Grausen ergriff das Volk, als es den Doktor Trabacchio leibhaft in dem schwarzen Kleid, dem goldverbrämten Mantel, den Stoßdegen an der Seite, den niedergekrempten spanischen Hut mit der roten Feder auf dem Kopfe, das Kistchen unter dem Arm, ganz wie er sonst durch die Straßen von Neapel zu laufen pflegte, erblickte. Reiter, Sbirren, hundert andere aus dem Volke stürzten hin nach dem Hügel, aber Trabacchio war und blieb verschwunden. Die Alte gab ihren Geist auf unter den entsetzlichsten Qualen, unter den gräßlichsten Verwünschungen ihres verruchten Herrn, mit dem sie unzählige Verbrechen geteilt.

Der sogenannte Ignaz Denner war nun kein anderer, als eben der Sohn des Doktors, der sich damals durch die höllische Kunst seines Vaters mit einem Kistchen der seltensten und geheimnisvollsten Kostbarkeiten aus den Flammen rettete. Schon seit der frühesten Jugend unterrichtete ihn der Vater in den geheimen Wissenschaften, und seine Seele war dem Teufel verschrieben, noch ehe er sein volles Bewußtsein erlangt. Als man den Doktor Trabacchio ins Gefängnis warf, blieb der Knabe in dem geheimnisvollen verschlossenen Gewölbe unter den verworfenen Geistern, die des Vaters höllischer Zauber hineingebannt. Da aber endlich dieser Zauber der Macht des Dominikaners weichen mußte, ließ der Knabe die verborgenen mechanischen Kräfte wirken, und Flammen entzündeten sich, die in wenigen Minuten das ganze Haus in Brand steckten, während der Knabe selbst unversehrt durch das Feuer fort zum Tore hinaus in den Wald eilte, den ihm der Vater bezeichnet hatte. Nicht lange dauerte es, so erschien auch der Doktor Trabacchio und floh schnell mit dem Sohne, bis sie wohl an drei Tagereisen von Neapel in die Ruinen eines alten römischen Gebäudes kamen, wo der Eingang zu einer weiten, geräumigen Höhle versteckt lag. Hier wurde der Doktor Trabacchio von einer zahlreichen Räuberbande, mit der er längst in Verbindung gestanden, und der er durch seine geheime Wissenschaft die wesentlichsten Dienste geleistet, mit lautem Jubel empfangen. Die Räuber wollten ihn mit nichts Geringerem lohnen als mit der Krönung zum Räuberkönig, wodurch er sich zum Oberhaupte aller Banden, die in Italien und dem südlichen Deutschland verbreitet waren, aufgeschwungen hätte. Der Doktor Trabacchio erklärte, diese Würde nicht annehmen zu können, da er der besonderen Konstellation wegen, die über ihn walte, nunmehr ein ganz unstetes Leben führen müsse, und von keinem Verhältnis gebunden werden könne. Doch werde er noch immer den Räubern mit seiner Kunst und Wissenschaft beistehen und sich dann und wann sehen lassen. Da beschlossen die Räuber, den zwölfjährigen Trabacchio zum Räuberkönig zu wählen, und damit war der Doktor höchlich zufrieden, so daß der Knabe von Stund an unter den Räubern blieb und, als er fünfzehn Jahre alt geworden, schon als wirkliches Oberhaupt mit ihnen auszog. Sein ganzes Leben war von nun an ein Gewerbe von Greueltaten und Teufelskünsten, in welche ihn der Vater, der sich oftmals blicken ließ und zuweilen wochenlang einsam mit seinem Sohn in der Höhle blieb, immer mehr einweihte. Die kräftigen Maßregeln des Königs von Neapel gegen die Räuberbanden, die immer kecker und verwegener wurden, noch mehr aber die entstandenen Zwistigkeiten der Räuber, hoben endlich das gefährliche Bündnis unter einem Oberhaupte auf, und den Trabacchio selbst, der sich durch seinen Stolz und durch seine Grausamkeit gefaßt gemacht hatte, konnten seine von Vater erlernten Teufelskünste nicht vor den Dolchen seiner Untergebenen schützen. Er floh nach der Schweiz, gab sich den Namen Ignaz Denner und besuchte als reisender Kaufmann die Messen und Jahrmärkte in Deutschland, bis sich aus den zerstreuten Gliedern jener großen Bande eine kleinere bildete, die den damaligen Räuberkönig zu ihrem Oberhaupt wählte. Trabacchio versicherte, wie sein Vater noch zur Stunde lebe, ihn noch im Gefängnis besucht und Rettung von der Gerichtsstätte versprochen habe. Nur dadurch, daß, wie er nun wohl einsehe, göttliche Schickung den Andres vom Tode errettet, sei die Macht seines Vaters entkräftet worden, und er wolle nun als reuiger Sünder allen Teufelskünsten abschwören und geduldig die gerechte Todesstrafe erleiden.

Andres, der alles dieses aus dem Munde des Grafen von Vach erfuhr, zweifelte keinen Augenblick, daß es wohl eben Trabacchios Bande gewesen, die ehemals im Neapolitanischen seinen Herrn anfiel, so wie er überzeugt war, daß der alte Doktor Trabacchio selbst im Gefängnis ihm wie der leibhafte Satan erschien und verlocken wollte zum bösen Beginnen. Nun sah er erst recht ein, in welch großer Gefahr er geschwebt hatte, seit der Zeit, als Trabacchio in sein Haus getreten, wiewohl er noch immer noch nicht begreifen konnte, warum es denn der Verruchte so ganz und gar auf ihn und sein Weib gemünzt hatte, da der Vorteil, den er aus seinem Aufenthalt in dem Jägerhause zog, nicht so bedeutend sein konnte.

Andres befand sich nach dem entsetzlichen Stürmen nun in ruhiger glücklicher Lage, allein zu erschütternd hatten jene Stürme getobt, um nicht in seinem ganzen Leben dumpf nachzuhallen. Außerdem, daß Andres, sonst ein starker, kräftiger Mann, durch den Gram, durch das lange Gefängnis, ja durch den unsäglichen Schmerz der Tortur körperlich zugrunde gerichtet, siech und krank daherschwankte und kaum noch die Jagd treiben konnte, so welkte auch Georgina, deren südliche Natur von dem Grame, von der Angst, von dem Entsetzen, wie von brennender Glut aufgezehrt wurde, zusehends hin. Keine Hilfe war für sie mehr vorhanden, sie starb wenige Monate nach ihres Mannes Rückkehr. Andres wollte verzweifeln, und nur der wunderschöne, kluge Knabe, der Mutter getreues Ebenbild, vermochte ihn zu trösten. Um dieses willen tat er alles, sein Leben zu erhalten und sich so viel als möglich zu kräftigen, so daß er nach Verlauf von beinahe zwei Jahren wohl an Gesundheit zugenommen und manchen lustigen Jägergang in den Forst unternehmen konnte. Der Prozeß wider den Trabacchio hatte endlich sein Ende erreicht, und er war, so wie vor alter Zeit sein Vater, zum Tode durchs Feuer verdammt worden, den er in weniger Zeit erleiden sollte.

Die Glocke schlug zwölf, der Kaplan legte sein Buch hin, die Gesellschaft ging auseinander.

Neunhundertfünfundsiebzigste Nacht

Andres kam eines Tages, als die Abenddämmerung schon eingebrochen, mit seinem Knaben aus dem Forst zurück. Schon war er dem Schlosse nahe, als er ein klägliches Gewimmer vernahm, das aus dem ihm nahen, ausgetrockneten Feldgraben zu kommen schien. Er eilte näher und erblickte einen Menschen, der in elende, schmutzige Lumpen gehüllt im Graben lag und unter großen Schmerzen den Geist aufgeben zu wollen schien. Andres warf Flinte und Büchsensack ab und zog mit Mühe den Unglücklichen heraus, aber als er nun dem Menschen ins Gesicht blickte, erkannte er mit Entsetzen den Trabacchio. Zurückschaudernd ließ er von ihm ab, aber da wimmerte Trabacchio dumpf: »Andres, Andres, bist du es? Um der Barmherzigkeit Gottes willen, der ich meine Seele empfohlen, habe Mitleid mit mir! Wenn du mich rettest, rettest du eine Seele von ewiger Verdammnis, denn bald ereilt mich ja der Tod und noch nicht vollendet ist meine Buße!« »Verdammter Heuchler«, schrie Andres auf, »Mörder meines Kindes, meines Weibes, hat dich nicht der Satan wieder hergeführt, damit du mich vielleicht noch verdirbst? Ich habe mit dir nichts zu schaffen. Stirb und vermodere wie ein Aas, Verruchter!« Andres wollte ihn zurückstoßen in den Graben, da heulte Trabacchio in wildem Jammer: »Andres! Du rettest den Vater deines Weibes, Deiner Georgina, die für mich betet am Throne des Höchsten!« Andres schauderte zusammen. Mit Georginas Namen fühlte er sich von schmerzlicher Wehmut ergriffen. Mitleid mit dem Mörder seiner Ruhe, seines Glücks, durchdrang ihn, er faßte den Trabacchio, lud ihn mit Mühe auf und trug ihn nach seiner Wohnung, wo er ihn mit stärkenden Mitteln erquickte. Bald erwachte Trabacchio aus der Ohnmacht, in die er versunken. –

In der Nacht vor der Hinrichtung ergriff den Trabacchio die entsetzlichste Todesangst. Er war überzeugt, daß ihn nichts von der namenlosen Marter des Feuertodes retten würde. Da faßte und rüttelte er in wahnsinniger Verzweiflung die Eisenstäbe des Gitterfensters und zerbröckelt blieben sie in seinen Händen. Ein Strahl der Hoffnung fiel in seine Seele. Man hatte ihn in einen Turm dicht neben dem trockenen Stadtgraben gesperrt, er schaute in die Tiefe, und der Entschluß, sich hinabzustürzen, und so sich zu retten oder zu sterben, war auf der Stelle gefaßt. Der Ketten hatte er sich bald mit geringer Anstrengung entledigt. Als er sich hinauswarf, vergingen ihm die Sinne, er erwachte, als die Sonne hell strahlte. Da sah er, wie er zwischen Strauchwerk in hohes Gras gefallen, aber an allen Gliedern verstaucht und verrenkt, vermochte er sich nicht zu regen und zu rühren. Schmeißfliegen und anderes Ungeziefer setzten sich auf seinen halbnackten Körper und stachen und leckten sein Blut, ohne daß er sie abwehren konnte. So brachte er einen martervollen Tag hin. Erst des Nachts gelang es ihm weiterzukriechen, und er war glücklich genug, an eine Stelle zu kommen, wo sich etwas Regenwasser gesammelt hatte, welches er begierig einschlürfte. Er fühlte sich gestärkt und vermochte mühsam hinanzuklimmen und sich fortzuschleichen, bis er den Forst erreichte, der unfern von Fulda anhob und sich beinahe bis an das Vach'sche Schloß erstreckte. So war er bis an die Gegend gekommen, wo ihn Andres mit dem Tode ringend fand. Die entsetzliche Anstrengung der letzten Kraft hatte ihn ganz erschöpft und wenige Minuten später hätte ihn Andres sicherlich tot gefunden. Ohne daran zu denken, was künftig mit dem Trabacchio, der der Obrigkeit entflohen, werden sollte, brachte ihn Andres in ein einsames Zimmer und pflegte ihn auf alle mögliche Weise, aber so behutsam ging er dabei zu Werke, daß niemand die Anwesenheit des Fremden ahnte, denn selbst der Knabe, gewohnt, dem Vater blindlings zu gehorchen, verschwieg getreulich das Geheimnis. Andres fragte nun den Trabacchio, ob er denn gewiß und wahrhaftig Georginas Vater sei. »Allerdings bin ich das«, erwiderte Trabacchio. »In der Gegend von Neapel entführte ich einst ein bildschönes Mädchen, die mir eine Tochter gebar. Nun weißt du schon, Andres, daß eines der größten Kunststücke meines Vaters die Bereitung jenes köstlichen wundersamen Liquors war, wozu das Hauptingredienz das Herzblut von Kindern ist, die neun Wochen, neun Monate oder neun Jahre alt, und von den Eltern dem Laboranten freiwillig anvertraut sein müssen. Je näher die Kinder mit dem Laboranten in Beziehung stehen, desto wirkungsvoller entsteht aus ihrem Herzblut Lebenskraft, stete Verjüngung, ja selbst die Bereitung des künstlichen Goldes. Deshalb schlachtete mein Vater seine Kinder, und ich war froh, das Töchterlein, das mir mein Weib gebar, auf solche verruchte Weise höheren Zwecken opfern zu können. Noch kann ich nicht begreifen, auf welche Weise mein Weib die böse Absicht ahnte, aber sie war vor Ablauf der neunten Woche verschwunden, und erst nach mehreren Jahren erfuhr ich, daß sie in Neapel gestorben sei und ihre Tochter Georgina bei einem grämlichen, geizhalsigen Gastwirt erzogen würde. Ebenso wurde mir ihre Verheiratung mit dir und dein Aufenthalt bekannt. Nun kannst du dir erklären, Andres, warum ich deinem Weibe gewogen war, und warum ich, ganz erfüllt von meinen verruchten Teufelskünsten, deinen Kindern so nachstellte. Aber dir, Andres, Dir allein und deiner wunderbaren Rettung durch Gottes Allmacht verdanke ich meine tiefe Reue, meine innere Zerknirschung. Übrigens ist das Kistchen mit Kleinodien, das ich deinem Weibe gab, dasjenige, welches ich auf des Vaters Geheiß aus den Flammen rettete, du kannst es getrost aufbewahren, für deinen Knaben.« »Das Kistchen«, fiel Andres ein, »hat Euch ja Georgina wiedergegeben an jenem schrecklichen Tage, da Ihr den gräßlichen Mord verübtet?«

»Allerdings«, erwiderte Trabacchio, »allein ohne daß es Georgina wußte, kam es wieder in Euren Besitz. Seht nur nach in der großen schwarzen Truhe, die in Eurem Hausflur steht, da werdet Ihr das Kistchen auf dem Boden finden.« Andres suchte in der Truhe und fand das Kistchen wirklich ganz in dem Zustande wieder, wie er es damals zum erstenmal von Trabacchio in Verwahrung erhalten.

Andres fühlte in sich unheimlichen Unmut, ja er konnte sich des

Wunsches nicht erwehren, daß Trabacchio tot gewesen sein möge, als er ihn im Graben fand. Freilich schien Trabacchios Reue und Buße wahrhaft zu sein, denn ohne seine Klause zu verlassen, brachte er seine Zeit nur damit hin, in andächtigen Büchern zu lesen, und seine einzige Ergötzlichkeit war die Unterhaltung mit dem kleinen Georg, den er über alles zu lieben schien. Andres beschloß indessen, doch auf seiner Hut zu sein, und eröffnete bei erster Gelegenheit das ganze Geheimnis dem Grafen von Vach, der über das seltene Spiel des Schicksals nicht wenig verwundert war. So vergingen einige Monate, der Spätherbst war eingetreten und Andres mehr auf der Jagd als sonst. Der Kleine blieb gewöhnlich bei dem Großvater und einem alten Jäger, der um das Geheimnis wußte. Eines Abends war Andres von der Jagd zurückgekehrt, als der alte Jäger hineintrat und nach seiner treuherzigen Weise anfing: »Herr, Ihr habt einen bösen Kumpan im Hause. Zu dem kommt der – Gottseibeiuns durchs Fenster und geht wieder ab in Rauch und Dampf.« Dem Andres wurde es bei dieser Rede zumute, als hätt' ihn ein Blitzstrahl getroffen. Er wußte nur zu genau, was das zu bedeuten hatte. Als ihm der alte Jäger weitererzählte, wie er schon mehrere Tage hintereinander in später Abenddämmerung in Trabacchios Zimmer seltsame Stimmen gehört, die wie im Zank durcheinandergeplappert, und heute zum zweitenmal habe es ihm, indem er Trabacchios Türe schnell geöffnet, geschienen, als rausche eine Gestalt im roten, goldverbrämten Mantel zum Fenster hinaus. In vollem Zorn eilte Andres hinauf zum Trabacchio, hielt ihm vor, was sein Jäger ausgesagt, und kündigte ihm an, daß er sichs gefallen lassen müsse ins Schloßgefängnis gesperrt zu werden, wenn er nicht allen bösen Tritten entsage. Trabacchio blieb ruhig und erwiderte im wehmütigen Ton: »Ach, lieber Andres, nur zu wahr ist es, daß mein Vater, dessen Stündlein noch immer nicht gekommen, mich auf unerhörte Weise peinigt und quält. Er will, daß ich mich ihm wieder zuwende und der Frömmigkeit, dem Heil meiner Seele entsage, allein ich bin standhaft geblieben und glaube nicht, daß er wiederkehren wird, da er gesehen, daß er nicht mehr über mich Macht hat. Bleibe ruhig, lieber Sohn Andres, und laß mich bei dir, als ein frommer Christ, versöhnt mit Gott, sterben!« In der Tat schien auch die feindliche Gestalt auszubleiben, indessen war es, als würden Trabacchios Augen wieder glühender, er lächelte zuweilen so seltsam höhnisch wie sonst. Während der Betstunde, die Andres jeden Abend mit ihm zu halten pflegte, schien er oft krampfhaft zu erzittern, zuweilen strich eine seltsam pfeifende Zugluft durch das Zimmer, welche die Blätter der Gebetbücher raschelnd umschlug, ja die Bücher selbst dem Andres aus den Händen warf. »Gottloser Trabacchio, verruchter Satan, du bist es, der hier höllischen Spuk treibt! Was willst du von mir? Hebe dich weg, denn du hast keine Macht über mich! – Hebe dich weg!« – So rief Andres mit starker Stimme. Da lachte es höhnisch durch das Zimmer hin und schlug wie mit schwarzen Fittichen an das Fenster. Und doch war es nur der Regen, der an das Fenster geschlagen, und der Herbstwind, der durch das Zimmer geheult, wie Trabacchio meinte, als das Unwesen wieder einmal recht arg war und Georg vor Angst weinte.

»Nein«, rief Andres, »Euer gottloser Vater könnte hier nicht so herumspuken, wenn Ihr aller und jeder Gemeinschaft mit ihm entsagt hättet. Ihr müßt fort von mir. Eure Wohnung ist Euch längst bereitet. Ihr müßt fort ins Schloßgefängnis, dort möget Ihr Euren Spuk treiben wie Ihr wollt.« Trabacchio weinte heftig, er bat um aller Heiligen willen, ihn im Hause zu dulden, und Georg, ohne zu begreifen, was das alles wohl bedeute, stimmte in seine Bitten ein. »So bleibt denn noch morgen hier«, sagte Andres, »ich will sehen, wie es mit der Betstunde gehen wird, wenn ich heimkomme von der Jagd.« Am anderen Tage gab es herrliches Herbstwetter, und Andres versprach sich eine reiche Beute. Als er von dem Anstand zurückkehrte, war es ganz finster geworden. Er fühlte sich im innersten Gemüt besonders bewegt, seine merkwürdigen Schicksale, Georginas Bild, sein ermordeter Knabe traten ihm so lebendig vor Augen, daß er tief in sich gekehrt immer langsamer und langsamer den Jägern nachschlenderte, bis er sich endlich unversehens auf einem Nebenweg allein im Forst befand. Im Begriff zurückzukehren in den breiten Waldweg, wurde er ein blendendes Licht gewahr, welches durch das dickste Gebüsch flackerte. Da ergriff ihn eine wunderbare, verworrene Ahnung großer Greueltat, die verübt werde. Er drang durch das Dickicht, er war dem Feuer nahe, da stand des alten Trabacchios Gestalt in goldverbrämtem Mantel, den Stoßdegen an der Seite, den niedergekrempten Hut mit roter Feder auf dem Kopfe, das Arzneikistchen unterm Arm. Mit glühenden Augen blickte die Gestalt in das Feuer, das wie in rot und blau flammenden Schlangen unter einer Retorte hervorloderte. Vor dem Feuer lag Georg nackt ausgebreitet auf einer Art Rost, und der verruchte Sohn des satanischen Doktors hatte hoch das funkelnde Messer erhoben zum Todesstoß. Andres schrie auf vor Entsetzen, aber so wie der Mörder sich umblickte, sauste schon die Kugel aus Andres Büchse und Trabacchio stürzte mit zerschmettertem Gehirn über das Feuer hin, das im Augenblick erlosch. Die Gestalt des Doktors war verschwunden. Andres sprang hinzu, stieß den Leichnam beiseite, band den armen Georg los und trug ihn schnell fort ins Haus. Dem Knaben fehlte nichts, nur die Todesangst hatte ihn ohnmächtig gemacht. Den Andres trieb es heraus in den Wald, er wollte sich von Trabacchios Tod überzeugen und den Leichnam gleich verscharren. Er weckte den alten Jäger, der in tiefen, wahrscheinlich von Trabacchio bewirkten Schlaf gesunken, und beide gingen mit Laterne, Hacke und Spaten an die nicht weit entlegene Stelle. Da lag der blutige Trabacchio, aber sowie Andres sich näherte, richtete er sich mit halbem Leib auf, starrte ihn gräßlich an und röchelte dumpf: »Mörder, Mörder des Vaters deines Weibes! Aber meine Teufel sollen dich quälen!« »Fahre zur Hölle, du satanischer Bösewicht!« schrie Andres, der dem Entsetzen, das ihn übermannen wollte, widerstand. »Fahre hin zur Hölle, du, der du den Tod hundertfältig verdient hast, dem ich den Tod gab, weil er verruchten Mord an meinem Kinde, an dem Kinde seiner Tochter verüben wollte! Du hast nur Buße und Frömmigkeit geheuchelt um schändlichen Verrates willen, aber nun bereitet der Satan manche Qual deiner Seele, die du ihm verkauft.« Da sank Trabacchio heulend zurück, und immer dumpfer und dumpfer wimmernd gab er seinen Geist auf. Nun gruben die beiden Männer ein tiefes Loch, in das sie Trabacchios Körper warfen. »Sein Blut komme nicht über mich«, sprach Andres, »aber ich konnte nicht anders, ich war ausersehen von Gott, meinen Georg zu retten und hundertfältige Frevel zu rächen. Doch will ich für seine Seele beten und ein kleines Kreuz auf sein Grab stellen.« Als anderentags Andres dieses Vorhaben ausführen wollte, fand er die Erde aufgewühlt, der Leichnam war verschwunden. Ob das nun von wilden Tieren oder wie sonst bewirkt, blieb im Zweifel. Andres ging mit seinem Knaben und dem alten Jäger zum Grafen von Vach, und berichtete treulich die ganze Begebenheit. Der Graf von Vach billigte die Tat des Andres, der zur Rettung seines Sohnes einen Räuber und Mörder niedergestreckt hatte, und ließ den ganzen Verlauf der Sache niederschreiben und im Archiv des Schlosses aufbewahren.

Die schreckliche Begebenheit hatte den Andres tief im Innersten erschüttert, und wohl mochte er sich deshalb, wenn die Nacht eingebrochen, schlaflos auf dem Lager wälzen. Aber wenn er so zwischen Wachen und Träumen hinbrütete, da hörte er es im Zimmer knistern und rauschen, und ein roter Schein fuhr hindurch und verschwand wieder. So wie er anfing zu horchen und zu schauen, da murmelte es dumpf: »Nun bist du Meister – du hast den Schatz – du hast den Schatz – gebeut über die Kraft, sie ist dein!« – Dem Andres war es, als wolle ein unbekanntes Gefühl ganz eigner Wohlbehaglichkeit und Lebenslust in ihm aufgehen, aber sowie die Morgenröte durch die Fenster brach, da ermannte sich Andres und betete, wie er es zu tun gewohnt, kräftig und inbrünstig zu dem Herrn, der seine Seele erleuchtete. »Ich weiß, was nun noch meines Amtes und Berufs ist, um den Versucher zu bannen und die Sünde abzuwenden von meinem Hause!« – So sprach Andres, nahm Trabacchios Kistchen und warf es, ohne es zu öffnen, in eine tiefe Bergschlucht. Nun genoß Andres ein ruhiges, heiteres Alter, das keine feindliche Macht zu zerstören vermochte.

»Ich wundere mich nicht, daß die Franzosen Hoffmann lieben«, nahm jetzt Eduard das Wort, »er besitzt ein gewisses Etwas, das man meines Wissens in keinem französischen Dichter findet, und um gerade Hoffmann zu sein, müßte man alles das erleben und gesehen haben, was Hoffmann erlebte und sah. Ich glaube, kein Südländer kann ein so schauriges, ödes Waldleben schildern, wie Hoffmann hier geschildert hat. Alles, was er geschrieben hat, ist so stoffhaltig und phantastisch, daß es auch leicht zu übersetzen und für Ausländer interessant ist, denn bei ihm wohnt der Geist nicht im Stil noch in Reflexionen und philosophischen Aussprüchen, die doch immer durch Übersetzungen ihren höchsten Reiz, ihren feinsten Duft möcht ich sagen, verlieren. Und darum ist Tieck in vollem Glanze eigentlich doch nur uns Deutschen sichtbar.«

Die übrigen stimmten ihm bei und versprachen einander, sich den nächsten Abend wieder bei dem Arzte einzufinden.

Neunhundertsechsundsiebzigste Nacht

Als das Gespräch heute auf den hohen Norden kam, teilte Willmann folgende schwedische Sage mit:

SCHÖN ANNA

In der Nähe von Udiwalla, wo die Nordsee die Küste Schwedens bespült, stand Schön Anna, wie sie nur im ganzen Reiche wegen ihrer wundervollen Schönheit genannt wurde, hielt sich mit einer ihrer kleinen Hände am zackigen Aste einer alten Tanne und schaute in die ruhige, spiegelhelle See, sich am Widerschein ihrer holden Reize zu entzücken. Was hatte diese zauberische Gabe des Himmels Anna schon für Bewunderer und Bewerber herbeigezogen, doch noch hatte sie sich für keinen entschieden, weil ihr keiner reich und erhaben genug schien, ihr Herz und Hand zueigen zu geben. Tief betrübt gingen viele der liebenden Jünglinge von dannen, ja manche gaben sich im Verzweiflungsschmerz den Tod oder lebten einsam fern von anderen Menschen, Annas Herz der gefühllosesten Härte und eitlen Stolzes anklagend. Sie hatte keine Empfindung für die tiefen Herzenswunden, die die unbeschreibliche Macht ihrer Reize schlug, sie war nur in sich selbst verliebt, eitel durch die Huldigungen, die sie von allen empfing, und als ihr nun gar bei einem ländlichen Feste eine Wahrsagerin, die die anderen Leute freilich eine böse Strandhexe nannten, prophezeite, sie würde noch einen Thron zieren, mit einer Krone geschmückt werden und Vasallen gebieten können, da schwand der letzte Rest hingebender Liebe vollends aus ihrem stolzen Herzen. Sie empfing die freudige Bewunderung als einen gewohnten Zoll, und Bach, Meer und Spiegel benutzte sie nur, an ihrer verführerischen Schönheit sich zu berauschen. So begann sie mit sich selbst zu reden: »Wunderholde Jungfrau, schönstes Bild im Lande Schweden, bin ich du, und bist du ich? Ziert diese helle Lilienfarbe meine Stirn, strahlt der zarte Rosenschimmer von meinen Wangen, ist dies süße Lächeln wirklich meinem Purpurmunde eigen? Ja meine Augen strahlen schöner, wie das Blau des Meeres, glänzender wie die Sterne des Himmels!« Bei diesen Worten streifte sie die Gewande ab, ließ ihre Reize widerstrahlen aus dem leuchtenden See und starrte entzückt nach dem eigenen Konterfei. Sie hielt sich selbst durch diesen Anblick für beneidenswert und dachte nach, wer unter allen den jungen Männern ihrer Bekanntschaft am wertesten sei, sie ewig zu teilen. Wurde nicht die dem Meeresschaum entstiegene Aphrodite von einem Gotte gewählt, ein würdiger Lohn der Schönheit jener Zeiten, die leider vergangen waren. Doch gedachte Anna des schönen Grafen Torupson, aus einem der edelsten und reichsten Geschlechter Schwedens, einem eifrigen Bewunderer, der oft an ihrer Wohnung vorüberzog, gern mit ihr sprach und dessen Jagdhörner eben melodisch aus dem fernen Walde erklangen. In diese Gedanken versunken, starrte sie auf ihr eigenes Bild hinab und fragte sich selbst: »Werde ich aber immer so schön bleiben, oder werde ich auch, wie andere, wenn sie Frauen geworden, meine Reize schwinden, mich verwelken sehen?« Da erhoben sich plötzlich sausend die Winde, zertrümmerten und verzerrten ihr Bild im Meeresspiegel, und wie höhnend schlugen die Wellen das Ufer, Fratzen von Meerungeheuern blickten sie grinsend an, daß sie entsetzt zurücksprang. Das Rohr des Ufers schwankte, die Weiden senkten ihre lispelnden Zweige in die Flut, alte abgestorbene Föhrenzweige fielen im Walde knarrend herab, entsetzt sprang Anna vom Ufer zurück, und als sie sich umsah, erblickte sie die alte Strandhexe. »Entsetze dich nicht vor deiner wahren Freundin«, begann die Alte. »Was ich dir verkündet, wird geschehen. Doch Tränen möchte ich weinen über dein kurzes Glück! Deine Reize werden dir den reichen, jungen Grafen fesseln, doch durch ihren Untergang wirst du auch seine Liebe verlieren. Wie wird die Ehe deine Anmut zerstören. Die Schönheit der Mutter ist der Kinder liebster Fraß. Dahin ist sie, wenn du deinem Gatten einst Erben geschenkt. Dann wirst du deine jetzt vollen, runden Glieder nicht mehr gern im Spiegel betrachten und mit Entsetzen auf deinen verwelkenden Busen sehen, der sich jetzt elastischer und stolzer hebt und senkt wie die Wellen des Meeres und weißer strahlt wie der reine Schnee des Sylfjild. Deinen Schatten wirst du fragen, warum deine Wangen so bleich und hohl, und vergeblich mit deinen Augenblitzen Männerherzen zu entzünden versuchen, matt und eingesunken treffen sie nicht mehr. Zu dürftiger Freundschaft höchstens wird sich dann die glühende Liebe deines Gatten verkehren!«

»O Mütterlein«, sprach Anna mit dunklem Schauer, »wenn du mir helfen kannst, daß meine Schönheit ewig dauert, so hilf mir, schließe mit mir den Bund, denn ohne die Schönste zu sein, kann ich nicht leben.«

»Liebes Kind, wohl kann ich durch Zauber den Leib dir feien, daß nie ein Leid deinen Reiz zerstört. In der Äquinoktiumsnacht, wenn Tag und Nacht nicht um die Breite eines Haares schwanken, der Vollmond hoch am Himmel heraufzieht, dann erwarte mich auf dem Kreuzwege vor der Heidemühle.« Die Hexe war verschwunden, Anna blieb im tiefen Sinnen zurück.

Schöner noch war Anna in den warmen Strahlen des Sommers aufgeblüht, eifrig hatte Graf Torupson sich um sie beworben und in lauen Nächten seine Liebeslieder vor ihrem Fenster ertönen lassen. Endlich hatte Schön Anna durch ihren Liebeszauber über alle Standesvorurteile des Grafen gesiegt, er hatte sie als die Schönste seines Vaterlandes, das bekanntlich sehr reich an Evas schönen Töchtern ist, zu seiner Braut und künftigen Gemahlin erklärt. Teilen sollte sie mit ihm trotz der Warnungen seiner hochadeligen Genossen seinen Reichtum und Stand. Reich schmückte er sie mit Perlen, Edelsteinen und goldenen Gewändern, wie ein Gnadenbild an Festtagen, und weckte dadurch den Neid vieler Jungfrauen aus edlen Geschlechtern. Doppelt wurde Anna nun beneidet, um Schönheit und Glück, um jeden Preis wollte sie es festhalten. Sinnend erging sie sich in der Nacht des Äquinoktiums in der frischen Luft, schwarz verhangen waren Mond und Sterne, da rauschte es durch die Hecken, und mit einer Blendlaterne nahte sich freundlich nickend die alte Verführerin. Entsetzt fuhr Anna aus den süßen Träumen empor, in welche sie die Betrachtung des goldenen Verlobungsringes an ihrem Rosenfinger versetzt hatte. Bleich, verdüstert von Tränen, blickte das Weib ihr in die Augen und flüsterte ihr mit verstellter Teilnahme zu: »Wehe dir, schöne Jungfrau, lässest du die heutige Stunde ungenützt vorüber. Sie kehrt dir nimmer. Den Rosen deiner Wangen verdankst du den goldenen Reif an deinem weichen, weißen Händchen. Ich liebe dich wie deine Mutter, die schon lange im tiefen Grabe ruht! Traue mir und meinem Zauber! Folge mir, eh' es zu spät.« – Wehe! Nicht widerstehen konnte Anna den verführerischen Worten, sie folgte mechanisch der Alten, und beide schritten eilig dahin über die öde, sumpfige Heide. Irrlichter hüpften wie böse Gedanken oft zu ihnen aus dem Moor heran oder folgten ihren eiligen Schritten, und wenn Anna sich an ihrem Lichtglanz erfreuen wollte, waren sie verschwunden, doch war es, als ob die Hexe Zwiesprache mit ihnen hielte. Plötzlich schien ein mächtiger Riese mit erhobenem Schwerte den Weg versperrend aus der Nacht vor ihnen aufzutauchen. »Erschrick nicht, süßes Bräutchen«, sagte die Alte, »hier sind wir an Ort und Stelle bei der Heidemühle. Willst du noch, was du gewollt?« – Schauer durchrieselten Annas Gebein, und zitternd lispelte sie: »Ich will.« Nun stiegen sie die Treppe der Mühle empor, deren riesenhafte Flügelspeichen sich trotz des heulenden Sturmwindes nicht regten, traten ein in die verlassene Mühle, die nun mit einem Male taghell durch den aus zerrissenem Gewölk tretenden Vollmond beleuchtet wurde, und die Alte begann ihr teuflisches Werk, zog Kreise und murmelte dazu geheimnisvolle, unverständliche Hexensprüche. Dann griff sie in einen alten Sack und zählte laut die Weizenkörner, die sie unter magischen Sprüchen daraus ergriffen, sieben lautete es am Ende. Es war die Zahl der Kinder, welche Anna als Mutter grüßen sollten. »Sieben«, sprach die Alte, »sieben Kinder solltest du in schmerzenreicher Ehe gebären, davor will ich dich schützen, denn stärker ist mein Zauber.« Dann ergriff sie der halb ohnmächtigen Anna Hand, streifte ihr den Verlobungsring ab und warf durch ihn ein Korn auf die Steine der Mühle, die sich plötzlich wie durch einen brausenden Ozean mächtig in Bewegung setzten. Schauer des Todes ergriffen Anna, als sie bei dem Mahlen eines Kornes einen kurzen, schmerzlichen Laut wie das Wimmern eines Hundes vernahm.

Totenstille beherrschte die öde Weite, als das Werk vollbracht war. Anna fühlte ihr Herz in der Brust pochen, sie wagte nicht gen Himmel zu blicken, wo der Vollmond in hellem Glanze strahlte und mit bleichem Schein gespenstige Schatten über die Heide warf, die Anna zu höhnen und zu verfolgen schienen. Lange hörte sie noch das Kichern der Alten, sie eilte wie von Furien getrieben nach ihrem Lager.

Während Anna ihr Seelenheil verschwendet und verloren, wurden im Schlosse des Grafen Anstalten zur glänzenden Hochzeitsfeier getroffen, Boten im Lande umhergesendet, um Freunde zu laden und Künstler zu werben, Wasser, Luft und Erde wurden durch Fischer und Jäger ihrer Bewohner beraubt, die große Zahl der Gäste zu sättigen. Doch was war das für den reichen Grafen, der der letzte seines Stammes, die ungeheuren Reichtümer desselben allein besaß. Mit hundert Edlen holte er am Hochzeitsmorgen die schöne Braut nach seinem Schlosse, die wie eine Königin prachtvoll geschmuckt war. Das Volk schrie auf vor Entzücken, wo der Zug vorüberkam, die Frauen mußten selbst gestehen, daß ein ebenso schönes Weib die Sonne heut schwrlich beleuchte, ja selbst der alte würdige Priester hielt am Altare, ehe er die Zeremonie begann, erstaunt inne, als sie den Schleier zurückschlug. Und hatte doch Anna nicht einmal ihren schönen Tag, glänzte nicht so frisch und rosenrot wie sonst, ehe sie ihre Seele verlor in der Heidemühle. Ihr schuldbewußtes Gewissen peinigte sie immerfort, überall glaubte sie die böse Strandhexe hervortreten zu sehen, ihre Schuld verkündend. Betäubt wurde sie durch die Feier und den Jubel und die Huldigungen der Gäste, sie freute sich ihres Glückes und ihres schönen Gatten, doch als sie in der Brautnacht heimgeführt wurde vom entzückten Bräutigam, war es ihr immer, als höre sie das leise Wimmern aus der Heidemühle.

Sieben Jahre waren im Strome der Zeit dahingerauscht, spurlos für Anna wie die Fluten eines Baches ins unendliche Meer, als der Jahrestag der Vermählung bald wiederkehrte. Gehuldigt wurde der schönen Frau wie vor eben der Zeit, doch glücklich war weder sie noch der Graf, denn der schönste Segen des Hauses fehlte, die höchste Zierde der reizenden Mutter, blühende, fromme Kinder! Anna schien berauscht von ihrem Glück, doch was half dem Grafen Reichtum und Größe, er mußte seinen ärmsten Diener beneiden, dem ein Kind den Namen Vater entgegenlallte, er mußte trauern, denn sein Leben und Lieben blieb unfruchtbar. Schweigend ritten beide einst heim von der Kindtaufe eines Nachbarn, als der Vollmond mit glänzendem Licht heraufstieg. Der Graf ritt gedankenvoll hinter seinem Weibe her über die Heide, wo sie einst frevelte. Grausig ergriff sie die Erinnerung, sie spornte ihr Roß zur Eile, als ihr Mann erschreckt aufsah, denn er erblickte wohl den Schatten des Pferdes, worauf Anna ritt, doch nicht ihren eigenen Schatten. Er glaubte, sie sei vom Pferde gestürzt, eilte ihr näher, entsetzt erblickte er Anna hoch auf dem Roß, aber ihr Leib warf keinen Schatten. Wohl hatte sie das Entsetzen ihres Gemahls bemerkt, bebend vor der Rache ihres Gatten und angst vor dem heimlichen Vergelter, der alle böse Taten an das Licht der Sonne kommen läßt, warf sie sich im Schlosse angekommen dem entrüsteten Grafen zu Füßen und bekannte weinend ihr Verbrechen. Schaudernd vernahm er das Bekenntnis von dem Munde, der ihm sonst schöner als die Rose geduftet, und der ihn nun wie mit Moderluft anhauchte. »Ungeheuer«, rief er, »du hast mich und dich um die edelsten Geschenke des Himmels betrogen! Fahre hin in Not und Jammer – dir fluchend verstoße ich dich aus meinem Schlosse.«

Der Arzt unterbrach hier einige Zeit seine Erzählung, indem ein Bote ihm mehrere Briefe für den fremden Herrn überbrachte, welcher mit dem jungen Maler angekommen sei. Willmann übergab sie dem neuen Gaste, der sich alsbald entfernte, um auf seinem Zimmer die Briefe zu lesen und zu beantworten. Willmann fuhr in seiner Erzählung fort:

Fern von Menschen und Städten wandelte Anna einsam und verlassen. Jeder floh sie, der Kunde ihres Verbrechens bekam. Obdachlos und schlecht gekleidet zitterte sie bei des Windes Sausen durch die Gebüsche, vor dem Rauschen der Bäche, denn alles tönte ihr immer wie das Wimmern aus der Heidemühle. Waren die Menschen hart gegen sie, so fand die Arme auch nicht einmal Trost in der Natur, denn sie, die so unnatürlich gehandelt, fühlte überall, wie schauerlich sie das Band zwischen sich und der Natur zerrissen. So war sie herumgezogen in Armut, Not und Kasteiung sieben Jahre, totenbleich, mit erloschenen Augen und aufgelöstem Haare war sie so lange als verachtete Büßerin die Welt durchirrt, da nahte sich ihr einst im Strahl des Abendlichtes ein milder Greis mit freundlicher, natürlicher Gebärde: »Genug hast du nun gebüßt, folge mir zur Waldkapelle, des Erbarmens milde Stunde erscheint nun dir.« So sprach der Greis und schritt ihr voran, durch den dunklen, wildverwachsenen Wald, bis zur einsamen Waldkapelle, die zwar menschenleer, aber hell und erleuchtet war. »Tritt hinein«, sprach der hohe Greis, »und die du drinnen schauen wirst, bitte, daß sie dir verzeihen mögen.« Zögernd betrat ihr Fuß die Kapelle, sie sah niemand, doch war es ihr, als hörte sie lispelnd ihren Namen nennen am

Altar, wo sieben Kerzen brannten, ohne daß sie Leuchter gewahrte. Ebenso spendete eine Lampe an der Decke hellen Schimmer, ohne daß sie die Schnur, woran sie hing, bemerkte, noch konnte sie die Bilder an den Wänden erkennen, die nur in dämmernden Umrissen schwankten, aber ihre bösen Taten darstellten, die Stufen des Altares waren zerbrochen, Fetzen zerrissenen Tuches hingen herab, keine Messe wurde gelesen aus dem unbeschriebenen heiligen Buch. Nun sah sie sieben leichte Lichtgestalten, ihrer Kinder Seelen, an sich vorüberziehen, welche am verfallenen Altar niederknieten, die Händchen zum frommen Gebete zu Gott erhebend. »Meine ungeborenen Waisen«, rief sie zitternd vor ihrer Missetat, »oh, verzeiht Ihr mir, was ich an Euch tat. Ich habe frevelnd Eure keimenden Herzen ausgestoßen von den süßen Freuden und trauten Schmerzen der Erde! Kann Gott und könnt Ihr vergeben?« Lächelnd nickten sie ihr Vergebung zu und entschwanden zur Höhe. Anna sank ohnmächtig zu Boden in die Arme des Einsiedlers, zu Ende war ihr Schmerz, denn der würdige Greis – war der Tod.

Zu derselben Stunde weckte ein sanftes, melodisches Klingen den bekümmerten Grafen Torupson auf seinem einsamen, traurigen Lager. Anna zog, ihn grüßend, vorüber und legte ihm den goldenen Trauring auf sein Bett. Nie sang er wieder ein fröhliches Lied, noch kam Freude in seine Brust. Verfallen ist seine Burg, und mitternächtig Gevögel durchschwirrt die stolzen Hallen, die einst Schön Annas Bild verschönte.

Der Arzt schwieg, die Freunde schwiegen auch, denn die Sage, welche er mitgeteilt, hatte sie tief ergriffen, und ohne noch, wie wohl sonst geschah, etwas über die Sage zu sprechen, sagte jedes dem anderen gute Nacht.

Neunhundertsiebenundsiebzigste Nacht

Als heute die Männer sich bei Eduard eingefunden hatten, traten auch Alma, Gertrud und Claudine ein, nur Marie war heute bei der Freifrau geblieben, die sich viel besser befand, aber doch noch zu schwach war, um im Salon erscheinen und an dem gewöhnlichen Verein teilnehmen zu können. Ihr Gemahl verweilte bei ihr, der Maler und der mit ihm gekommene Fremde hatten versprochen, den Abend bei Eduard zuzubringen und kamen jetzt auch zu den übrigen.

Das Gespräch kam heute auf die alten Sachsen und ihren Aberglauben, und der Fremde sagte: »Die alten, in England angesiedelten Sachsen, schrieben besonders dem sogenannten Bahrgeist große Macht zu und befolgten seinen Rat sehr gewissenhaft, denn sie glaubten ebenso fest an ihn, als sie ihn fürchteten.«

»Niemals habe ich etwas von diesem Bahrgeiste gehört«, sagte Alma.

»Nun, so erlauben Sie mir, Sie mit dieser Sage vom Bahrgeiste bekannt zu machen«, sprach hierauf der Fremde und begann.

DER BAHRGEIST

Der Bahrgeist ist der Schatten eines Verstorbenen, welcher sich gewöhnlich an dem Orte aufzuhalten pflegt, an welchem sich ein Schatz befindet, oder wo ihm, als er noch lebte, ein Leid zugefügt wurde. Er nimmt stets Anteil an der Familie, welcher er früher angehörte, und an den Bewohnern des Hauses, in dem er früher lebte. Er erscheint als Warner oder als Rachegeist, je nachdem die Person ist, welcher er sich naht. Folgende Sage ist mir in England von einem Baron, welcher sich rühmt, von den alten Sachsen abzustammen, erzählt worden.

Edrick, ein berühmter, sächsischer Held und Besitzer mehrerer fester Schlösser. verliebte sich in ein schönes Fräulein und gewann ihre Gunst. Ihre Eltern, obgleich den Sachsen feindlich gesinnt, willigten endlich doch in ihre Verbindung mit Edrick, welche mit großer Pracht und vielem Glanze vollzogen wurde.

Edricks Gemahlin, Ermengarde, war ein sanftes, schönes Wesen, aber unheimliche, schaudervolle Träume raubten ihr ihren heiteren Sinn, und sie versank in eine stille Schwermut, die ihren die Heiterkeit liebenden Gemahl von ihr entfernte.

Edricks sehnlichster Wunsch, einen Erben zu erhalten, blieb unerfüllt, und seine früher so heiße Liebe zu seiner Gemahlin verwandelte sich nach und nach in Abneigung. Bei einem Feste sah der sächsische Held ein schönes, sächsisches Fräulein, und mit eben der Leidenschaft, welche er früher für Ermengarde empfunden hatte, bemühte er sich jetzt um die Liebe des schönen Fräulein Rowena. Die feurige Rowena fand den schönen, blonden Edrick sehr liebenswürdig, sie nahm seine Schmeichelworte wohl auf und gestattete ihm während der Abwesenheit ihres Vaters mehrere geheime Zusammenkünfte auf dessen Schlosse. Bezaubert von ihrer Liebenswürdigkeit wünschte er sehnlich, sich mit ihr zu vermählen, und dachte bald ernstlich an eine Scheidung von seiner Gemahlin. Verschiedene Male wollte er mit ihr darüber sprechen, aber stets hielt ihn eine gewisse Scheu davon ab, ja wenn sie ihn hold und gelassen ansah, fühlte er, daß er niemals das Wort Scheidung würde über seine Lippen bringen können. Mit freudigem Schreck erfüllte ihn jetzt die ihm heimlich von Rowena mitgeteilte Kunde, daß sie Mutter sei, und Edrick säumte nun nicht länger, sich von Ermengarde zu befreien.

In der nächsten Nacht trat er an das Lager seiner schlummernden Gattin und stieß ihr den Dolch in die Brust. Gegen seine Vasallen und Diener sagte er, daß Ermengarde in einem Anfalle von Wahnsinn sich selbst den Tod gegeben habe und ließ sie, sich sehr traurig stellend, mit großem Prunk beerdigen. Kurze Zeit nachher verband er sich mit der schönen Rowena, ohne sich über den an Ermengarde verübten Mord Vorwürfe zu machen.

Eines Abends saß Frau Rowena in dem Zimmer, in welchem ihre unglückliche Vorgängerin ermordet worden war, beschäftigt Leinenzeug für den zu erwartenden Erben zu nähen, ihre Kammerfrauen hatten sich auf ihr Gebot entfernt, ihr Gemahl befand sich auf der Jagd. Mitternacht war nahe, ohne daß Rowena daran dachte, sich zur Ruhe zu begeben.

Jetzt fühlte sie auf einmal sich von einem eisigen Luftzuge berührt, sie stand fröstelnd auf, um zu sehen, ob ein Fenster offen sei, sie waren wohlverschlossen. Die Frau setzte sich wieder an ihre Arbeit, und aufs neue fühlte sie den empfindlich kalten Hauch, unmutig blickte sie auf und siehe, eine holde, fast durchsichtige Gestalt im weißen Nachtkleide, die linke Hand fest auf eine Wunde am Herzen gelegt, schwebte auf sie zu. Mit Schauder erkannte Rowena in ihr die verstorbene Gemahlin Edricks, sie gewahrte die Blutflecken auf ihrem Gewande und schlug mit zitternder Hand ein Kreuz.

»Ich bin kein böser Geist!« tönte es von den Lippen des schattenähnlichen Wesens. »Auch hasse ich dich nicht, obgleich du die Ursache meines frühen Todes bist. Aber niemals werde ich auf immer ruhen können, bis nicht das Unglück einer Tochter dieses Hauses, das ihr durch einen Mann kommt, meinen blutigen Schatten versöhnt hat.«

Rowena hatte totenblaß und zitternd diese Rede angehört, und schon hatte sich der Schatten längst wieder entfernt, ehe die erschrockene Frau es wagte, sich von der Stelle zu rühren. Mit wankenden Knien verließ sie das Gemach und ging in die große Halle, in welcher sie ihre Diener und Dienerinnen versammelt fand. Von Stund an blieb Frau

Rowena nicht einen Augenblick allein, und um nichts in der Welt wäre sie wieder in Ermengardes Sterbezimmer gegangen.

Einige Tage nach diesem Vorgange kehrte Edrick heim, er fand seine Gemahlin sehr verstört und fragte sie nach der Ursache ihrer Verstimmung. Unter vielen Seufzern und Tränen gestand sie ihm, sich fest an ihn anschmiegend, daß sie den Schatten der verstorbenen Ermengarde gesehen und wiederholte, was die Tote gesagt.

Edrick nannte die Erscheinung ein Gebilde ihrer Einbildungskraft und redete ihr herzhaft zu, doch sein Gewissen sprach anders als sein Mund, und die Versicherung, er wolle eine Nacht in dem Zimmer verweilen, wurde ihm schwerer als es schien.

Gegen elf Uhr nachts begab sich auch wirklich Edrick mit Lichtern versehen in das Gemach. Um nicht fest zu schlummern, setzte er sich auf einen Sessel, die Erscheinung des Bahrgeistes zu erwarten und sie zu fragen, was er zu tun habe, um ihr Ruhe zu verschaffen.

Über eine Stunde wachte Edrick bereits, und schon glaubte er Ermengardes Schatten werde für ihn nicht sichtbar werden, da fühlte er plötzlich das Wehen eines eisigen Hauches, und langsam schwebte die totenbleiche, zarte Gestalt Ermengardes auf ihn zu, die weiße Hand auf die blutende Wunde gedrückt.

Edrick, so mutig er sonst auch war, schauderte, und mühsam glitt die Frage von seinen Lippen: »Was begehrst du und wodurch kann ich dir Ruhe verschaffen?« »Du hast mich in der Blüte meiner Jahre gemordet, ohne daß ich mich auf meinen Tod vorbereiten konnte«, sprach der Schatten, »ich bin nicht gerächt, so wisse denn, keine Tochter deines Stammes wird glücklich sein, bis eine davon das Liebste, was sie besitzt, mir zum Opfer, freiwillig, unaufgefordert von ihren Verwandten bringt, aus Mitleid für mich. Sorge dafür, daß alljährlich an meinem Todestage eine Frau oder Tochter dieses Hauses für das Heil meiner Seele bete, und daß jede Tochter dieses Geschlechtes, sobald sie ihr zwanzigstes Jahr erreicht, eine Nacht in diesem Zimmer bete, wo ich ihr erscheinen und ihr Schicksal verkünden werde.«

Als Edrick einen feierlichen Schwur geleistet, daß er Ermengardes Gebot erfüllen werde, verschwand der Schatten, und Edrick war froh, als endlich der Morgen graute und er das Gemach verlassen konnte. Er versicherte seiner Gemahlin, daß er nicht das mindeste gesehen und gehört habe, und beruhigte sie dadurch einigermaßen, das Zimmer aber ließ er zunageln und verbot jedem im Schlosse es zu betreten, denn er fürchtete, der Schatten Ermengardes möge auch anderen erscheinen und offenbaren, was Edrick getan. Rowenas Stunde erschien, sie war glücklich und leicht von einem Zwillingspaare entbunden, über welches Edrick ganz glücklich war. Doch den dritten Tag starb Rowena, und ihr Gemahl dachte mit Schauder daran, daß dies wohl eine Rache von Ermengarde sein könne.

Seine Kinder, Edrick und Eveline, wuchsen lieblich empor. Eveline war schön und zart wie die Mutter, Edrick kräftig und beherzt wie der Vater. So ein roher, gewissenloser Mann auch Edrick war, so unbeschreiblich liebte er doch seine Kinder, für sie hatte er die Zärtlichkeit einer Mutter und sie hingen ebenfalls an dem rauhen Manne, der gegen sie doch so gut war, mit großer Liebe. Diese Zärtlichkeit für seine Kinder machte den Vater besorgt um das Geschick seiner Lieblinge und an ihrer Mutter frühen, unvorhergesehenen Tod denkend, fürchtete er Ermengardes Rache.

Kaum war die kleine Eveline fähig ein Gebet zu sprechen, so mußte sie für Ermengardes Heil beten, und je älter sie wurde, desto ängstlicher empfahl ihr der Vater, dieses Gebet ja niemals zu vergessen. So verstrich ein Jahr nach dem anderen, der junge Edrick war ein kräftiger Jüngling geworden, ein Jäger, Reiter, Fechter und Kämpfer, an dem der Vater Freude hatte, Eveline eine Jungfrau, von deren Schönheit weit und breit gesprochen wurde, und um welche sich mit Wissen ihres Vaters ein edler Held bewarb, der ihr wohlgefiel.

Jetzt traten beide Zwillinge ihr einundzwanzigstes Jahr an, und Edrick dachte an Ermengardes Gebot. Er fürchtete sich, seine Tochter eine Nacht in diesem Gemache zubringen zu lassen, und fürchtete auch Ermengardes Rache herauszufordern, wenn er es umgehe. Endlich beschloß er, Eveline in das Schloß zu senden, und sagte ihr, daß sie einer alten Sitte gemäß diese Nacht in dem versperrten Zimmer zubringen und für Ermengardes Seele beten müsse.

Sie fand darin nichts Unheimliches, und gewohnt, dem Befehle ihres Vaters zu gehorchen, willigte sie ein. Das Zimmer wurde geöffnet, frische Luft eingelassen, und als die Nacht hereinbrach, betrat es ohne Furcht Eveline, reichlich mit Kerzen versehen. Im Nebenzimmer verweilte ihr Vater.

Eveline kniete in dem Gemache nieder und betete recht inbrünstig, da empfand sie bald eine unerklärliche Angst, es war kalt um sie wie in einem Grabgewölbe, und als sie aufblickte, sah sie Ermengardes Schatten vor sich.

Ein leiser Schrei des Entsetzens drang aus ihrer gequälten Brust, der Schatten aber sprach: »Fürchte dich nicht, du hast für meine Seele gebetet, und ich will dir kein Leid zufügen, doch dein Schicksal muß ich dir verkünden, es wird das meine sein, und noch oft wird es sich in deinen Enkelinnen wiederholen, bis großmütige Entsagung meinem Schatten Ruhe bringt.« Die Erscheinung seufzte tief auf und verschwand.

Eveline stieß einen lauten Schrei aus, ihr Vater trat in das Gemach und fand seine Tochter bewußtlos am Boden liegen. Nach langen Bemühungen kehrte sie in das Leben zurück und erzählte ihrem Vater, was sie gesehen und gehört.

Dieser erschrak, denn er glaubte an die Prophezeihung der ruhelosen Ermengarde und wurde von Stund an von der bangsten Besorgnis um die Zukunft seines geliebten Kindes erfüllt. Eher vergaß das Fräulein, erfüllt vom leichten Sinne der Jugend, die Prophezeihung. Ein Jahr verstrich, mehrere reiche und angesehene, tapfere Männer hatten sich um Evelines Hand beworben, keinem mochte der ängstliche Vater sie vertrauen, endlich, als er schwer erkrankt und ernstlich daran dachte, daß Eveline nach seinem Tode Schutz bedürfe, verlobte er seine Tochter mit einem Jüngling, dem er vollkommen traute und dessen Sanftmut oft den Spott anderer Männer herausgefordert hatte.

Der Jüngling liebte Eveline unendlich, er schätzte es sich für eine große Ehre, Edricks Eidam zu werden, und führte Eveline als seine junge Gemahlin mit Jubel auf sein festes Schloß. Wenige Wochen nach der Vermählung des jungen Paares genas der Held Edrick, und seine Genesung veranlaßte seinen eben heimgekehrten Sohn, den jungen Edrick, wieder hinaus in das Feld zu ziehen, ohne vorher seine Schwester zu besuchen und seinen Schwager Edgar kennenzulernen.

Vollkommen glücklich lebte in dieser Zeit Eveline an der Seite eines Gemahls, der sie unbegrenzt liebte und dessen Sanftmut sich nur dann in Heftigkeit verwandelte, wenn seine Eifersucht rege wurde, die freilich nie von ihm wich, wenn auch Eveline sich sorgfältig hütete, ihm den geringsten Grund dazu zu geben.

Sie wurde Mutter eines lieblichen Mädchens, und ihr Glück schien so vollkommen gesichert, daß der alte Vater Edrick der Prophezeihung kaum mehr gedachte.

Eines Tages saß Eveline in der Dämmerung in ihrem Gemach, da ging die Tür auf und Edrick, ihr Bruder, stand überraschend vor der Schwester. Mit einem lauten Freudenschrei flog sie in seine Arme, beide Arme um seinen Hals schlingend, da stürzte zur unglücklichen Minute ihr Gemahl in das Zimmer, und ihren Bruder, den er nie gesehen hatte, für ihren Buhlen haltend, stach er rasch sein Schwert in Evelines Brust. Edrick forderte den Unglücklichen auf Leben und Tod, Edgar blieb, und Edrick zog mit der Trauerkunde zu seinem Vater, der seine Enkelin Alswitha unter seinen Schutz nahm und auf sein Schloß bringen ließ.

Auf seinem Totenbette bekannte er seinem Sohne, was er an seiner ersten Gemahlin getan, und beschwor ihn, jede Tochter seines Hauses für Ermengardes Ruhe beten zu lassen und die Prophezeihung zu achten, welche jede von ihr vernehmen würde, wenn sie in das dazu bestimmte Gemach an ihrem einundzwanzigsten Geburtstage gehen würden.

Was die ermordete Ermengarde den jüngeren Töchtern aus Edricks Geschlecht verkündet hat, berichtet die Sage nicht, doch das ist gewiß, daß keine verfehlte, das Gebot des Ahnherrn zu vollziehen, und daß alle Prophezeihungen immer zutrafen.

Noch zu Anfang des siebzehnten Jahrhunderts versäumte keine Tochter des Hauses, für den unglücklichen Bahrgeist zu beten und auf seine Prophezeihungen zu merken, leider entging dennoch keine dem Schicksale, welches die Erscheinung ihr verkündete, und fast die meisten aus Edricks Geschlecht starben durch ihre Gatten. Erst nach Jahrhunderten gab ein Fräulein aus diesem Hause, das jüngste, und schönste, ihren Verlobten, den sie unbegrenzt liebte, auf, weil sie fürchtete, es möge sich auch an ihr Ermengardes Prophezeihung erfüllen. Sie liebte den Mann ihrer Wahl über alles, sie wollte den Gegenstand ihrer Anbetung nicht entheiligen, nicht Ursache sein, daß er die Prophezeihung des Bahrgeistes erfülle, deshalb nahm sie den Schleier und starb als Nonne in einem Kloster Schottlands. Später ließ sich auch die unheimliche Erscheinung nicht mehr sehen, Ermengardes Schatten hatte Ruhe im Grabe gefunden.

»Das ist ja schrecklich«, sagte der Arzt, »ich habe schon oft von Familien gehört, die ein eigenes Mißgeschick Jahrhunderte hindurch verfolgt, aber es spricht sich doch immer auf verschiedene Weise aus, wenn in jeder Generation die Frauen eines Geschlechtes durch die Hand ihres Gatten sterben, das ist seltsam und klingt sehr unwahrscheinlich.«

»Und doch«, versicherte der Fremde, »ist meine Geschichte verbürgter als manche, an der kein Mensch zweifelt. Vor mehreren Jahren kam ich in ein englisches Dorf, das jetzt sowie die ganze Baronie, zu welcher es gehört, im Besitz des Lord C... ist, welcher seine Abkunft von dem alten Sachsenhelden Edrick ableitet. Er besitzt ein schönes Schloß, das er selbst erbaut und durch einen großen, geschmackvollen Park verschönt hat. Unweit des Dorfes befanden sich damals noch wenige Überreste eines alten

Schlosses, dessen Lage mir reizender dünkte als die des neuen Schlosses. Ich fragte den Lord, warum er nicht lieber sein neues Schloß an die Stelle des alten erbaut habe, und er sagte mir, seine Gemahlin habe es nicht gewünscht. Später erfuhr ich, daß seine Gemahlin sehr abergläubisch sei und doch, wie meist alle abergläubischen Personen, nichts lieber lese als Sagen und Gespenstergeschichten. So hatte sie denn in der Bibliothek in einem anderen, zweihundert Jahre alten, zu seinen Gütern gehörigen Schlosse, eine alte geschriebene Hauschronik gefunden, welche der Kaplan, welcher zu Edricks Zeiten lebte, begonnen hat, und die seine Nachfolger fortgesetzt haben, bis dies alte, edle Geschlecht ausgestorben ist. Da fand sich denn, daß fast jede der Fräuleins aus dem Geschlechte durch die Hand des Gatten gestorben ist. Einige sind ermordet, andere durch Unvorsichtigkeit oder einen bösen Zufall, aber doch immer durch die Hand des Gemahls oder durch dessen Veranlassung getötet worden, und seine Gattin wünschte nun aus Aberglauben, er möge das neue Schloß nicht auf die Stelle bauen, wo das alte gestanden habe.«

Der Fremde schwieg, die Glocke schlug zwölf und die Gesellschaft trennte sich.

Neunhundertachtundsiebzigste Nacht

Als heute das Gespräch auf den Glauben an den Bahrgeist kam, sprach der Kaplan

In Polen hatte man einen sonderbaren Glauben von Verstorbenen, hauptsächlich in Samogitien. Starb jemand, so bekleideten die Samogitier den Leichnam mit den besten Kleidern, setzten ihn auf einen Stuhl, tranken ihm zu Ehren Bier und sangen: »Ach warum bist du gestorben? Hattest du nicht Trank und Speise? Ach, weshalb bist du gestorben? Hattest du nicht ein liebes Weib? Ach, warum bist du gestorben? Hattest du nicht Haus und Hof? Ach, warum bist du gestorben? Hattest du nicht Rinder, Pferde, Schafe?«

Begrub man die Leiche, so folgte derselben ein berittener Haufen mit gezogenem Säbel, der, um die bösen Geister abzuwehren, in die Luft geschwenkt wurde. Dann setzte man den Toten in einem Hügel bei, legte bei ihm Brot oder ein Gefäß mit Bier oder einige Münzen, und war es ein Weib, Nadel und Zwirn nieder. Des Verstorbenen Gattin mußte dreißig Tage nacheinander bei Tagesanbruch und Sonnenuntergang am Grabe des Mannes weinen. Am dritten, vierten und sechsten Tage nach dem Begräbnistage versammelten sich die Verwandten des Gestorbenen zu einem stillen Trauermahle, bei welchem man die Seele des Abgestorbenen in Begleitung mehrerer Geister gegenwärtig glaubte, dabei bot man ihnen Speise und Trank an und bediente sich keiner Messer. Nach beendigtem Mahle erhob sich ein Priester, kehrte mit ernstem Anstande das Haus rein und sprach: »Jetzt entfernt Euch, fort, Ihr Geister, jetzt habt Ihr Speise und Trank genossen.«

Einst war ein sehr reicher Mann gestorben, wenige Tage nach seiner Verheiratung mit einem schönen, tugendhaften Mädchen. Der Sitte gemäß wurde der Tote beerdigt, eine Hütte im Walde errichtet und der zum Mahle bestimmte Tisch reichlich mit Lebensmitteln besetzt. Wie gewöhnlich setzten sich die Trauernden und die übrigen Leichenbegleiter um den Tisch und luden den Verstorbenen feierlich ein, heraufzusteigen und von den für ihn zubereiteten Gerichten zu essen. Besonders traurig war die Witwe, sie jammerte unaufhörlich, endlich schrie sie laut: »Ach, warum bist du gestorben, du hattest ein liebevolles, getreues Weib! Ach!«

Da schwebte plötzlich die schattenähnliche Gestalt des Verstorbenen unter die Trauernden, alle wurden totenbleich, das Weib zitterte, und mit vernehmlicher, feierlicher Stimme sprach der Geist: »Weib, du hast mich zu deinem Verderben gerufen! Du bist meine Mörderin, denn du hast mich, als ich schlief, mit dem Kissen deines Bettes erstickt, obgleich keine Spur deiner Tat an meinem Körper sichtbar ist, so schreit sie doch so laut um Rache, daß sich das Grab wieder aufgetan hat, damit ich heraussteige und deinen Mord verkünde!«

Das Weib schrie laut auf und sank, vom Schlage getroffen, zu Boden, und der Schatten verschwand.

»Das ist ja schauerlich«, sagte die Doktorin, und der Kaplan sprach:

Desto freundlicher sind die Hochzeitsgebräuche. Die Braut wird dem Anscheine nach mit Gewalt aus dem Hause des Vaters fortgebracht, nicht vom Bräutigam, sondern von zweien seiner Freunde. Am Hochzeitstage wird die Neuvermählte dreimal um den Herd im Hause des Bräutigams geführt, dann wäscht man ihr die Füße, und mit dem zu diesem Behufe gebrauchten Wasser besprengt man das Hausgerät, das Hochzeitsbette und sämtliche Anwesende. Nachher streicht man der Braut, um ihr anzudeuten jeden Streit mit dem Manne zu vermeiden,

Honig auf die Lippen, bedeckt ihr die Augen mit dem Hochzeitsschleier und führt sie an alle Türen des Hauses, dort stampft sie mit dem rechten Fuß auf die Erde, und sogleich breitet man Weizen, Roggen, Gerste, Hafer, Erbsen, Bohnen und Mohn vor ihr aus. Darauf spricht einer der Umstehenden: »Wenn du der Religion treu bleibst, dein Hauswesen richtig besorgst und fleißig bist, wirst du niemals Mangel leiden.« Alsdann nimmt man der Braut die Binde ab und setzt sie an die festlich zubereitete Tafel. Abends, wenn sie tanzt, schneiden junge Mädchen ihr geschickt das Haar ab und führen sie unter Schlägen in das Brautbette.

»Ich finde den letzten Gebrauch eben nicht schön«, sagte Claudine, »und würde ihn mir höflich verbitten.«

»Gewohnheit macht alles erträglich, ja sogar schön«, erwiderte Willmann, und wenn es sonst in unserer Gegend Mode würde, opferten unsere Damen ihre schönsten Locken vom Haupte.«

In demselben Augenblicke stieß Gertrud einen Schrei aus, und auf die Frage, was ihr begegnet sei, versetzte sie: »Ich schaute durch das Fenster, da war es mir, als schwebe eine weißliche, riesenhafte Gestalt vom Garten aus nach dem Schlosse zu.«

»Das Mondlicht und deine Phantasie haben sich vereint, um dich zu täuschen«, sprach freundlich ihr Gatte, »auch kannst du wirklich den Schatten des langen Gärtners gesehen haben, der vielleicht im Garten herumgewandelt ist.«

Gertrud lächelte jetzt selbst über ihre Furcht und sprach: »Es wird so sein, und ist es denn ein Wunder, wenn man endlich furchtsam wird, da Abend für Abend das Gespräch auf Erscheinungen und übernatürliche Gegenstände kommt?«

»Ich weiß nicht«, bemerkte Eduard, »auf mich machen solche Erzählungen die entgegengesetzte Wirkung, je mehr ich davon höre, desto mehr werde ich geneigt, alle Sagen und Gespenstergeschichten für Phantasiegebilde zu halten, oder – bin ich eben anders gestimmt – den unheimlichen Erscheinungen, die ja unseren Vorfahren kein Leid taten, wenn sie gut und fromm blieben, keck entgegenzutreten.«

»Homöopathische Kur«, sagte lächelnd der Doktor, »aber um meine Gertrud zu kurieren, will ich jetzt eine Sage erzählen, welche man sich noch jetzt in Frankreich, wo der Aberglaube stärker und verbreiteter ist als wir glauben, als Tatsache erzählt.«

Colbert hatte Ludwig den XIV. endlich zur Besichtigung der vollendeten Arbeiten im Inneren des Schlosses und der Gärten zu Versailles eingeladen. Alle um den Monarchen wetteiferten, das Großartige des Baues zu preisen. Unterdessen wurde es Nacht, die Herren und Damen drängten sich in den prachtvollen Salons, und eines suchte das andere durch den Reichtum der Kleidung zu übertreffen. Der König ging hochentzückt unter den Gruppen einher und hörte, als er an eine Fenster trat, einen Ausruf des Erschreckens von jemandem, den er nicht sah, weil die großen Samtvorhänge ihn versteckten, wohl aber kannte er die Stimme, es war der berühmte Boßnet, Bischof von Meanx.

Der König trat hinter den Vorhang, fragte, was ihm fehle.

»Ach Sire«, antwortete der berühmte Redner. »Der König wird mich entschuldigen, wenn er erblickt, was meine Augen sahen.« Dabei deutete er durch eine Fensterscheibe in den Garten, den das Mondlicht beleuchtete, dort schritt ein Riesenweib mit einer Mütze, gleich jener der alten Phrygier, und einem dreifarbigen Gewande umher. In der Hand hielt sie eine ungeheure Sense, und mit derselben zerschlug sie und warf darnieder die Statuen, Vasen, Bäume, Säulen. Als nichts mehr zu zerstören war, schritt das Weib auf das Schloß zu und wollte auch dies zu vernichten beginnen. Der König ergriff entsetzt die Hand des Prälaten und sagte: »Wenn Gott es will, kann meine Macht es nicht hindern«, und trat in die Galerie zurück.

Weder er noch der Bischof verschwiegen, was sie gesehen hatten, auch andere hatten das Gespenst erblickt.

Neunhundertneunundsiebzigste Nacht

Die Freifrau war genesen, alle Bewohner des Schlosses versammelten sich heute freudig in ihrem Salon, auch der Fremde, der noch immer seinen Schirm über die Augen trug und, sich mit leichtem Halsweh entschuldigend, wenig sprach.

Alma erzählte heute folgende Sage.

LENORA VOM OYBIN

Als der letzte Raubritter auf dem Oybin hausete, erfüllte der Anblick dieses schönen Berges das Herz des Wanderers mit Entsetzen und Grauen, denn ärger als der Fürst der Hölle trieben es jener Ritter und seine Gesellen.

Nur der alte Burgvogt Benno war nicht wie die anderen, sondern rechtlich und gut, obwohl rauh und strenge, wie es sein Amt mit sich brachte.

Einem Engel zu vergleichen war Lenora, die blühende Tochter Bennos, welche er sorgfältig bewahrte, daß sie fern und unbemerkt blieb von den bösen Rittern und dem losen Burggesinde, und daß sie nichts erfuhr von den Untaten, deren Ritter und Gesinde sich schuldig machten, sobald sie die Burg und den Berg verließen.

Lenora zählte sechzehn Jahre, aber sie kannte noch nichts von der Welt als den Wunderberg, auf welchem das Schloß stand, und das stille, wilde Oybiner Tal. Nie noch hatte sie dieses Tal verlassen und keinen deutlichen Begriff von dem, was sie von der höchsten Höhe des Berges aus in blauer Ferne erblickte.

Da fingen die Raubritter einstmals einen Jüngling, den Sohn eines angesehenen Patriziers aus Zittau, dem die Raubritter feind waren, weil er im Rate die Bürger ermuntert hatte, Klage zu führen wider die Räuber vom Oybin und vom Kaiser zu begehren, daß er das Raubnest zerstöre.

Diesen Jüngling führten sie mit sich auf den Berg in das Raubschloß, um seinen Vater zu zwingen, ein Versprechen zu geben, nichts mehr gegen die Raubritter zu reden noch zu unternehmen.

Weil nun die Listigen den Jüngling veranlassen wollten, daß er seinem Vater eine bessere Meinung von ihnen beibrächte, so hielten sie ihn nicht in strenger unterirdischer Haft, wie solches ihre Art mit anderen Gefangenen war, sondern sie gaben ihm eine ehrliche, ritterliche Haft in dem Teile des Schlosses, wo Benno seine Wohnung hatte, und hielten ihn auch sonst wohl.

Von Bennos Stübchen aus konnte dieser durch ein wohlverborgenes Fenster in das Zimmer hinabblicken, in welchem der junge Edgar gefangen saß, ohne daß dieser etwas davon merkte, und durch jenes Fenster erblickte Lenora den Jüngling, und wie sie ihn erblickte, wandte sich ihr Herz ihm zu, daß sie ihn lieben mußte, als ihre erste Liebe.

Das war ihr erstes Geheimnis, daß sie ihrem Vater nicht mitteilte, aber dem Jüngling hätte sie es noch weit weniger mitteilen können,

Lenora vom Òybin

überhaupt keinem Menschen auf Erden, sondern nur der heiligen Jungfrau.

Hier unterbrach sich Alma in ihrer Erzählung, um sie die folgende Nacht fortzusetzen.

Neunhundertundachtzigste Nacht

Heute fuhr Frau von Seckendorf fort:

Endlich bemerkte der Jüngling doch das liebliche Mädchen, und ihr Anblick erfüllte sein Herz mit Liebe. Er wünschte nichts inniger, als sie bald in der Nähe zu sehen und zu sprechen. Sein Wunsch wurde schneller erfüllt, als er gehofft hatte, der alte Burgvogt erkrankte und gab seiner Tochter den Auftrag, den gefangenen Jüngling mit Speise und Trank zu versehen.

Anfangs wagte der Jüngling der Jungfrau nichts zu sagen, als einige freundliche Dankesworte, daß sie ihn bediene, und Lenora schlug dabei die Augen nieder. Endlich aber fanden sie doch Worte für ihre Empfindungen und gelobten einander im Gefängnisse ewige Liebe und Treue. Obgleich Lenora glücklich durch ihres Geliebten Nähe war, wünschte sie doch sehnlich, ihn zu befreien. Er hatte ihr ja hoch und teuer zugeschworen, sie bald nachzuholen und in Zittau als seine Gemahlin in das Haus seines reichen Vaters zu führen. Er erzählte ihr viel von der schönen, reichen Stadt, von den Festen und Vergnügungen, die dort ihrer warteten, und Lenora, die sich auf dem Berge, so ganz abgeschieden von der Welt, an der Seite ihres ernsten Vaters sehr einsam gefühlt hatte, freute sich jetzt doppelt, daß sie bald dem Geliebten folgen solle. Er versicherte, er würde an der Spitze kaiserlicher Reisige kommen, sie abzuholen, und versicherte ihr, die Untaten der Raubritter würden bald ein Ende nehmen.

Eines Tages hatte der Raubritter mit seinen Genossen einen großen Zug vor, denn ein reicher, mit kostbaren Waren beladener Handelsherr sollte daher des Weges kommen, und sie versprachen sich gute Beute. Weil sie aber fürchteten, der Kaufherr würde nicht ohne starke Bedekkung reisen, nahm der Ritter fast alle seine Knappen mit.

Vorher ließ er den Burgvogt rufen und sagte ihm, daß er den Gefangenen seiner Obhut ganz überlasse. Sorge er nicht dafür, daß der Jüngling wohl verwahrt sei, so koste es seinen Kopf.

Der Burgvogt kehrte in seine Behausung zurück und sagte seiner Tochter, was ihm der Ritter eben befohlen. Da fiel Lenora dem Vater zu Füßen, entdeckte ihm ihre Liebe zu dem Jünglinge, und daß sie ihm zur Flucht habe behilflich sein wollen, und nun holte sie eilends den Geliebten herbei, welcher seine Bitten mit den ihrigen vereinte, und ihm versicherte, er wolle Lenora zum Altare führen, seinen Befreier wie seinen Vater ehren und zeitlebens für ihn sorgen.

Durch die Bitten und Überredungen des jungen Paares wurde der Burgvogt endlich gerührt. »So laßt uns schnell fliehen, kein Augenblick ist zu verlieren!« rief er aus, und führte das Paar in den unterirdischen Gang, der zu jener Zeit vom Oybin aus bis nach Zittau führte.

Schon befanden sich die Fliehenden im Gange und schritten rüstig vorwärts, da vernahmen sie hinter sich Getöse, Stimmen, Waffengeklirr.

Der Raubritter hatte unten im Tale von seinem Kundschafter vernommen, daß der Kaufherr erst in einigen Tagen kommen würde. Er kehrte mit den Seinen um. Oben in dem Schloß vermißte er sogleich den Burgvogt, welcher ihm gewöhnlich das Tor öffnete. Er schöpfte Verdacht, fand das Gefängnis leer und sah, daß die Türe, welche in den unterirdischen Gang führte, nur angelehnt war. Sogleich eilte er den Fliehenden nach, und erreichte sie. Sein Schwert durchbohrte des Jünglings und des Burgvogts Brust, verzweifelnd warf sich Lenora über die Leichen, deren Tod sie sich aufbürdete. Bewegt von ihrer Schönheit wollte der Ritter ihr Leben und Freiheit schenken, ja noch mehr, er gestand ihr seine Liebe und wollte sie zur Herrin des Schlosses machen, aber Lenora antwortete ihm nicht und zerschmetterte sich in wahnsinnigem Schmerze das Haupt an einem hervorspringenden Felsen des unterirdischen Ganges.

Das Raubschloß wurde später von Kaiser Karl IV. zerstört, auch das später gegründete Zölestinerkloster ging ein und der Oybin blieb lange Zeit einsam. In stillen Nächten aber erblickten Dorfbewohner und Freunde der Natur, welche den Berg besuchten, Lenoras Schatten, welcher klagend den Eingang des unterirdischen Ganges bewachte.

Neunhunderteinundachtzigste Nacht

Als Eduard in den Salon trat, verkündete er der Gesellschaft, daß er heute einem bleichen, jungen Manne begegnet sei, welcher sich in der Gegend umgeschaut und in dem Gasthofe des Dorfes sein Hauptquartier aufgeschlagen habe, um von da aus seine kleinen Exkursionen zu machen, und immer wieder zurückzukehren, bis er die Gegend verlassen werde.

»Sein Benehmen«, erzählte Eduard weiter, »war so fein, er verriet so viele Kenntnisse und Bildung, daß ich schon willens war, ihn auf das Schloß einzuladen, wenn nicht sein Äußeres zu abschreckend gewesen wäre, ich fürchte den Damen möchte bei seinem Anblick ein Grauen ankommen.«

»Mein Gott!« rief Alma, »ist dieser Mann den gar so häßlich?«

»Häßlich? O im Gegenteil, er mag sehr schön gewesen sein. Denken Sie sich meine Freunde, einen hohen, regelmäßig gewachsenen aber ganz hageren Mann, Hände schneebleich, die Nägel fast bläulich, ein regelmäßiges, edles Gesicht, aber totenblaß, fast ins Grüne leuchtend, ein pechschwarzes, halbgebrochenes Augenpaar, ganz dunkles Haar und blasse Lippen erhöhten das Unheimliche, das in seiner Erscheinung für mich lag, und seine an sich recht biegsame, angenehme Stimme klang hohl, wie eine Stimme aus dem Grabe.«

»Der Fremde wird doch nicht ein Vampir sein?« sagte von geheimem Grauen erfaßt Claudine.

»Oder der tote Gast«, murmelte vor sich hin der Kaplan.

»Was, der tote Gast? Kennen wir doch diese Sage gar nicht!« sprach die Freifrau. Der Freiherr sagte: »Wie ich ein ganz kleiner Bube war, hörte ich einmal die Dienstboten im Schlosse zueinander sagen, der tote Gast ist wieder da, gebt acht, er holt sich wieder einen aus dem Wirtshause. Natürlich fragte ich mit kindischer Neugier sogleich meine Eltern, was für eine Bewandtnis es mit dem toten Gaste habe, aber sie geboten mir strenge, davon zu schweigen, und ich schwieg. Bald vergaß ich nach Kinderart das Gerede, nur soviel erinnere ich mich dunkel, daß wenige Tage nachher der älteste, etwa zwanzigjährige Sohn des Gastwirts starb, man fand ihn früh tot im Bette. Der alte Kastellan aber muß diese Sage wissen, er mag sie uns erzählen.

»Gnädiger Herr,« erwiderte der alte Mann, »ich bitte ganz untertänig, mich mit der Erzählung dieser leider nur zu wahren Geschichte zu verschonen. Mir würde der tote Gast wohl nichts anhaben, aber ich bin nicht frei von dem Glauben, nennen Sie es immerhin Aberglauben, daß man von solchen Sachen nicht sprechen muß, glauben Sie mir, gnädiger

Herr, es ist besser, wenn man die bösen, unheimlichen Wesen schlummern läßt. Redete ich zuviel von dem toten Gaste, möchte er sich leicht zeigen.«

»Nun, wie du denkst, ich kann meine Neugier besiegen!« versetzte der Freiherr, und Eduard sagte: »Wir hätten alle nicht an den toten Gast gedacht, wenn nicht zufällig heute mir in der Gegend ein junger Mann begegnet wäre, von so leichenähnlichem Aussehen, schwarz gekleidet, ja jetzt fällt es mir ein, in schwarzem Samt und so altmodisch.«

»Und haben der gnädige Herr vielleicht ein bläuliches Mal unter seinem linken Auge bemerkt?«

»Ja, in Wahrheit!«

»Nun dann«, sprach der Kastellan und kreuzte sich, »dann ist es auch der tote Gast gewesen. Er ist nun einmal da, und meine Erzählung kann weder mehr schaden, noch ihn zurücktreiben. So hören Sie denn, meine Herrschaften!«

Alle rückten enger zusammen, Alma schmiegte sich an ihren Gemahl und der Kastellan begann:

DER TOTE GAST

Zu Anfang des Dreißigjährigen Krieges kam ein junger, listig aussehender Mensch mit einem Bündelchen auf dem Rücken nach der Herrschaft Runsitten, daselbst ein Unterkommen zu suchen. Er fand dies bei dem Wirte der Dorfschenke, die damals ein kleines, unansehnliches Haus war.

Der damalige Wirt war ein alter, dummer Mann, der bald die ganze Besorgung des Gasthofes und der Feldwirtschaft dem jungen, flinken Knechte überließ, der sich immer mehr bei ihm einschmeichelte und endlich sogar die Hand seiner einzigen Tochter Margarethe gewann.

Jungfer Margarethe war das schönste, tugendhafteste Mädchen in der ganzen Herrschaft, weshalb ihr auch die große Ehre wiederfuhr, die hochselige, gnädige Freifrau von Runsitten zur Brautführerin zu haben.

Der alte Gastwirt starb, und die jungen Leute erbten, was er hinterließ, viel war es aber nicht, aber doch genug, um die jungen Leute redlich zu nähren.

An einem trüben Herbsttage kam eine alte schwerfällige Karosse des Weges dahergefahren, und hielt, es war gerade zur Mittagszeit, vor dem Gasthofe. Ein ältlicher hochgewachsener Mann in der Tracht, die einen

Ratsherrn oder reichen Kaufmann verriet, stieg aus der Karosse, ein junger Kriegsmann folgte, und beide begaben sich in die Gaststube, die eben mit Menschen aus dem Dorfe gefüllt war, denn ein Landsmann, der unter Wallenstein gedient hatte, war eben nach der Heimat gekommen, weil eine Armwunde ihm einen Urlaub verschafft hatte. Natürlich versammelte sich alt und jung um ihn, von seinen Kriegstaten zu hören.

Der stattliche Fremde und der junge Kriegsmann setzten sich in eine Ecke an ein Tischchen und bestellten sich vom besten Weine und ein Mittagmahl, auch für seinen Diener und den Kutscher bestellte der ältliche Herr reichlich und plauderte dann heiter mit seinem jungen Gefährten. Nun war die schöne Wirtin eine ganz vortreffliche Köchin und sehr artig und anmutig, dabei so sittig und bescheiden gegen die Gäste, denen sie jetzt den Tisch deckte und die Speisen auftrug, daß der ältliche Herr mehrmals versicherte, er wünsche, da ihm nun einmal der Himmel die Tochter versagt habe, sein Sohn Johannes brächte ihm bald eine so hübsche Schwiegertochter in das Haus, wie die Frau Wirtin sei.

Beim Abschiede zog er ein köstliches Ringlein von seinem kleinen Finger und schenkte es der schönen Frau, bezahlte seine Zeche im blanken Golde, und den Wirtsleuten sagte er, daß in einigen Monaten sein Sohn Johannes Wernher, der in Handelsgeschäften reise, diese Straße daherkommen und wahrscheinlich bei ihnen einkehren würde. Sie möchten ihn ja wohl aufnehmen und gut bedienen, denn Johannes sei schwächlich und zu Hause an Bequemlichkeit gewöhnt.

Die Wirtsleute versprachen dies und nahmen dankend von dem alten Herrn Abschied, der mit seinem jungen Gefährten wieder in die Karosse stieg, die mit ihnen davonfuhr.

Neunhundertzweiundachtzigste Nacht

Heute fuhr der Kastellan in seiner Erzählung fort:

Der Herbst verschwand, nach ihm der Winter. Schon sang die Lerche wieder, da stand eines Tages verdrießlich der Wirt des Gasthofes an der Haustüre. Seine Stirn war faltenreich und finster blickte er vor sich nieder, da trat seine Gattin zu ihm und sagte freundlich: »Du siehst so verdrießlich aus, was fehlt dir denn wieder? Gestehe es doch!«

»Ach«, seufzte er, »es ärgert mich, daß ich nicht auch so ein stattliches Haus aufbauen kann wie andere Gastwirte, unsere Schenke verfällt, ich möchte bauen, denn so mancher, der hier übernachten würde, fährt noch weiter in die Nacht hinein, weil hier gar zu wenig Raum ist. Aber das Geld fehlt, und wer nichts zum Anfange hat, bleibt ewig ein armer Teufel und wäre er noch so fleißig, noch so klug.«

»Sei deshalb nicht verstimmt«, tröstete Margarethe, »wir haben nicht Überfluß, doch genügend, und sind noch nie hungrig zu Bette gegangen. Etwas haben wir doch erspart, und sparen wir nur noch einige Jährchen fort, so können wir wohl auch an das Bauen denken.«

Der Wirt wendete sich unmutig ab und seine Frau ging zurück an ihre Arbeit.

Es war schon dunkel, da vernahm das Ehepaar, das allein in der Gaststube saß, Rossehufe, bald nachher wurde an die Haustüre gepocht und die Wirtsleute eilten hinaus, um zu öffnen.

Ein Reiter stieg von seinem schönen Rosse, ein junger, schmächtiger Mann, mit schwarzen Augen und Haaren, in schwarzen Samt gekleidet. Er gab sich seinen Wirtsleuten als den Sohn des Kaufherrn Wernher zu erkennen und verlangte ein Nachtquartier. Das Pferd übergab er an des Wirtes Knecht, den schweren Mantelsack nahm er mit Hilfe des Wirtes vorher herab und trug ihn mit diesem auf das Gemach, welches die geschäftige, vorleuchtende Wirtin ihm anwies.

»Ich habe von meinem Vater gehört«, sprach er freundlich, »daß Ihr freundliche, ehrliche Leute wäret, deshalb übernachte ich hier, denn ich möchte nicht gern in dem ersten besten Wirtshause bleiben, da mein Diener unterwegs erkrankt ist, und zu ** im Spitale liegt. Morgen abend übernachte ich in einer großen Stadt, gebe das, was ich bei mir führe, einem befreundeten Handlungshause in Verwahrung, und bin in vier bis fünf Tagen, so Gott will, glücklich in der Heimat.«

»Hier, Herr, seid Ihr sicher, und führtet Ihr eine Million bei Euch«, sprach lächelnd die schöne Wirtin, der Wirt aber sagte kein Wort, brachte den Mantelsack in eine Ecke des Zimmers und fragte dann nach des Herrn Befehl.

Dieser ließ sich ein schmackhaftes Nachtessen bereiten und begab sich, nachdem er es eingenommen hatte, zur Ruhe.

Gestärkt erwachte er am anderen Morgen, ging in den Stall, nach seinem Pferde zu sehen, das er wohlversorgt fand, und begab sich dann in die Gaststube, um ehe er seine Reise weiter fortsetzte, ein tüchtiges Frühstück zu sich zu nehmen. Während er nun mit seiner Wirtin plauderte und sich das treffliche, gewürzte Bier mit Honig schmecken ließ, schlich sich der Wirt in des Fremden Zimmer und öffnete leise und sorgfältig den wohlzugeschnallten, ledernen Mantelsack seines Gastes. Gierig zog er einige schwere, mit Goldstücken gefüllte Rollen heraus, schob mit zitternder Hand drei andere, mit Kupfermünzen beschwerte hinein, und schnallte den Mantelsack wieder so fest und geschickt zu, daß der Gast nicht das geringste merkte, als er ihn mit Hilfe des Gastes wieder auf das Roß befestigte. »Noch ein Schlückchen Magenwein für die kühle Morgenluft«, sagte der Wirt, dem Reisenden ein Glas bietend, dieser trank es aus, grüßte noch einmal, gab dem Rosse die Sporen und ritt davon.«

»Kommt bald wieder, Herr!« rief die Wirtin ihm nach. Der Wirt aber sprach leise: »Dieser wird wohl nicht wiederkommen, ich möchte ihn auch nicht wiedersehen!« Hierauf gingen beide in das Haus zurück, die Frau in ihre Küche, der Mann in sein geheimes Kämmerlein, wo er das Geld zählte, und dann es so gut verbarg, daß es kein Mensch sehen konnte. Den anderen Tag kam der Wirt zur Mittagszeit herunter in die Gaststube, wo sich einige Fremde eingefunden hatten. Die Wirtsleute und die Gäste setzten sich zu Tische und speisten, doch blieb der Wirt verstimmt, so daß seine Frau sagte: »Sei doch heiter, es ist ja heute der sechsundzwanzigste März, der Geburtstag unseres Franz, du hast dem dicken Buben noch nicht einmal etwas geschenkt.«

»Es soll noch geschehen!« sprach der Wirt, sich freundlich zu dem hübschen Jungen wendend. Da ließen sich Schritte auf dem Flur hören, die Wirtin horchte auf und der Bube sprach: »Es kommt noch ein Gast!« Dem Wirte wurde aber glühend heiß, dann wieder kalt und jetzt öffnete sich langsam die Stubentür, durch welche der Gast von dieser Nacht, Herr Johannes Wernher trat.

Der Wirt schlug die Augen nieder, denn er erwartete jetzt eine Frage, auf welche er keine Antwort geben konnte, die Wirtin stand auf und sagte freundlich: »Ei Herr, seid Ihr wieder da?«

Aber der Gast gab keine Antwort, und allen kam ein Grauen an über seine Totenblässe.

Er ging auf den Wirt zu und flüsterte ihm einige Worte ins Ohr, die alle Lebensfarbe aus des Wirtes Antlitze trieben, dann ging er langsam der Türe zu, die Wirtin und die Gäste sahen ihm staunend nach, und einer derselben folgte ihm und faßte ihn an, fragend: »Herr, was begehrt Ihr hier?« Aber der Mann gab keine Antwort, sondern reichte dem Frager seine eiskalte Hand, da schrie dieser auf: »Herr Jesus, der Gast ist ein Toter.« Und der Gast verschwand.

Lange Zeit sprach man in der Gegend von dem toten Gaste, und das

Wirtshaus wurde als ein unheimlicher Ort gemieden. Da kam dem Wirte die Kunde, einer seiner wohlhabenden Verwandten sei gestorben und habe ihn zum Erben eingesetzt, und er reiste fort nach Österreich, die Erbschaft zu heben.

Während seiner Abwesenheit sprach man von der Erbschaft, und nach und nach wurde der tote Gast vergessen.

Einst als die Wirtin allein war, hielt die Karosse des Kaufherrn Wernher vor den Hause und der ehrenwerte Herr stieg aus, wieder zu Mittag in dem Wirtshause zu essen.

Als die Frau Margarethe sah, daß er schwarze Trauerkleider trug, fragte sie teilnehmend nach dem Befinden seines Sohnes, denn ihr ahnete nichts Gutes.

»Er ist tot!« war seine Antwort. »Eine gute Tagereise von hier, hat ihn in einem Wirtshause der Tod übereilt. Die Wirtsleute haben sogleich Anzeige gemacht, die Gerichte haben seinen Nachlaß in Verwahrung genommen, aber nichts gefunden als drei Rollen voll Kupfermünzen und einiges Silbergeld. Anfangs dachte ich an Mord und Beraubung, aber sein Leichnam hat durchaus keine Wunde gezeigt, und Räuber hätten gewiß auch seinen kostbaren Fingerring und noch einen Schmuck, der sich im Mantelsacke fand, nicht vergessen. Er muß das Opfer einer feinen Betrügerei geworden sein oder das Gold, das er nach Hause bringen sollte, auf irgendeine andere Weise verloren haben. Doch wo ist Euer Mann, liebe Frau?«

»Verreist, eine kleine Erbschaft zu heben!«

Der Herr schwieg und blickte sinnend vor sich nieder, eine Träne fiel in sein Glas, dann stand er auf, musterte noch einmal seinen Anzug und ließ sich von seinem Diener auf dem Schlosse bei dem hochseligen, hochwohlgeborenen Freiherrn von Runsitten melden, welcher ihn sogleich zu sich bescheiden ließ und ihm geheimes Gehör schenkte.

Was die beiden Herren, der gnädige Herr und der Herr Wernher, miteinander verhandelt haben, weiß ich nicht, nur soviel ist gewiß, der gnädige Herr bot gastfrei dem Fremden Wohnung auf dem Schlosse an, und dieser wollte daselbst die Zurückkunft des Gastwirtes erwarten.

Der Himmel wollte nicht, daß der Kaufherr forschen und richten sollte, einige Tage nach seiner Ankunft starb er am Schlage und wurde feierlich beerdigt und in der Familiengruft beigesetzt, wo sein Sarg noch tief unten zu sehen ist, mit Zinn beschlagen, auf dem Deckel obenauf J. W., die Anfangsbuchstaben von des Verstorbenen Namen.

Der Gastwirt kam zurück, er klagte, daß sich die Erbschaft kaum der Mühe lohne, und der Bau, von welchem er vor der Reise gesprochen hatte, unterblieb. Er wurde jetzt sehr genau und sparsam, besuchte fleißig die Kirche, und endlich lieh er sich von dem hochseligen Freiherrn von Runsitten ein kleines Kapital und begann zu bauen, nach drei Jahren war das jetzige, stattliche Haus fertig, herrlich alles eingerichtet, schönes Silbergeschirr darin, Betten, Wäsche, es war zum Erstaunen, wieviel der Mann für sein weniges Erspartes und für das kleine geliehene Kapital angeschafft hatte.

»Doch es wird spät«, unterbrach sich der Kastellan in seiner Erzählung, »die Herrschaften werden sich nach Ruhe sehnen, morgen erzähle ich weiter.«

Neunhundertdreiundachtzigste Nacht

Heute fuhr der Kastellan fort

Das neue Gasthaus wurde mit einem Schmause eingeweiht, wobei es gar lustig zuging, der Wirt besonders war heiter, denn in dem alten Hause hatte es ihm die Jahre daher gar schlecht gefallen. Er sah überall den Gast stehen, der lebensvoll und fröhlich geschieden und tot wiedergekehrt war.

»Wer wird wohl der erste, fremde Gast in diesem Hause sein?« sprach am anderen Abend die Wirtin zu ihrem Manne, da hörten sie Rossehufe, es pochte an die Türe, die Wirtin öffnete und sank mit einem lauten Schrei zu Boden.

Der Mann trat hinzu, er erkannte den toten Gast. »Kommst du wieder?« stöhnte er. »Was kann ich tun, deinen Schatten zu versöhnen?«

»Ein Kind, dein Liebstes, dein Sohn ist mein, wie du, dem mich mein Vater empfahl, will ich handeln.«

Er verschwand. Der erschrockene Wirt bemühte sich lange vergebens, sein Weib ins Leben zurückzurufen. Endlich schlug sie die Augen auf, sie wurde auf ihr Zimmer gebracht und sorglich gepflegt, doch starb sie schon am anderen Tage, die Unschuldige sollte nicht mitbestraft werden, denn drei Tage später starb des Wirtes ältester Sohn. Viele im Dorfe wollten den Abend, als der Wirt ihn gesehen hatte, den toten Gast ebenfalls erblickt haben. Andere hatten ihn hinter des Jünglings Sarge gesehen. Wieder wurde eine Zeitlang von dem toten Gaste gesprochen, auch vernahm der hochselige Freiherr manches, was ihm Verdacht gegen den auf so unerklärliche Weise reich gewordenen Wirt einflößte, aber er sprach: »Gott hat schon gerichtet!« und dem Wirte geschah nichts.

Er verheiratete sich nicht wieder und lebte still mit den beiden Kindern, die er noch hatte, einem Sohne und einer Tochter. Die Kinder wuchsen heran, der Sohn heiratete und wurde Vater von zwei allerliebsten Kindern. Den einen Buben besonders hatte der Großvater lieb, es war ein stiller, sanfter Bursche, das Ebenbild der Frau Margarethe.

Täglich und stündlich beschäftigte sich der Greis mit ihm und war dessen größte Freude.

Wie oft zu geschehen pflegte, saß eines Abends die ganze Familie vor der Türe, da sprach die Wirtin: »Ei seht, da kommt ein fremder, altmodisch gekleideter Herr auf das Haus zu, das ist ein seltsamer Gast.«

Alle blickten auf, der Greis aber murmelte: »Der tote Gast!«, und sank wie tot nieder.

Der Fremde trat zu der erschrockenen Familie, sah den Wirt an und sprach mit hohler Stimme: »Mann, fliehe dies Haus, es ist vom Blutgelde erbaut, du wirst hier viel Kummer erleben und alle deine Nachkommen.«

Der Wirt erinnerte sich, ihn kurz nach seiner Mutter Tode an seines Bruders Sarge gesehen zu haben. Ihn schauderte, er kannte den toten Gast gar wohl. Seine Rede merkte er sich und sah der unheimlichen Erscheinung mit pochendem Herzen nach.

Seine Familie hatte indessen den Großvater zu Bette gebracht, an welches er jetzt eilte. Der Greis war wieder bei sich, doch dem Tode nahe, er ließ den Geistlichen kommen, beichtete und bekannte, daß er dem Herrn Johannes Wernher kurz vor seiner Abreise ein Gift gegeben habe, dessen Wirkung ihm wohlbekannt gewesen sei, denn sein Vater sei einer von den geschicktesten Laboranten gewesen. Auch seinen Raub und alle näheren Umstände dabei entdeckte er und beschwor seinen Sohn das Haus zu verlassen, auf dem ein Fluch ruhe. Dann starb er.

Walther, sein Sohn, erfüllte des verstorbenen Vaters Wunsch aus schnödem Geize nicht, er blieb und freute sich sogar der Tat seines Vaters, weil er ihr seinen Reichtum dankte. Jahre verstrichen, und sein ältester Sohn, welcher im Dorfe das Mühlenhandwerk erlernt hatte, wollte in die Fremde gehen. Der Vater gab einen lustigen Abschiedsschmaus, und alle, bis auf einen der Gäste, der nicht gekommen war, hatten am runden, reichlich mit Speisen besetzten Tische Platz genommen, da hörte man Schritte.

»Wer kommt?« »Es wird der Gast sein!« ertönte es am Tische, und herein trat der tote Gast, ging einmal langsam um den Tisch herum und verschwand. Am anderen Morgen wurde des Wirtes ältester Sohn tot im Bette gefunden.

Dieser Vorfall machte Aufsehen, kam wieder in Vergessenheit, wie es der Welt Lauf ist.

Der Wirt starb, sein Weib, seine Freunde, sein zweiter Sohn übernahm den Gasthof, nahm ein Weib und lebte ruhig als Vater sechs fröhlicher Kinder.

Zwanzig Jahre und länger hatte der tote Gast sich nicht blicken lassen, nur die älteren Leute erinnerten sich noch dieser Erscheinung, die jüngeren fingen schon an, die ganze Begebenheit eine Sage zu nennen.

Da kam eines Tages der tote Gast in das Wirtshaus, und alle, die sich eben in der Gaststube befanden, entflohen. Am anderen Morgen fand man des Wirtes ältesten Sohn tot in seiner Kammer.

Nun ging der neunzigjährige Geistliche des Ortes zu dem gebeugten Vater und erzählte diesem, was sein Großvater getan, bat ihn auch, das Haus zu verlassen, doch der Wirt entgegnete: »Würdiger Herr, stirbt stets der Älteste, so kann ich nun doch meinen Sohn nicht mehr retten, er ist hin, und die anderen Kinder verschont der tote Gast. Ich bin nicht mehr jung, ich will sterben, wo ich geboren bin, meine zweiter Sohn mag es einst halten, wie er will.«

Der Geistliche schüttelte den Kopf, aber der Mann blieb und starb in seinem Hause. Der Sohn übernahm es, und meinte, der Spuk könne doch nicht ewig währen.

Er heiratete und kümmerte sich im Kreise blühender Kinder nicht um die dunkle Sage. Jahre verstrichen auch ihm, sein Haar fing sich an zu bleichen, sein ältester Sohn war in der Fremde, seine Tochter verheiratet, die jüngsten, ein Zwillingspaar, hatten sich noch keinen Stand gewählt.

Da wurde der älteste Sohn zum Besuch erwartet, die Mutter hatte die Kammer für ihn geschmückt und das Mahl bereitet, jeden Augenblick wurde er erwartet und kam nicht. Endlich, als es schon dunkelte, gingen beide Eltern vor die Türe, denn sie hörten ein Roß. Wirklich erkannten sie ungeachtet der Dämmerung den geliebten Sohn auf dem Rosse, jetzt wurde es scheu, bäumte sich, wie vor einem ihm furchterregenden Gegenstande, die Eltern eilten erschrocken vorwärts, sie sahen den Sohn vom Pferde stürzen und sahen seitwärts auf der Straße – den toten Gast.

Der älteste von den, den Vater überlebenden Söhnen hatte die Absicht, das Haus zu verkaufen, aber es fand sich kein Käufer, der den vollen Wert des Hauses bezahlen wollte, und so behielt er es denn, zog aber fort von hier und verpachtete es. Erst sein Enkel, der Großvater des jetzigen Wirtes, welcher die ganze Geschichte nach Art der jüngeren Generationen für eine gut erfundene Sage hielt, zog wieder hierher und nahm den Gasthof in Besitz. Daß ihm in diesem Hause sein ältester Sohn starb, hielt er für Zufall, und niemand wagte es, den unglücklichen Mann aufzuklären, obgleich viele den toten Gast hatten mit zu Grabe gehen sehen. Der jetzige Wirt, damals noch ein Kind, hat auch niemals daran geglaubt, und denkt, wenn ihm jemand den Rat gibt, fortzuziehen, man will ihm das Haus um einen Spottpreis ablocken. Vierzig Jahre sind es, daß sein Bruder starb, an dessen Tod Sie, gnädiger Herr, sich noch erinnern«, fuhr der Kastellan nach einer Pause fort. »Seitdem hat der tote Gast sich nicht sehen lassen, und jeder hat sich gefürchtet, von ihm zu sprechen; jetzt ist des Wirtes ältester Sohn zwanzig Jahre alt – und Gott füge alles zum besten!«

Der Kastellan schwieg, die Glocke schlug zwölf und die Gesellschaft ging auseinander.

Neunhundertvierundachtzigste Nacht

Heute erzählte Eduard dem Maler, daß man beschlossen habe, einmal Komödie im Schlosse zu veranstalten. »Hoffentlich doch ein Puppenspiel«, fragte Reiner, »dann könnt' ich mit einer dramatischen Bearbeitung der alten Sage von Eulenspiegel aufwarten. Ich besitze das Manuskript durch die Güte des Verfassers der ergötzlichen Posse.« Reiner wurde um Mitteilung des Manuskripts ersucht und las in den drei folgenden Nächten das dramatische Märchen »Eulenspiegel«.

TILL EULENSPIEGEL

Zauberspiel in drei Akten

Personen

Alamir, Geisterfürst
Till, sein Sohn
Murky, Zauberer
Bettinerl, Murkys Tochter
Schnupperle, Alamirs Kammerdiener
Mehrere Zauberer aus verschiedenen Ländern
Der Genius der Zeit
Der Tod
Der Teufel
Genien und Nymphen
Frau Anna Eulenspiegel, eine arme Witwe
Till, deren Sohn
Schlaglieb, Schullehrer des Dorfes
Meister Zickel, Dorfschneider
Zwirn,
Nadel, Zickels Gesellen
Bügel,
Scheer,
Schulkinder des Dorfes
Der Schulze, Bauern und Bäuerinnen
Ein Schenkwirt
Heller, Buschklepper
Pfennig,
Quirilus genannt *Wurmsam,* ein Marktschreier
Frau Wurmsam
Der Hospitalvater
Totengräber
Viele Kranke
Bettelvögte
Freiherr Moses von Fegesack
Intendant
Verwalter
Köche und Köchinnen in Fegesacks Hause
Küchenjungen,
Bediente

Herren und Damen als Gäste
Böhmische Musikanten
Nachtwächter
Bustorius, Elephantenwirt zu Mölln
Heinrich, Oberkellner
Korax, ein Bewunderer
Friedrich, Kammerdiener
Mehrere Reisende
Ein Schneidermeister
Viele Schneider, Bürger, Ausrufer, Soldaten
Klaus, Ratsdiener in Bremen

Handlung geht teils im Geisterreiche, teils auf Erden vor

ERSTER AKT

(Prachtvoller Saal in Alamirs Geisterburg, mit einer reichgeschmückten Tafel im Hintergrund)

Erste Szene

Alamir, Murky und viele Zauberer sitzen an der Tafel, essen und trinken, von Schnupperle und seinen Gehilfen bedient. Genien, idealisch gekleidet, mit Blumengewinden in den Händen, führen anmutige Tänze auf.
Chor der Genien Laßt Gesang und Spiel ertönen!
Dreht euch rasch im leichten Tanz,
diesen Festtag zu verschönen.
Leicht und luftig,
zart und duftig
hascht der Freude Blütenkranz.
(Der Tanz endet)
(Alamir, Murky und die andern Zauberer erheben sich und gehen in den Vordergrund)
Alamir (zu den Genien) 's ist genug Kinder! Ihr könnt nun gehen und euch auf die gehabte Motion zu Tisch setzen, und weil ihr eure Sachen gut gemacht habt, so sagt's meinem Kellermeister, meinen Gruß und er sollt' euch einige zwanzig Flaschen Aktien-Champagner geben. Trinkt

ihn auf unsere Gesundheit, aber betrinkt euch nicht – allez! *(Die Genien ab)* Schnupperle!
Schnupperle Meister!
Alamir Geh hin und schau dich um, wo mein Sohn sich herumtreibt, und bring ihn daher.
Schnupperle Wohl, Meister! *(Geht ab)*
Murky (zu Alamir) Nun Herr Bruder bitt' ich dich, daß du uns endlich sagst, warum du uns durch expresse Stafetten hast zusammenrufen lassen? Du schaust ja so finster drein, drückt dich der Schuh, so rede frei, wir alle sind bereit dir zu helfen, wenn wir nämlich können und das Schicksal nichts dawider hat.
Alamir (seufzend) Das ist eben mein Kummer, daß ich trotz meiner großen Wissenschaft nicht weiß, ob Ihr mir helfen könnt. Ach, und beinahe glaub' ich's, daß all Euer guter Wille und all Eure Müh verloren ist, denn, daß ich's kurz sage, mit einem Wort: es betrifft meinen Sohn.
Murky Meinen Schwiegersohn in spe?
Die Zauberer Den jungen Herrn von Till?
Alamir Ja, den Till! Es ist ein Taugenichts in Folio.
Die Zauberer Ei, ei!
Murky Hör', wenn das ist, da bekommt er meine Tochter nicht zur Frau. Ist er denn so gar ausgelassen geworden?
Alamir Konträr – er ist ein Duckmäuser, ein Kopfhänger, ein Bußprediger.
Alle Zauberer O je, wie ist er denn das geworden?
Alamir Auf eine närrische Weise! Schaut's, ihr wißt's ja alle, er war ein hübscher, lebendiger Junge, als er noch klein war, und auch in seinen Lümmeljahren hab' ich nichts an ihm auszusetzen gewußt; aber was geschieht?
Als ich ihn auf unsere Geisteruniversität schicke, damit er die Zauberei aus dem Grunde studieren soll, da kommt er mit andern jungen Burschen zusammen, die setzten ihm allerlei konfuse Ideen in den Kopf von Aufklärung und Gleichheit, von einem jungen Geistertum, und was weiß ich! – Kurzum, darüber vergißt er, was er schon gelernt hat, und als es zum Examen kommt, fällt er total durch.
Die Zauberer O weh!
Murky Pfui, was für eine Schand'! –
Alamir Von Stund' an schimpft er wie ein Rohrsperling auf unsere alte Geisterverfassung und alte die gute Zeit! Kommt ihm einer in den Weg, der was rechtes gelernt hat, so sagt er: »Das ist ein Philister, ein Pedant,

ein Perückenstock.« Schaut er einen, der fröhlich und wohlgemut in den Tag hinein lebt, so sagt er: »Der erkennt seine Bestimmung nicht und hat keine zerrissenen Ideen« – kurz, überall findet er etwas zu verbessern und zu bekritteln, ausgenommen an sich selbst, der er doch nichts kann und zu nichts nütz ist.
Murky Ein sauberes Früchtchen, das!
Alamir Auf einmal wird er still! Ich denk' schon, er wird wieder zur Vernunft kommen, aber da fängt er an mystisch zu werden und fromm, und da ist er noch zehnmal ärger als vorher.
Die Zauberer Ei, ei, hm, hm. –
Murky Das ist ja ein Höllenbrand!
Alamir Nicht wahr? – Ich unglücklicher Vater ich! –

Zweite Szene

Die Vorigen, Schnupperle
Schnupperle Meister!
Alamir Schnupperle, hast du ihn gefunden?
Schnupperle Ja.
Alamir Wo?
Schnupperle In der Kuchel, er hat den Kuchelmadeln einen neuen Roman vorgelesen, betitelt: »Die Kuchelmüden oder Der ideale Teekessel.« – Da kommt er!
Die Zauberer Der Teekessel?
Schnupperle Nein, der junge Herr!

Dritte Szene

Till, die Vorigen
Till (tritt ein, ohne auf jemanden zu achten) Wie pocht mein Herz so schütterlich! –
Wie ist mir doch so bitterlich,
so angst, so weh und zitterlich,
so grabesdunstig, witterlich, –
ich bin ein armer Hund.
Alamir (zu den Zauberern) Da hört's! *(zu Till)* Till!
Till (finster) Du hast mich rufen lassen, alter Mann?
Murky (zu Alamir) Red't er so mit seinem Herrn Papa?

Alamir Das ist die neue Mode! *(zu Till)* Ja mein Sohn, ich ließ dich rufen, um im Verein mit diesen meinen alten Freunden noch einen Versuch zu machen, dir deinen verwickelten Kopf wieder zurechtzurükken.
Till Bist du tugendhaft?
Alamir Was?
Till (zu den andern) Seid ihr weise?
Die Zauberer Wie?
Till Ach, die Weisheit ist euch so ferne, wie die Tugend, ihr gehört alle zu den Böcken, welche ein Greuel sind den Auserwählten.
Murky Hören Sie, junger Herr! Sie sind sehr grob! Ihr Herr Papa ist ein braver, vernünftiger Mann, und wir andern sind auch nicht von der schlimmen Sorte.
Till Welche Offenbarung habt ihr, welche Erkenntnis eurer Niedrigkeit, Sündigkeit und Verworfenheit? Vermögt ihr es, in Demut euch zu erniedern, indem ihr euch aufschwingt zur höchsten Potenz des Reingeistigen? –
Murky Sapperlot! Wir sind honette Zauberer und haben das Unsrige gelernt.
Till Die auserwählte Jugend straft mit Verachtung jeden, der nicht denkt und tut wie sie. Eure Interessen sind gemeiner Natur! Ihr seht nur auf das, was nützt und gut und schön euch dünkt – die auserwählte Jugend sieht weiter.
Murky Na, und was schaut sie denn?
Till (begeistert) Untergang dessen, was besteht – unbegrenztes Walten des Ichs im Chaos!
Murky Da wollen Sie also mein Bettinerl nicht heiraten?
Till Weiche von mir Versucher! – Grausen erfaßt mich in Eurer ungeweihten Nähe! Tränen des Jammers möcht' ich weinen über Euch, wenn nicht die höchste Tugend, die höchste Seligkeit nur im Anschau'n unseres Ichs bestünde. Ihr kümmert mich nicht.
Die Zauberer (murrend) Nu, nu!
Alamir (weinend) Da seht's, was für einen Esel ich zum Sohn hab'! Ich unglücklicher Vater ich!
Murky Brüderle, ich bitt' dich, ärgere dich nicht auf die Mahlzeit, übergib ihn mir in die Kur, laß mir freie Hand, hör mich an! *(Er redet leise mit Alamir und den anderen Zauberern)*
Till Ratschlagt nur, törichte Alte, die Jugend spottet eurer Anschläge.
Murky (zu Alamir) Also abgemacht. *(zu Till)* Heda, junger Herr! Ihr Herr Vater, mein guter Freund, hat mir volle Macht über Sie gegeben,

doch bevor ich etwas mit Ihnen vornehme, frag' ich Sie, was habens auf unserer hohen Schule gelernt?
Till (sehr stolz) Nichts.
Die Zauberer (lachen)
Alamir Und das kost' mich 6000 Taler für drei Jahr!
Murky Desto besser, da kann er sich nicht helfen. *(zu Till)* Und unser Reich gefällt Ihnen nicht.
Till Ich verachte es, wie das objektive Sein überhaupt, denn nur die reine Subjektivität ist Größe. –
Murky Das versteh' der Teufel! Gelernt hat er nichts, aber übergeschnappt ist er! *(zu Till)* Und meine Tochter wollens nicht heiraten und nicht lustig und gottvergnügt Ihre Jugend genießen.
Till (mit Verachtung) Gemeine Natur, ich trotze jeder Versuchung.
Murky Wohl denn, so verbanne ich dich auf so und so viele Jahre aus unserm Geisterreich, kraft der mir von deinem Vater verliehenen Gewalt über dich! – Hinab mit dir zur Erde! Werde ein Mensch! – Und weil du dich für weiser und besser hieltest denn alle Geister, so sollst du so viele Torheiten und Schelmenstreiche verüben, als noch nie ein Mensch vor dir. Und dennoch sollst du am Ende deiner Prüfungszeit erkennen und es eingestehen, daß du als Narr unendlich weiser und edler warst, wie du es jetzt zu sein wähnst. Dies deine Strafe! Schnuri, muri, abracadabra! *(Berührt den Till mit seinem Zauberstab, Till sinkt auf einen Sessel, welcher sich in eine große Eule verwandelt, worauf Till reitet; die Eule fliegt auf, um sie her eine Menge Affen, welche dem Till kleine Handspiegel vorhalten und ihm Gesichter schneiden.)*
Chor der Zauberer Dies deine Strafe! Fahre hin! –
Die Lehre bringe dir Gewinn.

(Die Eule mit Till sowie die Affen fliegen davon; die Zauberer und Alamir versinken; rasche Verwandlung)

Vor dem Dorfe Knettlingen

(Rechts im Hintergrund das Haus der Frau Anna Eulenspiegel, gegenüber das Haus des Schulmeister, rechts im Vordergrund das Haus des Meisters Zickel mit einer verschlossenen Klapplade vor dem Fenster neben der Haustür. Vor diesem Haus ein freistehender, in die Erde gerammter Pfosten, worauf der Laden, wenn er niedergeklappt wird, ruht, so daß er dann als Schneidertisch dient.)

Vierte Szene

Frau Anna Eulenspiegel, von vielen Bewohnern des Dorfes umringt. Unter ihnen der Dorfrichter und Schlaglieb, der Schulmeister.

Chor der Dorfbewohner (Alle, auf Frau Anna einredend)
Nein, Ihr müßt auf Mittel denken!
Euer Bube treibt's zu toll!
Nur von Ränken und von Schwänken
hat er alle Säcke voll.
Die Weiber Seine Bosheit, ohne Ende,
findet Mittel Tag für Tag,
wie er listig und behende,
neue Schalkheit üben mag.
Alle (lärmend) Keiner ist vor seinen Streichen
sicher in dem eig'nen Haus! –
Will sein böser Trieb nicht weichen,
müßt Ihr aus dem Dorf' hinaus.
Anna (weinend) Ach, liebe Freunde und Nachbarn! Was soll ich arme alte und schwache Frau mit dem ungeratenen Buben beginnen? – Verlacht er nicht alle meine mütterlichen Ermahnungen und Lehren? Ich kann euch nicht helfen, da ich mir selber nicht zu helfen weiß. Tut was ihr wollt, jagt ihn aus dem Dorfe, mir ist's all eins.
Der Dorfrichter Sapperment! Aber uns nicht! Was hilft es uns, wenn wir Euern Till davonjagen, er käme doch wieder!
Und gesetzt, er käme nicht wieder, so behalten wir Euch auf dem Halse, und eine hohe Obrigkeit des Dorfes Knettlingen muß für Euch sorgen.
Schlaglieb Ihr müßt ihm, wie wir gelehrten Thebaner sagen, morum lehren, kraft Eurer mütterlichen Gewalt per matrem et patrem. Ich als ein Fremder konnte trotz aller aufgewandten Sorge und Mühe nichts Ordentliches aus dem Buben ziehen, obgleich ich meinen Wahlspruch: »Haut Cäsar, haut Nihil«, sowie mein Prinzip: »prügulum Buckulum brunum et bluum!« zu deutsch: »Prügelt ihm den Buckel blau und braun!«, getreulich auf ihn anwandte und übte.
Anna Du guter Gott! Wie soll ich den großen Buben jetzt noch schlagen?
Schlaglieb Kurz und gut, das ist Eure Sache.
Alle Das ist Eure Sache.
Schlaglieb Und deshalb müßt Ihr sehen, wie Ihr ihn bessert.
Alle Ja, das müßt Ihr sehn.

Schlaglieb Denn, malum Exempulum odiosum est, Punctum, und sonst packt Euch mit Euerm Till aus dem Dorfe. *(Ab)*
Richter Aus dem Dorf, daß Ihr's nur wißt. *(Ab)*
Alle Daß Ihr's nur wißt! *(Alle ab, bis auf)*

Fünfte Szene

Anna (allein)
Anna (weint) Oh, der Schimpf, die Schande – und wo der Tagedieb nur wieder steckt. Ach, für welche Sünde hat mich denn der Himmel mit einem solchen Taugenichts von Sohn gestraft? *(Sie geht weinend in ihr Haus)*

Sechste Szene

Till Eulenspiegel tritt lustig singend auf. Er hat auf dem Rücken einen Hühnerkorb mit mehreren lebendigen Hühnern darin, obendrauf einen Sack mit Semmeln, in der Hand einen irdnen Krug mit Wein.
Till Und ich bleib' halt dabei,
und ich sag's viel Tausendmal
»'s ist mir all' einerlei,
es ist mir all' egal!« –
Wär' ich ein König,
hätt' alle Säck' voll Geld,
und kein' Raupen im Kopf,
da wär' ich doch geprellt.
Geld hab' ich nicht,
(daß ich's aufrichtig sag'!)
aber, daß ich kein Geld hab',
macht mir kein Plag'. –
Denn ich bin gescheit,
und gar viele sind dumm! –
Und so leb' ich in Freud',
und ein Narr fragt: »warum?«
Das ist gewiß, wer nur nicht blöd ist und den Leuten vernünftig zuredet, der kommt schon mit ihnen aus und durch die Welt! Und je größer die Narren, um so besser, weil die Welt doch einmal eine närrische Welt ist. *(Er setzt Korb, Sack und Flasche hinter ein Gebüsch und geht nach dem*

Hause seiner Mutter, wo er klopft) Hollah, Frau Mutter! Mach die Frau Mutter auf, ihr Söhnchen ist da.

Siebente Szene

Frau Anna (aus dem Hause), Till

Anna So? Bist du endlich da?

Till Wie die Frau Mutter sieht! Ach, was für eine Freud' sie über mich hat. Ich seh's ihr an.

Anna Du nichtsnutziger Taugenichts! Du Tagedieb! Du Wechselbalg und Galgenstrick!

Till Schöne Ehrentitel, das!

Anna Schöne Geschichten das! Was hast du wieder angerichtet? Alle Nachbarn, der Schulmeister, der Richter sind wieder vor meinem Hause gewesen und haben über dich geklagt. Zeter und Wehe haben sie über dich geschrien.

Till Ja, das Schreien ist alleweil Mode geworden unter den Leuten.

Anna Aus dem Dorfe wollen sie uns werfen, mich und dich, wo du dich nicht besserst.

Till Nun, laß die Frau Mutter nur gut sein! Ich bin noch ein junger Bursch, und Jugend hat nicht Tugend, weiß Sie wohl.

Anna Was das für Ausflüchte sind.

Till Von etwas anderm zu reden, gebe mir die Frau Mutter zu essen und zu trinken, denn ich hab' schrecklichen Hunger und Durst.

Anna Da magst du sehen, wo du was herbekommst, denn ich hab' keinen Krumen Brot im Haus.

Till So kauf' die Frau Mutter was!

Anna Ja, wenn ich Geld hätte!

Till Was das für eine unordentliche Wirtschaft ist! – So geb' die Frau Mutter mir wenigstens ein Glas Wein.

Anna Geh' nur hinab ins Dorf an den Brunnen und versuch den Pumpheimer.

Till Die Frau Mutter hat einen schlechten Geschmack, da weiß ich besser Rat. *(Geht an den Busch und holt alle Stücke, so wie er sie nennt, hervor)* Da seh Sie! Zwölf Stück fette Hühner! Die Frau Mutter kann sie sieden, braten, backen, wie Sie Lust hat. – Weiter, ein Sack mit Semmeln von dem Franzosenbäcker in der Stadt. – Weiter, ein Krug Wein – kein Brunnen-, sondern Hochheimer. Nun, was sagt die Frau Mutter dazu?

Anna Till, wie bist du dazugekommen? Hast du aus dem Glückrad einen Treffer gezogen, oder hast du einen Schatz gefunden? – Ach, du Unglückskind! Am Ende hast du gestohlen.

Till Warum nicht gar! Ich hab' eine Finanzoperation gemacht.

Anna Was ist das? –

Till Laß sich die Frau Mutter belehren. Sieht Sie, ich gehe in die Stadt und nehm die beiden alten Wasserkrügel mit. In dem einen hab' ich schönes, klares Wasser, in dem andern hab' ich nix. Gut, ich geh' also damit zum Weinschenken und geb' ihm den leeren Krug und sag' ihm, er soll mir ihn füllen mit weißem Wein, vom Besten, und den Krug mit Wasser hab' ich unterm Mantel gehalten, schaut hin, so! Gut, der Schenk schenkt mir den Wein, und ich tu', als wollt' ich ihn bezahlen, und als er wegschaut, vertausch' ich die Krügel und sage: »Ach, ich blitzdummer Kerl, ich habe das Geld vergessen! Ihr müßt mir den Wein borgen.« – »Warum nicht gar«, schreit der grobe Weinschenk, »ich so einem lappigten Jungen borgen? Das wär' mir!«, somit reißt er mir den Krug mit Wasser weg, schüttet es ins Weinfaß und wirft mir den Krug vor die Füße, daß er in zehntausend Scherben zerbricht. Ich aber geh' mit dem Weinkrug davon und lach' den groben dummen Weinschenk tüchtig aus.

Anna Unerhört!

Till Darnach geh' ich zum Bäcker und sag': »Einen Gruß von meinem Herrn, dem groben Weinschenk am Markt«, und er sollte mir in den Sack da für einen Taler seine Semmeln tun, und mir seinen Lehrbuben mitgeben, daß er den Sack trüge und das Geld in Empfang nehme. Gut, mein Bäcker hat kein Arg, füllt mir den Sack mit Semmeln und ladet ihn seinem dummen Lehrjungen auf, daß er mir ihn nachträgt. – Gut, wir gehen, als wir in die nächste Straße kommen, bleib' ich einen Schritt hinter dem Jungen zurück und risch, schneid' ich mit meinem Messer ein Loch in den Sack, daß eine Semmel herausfällt in den Schmutz. »Halt Junge«, schrei ich, »da ist eine Semmel in den Schmutz gefallen, die darf ich bei Leib und Leben meinem groben Herrn nicht bringen. Komm, gib mir den Sack, nimm diesen Sechser, lauf geschwind und hol' mir eine andere Semmel, ich wart' hier auf dich.« – Der dumme Junge geht richtig davon und ich – auch.

Anna Oh, über die Schwänk'!

Till Endlich bin ich auf dem Markt gegangen und hab' überlegt, was ich am liebsten zum Wein und zu den Semmeln essen möchte. Da seh' ich ein Mädel, das verkauft Hühner und Hahnen. Das Mädel war schmuck, aber sehr dumm, und ich frage sie: »Du, was kostet die ganze Geschicht' da in dem Korb miteinander?« – Da sagte sie: »Fünf Gulden.« – »Gut«, sag' ich, »ich nimm's und das Geld bleib ich dir schuldig«, und ich nimm den Korb und will gehen; sie aber hält mich –

Anna Das glaub' ich!

Till – und schreit: »Nein, du mußt mich erst bezahlen, eher lasse ich dich nicht fort!« – »Pfui«, sag' ich, »wie bist du mißtrauisch, aber es mag d'rum sein! Da nimm den Gockelhahnen wieder und behalt' ihn als Unterpfand, bis ich wiederkomme und dich bezahle!« *(Lacht)* Das Mädel ist's zufrieden, nimmt ihren eigenen Hahnen von mir als Pfand, und ich geh' mit den Hühnern davon.

Anna (zornig) O du Bösewicht! Du Betrüger! Du Dieb!

Till Red' die Frau Mutter doch nicht in so anzüglichen Ausdrücken. Sei Sie vernünftig und bedenk' Sie, ich bin ein armer Schelm und hab' derweil nichts, folglich kann ich nicht sogleich alle meine Bedürfnisse bar bezahlen; das ist klar wie der Tag! Aber ich werd' bald reich und angesehen werden, denn ein frommes Kind geht nicht zugrund, und dann bezahl ich alle meine Schulden. Geh' Sie also kochen und backen, und eß' und trink' die Frau Mutter, wenn wir was haben, denn wenn wir nix haben, müssen wir ohnedies mit St. Niclasen fasten.

Anna Ach, du bist wohl ein böser Bube, und wenn's dein Vater, der selige Klaus Eulenspiegel wüßte, ich glaube er drehte sich im Grabe um und um. – Schwöre mir's wenigstens nur zu, daß du, sobald du Geld hast, die armen Leute bezahlen willst.

Till Ohne Umständ'!

Anna (Tills Raub auspackend) So will ich diesmal noch ein Auge zudrücken.

Till Alle beide Augen!

Anna Aber daß du mir nicht wieder solche Gaunerstreiche machst, du Erzschelm du! *(Ab)*

Achte Szene

Till (allein) Gaunerstreiche? Pfui doch! – Wie gesagt, nichts als eine Finanzoperation. Wär' ich ein vornehmer Herr, so trieb' ich's ins Große. Nun, ich tu', was ich kann, ein Schelm tut mehr. Aber was nun weiter? *(Sieht sich um)* Schau, schau, der faule Schneider Zickel hat seinen Laden noch nicht aufgetan! Er schläft wohl noch mit seinen vier Gesellen den blauen Montag aus, während ich armes Kind mir's schon lange hab sauer werden lassen müssen. Ein impertinenter Menschenschlag, diese Ziegenböck. Unter allen Leuten die gröbsten Mahner! Ich will lieber

allen anderen Zünften und Gewerben schuldig sein als einem einzigen Schneider. Und dieser Zickel und seine Gesellen sind vollends von der schlechten Sorte und haben mich oft geneckt und gescholten. Wartet, ich will's euch gedenken! – Da kommt mir gleich ein Einfall von einem Gedanken *(Läuft in sein Haus und holt sich eine Säge, womit er den Pfahl vor dem Fenster des Schneiders durchsägt, so daß derselbe nur noch ganz lose steht).*
So, nun mögen sie kommen und sich wundern, wie ihnen geschieht. *(Läuft lachend in sein Haus)*

Neunte Szene

Meister Zickel (kommt gähnend aus seinem Hause) Ah! Ah! – Das heißt geschlafen. Ein lustiger blauer Montag, daß dich das Mäuslein beiß'! Mir ist noch ganz wüst im Kopf und mein Buckel wird mir gewiß noch acht Tage lang von den neuen Bekanntschaften erzählen, welche er mit zerbrochenen Tischbeinen, Besenstielen, Knittelstöcken und sonstigen Schlaginstrumenten gemacht hat. Immerhin, dafür bin ich auch der lustige Meister Zickel, hab' eine große Kundschaft drei Meilen in der Runde, und geh' meinen Gesellen mit gutem Beispiel voran. Heda, Zwirn, Bügel, Nadel, Scheer! Ihr meine getreuen Gesellen, öffnet die Läden. Zeigt euch in strahlender Schöne und beginnt das Tagewerk. *(Für sich)* Viel wird's heute nicht werden, denn es ist bald Mittag, und eh' sich's einer versieht, ist's Abend, und den Abend arbeit' ich nicht und laß ich nicht arbeiten, weil's der Gesundheit schadet, und ich ins Wirtshaus geh'.

Zehnte Szene

Zickel und die vier Gesellen
(Die Gesellen haben den Laden geöffnet und auf den Pfosten vor dem Fenster gelehnt, sie setzen sich darauf hin und fangen an zu schneidern.)
Zickel (sie betrachtend) Genua! Mein! – Ein großer Anblick. *(Er setzt sich zu ihnen und fängt ebenfalls an zu arbeiten)* Nun singt ein lustiges Lied, damit uns die Arbeit frisch von der Hand geht.

Quintett (mit Echo)

Die Schneider Der Schneider schwingt die Nadel!
Der Schneider rührt die Scheer!
Echo Nadel – Scheer.
Die Schneider Mein Herz, was willst du mehr?
Preis, Ruhm sei ihm und Ehr'
dem Schneider ohne Tadel.
Echo Ohne Tadel.
Die Schneider Der Schneider fein und zierlich,
der Schneider geht zum Tanz!
Echo Geht zum Tanz.
Die Schneider Da zeigt er sich im Glanz,
und ihm gebührt der Kranz,
weil er sogar manierlich!
Echo Gar manierlich.
Die Schneider Der Schneider geht zum Weine,
O je! Das ist ein Spaß! –
Echo Ist ein Spaß!
Die Schneider Ihn labt das edle Naß,
bald liegt er da im Gras'!
Wer hilft ihm auf die Beine?
Echo Auf die Beine! –
Tutti presto Lustig muß der Schneider sein!
Schwingt die Nadel, streckt das Bein! –
Geht zum Tanze, geht zum Wein.

Elfte Szene

Die Vorigen, Till

Till Aha, da sitzen die lustigen Gesellen!

Zickel Schaut, da kommt der ungeratene Till Eulenspiegel. Nun Bursche, bist du immer noch so ein Nichtsnutz und Tunichtgut?

Till Ich wart' darauf, daß etwas Ordentliches aus dir wird.

Zickel He, ich bin ein Meister meiner Kunst, und hoch erhaben über Narren deines Schlags.

Till Hochmut kommt vor dem Fall.

Zickel Ich antworte dir nicht mehr.

Till Da tust du recht, denn wenn du den Mund nicht auftust, so behalten deine Gesellen und Lehrjungen ihre gute Meinung von deinem Verstand.

Zickel Warum eben, wenn ich schweige?

Till Weil du dann nichts Dummes redest.

Zickel (drohend) Du!

Till O je, er schaut sich nach einem Gewehr um, da muß ich mich zurückziehn, sonst schießt er am Ende eine Nähnadel auf mich ab oder erdrosselt mich mit einem Zwirnsfaden.

Zickel (giftig) Wenn ich nur dürfte und könnte, wie ich wollte! Ich wollte dich –

Till (lacht) Trink' einen Fingerhut voll Wasser auf einmal, das Dorf gerät sonst in Brand über deinen Zorn.

Die Gesellen Meister, laßt den Narren reden und hört gar nicht drauf.

Zickel Ihr habt recht, gebt mir Baumwolle her. Ich will mir die Ohren verstopfen. *(Er verstopft sich die Ohren)*

Zwölfte Szene

Die Vorigen. Schulkinder (kommen aus der Schule gerannt)

Die Buben Schaut auf, da ist der Till Eulenspiegel!

Alle Kinder Till Eulenspiegel, guten Tag.

Till Guten Tag! Ist die Schul' aus? – Schön, da wollen wir uns lustig machen! Soll ich euch ein neues Kunststück lehren?

Die Kinder (jubelnd) Ja, ach ja!

Zickel Ihr lieben Kindlein, traut dem bösen Buben nicht! Er wird euch nur einen Possen spielen.

Till Hört einmal, der Ziegenbock will euch gute Lehren geben.

Die Kinder (schneiden Zickel Gesichter) Ziegenböck! Meck!

Zickel O ungeratne Brut! Nun wart', du wirst es bereuen, daß du meine Lehren nicht befolgt hast.

Till Merk' dir's Böcklein, »der Prophet gilt nichts in seinem Lande.«

Zickel (giftig) Aber der Narr!

Till Ja, und das war nicht so gar dumm bemerkt für einen Schneider, wenn du's nämlich aus dir selber hast.

Die Kinder Eulenspiegel, zeig' uns dein neues Kunststück.

Till Gleich, mein hochzuverehrendes Publikum! Vorerst stellt euch der Reihe nach auf. Die Großen oben an, die Kleinen unten. –

Die Kleinen Ne, ne! Wir wollen oben stehen!

Till Es ist auch wahr! Also ihr Kleinen obenan! Und ihr Großen herunter – so! Seid's jetzt alle zufrieden.
Die Kleinen Ja!
Die Großen Ne!
Till Still da, ihr Großen! Ihr werdet nicht gefragt, ihr müßt euch in die Zeit schicken. Also kurz und gut, ihr seid allesamt zufrieden.
Zickel Was wird er angeben?
Till Schaut her! Was zieh ich da aus der Tasche?
Die Kinder Ein Bandl!
Till Richtig, ein Bandl! Es heißt aber auch eine Schnur oder ein Bindfaden.
Zickel Oder ein Galgenstrick!
Till Wenn's den Schneider dranhängen nämlich, aber was schaut ihr an dem Bandel?
Die Kinder Nichts.
Till Ganz recht, nichts, oder vielmehr gar nichts. Nun aber zieht nach der Reihe eure Schuh und Stiefeln aus und gebt sie mir, da sollt ihr gleich ein Wunder sehen. *(Die Kinder gehorchen; Till reiht alle Schuhe und Stiefeln bunt durcheinander an die Schnur)*
Zickel Da bin ich doch wirklich begierig, was er anstellen wird!
Nadel Sapperment, es scheint, er will ein Zauberstück produzieren.
Till (zählend) Fünf – zehn – zwanzig – fünfundzwanzig! – O weh!
Die Kinder Was ist?
Zickel Nun?
Till Es fehlen mir grad noch fünf Paar Schuh, und wenn ich die nicht habe, so kann ich das Kunststück nicht machen.
Zickel Hahaha, sehts ihr Kinder, daß er euch nur zum Narren gehabt hat? Er kann gar kein Kunststück machen.
Till Ei, wenn Ihr das glaubt, mein weiser Salomon, so gebt Ihr und Eure Gesellen mir nur eure Schuh (ihr seid gerade eurer Fünfe), da sollt ihr's schauen, daß ich schon ein Kunststück machen kann.
Zickel Nun, weil ich kurios bin zu sehen, was daraus wird, hier sind meine Schuhe. – Zwirn, Nadel, Bügel, Scheer, gebt ihm eure Schuhe. *(Die Gesellen gehorchen)*
Till Recht so! Da hab' ich sie alle miteinander. Nun Kinder, kommt und tanzt um mich herum, und singt den Reigen mit!
Die Kinder Juchhe!
Lied mit Chor
Till Mein Bübel, mein Mädel! Ihr geht's auf die Weide,
die Ochsen treibt er, und sein Schatz treibt die Küh'.

Und ich treib' die Esel und hab' meine Freude,
denn ich lieb' die Menschheit, und ehre das Vieh.
Die Kinder Kückriküh! – Muh! – Ia! –
Die Ochsen, die Küh' und die Esel sind da.
Till Es ist eine Dummheit, wenn einer will klug sein!
Wenn ich nur ein Amt hab', so kommt der Verstand.
Und wenn ich kein Amt hab', so bleib ich ein Gimplein,
und tröst' mich: »Es sind mir gar viele verwandt.«
Die Kinder Kückriküh! – Muh! – Ia!
Die Ochsen, die Küh' und die Esel sind da.
Till Der Apfel fallt nimmer gar weit von dem Baum,
es wird halt ein Esel sein Lebtag kein Pferd.
Dem Menschen dagegen, im Wahne, im Traum,
wird oft eine Standeserhöhung beschert.
Die Kinder Kückriküh! Muh! Ia!
Die Ochsen, die Küh' und die Esel sind da.
Till Und jetzt ihr Kindlein, ihr Öchslein, ihr Eslein! –
(Mutwillige Rangen noch füg' ich hinzu!)
Ich scheide von hinnen, und bitt euch: »Gedenkt mein!«
(Er schleudert die Schnur in die Luft, daß Schuh und Stiefeln bunt durcheinander herabfallen)
Nun sucht eure Stiefel und sucht eure Schuh. *(Zieht sich zurück)*
Zickel O der Spitzbub! Hab' ich's nicht gleich gesagt?
Die Kinder Ach, meine Schuh, meine Stiefel. *(Sie stolpern übereinander her, indem sie ihre Fußbekleidungen wiedergewinnen wollen, sie balgen sich. Einige kommen dem Ladenpfosten zu nahe, reißen ihn um, und die Schneider stürzen zu Boden.)*
Zickel (am Boden liegend) Herr der Welten, das All stürzt zusammen!
Die Kinder (schreien) Au, au, au! Hu!
Till (lacht) Hahaha! Leute kommt herbei! Der Wind hat die Schneider herabgeweht:
»Da liegen die Schneider im Gras!
Wer helft ihnen auf die Beine?« *(Läuft lachend ab)*

Dreizehnte Szene

Viele Nachbarn, die Vorigen (Tumult, Schreien und Schelten)
Alle Was ist geschehen? Was schreits? Brennt das Dorf? Ist der jüngste Tag da? *(Man hilft den Schneidern wieder auf die Beine, welche beschämt*

davonschleichen. Die Kinder haben mit Mühe ihre Schuhe und Stiefel wiedergefunden. Alle lachend, scheltend und weinend ab, indem sie rufen: »Das hat der gottlose Till Eulenspiegel wieder angerichtet.«)
Verwandlung (kurze Waldgegend)

Vierzehnte Szene

Till Ich hab' es diesmal ein bißchen zu toll getrieben, das ganze Dorf ist rebellisch wider mich, besonders die Weiber, und da müssens natürlich die Männer auch sein. Die Frau Mutter hat mich nicht ins Haus gelassen, sondern mir die Tür vor der Nase zugeschlagen und ißt jetzt die Backhühner und die Semmeln allein und trinkt dazu den Wein, den ich geborgt hab'. Gut, ein Ofenhocker bleibt immer daheim, ich will mich jetzt einmal in der Welt umschauen und mein Glück versuchen. *(Blickt in die Szene)* Aber was kommen dort für zwei verdächtige Gesichter daher? Die scheinen mir zu den Vögeln mit langen Krallen zu gehören. Vorsicht ist keine Feigheit, und der Busch da schaut mich an, als wollt' er sagen: »Hinter mir bist du sicher, gut, ich drück' mich hintern Busch. *(Verbirgt sich)*

Fünfzehnte Szene

Heller und Pfennig (schleichen herbei), Till (versteckt)
(Es beginnt zu dämmern)
Heller Du hast dir also die Gelegenheit gut ausgekundschaftet?
Pfennig (etwas betrunken) Wie ich dir sage. Ich kenn' ja die Schenke zum roten Hahne, wie mich selber, in- und auswendig!
Heller (boshaft) Sapperment, ich hätte Lust, dem roten Hahne den roten Hahn aufs Dach zu setzen!
Pfennig Wir wollen uns diesmal mit den Bienenstöcken begnügen, denn siehst du: »Erst der Vorteil, und dann die Rache«, und ich sag dir's, es sind prächtige Bienenstöcke, so groß und schwer. Seine dreißig Gulden ist jeder unter Brüdern wert.
Heller Aber wenn wir die Bienenstöcke haben?
Pfennig Dann holen wir, was sich sonst noch findet, das versteht sich.
Heller Und wenn wir nichts mehr finden, so zünden wir den roten Hahnen an.

Pfennig Meinetwegen, denn siehst du, ich habe nichts dawider, denn es ist mir ganz gleichgültig.
(Beide ab. Es wird nach und nach finster.)
Till (kommt hervor) So? Diebe und Mordbrenner? Oh, das ist eine schöne Geschichte! Und ich bin ganz von ungefähr dahintergekommen. Aber wartet, ich will euch einen baumdicken Strich durch eure Spitzbubenrechnung machen. Die Schenke zum roten Hahnen kenn' ich, denn sie ist nicht weit von hier, auf der Stelle geh' ich hin und sehe, was ich ausrichte. Die sollen sich wundern. *(Ab)*
Verwandlung (Schenkstube im roten Hahne)

Sechzehnte Szene

Der Wirt, Bauern und Bäuerinnen (Tanz)
Chor der Tanzenden Lustig, ihr Spielleut', mit fröhlichem Sinn!
Laßt Fiedeln und Hörner erklingen. –
Und weil nun der Sonntag bald wieder dahin,
so woll'n wir im Kehraus uns schwingen.
Die Trinker Glu, glu, glu, glu!
Tanzt immer zu!
Wir Alten, wir schauen's und trinken in Ruh'.
Tutti Die Jungen, die Alten, sind beide gescheit:
Sie tanzen, lala!
Sie trinken, haha! –
Beim Tanzen und Trinken da kommt schon die Freud! –
Die Jungen Lustig, ihr Spielleut!
Die Alten Glu, glu, glu, glu, glu!
Tutti Lalalala!
Hahahaha!

Siebzehnte Szene

Die Vorigen, Till (tritt ein)
Till Heißa he, da geht's ja lustig her!
Wirt Schau, schau, der lustige Eulenspiegel. Woher des Wegs, und wohin?
Till Ich komm' von meiner Mutter Haus,
und will die Welt durchwandern! –

Das junge Blut sehnt sich hinaus,
es treibt mich – nach den andern! –
Mein Reisebündel ist nur klein,
das wird mich gar nicht drücken,
an Geld hab' ich kein Hellerlein,
da kann kein Wirt mich zwicken.

Wirt Hahaha! Du närrischer Kauz, also Geld hast du nicht, und Geldeswert hast du auch nicht. Freilich, da darf ich dir keine große Rechnung machen, aber sei deshalb ohne Sorgen, deine Schwänke haben mir immer gar sehr gefallen, und auf ein gutes Abendbrot, eine frische Streu für die Nacht und allenfalls auch auf einen Zehrpfennig morgen früh soll mir's bei dir nicht ankommen.

Till Juchhe, da seht Ihr's, daß man gar kein Geld braucht, um durch die Welt zu kommen, wenn einer nur sonst ein manierlicher Mensch ist. *(treuherzig)* Aber soviel sag' ich dir, Wirt, es soll dein Schaden nicht gewesen sein, daß du so freundlich und säuberlich mit mir verfährst. Ich gelte zwar gar oft für einen argen Schalk und Tunichtgut, aber nur, weil ich die Narren und Spitzbuben mit ihrer eigenen Münze ablohne. Ein ehrlicher, vernünftiger Mensch kommt schon mit mir aus.

Die Bauern (mit Krügen und Gläsern hinzutretend) Da Eulenspiegel, trink einmal!

Till (trinkt) Sollt bedankt sein.

Wirt Aber Bursche, heut' ist Sonntag und Kirmes obendrein, da muß es toll hergehen, und du magst uns immerhin einen deiner besten Schwänke zum besten geben, es soll und wird dir keiner drum gram werden.

Alle Nein, nein, gewiß nicht.

Till Mir ist's recht, kommt her und hört mich! Habt ihr schon einmal von der Wacht im Bienenstock gehört?

Alle Nein!

Till (zum Wirt) Ich weiß, Ihr habt einen prächtigen Bienenstand, habt Ihr nicht einen recht großen, leeren Bienenkorb?

Wirt O ja!

Till Schafft ihn daher in die Stube.

Wirt (zu einem Knechte) Stoffel, geh' und bring' den Bienenstock Nr. 5 außerm Stand daher. *(Der Knecht ab)*

Till Was ist die Glocke?

Wirt Über zehn hinaus!

Till Das ist gerade die rechte Zeit. *(Der Knecht kommt mit dem leeren Bienenkorbe zurück.)* Nun merkt's alle auf, was ich euch sage. Ich steige

hier in diesen Bienenkorb, ziehe den Deckel zu, und dann tragt ihr mich hinaus zum Bienenstand und setzt mich mitten unter die vollen Bienenstöcke.
Alle (lachen)
Wirt Und was dann weiter?
Till Dann geht ihr ins Haus, tanzt und jubiliert, und wenn ihr rufen hört, so kommt ihr geschwind, da sollt ihr euer blaues Wunder sehen.
Wirt Nun schaut mir den tollen Burschen an, aber's sei drum, steig ein.
Till (steigt in den Bienenkorb) So, und nun tragt mich davon. *(Er taucht unter, Musik, die Bauern tragen ihn jubelnd davon)*
Verwandlung (Gärtchen hinter dem Wirtshause zum roten Hahnen. Im Hintergrund der Bienenstand, Nacht)

Achtzehnte Szene

Heller und Pfennig (tappen herein mit einer Trage)
Pfennig Na, da wären wir.
Heller Schrei nicht so, damit uns niemand hört.
Pfennig Sei ruhig Hasenfuß, in der Schenke ist Lärm und Musik, da hört uns so leicht keiner.
Heller Schon recht, aber die Nachtwacht.
Pfennig Die schläft. Schau, dort ist der Stand.
Heller Ich seh nix!
Pfennig Du Esel, die Furcht macht dich blind.
Heller Nein, es ist ja stockfinster.
Pfennig Das macht, weil es Nacht ist, aber ich hab' mir die Stelle bei Tage ausgekundschaftet, und treffe im Dunkeln jeden Nagel auf den Kopf. Halt dich nur dicht hinter mich. *(Er geht vorwärts, gerade auf den Bienenstock los)* Siehst du, da sind wir.
Heller (zitternd) Wahrhaftig!
Pfennig Jetzt laß uns suchen, wo wir den schwersten Korb finden, den wollen wir für heute vorerst mitgehen heißen.
Heller In Gottesnamen! *(Sie untersuchen die Bienenkörbe, indem sie einen nach dem andern aufheben, endlich ruft)*
Pfennig Sapperment, der da ist schwer! Den wollen wir nehmen. Hilf mir, daß wir ihn auf die Trage setzen! – So – so – und nun laß uns machen, daß wir davonkommen. *(Sie heben die Trage, worauf sie den Bienenkorb gesetzt haben, auf und wollen davongehen, indem öffnet sich*

der obere Teil des Korbes, Till schaut daraus hervor, packt den Pfennig bei den Haaren, reißt ihn derb und taucht schnell wieder unter.)

Pfennig (schreit) Höllenelement!

Heller Was ist?

Pfennig Du Sappermenter, was reißt du mich bei den Haaren?

Heller Ich? *(Till reißt auch ihn)* Auweh, das ist ein dummer Spaß!

Pfennig Was? *(Till reißt ihn)* Himmeltausend, wenn du noch einmal reißt!

Heller (weinend) Ich dich reißen? Du reißest. *(Till reißt ihn)* Au, au, au, laß los oder –

Till (reißt alle beide, daß ihre Köpfe hart aneinanderstoßen)

Heller und Pfennig Nein, nun reißt mir die Geduld. *(Sie lassen die Trage fallen, packen einander und prügeln einander derb durch, wobei sie mörderisch schreien. Auf den Lärm kommen aus dem Wirtshaus der Wirt, seine Knechte und alle Bauern und Bäuerinnen. Heller und Pfennig wollen entrinnen, werden aber gepackt und während der letzten Reden gebunden.)*

Chor der Herbeieilenden Welch Toben und Schreien?
Was ist denn geschehen? –
Was wollen die fremden
Kumpane denn hier? – –
Will keiner nicht hören? –
Und Rede nicht stehen?
Das ist ja ein schreckliches Prügelpläsier! –

Till (guckt aus dem Bienenkorb und schreit) Leute, greifts die Kerle, bindet sie, henkt sie! 's sind Diebe, Honigdiebe und Mordbrenner! Ich hab' sie erwischt.

Heller und Pfennig (erstaunt) Ist das eine Biene?!

Till (aus dem Korbe springend) Der Till Eulenspiegel ist's! Pah!

Wirt Diebe? Mordbrenner? Und du hast sie erwischt? Eulenspiegel, wie soll ich dir danken?

Till (lacht und schneidet dem Wirt eine Fratze)

Chor O je, ist das 'ne Geschicht!

Ende des ersten Akts

Neunhundertfünfundachtzigste Nacht

ZWEITER AKT

(Zimmer im Hause des Marktschreiers Wurmsam)

Erste Szene

Wurmsam und seine Frau
Frau Mann, du bist ein Dummkopf.
Wurmsam Liebe Frau, ich bitt' dich, schimpf' nicht.
Frau (lauter) Ein Dummkopf, ein Esel bist du, sag' ich!
Wurmsam Nu nu, liebe Frau.
Frau Für keinen Groschen Verstand nicht, hast du in deinem dicken Kopf! Keinen Witz, kein Genie!
Wurmsam So sei doch endlich ruhig.
Frau So gib Geld, Geld, Geld! – Ich brauch's.
Wurmsam Ich hab' nichts!
Frau So schaff' was!
Wurmsam Woher?
Frau Da seh mir einer den Hans Dumm! Ist das meine Sache? – *(heftig)* Wer ist der Herr im Haus?
Wurmsam (zitternd) Ich weiß nicht!
Frau (gibt ihm eine Ohrfeige) Du! – Du bist Herr! Also schaff' Rat, das rat ich dir, oder ich geb dir nichts mehr zu essen, nehm' mein Eingebrachtes und geh' davon! *(Sie geht)* Keinen Groschen bekommst du mehr von meinem Geld. *(Ab)*

Zweite Szene

Wurmsam (allein)
Wurmsam (traurig) Da hab' ich nun gedacht, wenn ich eine Frau nehm', die Geld hat, so kann ich fröhlich leben und brauch' für nichts weiter zu sorgen. Gehorsamer Diener! Hungern und Dursten läßt sie mich, und Geld soll ich schaffen in die Wirtschaft und bin ein geplagter Mann. Oh, es ist ein Jammer! – Soll ich in ein Bierhaus gehen?

Dritte Szene

Wurmsam, Till

Wurmsam Ach, sieh da! Mein Famulus! Nun Till, was bringst du?

Till Nichts. – Die Leut', wohin Ihr mich schicktet, wollten die Doktorrechnungen nicht annehmen. Sie sagten alle Ihr wäret gar kein Doktor, sondern ein Windbeutel, ein Aufschneider, ein Marktschreier und ein unverschämter Kerl obendrein.

Wurmsam (zornig) Und das hast du dir alles so ruhig in Bart sagen lassen?

Till Was denkt Ihr? Beileibe nicht! Ich hab' zu den Leuten gesagt: »Nun hört's auf, auf meinen Doktor zu schimpfen, das muß ich alle Tage hören! Ich hab's satt!«

Wurmsam (trübe) Ach Till! Es steht miserabel mit mir.

Till Ja, unterm Hund.

Wurmsam Ich hab' bei den Leuten all meinen Kredit verloren.

Till Das hab' ich schon lang gemerkt, das macht der Mißkredit und der schlechte Ruf.

Wurmsam Ja. Aber du bist ein gescheiter Bursch, Till! Könntest du mir nicht ein Mittel an die Hand geben, wie ich die Leute wieder herumkriegte, daß sie mich für was Ordentliches hielten?

Till O je, das wird schwer halten. Doch – vielleicht geht's noch an, denn die Menschheit ist dumm.

Wurmsam Schrecklich dumm, Till! Das weiß ich aus eigner Erfahrung.

Till Simili similibus! Dummheit wider Dummheit, da geht's auf! Aber sagt mir nur, wie Ihr eigentlich um Euern Kredit kommen seid?

Wurmsam Das kann ich dir schon sagen, denn es wissens – leider – nur gar zu viele Leute. Vorerst mußt du wissen, was du vielleicht nicht glauben wirst, nämlich, daß ich wirklich Medizin studiert hab'. –

Till Ach!

Wurmsam Ich schwör' dir's zu. Aber versteht sich, daß ich nichts davon begriffen hab', denn siehst du, es ist eine so konfuse Wissenschaft, daß schon ein ganz anderer als ich seine Not hätt', wenn er was davon verstehen wollt'. Aber studiert hab' ich, das ist gewiß, und Doktor bin ich geworden. Es gibt aber gar soviel Mediziner, welche ihre Kranken auf die gewöhnliche Weise unter die Erde bringen, und nachdem ich ein paar Dutzend Patienten gar zu schnell auf die alte Manier abgetan hatte, so dacht' ich: »halt!«, und überlegte mir's, wie ich das Dings ein bissel feiner angreifen möchte. – Ich legte mich auf die Homöopathie; aber da gab's noch größere Narren als mich in Groß- und Klein-Paris, und die Leute können sich auch auf diese Art selber expedieren, aus den kleinen Apotheken. Endlich bin ich ein Magnetiseur geworden, damit ging es denn eine Zeitlang, und weil ich allopathisch, homöopathisch und magnetisch durcheinanderkuriert hab und die Leut' mir nicht mehr so gradezu wie die Fliegen umgefallen sind, so hab' ich schon gemeint, ich hätte das Rechte getroffen. Aber endlich haben meine Patienten die Geduld verloren, weil ich keinen einzigen wirklich kurieren konnte, und nur unverschämte Rechnungen machte. – Na, du weißt was für welche, weil mich mein Weib so plagt und ich alle Abend ins Wirtshaus muß zum Sozitäts-Bier ins Waldschlössel.

Till Das ist eine rührende Geschichte! Aber wenn ich's so bedenk'.

Wurmsam Nun?

Till Ich sag', wenn ich's so recht bedenk' – so wüßt' ich wohl noch ein Mittel, Euch zu helfen, so daß Ihr ein berühmter Arzt werden solltet und wirkliche Wunderkuren verrichten könntet.

Wurmsam Im Ernst?

Till Auf Ehre, und Ihr sollt die Probe sehn, daß ich wahr rede, aber –

Wurmsam Kein Aber. –

Till Aber's ist ein Arkanum und kostet 100 Taler.

Wurmsam O weh!

Till Warum? Wenn Ihr Eurer Frau die Gewißheit zeigt, daß Ihr ein berühmter Wunderdoktor werden könnt, wird sie nicht mit 100 Talern herausrücken, um tausend zu gewinnen?

Wurmsam Hm, vielleicht! Ich könnt' mit ihr reden.

Till Geht ins Hospital zum Hospitalvater Jakob und bietets ihm an, Ihr wolltet alle seine Kranken gesundmachen, so daß sie noch heut freiwillig das Hospital verließen.

Wurmsam Und dann? –

Till Dann gebt mir die 100 Taler und laßt mich allein zu den Kranken gehn – nur auf eine halbe Stund – und das Wunder soll fertig sein.

Wurmsam Und du sagst mir das Geheimnis?

Till Versteht sich! Ich geb Euch einen versiegelten Zettel, den tragt Ihr neun Tage lang auf der Brust und wenn Ihr ihn dann aufmacht, so wißt Ihr auf ein Haar, wie alles zugegangen ist.

Wurmsam Till, nimm dich zusammen! Ich geh' und red' mit meiner Frau. *(Ab)*

Till (allein) Das ist nun selber ein Erzwindmacher und läßt sich doch von mir an der Nase herumführen. Aber so geht's.

Das Mäuslein frißt den Speck,
damit sie's wollte fangen;

ist doch der Fall entgangen,
hatt' alle Schliche weg.
Da kommt der Kater geschlichen,
und frißt das Mäuslein auf!
Nun jagt der Hund den Kater,
drauf prellt der Fuchs den Hund. –
Den Fuchs, den schießt der Jäger tot,
den Jäger holt der Teufel –
Potz Mäuslein!
Und die Geschicht' ist aus. *(Ab)*

Verwandlung (Der Hospitalhof rings von Gebäuden umgeben, im Hintergrund die große Pforte)

Vierte Szene

Jakob (der Hospitalvater) und der Totengräber

Jakob (stotternd) Geh nur, du Galgenschwengel, und grabe das Grab – das Grab für den alten Thomas. Hundert Jahr ist er alt geworden und es ist einmal nicht anders: »Alle Menschen müssen sterben!«

Totengräber (zwischen jedem Satz niesend) Meiner Treu, der alte Thomas hat lang genug gelebt! *(niest)* Zur Gesundheit! – Aber ich bleib dabei! Hätt' ihn der Doktor nicht – zur Gesundheit – nicht kuriert, er hätt' es noch ein paar Jahre machen können, denn trotz seiner – zur Gesundheit – hundert Jahre, war er noch ein rüstiger alter Knabe – zur Gesundheit!

Jakob Du redest sehr – sehr unvernünftig! Ganz unvernünftig! Dreißig Jahr hat der alte Thomas hier im Hospital gelebt – wie? Ich bin Hospitalvater, was? Sollt' er vielleicht noch dreißig Jahr hier gelebt haben? He? Er wurde endlich krank, gut! Also mußt er das Zeitliche segnen, damit Platz für andere wurde, wie?

Totengräber Das ist klar wie der Tod – zur Gesundheit – und ich hab' auch nichts dawider, denn ich bin dabei interessiert als – zur Gesundheit – als Totengräber.

Jakob Also geh' und tu deine Pflicht.

Der Totengräber Zur Gesundheit! *(Geht, indem er aber will, begegnet ihm der Doktor und Till, er erschrickt, schreit)* Alle gute Geister! Zur Gesundheit! *(Und läuft ab)*

Fünfte Szene

Wurmsam, Till, Jakob

Wurmsam Was schreit der Kerl?

Jakob Er fürchtet sich vor Euch.

Wurmsam Was, ein Totengräber und fürcht' sich vor seinem Doktor?

Jakob Er ist oft kurios.

Wurmsam (Till winkend) Geh hin, mein Famulus, und schau dich um, wie sich unsere Patientica befinden.

Till (neigt sich) Dominus meus dumm! Ici gehoricum dirum! *(Ab)*

Jakob Ihr seid halt doch ein paar gelehrte Leut' und redet das Lateinische wie unsereins seine liebe deutsche Muttersprach'! Aber warum macht ihr nicht selber die Runde heute?

Wurmsam Weil ich Euch was Wichtiges zu entdecken hab'.

Jakob Ei, ei, ei! Was denn? – Redet doch!

Wurmsam Merkt auf! Ich will all Eure Kranken kurieren, daß sie frisch und gesund aus dem Hause gehn sollen.

Jakob (lachend) Ihr? Hahaha! Frisch und gesund machen? Hahaha! Warum nicht gar!

Wurmsam Versteht mich! Nicht ich selbst, sondern mein Famulus, der Till, der hat ein Arkanum, das hilft allemal.

Jakob Ach so! – also Ihr selber nicht! Ja, das ist ein andres! Sapperment, der Eulenspiegel ist freilich ein Kerl, der mehr kann als Brot essen, und wenn was dran wär'.

Wurmsam Ich sag' Euch, es kommt auf die Probe an. Aber was gebt Ihr mir, wenn sie glückt, denn ich selber muß dem Burschen sein Geheimnis teuer bezahlen, oder vielmehr ich hab's ihm schon cum praenumerandum blechen müssen, daß mir die Augen übergegangen sind, und zwar von dem Gelde meiner Frau.

Jakob Ja, was soll ich Euch geben?

Wurmsam Geld! Geld! Geld!

Jakob Das schreit die ganze Welt, aber 500 Taler will ich schon daransetzen, wenn all meine Kranken frisch und gesund davongehn und Ihr mir das Geheimnis mitteilt.

Wurmsam (schlägt ein) Topp!

Jakob Und Topp! Ein Mann ein Wort!

Sechste Szene

Till, die Vorigen

Till Es ist getan.

Wurmsam Wie?

Jakob Sind die Kranken gesund?

Till Gesund wie die Fisch im Wasser! Befehlt nur, daß das Tor aufgesperrt wird, so geb' ich das Zeichen und alle ziehen freudig aus.

Jakob Das ist erstaunlich. *(ruft)* He, Knechte, sperrt die Pforte weit auf *(es geschieht).* Nun laß dein Wunder sehen, Eulenspiegel!

Till (klatscht in die Hände) Herbei, herbei, heraus!
Ihr Heilen und Gesunden!
Wer's kann, steh' auf und wandle!
Und wer's nicht kann – der bleibt liegen.

Siebente Szene

Die Vorigen, viele Kranke (In abenteuerlichen Gestalten Blinde, Lahme und so weiter, schwanken aus dem Hospital und zur Pforte, indem sie im kläglichsten Tone singen)

Chor der Kranken Wir sind nicht krank, wir sind gesund!
Drum eilen wir geschwind,
und tun's den Leuten freudig kund,
daß wir kurieret sind. *(Leise wimmernd)*
Uhu! – Uhu – auweh! Auweh! –
(Da Tilll ihnen winkt, laut und fröhlich)
Tralalera! Juchheh! Juchheh! *(Ziehen ab)*

Jakob (mit offnem Munde ihnen nachblickend) Ist's die Möglichkeit?

Wurmsam (umarmt Till) Till, großer Till, ich bewundre dich. Aber jetzt halte dein Versprechen und teile uns dein Geheimnis mit.

Till Da nehmt's! *(Gibt ihm einen versiegelten Zettel)* Aber vergeßt's nicht, daß Ihr ihn erst nach neun Tagen öffnen dürft. Meines Bleibens ist hier nicht länger. *(Umarmt den Doktor)* Lebewohl, würdiger Schüler des Hypokrates. *(Umarmt Jakob)* Lebewohl, würdiger Vater der Preßhaften, denkt beide mein! »Der Till, er geht, und niemals kehrt er wieder!« *(Ab)*

Jakob (weint) Es ist halt ein recht beweglicher Mensch der Eulenspiegel, ich bin ganz gerührt. *(Lustig)* Aber sapperlot, das wird eine Freude sein, wenn wir alle Leute gesund machen können.

Wurmsam Beileibe, nicht alle. Wovon sollten wir denn leben? Nein, Kranke müssen immer da sein, und je mehr, je besser. Und wenn wir einen gesund machen, so muß er zahlen.
Jakob Richtig! Wir machen ihm Rechnungen.
Wurmsam Ganz unverschämte Rechnungen!
Jakob Aber die Armen?
Wurmsam Die lassen wir sterben, damit die Reichen Respekt vor dem Tod und uns behalten.
Stimmen (von außen) Heh! Hollah he! Aufgemacht. *(Schreien und Pochen an der Pforte)*
Jakob Nun, wer lärmt denn da so? *(Öffnet die Pforte)*

Achte Szene

Die Vorigen, Bettelvögte, welche sämtliche Kranken wieder hereinführen.
Chor der Kranken Wir konnten nicht weiter,
wir kehren zurück!
Und wär't Ihr gescheiter,
so wär' es ein Glück.
Die Bettelvögte Das ist eine Wirtschaft,
es ist ja ein Graus!
Nehmt's hurtig nur wieder
die Kranken ins Haus.
Wurmsam Ich falle aus den Wolken!
Jakob Ich bin noch höher herabgefallen! Was heißt denn das?
Ein Bettelvogt Daß Ihr angeführt seid! Der Eulenspiegel hat heimlich zu jedem Kranken gesagt: »Wenn ich rufe, so kommts alle heraus, und geht als Gesunde davon, wer liegenbleibt, den verbrenne ich zu Pulver und gib ihn den andern als Medizin, damit sie gesund werden!« Und als nun der Spitzbub gerufen hat, da sind alle aufgesprungen und davongegangen, weil sich keiner wollt zu Pulver brennen lassen. Sie konnten sich aber nicht weiterschleppen, als bis auf den Markt, da haben wir sie verhört, und sie haben alles erzählt. Also nehmt Eure Kranken nur wieder ins Haus.
(Bettelvögte ab)
Jakob (ärgerlich) Das dacht' ich wohl!
Wurmsam Unmöglich! *(Reißt den Zettel auf und liest)* – Weh mir! Ich bin betrogen! Hier steht's! Meine hundert Taler! Meine Frau! – Ich häng' mich auf. *(Läuft wütend ab)*

Jakob Na, da bekommt jeder, was ihm gebührt, und ich bekomm gar nix. *(Zu den Kranken)* Geht wieder in eure Kammern. *(Ab)*
Chor der Kranken Wir konnten nicht weiter,
wir kehrten zurück,
und wär' ee gescheiter,
so wär' das ein Glück. *(Alle ab ins Hospital)*
Verwandlung (Straße)

Neunte Szene

Till Hahaha, der Streich ist mir gelungen, und ich mache mir gar kein Gewissen daraus, daß ich den gewissenlosen Marktschreier mit gleicher Münze bezahlt hab'. Aber jetzt zu etwas Neuem! Ich muß meine Zeit nützen, denn sie geht schnell vorüber, und müßig kann ich einmal nicht sein. Also – *(sieht sich um)* aber was?

Zehnte Szene

Der Hausverwalter, Till
Verwalter O weh! O weh! Da ist mir der Spitzbube, der Oberkoch, aus dem Dienst gelaufen, und ich weiß nicht, wo ich in der Geschwindigkeit einen andern herbekommen soll.
Wie wird es nun um unser heutiges Gastmahl stehen? Was wird der Herr sagen?
Till (vortretend) Euer Gnaden erlauben, könnens keinen Oberkoch brauchen?
Verwalter Einen Oberkoch?! Sapperment, den such' ich ja eben. Sind Sie etwa einer?
Till Habens nicht von mir gehört? Ich bin der berühmte Rumohr, der selbst ein Kochbuch geschrieben hat, denn ich versteh' meine Kunst aus dem Fundament! Wo's was Gutes zu essen gibt, bin ich allemal dabei! In Wien hab' ich Mehlspeis und Backhendl gessen, in München Dampfnudeln, in Frankfurt Bratwürste, in Neapel Makaroni, in Hamburg Rauchfleisch, Hummer und Aalsuppe – in Stuttgart Knöpfle, in Sachsen allerlei mit Krebsen und in Berlin hab' ich Tee getrunken, kurz: Ich hab' meine Schule durchgemacht, und weiß, wie alles gegessen wird.
Verwalter Alle Wetter! Aber da werden Sie sehr teuer sein.
Till Spottwohlfeil! Ich verlange nichts als frei Essen und Trinken,

Wohnung, Feuerung, Licht, Bedienung, Wäsche, Wagen und Pferd! Alle Jahr drei Monat Urlaub, 3000 Taler Taschengeld, und sooft ich selbst koche 10 Taler Kochhonorar.
Verwalter (für sich) Das muß ein großer Künstler sein, denn er ist gar zu unverschämt! Aber was will ich machen? *(Laut)* Hörens, ich will einen Kontrakt mit Ihnen abschließen, wenn Sie vorher ein recht ausgezeichnetes, unerhörtes Probestück machen wollen.
Till Dazu bin ich bereit.
Verwalter Gut, so folgen Sie mir in unser Hotel.
Till In unser Hotel? Mit Freuden. *(Beide ab)*
Verwandlung (Küche im Hotel des Freiherrn)

Elfte Szene

Köche, Köchinnen, Küchenjungen und Mädel
Chor Hurtig, hurtig, schürt das Feuer,
dreht die Spieße, quirlt und rüht:
Hackt und spickt und füllt, zum Geier!
Salzt und würzt, wie sich's gebührt.

Zwölfte Szene

Der Hausverwalter, die Vorigen
Verwalter Nun, wie steht's?
Ein Koch (achselzuckend) Wir flehen um Nachsicht, da das leitende Prinzip eines Oberkochs uns fehlt.
Verwalter Beruhigt euch, ein Oberkoch ist gefunden (mit Ansehen), ich selbst wählte ihn. Er wird soeben durch den Herrn Intendanten Seiner Exzellenz vorgestellt.
Alle Köche und Köchinnen Ein neuer Oberkoch? O welche Freude! So sind wir also nicht verwaist.
Die Küchenjungen (unter sich) Da wird's halt nur Kopfnüsse und Ohrfeigen setzen.
Verwalter Dort naht er schon mit dem Herrn Vorgesetzten. Zeigt euch ihm sogleich in eurer Kunst beflissen, und bringt ihm dann ein tausendstimmiges Vivat sowie er eintritt.
Chor Hurtig, hurtig, schürt das Feuer!
Dreht die Spieße, quirlt und rührt!

Hackt und spickt und füllt, zum Geier!
Salzt und würzt, wie sich's gebührt.
Tutti (indem Till eintritt)
Vivat, der Herr Oberkoch
Lebe – lebe hoch! –

Dreizehnte Szene

Die Vorigen, Till (in karierter Galakleidung mit Perücke, Degen und Federhut), der Intendant.

Till (gnädig nickend) Nimm meinen Dank, getreues Volk, für die Beweise deiner Liebe und Ergebenheit! Wir werden dir stets ein gütiger Herrscher sein, und aus allen Kräften uns bemühen, dich zu beglücken, denn wir sind sehr gerührt.

Chor Vivat hoch und nochmals hoch!
Der Herr Oberkoch.

Intendant (zu Till) Sie werden finden alles in großer Konfusität, denn Ihr Herr Vorgänger hat gebrochen seinen Kontrakt, wie es ist Mode, und ist echauffiert davon.

Till Wir wollens schon wieder in Ordnung bringen.

Intendant Machen Sie doch ein Essen, wie es ist noch niemals gewesen da. Hören Sie, unerhört, originell, unmöglich und alles koscher – will ich sagen: aufs feinste, denn es sind doch Fürsten, Grafen und Barone heut' bei der Exzellenz zum Dinner. *(Ab)*

Till Soll geschehen. *(Er geht schnuppernd am Herd herum)* Was ist da in diesem Tiegel?

Der Unterkoch Die Bouillon. Belieben Sie zu kosten?

Till Ja, ich beliebe. *(Er trinkt einige Schalen)* Hm, ziemlich, ganz leidlich. Hm, aber noch eine Schale! *(Trinkt)* Richtig, wie ich sage, ganz leidlich bis auf die Hauptsache, die Würze, den Geist.

Unterkoch Was fehlte noch? –

Till (lächelnd) Mein Geheimnis. Werd' es schon machen!
(Geht weiter) Was ist das da? – Und das da? – Das da? – Da?

Unterkoch (immer antwortend) Die Braten! Schilkröten-Ragout, Aalpasteten – Geflügel, Eingemachtes, Gemüse und Salate.

Till (von allem tüchtig kostend) Erträglich – nicht zum besten – ganz verfehlt. – Oh, unter aller Kritik und gar nicht zu genießen. *(Frißt eine ganze Pastete auf)* Ja, ich sehe schon, ich muß das Ding selber angreifen. *(Er zieht den Rock aus und legt Hut, Perücke und Degen ab)* Man reiche

mir mein Küchenornat. *(Zieht eine weiße Jacke an, bindet eine Schürze vor und setzt eine weiße Nachtmütze auf)* So, und nun gehe einer und ersuche den Herrn Oberkellermeister, mir ein Dutzend Flaschen Champagner zu senden, damit ich mich zum großen Werke begeistern kann. *(Ein Koch ab)*
Verwalter Ist das so Ihre Gewohnheit?
Till Die Gewohnheit aller genialen Künstler, denn –
Der Wein – tralala – der Wein – tralala!
Der Wein ist ein specificum. –
Der Wein – tralala – der Wein – hahaha!
Macht Dumme klug und Kluge dumm. *(Kellner bringen den Wein)*
Laßt uns den Wein probieren,
ihn recht examinieren!
Heut' muß der beste Wein
auf uns'rer Tafel sein.
Chor Heut' muß der beste Wein
auf uns'rer Tafel sein. *(Alle schenken sich ein und trinken)*
Till (trinkend) Ob ich morgen leben werde,
ach, das weiß ich freilich nicht! –
Chor Ja, das weiß man freilich nicht!
Till Aber, wenn ich leben werde,
daß ich dann auch trinken werde,
dieses weiß ich ganz gewiß! –
Das weiß ich ganz gewiß.
Chor So trinkt, so trinkt und laßt uns allerwege,
bei diesem Labewein –
recht froh und fröhlich sein.
Till Vivat Bacchus! Bacchus lebe!
Bacchus, der den Wein ersann! –
Chor Vivat Bacchus! Bacchus lebe!
Bacchus ist ein braver Mann!
Till Ich und mein Fläschchen sind immer beisammen!
Keiner versteht so das Trinken wie ich –
Chor Doch zuviel Trinken ist nicht gut,
zwölf Flaschen sind grad' recht.
Till Und wenn ihr alle molum seid,
so singt das Liedlein: »Mäßigkeit.«
Chor (piano) »Mäßigkeit.« *(fortissimo)*
Uns ist ganz kannibalisch wohl,
als wie fünfhundert –

Till (einfallend)
– Brüder, trinkt nochmal mit mir,
seht, wie die Becher schäumen!
Bei vollen Gläsern wollen wir
ein Stündchen hier verträumen. –
Ich hab' mein Sach' auf nichts gestellt.
Chor Juchhe!
Till D'rum ist's so wohl mir in der Welt!
Chor Juchhe! –
Till Mich erfaßt – ich weiß nicht wie! –
Himmlisches Behagen.
Will mich's etwa gar hinauf
zu den Sternen tragen? –
Hier im ird'schen Jammertal,
gäb's doch nichts als Plack und Qual,
trüg' der Stock nicht Trauben. –
Darum bis zum letzten Hauch,
setz' ich auf Gott Bacchus Bauch
meinen festen Glauben.
Chor Oh, das ist ein ganzer Mann,
der sich die Grillen mit Wein vertreiben kann.
Till Nun gute Nacht, nun gute Ruh'!
Und morgen früh – wann öffnest du? –
Ich bin der letzte Gast im Haus,
und eh' es dämmert, wand'r ich aus.
Ich bin der letzte Gast im Haus,
den letzten Schoppen trink' ich aus!
Setz' mir mein grünes Glas beiseit'! –
Zerbräch's ein andrer, tät's mir leid.
Chor Doch eh' der Meister Euch entläßt
so singt das Lieb vom Bruder Est.
Till Und sein Knapp' der Kostewein,
setzt ihm einen Leichenstein,
mit der schönen Inschrift drein:
Chor (Largo) »Est, est, est. –
Propter nimium est,
Dominus meus mortuus est.« *(Presto, Tutti)*
Juch, das ist 'ne Fröhlichkeit! –
Alles schwimmt in Seligkeit! –
Alles trinkt und alles schreit! –

Alles bricht in Jubel aus! –
So ist's recht in diesem Haus! *(Alle sind betrunken außer Till)*

Till Nun geht alle hinaus, denn durch geheime Präparate und Präparationen werde ich allen Speisen einen ganz besondern Beigeschmack erteilen, es braucht nur eine halbe Stunde Zeit, so ist's getan. Geht! *(Er treibt alle hinaus und riegelt die Tür zu)* Hoho, da rollen schon die Wägen mit den Gästen vor, da muß ich mich tummeln. – Was soll ich aber mit diesen Speisen hier anfangen? Die Brühe behalt' ich, aber die Braten, die Pasteten, die Fische, die Kröten? – Halt! *(Guckt zum Fenster hinaus)* Da auf dem Markte seh' ich eine ganze Legion Bettler mit ihren Familien, denen will ich einmal einen guten Tag machen. *(Er nimmt einen Braten vom Spieße und winkt damit zum Fenster hinaus)* He, ihr armen Leute, kommt her, da hab' ich was für euch. *(Getümmel draußen vor dem Fenster)*

Till Da, nehmts die Braten, die Pasteten, die Fische, die Backhendl *(wirft alles zum Fenster hinaus)*, nehmt alles! Aber nun macht, daß ihr fortkommt, damit euch keiner erwischt! *(Kommt vor)* So, das wär' getan! Aber was tu' ich jetzt in die leeren Töpf' und Tiegel? Das findet sich. *(Geht an den Herd, rasche Verwandlung, kurzes Zimmer im Hause des Freiherrn)*

Vierzehnte Szene

Der Intendant, der Verwalter, das Küchenpersonal

Intendant Aber zum Teufel, was habt ihr gemacht? Ihr seid ja alle miteinander meschugge.

Verwalter Erlauben, nicht betrunken – konträr, nur begeistert. Übrigens – wie gesagt, der Herr Oberkoch sind ganz – ganz nüchtern.

Alle Köche (lallend) Total – to – total nüchtern! *(Sie taumeln)*

Intendant (die Hände ringend) Gottswunder, möcht' ich doch verlieren meinen Verstand.

Verwalter Nicht möglich.

Chorus To – total unmöglich.

Intendant Ich komm um vor Ärger, soll ich leben.

Fünfzehnte Szene

Die Vorigen, Till

Till (wieder in Gala) Herr Intendant, es kann angerichtet werden.

Intendant (froh) Wirklich? Mir fällt ein grausamer Stein vom Herzen! Aber was haben Sie gemacht mit den Leuten da?

Till Ich konnte sie bei meinem Probestück nicht brauchen und hab' ihnen daher ein unschuldiges Vergnügen gemacht.

Die Betrunkenen Richtig, ein unschuldiges Pläsier! Juch? das ist 'ne –

Till St! St!

Intendant Nun für diesmal mag's so hingehen! Richtet an! *(Ab)*

Till Habt's gehört? Wir sollen anrichten.

Chor (indem sie abgehen) Juch, das ist 'ne Fröhlichkeit!
Alles jubelt, alles schreit!
Alles schwimmt in Seligkeit. *(Alle ab)*

Verwandlung (Schöner Speisesaal, im Hintergrund eine gedeckte Tafel)

Sechzehnte Szene

Triumphmarsch. (Währenddessen Moses und seine Gäste eintreten. Darauf Till mit dem Küchenpersonal, welche die Speisen in verdeckten Schüsseln tragen. Der Intendant, der Verwalter)

Moses (nachdem der Marsch schweigt, gibt ein Zeichen)

Intendant Herr Obermundkoch, tun Sie Ihre Schuldigkeit.

Till (tritt an die Tafel) Hochansehnliche, verehrte und sehr hungrige Versammlung! Aufgefordert von dem Herrn Intendanten, ein Gastmahl zu bereiten, wie solches seit Menschengedenken, von Adam bis auf den heutigen Tag, noch nicht genossen und erlebt wurde, habe ich alles zusammengefaßt, was ernstes Studium und jahrelange Erfahrung mich erwerben ließen, und so ein Gastmahl erschaffen, das, wie ich mir zu schmeicheln die Ehre habe, meinen Namen unsterblich machen soll.

Moses Gut gesagt! Soll ich leben!

Die Gäste Deliziös.

Till Also, in diesem Bewußtsein meiner schöpferischen Kraft als Obermundkoch decke ich die geheimnisvoll verdeckten Deckel der verdeckten Schüsseln auf, Kolumbus gleich, eine neue Welt des Wohlschmacks entdeckend.

Alle Bravo, bravo!

Till (die Schüsseln aufdeckend) Und zeige hiermit, zuerst: Eine spartanische Suppe von Kartoffelschalen, Talglichtern und Ofenruß! Sodann einen kräftigen Braten von zerhackten Stiefelknechten – einfach, aber schmackhaft. *(Sehr rasch)* Hier Beoeuf a la mode von rostigen Hufeisen. Koteletts von Schuhbürsten mit einer Sauce von grüner Seife, Glanzwichse und Wagenschmier! Statt der gewöhnlichen Pasteten eine alte Perücke, gefüllt mit Nägeln, Nagelbohrern und Pantoffelabsätzen! – Hier ein Ragout von wollnen Strümpfen, Tintenfässern, Streusandbüchsen, alten Schuhschnallen und Korkziehern, und endlich ein Dessert von zerbrochnen Dachziegeln, Lichtscheren, Kneipzangen, alten Topfscherben und Borstwischen. Wozu ich denn allerseits den besten Appetit wünsche und mich zu Gnaden empfehle, als deren ergebensten Till Eulenspiegel *(Ab)*

Die Gäste (Nachdem sie einige Zeit staunend dagesessen haben, springen sie auf, fallen über Moses her und prügeln ihn)

Chor der Gäste Welch' ein Spott! Welch' ein Erfrechen!
Nein, da reißt uns die Geduld!
Ha, du weißt um das Verbrechen!
Büße Jude, deine Schuld!

Moses Wie geschieht mer? Waih geschrien!
Ach, zu Hilfe! Ich bin taut!
Weiß ich doch nichts von Verbrechen!
Schonen Sie doch meine Haut. *(Läuft ab, alle ihm nach)*

Verwandlung (Straße, im Hintergrund ein Kanal, über den eine leichte Brücke führt, rechts im Vordergrund eine Schenke mit erleuchteten Fenstern, Nacht)

Siebzehnte Szene

Zwei Nachtwächter (treten auf)

Erster Was meinst du, Brüderle! Woll'n wir uns umtun, daß wir den Spitzbuben, den Eulenspiegel fangen?

Zweiter Warum, Brüderle?

Erster Ja sapperment, Brüderle! Weißt du denn nit, daß der reiche Jud Moses Fegesack einen Preis von 100 Talern ausgesetzt hat, für den, der ihm den Eulenspiegel fangt, daß er ihn kann bestrafen lassen für die schreckliche Prügelsupp, welche er um seinetwillen bekommen hat?

Zweiter Hast recht Brüderle! Wir wollen die 100 Taler verdienen.

Erster Das ist also abgemacht, Brüderle.

Zweiter Ja, Brüderle, aber wie bekommen wir den Eulenspiegel?

Erster Je nu, wir fangen ihn halt, Brüderle.
Zweiter Schon recht Brüderle, aber wie fangen wir's an, daß wir ihn fangen!
Erster Sapperment Brüderle, das müssen wir klug anfangen.
Zweiter Schon recht Brüderle, aber wie fangen wir's an, daß wir's klug anfangen, daß wir ihn fangen?
Erster Je, siehst du Brüderle, da müssen wir ins Wirtshaus gehen, und uns die Sach' überlegen.
Zweiter Hast recht, Brüderle, bist halt ein gescheiter Kerl. *(Beide gehen in die Schenke)*

Achtzehnte Szene

Till (schleicht herbei) Es ist doch eine schöne Sach' ums Spionieren! – Hätt' ich nicht spioniert, so hätt' ich nichts erfahren, hätt' ich nichts erfahren, so könnt' ich mich nicht in acht nehmen; könnt' ich mich nicht in acht nehmen, so würd' ich vielleicht gefangen, und würd' ich gefangen, so würd' ich vielleicht, was sich drauf reimt und was ich gar nicht einmal sagen mag. Gut, ich hab' spioniert, erhorcht, kann mich in acht nehmen und den Leuten eine neue Nase drehen *(guckt in die Fenster der Schenke)*. Da sitzen die Kerle und trinken wie die Heiden und glühen wie der Moloch. Oh, die Erhitzung könnt' ihnen schaden und ein kühles Bad könnt' ihnen nützen. Hm, da ist's nun schon wieder gut, daß ich mich bei Tag allerwärts umgeschaut habe, denn sonst wüßt' ich jetzt nicht, wo die losen Bretter auf der Brück' liegen. *(Er geht nach der Brücke, wo er sich zu schaffen macht und dann an das jenseitige Ufer, wo er sich verbirgt)*

Neunzehnte Szene

Bergmusikanten, dann die Wächter, zuletzt Till und Bürger
Die Bergmusikanten (treten auf, stellen sich vor einem Hause der Schenke gegenüber auf und singen)
Coro (sanft und getragen) Wieder ist ein Tag vollbracht,
und hernieder schwebt die Nacht. *(dolce)*
Leise regt sie ihre Flügel,
breitet über Tal und Hügel
ihren Sternenschleier aus.

Tutti (sotto voce) Ruhe, Frieden, jedem Herzen, jedem Haus.
Wer da ruht in Schlummers Arm,
ist befreit von Qual und Harm,
Gottes gute Engel wahren,
uns vor Unheil und Gefahren. *(forte)*
Machtlos bleibt der Graus! *(piano dolce)*
Ruhe, Frieden, jedem Herzen, jedem Haus. *(Maestoso)*
Heilig, heilig ist die Nacht! –
Hehr des Sternenhimmels Pracht – *(un poco vivace)*
Wißt ihr, was die Sterne künden? – *(con energico)*
»Licht in Nächten sollt ihr finden!« *(piano)*
Und so träumt den Traum des Lebens aus. *(Tutti, piano sostenuto)*
Heil'ger Frieden jedem Herzen, jedem Haus.

Die Scharwächter (aus der Schenke stürzend) Sapperment, wer singt noch so spät auf der Straße? 's ist schon nach 10 Uhr, das kostet fünf harte Taler Straf' oder Gefängnis! Greift sie! Greift sie!

Die Musikanten (entfliehen)

Till (am jenseitigen Ufer) Ach ihr dummen Nachtwächter! Laßt doch die armen Schelme laufen! Hier ist der Till Eulenspiegel.

Wächter Was? Wie? Wo, wo?

Till Hier und hier! Bäh. –

Wächter Greifts ihn! Greifts ihn! Lauft ihm nach. *(Musik, sie drängen sich auf die Brücke, die Brücke bricht ein, alle stürzen ins Wasser und schreien. Bürger kommen aus den Häusern)*

Chor der Wächter Zu Hilfe! Zu Hilfe! Ihr Leute, herbei!
Wir sinken und gehen zu Grunde wie Blei!

Till Hahaha, da liegens alle im Wasser. Wohl bekomm' euch das Bad! Gedenkt an den Till Eulenspiegel! Morgen könnt ihr mir nachlaufen. *(Läuft ab)*

Chor der Bürger (indem sie den Wächtern aus dem Wasser helfen) Der Eulenspiegel! Der Eulenspiegel.

(Der Vorhang fällt)

Neunhundertsechsundachtzigste Nacht

DRITTER AKT

(Schneiderwerkstatt, Morgendämmerung)

Erste Szene

Till (steht an einen Tisch gelehnt, worauf eine Lampe brennt, und wirft während er singt immerfort mit einem Rockärmel nach einem an der Wand ihm gegenüberhängenden Mannsrock)
Schelm – halt fest! –
Will dich's lehren!
's ist umsonst, er bleibt nicht hangen!
Was ist dabei anzufangen?
Wart'! Ich geb' dir noch den Rest!
Schelm halt' fest!
Halt' fest!

Zweite Szene

Till, der Meister
Der Meister (bleibt erstaunt unter der Tür stehen, als er Tills Treiben sieht) Nun, was ist mir denn das? *(Kommt vor)* Um aller Welt willen! Till, was treibst du denn da?
Till (wirft den Ärmel weg) Ich halt's nicht mehr aus, beide Arme sind mir über Nacht lahm geworden! Aber's hilft nichts!
Meister So sag' doch, was soll das alles bedeuten?
Till Nun, was soll's bedeuten? Hat der Meister nicht gestern abend zu mir gesagt: »Till, ich geh' zu Bett, wirf noch den fehlenden Ärmel da in das Ärmelloch an dem Rock?« –
Meister Freilich hab' ich das gesagt!
Till Und ich hab' den Ärmel genommen, und hab' mich hingestellt, und hab' die ganze Nacht den Ärmel an das Ärmelloch geworfen, aber wie ich geworfen hab', der Teufelsärmel wollt nicht sitzenbleiben; der Meister mag es halt selber versuchen, ob es geht.

Meister Kerl! Bist du denn des Teufels, daß du alles so verkehrt machst? Ich hab' gemeint, du solltest den Ärmel in das Ärmelloch einnähen.
Till So? Je! Warum sagt's denn der Meister nicht so wie er's meint? Ich tu' alles grad' so wie mir's geheißen wird, wenn es dann kein gutes Ende nimmt, so ist's nicht meine Schuld.
Meister Räsonieren willst du? Ach, ich merk's schon, du bist ein Schalksknecht und verstehst von der edlen Schneiderkunst soviel wie nichts.
Till Ich glaube, der Meister hat da zufällig ein wahres Wort gesprochen.
Meister Schon gut! Vor einen Gesellen deines Schlags muß man sich in acht nehmen. Hier ist dein Wochenlohn. *(Gibt ihm Geld)* Und somit räume mir die Werkstatt, und geh deiner Wege. *(Ab)*

Dritte Szene

Till (allein)
Till (besieht das empfangene Geld) Ein rechter Schneiderlehrlings-Wochenlohn! – Keine Kanne Wein läßt sich damit bezahlen, viel weniger ein guter Witz. Immerhin, da mach' ich einen schlechten Witz und räum' ihm die Werkstatt, wie er's mir befohlen.
(Er wirft alles Gerät, was sich im Zimmer befindet, durch's Fenster auf die Gasse.)
So, das wär' getan. *(Ruft)* Meister! Meister!

Vierte Szene

Till, der Meister
Meister Was soll's? *(Sieht sich um)* Gott steh mir bei! Was ist das?
Till Ich hab' die Werkstatt geräumt, wie Ihr's mir geheißen habt. Da liegt alles unten auf der Gasse, schaut ob's so recht ist?
Meister (voll Wut) Oh, du – du – wie nenn' ich dich! –
Till (unschuldig) Till Eulenspiegel, Meister.
Meister (wie oben) Geh' mir aus den Augen.
Till Meister, wenn ich Euch in den Augen säße, so müßt' ich Euch zu den Nasenlöchern herauskriechen.
Meister Pack dich fort! –
Till (packt sich bei der Brust) Ich pack' mich – und geh' fort. *(Lachend ab)*

Meister (jammernd) Alle meine Gerätschaften aus dem Fenster auf die Straße, ich geschlagener Mann. *(Ab)*
Verwandlung (Der Marktplatz zu Bremen. Im Hintergrund das Rathaus, davor der steinerne Roland)

Fünfte Szene

Zwei Bürger, eine Menge Volks (darunter viele Schneider mit Scheren und Bügeleisen)
Zwei Bürger (treten vor)
Erster Nein, sagt mir Gevatter, was Ihr davon haltet, daß ein Mensch fliegen will wie ein Vogel?
Zweiter Gevatter, darüber ließe sich vieles sagen, denn seht, wir leben in einer bewegten Zeit, und wie weise Männer behaupten, so soll es noch sehr viele wunderbare Dinge in der Welt geben, wovon wir Bremer Stadtkinder uns nichts träumen lassen. Zu solchen Dingen nun, argumentiere ich, mag auch wohl der wunderbare Mann gehören, der es mit hoher obrigkeitlicher Bewilligung unternehmen will, von dem Erker des Rathauses bis auf die Mütze des steinernen Rolands und von da bis zur Turmspitze des Domes zu fliegen, wie solches unser Ratsdiener Klaus ausdrücklich ausgerufen hat.
Erster Man sagt, er habe auch versprochen, allen Schneidern von nah und fern ein wichtiges Geheimnis zum Nutz und Frommen ihrer Kunst mitzuteilen.
Zweiter Freilich hat er das versprochen! Seht Euch nur um, und Ihr werdet gar bald unter dem Volke eine Menge Bocksphysiognomen herausfinden.
Erster Pst, ich sehe dort etliche von unseren Frommen hinter uns stehen und lauschen!
Zweiter Horch, sie kommen! Oh, wie sich das Volk stößt und drängt – au weh! Meine Rippen! –

Sechste Szene

Marsch; Till, Ratsherren, Ratsdiener, die Vorigen (Till besteigt den Altan des Rathauses)
Chor
Volk Vivat, der Wundermann,
der fliegen kann!

Die Schneider Wir Schneider all' von nah und fern,
sind hier, die Ohren aufzusperrn!
Sprich, weiser Mann! Sprich großer Mann!
Was uns, den Kleiderkünstlern, nützen kann.
Tutti Vivat, der Wundermann – der Wundermann!
Der fliegen kann.
Klaus der Ratsdiener Silentium! Volk! Mach Platz den Schneidern! – Schneider, tretet vor, denn Ihr sollet hören das Geheimnis, so Euch nützen wird und Euern Kindeskindern in alle Ewigkeit – dictum factum.
Till Ehrwürdige Männer des Handwerks derer Schneider! Ihr sollet wissen, daß wenn Ihr habt eine Schere, Elle, Faden, einen Fingerhut und Nähnadeln sowie das gehörige Zeug, so habt Ihr des Gezeuges genug zu Euerm Handwerk, und kein anderer Handwerker wird es Euch darin zuvortun, wenn Ihr nur recht gründlich gelernt habt, was Euch zu lernen Not war. – Aber eines lernet von mir, und gedenket meiner dabei: Wenn Ihr die Nadel eingefädelt habt, so vergesset nicht, daß Ihr an das andere Ende des Fadens einen Knoten macht, oder Ihr stecht manchen Stich umsonst; machet Ihr aber einen Knoten, so kann der Faden Euch nicht aus der Nadel entwischen. Punktum.
Die Schneider (nach einer Pause murrend) Was? Wie? Ist das das ganze Geheimnis?
Till Ja.
Die Schneider Und weiter habt Ihr uns nichts zu sagen?
Till Nein.
Die Schneider Wollt Ihr uns zum Narren haben?
Till Es würde grob sein, wenn ich das so gerade heraussagen wollte! Wenn ihr's aber glauben wollt, so habe ich nichts dawider und ihr könnt gehen, von wannen ihr gekommen seid.
Die Schneider (murren lauter)
Klaus (schreit) Silentium!
Volk Ruhig Ziegenböcke – nun wird er fliegen.
Till So? Meint Ihr? Sapperment, ich hab' immer gedacht, ich wäre ein Narr, aber nun seh ich eine ganze Stadt voll Narren, wogegen ich gar nicht aufkomme! Fliegen soll ich? Bin ich denn ein Vogel? Ein Adler, eine Schwalbe, oder nur ein alberner Gänserich? Wo hab' ich Flügel und Federn? – Kann einer fliegen ohne Flügel und Federn, he? – Wenn's einer kann, der versuch's, habt ihr's von mir geglaubt, weil ich's gesagt habe, so habt ihr einen bessern Glauben an mich als ich selbst, denn ich hab's all mein Lebtag nicht von mir geglaubt. Dies wollt' ich euch gesagt haben und somit Gott befohlen. *(Läuft ins Rathaus ab)*

Das Volk Der Spitzbube! Der Betrüger! Stürmt das Rathaus, brennt nieder! Fangt ihn! Schlagt ihn tot! *(Großer Tumult)*
Klaus (schreit) Empörung! Meuterei! Zu Hilfe! Wache heraus!

Siebente Szene

Die Vorigen, ein Unteroffizier mit drei Mann Wache
Die Soldaten (stürzen aus dem Rathaus und treiben das Volk davon)
Ein Schneidergesell (bleibt allein mit offnem Maule stehen)
Unteroffizier (kehrt mit der Wache zurück) Die Ruhe ist hergestellt! *(Erblickt den Schneidergesellen, barsch)* Was steht er noch da! Rott' er sich nicht zusammen, sondern geh' er auseinander. *(Der Schneidergesell entflieht, die Wache ab)*
Verwandlung (Wilde Berggegend, im Hintergrund ein hoher Fels)

Achte Szene

Till und ein Wanderer
Wanderer Aber du närrischer Geselle! Was ist denn das für eine Art zu wandern? Geht es steil bergan, so springst und singst du und gebärdest dich wie toll vor Freuden, geht's aber bergab, so schleichst du langsam und machst ein traurig Gesicht. –
Till Ja siehst du, das ist einmal so meine Art. Geht's bergauf, so denk' ich an meine Jugend und wie rüstig einer in der Jugend vorwärts und aufwärts strebt, und wär's auch nur ein Narr wie ich einer bin, geht's aber bergab – o weh, da denk' ich ans Alter, wo alles bergab geht und wir mit, bis wir endlich in der Grube liegen, das macht mich traurig und verdrossen. *(Sie gehen ab)*

Neunte Szene

Murky (als Bauer verkleidet) Der Till ist halt auf gutem Wege, und wenn's so fortging, so könnt er hier auf Erden am End' noch wirklich gescheit werden. Damit ist uns aber gar nicht gedient, und ich will sehen, wie ich's geschwinde zu Ende bringe, ohne daß er doch als ein junger Gicks wieder fort muß. Der Tod wär alleweil wohl gleich bei der Hand, aber das ist ein Zeitverderber, ich will mich an den Genius der

Zeit selber wenden, ob der mir nicht ein übriges zu Gefallen tut. *(Ruft)* Hollah he! Alter komm a mal a bissel heraus. *(Der Felsen im Hintergrund tut sich auf, der Genius der Zeit tritt heraus, ein kräftiger Mann mit dunklem Haar, Adlerflügel an den Schultern mit Sense und Stundenglas)*

Zehnte Szene

Murky und der Genius der Zeit
Zeit Wer ruft? Was ist dein Begeher?
Murky Grüß dich Gott Alter! Ich wollt' dich um eine Gefälligkeit bitten.
Zeit So geradezu? In der Regel begnügt sich der Mensch damit, von mir, was er wünscht, zu hoffen.
Murky Ah la bonheur! Der Mensch! Mit mir ist das 'ne andre Sach'! Ich bin ein Zauberer (mit Ansehn) und Dreiviertelsgeist.
Zeit (lächelnd) Ja so! – Nun was ist dein Begehr?
Murky Mein Freund, der Geisterfürst Alamir, hat einen ungeratenen Sohn, den Till. Den hab' ich in die Kur genommen und auf eine gute Anzahl Jahre auf die Erde verbannt, als Mensch nämlich! Nun woll'n wir'n aber gern bald wieder haben, ohne daß doch der Tod uns vor dir einen Strich durchs Konzept macht, denn siehst du, ich kann den Tod vor alles nicht leiden, und gönne ihm nicht so ein frisches lustiges Blut, als wie der Till eins ist. Darum bitt' ich dich gar schön, daß du ein bissel eilst und ein paar Händ' voll Jahre schnell zu Ende bringst, damit der Till im Fluge noch recht viel erlebt und dann alt wird. Hernach gibst du ihm noch ein paar Tage zu, daß er sich besinnen kann, wie ihm denn eigentlich geschehen ist, und dann mag der Tod ihn meinetwegen wegputzen.
Zeit Eine seltsame Forderung, doch sie sei dir gewährt. Ich rüttle das Stundenglas. Ich schwinge die Sense, in Adlerfluge und reise in den Erdball und kehr' ich wieder zur Stelle, sind hundert Jahre verronnen. *(Er fliegt davon)*
Murky (dreht sich wie ein Kreisel um sich selbst) Alle Wetter! Wie dreht sich die Welt auf einmal so geschwind! Frühling, Sommer, Herbst und Winter! Alle Tausend! Wie sie so blitzschnell wechseln. Die Zeit ist toll geworden! Uff! *(Er versinkt)*
Verwandlung (Gaststube im Gasthof zum schwarzen Elephanten in Mölln)

Elfte Szene

Bustorius, der Wirt, Heinrich, Oberkellner

Wirt (betrunken) He, Kellner! Was laufst?

Heinrich 's sind Gäste kommen.

Wirt Gebt sogleich ein paar Flaschen Wein herauf – man darf die Menschheit nicht dursten lassen.

Zwölfte Szene

Mehrere Reisende (treten ein), die Vorigen

Wirt (sie empfangend) Gehorsamster Diener! Sei'n Sie mir allerseits schönstens willkommen! Welche Sorte befehlen Sie? Rot oder blank? Naumburger, Grünberger oder Meißner?

Heinrich (stößt ihn beiseite) So schweigen Sie doch, die Herrschaften haben's schon bei mir bestellt! Sie machen sich ja lächerlich!

Wirt (stößt ihn wieder) Titschi, tatschi! Ich muß die Ho – *(er stolpert)* Hoppsa – die Honneurs machen als Wirt. *(Zu den Fremden)* Woher kommen Sie, wenn ich fragen darf? – Darf ich fragen, wohin Sie zu reisen gedenken, oder bleiben Sie hier? – Wie lange? – Werden Sie das Theater besuchen? Die Bibliothek? Und unsern großen Eulenspiegel?

Die Fremden Ach ja, den großen Eulenspiegel! Nimmt er noch Besuche an?

Wirt Allerdings! Nach Tische, wenn er satt ist und geschlafen hat – und ich – ich werde Sie bei ihm einführen, wenn sie ihn besuchen wollen.

Ein Reisender Allerdings wollen wir das, denn wir – wie Sie uns hier sehen, sind Gelehrte, Künstler, humoristische, empfindsame und in Bandgeschäften Reisende, junge Deutsche und ehrwürdige Philister. Und so verschieden wir sonst in unsern Meinungen sind, so stimmen wir doch darin überein, daß wir den großen Eulenspiegel bewundern, anbeten und alle Jahre an seinem Geburtstag schöne Reden halten und schrecklich viel essen und trinken.

Wirt (der unterdessen aus einer Flasche trank) Trinken? – Ich bin gerührt, auf Ehre! Sehen Sie, die Augen gehen mir über! Kommen Sie, meine Freunde, wir wollen auf die Gesundheit des großen Eulenspiegel trinken, und dann wollen wir auf seine Gesundheit trinken! Und dann wollen wir noch einmal auf seine Gesundheit trinken, und dann führ' ich Sie zu ihm! –

(Alle ab)

Verwandlung (Reich geschmückter Saal in dem Hause des Herrn von Eulenspiegel, im Vordergrund ein Ruhesessel, davor ein Pfeilertischchen, worauf Weinflaschen, Gläser, Backwerk und Obst stehen.)

Dreizehnte Szene

Till (in einem kostbaren Zobelpelz, er ist hundert Jahre alt, aber noch mäßig)
Und ich bleib' halt dabei,
und ich sag's zehntausendmal:
»'s ist mir all' einerlei
's ist mir all' egal.«
Hundert Jahr' nun leb' ich,
üb' Listen und Ränk'!
Und alle Welt kennt mich,
und rühmt meine Schwänk'!
Am Ende noch kommen's,
und nennen mich weis' –! –
Und sag' ich das Dümmste,
es kriegt doch den Preis.
Kurz, ich leb' in Freud'!
Und bin gar noch nicht dumm! –
Und red' ich nicht gescheit;
so weiß ich schon, warum.

Vierzehnte Szene

Korax (tritt ein), Till
Korax Hoher Meister! –
Till (setzt sich in den Lehnsessel und gähnt) Nah! – ah!
Korax (nachlallend) Ach!
Till Ich will dir was sagen, mein Engel!
Korax (zieht schnell ein Buch aus der Tasche und notiert sich alles Folgende auf) »Mein Engel«, nennst du mich – hoher Meister! Ich lecke dir die Füße.
Till Immer zu, ich erlaub' es dir! Aber ich wollte dir was sagen.
Korax Ich bin ganz Ohr.
Till Ich hab' nach Tisch sehr schlecht geschlafen.

Korax Meister, ich bin außer mir!
Till Es war nämlich zu heiß im Zimmer! Soll ich dir die Ursach' davon erklären?
Korax Meine Seele hängt an deinen Lippen.
Till (belehrend) Der Esel, der Stubenheizer, hatte zu stark eingeheizt, und daraus folgte denn natürlich, daß die Temperatur im Zimmer bis zur Hitze gesteigert werden mußte.
Korax (voll Bewunderung) O Meister, ich kann deine Tiefe nur schweigend anstaunen.
Till Weißt du, wieviel zwei mal zwei ist?
Korax Nein.
Till Ich will dir's sagen! Sieh: zwei mal zwei ist vier.
Korax Das ist erstaunlich! –
Till Diesen Morgen las ich ein Buch, darin wird von einem großen Philosophen erzählt, daß er sich lange Zeit vergeblich den Kopf zerbrochen habe, weshalb und warum zwei mal zwei eben vier sein müßt'? – Er konnte keinen vernünftigen Grund dafür auffinden. Ich hab' es aber sogleich herausgekriegt.
Korax Ist es die Möglichkeit.
Till (belehrend) Zwei mal zwei sind nämlich vier, weil jede Zwei zwei Einer enthält, zwei Zweien aber vier Einer; folglich ist zwei mal zwei vier und steht mitten innen als gerade Zahl zwischen den beiden ungraden drei und fünf, wovon die erste eine Zwei und einen Einer, mithin drei Einer, die zweite aber zwei Zweien und einen Einer, mithin fünf Einer enthält; so daß weder eine Drei noch eine Fünf – vier sein können, sondern nur eine Vier.
Korax (ganz verhimmelt) Nein ein solcher Riesengeist! – Die Einer! – Die Drei! Die Fünfe! – Die Zwei! – Und endlich die Vier! Es ist einzig! – Aber man möchte verrückt werden, wenn man so recht darüber nachdenkt.
Till (lächelnd) Lernen wir daraus erkennen:
»Daß viel Denken oft verfänglich!«
Nicht am Lichte zu verbrennen.
Bleibe fern der Flammen, bänglich.
Korax (sehr gerührt nachlallend) »Bänglich!«

Fünfzehnte Szene

Friedrich (tritt ein), die Vorigen

Friedrich Euer Exzellenz, draußen steht der Wirt aus dem Elephanten und mit ihm einige Fremde, welche Euer Exzellenz zu sehen wünschen.

Till Ist der Wirt wieder betrunken?

Friedrich Ja.

Till So laß' sie eintreten! *(Friedrich ab)*

Korax Hoher Meister, erkläre mir, wie es dir möglich ist, einen Menschen wie den ewig betrunkenen Elephantenwirt um dich zu dulden?

Till Liebes Kind! Man muß die Menschen nehmen wie sie sind. Ich geb' aber zu, daß das zuzeiten verteufelt schwer ist; jedoch Gewöhnung macht alles leicht. So hab' ich mich denn schon seit vielen Jahren daran gewöhnt, den Elephantenwirt um mich zu sehen, und zwar immer in einem Zustand, wo er einem Vieh ähnlicher ist als einem Menschen. Da wird es mir denn jetzt schon etwas leichter, auch das übrige Menschenvolk zu ertragen, so närrisch, toll und *(mit einem Seitenblick auf Korax)* geistesarm es zuzeiten ist.

Korax Göttlich! Göttlich!

Sechzehnte Szene

Bustorius und die Fremden (treten ein), Till, Korax

Wirt (stammelnd) Den allerschönsten guten Abend, meine gnädigste Exzellenz! – Hier bring' ich wieder einige – einige – wie sag' ich gleich? Na, dummes Zeug, es ist gleichviel – genug, sie wollen Euer Exzellenz ihre allertiefste Ehrfurcht und Verwunderung zu Füßen legen.

Till (ohne aufzustehen zu den Reisenden) Ihr seid Reisende?

Die Reisenden Ja.

Till (nach einer Pause) Ihr seid noch jung und könnt noch etwas lernen, ich bin ein alter Mann und habe Erfahrung, hört mir zu und antwortet mir. – »Was ist besser, daß der Mensch tut, was er weiß, oder daß er lernt, was er nicht weiß?« – Denkt darüber nach und sagt mir eure Meinung.

Die Reisenden (reden leise untereinander)

Till Nun?

Erster Reisender Euer Exzellenz, wir haben uns bedacht und besprochen, und halten einstimmig dafür, daß es allerdings am vernünftigsten ist, erst das zu tun, was man weiß, bevor man lernt, was man noch nicht weiß.

Till Da seid ihr Menschen alle große Narren, weil ihr stets lernen wollt, was ihr nicht wisset, und nicht übet was ihr wisset. *(Winkt ihnen Entlassung)*

Erster Reisender Nur eine Frage, Euer Exzellenz! Ist es denn wirklich wahr, daß sie einem Esel lesen lehrten?

Till (deutet lachend auf Korax)

Korax (nickt) Ja.

Die Reisenden Empfehlen uns untertänigst zu Gnaden. *(Sie gehen ab)*

Wirt Na, bekomm' ich nicht auch einen Spruch mit auf den Weg.

Till Trinket mäßig, und beweis't
standhaft Euch, wenn Schnäpse winken.
Kümmel hob zwar Euern Geist,
doch den Körper – läßt er sinken.

Wirt Gehorsamer Diener! *(Ab)*

Korax Hoher Meister! Ich habe Euch ein Gedicht gemacht.

Till Laß hören!

Korax (rezitiert sein Gedicht) Schönes sich's immerdar umwind'!
Tugend sich's allein stets verbind'.
Denn's, weil's durch's sich's selbst erstrebt.
Nie nich's nimmer nich's umwebt!
Alles immerdar sich's verbind',
nie nich's nimmer nich's find',
weil's denn's nimmer nich's verschwind'!

Till Bravo, Korax! Ich bin zufrieden mit deinen Fortschritten.

Korax (entzückt) Großer Mann!

Siebzehnte Szene

Der Teufel, die Vorigen

Teufel (sehr elegant gekleidet) Bon soir, Alter! –

Till (erhebt sich) Wen hab' ich die Ehre? –

Teufel Ein alter Bekannter! Ich bin der Teufel.

Till Va!

Korax (zitternd) Alle guten Geister!

Teufel Nun? Heißest du mich nicht willkommen?

Till (setzt sich, schenkt sich ein und trinkt) Mein Liebster, nimm mir's nicht übel – aber dein Ruf ist nicht der beste und ich halte auf Anstand.

Teufel Ja so! Aber da werd' ich dir ungelegen kommen, denn daß ich's kurz mache: ich bin hier, um dich zu holen.
Till Schon?
Teufel Ha, ha, ha! – Du zählst über hundert Jahre.
Till Ei mein Engel! Ich wünsche so alt zu werden als Methusalem. – Spaß beiseite! –
Teufel Im vollsten Ernst: ich will dich holen.
Till Und was wolltest du mit mir? –
Teufel Je nun!
Till Liebes Kind, wir taugen nicht zusammen! Ich fürchte dich nicht, ich bin dir zu klug – wir würden einander nur langweilen – kurz, gib mich frei.
Teufel Gut, gegen ein Lösegeld.
Till Ein unmündiges Kind.
Teufel Wo?
Till Da! *(Deutet auf Korax)*
Korax (erstarrt) Meister! –
Teufel Hahahaha!
Till Fahr ab, mein Engel! Du fährst für mich zum Teufel.
Teufel Hahaha! Ich nehm' ihn.
Korax Hilfe! Hilfe!
Teufel (packt ihn beim Kragen) Her zu mir! *(zu Till)* Leb' wohl! *(Versinkt mit Korax).*
Till Der arme Narr! Aber ich freu' mich, daß ich ihn endlich mit guter Manier losgeworden bin, und obendrein noch selbst dem Teufel entging. *(Starkes Pochen von außen)* Wer klopft denn da so ungeschliffen?

Achtzehnte Szene

Till, Freund Hein (der Tod)
Freund Hein (eintretend) Ich!
Till O weh! Du kommst mir ungelegen.
Hein Das glaub' ich, denn mich kannst du nicht fortbringen wie den Teufel, wo ich anklopf', da heißt's: selber mitgehn! Und keine List und kein Kraut hilft dawider. Also mach' dich fertig, denn es muß schon einmal gestorben sein.
Till Ist das eine schöne Geschicht'! –

Duetto
Till Herzliebster Tod, ich bitt' dich sehr:
Gib mir noch eine Frist!
Mein' hundert Jahr' drück'n mich nicht schwer,
weil's gar so hübsch hier ist.
Hein Mein guter Till, es tut mir leid,
doch kann es nimmer sein!
Zu End' ist einmal deine Zeit,
d'rum gib dich nur darein.
Till Ach Tod, ich hab' so'n schönes Haus,
hab' alle Säcke voll! –
Da ist es wahrlich doch ein Graus,
daß ich schon mit dir soll.
Hein Mein Schatz, das hör' ich Tag für Tag,
doch geb' ich nix darauf.
Schon schlug dein letzter Stundenschlag,
und schlug dein Grab dir auf.
Komm Brüderle und schick dich drein,
ich führ' dich sanft zur Ruh.
Bei einem vollen Glase Wein.
Trink' ich dir Smollis zu. *(Schenkt die Gläser voll)*
Till Nun, weil dich denn kein Bitten rührt,
so gräm' ich mich nicht mehr.
Juchhe! Herr Bruder, frisch smolliert,
als ob's für's Leben wär'!
Beide Ich brachte – du brachtest ja mein Lebelang.
Ich brachte – du brachtest ja dein Lebelang.
Der Freude oft es zu!
Drum froh auch heut' beim Becherklang:
Herr Tod – auf du und du!
Herr Till – auf du und du!
(Sie trinken und umarmen sich. Wolkenschleier verhüllen sie)
Verwandlung (Wolkensaal im Geisterreiche)

Letzte Szene

Alamir, alle Zauberer, Bettinerl, Genien und Nymphen, Murky (führt den jungen Till in die Versammlung)
Murky Nun, junger Herr, wie hat ihm das Leben da unten gefallen?

Bettinerl! Komm her, und halt' ihm den Spiegel der Wahrheit vor! Schau' er hinein, so trieb er's auf Erden.
Till (lacht) Hahaha, was war ich für ein närrischer Kerl. Aber doch nicht gar so böse.
Murky Freilich nicht! Aber erst, als er sich für gut und weise hielt, und doch so war! Schau er noch einmal in den Spiegel.
Till Pfui, was für ein garstiges Gesicht! Weg damit.
Murky Er hat sich erkannt – aber was will er denn nun in Zukunft sein? He?
Till Weder ein Narr noch ein Mucker, sondern ein ordentlicher Kerl! Müßt's aber doch eins von beiden sein: lieber ein Narr, als ein Heuchler.
Murky Bravo, die Kur hat angeschlagen.
Alamir (umarmt Till) O mein Sohn!
Bettinerl Und willst du mich jetzt heiraten, Till?
Till (umarmt sie) Ob ich will?

Schlußreigen
Till Und ich bleib' halt dabei,
und ich sag's viel tausendmal:
»'s ist mir nicht all' einerlei
's ist mir nicht all' egal.«
Denn ich hab's gefunden,
da drunten auf der Welt:
's wird auch von den Hunden
der Fuchs oft geprellt!
Und wär' einer noch so klug,
und wär' einer noch so reich;
es sagt schon ein alter Spruch:
Der Tod macht alles gleich.
Aber zwei Dinge bestehen:
Ein reines Herz, ein froher Sinn!
Laßt euch die nicht entgehn,
dann habt ihr Gewinn.
Chor (Tutti) Ein reines Herz,
ein froher Sinn,
bestehen –
und bringen Gewinn.

Neunhundertsiebenundachtzigste Nacht

In dieser Nacht erzählte der Kaplan folgende Sage.

DER TEUFEL ZU DRONINGS-ÖR

Der Teufel ging einmal wieder auf die Wanderschaft, und zwar in Begleitung seiner Frau Großmutter, welche, wie bekannt, eine sehr kluge Frau ist und bei weitem klüger als der Teufel selber.

Sie kamen in einen großen Wald und liefen den ganzen Tag darin herum, ohne daß sie eines Menschen noch einer Hütte ansichtig wurden. Als nun der Abend kam, fühlten sich beide sehr erschöpft, und der Teufel fing jämmerlich an zu weinen und zu klagen, daß er so hungrig sei und so müde, weil er den ganzen Tag nichts gegessen und dabei habe herumlaufen müssen.

Des Teufels Großmutter tröstete ihren lieben Enkel damit, daß der Wald allem Anschein nach bald ein Ende nehmen müsse, und daß sie dann ohne Zweifel eine Hütte finden würden, in der sie sich durch Speis und Trank stärken und übernachten könnten.

Der Teufel beruhigte sich bei diesem Trost was weniges, und schritt mit seiner Großmutter wacker drauf los, nur von Zeit zu Zeit noch schluchzend, wie die kleinen Kinder zu tun pflegen, wenn sie lange geweint haben.

Nach einer guten Weile war der Wald wirklich zu Ende, und der Teufel und seine Großmutter sahen, daß sie sich unfern vom Gestade des Meeres befänden, darüber erschrak der Teufel, denn er hatte eine große Furcht vor dem Wasser.

Seine Großmutter zeigte ihm aber eine Fischerhütte, welche seitwärts stand und in der ein helles Feuer loderte; da kriegte der Teufel wieder Courage und lief mit seiner Großmutter auf die Hütte zu, pochte an und trat ein. In der Hütte wohnte ein junger Fischer mit seinem Weibchen und zwei hübschen Kindern. Diese guten Leute erschraken nicht wenig, als sie den Teufel und seine Großmutter bei sich eintreten sahen, welche gar höflich um ein Abendessen und ein Nachtlager baten. Der Fischer winkte aber seinem Weibe, daß sie sich's nicht solle merken lassen, daß sie den Teufel und seine Großmutter erkannt hätten, und so empfingen beide die Wanderer, wie es Sitte ist in dem gastfreien Norwegen, und trugen auf, was sie hatten: schwarzes Brot, gedörrte Fische, gesalzene

Fische, gebratene Fische und gesottene Fische, auch einen Krug Met und eine Flasche Rum. Und der Teufel und seine Großmutter ließen sich's vortrefflich schmecken, und als sie satt waren, legten sie sich nieder auf die am Boden ausgebreiteten Segeltücher, und fingen an zu schnarchen was sie konnten.

Neunhundertachtundachtzigste Nacht

Bald darauf legte sich auch der Fischer mit Weib und Kind zur Ruhe, nachdem er sich wie gewöhnlich mit den Seinigen dem Schutze Gottes anbefohlen hatte, und entschlief, und die Kinder auch.

Sein junges Weib konnte aber nicht schlafen, weil sie sich vor dem Teufel und seiner Großmutter fürchtete, und als nun gegen Mitternacht der Sturm sich draußen erhob und schrecklich an zu heulen begann, da weckte sie in ihrer Herzensangst ihren Mann auf und sprach zu ihm: »O Mann, wie magst du schlafen, da du doch weißt, daß der Teufel und seine Großmutter unter unserm Dache weilen?«

Der Mann aber lachte und sprach: »Der Teufel und seine Großmutter werden morgen früh schon wieder abziehen, denn bei mir ist nichts für sie zu holen, und anhaben dürfen sie mir nichts, da ich ihnen Gastfreundschaft erwiesen habe – Gastfreundschaft muß selbst der Teufel respektieren und seine Großmutter dazu.«

»Ja, wenn er Lust hat«, sagte die Frau. »Der Teufel ist mächtig.«

»Gott ist allmächtig! Ich stehe in Gottes Schutz und du und die Kindlein auch, und so schlaf ruhig, der Teufel und seine Großmutter können uns nichts anhaben sowie sie denn überhaupt nichts können, sobald ihnen nur der rechte Mann entgegentritt.« Damit entschlief der Fischer wieder und sein Weib auch.

Der Teufel hatte das Gespräch mitangehört, da er ebenfalls vom Sturm war aufgeweckt worden. Er ärgerte sich gewaltig darüber, rüttelte seine Großmutter aus dem Schlafe, erzählte ihr, was er erlauscht, und schwur hoch und teuer, er wolle morgen des Tages dem Fischer beweisen, daß der Teufel alles könne, was er wolle. Seine Großmutter warnte ihn und riet ihm sehr davon ab, sich mit dem Fischer einzulassen, denn, sagte sie: »Der Fischer ist nicht nur ein frommer Mann, sondern auch ein lustiger, listiger Gesell, und du bist und bleibst all dein Lebtag der dumme Teufel, also nimm dich vor Schaden in acht, Kindchen, und ziehe morgen früh in aller Stille mit mir weiter. Der Teufel hörte nicht auf den guten Rat seiner Großmutter, sondern blieb dabei, er wolle dem Fischer Mores lehren, und seine Großmutter schalt er eine grobe Frau, weil sie ihn den dummen Teufel genannt hatte.

Neunhundertneunundachtzigste Nacht

Am andern Morgen, nachdem der Teufel und seine Großmutter gefrühstückt hatten, machten sie Anstalt weiterzuziehen, aber an der Tür kehrte der Teufel noch einmal um, trank noch ein Glas Schnaps und sprach sodann zu dem Fischer: »Hör' mal, du! Ich habe gehört, was du diese Nacht mit deinem Weibe gesprochen hast, und ich weiß, daß du weißt, wer ich und die alte Frau dort sind, nämlich ich der Teufel und sie meine Großmutter, und hör' mal, du hast gesagt, der Teufel könne nichts, aber das ist nicht wahr, der Teufel kann alles! Und du sollst mir sagen, was ich nicht kann, und wenn ich's nicht kann, so sollst du recht behalten, wenn ich's aber kann, so sollst du ein Lügner heißen und kein Gast soll im ärgsten Unwetter mehr die Schwelle deiner Hütte betreten.«

Über solche Rede ergrimmte der Fischer und versetzte: »Daß du nicht alles kannst, ist gewiß, oder kannst du etwa auf der See fahren?«

Als dies der Teufel hörte, erschrak er, aber seine Großmutter stieß ihn an und raunte ihm zu: »Sage nur ja, damit du nicht mit Schande bestehst, ich will dir dann schon helfen«, und da sagte der Teufel: »Ja, das kann ich und will ich.«

»Gut«, sprach der Fischer, »ich weiß, daß diesen Morgen eine Brigg hier beilegen wird, um frisches Wasser einzunehmen, da gehe als Passagier an Bord, wenn du das Herz hast.« –

»Gut«, sagte der Teufel trotzig, »du sollst sehen, daß ich es kann«, und somit verließ er samt seiner Großmutter die Hütte ohne Gruß und Dank, und der Fischer machte drei Kreuze hinter ihnen her.

Als nun der Teufel mit seiner Großmutter wieder im Freien war, brummte er sehr und war sehr unwillig, daß er dem Fischer hatte versprechen müssen eine Seereise zu machen.

»Hab' ich es dir nicht im voraus gesagt, du dummer Junge«, schmähte seine Großmutter, »hab' ich's dir nicht gesagt, daß es dich gereuen würde, wenn du mit dem Fischer anbändelst, aber da bist du immer

Hans-Taps, obenhinaus und nirgendsan, jetzt magst du sehen, wie du Wort hältst. –

»Warum nicht gar«, rief der Teufel, »ich werde kein Narr sein und Wort halten.«

»Du sollst aber Wort halten«, schrie die Großmutter und gab ihrem lieben Enkelchen ein paar derbe Kopfnüsse.

Da fing der Teufel jämmerlich an zu heulen und bat seine Frau Großmutter um Tausend-Gotteswillen, sie möge ihm doch wenigstens ein Mittel angeben, wie er sich ohne Gefahr auf die See wagen könne. Die Frau Großmutter hatte Mitleid mit dem armen Teufel und sagte endlich: »Nun wohl, so höre denn! Ich will mit dir zur See gehen, und wenn du meinen Rat befolgst, so soll und kann dir kein Leid auf dem Meer geschehen. Wisse, es handelt sich einzig und allein darum, daß dein Schwanz nicht naß wird bei deiner Meerfahrt, nimm ihn also wohl in acht, daß kein Seewasser darankommt, so lieb dir Leib und Leben ist, wenn du das tust, so hast du nichts zu befürchten.«

»Hoho, wenn's weiter nichts ist«, sprach der Teufel , »so will ich mich schon in acht nehmen. Meinst du nicht auch Großmütterchen, daß es geraten wäre, wenn wir als ganz honette Herrschaften an Bord gingen und ich meinen Schwanz sauber aufgerollt in der Rocktasche trüge.« –

»Das wollt ich dir eben raten, Söhnlein«, versetzte des Teufels Großmutter, und so wurden beide einig und vertrugen sich.

Neunhundertneunzigste Nacht

Am Nachmittag desselben Tages legte wirklich eine stattliche Brigg bei, um frisches Wasser einzunehmen, und als nun der Kapitän mit etlicher Mannschaft in einer Jolle ans Land setzte, da nahten sich ihm der Teufel und seine Großmutter, prächtig gekleidet, als wären es gar vornehme Leute, und fragten den Kapitän, ob sie mitreisen könnten.

Der Kapitän bejahte dieses, und als nun die Stunde der Abfahrt schlug, da lud er sie ein in die Jolle zu steigen und mit an Bord zu setzen.

Nun hatte der Teufel seinen Schwanz zierlich aufgerollt und in die Rocktasche gesteckt, ganz wie er es mit seiner Frau Großmutter verabredet hatte, aber als er nun in die Jolle springen sollte, da überkam ihn die Angst und er schrie: »Ich tu es doch nicht! Hol' mich Gott! Ich tu's einmal nicht!« Und somit wollte er davonlaufen, seine Großmutter hielt ihn aber beim Kragen fest und rief ein paar Matrosen, die packten den Teufel und warfen ihn all seines Sperrens ungeachtet in die Jolle (denn die Frau Großmutter hatte ihnen gesagt, ihr Söhnlein habe zuweilen einen Raptus und sie sollten sich nicht an sein Geschrei kehren).

So lag denn nun der Teufel in der Jolle, die Großmutter sprang nach, setzte sich zu ihm, sprach ihm Mut ein und die Matrosen stießen vom Lande.

Bald hatten sie die Brigg erreicht und der Teufel und seine Großmutter wurden von den Matrosen glücklich an Bord transportiert. Die Brigg lichtete ihre Anker, hißte die Segel, tat drei Schüsse und fuhr davon.

Neunhunderteinundneunzigste Nacht

Es waren außer dem Teufel und seiner Großmutter noch eine Menge Passagiere auf der Brigg, und darunter etliche hübsche Frauen und Mädchen. An diese machte sich alsbald der Teufel, nachdem er sich von seiner Furcht ein bißchen erholt hatte, und spielte den Angenehmen, hast du, kannst du, so daß alle Weiber und Mädchen in ihn geschossen wurden und sich einbildeten, sie hätten in ihrem Leben noch keinen so schönen, artigen und sittigen Mann gesehen, als den jungen Herrn mit den kleinen Schweinsaugen, der Stülpnase, dem breiten Mohrenmaul, der roten Perücke und den linken Klumpfuß.

Des Teufels Großmutter hatte darüber eine herzinnige Freude und ermunterte ihr liebes Enkelchen, den schönen Damen doch einige seiner Kunststückchen zu zeigen. Das tat denn der Teufel auch; er ließ sich einen halben Scheffel glühende Kohlen bringen, bestreute sie mit Meliszucker und fraß sie auf, sodann ließ er sich einen halben Eimer des stärksten Araks bringen, zündete ihn an und trank ihn auf die Gesundheit der Damen, hernach verschluckte er altes Eisen, altes Schuhwerk, Tauendchen und alte Borstbesen, und ließ sie als ein künstliches Feuerwerk wieder aus dem Munde hergeben, so daß sich alle auf dem Schiffe darüber verwunderten.

Das ging so zwei Tage lang ganz gut, und die Brigg segelte mit dem günstigsten Winde, am dritten Tage aber, als das Schiff sich in der Nähe von Dronings-Ör befand, erhob sich ein schrecklicher Sturm, wie ihn seit Menschengedenken hier kein Schiff glücklich bestanden hatte.

Da wurden alle Passagiere auf dem Schiffe seekrank und am allerschlimmsten der Teufel, daß es ein rechter Jammer war.

Endlich wurde die Brigg mit Macht zwischen zwei Riffe geworfen, so daß sie mitten auseinanderborst, schnell wurden die Boote herabgelassen und alles sprang hinein und rettete sich glücklich, ausgenommen der Teufel, welcher seekrank auf dem Decke lag, und seine Frau Großmutter, welche neben ihm kniete und ihm den Kopf hielt. Endlich kam der Teufel ein wenig zur Besinnung und stand auf, seine Großmutter sagte ihm, er solle mit ihr davonfliegen auf einem Besenstiel. Das konnte er aber nicht, weil er so matt war. »So setze dich auf eine Tonne und lasse dich ans Land treiben«, sprach die Großmutter, schwang sich auf einen Besenstiel und fuhr durch die Luft davon.

Der Teufel warf eine Tonne ins Meer hinab, sprang rittlings darauf und ließ sich von den Wellen nach Herzenslust schaukeln und dem Lande zuführen. Schon hatte er fast das Ufer glücklich erreicht, als es ihm unglücklicherweise einfiel, sich den Angstschweiß von der Stirn zu trocknen. Er griff in die Rocktasche, zog sein Schnupftuch hervor, aber, o Jammer, mit dem Schnupftuch zugleich seinen aufgerollten Schwanz. Der Schwanz rollte auseinander, fing Seewasser und der Teufel sank unter bis auf den Grund des Meeres, wo er ersoff und viele hunderte Jahre lag.

Das war die gute Zeit für Norwegen. Leider wurde der Teufel, nachdem die Frist verlaufen war, mit einem Schiffsanker, ohne daß die Menschen es wußten, wieder aus dem Meeresgrund hervorgezogen. Er wurde wieder lebendig, und seitdem ist es auch wieder schlechter im Lande geworden.

Neunhundertzweiundneunzigste Nacht

Das Märchen von dem Teufel zu Dronings-Ör hatte alle ergötzt, man fand, daß darin die ganze Derbheit und der körnige Witz des nordischen Märchens, wie es in keckem, heiterm Mute auftaucht, sich fände.

»Als Gegensatz zu dieser heitern, körnigen Derbheit«, sprach Eduard, »sei es mir erlaubt, wieder einmal eine recht schauerliche Sage aus dem romantischen Böhmerlande mitzuteilen.«

Alle baten ihn darum, und Eduard erzählte:

DIE JUNGFRAU VON PERNSTEIN

Als man in der ersten Hälfte des siebzehnten Jahrhunderts die Priester des katholischen Glaubens in ganz Böhmen und Mähren aussandte, um ihre Lehre aufrechtzuerhalten und den reißenden Fortschritten der Reformation Einhalt zu tun, befand sich auch der Priester der Gesellschaft Jesu, Johannes Drachow, unter den Gesandten des Ordens, und langte mit kaiserlichen Patenten auf dem Schloß Pernstein an, welches er selbst in seinen Berichten als einen Aufenthalt beschreibt, der seinesgleichen weit und breit nicht habe. Durch doppelte starke Ringmauern mit Zwischengraben und fünf Toren gelangt man in das innere der alten Burg, die auf dem Felsengipfel durch ein mächtiges Zauberwort erwachsen zu sein scheint. Achtundsechzig Stufen führen aus dem Hofraum ins Hauptgebäude, dessen nördlicher Teil der älteste (etwa aus dem elften Jahrhundert) zu sein scheint. Überall erscheint Glanz und Festigkeit, doch ohne Symmetrie, und von mehr als 100 Fenstern sind sich vielleicht nicht zwei an Größe und Gestalt ganz gleich. Das ganze Schloß war zu jener Zeit noch reich mit weißem Marmor überkleidet, und die Fenster im mittlern Geschosse, gleich Erkern vorgerückt, ruhten auf ungeheuern Tragsteinen. Mit Verwunderung betrachtete der junge Priester, welchem alsobald eine Wohnung im Schlosse angewiesen wurde, die wunderbar künstliche Wölbung der Vorhalle, den Rittersaal, die unterirdischen Gewölbe, in welchen die Femgerichte des Gaues gehalten wurden, und den mächtigen, einsam stehenden Wartturm, zu dem eine hoch in der Luft schwebende hölzerne Treppe führte; als er aber eines Tages die offnen Gemächer des Schlosses durchstrich, begegnete er einer zierlich geschmückten Jungfrau, die mit einem mächtigen Schlüsselbund aus einer Seitenkammer kam. Pater Johannes hielt sie für die Beschließerin, und trat sie freundlich an, worauf sie still stehenblieb und ihm zuhörte, wie er ihr gar sprachselig erzählte, er sei hierhergekommen, die Untertanen in der römisch-katholischen Religion zu unterrichten, und auch ihr seine geistlichen Dienste anbot. Die Jungfrau lächelte züchtig, als ob die weibliche Schamhaftigkeit ihr nicht zu sprechen erlaubte, und entfernte sich nach einer ehrfurchtsvollen Verbeugung.

Am Sonntag ging der Pater, ehe er den Gottesdienst hielt, in einem einsamen Gang des Gartens spazieren, um seine Predigt einzustudieren; da erblickte er die Jungfrau abermals, und noch holdseliger von Antlitz als das erstemal; ihre schönen Locken hingen gelöst um den weißen Hals und Busen, und sie kämmte solche mit großem Fleiß.

Wie sie den Priester gewahrte, schien sie zu erschrecken, und dieser verwies ihr die allzugroße Sorgfalt für ihre Eitelkeit. »Denn«, sagte er ihr, »es schicke sich nicht wohl, daß man allzusehr auf den Schmuck des Leibes bedacht sei«, und ermahnte sie, viel lieber durch ein andächtiges Gebet sich zur Anhörung des göttlichen Wortes vorzubereiten.

Die Jungfrau tat, als wolle sie seiner Ermahnung Folge leisten, verbarg den Kamm, neigte das Haupt ehrerbietig und entfernte sich.

Der Priester kam in die Kirche, hielt die Predigt und las die heilige Messe; aber soviel er sich auch in der Schloßkapelle umsah, konnte er dennoch die Jungfrau nicht gewahr werden, woraus er schloß, daß sie der neuen Lehre zugetan oder sonst die Kirche selten besuchen müsse – er beklagte sich darüber bei dem Schloßhauptmann, daß selbst die Hausgenossen der Burg, welche mit gutem Beispiel vorangehen sollten, den Gottesdienst versäumten. Der Schloßhauptmann verwunderte sich ob dieser Rede, und frug den Pater, wie jene Dirne ausgesehen habe; aber nach der Beschreibung erriet er leicht, daß es die Jungfrau von Pernstein sei, welche seit undenklicher Zeit im Schlosse umherwandelnd gesehen wurde.

Auf Pater Johannes weitere Nachfragen um diese Jungfrau entgegnete der Schloßhauptmann:

»Als das uralte Geschlecht der Pernstein ausgestorben war, kam die Herrschaft in die zweite und dritte Hand, bis man endlich einen alten Turm einriß, von dem die Sage ging, es liege darin ein Schatz vergraben – es wurde auch bald eine schwere, eiserne Kiste gefunden; aber statt Gold und Juwelen lag darin nur eine große Menge von Dokumenten, Grundurkunden, Adelsbriefen, und unter andern auch ein Manuskript, von einem frühern Besitzer der Herrschaft Pernstein eigenhändig aufgezeichnet, welches die Geschichte der Jungfrau enthielt.«

Neunhundertdreiundneunzigste Nacht

Pater Johannes ersuchte den Schloßhauptmann, ihm jene wichtige Handschrift mitzuteilen, welche er in Stunden der Muße abschrieb und mit sich heim in das Ordenshaus der Gesellschaft Jesu brachte.

Zu den Zeiten des fünfzehnten Jahrhunderts besaßen zwei Brüder das Schloß und die Herrschaft Pernstein gemeinschaftlich, von welchen Rudolph, der ältere, im Jahre 1461 starb, und Peter von Pernstein als einzigen Sohn hinterließ; aber vier Jahre später entschlief auch der zweite Bruder, Herwart, im Herrn, nach welchem eine Tochter, Margaretha, hinterblieb. Die beiden Erben erhielten die Herrschaft miteinander; doch wich der Geist der Einigkeit bald von ihnen, denn selbst als Margaretha die Volljährigkeit erreicht hatte, durfte sie sich in kein Geschäft mischen, und Peter schränkte sie in allem so ein, als wenn sie von seiner Gnade gelebt hätte. Deshalb kränkte sich das Fräulein über die Maßen und verzehrte sich schier in allzu großem Leide.

Einstmals zur Nachtzeit stand Margaretha auf, weckte ihre getreueste Zofe, befahl ihr, sie vorerst festlich anzukleiden und ihr dann zu folgen. – Klara tat nach dem Gebot ihrer Herrin und folgte ihr, als beide angekleidet waren, durch eine Seitenpforte aus dem Schlosse.

Am andern Morgen wurde das Fräulein vermißt, und trotz aller Bemühungen und Nachforschungen in der Umgegend war es nicht auszumitteln, wohin beide gekommen waren. Peter besorgte, sie habe sich vielleicht zu entfernten Verwandten verfügt, um von dort aus den Beistand der Landesobrigkeit gegen seine Unterdrückung zu erflehen; aber es verliefen mehrere Monate, ohne daß man etwas von dem Fräulein hörte, so daß Peter ganz frohen Mutes wurde und ohne seiner Base mehr zu gedenken meinte, er sei alleiniger Besitzer der großen Herrschaft, weshalb er auch daran dachte, sich mit der Tochter eines seiner Nachbarn zu vermählen.

Einst in der Nacht war er in Gedanken an seine schöne Braut entschlummert, als er plötzlich bei seinem Namen gerufen, aus süßem Traum erweckt wurde; eine Dirne stand vor seinem Bette und sprach mit leiser Stimme:

»Steht auf, edler Herr! Eure Base, Fräulein Margaretha, wartet unweit des Schlosses und will nicht eher hereinkommen, bis sie sich mit Euch versöhnt hat; drum wollt so gütig sein, Euch anzukleiden und mir zu folgen, ich will Euch wohl den Weg zu meinem Fräulein weisen.«

Peter wurde durch die Botschaft von dem Leben seiner Base, welches einen gewaltigen Strich durch seine Heiratsrechnung machte, eben nicht angenehm überrascht, und noch minder war er gewillt, solche in der Nacht aufzusuchen und in die Burg einzuführen; er wandte sich daher von der Botschafterin ab, ohne ihr eine Silbe zu antworten und verhüllte sich noch mehr in seine Decke; aber jene schien in heftigen Unwillen zu geraten, zündete die Lichter auf dem Tische an und fuhr zu sprechen fort:

»Wenn Ihr mir denn nicht folgen wollt, so muß ich Eure Base zu Euch führen.«

Mit diesen Worten entfernte sie sich aus dem Gemach und ließ den jungen Ritter in großer Bestürzung zurück, der sich umsonst zu überzeugen suchte, daß er nur geträumt habe.

Nach einer Weile öffnete sich die Tür aufs neue, und drei weibliche Gestalten traten in die Stube. Die erste war seine Base Margaretha und ihr folgte ihre Kammerzofe, aber in der dritten, die eine Fackel trug, erkannte er die Botschafterin, welche zuvor schon bei ihm gewesen war.

Voll Verwunderung und Grauen über einen so unerwarteten und sonderlichen Besuch sprang Herr Peter aus dem Bette und hüllte sich in einen Mantel, dann ging er seiner Base entgegen und fragte sie mit erkünstelter Freundlichkeit, wo sie denn die ganze Zeit geblieben, und warum sie sich so plötzlich vom Schlosse entfernt habe? Er würde ja gern auf andre Weise einen Vergleich mit ihr geschlossen haben und wäre keineswegs gesinnt gewesen, sie um das Ihrige zu betrügen, sondern selbes nur zu verwalten, bis sie sich vermählen würde.

Das Fräulein entgegnete mit schwacher Stimme:

»Ich bin die ganze Zeit über in einer finstern Gegend in der Irre herumgewandelt, ohne Ruhe und Rast, deren ich nicht teilhaftig werden kann, ehe ich mich mit dir versöhnt habe, und da du nicht zu mir kommen wolltest, so bin ich gezwungen, dich selbst heimzusuchen – ich fordre nichts von deinem Erbgut, als daß du mir zur Wohnung den kleinen, kühlen Bau nächst der Kirche einräumen möchtest, denn die Felsenkluft am Teiche ist für mich und meine Zofe zu eng.«

Ohne Margarethas Rede recht zu verstehen, war Peter sehr vergnügt, daß sie so wenig von ihm verlange, nahte sich ihr mit der Versicherung, er wolle gern noch ein mehreres für sie tun und wollte seine Base zärtlich umarmen; da trat die blasse Botin zwischen beide und kramte in einem ungeheuern Schlüsselbund, als wolle sie sogleich die neue Wohnung des Fräuleins aufschließen. –

Ein Schlüssel fiel aus dem Bund heraus, und wie das Eisen mit großem Geräusch den getäfelten Fußboden berührte, war die ganze Erscheinung verschwunden und Peter sank entkräftet zusammen; als er sich aber am Morgen erholte, lag der Schlüssel an seiner Seite, der ihm bewies, daß er nicht geträumt habe.

Peter sagte keinem Menschen etwas von dieser Erscheinung, doch ließ er den gefundenen Schlüssel an allen Türen der Burg versuchen, und als er sich zu keinem Schlosse schickte, hob er ihn sorgfältig auf.

Nach einiger Zeit, als er sich von seinem nächtlichen Schreck zwar wieder erholt, doch die wunderbare Erscheinung seiner Base nimmer vergessen konnte, begab er sich eines Tages auf die Jagd und drang mit zwei vertrauten Jägern bis an den benachbarten Teich vor, um zu erfahren, ob sich in der Höhle wirklich etwas befinde oder das Gesicht jener Nacht ein Trugbild der Hölle gewesen sei – aber wie er sich der Kluft nahte, ergriff ihn Grauen, und als er die Jäger hineingesandt, fanden sich in der Tat die halbverwesten Leichname des Fräuleins und ihrer Zofe.

Nun begriff Peter, daß die Wohnung, welche seine Base verlangt, keine andre sei, als die herrschaftliche Gruft, welche zunächst der Kirche lag. Der Ritter kehrte auf seine Burg zurück und sandte alsogleich den Schloßkaplan in die Höhle, die beiden Leichen einzusegnen; dann wurden sie auf das Schloß getragen und Fräulein Margaretha feierlich zur Erde bestattet, ja selbst die arme Klara wurde zum Lohn ihrer Diensttreue in einem Winkel der Gruft beigesetzt, und niemand konnte erraten, warum das Fräulein die Burg Pernstein verlassen habe.

Als nun die Gruft eröffnet werden sollte und der Schloßvogt, den ungeheuern Schlüsselbund durchwühlend, den Schlüssel der herrschaftlichen Begräbnisstätte nicht finden konnte, ließ er, um von seinem Herrn nicht ob seiner Fahrlässigkeit gescholten zu werden, die Tür durch einen Schlosser öffnen und einen neuen Schlüssel machen; aber der verlorne wurde nach Peters Tode in seiner geheimen Lade gefunden und bei dem Geschlecht von Pernstein aufbewahrt, bis solches ausgestorben ist.

Bald nachher zeigte sich Margarethes Geist, sowohl zur Nachtzeit als bei Tage in der Gestalt einer sorgfältigen Hausjungfrau mit einem großen Schlüsselbund; und da sie niemand etwas zuleide tat, so gewöhnten sich die Hausgenossen bald an die friedliche Erscheinung und fürchteten sich gar nicht mehr vor derselben; ja ein kecker Knappe führte in jugendlichem Übermut, sooft er die Jungfrau sah, freche und leichtfertige Reden, und wenn ihn die andern warnten, lachte er sie aus, schwörend, er wolle dem holdseligen Gespenst entgegengehen und ihm einen Kuß rauben. Die Hausgenossen ermahnten ihn, so frechen Scherz beiseite zu lassen, da erschien plötzlich die Jungfrau mitten unter ihnen, der Knappe umfing sie mit beiden Armen, aber die Gestalt drückte ihn so gewaltig an ihren kalten Busen, daß er, als sie verschwunden war, entseelt zu Boden sank.

Neunhundertvierundneunzigste Nacht

Heute erzählte Alma die Fortsetzung des Märchens

DAS WAHRE UND DAS EINGEBILDETE GLÜCK

Noch denselben Abend wurde Elisabeth mit dem Grafen verbunden und ihr Glück war so groß, daß sie sich gar nicht zu fassen vermochte. Der Graf schien nur Sinn und Augen für sie zu haben und bewies ihr die zärtlichste Aufmerksamkeit. Einige Tage war sie mit ihm vermählt und saß eines Morgens am Fenster, als die Tür geöffnet wurde und der König eintrat.

Er staunte, als er die schöne Frau sah und redete sie sehr gnädig an; sie erwiderte seine Reden mit tiefer Ehrerbietung, aber mit sichtbarem Vergnügen, und endlich wurde der König so kühn, daß er der schönen Frau den Vorschlag machte, sich von ihrem Gemahle zu trennen und seine Geliebte zu werden. Elisabeth war so bestürzt darüber, daß sie anfangs nicht zu antworten wagte; als der König aber dringender wurde, blickte sie ihn stolz an und gebot ihm, sie augenblicklich zu verlassen.

Zornig entfernte sich der König, und kaum war Elisabeth allein, als ihr Gemahl totenblaß und außer sich vor Wut eintrat.

»Was hast du getan Weib«, schrie er, »du hat dich und mich in das Verderben gestürzt, der König wird deine Widersetzlichkeit an mir rächen!«

»Wie?« rief Elisabeth zornig, »ich sollte des Königs Mätresse werden? Um keinen Preis!«

»So will ich wenigstens nicht für deine Tollheit leiden, verlaß augenblicklich meinen Palast!«

»Deinen Palast verlassen, wie? Liebst du mich nicht mehr?« schluchzte Elisabeth!

Er lachte spöttisch auf. »Ich dich lieben?« rief er aus, »ich kenne des Königs Neigung für schöne Frauen, um durch dich zu steigen, reichte ich dir meine Hand, gemeine Bauerndirne!«

Da richtete sich Elise hoch auf und mit edlem Stolz sprach sie: »Nur Sie sind gemein, Graf Roussillon, nicht ich. Augenblicklich werde ich Ihr Schloß verlassen, arm, aber nicht ehrlos!«

Wirklich verließ Elisabeth noch in derselben Stunde mit ihrer Mutter den Palast des Grafen, um arm und traurig nach der Heimat zurückzukehren.

»Ach, hättest du doch dem ehrlichen Müller die Hand gegeben«, sprach mit Augen voll Tränen die Mutter, Elisabeth seufzte.

Auf dem Rückweg begegnete ihnen eine schöne Kutsche, in welcher ein junger, reichgekleideter Mann saß. Kaum sah er die Frauen, so rief er ihnen zu, sie möchten doch in seinen Wagen steigen, und weil sie sehr ermüdet waren, nahmen sie es an. Der Herr sagte, daß er ein reicher Kaufmann sei und sprach viel mit ihnen. Die junge, traurige Elisabeth schien ihm sehr zu gefallen, und als der Wagen jetzt vor einem Wirtshaus hielt, führte der Herr seine Gäste in das beste Zimmer des Hauses, ließ Wein und Speise auftragen und warb um Elisabeths Hand. Die Mutter sah ihre Tochter bittend an, und arm und hilflos wie sie war, gab sie dem Kaufherrn das Jawort.

Sogleich führte der Bräutigam sie in die Kirche und ließ sich mit ihr trauen. Nach der Trauung stiegen die Neuvermählten mit der Mutter in den Wagen und fuhren nach dem Wohnort des Kaufmanns.

In seinem Hause glücklich angelangt, wurde Elisabeth von einer zahlreichen Dienerschaft begrüßt, sie fand Überfluß und Vergnügen, ihr Gatte liebte sie zärtlich, ihre Mutter hatte ein sorgenfreies Alter und doch war Elisabeth nur kurze Zeit glücklich.

Die reiche Mutter ihres Gatten und seine stolzen Verwandten sahen höhnisch und verächtlich auf die junge Frau herab, welche keine andre Mitgift besessen hatte als ihre Schönheit und eine alte, arme Mutter. Auf die empfindlichste Weise wurde sie täglich gekränkt, und endlich schien ihr ihre Lage so unerträglich, daß sie auf den Gedanken kam, das Haus ihres Gatten zu verlassen!

Eines Morgens, als ihre Schwiegermutter ihr wieder auf das härteste ihre Armut vorgeworfen hatte, ging die junge Frau, um sich zu zerstreuen, fort, hinaus in das Freie.

Rüstig schritt sie vorwärts, in Gedanken verloren, ohne auf ihre Umgebung zu achten. Da weckte das Geklapper einer Mühle sie aus ihrem Nachsinnen.

Sie blickte auf, vor ihr stand dieselbe Mühle, dessen Besitzer sich früher ohne Glück um sie beworben hatte. Sie trat näher, und von Neugier und Teilnahme getrieben, blickte sie durch das Fenster in die Unterstube.

»Was sie erblickte, will ich morgen erzählen«, sagte Alma lächelnd und schwieg.

Neunhundertfünfundneunzigste Nacht

Heute fuhr Alma in ihrer Erzählung fort:

In dem freundlichen, mit hübschen Bildern, frischen Blumen und blankem Zinne gezierten Gemache saß eine hübsche, junge Frau, auf ihrem Schoß einen allerliebsten Knaben haltend, der hell auflachte und seine Mutter liebkoste.

Ein hübscher Mann, der Müller, trat ein und sprach freundlich mit seinem Weibe, dann erschien eine Magd, nahm der Müllerin das Kind ab, welche nun aufstand, ein schönes Kaffeetuch über den Tisch deckte, den sie jetzt mit Kuchen und anderm Backwerk belud. »Die Gäste werden bald kommen«, sprach freundlich der Mann, »dein Kuchen wird wieder recht belobt werden!«

Die Frau lächelte den Gatten an. Da öffnete sich die Tür, und eine Menge stattlicher und geschmückter Leute, Verwandte des Ehepaares, traten ein, um der Einladung nachzukommen, zu schmausen und lustig zu sein!

Noch einige Minuten schaute Elisabeth dem Paare zu, dann ging sie tiefsinnig fort.

»So glücklich, geehrt und geliebt von meinesgleichen könnte ich jetzt auch sein, wenn ich früher nicht so einen törichten Stolz besessen hätte«, seufzte sie. »Der Graf war ein Bösewicht und mein jetziger Gatte vermag es nicht, mich vor den Mißhandlungen seiner Mutter und andern stolzen Verwandten zu schützen! Und wie sie das Rauschen des Mühlgrabens vernahm, wurde sie so betrübt, wie sie noch nie gewesen war; sie hielt die Hände vor die Augen und sprang hinab in das kühle Wasser.

Da fühlte sie sich von einem starken Arm ergriffen, sie wurde an das Ufer gezogen und erkannte, als sie die Augen aufschlug, in ihrem Retter den Müller.

Entzückt betrachtete er sie, und Elisabeth verbarg ihr tränenvolles Antlitz an seiner Brust!

»Elisabeth, Elisabeth«, rief die Mutter und schüttelte diese herzhaft am Arme, und als Elisabeth die Augen öffnete, sah sie sich in dem wohlbekannten Stübchen ihrer Mutter und diese an ihrem Bette stehen.

»Mein Gott, wie komme ich hierher?« fragte sie. Die Mutter schüttelte den Kopf und sagte lächelnd: »Was willst du denn? Träumst du noch? Habe ich doch mein Lebelang noch niemand so die ganze Nacht hindurch im Schlafe sprechen hören, als heute dich. Du hast tüchtig geplaudert, von einem König, dem Grafen Roussillon, dem Müller.

»Gott Lob«, fiel Elisabeth seufzend ein, »so habe ich geträumt, aber dieser Traum war furchtbar. Liebe Mutter, ich habe nun erkennen gelernt, daß man nur glücklich ist, wenn man unter seinesgleichen bleibt und wenn der Müller kommt – ich will ihn nicht mehr abweisen.«

Die Mutter schloß hocherfreut ihre Tochter in die Arme, und in wenigen Wochen führte der Müller seine vergnügte Braut zum Altar.

Als die Brautleute mit ihren Gästen beim Hochzeitsmahl saßen, erschien auf einen Augenblick das alte Mütterchen, welches wenige Wochen vorher bei Elisabeths Mutter übernachtet hatte. Freundlich blickte sie auf das glückliche Paar, und der Braut Mutter wußte nun, wem sie Elisabeths glückliche Sinnesänderung zu danken hatte.

Neunhundertsechsundneunzigste Nacht

Reiner zeigte heute ein Blättchen vor, welches allgemeines Gelächter erregte. Es stellte einen übelgebauten, kleinen Mann dar, mit einem breiten kupfrigen Gesicht, einer Mopsnase, großem, an den Winkeln herabgezogenen Munde und die blöden Augen mit einer mächtigen Brille bewaffnet. Er hielt in den Händen zwei dampfende Groggläser und schien zu tanzen. Umtanzt wurde er auch von bearmten und bebeinten Wein- und Likörflaschen, und aus dem Haupte stieg ihm mittelst einer gar künstlichen Vorrichtung ein leichter blauer Dunst, etwa wie er aus einem Destillierkolben sich zu entwickeln pflegt. »Das drollige Blatt haben Sie nicht selber entworfen, wenn ich anders Ihre Hand kenne«, sprach endlich Eduard. »Erraten«, versetzte Reiner, »es ist eine Originalzeichnung des Karikaturisten Kruikshank und stellt den Kapitän Grog vor.«

Kapitän Grog? Wer ist das, fragten alle, und Reiner erzählte:

KAPITÄN GROG

Clown Gilphin, genannt »der Kapitän Grog«, ist eine neue irländische Maske und gewissermaßen der Repräsentant aller verdorbenen Genies, wie wir sie so häufig auch in Deutschland finden.

Kapitän Grog

Clown Gilphin ist der Sohn eines Schneiders zu Dublin und hat selber einige Jahre als Schneiderlehrling agiert. Er will aber dieses nicht wissen lassen, sondern wenn das Gespräch auf seine Eltern kommt, so gibt er zu verstehen, daß der alte Schneider nicht sein wirklicher, sondern nur sein Pflegevater gewesen, und er eigentlich das geheime Pfand der Liebe eines hohen, hohen Herrn (King Georg IV.) und einer schönen irischen Lady sei. –

Auf diese hohe, halb ketzerische Abstammung sich berufend, suchte er seiner Behauptung dadurch noch mehr Glaubwürdigkeit zu verschaffen, daß er es bei jeder Gelegenheit rühmt. Er sei ein schlechter Katholik – da er indes um seine selige Mutter nicht noch im Grabe zu kränken, sich ebensowenig zur Religion seines hohen Herrn Vaters bekennen mag, so hat er das beste Auskunftsmittel erwählt und ist ein Jude geworden. Es versteht sich von selber, daß Clown Gilphin der Lehre seines Vaters, des Schneiders, schon früher entlaufen ist! – Wie er behauptet – so hat er in Oxfort studiert und sich dort die Doktorwürde erworben. Sein Diplom hat freilich kein sterbliches Auge je erblickt, da er es durch einen unglücklichen Zufall verloren hat, und auch in seiner Vaterstadt wird von der dortigen Akademie sein Doktortitel nicht respektiert, aber daß er sich trotzdem Doktor nennt und schreibt und drucken läßt, ist gewiß, und so finden wir ihn denn in Dublin als Herausgeber einer Zeitschrift für »Kopf, Gurgel und Magen« und als allerwelts Spaßmacher und Hanswurst. –

Aus seinem Porträt ersehen Sie, daß er eben nicht dem Apollo von Belvedere gleicht. – Er ist, was man einen schlechtgepackenen Kerl nennt. Trotzdem kokettiert er aber gewaltig mit seiner holden Figur und dreht und wendet sich unaufhörlich, um sie in das beste Licht zu setzen. Er ist ungeheuer gemütlich, spielt besonders gern bei den Damen den Angenehmen, und obwohl ihn alle auslachen und er schon ein alter Junggeselle über vierzig ist, so gibt er doch, wo er nur Gelegenheit findet, zu verstehen, daß die schönsten, liebenswürdigsten Damen total in ihn vernarrt wären.

Als Dichter und Genie ist er natürlich nie ganz nüchtern! Sein Lieblingsgetränk ist der Grog, und weil er imstande ist, eine ungeheure Menge dieses Getränks Tag für Tag zu sich zu nehmen, so erhielt er davon den Beinamen Kapitän Grog.

Als Redakteur seines Journals offenbart er eine Ignoranz und Unverschämtheit, welche der des Ritters Sir John Falstaff gleichkommt, ja sie womöglich noch übertrifft! Sein Blatt ist der Tummelplatz des literarischen Pöbels, der Grundsuppe der Literatur. Fast jede Nummer bringt irgendein Pasquill oder eine grobe Diffamation – oft aber weiß er dieses nicht, da er (seine eignen Aufsätze ausgenommen) die Beiträge für sein Blatt selten eher liest, als bis sie gedruckt sind. Er ist daher fortwährend in Injurienprozesse verwickelt, und auf solche Weise ganz par hasard ein vollendeter Rabulist geworden. Was seine eignen Aufsätze betrifft, so sind diese teils gemütlich, teils humoristisch, das heißt, wenn er gemütlich schreiben will, so trinkt er Bier, wonach ihm übel wird und seinen Lesern weh! – Will er aber humoristisch schreiben, so trinkt er sein Lieblingsgetränk, Grog. Er hält sich daher selber für einen größern Humoristen als rein Gemütlichen. Die Pointe seines Humors besteht gewöhnlich darin, daß er ein Gespräch mit einem großen Ochsen geführt haben will. Ist er aber gemütlich, so beklagt er den Tod eines im Mai erfrorenen Maikäfers oder schimpft auf die schlechten deutschen Weine: Meißner und Naumburger. Also, großer Ochse, erfrorener Maikäfer und schlechte Weine, in diesem Zirkel dreht sich jahraus jahrein Clown Gilphins Gemütlichkeit und Humor, wie junge Kätzchen um den Schwanz.

Übrigens lebt Clown Gilphin mit den meisten andern Journalredakteuren Dublins in Frieden und Freundschaft, teils weil er zu unbehilflich ist, um sich mit Glück in eine Federfehde einzulassen (folglich auch zu feige), dann aber, weil er ein gar zu drolliger, närrischer Bursche ist, mit dem sich alles anstellen läßt, wenn er seine gehörige Ladung hat.

Da Clown Gilphin bei der ungeheuern Menge Geist, welchen er Tag für Tag einnimmt, schon mehreremale in Gefahr geriet zu zerspringen wie ein Dampfkessel, so hat er sich, um vor solchem Schicksal sicher zu sein, einen silbernen Hahnen oben in den Schädel einsetzen lassen. Merkt er nun oder seine Freunde (wenn er's selber nicht mehr merken kann), daß er allzusehr mit Geist angefüllt ist, so wird hurtig der Hahnen aufgedreht und aller überflüssige Geist verdampft durch den künstlichen Hahnen.

Dessen freuen sich denn wie billig alle Groggläser, Likör- und Portflaschen, und man will gesehen haben, wie, als einst spät im Mondschein der Kapitän Grog von einem frohen Gelage heimgekehrt, und zwar singend:

»Ju schimpt up, mi, ich blief to lange ut.«, und so weiter, daß ihm, sag' ich, da eine Menge geliebter und geleerter Flaschen umtanzt hätten, wozu der Mond gar freundlich gelächelt.

So erzählt Boz von der neuen irischen Maske, Kapitän Grog, schloß Reiner: »Es ist unverkennbar, daß zu diesem Bilde irgendein verächtliches

Original aus der neuen Gesellschaft gesessen haben muß. Allein dem sei, wie es wolle. Kapitän Grog ist jetzt wirklich eine Märchenfigur und der ergötzlichen Sagen von ihm eine Menge unter seinen Landsleuten verbreitet, da wir einander nun nicht bloß alte Märchen erzählen, so hoffe ich Verzeihung dafür zu erhalten, daß ich sie auch mit dem Kapitän Grog bekannt machte.«

»Verzeihung werde Ihnen dafür«, sprach die Freifrau, »übrigens ist der Held Ihrer Sage mehr widerlich als ergötzlich – wenn auch wahr.«

Dies gestand Reiner gerne zu.

Neunhundertsiebenundneunzigste Nacht

Die Dämmerung war hereingebrochen, still und düster saß der Freiherr in seinem Zimmer; er war so in Gedanken versunken, daß er nicht einmal bemerkte, daß noch kein Licht gebracht worden war.

»Ich könnte jetzt glücklich sein«, sprach er zu sich selbst, »ja, ich könnte es sein, meine Gemahlin ist ein Engel, Alma glücklich, Charitas eine Selige, über jeden Schmerz erhaben, bald wieder mit mir vereint – wäre der düstre Schatten nicht, welcher mein ganzes Leben verdunkelt hat.« Und zum Himmel blickend, sprach er bewegt: »Charitas, schöne Heilige, bitte du für mich bei dem Verklärten.« Da öffnete sich leise die Tür, und ungemeldet trat sein Gast ein, doch ohne den Schirm, welcher sonst seine Augen bedeckte.

Der Freiherr sah ihn staunend an, der Fremde wollte sprechen, aber seine Stimme zitterte vor Rührung, und mit dem Ausruf »Mein teurer Freund«, stürzte er in Runsittens Arme.

Als der Freiherr sich überzeugt hatte, daß ihn kein Traumbild täusche, setzten sich beide Hand in Hand nebeneinander, und der Wiedergekehrte erzählte: »Derselbe unglückliche Wahn, der dich glauben ließ, du habest mich getötet, peinigte mich später in bezug auf dich. Ich vernahm nämlich bald nach meiner Genesung, du seist zu Schiffe nach Amerika gegangen, das Schiff sei gescheitert und du habest dein Grab in den Wellen gefunden.

Nun bereute ich es, daß ich nicht früher offen mit dir über Charitas gesprochen, daß ich in das Duell gewilligt hatte. Ich ging nach Amerika, noch von der Hoffnung belebt, daß du vielleicht gerettet worden wärest, ich durchstreifte das Land nach allen Richtungen hin, vergebens, ich fand dich nicht.

Nun kam ich auf den Gedanken, daß du vielleicht habest nach Südamerika reisen wollen, ich verließ Nordamerika und reiste nach Südamerika, doch ebenso vergeblich suchend.

Darüber vergingen Jahre, ich zählte dich zu den Toten und wurde in dem fremden Lande heimisch. Endlich, nach dem Tode meiner Gattin, einer Nordamerikanerin, sehnte ich mich nach Europa und zog nach Schweden. Nach Deutschland wollte ich nicht, ich vermied es, nach meiner Heimat, nach Schloß Runsitten zu fragen, ich ahnte nicht, daß du auf dem Schlosse lebtest.

Da lernte ich Reiner kennen, der junge Mann fühlte sich zu mir hingezogen, ich mich zu ihm, er erzählte vom Schlosse Runsitten, von dir – nun war es natürlich, daß ich ihm folgte.«

»Aber«, sagte mild lächelnd der Freiherr, »du wunderlicher Freund, warum nanntest du dich denn nicht sogleich?«

»Ach«, versetzte jener, »ich fürchtete, dich zu sehr zu erschrecken, ich wollte wissen, ob du mich noch liebtest, erst den Deinen durch mich selbst wert werden, ehe ich mich ihnen als dein Jugendfreund darstellte, dem sie vielleicht abgeneigt sind, weil er die Veranlassung deiner jahrelangen Schwermut war!«

Indem schlug die Glocke acht, der Kastellan trat mit Licht ein und Wolf erkennend, jubelte er: »Oh, welch ein Glück, der gnädige Herr Graf leben noch.«

Im Zimmer der Freifrau waren alle Schloßbewohner versammelt, als der Freiherr, dem eine Last vom Herzen genommen war, mit seinem Freunde eintrat. Nachdem der erste Freudenrausch vorüber war, sagte Alma lächelnd: »Dieses glückliche Wiedersehen danken wir einzig Reiner!«

»Und daß wir Reiner kennen, daß mein Gemahl wieder geneigt wurde, mit Menschen umzugehen, danken wir den beiden Reisenden, die bei uns einsprachen, Eduard und Franz«, fügte die Freifrau hinzu.

»Uns nicht, nur den Märchen, durch welche wir den Vater uns geneigt machten«, bemerkte Eduard, und Franz sagte, Claudines Hand fassend: »Da Sie so gütig und glücklich heute sind, möchte ich eine Bitte wagen.«

Claudine lächelte sanft, und der Oheim, seinen Wunsch kennend, zog beide in seine Arme und segnete sie.

Reiner stand trübselig von fern, der Arzt flüsterte ihm einie Worte zu, doch er schwieg, da sagte die Freifrau, welche sein und Maries Geheimnis kannte, bittend zu ihrem Gemahl, doch nur die letzten Worte hörbar: »Er ist kein Edelmann, aber doch ein edler Mann und liebt Marie.«

»Und meinen Jugendfreund zurückgebracht, meinen Lebensabend ausgehellt«, rief laut der Freiherr und führte Marie dem Maler zu.

Als die Abendmahlzeit beendet war und die Glücklichen, Paar um Paar, nebeneinander saßen, der würdige Kaplan neben dem Grafen, da sagte Eduard: »Eine hübsche Sammlung Sagen und Märchen könnten wir herausgeben. Manches, was fast vergessen ist, und manches noch Unbekannte haben wir erzählt.«

»Wenn sonst ein guter dramatischer Dichter diese Sammlung lesen würde«, meinte der Kaplan, »würde er manchen guten Stoff finden.«

»Ich habe selbst eins der Märchen dramatisiert«, sagte Franz, »und will es morgen vorlesen.«

ELFE UND ERDGEIST
Ein Zauberspiel

Personen

Oberon, König der Elfen
Rosa, seine Tochter
Der Erdkönig
Brilliant, sein Sohn
Ludolph, ein Dichter
Cäcilie, seine Gattin, Tonkünstlerin
Zehnkreuzer, ein Tandler
Nanni, sein Weib
Franz, *Poppi,* ihre Kinder
Walther
Gläubiger
Haushofmeister
Koch
Kammermädchen
Kellermeister
Stubenmädchen
Plutzerkern, ein Tandler
Frau von Rollfuß
Herr von Volta
Herr von Walz
Gäste, Volk, Elfen, Erdgnomen

Neunhundertachtundneunzigste Nacht

ERSTER AKT

Schöner Zaubergarten, viele Blumen- und Rosensträucher, Fontänen. Im Hintergrund das Schloß des Elfenkönigs, von Tauperlen erbaut; die Säulen daran sind silberne Lilien, das Tor ist aus Rosen zusammengesetzt. Mondschein.

Erste Szene

Der Elfenkönig sitzt auf einer Rasenbank, Rosa steht neben ihm; einige Elfen umgeben ihn, andere stellen sich zum Tanze.
Chor der Elfen Der Mond erglänzt in milder Pracht,
die Blüten duften in der Nacht!
Und alle Elfen nahen sich
und grüßen dich, o Herrscher, dich.
Du riefst, und schnell sind wir vereint,
eh' noch der letzte Stern erscheint.
Gebiete uns, wir sind bereit,
im Nu versammelt und zerstreut.
(Anmutige Gruppe)
Der Elfenkönig (sich erhebend und das Lilien-Zepter neigend, spricht)
Ergötzt euch jetzt im Mondenstrahl,
schwebt auf und ab im Blütensaal
doch wenn der Erdengeist erscheint,
dann seid im Nu um mich vereint.
Chor der Elfen Leise, leise! Leise, leise –
singt die große Elfenweise,
wenn die andern Stimmen schweigen;
wenn kein böser Lauscher wacht,
schlingen wir den Elfenreigen,
bis die Weise ist vollbracht
mondbeglänzter Zaubernacht.
Schwebet her, schwebet hin! *(Die Elfen schweben ab)*

Zweite Szene

Elfenkönig, Rosa, dann Brilliant

Elfenkönig Nun Kind, in dieser Nacht soll sich's entscheiden,
ob den Geliebten du als dein begrüßest,
ob er dich je die Seine nennen darf.

Rosa (lächelnd) Oh, ich hab' keine Sorg', Vater! Gott Amor erbarmt sich der Liebenden, und ich weiß es ja, daß du selber meinen Brilliant gern hast.

Elfenkönig Ihn wohl, doch seinen Vater –

Rosa Ja freilich, der Alte ist ein grober Mann, der sich viel auf seine Reichtümer einbildet. Er ist aber dabei nicht der klügste, und da woll'n wir ihn schon fangen, daß er sich gibt und tut, was wir wollen. Hab' ich doch von meiner guten Mutter allen Mutterwitz einer schönen Wienerin geerbt –

Elfenkönig Das ist's, weil deine Mutter eine Sterbliche,
so zieht dein Herz dich zu dem Jüngling hin.
Der Erdgeist –

Rosa Freilich! Aber er ist ja nit wie sein Vater – ah, da kommt er eben.

Brilliant (auf Rosa zueilend) Oh, meine Rosa! Seh' ich dich endlich wieder! *(Will sie umarmen)*

Rosa (stößt ihn zurück) Gemach, gemach, junger Herr, was fällt dir ein? Siehst denn nit, daß mein Papa dabeisteht?

Brilliant (verwirrt) Verzeihe, hoher König – ich –

Elfenkönig Schon gut – was bringst du? –

Brilliant Mein Vater sendet mich, dir zu verkünden,
daß er die Grenze deines Reichs betrat
und deines Winkes harrt, hier zu erscheinen.

Elfenkönig Er möge kommen. *(Billiant versinkt, der Elfenkönig schwingt das Zepter. Die Elfen erscheinen wieder.)*

Chor der Elfen Herbei, herbei!
Der König winkt,
den Elfen-Reigen schlingt!
Herbei, herbei!
Lalalalala!

Dritte Szene

Die Vorigen, der Erdkönig, Brilliant, Chor der Gnomen

Chor der Gnomen (mit den vollen Geldbörsen klingelnd)
Das Geld, das Geld!
Das Geld regiert die Welt!
Sind wir den Erdenmenschen hold,
lacht ihm das schöne rote Gold.
Kling, kling, kling, kling!
Hohohohohohoho!

Erdkönig (vortretend, mit bäuerischem Übermut) Nun, Herr Elfenkönig, wie ist's, habts Euch besonnen, und wollt Ihr's halt einmal zugeben, daß ich mehr Gewalt hab' und mehr bin als Ihr?

Elfenkönig Das nicht, und wärt Ihr tausendmal so reich, als Ihr schon seid.

Erdkönig Nu schauts mir die Unvernunft! Geld regiert die Welt! Und mein ist alles Gold und Silber der Erde. Nu, da muß ich doch wohl der Herr der Erde sein? Und huldigen denn nicht alle Menschen mir, he? Um Geld schreiens' Tag und Nacht, um Geld arbeitens', kriechens', stehlens', mordens'! Geld ist die Losung! Mein ist die Menschheit! He, was habt Ihr denn? –

Elfenkönig Oh, prahle nicht, daß dir die Mehrzahl huldigt!
Die Besten doch bekennen sich zu mir.

Erdkönig Hohoho! Die Besten? – Wer sind denn diese besten Menschen? Dichter, Künstler, liederliches Gesindel! Und endlich, wenn's lange genug gehungert haben, kommen's doch noch zu mir. Gehts mir mit Euern Untertanen! Gehts!

Brilliant O teurer Vater! Nicht ereifre dich!
Gedenke des Versprechens, daß du mir –

Erdkönig Schon gut! – Du bist auch so ein überspanntes Genie! Aber mein Wort will i halten. – Na, seids nit empfindlich, Herr Elfenkönig, ich bin schon einmal der Mächtigere und Reichere und werd's auch wohl bleiben! Aber weil mein Brillianter so schön bittet und Eure Tochter ein so hübsches Madel ist, so will ich vergessen, daß sie kein Geld hat, und will sie unter einer Bedingung zur Tochter annehmen.

Brilliant Oh, tausend Dank, mein Vater!

Erdkönig Na, dank mir nit zu früh, deine Geliebte sieht sehr luftig aus, und ich fürcht', du werdst in ihrer Kuchel von Kräften kommen, i weiß nit, ob sie ein Rostbratl und Gugelhupf bereiten kann. *(Zum Elfenkönig)* Also – wollt Ihr?

Elfenkönig Sprich die Bedingung aus.

Erdkönig Ihr rühmt Euch immer Eurer Macht über Menschen, einer Macht, welche nur i besitz', weil i Geld hab'. Gut, wir wollen unsere Kinder, alle zwei beid', auf die Erd' schicken, da mögens' sich unter den Menschen umschauen, und wenn sie nur ein einziges Menschenpaar finden, das ohne Geld leben kann und will, so soll Eure Tochter auch meine Tochter sein. Mein Brillianterl mag tausend Paare prüfen und sie alle tausend mit Überfluß umgeben – denkts an mich, jedes davon wird dennoch Geld haben wollen, nicht eins wird die Prüfung bestehen.

Elfenkönig Ich bin gewiß, bald findet meine Tochter
ein Paar, das mir nur huldigt und
sich glücklich, auch ohne deine Schätze, fühlt.

Erdkönig Hehehe, daran zweifl' ich.

Brilliant Und wieviel Zeit zur Prüfung vergönnt Ihr uns?

Erdkönig Na, i will's gnädig machen, du feuriger Amant! Findet ihr nur ein Paar, das sich einen einzigen Monat ohne alles Geld behelfen will, sollts einander haben. Seids damit zufrieden, Herr Elfenkönig?

Elfenkönig Es sei.

Brilliant Hoffe, meine Rosa.

Rosa Sei glücklich, mein Brilliant, und mach keine dummen Streich'!

Chor der Elfen und Gnomen Wohlan! Es sei, die Prüfung mag beginnen!
Des Königs Tochter
Der Sohn des Königs — eilet schnell von hinnen.
Sie
Er — möge glücklich sein.

Die Elfen Sie mögen siegen,
auf Blumen wiegen
wir uns indes im Mondenschein.

Die Gnomen Das Geld, das Geld
regiert die ganze Welt,
gestehen bald die Elfen ein.

(Brilliant und Rosa versinken. Die übrigen ziehen sich in den Hintergrund zurück, ein Wolkenvorhang senkt sich während des Gesanges herab, so daß die letzten Zeilen, hinter demselben gesungen, immer mehr und mehr verhallen. Kleine Pause, dann rasche Verwandlung.)

(Verwandlung. Einfaches Zimmer)

Vierte Szene

Ludolph, Cäcilie
(Ludolph sitzt an einem Tische und schreibt, Cäcilie, im einfachen Kleide, spielt auf der Harfe.)
Cäcilie (nachdem sie ein kurzes Stück gespielt hat, steht auf und geht zu Ludolph) Ich störe dich doch nicht durch mein Spiel, lieber Ludolph.
Ludolph Nicht im geringsten! Ohnedem bin ich eben mit meiner Dichtung zu Ende.
Cäcilie Ei, du bist fleißig gewesen. Doch jetzt, lieber Freund, muß ich dir sagen, daß uns heute schmale Kost erwartet.
Ludolph Das soll mich in meiner Heiterkeit nicht stören.
Cäcilie Unser Geld ist zu Ende.
Ludolph (lachend) So? Nun, da drückte es uns nicht mehr.
Cäcilie Ich bin aber fast in Verlegenheit. –
Ludolph Sei ruhig, mein Kind! Diese Dichtung wird mir schon wieder etwas einbringen.
Cäcilie Nicht wahr? Dann ziehen wir aus.
Ludolph Freilich, in einen Garten!
Cäcilie Ach ja, in einen Garten! Es ist so dumpf hier.
Ludolph Nun, wenn es mir gar nicht gefällt, bilde ich mir ein, ich sei ein gefangener Prinz und würde bald erlöst werden samt meiner Prinzessin.
Cäcilie (beschäftigt, den Tisch zu decken) Du bildest dir immer etwas ein, Ludolph.
Ludolph Nun, und du etwa nicht? Ich dächte, du hättest in deiner Harfe schon manchen Kummer versungen.
Cäcilie (Milch und Brot auftragend) Unser reicher Nachbar wird heute anders speisen.
Ludolph Ist er darum glücklicher? Möchtest du für Gold die Gabe des Gesanges hingeben? –
Cäcilie Für kein Königreich.
Ludolph Wir wohnen freilich nicht schön, aber ich darf ja nur denken, ich säße in einem schönen Saal, so bin ich darin. Es ist alles nur Einbildung! Und ist der reiche Prasser wohl so glücklich, als ich es bin beim Anblick der Blüten, der Sterne? Nur was wir sind, nicht was wir haben, ist unser Reichtum!
(Ein Körbchen mit blühenden Rosen steigt dicht vor Cäcilie aus dem Boden)
Ludolph (es gewahrend) Was ist das? –

Cäcilie Wie sind diese Rosen hierhergekommen? *(Betrachtet sie)* Oh, wie schön!
(Das Körbchen gibt sich auseinander, und die Elfe Rosa steigt heraus)
Ludolph und Cäcilie Himmel! Eine Fee!

Fünfte Szene

Die Vorigen, Rosa
Rosa Erschreckt nicht, meine Freunde, und tretet näher, ich kenne euch schon lange und will euch wohl. Ich bin Rosa, die Tochter des Elfenkönigs, und hoffe, daß ihr mir vom Herzen ergeben seid.
Cäcilie Oh, das sind wir.
Ludolph Schöne Elfe, gebiete über uns!
Rosa Nun, so hört! Ich kenne eure Lage und will sie schnell in eine vollkommen glückliche umwandeln. Ihr sollt alles haben, was ihr braucht, unsichtbare Hände sollen euch bedienen, ihr sollt von nun an nur eurer Kunst leben dürfen.
Ludolph und Cäcilie Oh, wie glücklich werden wir sein!
Rosa Doch eine Bedingung! Ihr dürft niemals Geld haben, niemals Geld verlangen.
Ludolph Geld? Es haftet so nicht bei uns.
Cäcilie Wenn wir haben, was wir brauchen, wozu bedürfen wir dann dann noch Geld?
Rosa Wenn ihr jemals euch Geld verschafft, würde mein ganzes Glück zerstört.
Ludolph Dein Glück, schöne Elfe?
Rosa Ja, mein Glück.
Ludolph Oh, wie könnten wir dies zerstören wollen? Verlasse dich auf uns, wir wollen immerdar deinen Wunsch erfüllen.
Rosa Dann werdet ihr mein Glück befördern.
Cäcilie O wie gern.
Rosa (winkt mit der Hand, die Szene verwandelt sich in einen schönen Garten, im Hintergrund ein freundliches Landhaus) Dieses Haus, dieser Garten sind euer Eigentum. In dem Haus werdet ihr Bücher, Musikalien, Kleider und alles, was ihr sonst bedürft, finden.
Ludolph O Dank, tausend Dank!
Cäcilie Nun haben wir keinen andern Wunsch mehr, als dir unsere Dankbarkeit zu bringen.
Rosa (lächelnd) Schon gut! Lebt wohl und seid glücklich.

(Ein Wolkenwagen, mit Schwänen bespannt, senkt sich herab, Rosa steigt hinein, eine sanfte Musik ertönt, der Wagen steigt langsam in die Höhe. Ein rosiger Schein verbreitet sich über die Bühne, Ludolph und Cäcilie blicken der Davonschwebenden dankbar nach.)
(Rasche Verwandlung. Ärmliches, leeres Zimmer)

Sechste Szene

(Nanni sitzt im abgetragenen Kleide am Fenster, Zehnkreuzer tritt ein)
Duett:
Nanni Was macht denn der Prater, sag, blüht er recht schön?
Zehnkreuzer Wie kann ohne Geld in den Prater man gehn?
Nanni Was spiel'n s' in der Burg? – In der Leopoldstadt?
Zehnkreuzer Das ist für 'nen jeden, der Gulden noch hat.
Nanni Wie schaut's denn, o Anton, beim Sperl jetzt wohl aus?
Zehnkreuzer Wer Geld in der Tasch' hat, hört heut dort den Strauß.
Nanni Ach, geh doch, und rede nit immer von Geld!
Beide Die Münz' machet einzig das Unglück der Welt.

Nanni Nun aber, sag an, Anton, was soll's halt werden? I hab' halt ka Kreuzer mehr, nit einmal mehr was zu vertandeln.

Zehnkreuzer Ja, i weiß halt nit. Oh, säß' i no auf'n Tandelmarkt! – I bin bei allen Verwandten und guten Freunden gewesen, aber es war halt ka Mensch zu Haus.

Nanni Schau, das schlechte Volk! Als wir noch Rockelsupp' und Backhändel auf dem Tisch g'habt haben, seins halt immer gekommen.

Zehnkreuzer Ja schau, das ist der Welt Lauf! Der Arme hat ka Verwandte, ka Freunde. Na, tröste dich! Einmal muß unsere Not doch a End' nehmen.

Nanni Ach wenn i nur heut noch einen von den schönen blanken Krontalern hätt', die sonst in meiner Tasche klimperten.

Zehnkreuzer Hast recht, Nanni! Wenn i nur wüßt, wo die schönen Krontaler alle hinkommen wären.

Duett:
Nanni Kaum war der Morgen aufgegangen,
so eiltest du ins Kaffeehaus!
Und abends hattest du Verlangen,
nach Hietzing hin zu unserm Strauß.
Du lebtest froh nach deiner Weise,
trankst deinen Wein!

Und wähltest deine Lieblingsspeise
und schenktest ein.
Im Lotto suchtest wieder du Gewinn!
So ging es hin.
Zehnkreuzer Kaum war das Modeblatt gekommen,
so sprachst du: »Sieh den Hut, den Schal!
Ein solches Kleid muß ich bekommen,
die Schönste bin ich dann im Saal.
Hör Kind, Griseldis wird gegeben,
die muß ich sehn!
Im Kärntnertor die Norma eben,
hin möcht' ich gehn.«
Du kauft'st zu öfters bei der schönen Wienerin,
so ging 's Geld hin –
Beide
Sie Im Lotto suchtest wieder du Gewinn!
Er Du gingst zu oft zur schönen Wienerin!
So ging es hin.

Zehnkreuzer Na, lassen wir's gut sein, es nutzt uns doch nix! Wir müssen auf was Neues denken.

Siebente Szene

Franzl und Pepi (springen herein in schlechtern Kleidern), die Vorigen

Pepi Gib die Frau Mutter mir zu essen, mi hungert.

Franzl Miau!

Zehnkreuzer Ihr armen Kinder! I hab' nix. Doch halt! *(Zieht eine Schnupftabaksdose heraus)* Hier schnupfe jedes einmal, der Tabak stärkt das Gedächtnis.

Pepi (nachdem sie geschnupft) Aber Vater, das Niesen erschüttert den Magen, da wird man halt nur noch hungriger.

Nanni (zieht die Schublade aus dem Tisch) Stille, Kinder! Da habt ihr jedes an altbacknes Kipferl zur Jause.

Franzl Aber wir haben ja noch nix auf'm Mittag gessen.

Zehnkreuzer Schad't nix! Geht nur und spielt! 's ist heute Fasttag.

(Die Kinder ab)

Achte Szene

Zehnkreuzer, Nanni, Gläubiger
Chor der Gläubiger (stürmisch eintretend) Geld! Geld! Geld!
Wir wollen unser Geld!
Zehnkreuzer und Nanni Wir haben nix! – Wir haben nix!
Chor der Gläubiger (noch lauter) Geld! Geld! Geld!
Wir wollen unser Geld.
Und habt ihr nix, marsch aus dem Haus!
Wir pfänden euch gewiß noch aus!
Geld! Geld! Geld!
Wir wollen unser Geld!
Nanni, Zehnkreuzer So pfändet uns, nehmt, was ihr seht!
Gewiß euch nichts im Wege steht.
Chor der Gläubiger (im Abgehen) Wir kehren bald zurück,
schafft Geld im Augenblick!
Geld! Geld! Geld!
Wir wollen unser Geld! *(Ab)*

Neunte Szene

Zehnkreuzer, Nanni, dann Brilliant
Nanni Nun sag mir, Mann, was soll uns nun geschehn?
Zehnkreuzer Verlier nur den Kopf nit.
Nanni (weinend) 's ist wahr, hätten können besser sparen! Aber das Unglück hat uns auch verfolgt! Wir haben nit gestohlen.
Zehnkreuzer Nit betrogen.
Nanni Für jeden Bettler einen Kreuzer gehabt.
Zehnkreuzer Für jeden Hungrigen eine Suppen.
Nanni Das verteufelte Geld!
(Drei unterirdische Donnerschläge)
Zehnkreuzer Au weh! – Was ist das?
Nanni Du, Anton! I fürcht' mi!
(Der Donner wiederholt sich stärker, es wird dunkel. Brilliant steigt, von rotem Feuer beleuchtet, aus der Versenkung. Zehnkreuzer und Nanni stürzen zu Boden.)
Zehnkreuzer Au weh! Ein Geist! Da haben wir die Bescherung.
Brilliant Fürchtet euch nicht! Euch soll kein Leides geschehen.
Zehnkreuzer Is wahr? –

Brilliant Ich will euch Gutes tun.
Zehnkreuzer (Mut fassend) Ist das die Möglichkeit!
Brilliant Ihr seid arm?
Nanni (ebenfalls ein Herz fassend) Ach ja, sehr arm.
Brilliant Ihr habt jetzt an allem Mangel gelitten.
Zehnkreuzer Hunger und Durst!
Brilliant Nun denn, euer Schicksal soll sich anders gestalten. Ihr sollt eine schöne Wohnung, Dienerschaft, Vergnügen, schöne Kleider, Speisen und Wein haben, wenn ihr wollt.
Zehnkreuzer Wenn wir wollen? – Nanni, hör mal, der Geist fragt, ob i will.
Brilliant Wohl frage ich euch vorher, denn wisset, ihr bekommt zwar von mir alles, was ihr bedürfet, aber ihr müßt mir dagegen versprechen, niemals in eurem Leben Geld zu haben.
Zehnkreuzer Jetzt kann ich's versprechen, i hab' kan Kreuzer.
Brilliant Das weiß ich! Aber ihr sollt auch später niemals Geld haben.
Zehnkreuzer Niemals Geld? Herr von Geist, verzeihen S', das ist eben unser Unglück, daß wir ka Geld haben.
Nanni Ja, darum hungern wir eben.
Brilliant Aber ihr sollt ja alles, was der Mensch braucht und sich nur immer wünscht, in Überfluß bekommen.
Nanni Ja so, wenn das ist, das nehmen wir an.
Zehnkreuzer Und ein Taschengeldchen geben S' mir doch wohl?
Brilliant Keinen Kreuzer! Auch dürft ihr gar kein Geld in die Hand nehmen.
Zehnkreuzer Aber –
Nanni (stößt ihn) So sag doch ja!
Zehnkreuzer Na, was hilft's! Speisen und Wein hab' ich aber doch, und guten Wein?
Brilliant Den besten!
Zehnkreuzer Topp, ich bin bereit, alles, was Euer Gnaden mir geben, anzunehmen, und ich verspreche, nie mehr Geld zu begehren.
Nanni Auch ich!

Zehnte Szene

Die Vorigen, die Gläubiger und ein Polizeidiener
Gläubiger Nun, habt ihr Rat geschafft?
Zehnkreuzer Ach du lieber Gott! Da sehen S', Herr von Geist, daß man ohne Geld nit sein kann.

Brilliant Still, eure Schulden bezahle ich, neue werdet ihr euern Versprechen gemäß nicht machen. *(Zu den Gläubigern)* Sagt, was sind diese Leute euch schuldig?
Erster Gläubiger Fünf Gulden für ein Paar Schuhe.
Brilliant (zieht eine Börse und gibt Geld) Hier.
Zweiter Sechs Gulden für Klosterneuburger, Euer Gnaden.
Brilliant (zahlt) Nehmt.
Dritter Sechs Gulden bar geliehen, Herr Graf.
Brilliant Hier. *(Wirft das Geld leicht hin)*
Vierter Zwei Zwanziger für Kipferln.
Brilliant (ungeduldig) Ach was! Mit solchen Lappereien kann ich mich nicht befassen, hier nehmt diesen Beutel, er enthält hundert Louisdor, teilt euch darin. *(Wirft ihnen die Börse zu)*
Alle Gläubiger Hoch lebe der gnädige Fürst! Vivat! Vivat!
Zehnkreuzer (mit darnach langend) Halt, halt! I muß auch was davon haben, ich hab' einmal bei mir selber geborgt! Ich muß mich bezahlen.
Brilliant Zurück! Für dich wird anders gesorgt.
Die Gläubiger Stehen wieder zu Diensten, Herr von Zehnkreuzer, bitten's nit übelzunehmen, wenn wir gestört haben; wir empfehlen uns, Herr Graf. *(Ab)*
Brilliant Nun seid ihr von euren Gläubigern befreit, und euer Glück soll beginnen. *(Er schwingt seinen Zauberstab)*
(Rasche Verwandlung. Prachtvoller Saal, eine gedeckte Tafel mit Speisen und Wein, auf der andern Seite der Bühne ein Tisch, worauf schöne Kleider, Hüte, Schals und Kostbarkeiten liegen. Bediente, Kammermädchen, Stubenmädchen stehen im Hintergrund, Musik ertönt.)
Brilliant Was euch umgibt, ist euer Eigentum! Diese Diener stehen zu euerm Befehl. Lebt glücklich und gedenkt an euer Versprechen, sobald ihr wieder Geld euer Eigentum nennt, wird schnell alle die Pracht, die euch jetzt erfreut, verschwinden.
Nanni und Zehnkreuzer Wir schwören!
(Brilliant versinkt)
Zehnkreuzer (sich an die Tafel setzend)
Juchhe, nun bin ich ein glücklicher Mann!
Hier duftet im Glase der Wein! *(Schenkt sich ein)*
Nanni Welch herrlicher Schmuck! Die Schönst' bin i dann!
Das wird ja ganz wundervoll sein.
Franzl und Pepi (stürzen herein, mit großen Kuchen in den Händen)
O welche Lust! Kuchen und Wein!
Nun wünsch' i nix mehr auf der Welt.

Die Dienerschaft
Tutti Zu Diensten euch sollen beständig wir sein,
drum sprecht nur, was ihr befehlt.
Nanni (läßt sich anputzen) O welch Vergnügen, welch herrliches Kleid!
Zehnkreuzer (eifrig essend und trinkend)
O welch ein Bratel! Das ist a Freud'!
Coro O welch Vergnügen!
Bei Tanz und beim Schmaus
lachen den größten
König wir . sie aus.
(Bei der Wiederholung springt Zehnkreuzer vom Tische auf, ergreift seine Frau und walzt mit ihr herum. Die Kinder tanzen ebenfalls, der Vorhang fällt.)

Ende des ersten Akts.

ZWEITER AKT

Saal im Palast des Herrn von Zehnkreuzer

Erste Szene

Bediente, Küchenmädchen, Kammerjungfern und so weiter
Chor Wie herrlich dient es sich bei reichen Leuten –
wie gern tut da jedes, was es soll! –
Drum hurtig, tummelt euch, macht alles wohl!
Ein glänzend Fest gilt's wieder zu bereiten.

Zweite Szene

Die Vorigen, Brilliant (als Haushofmeister)
Chor Ach, der Herr Haushofmeister! – Guten Morgen, Euer Gnaden! – Küß die Hand.
Haushofmeister (begrüßt alle flüchtig) Heute ist der Erste des Monats, der Tag, an welchem ihr jedesmal euern Lohn erhaltet.

Bediente Oh, das wissen wir, das wissen wir.
Haushofmeister (zieht mehrere Rollen Geld heraus und gibt jedem eine Rolle) Hier, meine Freunde, habt ihr euern Lohn, und weil ihr eure Pflicht zu meiner Zufriedenheit getan, so werdet ihr noch einen kleinen Überschuß finden.
Die Dienerschaft Großen Dank, untertänigen Dank. Vivat der Herr Haushofmeister und die gnädige Herrschaft.
Haushofmeister (zum Koch) Hier ist Geld auf einen Monat zur Bestreitung der Tafel.
Koch Sehr wohl, Euer Gnaden.
Haushofmeister (zum Kellermeister) Hier das Geld für die neue Sendung Champagner.
Kellermeister Küß die Hand, Euer Gnaden! Der gnädige Herr wird sich freuen, denn er ist halt immer durstig.
Haushofmeister (zum Kammermädchen) Hier, mein Kind, hast du eine Rolle Doppel-Louisdore, davon bezahlst du die Garderobe deiner Dame.
Kammermädchen (mit einem Knicks) Schön, schön!
Haushofmeister Alles wie im vergangenen Monat, und fehlt es irgendwo an etwas, so ruft mich nur.
Alle Sehr wohl, sehr wohl.
Haushofmeister Tut wieder eure Pflicht, doch merkt es euch: Keiner gibt der Herrschaft oder den Kindern derselben Geld. Hört ihr? – Die Herrschaft hat einen Abscheu vor dem Geld, und wer ihr Geld gibt, ist auf der Stelle des Dienstes entlassen.
Alle Wir wissen's und werden gehorchen.
Haushofmeister (für sich im Abgehen) Wenige Tage noch und Rosa ist mein. *(Ab)*

Dritte Szene

Die Vorigen (ohne Brilliant)
Koch Was das für ein Egoismus ist von unserer Herrschaft, das Geld nit leiden zu können! –
Kammermädchen Es ist erschrecklich, aber der Herr Haushofmeister ist ein allerliebster junger Mann!
Kammerdiener Und den Dienst wünsch' ich mir gar nicht besser! Wenig Arbeit, viel Geld!
Kellermeister Ein fürstlicher Weinkeller.

Koch Eine mehr als fürstliche Tafel!
Kammermädchen Viele abgelegte, fast neue Kleider!
Küchenmädel Den Sonntag frei.
Kellermeister Kinder, i bin halt kreuzfidel, kommt mit in den Keller, da wollen wir auf die Gesundheit der Herrschaft und des hübschen Haushofmeisters trinken und unser Geld zählen.
Kammermädchen Wie? Am frühen Morgen schon trinken?
Kellermeister Nun, warum denn nit?
Quartett mit Chor
Kellermeister, Koch, Kammerdiener, Kutscher
Des Morgens muß man trinken!
Da ist der Wein so süß!
Des Mittags speisen wie ein Graf,
und jeder kann es, zahlt er brav!
Wer Geld hat, der ist glücklich!
Tutti Nach Tisch muß man sich putzen!
Da putzt sich jedermann!
Der neue Frack, der Atalshut,
das kleidet mich ja gar so gut!
Und eilends nun zum Prater!
(Sie klingeln mit dem Gelde. Zehnkreuzer tritt ein und bleibt unbemerkt lauschend an der Tür stehen.)
Des Abends ins Theater!
Da weint man oder lacht.
Und ist's vorbei, ins Kaffeehaus,
zum Ball beim Sperl, da spielt der Strauß,
da geht's in Freud' und Jubel.
In Baden, Schönbrunn, Hietzing
braucht man der Taler viel!
Denn keine Freude auf der Welt
hat man, gebricht es an dem Geld.
Wer Geld hat, der ist glücklich!
Heisa, wir besitzen Geld!
Sind die Könige der Welt!
Zählt, Freunde, heisa, zählt.
Denn gewiß, kein Gulden fehlt.

Vierte Szene

Zehnkreuzer (in reicher Kleidung), die Vorigen

Zehnkreuzer (rasch vortretend) Was macht ihr da?

Alle (erschrocken) Der gnädige Herr! *(Sie verbergen das Geld)*

Zehnkreuzer Welche Verwegenheit, in meinem Zimmer Geld zu zählen – fort den Augenblick bei meiner Ungnad'!

Alle (demütig) Verzeihen S', gnädiger Herr.

Zehnkreuzer Gehts alle miteinander! *(Die Dienerschaft furchtsam ab)*

Zehnkreuzer (allein, verdrießlich) Das verwünschte Volk, wie's mi ärgert, recht mir zum Possen zählen s' mir das schöne Geld vor, das sie erhalten haben, um mi zu bedienen, und i selbst hab' ka Kreuzer! Es ist zu toll!

Fünfte Szene

Zehnkreuzer, Nanni (ebenfalls sehr geputzt)

Zehnkreuzer (seine Frau erblickend) Ach, guten Morgen, mon fils! Wie befinden Sie sich?

Nanni Ganz extraordinär, mon cher! Und Sie?

Zehnkreuzer Sehr gut, ganz per bonte. Wo werden Sie heute hingehen?

Nanni I werd' zu Haus bleib'n und Besuche annehmen.

Zehnkreuzer Und i werd' spazierengehn, damit ich mir etwas Appetit erlaufe. I weiß nicht, i hab' all meinen schönen Hunger verloren.

Nanni 's geht mir au so! Ich weiß nit, was der Koch macht! Als i noch selbst kochte, schmeckte es mir viel besser.

Zehnkreuzer Oh, sprechen S' nit von jenen Zeiten einer dämmerigen Vergangenheit, davon dürfen wir uns in unsern jetzigen Verhältnissen nix merken lassen – memento mori!

Nanni Jawohl, aber i kann sagen, i denk' manchmal no daran, und i hab' mir vorgenommen, nächstens alle Tandlerinnen von meiner Bekanntschaft zur Jause zu bitten.

Zehnkreuzer Ach, i seh', unsere Seelen verstehn sich no immer! I hab' auch im Sinn, meine beiden alten Nachbarn auf dem Tandelmarkt zu mir zu laden und von alten Zeiten mit ihnen zu plauschen.

Nanni Da war der Tag hin, i wußt' oft nit, wie.

Zehnkreuzer Ja, er muß jetzt achtundvierzig Stunden haben nach dem neuen System.

Nanni Unser Leben hat jetzt gar keine Abwechslung mehr, immer Essen, Trinken, Schlafen, Gesellschaft. –

Zehnkreuzer Und dazu die Leut', mitunter so langweilig!
Nanni Aber gelehrt, Anton, gelehrt. Wir müssen halt suchen, uns nach ihnen zu bilden.
Zehnkreuzer Ja, je suis! – Du hast recht.

Sechste Szene

Franzl, Pepi (kommen gesprungen), die Vorigen
Pepi (voraus) Guten Morgen, Herr Papa, guten Morgen, Frau Mutter! – Herr Papa, i bitt' um ein Geld!
Zehnkreuzer Sei still, i hab' kein Geld.
Pepi (lacht) Haha, das wär' ja eine Schand'! Wir leben ja so prächtig. Gib der Herr Papa mir nur immer eine Münze. –
Zehnkreuzer Gottloser Junge, halt 's Maul! I hab' aber kein Geld.
Franzl (kommt) Gib mir die Frau Mutter ein Obst.
Nanni Hier, Bub, hast eine Apfelsine.
Franzl I hätt' halt lieber einen Apfel.
Nanni I hab' keinen Apfel! Apfelsinen sind ja besser.
Franzl (weinerlich) I bitt' aber um einen Apfel.
Pepi Sei der Herr Papa doch kein solcher Geizhals, und gib er uns doch ein Geld! I hab' eben auf der Straß' eine Frau sitzen sehn, welche so schöne Äpfel hatte.
Franzl Mit so schönen roten Backen.
Pepi Also gib der Herr Papa das Geld.
Zehnkreuzer (böse) Nun laßt mi aus, sog ich! Ihr kriegt nix. *(Für sich)* Wie die verteuxelten Buben mich ärgern! Immer wollen s' Geld haben, und i hätt' doch selbst gern ein paar Gulden.
Nanni Gehts nur, ihr Buben! Gehts nur, da habt ihr eine ganze Schale voll Apfelsinen, ihr dürft jetzt keine Äpfel mehr essen, das ist zu gemein.
Kinder (weinend) Wir wollen aber ein Geld haben und uns selber was kaufen.
Zehnkreuzer (wütend) Nun gehts, Bagage, oder ich hau' euch eins ober! *(Die Kinder laufen schreiend davon)* Ist das eine Geschicht'! Leb' wie ein Millionär und kann dem Buben keinen Kreuzer zum Vernaschen geben.
Nanni Du armer Schelm!
Zehnkreuzer (verdrießlich) Nu ja, ging i denn nit selber gern einmal wieder zum Sperl? Aber's tut's halt nimmermehr, denn ohne Geld kann man nit zum Sperl gehn. – *(Seufzt)* Ich will a wenig auf den Tandel-

markt, um mich wenigstens im Gedanken in die alte Zeit zu versetzen – es ist freilich nur ein Schwärmereivergnügen. Auf Wiedersehen. *(Ab)*

Nanni (allein, nach der goldnen Busenuhr sehend) Ach, erst elf Uhr! Also noch drei Stunden bis zu Mittag. Womit vertreib' i mir die Zeit? An Lesen find' i ka Geschmack. Spazierenfahren ist mir nix Neues mehr! Sogar meine Dienstleut' sind langweilig, sie machen alles recht, da hat man ka Grund zum Zanken, und wenn eine Frau nit einmal die Dienstboten auszuzanken hat, was soll sie da mit ihrer Zeit anfangen? –

Siebente Szene

Nanni, Bedienter, dann Frau von Rollfuß

Bedienter (meldend) Frau von Rollfuß.

Nanni Ist willkommen.

(Bedienter öffnet die Tür und geht ab)

Frau von Rollfuß (Nanni umarmend) Guten Morgen, meine Liebe! Comment vous portez vous?

Nanni Oh, bis um elf Uhr! Die Gesellschaft war sehr lustig.

Frau von Rollfuß Ach, Sie sprechen von der gestrigen Soiree, ich wurde leider von böser Migräne abgehalten, zugegen zu sein.

Nanni (sie zum Sofa führend) Nehmen S' Platz. Wie befinden Sie sich heute?

Frau von Rollfuß Oh, ganz vortrefflich, aber ich habe heute lauter Unglück. Ich schicke nach einem Billet ins Burgtheater, zur heutigen Vorstellung, und kann keins bekommen.

Nanni Ach, wenn Sie weiter kein' Kummer haben, mit Billets kann ich dienen, damit bin i hinreichend versehen. *(Sie steht auf und holt aus einem Kästchen ein Billet)* Hier, meine Teuerste.

Frau von Rollfuß Oh, ich danke tausendmal, meine Beste!

Nanni (für sich) Es ist doch eine schöne Sach', wenn man sich andern durch Geschenke verbinden kann. *(Laut)* Oh, ich bitte! –

Frau von Rollfuß Und wie allerliebst Sie wieder gekleidet sind! Nach der neusten Mode! Wie prächtig Ihnen diese Blondenhaube steht. Wahrhaftig, so eine Haube könnte mich glücklich machen.

Nanni Je nun, schauen S'! Da hab' i viele, wenn auch keine, die ganz so ist, wie diese, welche ich trage. *(Sie holt eine schöne Blondenhaube)* Doch diese ist beinah noch besser.

Frau von Rollfuß Zum Entzücken.

Nanni (heiter) Wenn Sie Ihnen gefallt, so mach' ich es mir zum Vergnügen, sie Ihnen zu schenken.
Frau von Rollfuß Ach, Sie beschämen mich! Sie sind eine englische Frau. Nur um Ihnen einen Beweis meiner Freundschaft zu geben, nehme ich Ihre schöne Gabe an. Wahrhaftig, Sie haben mir Mut gemacht, Sie um eine noch größere Gefälligkeit zu bitten. Ich werde Ihnen unendlich dankbar dafür sein.
Nanni Nun, so sagen S' mir, was Sie wünschen. Ich werde Ihnen mit Vergnügen dienen, wenn i nur kann.
Frau von Rollfuß Oh, von Können kann bei einer so reichen Dame, wie Sie sind, gar nicht die Rede sein.
Nanni (verlegen) Ach doch, bisweilen. –
Frau von Rollfuß (leicht) Es ist mir eine Remesse ausgeblieben, wollten Sie mir wohl auf acht Tage mit zwanzig Dukaten aushelfen?
Nanni (für sich) Welche Forderung! *(Laut)* Ach, Liebste, Beste! Wie gern wollt' – aber – es tut mir unendlich leid – mit dem besten Willen kann i hierin Ihnen nit dienen.
Frau von Rollfuß (empfindlich) Nun, so verzeihen Sie mir! Ich dachte, für eine Frau, welcher ein solches Palais gehört, wären zwanzig Dukaten eine Kleinigkeit. Doch es trifft sich wohl bisweilen, daß der Schein trügt. Verzeihen Sie, daß ich so unbescheiden war, ich werde Sie nicht wieder inkommodieren. *(Sie steht auf, läßt die Haube liegen und geht mit einer leichten Verbeugung ab)*
Nanni (allein) Ach, was hab' i für Gall', das ist zum Sterben! Nun wird mich die Frau in der ganzen Stadt für eine ungebildete Person ausschreien, oder es kommt heraus, daß wir kein' Kreuzer Geld haben, und alsdann ist es aus mit unserm Ansehen!

Achte Szene

Nanni, Zehnkreuzer
Nanni Aha! Bist du wieder da? Schau, das ist mir lieb, da hab' i doch einen Menschen, an den i meine Gall' auslassen kann. Siehst, i hab' mi so geärgert, du glaubst's halt nit, und noch mehr, daß i keiner Seele meinen Verdruß klagen kann als nur dir, nur dir!
Zehnkreuzer Nun freilich, an mir, wofür wär' i denn sonst dein Ehemann? Aber sag, was ist dir geschehen, was hast du?
Nanni Nix hab' i! Das ist eben das Leiden! Ka Geld, und alles will Geld.
Zehnkreuzer Ja, es ist mir auch so ergangen.

Duett:
Zehnkreuzer Ich ging vergnügt durchs Schottentor,
da kam ein Bettler her;
gern sucht' ich einen Groschen vor,
doch meine Tasch' war leer.
Nanni Die Frau von Rollfuß bat um Geld,
gewiß, nun zürnet sie.
Zehnkreuzer Und der Baron von Volta grollt,
du weißt, ich spiele nie!
Beide. Drum Anton, / Nanni, aller Überfluß
ist – ohne Geld – doch kein Genuß.
Zehnkreuzer Die Menschheit zog heut scharenweis
nach der Brigittenau.
Ich blieb zurück! – Warum? –
Nanni I weiß,
ach leider, zu genau! –
Zehnkreuzer Daheim, da hab' ich Überfluß,
und nix – komm' ich heraus!
Nanni Und i? Was hab' i, als Verdruß?
Es ist fürwahr a Graus!
Beide Ach, selbst des Lebens Überfluß
ist ohne Geld nur Scheingenuß.

Nanni (weinend) Es ist eine Schand'!

Zehnkreuzer Ja, es ist ein verdammtes Leben, und i hab' es satt. – Ach Nanni!

Nanni O Anton, aber was ist zu machen? Wir hatten Schulden und mußten leben.

Zehnkreuzer Ja, und wenn i zu Haus bin und seh, wie schön es bei uns aussieht, und i lass' mir eine Falsche Wein aus meinem Keller bringen, da bin i wieder zufrieden.

Bedienter (kommt) Gnädige Frau, der Herr von Stein, der Herr von Rumpf, der Herr von Volta, der Herr –

Zehnkreuzer Schon gut! Sie soll'n alle miteinander willkommen sein! *(Bedienter ab)* Besuch haben wir immer, daran fehlt es uns nit.

Neunte Szene

Die Vorigen. Eine Gesellschaft von Herren und Damen, worunter die Nachbenannten

Die Gäste Gehorsamer Diener! Guten Morgen! Dero Befinden?

Nanni Willkommen, nehmen S' gütigst Platz.

Zehnkreuzer Bin außerordentlich jaloux, Sie bei mir zu sehn!

Chor der Gäste Sie haben uns geladen,
und wir erscheinen gern!
Denn feiner geht's und glänzender –
in keinem andern Hause her. –
Hier winkt uns der Genuß!
Hier herrscht der Überfluß.
(Zu Nanni) Und Sie – Sie sind des Hauses Stern.

Zehnkreuzer und Nanni Wir haben Sie geladen,
wir sehn Sie gar zu gern!
Es ist uns eine große Ehr'!
Oh, keine Komplimente mehr!
(Für sich) Das ist ein Überfluß! –
Den heimlichen Verdruß
entbehrten wir gar gern.

Herr von Roth (zu Nanni) Haben Sie schon das neue Stück gesehn, meine Gnädigste?

Nanni Zu dienen, i hab' sehr darüber geweint.

Herr von Walz Ich dächte, wir machten noch vor Tische ein Spielchen.

Damen Ja, eine Partie Whist.

Andere Ein Boston! Wir sind dabei!

(Die Bedienten setzen Spieltische, die Herren und Damen rangieren sich)

Herr von Volta Ah bah, was Whist, was Boston! *(Er zieht eine Kassette heraus)* Spielen wir lieber ein wenig Pharo.

Eine Dame (zu Nanni) Nicht wahr? Sie spielen eine Partie Whist mit?

Nanni Ach, i bitt', i kenn' das Spiel gar nit.

Herr von Walz Wir lehren es Ihnen.

Nanni Oh, i dank'. *(Für sich)* Das verdammte Geld! *(Laut)* I hab' Kopfschmerz und darf mein Gedächtnis nit angreifen.

Volta (zu Zehnkreuzer) Herr Bruder, welche Karte willst du besetzen?

Zehnkreuzer Oh, i dank' recht sehr, Brüderle, i spiel' gar nit.

Volta Hahaha, so ein reicher Mann und will nit spielen? Auf Ehre, Herr Bruder, das ist unerhört.

Zehnkreuzer Ja, i hätt' wohl Lust zu spielen, aber nit um Geld.

Volta (lachend) Hahaha! Ein Millionär und will nicht um Geld spielen.

Herr von Walz Pharo ohne Geld! Auf Ehre, das ist köstlich! *(Alle lachen)*

Zehnkreuzer (für sich) Da lachen S' mi in meinem eignen Hause aus, zum Dank für meinen schönen Wein!

Volta Auf Ehre, Herr Bruder, du mußt spielen.

Die andern Ja, ja, Sie müssen, Barönchen.

Zehnkreuzer Lassen S' mi aus, ich bitt' schön.

Herr von Walz Nein, nein! Sie müssen.

Nanni (leise) Um Gottes willen, Anton, spiel nit und rühr kein Geld an, es wär' mein Tod, wenn der Geist käm' und vor den Leuten alles zurückverlangte. Himmel, wenn i dort vor den Damen meinen schönen Schmuck ablegen sollt'! Ihr Neid ist noch meine beste Freud'.

Zehnkreuzer (leise) Mach dir keine Sorg', i bin Philosoph, i werd' mi nit blamieren, sie mögen tun, was sie wollen, i spiel' nit.

(Die Herren haben unterdessen das Spiel begonnen)

Volta (nachdem er eine Taille beendet) Ich bitte dich, Brüderchen, spiele mit! Ich versichere dir auf Ehre: Du wirst gewinnen.

Die andern Gewiß! Gewiß!

Volta Komm, besetze die Dame hier, sieh, wie hold sie dich anlächelt!

Zehnkreuzer Und i spiel' nit.

Volta Aber zum Henker, Herr Bruder, du mußt spielen, es ist ja eine Beleidigung für uns, wenn du bei deiner Weigerung beharrst.

Zehnkreuzer (grob) Aber i will nit, Herr Bruder, und nu laß mi ungeschoren.

Herr von Walz (zu Volta) Ein rechter Geizhals, aber lassen Sie ihn.

Volta (leise) Geduld, wir wollen ihn schon noch rupfen. *(Spielt fort und nennt die Karten laut)*

Zehnkreuzer (zu Nanni) Da spielen S' und dann geht's zu Tisch, wo S' von ihrem Gewinn reden, und i hab' Langeweile.

Nanni Ach, da hab' i mehr Vergnügen unter meinen alten Freundinnen.

Brilliant (tritt ein) Das Diner erwartet Sie.

Zehnkreuzer Ach, mein Haushofmeister! Gott sei Dank! Nun bekomm' i doch auch Unterhaltung! – Nun, meine Herren und Damen, hören S' auf mit den Karten und kommen S' zur Tafel.

Nanni (für sich) I bin froh, nun kann i doch wieder reden.

(von Walz bietet ihr den Arm und führt sie ab. Zehnkreuzer führt eine andere Dame. Alle paarweise ab. Musik.)

(Verwandlung. Ludolphs Garten, in einer Laube ein gedeckter Tisch, mit Wein und Brot und Früchten besetzt.)

Zehnte Szene

Rosa (als Kammermädchen Cäcilies), Brilliant (kommen von verschiedenen Seiten)

Brilliant Ach, meine Rosa.

Rosa (lächelnd) Nun, Herr Haushofmeister, wie befindet sich Ihre Herrschaft?

Brilliant Ich danke dem Himmel, daß übermorgen die Zeit der Prüfung um ist, währte sie länger, wer weiß was geschähe, denn aller Überfluß, mit dem ich meine Schützlinge umgab, ist nicht vermögend, die Begierde nach Geld aus ihren Seelen zu verdrängen. Ach, Rosa, mein Vater hat recht, kein Mensch wird freiwillig dem Gelde entsagen, wurden ihm auch alle andern Wünsche erfüllt.

Rosa Weit ab vom Wege, guter Freund, schau nur meine Schützlinge an, die denken nit mehr an Geld, obgleich ich ihnen nur das Notwendige, Angenehme und keinen Überfluß gab. Warum hast du dich mit so armen, geringen Tandlern eingelassen.

Brilliant Ei, die Argen und Geringen werden doch keine größeren Ansprüche machen als die Gebildeten und solche, welche schon einmal im Überfluß lebten!

Rola (lacht) Ich seh', du kennst die Menschen nit, aber i rat' dir, Freund, daß du ham gehst und gut acht gibst, damit deine Herrschaft nit noch am letzten Tag dir einen Querstrich durch die Rechnung macht.

Duett:

Brilliant Wohl, Schätzel, ich will gehn,
doch morgen bist du mein.

Rosa Wenn wir uns wiedersehn,
das wird ja herrlich sein.

Beide

Mein Brilliantel, / Herzensröschen, gräm dich nicht!
Aus ist alles Leid!
Was dein / mein Alter tut und spricht,
du bleibst mein Freund. *(Brilliant ab)*

Elfte Szene

Rosa, Herr Walther, dann Ludolph und Cäcilie

Walther (zu Rosa, welche ins Haus tritt) Guten Abend, Lisettchen! Ist deine Herrschaft zu Haus?

Rosa Versteht sich, sie wird gleich kommen, da ist die schon. *(Geht ins Haus ab)*

Walther (zu Ludolph und Cäcilie) Guten Abend, meine Freunde.

Ludolph Willkommen, lieber Nachbar.

Cäcilie Herzlich willkommen.

Walther Ja, euch bin ich willkommen, das weiß ich, ihr nennt auch den Armen euern Freund.

Cäcilie Den Armen gewiß, doch mit Ihrer Armut hat es nichts zu sagen, Sie sind ja ein reicher Mann.

Walther Gewesen.

Cäcilie Wie?!

Ludolph Sie haben Unglück gehabt? O sprechen Sie.

Walther Nun denn: Ich bin in augenblicklicher Verlegenheit, nur in augenblicklicher, aber kann ich morgen nicht einen Wechsel von 6000 Gulden zahlen, so ist mein Kredit vernichtet und ich bin verloren.

Ludolph Oh, wie gern wollt' ich Ihnen helfen, aber ich besitze nicht einen Heller. –

Cäcilie Ach, wenn wir Ihnen beistehen könnten.

Walter (traurig) Leben Sie wohl.

Ludolph Halt, Freund! Sie dürfen nicht fort! Sehen Sie mir in die Augen, glauben Sie es, daß ich wirklich kein Geld besitze?

Walther (ihm die Hand reichend) Ich glaube es.

Ludolph Ich kann Ihnen kein Geld schaffen, aber wenn Sie auf meine Bürgschaft hin Geld auftreiben können, so verpfände ich dies Landhaus, diesen Garten, es wird wohl soviel wert sein.

Walther Großmütiger Mann, wohl dreimal soviel.

Cäcilie (leise zu Ludolph) Aber Ludolph, hast du bedacht, was du tust? Wenn Walther später nicht zahlt, müßten wir das Landhaus hingeben und wieder für Geld arbeiten, und dann wäre die gute Fee unglücklich.

Ludolph Du hast recht, Cäcilie, aber wie sollen wir unserm Freund helfen? –

Cäcilie Haben wir nicht schönen Schmuck? Ich entbehre ihn gern.

Ludolph Du hast recht, Cäcilie. *(Zu Walther)* Warten Sie einen Augenblick, lieber Freund, ich bin sogleich wieder bei Ihnen.

(Geht ins Haus)

Cäcilie Seien Sie heiter, Herr Nachbar, wir werden tun, was in unsern Kräften steht.
Walther Oh, das bin ich von Ihnen überzeugt, ich weiß es, Sie sind gute Menschen.
Cäcilie Wer möchte einem redlichen Manne nicht gern beistehen!
Ludolph (kommt mit einem Schmuckkästchen zurück) Hier, lieber Walther, ist Cäcilies Schmuck, sie gibt ihn gern.
Cäcilie Von Herzen gern! Möge er kostbar genug sein, um Ihnen zu helfen.
Walther (das Schmuckkästchen öffnend) Was seh' ich! Welch seltner Schmuck! Und diesen Schmuck wollen Sie mir anvertrauen?
Cäcilie Ei, das ist mir lieb, wenn er teuer ist! Setzen Sie ihn gleich in Geld um.
Walther Mehr als Worte sagen können, dank' ich Ihnen. Sie sollen mich Ihrer Großmut würdig finden! *(Geht bewegt ab)*
Rosa (welche schon früher lauschte, für sich, indem sie hervorkommt) Ach, wieder eine Prüfung glücklich überstanden, ich hatte schon Angst, daß ihre Gutmütigkeit sie zu einer Übereilung hinreißen würde.
Cäcilie (Rosa erblickend) Ach, sieh da, Lisettchen!
Rosa Befehl'n Euer Gnaden, daß ich den Tee in den Garten bring'?
Cäcilie Später, liebes Kind! *(In die Szene blickend)* Aber sieh doch, Ludolph, den alten Mann dort, wie er sich mühsam am Stabe fortschleppt.
Rosa (für sich) O weh, das ist der alte Erdgeist, er wird mir diese guten und glücklichen Menschen abtrünnig machen wollen, doch das wird ihm nicht gelingen, wenn ich's auch nicht verhindern kann, ich kenne sie.
Ludolph Er scheint nicht weiter fort zu können. He, Alter, komm hier herein!
Cäcilie Er kommt schon näher.
Rosa (für sich) Der Listige.

Zwölfte Szene

Die Vorigen, der Erdgeist (als alter Mann)
Erdgeist Guten Abend, liebe gnädige Herrschaft.
Cäcilie Guten Abend! Setze dich, Alter, dort ist die Laube.
Ludolph Du scheinst entkräftet! Leere einen Becher Wein.
Erdgeist So gute Leute findet man selten, die einen armen, alten Mann, ohne daß er sie bittet, bewirten.

Ludolph Lange zu!
Cäcilie Hast du noch weit bis zu deiner Heimat?
Erdgeist Nicht so sehr weit, ich will zu meiner Tochter, welche einige Stunden von hier wohnt. Ihr Mann ist gestorben, und nun muß sie mit sechs kleinen Waisen Not leiden. Da will ich wenigstens sehen, sie zu trösten.
Ludolph Armer Mann!
Erdgeist Ich komme freilich mit leeren Händen, doch vielleicht find' ich noch irgendwo edle Menschen, die mir was schenken.
Ludolph (verlegen) Gewiß! –
Erdgeist Ihr selbst seid so gut! Gewiß schlagt ihr mir's nicht ab, wenn ich euch um einige Gulden bitte.
Ludolph (lächelnd) Lieber Alter, was das Geld anbetrifft, so sind wir so arm wie du.
Erdgeist Wie?
Ludolph (laut lachend) Ja, Schatz, und wenn du nur einen Kreuzer in der Tasche hast, so hast du mehr als ich.
Erdgeist Ihr hättet kein Geld? – Unmöglich!
Cäcilie (wider Willen lachend) Es ist so!
Erdgeist Ihr armen Menschen! Und von guter Herkunft! – So schlimm geht es euch. – Ich bin nun alt, brauche nicht mehr viel, bin nun einmal ein Bettler gewesen, mein Leben lang. Aber ihr, jung, schön, an Wohlhabenheit gewöhnt. – Ach, das Geld ist doch etwas gar so Schönes. – Es ist – wie ein berühmter Dichter sagt – ein so schönes Bewußtsein, wenn man weiß, daß man Geld hat! – Besäßet ihr Geld, so könntet ihr mich jetzt mit wenigen Gulden glücklich machen, könntet meine arme Tochter und ihre sechs Waisen unterstützen, und wie viele Unglückliche sonst noch! –
Ludolph Bah, das können wir noch! Hier nimm meine Uhr. Ich brauch' keine. *(Pathetisch)* Die Uhr schlägt keinem Glücklichen.
Erdgeist (verwundert) Wie? – Diese kostbare, goldne Uhr soll ich –
Ludolph Nehmen, verkaufen und das Geld deiner Tochter und deinen halbdutzend Enkeln geben.
Erdgeist Aber –
Cäcilie Mach keine Umstände, guter Alter, mein Ludolph gibt es gern.
Rosa (für sich) Bravo.
Erdgeist (für sich) Nun, das ist mir eine schöne Geschicht'! Aber Geduld, i fang' euch doch noch.
Ludolph Nun, was besinnst du dich noch?
Erdgeist (plötzlich in seiner eigenen Gestalt dastehend) Edle, tugendhafte

Seelen! Eure Tugend soll vergolten werden! Erkennet mich! Ich bin der Erdkönig, der Eigentümer aller Schätze auf Erden, ihr wolltet dem armen, unbekannten Bettler Gutes tun, dafür will ich euch jetzt mit Schätzen überhäufen, damit ihr alle eure Mitmenschen beglücken könnt. *(Er winkt, eine Menge großer Geldbeutel, worauf ungeheure Summen verzeichnet sind, steigen vor ihm aus dem Boden auf)* Da nehmt und seid glücklich!

Cäcilie (staunend) Ludolph! –

Ludolph (nach einer kleinen Pause) Mächtiger Geist, wir danken dir für deine gute Meinung, aber wir bedürfen deiner Schätze nicht und können sie daher nicht annehmen. Wir waren bisher so glücklich, daß ein Zuwachs an äußern Güter unser Glück nur stören könnte, welche Freude wäre es für uns, welch ein Verdienst, den Armen mitzuteilen, was wir im Überfluß besäßen. Sollen wir Freude am Wohltun finden, so müssen unsere Wohltaten für uns immerhin mit kleinen Entbehrungen verbunden sein. Behalte daher dein Gold, oder beglücke solche dadurch, die sich darnach sehnen.

Erdgeist Was soll denn das heißen?

Rosa (rasch hervorkommend) Das soll heißen, daß meine Herrschaft halt zufrieden ist und Sie Ihr Geld wieder mit fortnehmen können.

Erdgeist Rosel? – O alle Wetter! – Gehorsamer Diener! *(Er erschrickt mit dem Gelde)*

Cäcilie, Ludolph Lisette! – Was ist das?

Rosa (lachend) Eine Geisterverschwörung. *(Läuft ab)*

(Eine sanfte Musik, der Mond kommt herauf)

Ludolph Was hör' ich! Welche süßen Töne?

Cäcilie Laß uns lauschen!

(Rosa tritt auf, Elfen umtanzen sie, ein dünner Vorhang von rosigem Flor senkt sich herab)

Chor der Elfen Süß und leis im Mondenscheine tönet unser Lied,
in dem schönen Blütenhaine, wenn Hesperus glüht.
Der Geweihte nur darf lauschen, wenn der andre weichen muß.
Wenn der Bäume Blätter rauschen, ist's für sie der Elfengruß.
Lalala! –

(Reizende Gruppe, der Vorhang fällt)

DRITTER AKT

Zimmer im Palast des Herrn von Zehnkreuzer

Erste Szene

Zehnkreuzer, Nanni

Zehnkreuzer I halt's nit mehr aus! I hab' so viel Gall'! – Frau, i bring' mi um.

Nanni Nun, was hast denn? Was ist dir geschehn?

Zehnkreuzer Als ich jetzt auf der Straße geh' in die Leopoldstadt, begegnet mir der Gevatter Plutzerkern. Er grüßt mich ganz ehrerbietig, und i grüß' ihn wieder. Wir kommen ins Gespräch, und er erzählt mir von seinem Tandel und wieviel er jetzt dabei gewinnt und zählt mir seine schönen Zwanziger auf. Nun gehen wir in den Prater, und auf einmal fangt es an so delikat nach Würsteln zu riechen. Der Mensch – offenbar mir zur Gall' – läßt sich welche bringen, und i muß dasitzen und zuschauen, denn i konnt' mich als reicher Mann doch nit von dem armen Tandler traktieren lassen, i muß froh sein, daß i im Prater umsonst konnt' niedersitzen.

Nanni Das ist eine schreckliche Situation.

Zehnkreuzer Und was das schlimmste ist, i konnt' endlich meinen Appetit nit mehr besiegen, i sagt': ›I hab' meine Börse vergessen, legts eine Portion Würsteln für mi aus.‹ Und i hab' drei Portionen nacheinander gessen und eine Flasche Grinzinger dazu getrunken und weiß nit, wie ich es soll wieder bezahlen.

Nanni I, so mach' einen Tausch mit ihm, und gib ihm ein schönes Stück dafür.

Zehnkreuzer Hast recht! I will's tun, wenn er kommt, denn i hab' ihn auf heute mittag eingeladen – es kommt doch kein anderer Besuch?

Nanni Nein, ich aber kann dir sagen, daß ich auch mein Leben satt hab'. Gar kein Kreuzer in Händen! Es tut's halt nimmermehr.

Zehnkreuzer Ja, 's tut's halt nimmermehr.

Nanni Zeit und Weile wird einem lang. Es ist mir, als wenn i verwünscht wär' – wie eine Prinzessin.

Zehnkreuzer Und i – es ist schrecklich, was i oft für Phantasie hab'! Diese Nacht hab' i geträumt, i wär' ein Geldsack und mir wär' die Nath gesprungen, so daß alles Geld aus mir herausgefallen ist. Na, wenn es nit bald anders wird, so wirst du sehen: i tu' was – ja, i tu' was!

Zweite Szene

Die Vorigen, ein Bedienter

Bedienter Es ist ein Tandler draußen, Euer Gnaden! Ich hab' ihm schon gesagt, daß er hier nichts zu schaffen hat und nicht angenommen wird, aber er will sich nicht abweisen lassen.

Zehnkreuzer Laß ihn hereinkommen, weißt du noch nit, daß ich zu gewissen Stunden für jedermann zu sprechen bin? *(Bedienter ab)* Es wird der Gevatter Plutzerkern sein.

Dritte Szene

Plutzerkern, die Vorigen

Plutzerkern (im Eintreten) Gehorsamster Diener! Ach, da komm' i ja in ein prachtvolles Logis! Nein, für so reich hätt' i dich nit gehalten, Bruder, i seh' nun schon, i darf Sie nit mehr du nennen.

Zehnkreuzer Oh, sag' immerhin du zu mir! I bin gar nit stolz, i habe, was die Freundschaft betrifft, noch dieselben Gefühle.

Nanni Auch i, Herr von Plutzerkern! Wie befindet sich die liebe Familie?

Plutzerkern Oh, vollkommen wohl! Am Samstag haben s' zwar den Ältesten, den Ignaz, a bissel wo 'nausgeworfen, weil der Bub immer 's große Wort führt, zwei Rippen hat er bei dieser Gelegenheit zerbrochen, aber sonst ist er vollkommen gesund.

Nanni I, das bedaur' i halt sehr.

Zehnkreuzer Vor allen Dingen, Bruder, will ich dir meine Schuld bezahlen, hier ist ein Ringel, das wird schon soviel wert sein.

Plutzerkern Der Teufel! Du bist großmütig! Aber ehe wir eins ins andre reden, Zehnkreuzer, wenn du was von alten Sachen ablegst, verkauf's keinem andern als mir. Siehst, was ein andrer gibt, das geb' ich auch, und bisweilen kommt es wohl auch bei der gnädigen Frau vor, daß sie was verkauft.

Nanni Warum nit, lieber Herr von Plutzerkern!

(Ein Bedienter bringt Wein und präsentiert, sie trinken, Zehnkreuzer kommt nach und nach in eine frohe Weinlaune)

Zehnkreuzer Na, trink, Plutzerkern! I kann sagen, so vergnügt wie heute bin i lange nit gewesen. Es ist einem doch am wohlsten unter guten Freunden. *(Sie stoßen an und trinken)*

Plutzerkern Als wir noch mitsammen auf dem Tandelmarkt saßen.

Zehnkreuzer (trinkend) Es waren halt die schönsten Monumente meines Lebens.
Nanni Ja, und wenn jeder seine War' in das beste Licht stellte.
Zehnkreuzer Was schwätzst von Licht! An dunkler Tag war der best' zum Handeln, da sah halt der Käufer die Flecke nit. – Noch a Glas, Gevatter! *(Füllt)*
Plutzerkern Wenn einer Neuigkeiten aus der Stadt mitbrachte.
Zehnkreuzer Oder i für einen Rock zwei Gulden gezahlt und sechs erhalten hatte! – *(Trinkt)*
Nanni Und wenn wir des Abends zusammenrechneten und dann zum Speisewirt gingen.
Zehnkreuzer Und auf die Redoute im Winter!
Nanni Ja, da war's einzig!
Plutzerkern Jetzt bist du reich, Brüderle, und deine Sachen sind zehnmal mehr wert wie der ganze Tandelmarkt.
Nanni (seufzend) Ja freilich.
Zehnkreuzer (ebenso) Na – trink, Brüderle! –
(Sie trinken)
Plutzerkern Ein herrlicher Wein! – Nun aber sag mir doch amal, Brüderle, wie bist du denn auf einmal zu deinem Reichtum kommen?
Zehnkreuzer (trinkend) Oh, frag nit, Brüderle! *(Gerührt)* Unter harten Bedingungen.
Plutzerkern Was? Du hast doch nit Blut vergossen um des Mammons willen?
Zehnkreuzer Pfui, Brüderle, was denkst von mir! Aber gegen mich selbst hab' i gewütet! Gegen Weib und Kind, gegen mein eignes Blut! Allem Glücke hab' i entsagt, aller Lebensfreud'! O Brüderle, es ist a schreckliche Tragödie!
Nanni Schweig still, Anton! I sag' dir's. *(Zu Plutzerkern)* Nix is, Herr Gevatter, der Wein redet aus ihm, lassen S' uns an Handel machen. *(Sie nimmt aus Schränken und Fächern Kleidungsstücke und fängt mit Putzerkern an zu handeln)*
Zehnkreuzer (schaut zu und lacht) Da fangt die Frau an zu tandeln! Ist mir's doch, als wär' i auf'm Tandelmarkt selbst. Aber dorthin komm' i wohl nit mehr, und doch zieht mein ganzes Herz mi hin. *(Singt)*
Tandler Lied
Wie ist es so herrlich, ein Tandler zu sein!
Man kaufet und tauschet und trägt sich was ein.
Und kommt man des Abends mit Münze nach Haus,
so gibt man mit Freuden sie schnell wieder aus.

Was ist denn das Leben? – Ein Tandelmarkt halt!
Und gäb's nix zu tandeln, man gähnete bald.
Nur immer was Neues was Neues daher –
und wenn auch das Neuste das Beste nit wär'.
Was ist denn die Ehe? 's ist halt Tandlerei!
Alt war oft die Frau schon, man kauft sie für neu.
Drum wäre der Eh'stand langweilig oft sehr,
wenn's heimliche Tandeln und Tauschen nit wär'.
Was ist denn das Dichten? – A Tandeln ist's nur!
Das weiß i gar prächtig, hab' auch eine Spur.
Und was – war' es deutsch – uns was Altes würd' sein,
das bringets aus Frankreich als Neuigkeit rein.
Drum lob' ich vor allen den herrlichen Stand!
Der Tandler ist üb'rall geliebt und bekannt.
Doch will i nun still sein, sonst sprechen s' im Haus:
Wir wollten, der Mann ging und tauschet sich aus.

Nanni Nun sind wir handelseinig!

Plutzerkern Richtig! 220 Gulden 6½ Kreuzer! Hier sind sie. *(Sucht Papiergeld hervor)*

Zehnkreuzer (lustig) Wir woll'n auch an Handel machen!

(Plutzerkern hat alle erkauften Gegenstände in einen Sack gesteckt und gibt Nanni das Geld. Drei unterirdische Donnerschläge.)

(Rasche Verwandlung. Der Tandelmarkt [Lebensbild])

Plutzerkern Was ist das! Zauberei!

Zehnkreuzer Nun, Weib, da hast die Geschicht', der Geist ist bös geworden, weil du Geld genommen hast, und mit unserer Herrlichkeit ist's halt vorbei.

Nanni Schad nix, hab' i doch 220 Gulden!

Zehnkreuzer Nun können wir heut abend zur Birn' gehen. Also komm' her, Nanni, ich verzeihe dir. *(Umarmt sie)* Du hast meinen stillen Wunsch erraten.

Die Kinder (kommen gesprungen) Frau Mutter! Herr Vater! Unser Palast ist verschwunden.

Nanni Still seids, da habts jeder einen Zwanziger auf Kipferln und Äpfel.

Kinder Juchhe, das ist schön!

(Das Bild des Marktes kommt in Bewegung, a tempo fällt der Chor ein)

Marktchor Zum Markt erscheinen seht uns heut!
Ihr lieben Käufer seid bereit!
Kauft schöne Kleider, gute Schuh',
und Hüt' und Mützen auch dazu.

Solo 1 Kauft Kostbarkeiten, kauft, o kauft! –
Dies Hundehalsband seht!
Solo 2 Kauft diese Uhr, die alleweil
auf zwölfe mittag steht!
Solo 3 Schaut dieses Messer ohne Stiel,
woran die Klinge fehlt!
Solo 4 Dies Lexikon, worinnen steht,
wie man bis fünfe zählt.
Tutti Hier ist der Hut, da ist das Tuch,
das einst die Catalani trug!
Drum tretet näher, kauft und seht,
bald gehts nun ham, es ist schon spät!
Was jener schenkt, das geb' ich zu.
O kauft – o kauft!
Kauft schöne Kleider, gute Schuh'.
(Wolken senken sich über die Szene, noch ehe der Chor ganz zu Ende ist. Er verhallt leise.)
(Letzte Verwandlung. Prachtvoller Feensaal.)

Letzte Szene

Der Elfenkönig, der Erdkönig, Gefolge beider
(Rosa steigt mit Ludolph und Cäcilie aus der Versenkung rechts; Brilliant mit Zehnkreuzer, Nanni und den Kindern aus der Versenkung links.)
Brilliant Hier, mein Vater, kommt dein unglücklicher Sohn mit zwei Menschenkindern, welche die Prüfung nicht bestanden, in der letzten Stunde noch wurden sie mir ungetreu! Selbst die kleinen Kinder begehrten schon Geld. Ach, sie lohnten mir schlecht für meine Wohltaten.
Zehnkreuzer Gnädiger Herr, es ist wahr, i bin schuldig, i bin ein schlechter, gemeiner Kerl, aber der Teuxel mag ohne Geld leben.
Nanni Nun, Euer Gnaden, es ist halt geschehen, und i dank' für alle Wohltaten, wenn i ka Geld habe.
Erdkönig (triumphierend) Nun? –
Rosa Ich bringe hier ein Paar, welches ohne Geld glücklicher ist, als wenn es der Erdkönig mit allen Schätzen überhäufte. Es hat die Prüfung überstanden.
Elfenkönig Du siehst nun, Erdgeist, ich auch zähle Treue.
Erdkönig Nun ja, es wird so ein Poet sein! Ich bin nit neidisch deshalb

und willige in die Verbindung. *(Rosa und Brilliant sinken einander in die Arme)*
Elfenkönig (zu Ludolph und Cäcilie) Ihr sollt unsere Lieblinge bleiben.
Erdkönig (zu Zehnkreuzer und Nanni) Kommts her, Gesindel, da habts einen Sack mit Kronen, davon könnts ein neues Tandelgeschäft anfangen.
Zehnkreuzer und Nanni (jubelnd) Juchhe! Großen Dank, nun sind wir glücklich.
Schlußgesang
Zehnkreuzer Juchheisa, nun hab' ich den Beutel voll Geld,
nun bin ich so froh, als besäß' ich die Welt.
Chor Lalala.
Zehnkreuzer Nur eins noch könnte erhöh'n meine Freud',
wenn Sie heute abend das Geld nicht gereut.
Chor Lalalala.

Ende des Zauberspiels.

Neunhundertneunundneunzigste Nacht

Als sie heute alle fröhlich und heiter beim Nachtessen saßen, sprach der Kaplan, auf die Creme blickend, welche vor ihm stand: »Die gnädige Frau bewirtet uns heute mit dem süßen Brei, und ich denke unwillkürlich dabei an das hübsche, heitre Märchen vom süßen Brei.«

»Das kennen wir nicht«, sagte der Freiherr.

»Erzählen Sie«, riefen alle, und der Kaplan begann:

DER SÜSSE BREI

Ein biederer Ritter, Osmund von Rosenberg, der vor länger als vierhundert Jahren mit dem Tode turnierte und von dem Unbezwinglichen in den Sand gestreckt wurde, erfreute sich auf seiner irdischen Pilgerschaft einer schönen, sittigen und treuen Gefährtin.

Doch hätte sich Bertha, dies war ihr Name, mit den vornehmen Frauen der heutigen Welt in vieler Beachtung nicht messen können. Sie redete nicht mit fremden Zungen, wetteiferte nicht mit den Tänzerinnen der Schaubühne, spielte weder den Flügel oder Harfe, noch die Gitarre, tat sich in der Malerei nicht hervor, noch fuhr sie in der Hochgelehrtheit dunkle Schachten hinab, um mit der Ausbeute in Gesellschaft zu glänzen.

Ihr Acker und Pflug war das Hauswesen und ihrer Ehepflänzchen sorgsame Wartung. Auch nahm sie sich mit einer Ängstlichkeit, die man jetzt an manchen Teetischen verlachen würde, wohl in acht, den Spiegel ihrer Tugend vom Hauch böser Gerüchte rein zu halten.

Insonders zeichnete sich Bertha durch Wohltätigkeit und hilfreiche Teilnahme an den Schicksalen der Unglücklichen aus. Sie war in einem weiten Umkreis des Blinden Auge, des Lahmen Fuß, der Waisen Mutter, der Armen Schatzmeisterin.

Ein »Gott vergelt's Euch« klang ihr lieblicher als die melodischen Kunsttöne eines welschen Sängers, deren flüchtiger Hall oft von Händen, die der Armut einen Kupferpfennig verweigern, mit Golde erkauft wird.

Nicht unerhört blieb der dankbare Wunsch, der für Bertha und ihren Gemahl täglich gen Himmel stieg. Goldene Ernten bedeckten Osmunds Gefilde, und die Trefflichkeit seiner Herden war ein Stachel im Auge der Scheelsucht.

Sein Schloß nur, die Wiege der Ahnen,
sah ruhig der spielende Neid,
denn ihr Zerstörungsrecht übte,
daran die gewaltige Zeit.
Sie stürzte die Zinne des Turmes
vom Berge nieder ins Tal,
sie wandelte, Mauern zerspaltend,
durch Hallen, Gemächer und Saal.
Ein Volk geflügelter Muse
bewohnte jeglichen Ritz,
und Käuzlein nahmen in Scharen
die Trümmer des Turms in Besitz.
Auch unter des Schlosses Gesinde
begann die Sage zu gehn
es ließen oft spielend und lachend,
sich zwerghafte Hausgeister sehn.

Und das hatte seine Richtigkeit. Es war seit uralten Zeiten dem Geschlechte von Rosenberg eigen, daß sich kleine, kaum zwei Spannen hohe, doch ungemein zierliche Wesen zu ihm hielten. Sie schlüpften selten aus ihren unterirdischen Gemächern hervor und bezeigten sich dann immer als gute Geister, die an den Freuden und Leiden der Familie den innigsten Anteil nahmen. Nur den dienenden Buben und Mägdlein jagten sie bisweilen einen unbedeutenden Schrecken ein.

»Lieber Osmund«, sagte Bertha eines Tages, »unser Schloß zerfällt immer mehr; wir mögen forthin weder mit Ehre noch mit Bequemlichkeit darin wohnen. Laß uns eine neue Burg bauen! Gott segnete uns, daß wir's ausführen können.«

»Und wir wollen's«, sprach der Ritter, dem die Rede seiner verständigen Hausfrau sehr gefiel.

In der folgenden Nacht erschien vor dem großen Himmelbette des Ehepaares eine Gesandtschaft der kleinen Leutlein, deren wir vorhin erwähnten. Der Führer trug ein Mäntelchen von Goldstoff und war übrigens so stattlich angetan, wie sich prachtliebende Hofschranken damals zu kleiden pflegten. Er machte den Herrschaften im Bette eine tiefe Reverenz und hob an:

»Zu uns hinab ist das Gerücht erklungen,
daß Ihr der Väter Schloß zestören wollt,
das lang' und rühmlich mit der Zeit gerungen,
und der Natur die harte Schuld nun zollt.
Der Panzer seiner Mauern ist zersprungen,
drum reißt die mürbe Burg der Ahnen nieder,
bringt nur ins neue Schloß die alte Tugend wieder.«

Überrascht und auf keine Antwort gefaßt, erwiderte Osmund diese Anrede mit freundlichen Bewegungen der Hand; die Gesandtschaft begnügte sich an dieser stummen Höflichkeit und trat mit feierlichen Verbeugungen ab.

Dem Ritter und seiner Ehewirtin hob dieser Besuch eine Last vom Herzen. Sie hatten vorher besorgt, die Zwerge möchten über die bevorstehende Schleifung der Burg, unter deren Grundsteinen sie wohnten, einige Unruhe erregen.

Nun aber ging Osmund, ihrer hohen Genehmigung versichert, mit einem geschickten Baumeister zu Rate, ließ Eichen fällen, Steine brechen und begab sich samt allen den Seinigen und aller fahrenden Habe aus der verwitterten Stammburg – die den Namen Wittgau führte

– auf einen Meierhof, den er in der Nähe besaß. Die Eulen und Fledermäuse erlustigten sich einige Nächte lang ungestört in den öden Ruinen, aber bald rückte eine Schar von Maurern an, vertrieb sie aus ihren Klüften, machte das alte Schloß dem Erdboden gleich und begann auf derselben Stelle den Bau eines neuen, das innerhalb dreier Jahre vollendet sein sollte.

Das Werk ging frisch und fröhlich vonstatten. Osmunds Untertanen verrichteten aus freiem Willen doppel soviel Hand- und Spanndienste, als sie nach ihrer Frohnpflicht zu leisen schuldig waren.

Sogar die Zwerge blieben nicht untätig; sie führten bei Nacht Steine und andern Baustoff zu. Eines Morgens fand man einen kleinen, saubern Schubkarren, den sie auf der Baustelle vergessen hatten. Ein Arbeiter nahm ihn zu sich, um seine Kinder damit zu erfreuen. Indem er ihnen aber, nach gemachten Feierabend, das Geschenk übergab und ihnen dessen Gebrauch zeigen wollte, entrollte das possierliche Ding seinen Händen, lief geschwind zur Stube hinaus, und zugleich erscholl ein vielstimmiges, helles Gelächter, das aus den Wänden hervorzubrechen schien und ihm die Haare zu Berge trieb.

Als nun im dritten Jahr die Schwalbe schied und die Drossel schon von der reifenden Frucht des Eibischbaumes naschte, begab sich einst Bertha zur Baustätte, sah mit Wohlgefallen das Ameisengewühl der Meister, Gesellen und Handlanger und sagte liebreich zu ihnen: »Fördert das Werk soviel ihr könnt, ihr fleißigen Männer! Der Winter ist im Anzuge, und mein Eheherr und ich tragen großes Verlangen, das enge Häuslein, worinnen wir jetzt ungemächlich wohnen, zu verlassen. Darum haltet euch wacker und eilt mit der Arbeit zu Ende! Ich gelobe und verspreche, euch dann mit einem süßen Brei zu bewirten, und er soll auch fortan, solang dies Schloß steht, euch und euern Kindern und Kindeskindern von mir und meinen Nachkommen gereicht werden.« – Die Einladung auf einen süßen Brei war im Mittelalter kein verächtliches Wort. Man verstand darunter eine förmliche, schüsselreiche Gastung so wie man jetzt auf Suppe einladet und es nicht dabei bewenden läßt.

Der eigentliche süße Brei, ein Lieblingsgericht unserer Altvordern, war ein mit Honig zubereitetes Mus, das festliche Mahlzeiten gewöhnlich beschloß.

Den Bauleuten wässerte der Mund; sie regten lustig die Hände, und noch ehe der Winter seine strenge Regierung antrat, stand das neue Schloß Wittgau zum Einzuge fertig.

Worthaltend ließ Bertha den Gewerken und allen andern, die bei dem Bau behilflich gewesen waren, ein herrliches Gastmahl bereiten. Es mußte wegen der Menge der Teilhaber unter freiem Himmel gehalten werden. Das Wetter bezeigte sich anfangs günstig; als aber der süße Brei auf den Tafeln rauchte, fiel der Winter dem Herbste plötzlich ins Land und warf die ersten Schneeflocken in die Schüsseln.

Solches verdroß die geschäftige Wirtin gar sehr. »Können wir uns doch künftig«, sagte sie, »vor dergleichen Unbilden sichern! Wir wollen von nun an in allen Folgejahren das heutige Fest am ersten Tage des Rosenmonats feiern. Schickt uns allenfalls der Winter auch dann noch den Nachtrab seiner Stürme auf den Hals, so lachen wir seines letzten ohnmächtigen Zornes und lassen uns dadurch in unserer Freude nicht stören.«

Drauf labte jeden ersten Mai
der wohlbedachte süße Brei
der Gäste muntres Heer.
Man räumte zu dem großen Schmaus
der Bienen ganze Werkstatt aus
und fischte Teiche leer.

Das Fest war weit umher bekannt,
und mancher hungrige Vagant
kam mit bestäubtem Schuh.
Blieb bei der offnen Tafel stehn,
und sah dem hohen Wohlergehn
der Schmauser lüstern zu.

Da sagte denn die Ritterin:
»Setzt, gute Freunde, setzt euch dahin
und kostet von dem Mahl!«
Gelockt von dieser Gastlichkeit
vermehrte sich von Zeit zu Zeit
der Tischgenossen Zahl.

Bertha befestigte die Stiftung des süßen Breies durch einen eisernen Brief, der allen künftigen Besitzern der Burg Wittgau die Verbindlichkeit auflegte, solches Gastgebot jährlich auszurichten, und dabei solcher Gestalt, daß die Speisenden völlig zufrieden sein könnten.

»Ich würde«, fügte sie am Schluß hinzu, »keine ruhige Urstätte unter der Erde genießen, wenn sich nach meinem letzten Stündlein irgendein

Burgherr unterfangen sollte, das Gestift zu vernachlässigen oder ganz aus den Augen zu setzen.« –

Dieser Stiftungsbrief wurde von einem Rechtskundigen sauber auf Pergament geschrieben, von Bertha und ihrem ehelichen Vormund unterzeichnet und mit angehangenem Siegel im Briefgewölbe des Schlosses aufbewahrt.

Zwanzig Jahre hatte Bertha den süßen Brei ausgeteilt, als plötzlich ihr letztes Stündlein schlug. Ihr Begräbnis war ein Trauerfest für alle Gaue umher. Tausende von Leidtragenden folgten dem Sarge zur Erbgruft, wo schon zwei früh verblühte Töchterlein ruhten. Auch der Ritter Osmund wurde bald nachher auf der Rennbahn des Lebens vom Tode besiegt. Ulrich von Rosenberg, des frommen Paares einziger Sohn und Erbe, waltete nun auf Wittgau und befolgte viele Jahre lang seiner Mutter wohltätige Verordnung, wie es einem guten Sohne eignet und geziemt.

Aber ins Herz des Landes drangen feindliche Kriegsvölker und vertrieben ihn von seiner Burg. Ein Feldherr – den wir Dominik nennen wollen – wählte sie zum Hauptlager, spielte darin den unbeschränkten Gebieter und nahm alle Renten in Beschlag, ja er erpreßte mit Feuer und Schwert von den Untertanen das letzte Hemd. Ein alter Burgvogt war von Rosenbergs Dienern der einzige, der im Schlosse geduldet wurde, damit der Usurpator immer einen Vollzieher seiner endlosen, meistens auf Wohlleben abzweckenden Befehle bei der Hand hatte.

Der übermütige Feldhauptmann war von niedrigem Herkommen, war bei der magersten Kost erzogen, hatte vom gemeinen Kriegsknecht hinauf gedient und manches Hundert schwarze Soldatenbrot mit Behagen verzehrt; aber jetzt, da er auf fremde Kosten seinen Gaumen kitzeln konnte, war ihm nichts köstlich genug. Fasane, Tokayer und Ananas mußten geschafft werden. Kurz, er führte eine so üppige Tafel, als wär' er ein Königssohn und von Jugend auf mit den zartesten Leckereien vertraut.

Fußfällig bat der Burgvogt, er möge sich aus Barmherzigkeit mit der Hälfte der geforderten Schüsseln begnügen, indem sonst in kurzer Zeit alle Rosenbergsche Untertanen ein Raub des Hungers werden müßten.

»Was kümmert's mich«, sagte der Wütrich, »es bleibt beim alten. Man ist das nicht anders gewohnt.«

Während der Regierung des Despoten nahte sich der Wonnemond. Bekümmert dachte der Burgvogt an die Stiftung der frommen Bertha; doch die Hände waren ihm gebunden. Er konnte, von Geld und Einkünften entblößt, das gewöhnliche Maifest nicht veranstalten; und daß die habsüchtige Kriegsgurgel aus dem Schatze ihrer Erpressungen eine Summe dazu hergeben würde, das war nicht zu erwarten. So erschien der erste Mai, und die Speisung unterblieb.

Nachts drauf war der wilde Schwelger,
von dem Saft der Reben trunken,
auf das Daunenbett gesunken,
und behaglich schlief er ein.
Plötzlich sprangen mit Getöse
Schloß und Riegel aus der Krampe,
und es trat mit einer Lampe
eine greise Frau herein.

Sie umwallt ein weißer Schleier,
dessen Schweif den Boden feget
und an ihrer Hüfte reget
klirrend sich ein Schlüsselbund.
Langsam naht sie dem Erwachten,
murrt er gleich vor mißbelieben:
»Lies und tu, was hier geschrieben«,
sagt ihr totenbleicher Mund.

Und indem der Mann im Bette
bald erglühet, bald erkaltet,
steht sie vor ihm und entfaltet
ihm ein pergamentnes Blatt;
und sie leuchtet mit der Ampel
bis er mit verstörten Augen,
die vor Angst ihm wenig taugen,
ihre Schrift durchlaufen hat.

Dann, vom Lager sich entfernend,
legte die das Blatt zusammen,
und es blitzten Zornesflammen
aus der Augen Ring hervor,
als sie, hoch die Rechte hebend
und dem starren Martisjünger
drohend mit dem Zeigefinger,
wie ein Dunstbild sich verlor.

Morgens drauf hielt Dominik ein scharfes Kriegsgericht über die Schildwachen, die während der vergangenen Nacht in den Gängen des Schlosses und besonders vor seinem Zimmer angestellt gewesen waren. Sie hatten insgesamt die Erscheinung nicht gesehn. Der Burgvogt, den Dominik nun ins Verhör nahm, entsetzte sich; denn er vermutete sogleich, daß die verschleierte Matrone Berthas Geist gewesen sei. Er unterrichtete den Feldherrn von der Stiftung des süßen Breis und von der Urkunde, die darüber abgefaßt und in die Briefkammer niedergelegt worden war. Dominik befahl, die Schrift zu holen. Er hatte sich schon vorher des Schloßarchivs bemächtigt, doch nur diejenigen Dokumente, auf welche Geld einzunehmen war, an sich gerissen, alle andern hingegen, die auf Ausgaben zielten, liegen gelassen. So war denn auch Berthas Stiftungsbrief noch vorhanden, und der Burgvogt brachte ihn.

»Bei Gott«, rief Dominik, »dasselbe Blatt wurde mir von dem Nachtgespenst vor die Augen gehalten!«

Der Alte zeigte ihm die Stelle, die auf ewige Zeiten alle Besitzer des Schlosses Wittgau verbindlich machte, die Untertanen zu speisen.

»Was geht das mich an?« sprach Dominik, »ich bin nicht des Schlosses Besitzer.«

»Dermalen allerdings, Euer Gestrengen«, erwiderte der Burgvogt.

»Also meint Ihr wohl«, sagte jener, »ich sei ebenfalls schuldig, Eurem Volke einen Schmaus zu geben? Hahaha, ein so einfältiger Tropf bin ich nicht! Der Sieger nimmt ein, der Besiegte gibt aus, das ist Kriegsregel, und weder Himmel noch Hölle sollen mich davon abbringen.«

Der Burgvogt ging mit Achselzucken fort, der General hielt die Sache für abgetan; allein schon am nächsten Mittag wurde er anders belehrt:

Er gab den Häuptern seiner Schar
ein glänzend Gastgebot,
doch sieh, bei seinem Teller lag
ein grobes Söldnerbrot.

»Was soll das?« fuhr er zornig auf.
»Hinweg bei Mord und Tod!«
Erschrocken sah die Dienerschaft
das schwarze Wunderbrot.

Drei Buben faßten es geschwind,
und hoben schier sich lahm,

und staunten, daß der schwere Ball
nicht von der Stelle kam.

Wie eingewachsen in den Tisch,
wich er und wankte nicht.
Den Feldherrn fiel ein Grauen an,
und bleichte sein Gesicht.

Nach feinern Bröten griff er schnell,
doch welches seine Hand
nur mit der Finger Saum bestrich,
das hob sich und verschwand.

Er langte nach dem Weinpokal,
trank stutzig und rief jach:
»Verdammt! Wer schöpft statt Ungarweins,
mir Wellen aus dem Bach?«

Und alles, alles, was er noch
dem Munde weiter bot,
das schmeckt ihm wie des Baches Flut,
und wie Soldatenbrot.

Gezwungen, ganz wider seine Gewohnheit, ging er diesen Tag unberauscht zu Bette, nachdem er zuvor in der Burg doppelte Wachen ausgestellt und besonders alle Wege zu seinem Schlafzimmer mit zahlreicher Mannschaft besetzt hatte.

Eh' er noch schlief,
der Wächter rief:
»Die Glocke hat Zwölf geschlagen!«
Der barsche Held,
ein Löw' im Feld,
fängt an vor den Geistern zu zagen.
Und horch, es bewegt sich,
es rasselt und regt sich
schon unter dem Bette,
und hervorkommt mit Haufen
ein Zwergvolk gelaufen,
gar einzig und nett.

Sie schwirren wie Hummeln,
poltern und tummeln
sich hastig hervor,
springen wie Ratzen,
klettern wie Katzen
aufs Bett empor,
und tapfer mit Schellen,
die weidlich gellen
grüßt jeglicher Wicht,
das Helden Gesicht!
Er will zur Wehre sich stellen,
er wirft sofort
ein Dutzend der kleinen Gesellen
rasch über Bord;
doch, als hätten sie Schwingen,
sind sie husch, wieder oben und bringen
mit doppelter Pein
die Säumnis ein.
Sie kneipen
und stäupen,
mit frechem Gespötte,
den Feldherrn baß.
Sie wälzen sogar, wie ein Faß,
den dicken Herrn aus dem Bette,
und tanzen, zum Ende vom Liede,
auf seinem Leichnam sich müde.
Nach diesem Balle
verstoben sie alle,
die heillosen Rangen,
indem sie sangen:
»Bestellt den süßen Brei,
sonst quälen wir dich aufs neu!«

Aber Herr Dominik hatte nicht Lust, seinen Raubschatz durch Bewirtung der Rosenbergschen Untertanen zu schwächen; doch war er auch ebensowenig geneigt, seinen wohlgenährten Leib fernerhin zu einem Tanzboden herzuleihen.

Es gab einen Mittelweg: Er konnte sein Hauptlager an einen andern Ort versetzen. Dazu entschloß er sich um so lieber, da die Gegend um Wittgau von den Heuschrecken des Krieges schon ganz aufgezehrt war.

Er rückte also mit seinem Heerhaufen einige Meilen weiter. Man glaubte allgemein, dieser plötzliche Aufbruch hänge mit dem Plane des Feldzuges zusammen. Das ließ sich der General sehr gern gefallen und entdeckte keinem Menschen, daß ihm die Zwerge ein Treffen geliefert und ihn aufs Haupt geschlagen hatten.

Kaum war er fort, so fand der Burgvogt in einer ausgeplünderten Truhe, deren Deckel er mit Tränen aufschlug, einen schweren Geldsack und auf einem angebundenen Zettel Berthas unverkennbare Handschrift in den Worten: »Zur Ausrichtung des süßen Breis.«

Der Greis erschrak; doch freudig und ehrlich verwandte er die willkommene Spende zu einer guten Mahlzeit, bei welcher die armen Gäste einige Stunden lang ihres Jammers und Elendes vergaßen.

Der süße Brei, denn mit dessen Geschichte haben wir es hauptsächlich zu tun, lebte nun ohne weiteren Anstoß ein Jahrhundert fort. Es erwuchsen sogar jüngere Geschwister um ihn her. Die meisten nachbarlichen Ritter gaben nach und nach ihren Dorfschaften ein ähnliches Jahrfest. Doch taten sie es nicht gerade am ersten Mai, sondern sie wählten dazu ihre Geburtstage oder andere merkwürdige Zeitpunkte ihres Lebens. So ging die Sache trefflich ihren Gang, bis Waldemar von Rosenberg, Osmunds Urenkel, an die Reihe kam, auf Wittgau zu herrschen.

Auf diesem Manne ruhte nicht der Geist seiner edlen Väter. Er behandelte seine Untersassen stolz und hart. Auch besaß ihn der Geiz, und ihm war der Mai kein Wonnemond, weil ihm das große Volksmahl eine verdrießliche Ausgabe verursachte. Er hätte dies Fest ganz aufgehoben, wenn ihm nicht bange gewesen wäre, daß seine Urgroßmutter ihm einen Besuch abgestattet hätte. Der süße Brei wurde also aufgetischt, aber mit solcher Kargheit, daß der Stifterin Geist darob zürnte. Darum war es gemeiniglich in der folgenden Nacht auf der Burg nicht geheuer.

Unsichtbar durchlief es murrend
alle Zimmer,
schlug die Türen fast in Trümmer,
rasselte mit vielen Schlüsseln
wie mit Ketten,
rüttelte der Schläfer Betten,
und zerschmettert alle Schüsseln,
die beim Schmaus, um Geld zu sparen,
nicht gefüllt gewesen waren.

In späterer Zeit vermählte sich Waldemar. Seine Gattin war gutherzig, vermochte viel über ihn und bediente sich ihrer sanften Gewalt zum Besten der Untertanen.

Sie starb schon im ersten Jahre der Ehe, indem sie ein Söhnlein geboren hatte, das den Namen Hermann erhielt.

Der Witwer schritt bald zu einer neuen Ehe. Dem kleinen Hermann fiel das schlimme Los, eine böse Stiefmutter zu bekommen. Sie übergab das ihr verhaßte Kind den Händen und der Willkür einer rohen, leichtsinnigen Dirne, die den Knaben oft einige Stunden lang in banger Einsamkeit hungern und dursten ließ und indessen mit den Knappen und andern Hausdienern kurzweilte.

Einst hatte sie in einer Sommernacht den Knaben allein gelassen und im Burggarten mit den Knappen geplaudert. Als sie nun nach Mitternacht leise in die Kammer zurückschlich, sah sie am Bettchen des Kindes eine verschleierte Matrone sitzen, die den Knaben liebkoste. Starr vor Schrecken blieb die leichtsinnige Dirne stehen, da schlug die Matrone mit dürrer Hand den Schleier zurück und sprach: »Ich bin des Kindes Großmutter, Bertha, und werde es, da es hier so übel behandelt wird, zu mir nehmen.«

Der Stiefmutter Freude über des Kindes Ableben war von kurzer Dauer. Sie selbst mußte nach Verlauf weniger Monate eben dieselbe Straße wandeln. Auch Waldemar stürzte bald nachher auf der Hetzjagd in die Ewigkeit hinüber.

Es stand im Buche des Schicksals geschrieben, daß dieses Geschlecht, das die Tugendbahn seiner Ahnen zu verlassen anfing, aussterben sollte.

Doch ungeachtet sie verschwanden,
die zeither auf der Bühne standen,
ist's mit dem Märchen nicht vorbei:
Die Hauptperson, der süße Brei,
ist auf dem Platze noch vorhanden,
und das Theater füllt sich um ihn her aufs neu.

Die Burg Wittgau und das dazugehörige Gebiet fiel an einen Lehnsvetter, den Ritter Willbold von Eisenbart. Er war ein wilder, unbiegsamer Mann, ehern, der seinen eigensinnigen Kopf für einen Mauerbrecher hielt, womit er überall durchzustürmen glaubte.

Einen anmutigen Abstich gegen ihn machte Hilda, sein einziges Kind, ein ebenso schönes als gutes Mädchen, dessen Mutter frühzeitig ein Opfer der Härte ihres Gemahls geworden war. Er lebte seitdem als

Witwer, weil er unter den vielen Jungfrauen, denen er nachher seine schlagfertige Hand antrug, keine fand, die sich seiner landeskundigen Haustyrannei unterwerfen wollte.

Es war anfangs des Brachmonats, als er aus einer fernen Gegend herkam, um das ihm angefallene Lehn in Besitz zu nehmen. Vier Wochen zuvor waren die Kosten des süßen Breis, wie gewöhnlich, aus den Einkünften des Gutes bestritten worden, und man hatte diesmal mehr als zu anderer Zeit aufgehen lassen, um die Untertanen für die Knauserei ihrer vorigen Herrschaft zu entschädigen. Willbold schalt und tobte darüber. »Das soll mir nicht wieder begegnen«, setzte er hinzu. »Ich müßte den Bettelstab ergreifen, wenn ich jährlich ein so verschwenderisches Bankett ausrichten sollte. Mitnichten! Künftig erhalten die Leute, ohne alle weitere Nebengerichte, einen süßen Brei, und damit schabab!«

Bald darauf beschloß er, der Mutter Bertha den schuldigen Gehorsam ganz aufzukündigen. Dazu verhetzte ihn ein Mann, dessen Konterfei wir im folgenden Kapitel zur Schau stellen wollen.

Es lebte dort ein riesenhafter Ritter,
Herr Hans von Hasenfeld;
er sprach so laut wie donnernde Gewitter,
und schien ein großer Held.
Ihn trug, ob seines Bauches schwerer Bürde,
kaum noch das stärkste Pferd,
und furchtbar krönte seines Ansehns Würde
ein ungeheures Schwert.
Er tat mit seiner langen Todessense
der Zeugentaten viel,
doch wurde schon beim Gezisch erboster Gänse,
dem Helden etwas schwül.

Er war aber nicht nur eine lächerliche Person, sondern auch ein schlechter Wicht. Das ließe sich aus hundert Tatsachen beweisen; wir wollen jedoch nur einige, die mit unserem Gegenstand gleichsam verwandt sind, hier anführen.

Ritter Hans besaß in der Nähe von Wittgau ein Schloß, zu welchem ein Dörflein gehörte. Als es nun bei mehreren Rittern, die um ihn her wohnten, Sitte wurde, ihre Bauernschaft jährlich an einem gewissen Tage mit Speise und Trank zu erquicken, so ergriff er die Gelegenheit, sich einen hämischen Spaß zu bereiten. Er ließ seine Dorfsassen zu einer Mahlzeit zusammenrufen und ihnen, als sie an einer langen Tafel Platz genommen hatten, Mann für Mann durch seine Diener ins Ohr raunen: »Der süße Brei, den man auftragen werde, sei auf dem Boden der Schüssel mit Silbermünzen gewürzt; wer also mit seinem Löffel am schnellsten und tiefsten bis auf den Grund tauche, der werde die reichste Silberbeute gewinnen.« Das war den armen Leuten eine höchst erfreuliche Kunde. Sie hielten die Löffel hoch in der Hand, wie ein Reiter den Säbel, womit er einhauen will. Die Schüsseln wurden aufgesetzt; ein siedendheißer Brei qualmte darin; wie Blitze schossen alle Löffel hinein, und brachten eine feurige Ladung zurück, woran sich die geldhungrigen Esser Mund und Gaumen verbrannten. Das ging nicht ohne gräßliche Gesichtsverzerrungen ab. Darauf hatte der edle Herr gerechnet und frohlockte mit einem unmäßigen Gelächter darüber. Aber seine Haupttücke bestand darin, daß der Höllenbrei nicht einen einzigen Pfennig enthielt und an und für sich ein ungenießbares Gericht war. Die Brandbeschädigten mußten also, da man ihnen kein Voressen aufgetischt hatte, ungesättigt nach Hause gehn.

Tausendste Nacht

Im nächsten Jahre machte er sich ein noch wohlfeileres Vergnügen. Er berief seine Bauern und Häusler wieder einmal zu einer vergeblichen Lustbarkeit zusammen. Sie erschienen mit dem festen Vorsatze, sich den Mund nicht wieder zu verbrennen, sondern langsamer zu essen. Doch dieser gemeinschaftlich gefaßte Entschluß war ganz überflüssig. Sie fanden auf dem freien Platze, wo sie im vorigen Jahre bankettiert hatten, keinen Tisch gedeckt. Herr von Hasenfeld hatte bloß für sich und einige Gäste eine Trinktafel aufschlagen lassen. Neben ihm standen zwei oder drei Bockpfeifer, die ländliche Tänze spielten. Als nun die Gemeinde versammelt war, forderte er sie mit donnernder Stimme auf, vor ihm zu tanzen. Die Burschen drehten und schwenkten sich eine Weile mit ihren Liebchen herum; aber bei Hunger und Durst erlahmten die Beine sehr bald; niemand wollte sich förder heben. Da trat ein plumper Gerichtsknecht auf und sagte gebieterisch: »Rührt euch, ihr träges Volk! Es ist jetzt nicht die Frage, ob ihr zum Tanzen Lust habt oder nicht. Ihr müßt heute zur Frohne tanzen. Das ist des gnädigen Herrn Wille und Meinung. Wonach sich zu achten!« Hierauf erhob der

Scherge seinen dicken Stock und zwang damit Junge und Alte, nach der Bocksmusik so lange zu hüpfen und zu springen, bis sie sämtlich atemlos niedersanken.

Ritter Hans rühmte sich nachher in vielen Gesellschaften, er habe seinen Bauern ein herrliches Tanzfest veranstaltet. Der schamlose Prahler wurde deshalb von vielen, die ihn nicht besser kannten, für einen recht zärtlichen Vater seines Dörfleins gehalten. Da er auf eine so leichte Art zu diesem Ehrenrufe kam, so muß man sich wundern, daß nicht auch harte Fürsten bisweilen in ihren seufzenden Ländern einen allgemeinen Frohnball ausschreiben. Man findet davon keine Spuren in der Geschichte. Aber einige Dorfsultane von Hansens Gelichter mögen es wirklich getan haben.

Ritter Willbold und Herr von Hasenfeld wurden bald miteinander bekannt und kamen oft freundlich zusammen. Einst sprachen sie von dem süßen Brei. »Es ist doch verdammt ärgerlich«, sagte jener, »daß ich mir von einem Weibe, das weit über hundert Jahre im Grabe modert, eine Schatzung muß auflegen lassen.«

»Gehorche nicht, so ist der Handel abgemacht«, versetzte Hans.

»Weit gefehlt, Herr Bruder«, sprach Willbold, »Berthas Geist dringt auf Gehorsam, und im Weigerungsfalle spukt er zornig umher.«

»Mir soll er kommen«, sprach der Bramarbas und schlug auf sein Schwert. »Ich mache dir es zur Pflicht, zur Ehrensache, Willbold, den einfältigen süßen Brei abzuschaffen, sonst erkläre ich dich angesichts der ganzen Ritterschaft für eine feige Memme!«

Ein solcher Triumph aus dem Munde eines Mannes, den sein Freund noch so wenig ergründet hatte, daß er ihn für einen tapfern Kämpfer hielt, tat volle Wirkung. Willbold schwur, Berthas Stiftung nicht zu achten und nie einen Heller darauf zu verwenden.

»Das ist brav«, sagte Hans, »so kann auch nun unsereiner aufhören, seine Bauern jährlich einmal abzufüttern. Dieser hier eingerissene, abgeschmackte Gebrauch hat mich bisher ansehnliche Summen gekostet.«

Bei dieser Zwiesprach war Fräulein Hilde zugegen, und Ritter Hans empfahl sich ihr jetzt noch übler, als er sich ihr schon früher durch Zärtlichkeit empfohlen hatte. Der alte widrige Hagestolz buhlte förmlich um ihre Gunst und ihre Hand.

Doch er hatte nichts zu hoffen, denn Hilda war dem jungen Ritter Torald geneigt, und er betete sie an.

Aber die Liebenden mußten unter der Maske der kältesten Gleichgültigkeit miteinander umgehen, denn Hildas Vater war dem jungen

Manne nicht sonderlich gewogen. Er sah ihn wegen seiner stillen Bescheidenheit für einen furchtsamen Kalmäuser an. Überdies heischt er einen begüterten Eidam, und als einen solchen konnte sich Torald nicht darstellen.

Er war arm und wurde täglich ärmer, indem er den Wohlstand seiner wenigen Bauern durch Aufopferung seiner eigenen Habe immer blühender machte.

Der Wonnemond nahte sich; Willbolds Erbleute rechneten um so mehr auf eine stattliche Bewirtung, da es der erste Festschmaus war, den sie von ihrem neuen Herrn zu hoffen hatten; auch Hilda lag dem Vater fleißig an, den bösen Eingebungen des dicken Ritters nicht zu folgen, sondern der Stiftung redlich Genüge zu tun, aber er sagte nein und immer nein und berief sich auf seinen Eidschwur. Am Ende bestieg er, um von der lästigen Sache nichts weiter zu hören, in den letzten Tagen des Blumenmonds seinen Gaul und ritt zum Besuch zu einem fernwohnenden Freunde.

Der erste Mai kam, die Bauersleute legten ihre Sonntagskleider zurecht, um bei dem Gastmahl, dessen sie gewärtig waren, geschmückt zu erscheinen. Doch schon am frühen Morgen eilte Hilda in das am Fuße des Schloßberges liegende Dorf hinab, ging von Haus zu Haus, entschuldigte den diesmaligen Wegfall des süßen Breis mit der Abwesenheit ihres Vaters, und hinterließ überall ein so reichliches Vergütungsgeschenk, daß sämtliche Einwohner mit diesem Tausche vollkommen zufrieden waren. In den weiter entlegenen Dörfern, die bei der Burg Wittgau zu Lehn gingen, tat Torald, von dem Fräulein dazu beauftragt und mit dem nötigen Gelde versehen, ein Gleiches. So erschöpfte Hilda aus eigner Bewegung ihre Sparkasse, um der Bauern gerechten Anspruch zu befriedigen und die Burg vor nächtlichem Geisterspuk sicherzustellen.

Acht Tage darauf kam Willbold von seiner Reise zurück. Er war neugierig, zu wissen, ob sich die Untertanen am ersten Mai eingestellt hätten und wie man mit ihnen auseinandergekommen sei; doch da er etwas Unangenehmes zu hören vermutete, so fragte er lieber gar nicht darnach, und nun verschwieg auch Hilda ihre eigenmächtige Geldverteilung, worüber sie doch mehr Tadel als Lob zu erwarten hatte.

Es wurde Nacht, der Ritter schlief,
bis ihn eine Stimme beim Namen rief.
Er schrak empor, er war allein,
erloschen war der Ampelschein.

Doch aus der Mauer fuhr eine Hand
und schrieb mit Flammen an die Wand:
»Tu' in den nächsten sieben Tagen
was du am ersten Mai versäumt;
sonst wird nach schweren Plagen
das Schloß von dir geräumt!«

Willbold schüttelte trotzig den Kopf, schlief wieder ein und erinnerte sich am Morgen der Erscheinung so gleichgültig wie eines Traumgesichtes und ließ die siebentägige Frist ungehorsam verstreichen. Um ihn dafür zu züchtigen, rückte in der nächsten Nacht ein zahlloses Heer von Zwergen bei ihm ein.

Wie wenn Scharen der Bienen dahin zieh'n, dichten Gewimmels,
aus dem gehöhlten Fels im beständigen Schwarm sich erneuend.

So brachen die Pygmäen im Schlafzimmer des Ritters aus allen Wänden hervor und zwackten ihn noch schlimmer als weiland ihre Großeltern den General Dominik. Aber nicht so schnell und feige wie dieser räumte Willbold das Feld. Er ließ im Mittelpunkt eines weiten hochgewölbten Saales sein Bett an Ketten aufhängen, stieg auf einer Leiter hinauf und hielt sich nun vor den Befehdungen der kleinen Kobolde sicher; doch dieses schwebende Lager überfielen sie wie geflügelt und warfen den Inhaber auf den gepflasterten Boden hinab. Seine Gebeine waren wie zermalmt; er konnte sich nicht ohne Beistand aufrichten; als man ihn am Morgen aufhob, hörte er von allen Seiten laute Klagen über mancherlei Mißhandlungen, die in der vergangenen Nacht sämtliche Bewohner des Schlosses von unsichtbaren Geistern erfahren hatten. Nur Hilda war verschont geblieben. Das Hausgesinde forderte einstimmig seinen Abschied und drohte, im Weigerungsfall zu entlaufen. Der Ritter selbst, der nun einmal seinen Nacken nicht unter das Hausgesetz der Stiftung beugen wollte, fand es bei den gegenwärtigen Umständen für ratsam, sich aus dem Staube zu machen und ein nicht weit entlegenes, kleines Schloß zu beziehen. Dahin erhob er sich, ehe der Abend einbrach, mit seiner Tochter und seinem ganzen Hofstaate. In der Burg Wittgau blieb keine lebendige Seele zurück.

Als sich Willbold in seinem Asyl, wo er einige ruhige Nächte genossen, eingerichtet hatte, ließ er einige seiner Freunde und Bekannten zu einem Mittagsmahl einladen. Wir erwähnen von den Gästen nur den Ritter Hans und Torald und einen dritten, der ein ungemein lustiger

Kumpan war, immer artige Lieder auf der Zunge hatte und bei Tafel ein Lied anstimmte, in welchem er dem Weine den Vorzug vor der schönsten Frau gab.

»Ein feines Liedlein«, donnerte Hans in den letzten Ton hinein. »Aber was Ihr da gegen die Frauen sagt, sollte man herausreißen und durch Henkershand verbrennen lassen, angesehn es das liebenswürdige Geschlecht beleidigt, von welchem ein Inbegriff aller seiner Tugenden und Reize hier vor uns sitzt.«

Hiermit stand er schwerfällig vom Stuhl auf, verbeugte sich vor dem Fräulein und trank einen großen Becher auf ihre Gesundheit aus. »Schmeichler«, rief Willbold, »verrücke dem Mägdlein nicht den Kopf und zärtle nicht! Es werden ohnehin schon genug minnigliche Blicke hier gewechselt!«

Er schielte mit dem einen Auge Ritter Torald und mit dem andern seine Tochter finster an. »Aber komme mir niemand mit Freiersgedanken ins Haus«, fuhr er fort. »Ich lasse mein Kind, die Lust meines Alters, noch nicht sobald mit einem Gemahle ziehen. Es fände sich denn ein beherzter Mann, der Geister bewältigen und sie aus der Burg Wittgau bannen könnte, dem wollt' ich zum Danke das Mägdlein und das verwünschte Schloß obendrein geben.«

»Ist das Ernst?« fragte Hans.

»Auf Ritterwort und Ehre«, versetzte Willbold.

»Nun, um diesen Preis stürm' ich die Hölle«, schrie jener und schlug mit seiner Riesenfaust so gewaltig auf den Tisch, daß einige Becher umstürzten. Indem man diese kleine Unordnung belachte, faßte Torald, über Hanses Erklärung nicht wenig erschrocken, schnell den Mut, mit ihm zusammen in die Schranken zu treten.

»Ritter Eisenbart«, begann er bescheiden, »da Ihr männiglich zum Geisterbann auffordert, so ist es wohl auch mir erlaubt, einen Versuch zu machen?«

»Warum nicht?« antwortete Willbold mit einem frostigen Tone.

Toralds Einmischung war dem dicken Ritter ungelegen. Sie zerstörte einen schlauen Plan, den er im Kopfe hatte. Er wollte sich nämlich mit dem Geisterbann gar nicht befassen, sondern um die Schule herumgehen und hernach aufschneiden: Er habe einige Nächte lang in der Burg mit Unholden gekämpft und sie endlich zum Weichen gebracht. Es schien ihm leicht, durch solche leere Prahlereien das Fräulein zu gewinnen, denn da niemand in der Burg wohnte, so stellte er sich vor, man würde ihm die Schlüssel übergeben und ihn nicht weiter beobachten.

Doch das alles ging ganz anders, wenn sich ihm ein Zeuge seines vorgespiegelten Mutes aufdrang. Dieser Ungemächlichkeit mußte vorgebeugt werden. Er wandte sich daher zu Torald und sprach: »Es ist löblich, daß Ihr Euch so wenig wie ich vor Gespenstern fürchtet; mir aber gebührt der Vortanz, und ich bedinge mir dazu drei Nächte, die ich allein in der Burg ausharren will, um den Ruhm, den ich einzuernten gedenke, nicht hinterher mit einem andern teilen zu müssen. Bleibt nach diesen drei Nächten, wie ich nicht glaube – noch etwas zu tun übrig für Euch, dann steht Euch das Feld offen.«

»So sei es«, sprach Willbold, und Torald konnte nichts dagegen einwenden.

Wohlgemut forderte Hans nach der Tafel die Schlüssel der Burg, unter dem Vorgeben, daß er sogleich die folgende Nacht dort zubringen wollte. Willbold, der dem Großsprecher nicht mehr ganz traute, erbot sich, ihn hinein zu begleiten. Hans erschrak, doch blieb ihm noch die Hoffnung, vor Einbruch der Nacht wieder aus der Burg zu entschleichen. Sie ritten gegen Abend dahin. Willbold führte ihn in ein Zimmer, das nur eine Tür hatte, diese verschloß er ohne Umstände hinter ihm, drückte draußen sein Wappen darauf, wünschte ihm durchs Schlüsselloch eine gute Nacht und versprach, sich in der Frühe des künftigen Tages nach seinem Befinden zu erkundigen.

So war Hans wie eine Maus in der Falle gefangen. Nur ein Felsensprung aus dem Fenster konnte ihn retten; aber er stürzte sich lieber in das vor ihm stehende Bett und wühlte sich so tief als möglich hinein.

Als er, wie ein Igel zusammengerollt, einige Stunden geschwitzt hatte, trippelt und trappelt es um sein Lager herum; das Deckebett wurde ihm entrissen, und Schläge und Nadelstiche zwangen ihn, sich aufzurichten und die fest geschlossenen Augen zu öffnen. Himmel, da stand ein unabsehbares Volk vor ihm! Die vorderen erstiegen auf Leitern sein Bett, hoben eine Kohlpfanne, auf welcher eine Schüssel dampft mit großer Anstrengung hinein, und sangen dazu:

»Hier bringen wir
den süßen Brei,
er schmecke dir
wie geschmolzen Blei,
damit du mögest erfahren,
was jenes verspottete Häuflein empfand,
mit dem sich dein Herrscherlingstrotz unterstand,
vor Zeiten so zu gebaren.«

Einige Männlein, mit Löffeln in den Händen, sprangen ihm rechts und links auf die Schultern und fingen ihn an zu füttern. Der Brei war so heiß, daß er noch in den Löffeln Blasen aufwarf. Hans sträubte sich verzweifelt gegen diesen Genuß; allein er war auf allen Seiten von Zwergen umgeben und gleichsam eingemauert; man brach ihm die Lippen und Zähne auf, schob ihm mit Gewalt das glühende Mus hinein, und sang dabei:

»Frisch geschluckt,
nicht gemuckt!
Ha! Ein Mund, der so vermessen
ungeheure Taten tut,
der kann auch mit Heldenmut
dieses Höllenfeuer essen!
Frisch geschluckt!
Nicht gemuckt!
Hast den süßen Brei gescholten,
der durch Berthas Huld entstand,
und darob, mit Recht vergolten,
dir den Frevelmund verbrannt!«

Nach dieser Speisung ließen sich zwei oder drei kleine Bockpfeifer mit einer lieblichen Musik hören, und der König der Zwerge, der einen Zoll höher war als die längsten Männer seines Volkes, forderte mit höhnischen Worten den Ritter auf, ein Tänzlein zu machen.

»Dazu hätte ich eben Lust«, brummte Hans beiseite.

»Lust oder nicht«, sprach Seine Majestät.

»Du mußt vor mir zur Frohne tanzen.
Ihr Schergen, kommt herbei und seht,
ob er sich wacker schwenkt und dreht!
Wo nicht, so mögt ihr ihn kuranzen.«

Stracks trieben ihn einige mit Stöcken bewaffnete Wichtlein aus dem Bette heraus und hetzten ihn eine Weile unter dem Gelächter der Zuschauer im Kreise herum.

Darauf nahte sich ihm eine alte Zwergin mit einem Spinnrocken, der dreimal größer war als sie selbst, und überreichte ihm denselben mit den Worten:

»Du pochst und prahlest mit furchtbaren Waffen,
doch für den Rocken bist du geschaffen.
Nimm hin und spinne bis morgenden Tag,
und wenn du feierst, so straft dich ein Schlag!«

Atemlos sank er, mit dem Spinnrocken im Arme, auf einen Stuhl, und wie Spreu, die der Wind entführt, verschwanden die Zwerge. Er pries sich glücklich, daß er so leicht durchgekommen war, und entwarf im Kopf einen Siegesbericht, den er seinem Freunde abzustatten gedachte.

Den Rocken, der seine Relation vielleicht verdächtig machen konnte und der ihn überdies als Sinnbild seiner Feigheit unangenehm war, wollte er zum Fenster hinauswerfen; doch indem er es in dieser Absicht öffnete, wurde der Flachskopf wie lebendig, schlug ihn rechts und links an die Ohren, drückte ihn rückwärts auf einen Stuhl, und eine unsichtbare Macht zwang ihn, die Spindel zu ergreifen und mit ihr zu arbeiten. Sooft er ruhen wollte, geschah ihm nach des Mütterleins Verheißung ein Schlag, und jeder neue Schlag, den er aus der Luft empfing, übertraf an Kraft seinen Vorgänger. Mit Erstaunen fand Willbold am andern Morgen den emsigen Spinner, der dennoch, trotz dieser Strafarbeit, den Begebenheiten der Nacht eine schöne Farbe zu geben suchte.

Aber bei jeder Unwahrheit, die er aussprach, erhielt er von der Spinnmaschine einen tüchtigen Kopfstoß. Das bewog ihn zuletzt, aufrichtig zu beichten und dem Geisterbannen auf immer zu entsagen. Nun trennte sich der Rocken plötzlich von ihm und ging kerzengerade wie ein Mensch zur Tür hinaus.

In demselben Zimmer eingeriegelt, erwartete Torald am folgenden Abend, was ihm begegnen würde. Die Augen auf die Tür geheftet, saß er bis gegen Mitternacht, ohne daß er etwas Unheimliches vernahm. Endlich hörte er ein Geräusch; und als er sich umsah, erblickte er eine verschleierte Gestalt, die ihm winkte. Er stand auf, sie klopfte leise an die Wand; die schweren Quadern wichen auseinander; es zeigte sich ein hohes Gewölbe und darin eine große, eiserne Truhe, die bis an den Rand mit Goldstücken gefüllt war.

»Torald«, sprach der Geist, »deines bescheidenen Mutes und deiner Biederkeit Belohnung sei dieser Hort und – Hilda! Veranstaltet jährlich das von mir gestiftete Maifest, und weder ich noch die Zwerge werden jemals wieder erscheinen.« –

»Ich danke dir, wohltätiges Wesen«, rief Torald. »Aber Hildas Vater!«

»Wird einwilligen; es ist schon dafür gesorgt«, sagte der Geist, »doch damit ihm keine böse Lust ankommt, den Schatz als sein Eigentum zu betrachten, werde ich ihm heute im Traume erscheinen. Jetzt schließe die Wand sich wieder, und öffne sich nur dir, wenn du den Namen Hilda aussprichst!«

Sofort ergänzte sich die Mauer und der Geist verschwand. Kaum graute der Tag, da stürmte Willbold ins Zimmer. »Nun Freund Torald, wie steht's? Ich hatte eine Traumerscheinung, die mir verkündigte, wir wären die Geister los und hätten dafür einen Schatz gefunden.«

»Euch hat nichts Unwahres geträumt«, versetzte Tolrald und brachte sogleich durch das süße Zauberwort, welches er mit Erröten aussprach, den Schatz zum Vorschein.

»Ha! Ein herrlicher Fund!« rief Willbold, und wühlte mit Lust in dem Golde.

»Mir wurde dabei Hoffnung zu einem noch köstlichern Schatze gemacht«, sagte Torald mit zitternder Stimme und gesenkten Augen.

»Ich verstehe«, sprach Willbold. »Doch über meine Tochter hat Mutter Bertha nicht zu schalten. Ihr Versprechen erkläre ich für null und nichtig, doch das meinige will ich halten. Ich gebe dir Hilda zum Weibe und die Burg samt aller Zubehör zur Aussteuer.«

Dankbar stürzte ihm Torald in die offenen Arme. Mit schüchterner Besorgnis, seinen künftigen Schwäher verdrießlich zu machen, erwähnte nun noch der Jüngling, daß auf dem Schatz der süße Brei als Bedingung hafte.

»In Gottes Namen«, rief jener mit lachendem Munde. »Der windige Hans verleitete mich zu dem Schwur, nie einen Heller aus eigenen Mitteln auf das Gestift zu verwenden; und ich hätte den Eid gehalten, wär' ich auch darüber zugrunde gegangen. Da aber nun Frau Bertha die Kosten selbst dazu hergab – in Gottes Namen!« –

Und so erneuerten denn Torald und Hilda, die bald darauf ein glückliches Paar wurden, das unterbrochene Fest, und ihre Nachkommen feierten es fort bis die Burg, deren Bau es veranlaßt hatte, wieder in Trümmer zerfiel.

Tausendunderste Nacht

»Wisset Ihr auch«, sagte heute heiter der Freiherr, »daß ein Blick in den Kalender und in mein Tagebuch mich heute belehrt hat, daß Eduard und Franz nun gerade Tausend und eine Nacht unter unserm Dache sind?«

»Erlauben Sie, Väterchen«, erinnerte Alma, »beide waren einige Zeit verreist.«

»Nun, so sind sie doch gerade vor tausend Tagen hier nach Schloß Runsitten gekommen. Tausend Nächte haben wir einander Märchen und Sagen erzählt. Lasset uns heute noch eine Sage erzählen, damit, wenn Franz oder der Kaplan diese Sagen gesammelt herausgeben, sie ein Seitenstück zur morgenländischen Tausend und eine Nacht bilden«. Und er selbst begann die italienische Sage

LIEBESPROBE

Zu jener Zeit, als die Lombarden das Reich Napoli innehatten, regierte zu Tarent ein Fürst, Pandolfo mit Namen, welcher rauh von Sitten war, aber gerecht in Handlungen und von unverbrüchlicher Treue; darob noch heutzutag' in Tarent das Sprichwort geht: »So gewiß, als ob Pandolf es versprochen!« Derselbe hatte ein Töchterlein, das hieß Hermildis, und war schön von Wuchs und holdselig von Angesicht, auch war ihre Sitte lieblich und fern von jeglicher Hoffart, weshalb denn, wo selbige sich sehen ließ, es war, als wäre unsers Herrgottes Sonne aufgegangen, an deren Scheine Hohe und Niedrige sich ergötzen und stärken zum neuen Leben. Und ihr Ruf verbreitete sich weit ins Land, und es kamen Fürsten und Herren von nah und fern und warben um sie. Aber Hermildis mochte keinen von ihnen und sprach zu ihrem Vater, welcher gar sehr in sie drang, daß sie ihm einen Eidam schenken möchte und Enkelein, nach seinem Tode zu regieren. »Mein Herr und Vater, meine Zeit ist noch nicht gekommen, denn so sie gekommen ist, wird der Herr durch mein Herz mir offenbaren, jetzt ist's Zeit, und dieser ist der Rechte, den sollst du nehmen.«

Aber über dieses Wort geriet der Vater in großen Zorn, und sprach: »Traun, wenn wieder einer kommt, der mir ansteht, so will ich dich nicht fragen, sondern will dein Herr sein und sagen: der ist der Rechte, den sollst du nehmen!«

Worüber, obwohl sich voll Demut beugend, Hermildis sich inniglich betrübte, denn sie hatte heimlich ihre Liebe gesetzt auf Alboin, einen Ritter an ihres Vaters Hof, welcher zwar arm war, aber tapfer und hochherzig, und im stillen für sie entbrannt in Liebe. Und sie ging in ihrer Betrübnis in den Garten am Schloß und ließ ihre Frauen hinter sich, um sich allein in der frischen Luft zu stärken und Trost zu holen vom Himmel, der gar heiter und blau über ihr glänzte. Und siehe, dort saß Alboin auf einer Bank, und hatte die Arme übereinandergeschlagen und bewegte sich nicht, sondern sah fest auf eine Stelle vor sich hin. Das Fräulein aber ging leise hinter einer Hecke herum und trat zur Bank und sprach:

»Alboin, was sinnst du?«

Dieser aber fuhr heftig zusammen und sprang empor, zitternd und mit glühendem Antlitz, und getraute sich nicht die Augen aufzuschlagen, sondern sah beschämt zur Erde, denn er hatte eben gedacht: »Wie glücklich ist derjenige, welcher Hermildis einst heimführen wird als Braut« – und wähnte jetzt, wie Hermildis ihn ertappt auf diesem Gedanken, so müsse sie selbigen geschrieben lesen auf seiner Stirn und ihm zürnen.

Aber Hermildis zürnte nicht und sprach: »Trauter Alboin, ich bin hergekommen, um Blumen zu brechen. So geh' denn hin und brich mir Rosen, denn ich fürchte, daß die Dornen mich verwunden.«

Deß freute Alboin sich sehr und sprach tief gebeugt: »Erlauchte Prinzessin, so ich Rosen pflücken könnte für Euer ganzes Leben, so wollt' ich die Dornen nicht scheuen, und wenn sie mich bis zum Tode verletzten möchten.« Und eilte hin, deren zu pflücken, indessen Hermildis, seiner harrend, sich auf den Ort setzte, wo Alboin gesessen und ihr Haupt auf die Stelle legte, wo seines gelegen und ihm nachsah, wie schön er war und anmutig in Gebärden.

Also kam er zurück und hatte einen Strauß geflochten, den er, sich auf ein Knie vor ihr niederlassend, ihr ehrerbietig und stillschweigend überreichte.

Hermildis aber betrachtete den Strauß, und siehe, es waren Rosen von verschiedener Art und Größe, eine aber in deren Mitte leuchtete, sowie an Größe und Menge der Blätter, also auch an Glanz der Farben und Wohlgestalt, vor allen andern hervor, und dicht an ihr eine weiße Königslilie, unter der Rose aber, sich fast in dem grünen Laube versteckend, war ein blaues Gedankenblümlein, das Bild der Treue und Bescheidenheit, und schien, als wenn es mit Sehnsucht nach der vortrefflichen Rose hinaufschaute.

Da sprach Hermildis: »Gewiß hast du an deine Liebste gedacht bei diesem Strauße, und magst deinen Sinn auf etwas Hohes gestellt haben, so dir schwer scheint, zu erreichen. Willst du mir nun vertrauen, so will ich dir raten und helfen und so tun, daß du glücklich wirst.«

Solches sagte die Prinzessin, um seine Liebe zu prüfen; als er aber erst die Augen niederschlug, dann schüchtern emporsah, wo es war, als sollte eine Träne hervorrinnen, und nach dem Saum ihres Gewandes griff, und ihn stillschweigend küßte, da wurde ihr weich ums Herz und sie sprach:

»Morgen um diese Stunde, trauter Alboin, komme ich wieder her, und so du liebst, mir zu dienen, so magst du mir wieder einen Strauß pflücken.« Darauf ging sie fort und weinte einige Zeit im stillen und dachte bei sich: »Warum hat mir der Herr diese Liebe ins Herz gelegt, so er nicht will, daß ich sie zeige, denn vergeblich tut der Herr nichts, und wenn es nicht recht wäre, sie zu hegen, so würde er mir's im Herzen offenbaren. Aber da sagt er mir: es sei löblich und gut, den Alboin zu lieben, weil er ein Ritter ist von adeligem Gemüt, und Sitte sonder Tadel. Doch wird er nimmer wagen, wenn er mich auch liebt, solches der Tochter seines Herrn zu gestehn, darum muß ich ihm Mut machen und seine Zunge lösen.«

Also sprach sie bei sich selber und wußte doch nicht, was sie tun sollte, und ob ihr Beginnen recht sei nach weiblicher Sitte. Darum betete sie, ehe sie einschlief, inbrünstig: »Herr, du weißt, daß ich nicht eitel und sündig Gelüst hege, sondern reine, löbliche Liebe, darum offenbare mir, ob mein Vorhaben recht sei, und wenn du es billigst, so laß morgen früh beim Erwachen meinen ersten Gedanken sein an Alboin, und stelle sein Bild mir vor, daß mir sei, als ob ich ihn selber sähe, und gib mir eine Freudigkeit ins Herz, welche mir sage, der Weg, den du wandeln willst, führt zum Guten.« Und als sie des Morgens erwachte, siehe, da ward ihr, sowie sie die Augen aufschlug, das erbetene Zeichen, und sie faßte nun ihren Beschluß und führte ihn aus, dergestalt, daß Alboin Mut bekam, ihr zu sagen, daß er sie lange geliebt in Züchten und Ehren, und fühlten sich, wie die Seligen des Himmels, frei von jeglicher Beschwerde und Sorge.

Aber die Freude hatte kaum wenige Wochen gedauert, da kam an Pandolfs Hof Aistulf, Fürst von Capua, und warb um Hermildis. Ob dieser nun schon ein häßlicher Gesell war, plump und ungeschlacht, so war er doch dem Vater willkommen, denn er hatte lange mit ihm im Streite gelegen und hoffte solchen durch die Vermählung abzutun, beschloß daher, seine Tochter hart anzulassen, und sie, wenn sie sich weigerte, nicht mehr für sein Kind anzuerkennen, gab aber gleichwohl dem Fürsten von Capua noch nicht sein Wort, wohlwissend, daß Weiberwille oft unbezwinglich sei.

Und es wurden viele Feste angestellt zu des Freiers Kurzweil und um ihm das Warten zu versüßen, denn obwohl er gar schön tat mit Hermildis, so begegnete sie ihm doch immer hart und spöttisch. Allein Aistulf ließ sich solches nicht kränken, denkend, wenn nur der Vater wolle, werde er die Tochter heimführen.

Weil sich aber viele Fremde am Hofe befanden, und alles lebendig war im Palast und Garten, hatte Hermildis ihren Alboin lange nicht allein sehen können, und nur selten hatte sie selbigem ein geheimes Liebeszeichen gegeben, um ihn zu trösten und mit Hoffnung zu stärken.

Eines Abends aber, als Hermildis nach einem großen Bankett und Tanz heraustrat auf den Söller, der vor ihrem Zimmer nach dem Garten ging, um sich an der kühlen Nachtluft zu erlaben und an dem hellen Mondschein, und ihren Liebesgedanken nachzuhängen, siehe, da kam Alboin, welcher alle Abende unten geharrt hatte und sehnlich hinaufgesehn nach ihrem Fenster, hervor aus den Buschgängen mit seiner Laute, setzte sich hin und sang ein Lied voll schwermütiger Klagen, und sprach darin den Schwur aus, sich zu töten, wofern sie eines andern Gemahlin würde.

Als Alboin so gesungen hatte, legte er die Laute hin, blickte zum Söller noch einmal hinauf, woselbst er jedoch Hermildis nicht mehr wahrnahm, und wanderte dann hastig dahin des Weges, der zum Meerbusen führte. Hermildis aber trat heraus durch ein Pförtchen in den Garten und eilte ihm im Sprunge nach, voll bittrer Angst und Sorge, meinend, er wollte sich ein Leides tun, welches Alboin auch in Wahrheit beschlossen hatte. Aber sie traf ihn noch im Walde, wohin der Mond nur mit einzelnen Strahlen drang, und weil es dunkel war, so bemerkte sie es nicht und wunderte sich sehr, als sie sich unbemerkt an seinen Hals hing mit bitterm Weinen, und nach und nach, denn sie schluchzte sehr, und konnte nicht in einem fortsprechen, folgendes, ihn fest an sich drückend, sagte: »Wie konntest du mir so weh tun, mein einziges Leben, zu glauben, daß ich deiner vergessen habe, und dir untreu wäre wegen eiteln Glanzes und Hoffart. Denn in dir nur ist mein Leben und mein Glück und mein Reich, und alles, was du nicht bist, ist mir eitel Tand. Das schwöre ich dir, darum sei getrost und gräme dich nicht, denn ich werde keines andern sein mein Lebelang. Und so mein Vater mich zwingen wollte, will ich mit dir fliehen und dir folgen, wohin du willst. Halte nur einen Nachen bereit am Ufer, und komme des Abends zum Söller hin, damit ich dir sage, wenn's Zeit ist, daß wir uns flüchten, und eine Insel suchen zu unserm Wohnorte, oder wenn wir keine fänden, miteinander sterben in den Wellen, was mir lieber ist denn ohne dich leben.«

Dessen freute sich Alboin herzinniglicn, und es war ihm nun ebensowohl, wie ihm vorher weh gewesen war und sie schwuren, sich treu zu bleiben bis in den Tod und taten solches unter vielen züchtigen Küssen, bis es im Morgen lichter wurde, worauf denn Hermildis, still und ohne daß sie jemand bemerkte, in ihr Kämmerlein zurückschlich.

Und desselbigen Tages begab sich's, daß Pandolf zu des künftigen Eidams Ehren eine prächtige Jagd anstellte, wobei alle Ritter sein mußten, so am Hofe dienten, auch Hermildis, welche nach der Zeiten Sitte in Führung des Rosses wohlgeübt und kräftig von Gliedern war. Aber als nun ein großer Hirsch verfolgt wurde, siehe, da traf sich's, daß Pandolf und Hermildis und Aistulf, der, obwohl er ihr lästig fiel, ihr nimmer von der Seite wich, sich von den andern verirrten und tief in den Wald hineingerieten, wo kein Pferd zu sehen war. Aber Alboin, welcher seine Liebe nicht aus den Augen ließ, daß er ihr gleich helfen möchte, wenn ihr Übles begegnete, war auch dabei und folgte ehrerbietig von fern.

Damit sie nun sich allesamt nicht verletzen möchten an den Ästen, stiegen sie von den Rossen und führten solche am Zügel hinter sich durch den Wald, bis er helle wurde und sie in ein Tal kamen, wo ihnen gegenüber ein Berg stand, so hoch, daß ein Mensch, der etwa oben gestanden, von unten klein geschienen hätte, kaum eine Spanne lang.

Das sprach Pandolf: »Hier kenne ich den Weg und müssen wir, um nach Tarent zu kommen, über diesen Berg, welcher hoch ist und beschwerlich zu steigen. Darum laßt uns hier rasten eine Weile und sehen, ob nicht mehrere des Gefolges sich zeigen, oder wir die Jagdhörner wieder hören.

Und sie setzten sich in das Gras, Hermildis, soweit sie konnte, von Aistulf wegrückend, Alboin aber stand unweit vom Baum, und blickte sehnlich hin nach ihr. Und siehe, da brach plötzlich ein Wehrwolf mit einem langen Satz aus dem Busch hervor und sprang auf Hermildis zu. Darob der Vater heftig erschrak, Aistulf aber gar sich entsetzte, daß er zitterte und schreiend hinter einen Baum sprang. Alboin hingegen stürzte schnell mit blankem Schwerte auf das Untier, das Hermildis eben mit den Zähnen fassen wollte, und versetzte ihm einen Streich, daß es zweifelhaft taumelte, dann aber gegen den, der es verwundet, sich wütend wendete, worauf denn Alboin hinter einen Baum sprang und dem Tier, wie es im Nachspringen war, das Schwert in die Weichen stieß, dergestalt, daß es tot hinsank. Und es dauerte eine Weile, ehe eins von ihnen ein Wort sprach, denn alle waren sehr erschrocken, auch Pandolf, welcher, obgleich sonst voll löblichen Mutes, dennoch bleich und zitternd dastand, denn er liebte Hermildis wie sein Leben, wenn er schon nicht dergleichen tat und sie oft hart anließ.

Als er sich nun besann und sie gerettet sah, da ging sein Herz über vor Freuden, und er umarmte sie und drückte sie fest an sich und dachte nun, wenn Alboin nicht wäre, so müßte er sich jetzt über deren Tod betrüben.

Da wendete er sich zu Alboin, welcher noch immer bescheiden von fern stand und nichts sagte, sondern in sich selbst vergnügt war, daß er seiner Liebsten solch einen Dienst erweisen können. Und Pandolf sprach: »Tritt näher, Alboin, vorerst sollst du nicht mehr mein Diener sein, sondern mein Freund, denn du bist mir näher denn jeglicher Verwandter, indem du meinen besten Schatz erhalten hast, mein Töchterlein, welches jetzt ohne dich da läge in Stücken zerrissen. Und damit du sehen mögest, daß ich erkenntlich bin, so fordre von mir, was du willst, und traun, so ich kann, will ich es dir gewähren.«

Aber Alboin stand zweifelnd da und sah Hermildis an, welche über ihres Vaters Wort, wohl wissend, daß er solches nicht breche, höchst erfreut war und ihrem Liebsten nun zuwinkte, mit mancherlei Zeichen, um ihn zur rechten Bitte zu lenken. Worauf denn Alboin sich vor Pandolf auf ein Knie niederließ und sprach: »Mein Fürst und Herr, was ich getan, ist zwar schon hinlänglich bekannt durch die Freude, die mir solches gemacht hat; weil Ihr aber wollt, daß mir noch ein andrer Lohn werde, und mir zeitlebens versprochen habt, das, was ich verlangen würde, so Ihr könntet, zu gewähren, so bitte ich flehentlich: Gebt mir die, so ich am Leben erhalten, zum ehelichen Gemahl.«

Darüber erstaunte Pandolf höchlichst, denn er hatte den Alboin immer gekannt als einen bescheidenen Jüngling und nicht geglaubt, daß derselbe sich unterstehen würde, dergleichen zu bitten. Seine Augenbrauen zuckten, wie zu geschehen pflegte, wenn er innerlich sehr zornig war, und solches doch unterdrücken wollte, welches denn Alboin und Hermildis, die ihn beide voller Erwartung ansahen, mit Schrecken bemerkten. Pandolf aber, welcher bedachte, daß er sein Wort gegeben habe und ihm immer treu geblieben sei, es auch jetzt nicht brechen könne, unterdrückte seinen Zorn und sprach: »Traun, du hast mich überlistet, denn nimmer hätte ich gedacht, daß du eines solchen dich unterfangen würdest und meinen Dank mißbrauchen. Da ich es jedoch versprochen, so will ich es halten, aber wie ich dir solches hiermit zusage, so wirst du dich auch nicht entbrechen, eine Prüfung zu bestehen, ob du auch seist ein Mann, wie sich's ziemt, stark von Liebe und von Kraft, von welchem ein starkes Geschlecht zu erwarten stehe, so vermögend, die Lanze und das Schwert zu führen, und würdig zu sitzen auf einem Fürstenstuhl.«

Dessen freuten sich Alboin und Hermildis, indem beide hofften, daß er alles überwinden würde durch Liebe und Vertrauen. Und Alboin sprach: »Mein Fürst und Herr, es ist billig, und wenn ich nicht bestehe die Prüfung, die Ihr mir auflegen werdet, so will ich Eurer Verheißung verlustig sein.«

Worauf Pandolf entgegnete: »Wohl, so nimm meine Tochter auf den Arm, oder auf deine Schulter, wie du selber willst, und trage sie hinauf auf den Berg, der hier vor uns ist, und so du sie bringst auf den Gipfel ohne zu rasten, so soll sie dir noch heute angetraut werden als Ehegenossin.«

Und Alboin und Hermildis blickten den Berg an, und ob er ihnen wohl hoch schien, so zagten sie doch nicht, denn er war sich bewußt einer mächtigen Stärke in der Brust und Schultern, sie aber, welche auf ihn vertraute, indem es ihr schien, dem Liebsten sei nichts auf der Welt unmöglich, meinte, sie wolle sich schon leicht machen, daß sie ihm keine Last sei.

Also faßte er sie auf die Schultern, und als sie nun oben war, um sich festzuhalten, die Arme um seinen Hals schlang, da schien es ihm, als sei sie leicht wie eine Feder und als komme ihm eine neue Kraft in die Glieder, wie er solche noch nie gefühlt, ging nun vorwärts, den Berg hinan, und Pandolf folgte ihm; Aistulf aber, der indessen aus dem Gebüsche hervorgekrochen, wunderte sich dessen sehr und dachte, die Höhe des Berges betrachtend: Will's hier unten abwarten in Ruhe, denn er bringt sie doch nicht hinauf, der törige Gesell, und ich führe am Ende sonder alle Mühe die Braut heim.

Alboin schritt nun mutig den Berg hinan, mit der lieben Last auf seinen Schultern. Als er aber kaum auf die Mitte gelangt war, begann es ihm sauer zu werden und große Tropfen Schweißes drangen ihm aus Stirn und Brust, und er fühlte, was er vorher nicht gedacht hatte, daß auch die Liebste beschwerlich sei, weit zu tragen, ging jedoch mutig aufwärts und gelangte also bis zum dritten Viertel des Berges. Da war es ihm, als koche das Blut in seiner Brust, und es wurde ihm wie dunkel vor den Augen, und seine Knie wankten.

Als aber Hermildis solches merkte, wurde ihr bange, und sie sprach: »Sei stark, mein Alboin, und wanke nicht, denn siehe, schon ist der Gipfel nahe, und so du ihn erreichest, werde ich dein sein auf immerdar, und wie ich dir jetzt schwerfalle, daß deine Knie wanken, also werde ich dich nachher stützen mein Lebelang und dir beistehen in Liebe und Treue.«

Dieses Wort gab nun den Alboin ein neues Feuer, und er raffte seine Kräfte zusammen und strebte weiter aufwärts, obwohl immer langsamer und wankender, weshalb denn Hermildis vor Angst zitterte. Pandolf aber, der gesehen, wie sehr Hermildis den Alboin liebte, bereute schon die harte Prüfung, die er ihm auferlegt hatte und beschloß bei sich, so er sie auch nicht hinaufbrächte, solle sie doch sein werden.

Alboin erreichte aber wirklich den Gipfel, woselbst Hermildis außer sich vor Freuden herabsprang von seiner Schulter. Pandolf kam auch herzu, um ihm zuzusprechen mit traulichem Wort, aber siehe! Alboin begann zu taumeln, und vor seinen Augen wurde es dunkel, und er stürzte auf den Boden hin, und aus seinem Mund drang hervor ein Strom von Blut, worauf er die Augen schloß, bleich und tot dalag. Da warf sich Hermildis, welche soeben noch voll Entzücken, also jetzt voll Entsetzen war, auf ihn hin, und rief ihn mit lauten, schmerzvollen Schreien: »Alboin, ach mein Alboin, erwache, erwache!« Netzte auch sein Gesicht mit vielen Tränen und drückte viele Küsse auf seinen Mund. Wie er aber noch immer kein Leben verspüren ließ, umfaßte sie ihn in Verzweiflung und rief: »So du mein Wort nicht hörst und verschieden bist, so soll mich nichts von dir reißen, und hier schwöre ich's, daß ich bleiben will bei dir, und dir nachfolgen.«

Und siehe, Alboin schlug langsam die Augen auf und blickte um sich herum, als zweifle er, was mit ihm auch geschehen, sah Hermildis erstaunt an, die ein Jubelgeschrei erhob, wie sie seine Augen offen sah – und er nicht wußte, wo das Blut herkam an seinen Kleidern, und fragte, was geschehen sei, welches denn Hermildis ihm erzählte, Pandolf aber sagte sanftmütig, wie er sonst niemals pflegte: »Trauter Alboin, mich freut es sehr, daß ich dich auf so schwere Probe gestellt, welche schier jedes Menschen Kräfte übersteigen muß. Aber deine Schwachheit wird vorübergehn, und soll sie heute noch dein Ehegemahl sein, die du erworben hast mit sauerm Schweiß und deinem Blut.«

Wie Alboin solches hörte, lächelte er in Wehmut, denn er fühlte es wohl, daß sein Ende nahe sei und sprach mit matter Stimme: »So danke ich Gott, daß er mich erreichen ließ, was ich einzig mir gewünscht und will gern aus der Welt gehn, da ich durch meinen Tod dich erwerbe, meine Hermildis. Denn mein bist du nun, und wirst mein bleiben in Zeit und Ewigkeit. Und wie ich dir jetzt vorangehe, wirst du mir bald nachfolgen und dich wieder mit mir vereinen an Gottes Thron. Und damit ich dessen gewiß sei, so flehe ich, mein Herr und Vater, legt unsre Hände ineinander und segnet uns.«

Und so tat Pandolf, worüber in Alboins Gesicht eine große Freude sich verspüren ließ, und er wollte sich erheben und seinen Kopf an

Hermildis Brust legen, wobei wieder plötzlich vieles Blut aus seinem Munde floß, so daß er zurücksank und verschied.

Und Hermildis ruft ihn lange mit bittern Tränen und meinte, er müsse zurückkehren ins Leben; wie sie aber nun sah, daß er tot war, weinte sie nicht mehr, sondern saß neben dem Leichnam mit starrem Blick und sagte kein Wort, obschon ihr Vater zuredete, mit ihm zu gehen, und als er sie wegführen wollte, widersetzte sie sich mit Gewalt und riß sich von ihm los.

Pandolf aber, welcher auch in Scherz und Widerwärtigkeit immer seinen hellen Geist erhielt, meinte, daß Hermildis, wenn man den Leichnam fortschaffe, auch wohl von selbst folgen würde, und da indessen einige des Jagdgefolges herbeigekommen, befahl er ihnen, eine Tragbare zu machen von Zweigen und den Toten daraufzulegen und nach der Stadt zu tragen. Solches hörte die Betrübte, sagte aber nichts und blieb starr sitzen. Als nun die Tragbare fertig war und Alboin daraufgelegt werden sollte und sie nun sah, daß, wie man ihn erhob, sein Kopf zurücksank und seine Arme und Füße schlotterten wie bei einem Toten, den man aufhebt, zu geschehen pflegt, da wurde es ihr erst ganz hell im Geiste, daß nun alles vorbei sei mit ihm und mit ihr, und sie stürzte sich von neuem hin auf ihn mit lautem, verzweiflungsvollem Stöhnen, welches denen, die es hörten, durch Mark und Bein ging, so daß keiner es wagte, sie zu stören, sondern alle einige Schritte zurücktraten. Plötzlich aber fielen ihre Augen auf das Schwert, mit welchem der Leichnam noch umgürtet war, und ehe noch einer ahnte, was sie wolle, riß sie es aus der Scheide und stürzte sich hinein, daß es schwirrend in ihre Brust drang. Aber sie gab keinen Laut von sich, und es blieb ihr nur noch soviel Leben, daß sie, auf Alboin hinsinkend, die Arme öffnen und ihn umschlingen konnte, worauf sie die Augen schloß und mit einem fröhlichen Lächeln verschied.

Und Pandolf ließ auf der Stelle, wo sie sich vereint, die Toten in einem Sarge begraben, und baute dort eine Kapelle, welche noch heutzutage steht und worin Messe gelesen wird, allwöchentlich, zur Ruhe ihrer Seele, und daselbst wird verwahrt ein Pergament, worauf die Geschichte zu lesen ist, und es ist Sitte in der Gegend, daß, ehe ein junges Paar zur Trauung geht, es hinwandelt zu dem Altare und schwört: »So wir nicht vereint leben können, so wollen wir vereint sterben, wie Alboin und Hermildis.«

QUELLENNACHWEIS

Die Geschichte vom Einäuglein, Zweiäuglein und Dreiäuglein: Nach Pescheck. Diese Lausitzer Sage ist eine der vielen Varianten des Märchens von Aschenbrödel.

Die Wunder des Stromberges: Pescheck in Büschings Annolen, mündlich.

Das Wechselkind: Mündlich.

Die eiserne Krone: Neugriechisch, auch in der Lombardei mündlich.

Die weiße Frau zu Neuhaus: Aus den verschiedensten Quellen sowie aus mündlichen Mitteilungen zusammengestellt.

Schloß und Waldwiese: Von Caroline Leonhardt-Lyser.

Der Hahnenschrei: Hier nach einer schlesischen Sage, ähnlich in vielen Ländern verbreitet.

Das Zauberschloß: Ammenmärchen, mündlich.

Die Entstehung des Sees von Killerney: Schottisch.

Der Graf von Gleichen: Thüringisch, nach Musäus und mündlichen Mitteilungen.

Die Prinzessin von Grenada: Nicht Granada! Ursprünglich altspanisches Puppenspiel, wohl zuerst nach dem arabischen Märchen »Die Prinzessin mit der langen Nase« bearbeitet. Nach einer spanischen Handschrift.

Die Springwurzel: Harzsage, mündlich.

Die Flucht: Magyarisch.

Das Banner des Geächteten: Norwegische Sage in Liedern und mündlich.

Prinzessin Baumwolle: Ammenmärchen, mündlich.

Des Herrn Cracks Reise in den Mond: Aus der Gascogne, mündlich und in französischen Volksliedern.

Die Träume: Römische Geschichte, aus italienischen Geschichten.

Die einzöpfige Jungfrau: Büsching, mündlich.

Die Wunderquelle: Büsching, mündlich.

Schweizersage: Nach J. P. Hebel.

Die Elixiere des Teufels: Bamberger Legende, mündlich.

Johanneskindchen: Aus dem Kindermärchen.

Die Rabendocken: Schlesische Volkssage.

Die Gespenstermühle bei Leitmeritz und die Teufelsmühle bei Aussig: Böhmisch, mündlich an den benannten Orten.

Die Trauung: Nordische Sage.

Der Ahnfrau Bild: Mitgeteilt von H. Kriete, mündlich.

Der gefährliche Scherz: Ebenso.
Die heimlichen Rächer: Desgleichen.
Gevatter Tod: Nach mündlichen Mitteilungen.
Der Pfeiler in Prenzlau: Mündlich.
Zerbster Legende: Mündlich.
Der verschwundene Schatz: Schlesische Sage. Steffens, der sie erzählt, will sie ganz gleichlautend auch im Salzburgischen gehört haben.
Don Pedro, der Grausame: Aus dessen Lebensgeschichte.
Das Märchen vom Ritter Est: Deutsche und italienische Volkssagen und Lieder.
Thomassine Spinola: Ludwig XII. Leben.
Die Rheinreise: Rheinsagen von A. Schreiber, Karl Geib und anderen.
Wilhelm Tell: Geschichte der Schweiz.
Palnatoke: Nach Saxo, mündlich.
Das Schneiderlein von Lissabon: Mündlich.
Hüon von Bordeaux: Altfranzösischer Zauberroman, Wielands Oberon.
Das kranke Kind: Tirol, mündlich.
Der Ritt um den Kinast: Schlesisch, mündlich und vielfach von andern Dichtern bearbeitet.
Mutter Else: Kindermärchen.
Das Märchen vom Totengräber und seinem treuen Liebchen: Daß dieses Märchen nur parodistisch zu nehmen, ist schon im Text ausgesprochen.
Hans Hodrian: Nach dem Plattdeutschen, in den Spinnstuben mündlich.
Der Gespensterschmied: Nach einer schlesischen Sage, mitgeteilt von Pückler-Muskau.
Prinz Sigismund von Polen: Nach Calderon.
Das Balsambüchschen: Mündlich im Osnabrückischen.
Der Wassermann: Rheinsage in Liedern und mündlichen Mitteilungen.
Die Geisterinsel: Nach Shakespeare.
Die Schwanenburg bei Cleve: Mündlich an Ort und Stelle.
Die mutige Frau: Mündlich bei Hirschberg, der Stoff ist schon vielfach bearbeitet worden.
Eine Nacht auf dem Schlosse F.: Mündlich.
Die drei Schwestern: Italienische Geschichte.
Die Walpurgisnacht: Von Caroline Pichler, mündlich.

Das Brautpaar von Falun: Mündlich.

Der Tambour: Altes Volkslied, mündlich im Plattdeutschen.

Die wilden Tänzer: Mündlich in der Schweiz.

Das wahre und das eingebildetete Glück: Mündlich.

Ignaz Denner: Von E. T. A. Hoffmann. Bekanntlich liegt dieser meisterhaften Erzählung ein durch Akten beglaubigter Kriminalfall zugrunde.

Schön Anna: Schwedisch.

Der Bahrgeist: Nach Walter Scott.

Das Riesenweib: Mündlich.

Lenora vom Oybin: Mündlich in der Lausitz, doch sehr wenig verbreitet.

Der tote Gast: Mündlich.

Till Eulenspiegel: Dramatisches Märchen.

Der Teufel zu Dronings-Ör: Norwegisch, mündlich.

Die Jungfrau von Pernstein: Mündlich.

Kapitän Grog: Nach Botz.

Elfe und Erdgeist: Zauberspiel von Karoline Leonhardt-Lyser.

Der süße Brei: Ammenmärchen.

Die Liebesprobe: Italienische Sage.

Gesamtinhaltsverzeichnis

BAND 1:

BAND 2:

BAND 3: